중국오천년사

김 영 진 역편

대 광 서 림

머 리 말

중국의 역사는 지금 바야흐로 바뀌 쓰여지고 있다. 중국 역사가 시작된 이래 대혁명이 성공하여 중화인민공화국이라는 아주 새로운 체제의 국가가 탄생한 것이다. 역사를 바라보는 시각이 전적으로 바뀌었으므로 아무래도 역사를 근본적으로 고쳐쓰지 않으면 안된다. 항전(抗戰)중의 중국을 대표한 역사였던 범문란(范文瀾)의 『중국통사간편(中國通史簡編)』이 근본적으로 개정되어 1953년에 그 첫째권이 북경(北京)에서 출판되었고, 2년이 지나자 다시 그것의 증보개정판이 발간되었다. 제2권은 1958년에 증보개정판으로 나왔지만, 나머지 제3권과 제4권은 언제 발행되며 또 언제 완결될 것인지 가늠이 가지 않는다.

중국역사를 다시 쓴다는 것은, 단순히 역사관의 변화만이 그 동기로 되어 있는 것이 아니다. 중국 전국토에 걸친 대규모적인 고고학적 발굴로 선사시대(先史時代)와 고대(古代)의 새로운 유적지와 유물이 점차 많이 발견되고 있다. 선사(先史)와 고대사(古代史) 분야에서는 이런 방대한 자료에 의하여 우리들의 기성지식(旣成知識)이 아주 무가치한 것으로 되었다고 해도 결코 지나친 표현이 아닐 것이다. 중세사(中世史)이후에 대해서도 전혀 새로운 사료(史料)의 발견과 더불어, 잊혀졌던 사료의 재발견도 수없이 이루어지고 있다.

이와 같은 시점에서 중국역사에 대한 개설(概說)을 쓴다는 것은, 말할나위도 없이 대단히 어려운 작업이다. 그러나 어렵다고 해서 수수방관(袖手傍觀)만 할 형편이 아니므로, 용기를 내어 이 작업에 대담하게 도전키로 한 것이다. 중국의 낡은 사학자들은 「통사(通史)」와 「단대사(斷代史)」는 전혀 이질적(異質的)인 저작이라고 논했다. 이제 나는 이 『중국의 역사』에 접해 보고서야 비로소 그분들의 말의 참뜻을 조금은 알게된 것 같다. 사실 여기에는 특수 연구와 종합 연구의 차이성보다도 더 큰 차이점이 가로 놓여 있는 것이다. 단순히 단대사(斷代史)를 서로 얽어맨다는 것만으로는 통사(通史)가 되지 않는다. 단대사를 초월한 관점이 필요한 까닭이다. 그것은 때로는 중국을 초월하여 아시아 전체, 더 나아가 인류역사 일반의 입장에서 고찰함이 필요하다. 그와 함께 중국의 역사, 동아시아의 역사형성에 참가해온 동양인의 입장에 되돌아가는 일도 필요하다. 그런데 이 마지막 모순을 초극하는 것이 가장 어려운 과제라고 생각된다.

— 편저자 —

차 례

제 1 장 중국의 자연과 인간

1. 지리적 고립성 ··· 13
2. 중화의식 ··· 17
3. 민족의 통일 ·· 21
4. 중국역사발전의 원동력 ··· 25

제 2 장 중국민족의 기원

1. 성왕(聖王)의 치세(治世) — 삼황오제(三皇五帝)의 전설 ····· 31
2. 중국인의 선조(先祖) — 몽골로이드 인종의 발생 ················ 38
3. 원(原) 중국민족의 성립 — 신석기시대 ······························ 43

제 3 장 역사의 여명

1. 하(夏)왕조는 실존하였는가 ·· 55
2. 은도(殷都)의 유적지(遺蹟地)와 초기문화(初期文化)의 발견 ·· 59
3. 은왕조 문화와 개화 ·· 66
4. 동아시아의 수도 — 큰서울의 유적 은허(殷墟) ··················· 70

제 4 장 고전문화의 형성

1. 주(周)민족의 발흥 ··· 81

2. 예법(禮法) 문화의 성립 87
3. 서주왕조(西周王朝)의 중흥과 몰락 91

제 5 장 고대 도시국가에서 세계국가로
─ 춘추·전국시대

1. 패자(覇者)의 시대 ─ 도시국가 동맹의 성립 97
2. 귀족정치로부터 관료정치로 103
3. 산업혁명과 법률의 개정 ─ 철제 농기구의 사용 106
4. 전체주의 국가 진(秦)의 약진 114
5. 백가쟁명(百家爭鳴) ─ 중국사상의 황금시대 118

제 6 장 중국 최초의 통일제국 진나라의 성립

1. 진시황(秦始皇)의 위업 127
2. 진제국의 붕괴와 내전 135

제 7 장 왕조국가 원형의 탄생
─ 두 한(漢)제국의 역사적 운명

1. 중국적 전제군주의 이상상(理想像) ─ 한고조 139
2. 유교적 관료국가의 성립 143
3. 한 제국의 대외발전 148
4. 왕망(王莽) 신정권의 실패 155
5. 제정(帝政)의 부활과 재붕괴 ─ 후한조의 흥망 164
6. 실크로드의 재건 ─ 도달할 수 없었던 로마에의 길 170
7. 왕조국가의 붕괴 ─ 외척·환관·사대부의 항쟁과
　　　　농민봉기 176

제 8 장 새로운 시대의 대두

1. 3국의 분립(分立) ··· 185
2. 군사봉건제도의 맹아(萌芽) ···························· 188
3. 한·위(漢·魏)의 문화 ··································· 192

제 9 장 통일제국의 환영(幻影)
— 서진(西晋) 왕조의 조기붕괴

1. 무기력한 지도자들 ·· 197
2. 호족(豪族)과의 타협 ····································· 201
3. 서진(西晋) 왕조의 내란과 멸망 ······················ 204
4. 민족대이동의 여파 — 5호 16국과 동진(東晋) ·········· 210

제 10 장 남북조(南北朝)의 대립

1. 남조 귀족정치의 난숙화(爛熟化) ····················· 221
2. 북조(北朝)의 새 사명 ··································· 225
3. 암흑시대에서의 문화개화 ······························ 232

제 11 장 통일제국 수(隋)의 운명

1. 율령국가(律令國家)의 완성 ···························· 241
2. 양제(煬帝)의 호화생활 ·································· 243
3. 고구려원정의 실패와 농민폭동 ······················· 245

제 12 장 대당제국의 최성기(最盛期)

1. 정관(貞觀)의 치(治) ·· 249
2. 여제(女帝) 측천무후(則天武后)의 공(功)과 죄(罪) ·········· 260
3. 개원(開元)·천보(天寶)시대—세계제국 당(唐) ················ 263

제13장 대당제국의 종말징후

1. 당나라를 뒤흔든 안사(安史) 대란 ···························· 277
2. 번진(藩鎭) = 지방군벌의 할거 — 분열되는 제국 ············ 281
3. 환관의 전횡과 당쟁 ·· 286

제14장 대과도기 시대
— 5대 10국

1. 5대의 혼란 ·· 293
2. 귀족문화의 몰락 ·· 302

제15장 국민국가의 형성

1. 군주독재제 ·· 311
2. 요(遼)·서하(西夏)의 침공 ····································· 314
3. 왕안석(王安石)의 개혁과 좌절 — 신법당과 구법당 ········· 325

제16장 파국의 도래
— 남송과 금국의 남북대립

1. 금(金)의 중원 점령과 북송의 패멸(敗滅) ···················· 335
2. 남송(南宋)과 금(金)의 대립 ··································· 340

제17장 몽골(蒙古)의 세계제패

1. 초원의 유목민 ·· 351
2. 대서정(大西征) ·· 354
3. 징기스칸의 유지계승(遺志繼承) ······································ 358

제18장 지상 최대의 제국

1. 몽골제국의 판도(版圖)와 행정 ·· 365
2. 원(元)의 멸망 ·· 369
3. 송(宋)·원(元)의 문화 ·· 374

제19장 민족주의와 전제주의
    ― 대명(大明)제국의 성립

1. 명태조(明太祖)의 암흑정치 ··· 383
2. 중국최고의 군인제왕 ― 명성조(明成祖)의 친정(親征) ······ 391

제20장 환관지배와 학자의 반항
    ― 명제국의 말로

1. 환관의 대두 ·· 403
2. 북로남왜(北虜南倭) ― 난국에 선 대명제국 ····················· 408
3. 중흥의 좌절과 학자의 저항 ― 동림당(東林黨) ················ 415

제21장 중화화(中華化)된 정복 왕조 청(淸)
    ― 이민족 통치의 성공

1. 내륙침공전의 만주민족 ································· 425
2. 한족의 만주족에 대한 저항 ······························ 431
3. 강희대제(康熙大帝) — 이적(夷狄)출신의 개명군주 ········· 435
4. 강희대제의 후계자들 — 옹정제(擁正帝)와
    건륭제(乾隆帝) ··································· 439

제22장 중국과 세계

1. 세계제국의 한계 ······································ 445
2. 서양과 동양의 문화교류 ································ 452
3. 실증주의의 운명 ······································ 458

제23장 굴욕의 100년

1. 아편전쟁 ·· 467
2. 태평천국(太平天國) ···································· 474
3. 양무론(洋務論)의 운명 — 동치(同治) 중흥하의 군제개혁 ·· 481
4. 서북과 서남방면에서의 실지(失地) ······················ 486
5. 분할의 위기 — 청·일 전쟁과 그 결과 ··················· 491
6. 무술변법(戊戌變法)의 좌절로부터 혁명에로
    — 의화단(義和團) 애국운동을 사이에 두고 ············· 498

제24장 자주독립

1. 혁명운동의 발단 ······································ 511
2. 신해혁명(辛亥革命) ···································· 514
3. 일본의 제국주의적 대륙정치 — 21개조의 요구 ·········· 520
4. 새시대의 여명 — 5·4운동 이후 ························ 524

5. 중·일관계의 파국 ···529
6. 공산혁명의 성공 — 자주독립 ·························533

맺 음 말 ··541

부   록 ··547

제 1 장 중국의 자연과 인간

1. 지리적 고립성

　중국의 역사를 말하기에 앞서, 우선 모든 역사가 연출되는 무대(舞臺)가 되는 토지(土地)에 대하여 눈을 돌려보기로 하자. 그 무대가 되는 중국의 토지문제인데, 중국의 정치적 판도(版圖)는 시대에 따라 영토(領土)의 넓이를 변화시켜왔기 때문에 엄밀하게 정의한다는 것은 쉽지가 않다. 중국 역사의 주인공은 말할 필요도 없이 한민족(漢民族)이고, 그의 연기(演技)무대는 소위 중국의 본부로서 주로 황하(黃河), 양자강(揚子江) 및 주강(珠江)의 3대강 유역을 포함하는 지역이다. 그런데 중국 바깥쪽인, 고원지대에 살고있는 몽골, 만주, 터키, 티벳의 여러 민족들은 한민족에 비하면 소수민족이기는 하지만 늘 한민족을 둘러싸고 조연의 역할을 수행해왔다. 이들 여러 민족의 활동 범위를 설명하는데는 동아시아의 전지역까지 무대를 넓힐 필요가 있다. 그것은 남(南)으로는 히말라야 산맥, 서(西)로는 파미르고원, 북쪽으로는 알타이산맥에 의하여 둘러싸여지고, 황해(黃海), 동중국, 남중국해안에 이르는 광대한 지역이다. 그 경계는 중국의 마지막 왕조인 청조(淸朝)와, 이것을 이어받은 중화민국(中華民國), 그리고 현재의 중화인민공화국(中華人民共和國)의 영역 등과 대략 일치하고 있다. 중화인민공화국의 총 면적은 959만6천969km^2(대만의 3만5천969km^2)로서, 국토면적상 구소비에트 연방과 캐나다에 이어 세계 제3위의 대국이며, 여기에 거주하는 인구는 1998년초 현재 12억4천278만명(대만 제외. 출처 ; 중앙일보 1999. 9. 17일자, 서울)으로서, 세계 제1위인 동시에 60억 세계인구 중 20.7%를 차지한다. 이런 많은 수의 인구가 광대한 중국대륙이라는 무대위에서 무려 3천여년의 긴 세월동안 계속해서 연출해온 사극(史劇)이 곧 중국의 역사인 것이다.

아시아대륙은 중앙부의 파미르고원 근처를 기점으로, 동서남북의 네 부분으로 나누어진다. 북아시아에는 시베리아, 남아시아에는 인도가 포함되어 있고, 서아시아에는 터키, 이란, 이라크, 사우디아라비아 등으로 나누어진다. 이중에서 세계의 고대문명(古代文明)은, 우선 서아시아의 티그리스-유프라테스강 유역의 메소포타미아와, 여기서 인접한 동북아프리카 소재 나일강 유역의 이집트 등에서 일어났고, 이어서 동지중해의 크레타섬과 인도 서부의 인더스강 유역으로 파급되었다.

아시아대륙의 동쪽에 위치한 중국은 이집트, 메소포타미아 등 여러 고대문명국들로부터 대단히 멀리 떨어져 있는 상태에서 독자적인 문명을 형성하였다. 지리적 위치에서 오는 고립성(孤立性)은 중국의 문명, 따라서 중국의 민족성에 크나큰 영향을 미치지 않을 수 없었다. 극동의 중국이(한국과 일본 포함) 문명과 지리적으로 매우 멀리 떨어져 있다는 것은 어쩔 수 없는 운명이지만, 근세에는 서유럽사람들로부터 퍽 무시되어 왔었다. 그러나 지리적 위치가 이렇게도 멀리 떨어져 있다는 사실은, 극동의 여러 문명국이 자기의 독자적인 문화를 형성하고 발전시켜 나가는데 있어서, 가장 중요한 전제로 되었다. 물론 지리적 환경이 인간의 역사를 결정하는 전제로 유일한 조건은 아니겠지만, 위의 지리적 위치는 아무리 역설(力說)해도 부족하리만큼 중요한 의미를 갖게 된다. 서양의 학자가 쓴 동아시아에 관한 개설서(槪說書)는 이런 고립성의 설명으로 중국의 역사를 시작하고 있다. 이것을 단지 서구 중심주의라 해서 비난만 하지 말고, 타산지석(他山之石)으로 삼는 것이, 어쩌면 우리에게 도움이 될런지도 모른다.

프랑스의 르네 그루세가 쓴 『중국의 예술과 문화』(1951년), 에드윈 라이샤워의 『일본의 과거와 현재』(1946년), 라이샤워·존 페어뱅크 공저 『동아시아, 고귀한 전통문화』(1958년) 등은 모두 서장(序章)에서 중국·한국·일본의 고립성부터 서술해 나가고 있다.

중국을 포함하여 이 4개의 고대문명권은, 말하자면 어프로·유라시안의 복합체를 만들고 있지만 세계의 지붕인 높고, 험난한 히말라야산맥과 타클

라마칸사막 등의 천연적인 장벽으로 차단된 먼 동쪽의 중국은, 다른 세 문명으로부터 가장 고립된 존재로서, 상호교섭은 겨우 낙타 등에 올라타 사막을 건너는 대상(隊商)에 의하여 유지되고 있었다. 서(西)아시아나 유럽의 정치적 지배가, 중국의 영토나 세력권에 직접적으로 미치게 된 것은 17세기에 이르기까지는 없었다.

고대에 서유럽으로부터 서아시아에 걸쳐 영토를 넓힌 것은 알렉산더 대왕이 거느린 마케도니아제국 뿐이었다. 그리스를 통일한 알렉산더 대왕은, 페르시아 정복의 여세를 몰아 동방(東方)으로 진출하여, B.C. 329년에 힌두쿠시산맥을 넘어 중앙아시아의 투르키스탄에 침입하여 야크사르테스(지금의 지르라르야강) 강가의 코젠드에 도달했으며, 이곳이 아시아와 유럽의 경계선으로 생각되어 그 이후 오랫동안 유럽측으로부터 이 경계를 넘어 동(東)으로 진출한 사람이 나오지 않았다.

아시아와 유럽의 경계

알렉산더 대왕은, 새로 정복한 영토의 중요지점에 자신의 이름을 붙인 알렉산드리아라는 새로운 도시를 건설하였다. 야크사르테스(시르다리아) 강변, 현재의 코젠드에 해당하는 지점에서는, 토착인을 징발하여 20일의 짧은 기간 내에 성벽을 쌓아올려, 이것을 알렉산드리아·에스카터(극한(極限)에 있는 알렉산드리아라는 뜻)라고 하는 이름을 붙였다. 이 작은 강(江) 건너편에는 스키타이라고 불리우는 용감한 유목민족이 유랑하면서 틈을 엿보아, 정착하고 있는 농·공·상인(農·工·商人)의 도시와 촌락을 약탈하였고, 대담하게도 알렉산더 대왕의 군대에게 도전하기도 하였다. 이것이 바로 유럽과 아시아의 경계로 생각되는 곳이다.

알렉산더 대왕은 이 지방을 일단 평정하고는 진로를 동남쪽으로 돌려, 인도로 침입하여 인더스강 유역의 주민을 복속(服屬)시켰다. 인더스강 유역에서는 기원전 2500년경 인도 최고(最高)의 인더스문명 유적이 최근에 발굴되었다. 유물 중에는 메소포타미아 문명의 스메르 왕조 때 사용하던 도장(圖章) 등이 발굴되어 서아시아의 고대문명으로부터 영향을 받고 있었음을 알 수 있다. 인도는 유사이전(有史以前)부터 서아시아 문명과 교류가 있었을 뿐만 아니라 근세에도 무굴 왕조와 영국에 정치적으로 종속되어 있었다. 이에 반해 고대 중국은 서방과 문화적인 교섭만을 가졌을 뿐이며, 근세에도 정치적으로 완전히 서방국가에 지배당한 적은 없었다. 이것은 중국의 지리적 위치가 세계로부터 고립되어 있었던 결과이다.

몽골의 징기스칸(成吉思汗)은 13세기초에 중앙아시아를 정복하고 남러시아에까지 침입하여 구아대륙(歐亞大陸)에 걸친 대제국을 건설했다. 그중 부장(部將)인 바투(拔都)는 이미 폴란드, 독일로부터 헝가리에까지 진격하였다. 아시아쪽으로부터 구아의 장벽을 허물고 정치적 통합을 실현한 것인데, 이 제국의 통일은, 중국 본토의 농경민족인 한족(漢族)이 아니라 그 북방 몽골고원에 사는 유목민인 몽골민족에 의해 이루어진 것이다. 몽골의 기마(騎馬)민족은 바람처럼 진격하여 대제국을 세웠지만, 안정성을 소홀히 하였기 때문에 역시 바람처럼 사라지게 되었다.

문화세계로부터 멀리 떨어진 경우에는, 아메리카 대륙의 아메리카 인디언처럼 좁은 지역에 한정되어 있음으로써 향상심(向上心)을 잃고, 문화의 정체(停滯)를 겪게 마련이다. 중국민족은 문화적으로 외부로부터 자극이 거의 없는 동아시아에 있었음에도 불구하고, 인류공동의 유산(遺産)인 예술, 사상 등을 탄생시켰으며, 과학기술의 미발달을 한탄하면서도 종이, 인쇄, 화약, 나침반, 자석(磁石) 등 세계적인 발명을 완성하였다. 고립성은 오히려 중국민족의 창조력을 더욱 높인 것처럼 보인다.

중국인의 발명

서유럽 사람들에 앞선 동양인의 발명에는 종이, 인쇄, 나침반, 화약 등이 있다. 종이는 후한(後漢)의 채륜(蔡倫)이 A.D. 105년경에, 나무껍질과 천조각 등을 원료로 제조했다고 전해지며, 270년경의 연호(年號)가 있는 종이에 쓰여진 진경(寫經)이 남아있다. 서양에서는 그 당시 불편하기 짝이 없는 파피루스지나 짐승가죽으로 만든 파르치면 등에 의존하고 있었다. 8세기경, 서양이 이것을 모방하여 제지공장을 만든 것이다. 중국의 인쇄는 목판(木版)이 늦어도 8세기, 활판(活版)은 11세기, 금속제활자는 13세기 중반에 발명되었다. 인접국인 우리나라는 활판의 기술을 도입하여 이미 12세기에 금속제활자를 만들었으나 유감스럽게도 고립성에 의해 널리 퍼뜨리지 못하고 있었다. 이에 반해 서양에서의 인쇄의 역사는, 겨우 14세기 이후에야 시작된다. 나침반은 중국에서는 11세기말에 벌써 항해에 사용되고 있었으나, 아라비아, 유럽에서는 그로부터 약 100년 후인 13세기에야 시작된다. 화약은 1161년 금(金)나라와의 전쟁에서 송(宋)군대가 벽력포(霹靂砲)라는 무기로 굉음(轟音)을 내면서 폭발하는 화약을 사용했다고 한다. 몽골인들이 13세기에 이런 대포를 사용한 후에, 아랍인의 손을 거쳐 14세기에 서유럽에 전해진 것이다. 일본의 쿠와바타 박사는 「동양 사람의 발명은 대단한 것임에 틀림없다고 생각된다. …… 아무래도 동양인의 통폐(通弊)로서 연구심이 부족한 결과로, 장구한 세월 동안에, 이렇다할 개량진보의 발자취를 찾아볼 수 없는 것이 유감이다. 그런데 이들 발명이 일단 서양사람들의 손에 넘어가면, 그들의 열성적인 연구로, 금세 그것의 이용 또는 응용범위를 넓혀서 오늘날과 같은 제지기계, 인쇄기계 등을 만들어 세계의 문명을 크게 전진시키게 된 것이다. 모처럼의 발명도 동양인에게는 보물을 가지고도 그것을 썩혀 버리는 경향이 없지 않다」(『동양인의 발명』,《동양사설원》)고 말하고 있다.

중국민족의 창조력에 의한 위대한 발명도 결국은 실험적인 자연과학에 대한 체계가 결핍되어 있었고, 또한 산업과 연결시킬 수 없었기 때문에 개량이 진행되지 않은 채 제자리걸음으로 끝난 것은 유감스러운 것이었다. 그것은 중국문명의 고립성과 관계가 있으며, 또한 국제적으로 자극이 없었던 영향 때문인 것으로도 볼 수 있다.

2. 중화의식

극동지역의 대국인 중국이, 창조적인 자국(自國)의 문명과 정치력에 절대적인 자신감을 갖고 있는 것은 당연한 일이다. 자기민족은 세계의 중심에 있는 오직 하나밖에 없는 꽃과 같이 화려하게 피는 문화국, 즉 중화(中華)이며, 주위의 이민족(異民族)은 야만적인 오랑캐(夷狄)라 부르면서 우월감을 가지게 되었다.

중국은 자기 주변에 대립할만한 이민족을 가지지 못했다. 서북방의 초원지대에는 날렵하고 사나운 유목민족이 있어서, 평원에서 온순하게 농사를 짓는 중국인을 끊임없이 위협하였다. 그들은 기마(騎馬)에 능했고, 활솜씨가 뛰어났으나 문자(文字)를 알게된 것은 훨씬 뒷날의 일로서, 그것도 극히 일부 우두머리들에게 한정되어 있었으므로 문화적으로는 중국인, 즉 한민족(漢民族)과는 비교가 안될 만큼 뒤떨어져 있었다. 한민족은 자신들을 하늘의 바로 아래세계의 중앙에 있어서 문화가 모든 꽃과 같이 화려하게 피는 나라라는 의미로 중화(中華)라고 불렀으며, 사방의 이민족을 짐승이나 벌레에 비유해서 동이(東夷), 서융(西戎), 북적(北狄), 남만(南蠻)이라 부르며 깔보고 있었다.

동이(東夷), 서융(西戎), 북적(北狄), 남만(南蠻)

동방의 이민족을 이(夷)라고 하는 것은, 보통은 활 쏘는 솜씨가 뛰어난 민족이기 때문이라고 해석되고 있다. 융(戎)은 고대 병기(兵器) 중 창(槍)에 해당되는 글자로서, 창술(槍術)에 능하다는 뜻이다. 적(狄)은 견(犬)부수, 만(蠻)은 충(虫)부수가 붙어 있는 것으로도 알 수 있듯이 이것을 깔보았기 때문인 것으로 해석된다. 또한 적(狄)은 적(翟)이라고도 쓰였는데 적(翟)은, 깃털로 만든 무의(舞衣)를 말한다. 이적융만(夷狄戎蠻)은 원래 갑옷을 입고, 무기 등을 가지고 춤추는 남자 무용수를 가르키는 말로서, 궁궐(宮闕)의 4대문(四大門)에서 군무(軍舞)로써 임금을 섬기고, 즐겁게 하던 사방의 소수민족을 칭하는 것이었지, 처음부터 경멸의 뜻을 나타내는 것은 아니었다. B.C. 4~5세기경이 되자, 들개나 늑대처럼 융적(戎狄)을 두려워하면서 중국인과는 전혀 혈연관계가 없는 것으로 생각하게 되었지만, 이것이 원래의 뜻은 아니다.

한편 한족 세력이 강하게 되어 사방에 있는 이적(夷狄)에 대한 동화가 진행되면서, 한족과 비한족(非漢族)과의 인종적 차이가 없어 중국의 의복, 즉 의관(衣冠)을 하고 예(禮)를 따르며, 또 그 습관과 말을 하는 이적(夷狄)은 아예 중국인이라고 생각하기에 이르렀다. 이것은 이적이 여름(夏 – 중국을 말함)에 들어간다고 하였는데, 중국 대통일(大統一)의 정치라고 해석되었다. 이 화이관(華夷觀)은 고대 그리스인과 헬레네, 즉 그리스인과 바르바로스인(蠻族)과이 차이란, 문화의 차이에 의한 것이지, 인종이나 혈통의 차이에서 생긴 것이 아니라고 여긴 것과 같은 것이다.

우뚝 솟은 파미르산맥을 넘어 불모의 사막과 끝없는 초원을 건너면, 동과 서를 연결하는 길고도 험한 길이기는 하였으나, 여러 갈래로 동과 서를 잇는 교통이 계속되었다. 중국이 이 좁은 문으로부터 들어오는 외국의 우수한 문화에 대하여 굳게 문을 닫고 있었던 것만은 결코 아니다. 인도의 불교는 단지 종교로서만이 아니라 인도사상, 특히 독특한 이론체계와 일체가 되어 불상(佛像), 불화(佛畵) 등 미술·공예품과도 연결되어 중국에 수입되었다. 불교는 중국 고유사상에 자극을 주어 송(宋)대의 신유학인 송학(宋學)의 발달을 촉진시켰으며, 원래 그리스 조각에 영향을 받은 인도의 불교예술(佛教藝術)이, 이번에는 치졸하던 중국의 조각을 고도의 예술의 경지로 높여준 것은 이의 대표적인 예이다.

중국문화의 고립성은 절대적인 것이 아니라, 외국문화에 적절하게 반응하면서 발전한 것이다. 그러나 때때로 북방민족들의 침입이라는 위기에 처하게 되자, 그들은 그 압박에 반발하는 민족주의적 저항운동으로 발전하기를 주저하지 않았다. 중화의식(中華意識)이 그것을 위해 종종 도가 지나쳐 자국문화의 독자성을 보존하고자 맹목적인 국수주의적(國粹主義的)경향을 가지게 된 것은 부정할 수 없는 역사적 사실이다. 그 반면에 고립에 익숙해진 중국민족은 국제사회에서도 고립을 별로 두려워하지 않았을 뿐만 아니라 흔들리지 않는 문화의 우월성이라는 자신을 바탕으로, 언제나 외교적으로 자기를 주장했던 것이다. 이것은 고립이 가져다준 적극적인 작용이라고 볼 수 있을 것이다.

중국민족의 국가적인 자존심의 강도는 개개인에게서도 잘 나타나지만, 나아가 사회적으로는 서로 상대방의 「멘쯔(面子 : 체면)」를 세워주는 관습과도 연결되어 있다. 서양인의 눈으로 보면 이런 「멘쯔(面子)」에 관한 관습은 이해하기 힘든, 불합리한 사회악으로 보이는 모양이다. 우리들로서는 그다지 이해하기 힘든 관습은 아니지만, 중국의 「멘쯔(面子)를 세운다」는 것은 대단히 넓은 의미로 쓰여지므로, 때에 따라서는 너무 과장되게 사용되어 듣는 이로 하여금 놀라움을 금치 못하게 하는 경우도 종종 있다.

멘쯔(面子)
　30여년에 걸쳐 중국 남부에서 포교생활에 의한 실제 경험으로부터, 중국 국민성을 날카롭게 통찰한 선교사 아더 스미스의 명저 『중국적 성격』을, 「멘쯔(面子)」 문제로부터 써내려 가게 한 것은, 이 특유의 관습이 중국사회에서 작용하고 있는 역할의 중요성을 간파했기 때문일 것이다. 그는 다음과 같은 에피소드를 말하고 있다.

「중국인 사회에서 실수에 대하여 꾸중을 듣는다는 것은 곧 체면을 잃는 것이 된다. 그러므로 어떠한 증거가 있다해도 체면을 유지하기 위해서는 사실까지도 부정하지 않으면 안 된다. 예컨대 테니스공이 없어졌다고 하자. 왕서방이 그것을 주운 것은 의심할 여지가 없다. 왕서방은 완강히 그것을 부정한 다음, 이윽고 공이 없어진 장소에 가서 몰래 자기주머니에서 공을 흘려 우연히 찾은 것처럼 "여보게, 자네의 공이 여기 떨어져 있네"라고 말한다. 종업원이 주인집에서 손님의 작은 손칼을 슬쩍 실례했지만, 나중에 가서 테이블보 밑에서 그것을 발견하고, 허풍스레 꺼낸다. 어떤 경우에서건 "체면은 유지되었다"고 할 수 있다.」

끝으로 이렇게 쓰고 있다.

「우리들은 체면을 세우려다가 생명을 잃게 되는 것을 바람직하지 못한 것으로 생각하지만, 그러나 중국에서 유죄판결을 받은 한 현장(縣長)은, 체면을 유지하기 위하여 대례복(大禮服)을 입은 채로 목이 잘리는 것을 허락받았다고 들은바 있다」고 덧붙이고 이 항목의 글을 끝내고 있다.

래티모어의 『중국 – 민족과 토지와 역사』는 「멘쯔(面子)」를 중요시하는 이 습관은, 중국인이 진실을 말하기보다는 상대방의 멘쯔를 중요시하여, 쾌적하고도 즐거운 기분을 주기 위한 것으로서, 긴 역사를 가진 중국인이, 인간이 밀집한 복잡한 사회환경 속에서 체득한 사교술(社交術)로 해석하였다. 래티모어의 원저술은, 미국과 중국의 관계가 비할 바 없이 우호적이던 제2차 대전도 끝날 무렵에 나온 것이므로, 중국적 기질을 될 수 있는 한 좋게 해석하려는 경향이 있다. 그러한 그도 「이 과장된 제스처와 멘쯔(面子)의 억지는 외국인에게는 부글부글 화를 돋구게 하였고, 또 이해하기가 불가능한 일이었다」라고 고백하지 않을 수 없었다. 이러한 습관은 중국의 도덕이 예(禮), 즉 형식을 중요시하는 문제와도 관련되어 있다. 실리적(實利的)이고 객관적이기도 한 중국의 정치가와 외교관들이 외교교섭에서 의외라고 생각될 정도로 「대의명분」에 구애받는 것도, 자기의 멘쯔(面子)를 중시하기 때문일 것이다. 멘쯔(面子)가 어찌하여 이렇게도 중국인 사회에서, 사회적 관습이 되어 발달하였는가에 대하여, 스미스는 중국인이 연극을 좋아하는 성격 자체가 하나의 중요한 원인이라고 적고 있다. 연극적·작위적인 행동을 별로 좋아하지 않는 우리로서는 이러한 면을 이해할 수 없다.

멘쯔(面子)와 연극

스미스는 다음과 같이 설파하고 있다. 「연극은 중국인의 거의 유일한 국민적 오락이다. 그것은 마치 영국인이 운동경기에 대하여, 스페인인이 투우에 대해 열광적인 것처럼, 그들은 연극에 대해 열정적이다. 중국인은 대수롭지 않은 동기에도 누구나가 배우(俳優)를 자처하여 부자연스러운 몸짓과 음성을 내면서 궤좌(跪坐)·고두(叩頭)를 한다. 유럽 사람들은 이것을 바보같은 짓이라고까지 말하지 않는다 해도, 마치 무대 위에서의 연기처럼 생각한다. 중국인은 많은 사람들 앞에서 변명하는 대사를 생각하고 그것을 마치 수많은 군중 앞에서 변명을 늘어놓은 것처럼 말투까지 바꾼다. 그리고는 "이 자리에 모이신 여러분! 여러분께 말씀드립니다"라고 외친다. 만일 이 귀찮은 문제가 해결되면, 그는 체면이 세워져 "무대에서 내려간다"고 하고, 해결이 안되면 「부둥쌰태이(不憧下臺)」(무대에서 내려가는 방법을 알지 못한다)라고 말한다.

이러한 것은 현실과는 아무런 관계도 없음을 잘 알고 있어야 한다. 문제는 언제든지 사실이 아니라 형식이라는 점이다. 적당한 때에 적절한 방법으로 훌륭한 연설만 하면, 이 연극은 책임을 다하는 것이다. 우리들은 막(幕) 안으로 들어가서는 안 된다. 그러한 행동은 연극을 완전히 엉망으로 만들어 버릴 것이다. 복잡한 일상 생활 속에서 이와 같은 연기를 잘 해낸다는 것은 「멘쯔(面子)」를 잘 유지하는 것이 된다. 실수나 실패를 하거나 의표(意表)를 찔리거나 하면 「멘쯔(面子)」를 잃는다고 한다. 이 멘쯔(面子)가 한 번 제대로 이해되면, 그것만으로도 중국인의 중요한 특징을 알게되는 열쇠가 된다는 것을 알게될 것이다.

3. 민족의 통일

중국 국토의 총면적은, 앞서도 말했거니와 대략 959만 7천평방 킬로미터로서 옛 소련과 캐나다에 이어, 국토 면적상 세계 제3위의 대국이다. 인구는,

『중국통계연감』에 의하면, 1998년 현재 12억 4천 278만명으로, 세계 총 인구에 대하여 한 가지 부언할 것이 있다. 그것은 소위 「흐아해즈/heihaizi/黑孩子」 문제이다. 「흐이해즈」란, 중국이 1980년이래 한 자녀만 갖게 하는 인구억제정책을 시행하였는데, 가계・가산을 잇는 것이 사내아이라는 농촌에서의 노동력 확보, 그리고 전통적으로 대가족제도를 유지해온 중국사람들은, 셋 이상의 자녀를 낳는 경향이 있다. 한 가구는 아들이나 딸을 불문하고, 한 자녀만을 호적에 올릴 수 있고, 그 이상의 출생자녀는 사생아가 아니지만 결국 무적자(無籍者)로서 비공개적으로 키우지 않을 수 없다. 이런 무적자녀를 「흐이해즈」라고 한다. 「흐이해즈」는 호적에 오르지 못한 만치, 당연히 의무교육도, 예방접종 따위도 못하므로, 인구센서스에서도 제외된다. 이런 「흐이해즈」가 1990년의 인구센서 당시는 1천500만 명으로 보도되었고, 2000년 초 현재는 그 수가 3천만 명으로 추정되고 있다. ※ 이에 대해서는 중국 국가계획 출산위원회도 「현재 14세 미만 3억 중국 어린이의 20%만이 독자(獨子)이고, 나머지 가정은 둘 이상의 「흐이해즈」를 두고 있다」고 시인하고 있다(『조선일보』 2000. 7. 18). 따라서 중국의 총인구는 인구센서스의 결과에 의한 공식숫자보다 3천만 명 이상을 더 플러스해야 할 것이다.

이 광대한 대륙국가가 B.C. 221년, 진제국(秦帝國)의 성립이래 현재에 이르기까지 내・외란과 이민족의 침략으로, 종종 분열의 상태가 있었지만 대체로 통일을 계속 유지할 수 있었던 것은, 세계 역사 속에서도 기적이라고 할 수 있을 것이다. 2200여년의 긴 역사에서 비교적 장기간에 걸쳐 분열이 계속된 것은 다음의 세 번이다.

(1) 5호16국(五胡十六國)과 남북조시대(南北朝時代) : (304~589) 285년간
(2) 5대시대(五代時代) : (907~960) 53년간
(3) 남송시대(南宋時代) : (1127~1279) 152년간

분열시대는 합계 490년으로서 각 왕조 말의 일시적 내란기간을 합해도, 전체 통일시대의 4분의 1이 되지 않는다. 중국이 어떻게 이렇게 긴 세월 동안 정치적 통일을 유지할 수 있었을까?

첫째는, 이 나라의 지리적 조건으로부터 받은 영향을 생각할 수 있다. 황하

와 양자강 하류에 있는 평원은, 중국의 주요 부분으로 되어있다. 인구의 대부분이 여기에 집중하고 있어서, 현재의 인구통계로 보아도 이 평원에 위치한 하북(河北), 하남(河南), 산동(山東), 강소(江蘇), 절강(浙江), 안휘(安徽) 등 6개성의 인구가 총인구의 5분의 2를 차지하고 있다. 시선을 막을만한 산이 거의 없는 대평원에, 지방적 규모의 소수 집권세력이 할거한 일은 거의 없었고, 설사 그런 할거가 가능하였다 해도, 계속 정권을 유지할 수 있는 가능성은 거의 없었다. 이 평원은 전국 중에서도 농업뿐 아니라 상공업이 발달하고 있었기 때문에, 이곳을 지배한 정권, 즉 중원(中原)을 손에 넣은 부족은 전 중국을 아주 쉽게 통일할 수 있었다. 중국의 각 성(省) 중에서 사천성(四川省)처럼 양자강 상류분지로서, 험준한 산맥에 의하여 외부로부터 격리되어 있어도, 풍부한 자원에 의하여 충분히 자급자족할 수 있는 지방도 있었다. 삼국시대에 여기에 한왕조(漢王朝)의 귀족인 촉나라의 유비(劉備)가, 불과 부자 2대에 걸쳐 40년 밖에 명맥을 유지할 수 없었던 것은 좋은 예가 된다.

둘째 원인은, 이 국토에 사는 민족에게 있다. 중국 전체주민의 93%를 차지하는 한(漢)민족의 체질은 북부, 중부, 남부를 통하여 지방적으로 얼마간 틀리지만, 황색 피부에 검은색 직상모발(直上毛髮) 가진 몽골인종(Mongoloid)과 동일종족에 속한다.

중국의 여러 민족들 중에서 한족(漢族)은 전체인구 93%를 차지한다. 이에 반하여 이른바 소수민족은, 1990년의 「제4차 중국인구센서스」에 의하면, 한족 10억 3천 918만 8천명에 대하여, 56개 소수민족의 총수는 약 8천만으로서, 전체인구의 7.6%에 불과하였다. 이들 중 장족(壯族, 주로 광서·운남성에 거주)이 1천556만, 만주족(滿洲族, 주로 요녕·길림성에 거주) 986만, 회족(回人回族, 주로 영하·감숙성에 거주) 861만, 묘족(苗族, 주로 귀주·호남성에 거주) 738만, 위구르족(주로 신강성에 거주) 721만, 몽골족(주로 내몽골·요녕성 거주) 480만, 티벳족(주로 티벳·청해성에 거주) 459만이며, 우리 한족은 주로 길림·흑룡강성에 산재하면서 192만명으로 되어 있다(1995년 현재의 인구통계에 의하면, 총인구가 12억700만인데, 그중 소수민족은 6.7%인 8천100만 명으로 나타났다. 그중 위구르족이 770만, 티벳족이 230만, 몽골족이

600만이라고 했다). 이 소수민족은 숫적으로는 적으나, 한편 거주지역상으로는 전체면적의 5~6할에 달하는 넓은 지역을 차지하되, 지리적 환경은 중국의 서북 및 서남지역인 산간이나 사막의 미개발지역으로 되어있다.

이들 민족 중에서는 몽골족, 만주족, 위구르족처럼, 평원에 침입한 고원의 유목민으로서, 기마에 능하여 종종 중국민족을 침해했고, 나아가서는 중원을 정복하여 정복왕조를 세운 경우도 있었다. 그 인구수에는 한족에게 비교도 될 수 없는 소수민족이지만, 역사적으로는 한(漢)족을 압도할 수 있을만큼 대활동을 벌인 적도 있다.

이들 소수민족 중에는 터키계의 위구르족 등과 같이, 체질적으로 몽골로이드로부터 거리가 먼 민족도 있으나, 이것은 차라리 매우 예외적인 것으로서, 소수민족의 대부분은 넓은 의미로 몽골인종에 속하고 있다. 이것은 같은 아시아 대륙의 대국인 인도가 원주 인도인계, 드라비다계, 몽골로이드계, 아리아계 등 많은 인종이 혼혈된 복잡한 민족으로부터 성립된 것과는 정반대의 현상이다. 이 민족구성(民族構成)의 순수성(純粹性)이 중국의 정치적 통합을 이루는데 큰 역할을 하고 있다.

소수민족의 현황

총 인구 중 8천 100만 명(1995년 현재) 뿐인 소수민족은, 전국 총면적의 5~6할에 해당하는 광활한 지역을 점거하고 있다. 그들이 사는 지역은 주로 산악과 사막지대로서 거기에는 각종 자원(資源), 특히 광물적 및 에너지 자원이 지하에 숨겨진 채로 남겨져 있다. 중국의 경제발전에서 이들 소수민족의 취급은 중국 정권에 있어 대단히 중요한 의미를 갖게 되었다. 경제·문화수준이 한족(漢族)에는 비교할 수 없이 낮으며, 각 민족간에도 꽤 많은 차이점이 있다. 중국당국은 건국이래 민족의 차이를 없애고, 민족간의 장벽을 허물어 낙후된 사회를 발전시키려고 애써오고 있다. 즉, 그들 고유의 언어·풍속·습관을 존중하고, 그것의 긍정적인 면만을 서서히 변화·발전시키는 동시에, 한대(漢代)와 시장경제 원리에로의 적응화에도 정책적인 배려를 행하고 있다. 특히 2000년대에 들어서면서 대다수의 소수민족이 거주하는 광대한 서북지역은, 해안지대에 비하여 경제적으로 심히 낙후되어 있기 때문에, 10대 개발 프로젝트를 확정하고, 국가투자의 많은 부분을 투하하는 동시에 외자를 유치하여 급속히 개발·산업화시킬 것을 북경(北京) 당국은 강조한 바 있다.

    셋째로, 동일한 언어, 좀더 정확히 말하면, 동일한 문자의 사용이 끼치는 민족통합작용이다. 한족이 일상적으로 사용하는 언어는 기원전후의 옛날부터, 많은 방언(方言)으로 나뉘어져 있었다. 현재도 수도(首都)인 북경(北京)의 방언(옛날에는 官語(Mzmdarin, 표준중국어)라고 했으나 지금은 普通語라고 한다)을 중심으로 한 표준어를 보급시키는 운동이 널리 진행되고 있지만, 지방에서는 아직도 이 표준어를 사용할 줄 모르는 사람이 많다. 특히 남부의 광동(廣東)과 복건(福建)성들의 방언은 거의 다른 지역 주민들이 못 알아들을 정도로 특이하다. 방언의 차이는 지방분립(地方分立)을 재촉하는 것으로서 오히려 민족통일에 반작용을 한다고도 말할 수 있을 것이다. 물론 민족구성이 복잡한 인도인이 오스트로아시아어, 드라비다어, 인도유럽어, 티벳미얀마어 등, 전혀 다른 계통의 어족(語族)에 속하는 무수한 방언으로 나뉘어져 있는 것과는 동일지담(同一之談)이 아니다.

    중국 근대의 일상용어, 즉 구어(口語)라고 할 수 있는 백화(白話/baihua)는, 한자로 쓰여진 문장어(文章語), 소위 말하는 한문(漢文)으로부터 파생된 것이다. 구어(口語)에는 방언상의 차이는 있어도, 한문이라는 동일한 고전어(古典語)를 읽고, 쓰고 있다는 것이 중국문화에 순일성(純一性)을 부여하며, 나아가서는 중앙집권적인 정치형태, 소위 말하는 군현제(郡縣制)와 율령제국가(律令制國家)에 의한 장기간에 걸친 통일에 유리한 작용을 하였다고 생각된다.

    넷째 원인은, 앞에서 언급한 것처럼 중국의 지리적 위치가 유라시아 대륙에서도 극동(極東)지역에 치우쳐진 고립성으로 말미암아, 강대한 선진국에 의해 정치적, 문화적으로 압도되는 위기가 적었던데 있다.

4. 중국역사발전의 원동력

    중국은 B.C. 3세기 진(秦)의 통일제국이 나타났을 때부터 20세기초에 청

(淸)제국이 멸망할 때까지 2100여년 간에 걸쳐, 몇 개의 왕조가 엎치락 뒤치락하며 통치를 계속해 왔다. 청조(淸朝)말기 이후 구미(歐美)의 민주주의 정치나 사회주의 혁명사상의 영향을 받은 개신파(改新派) 학자들은, 이 왕조의 구제도(舊制度)를 전제주의정치(專制主義政治)의 산물로 단정하고, 중국이 오랜 세월동안 이런 구제도의 압박하에 암흑시대가 계속되어, 사회나 문화가 정체상태로 계속되어 왔다고 저마다 비난하기 시작했다. 구정치와 사회조직의 기초를 이루고 있었다고 할 수 있는 유교사상(儒敎思想)에 대하여, 이것이야말로 2천여년간, 중국의 진보를 저해한 최대의 요소라 하여 비판의 과녁으로 삼았다.

구왕조(舊王朝)는 서구 여러 나라에서 행하던 민주주의와 같은 대의정치(代議政治)제도를 채택하기는커녕, B.C. 2세기 후반(漢 武帝때)에는 유교에 대하여 국교(國敎)와 같은 지위를 부여하면서부터 재능(才能)과 도덕(道德)에 뛰어난 인물을 관리로 뽑는 제도를 만들었고, 또 점차 유교의 학문을 과목으로한 시험제도에 의하여 문관(文官)을 임명하는 제도를 확립하였다. 이 과거(科擧)라고 불리어지는 제도(進士制度)는 군주제국가(君主制國家)에 항상 붙어 다녔던 귀족주의적 신분제도(身分制度)를 배제하고, 근대적인 관료국가(官僚國家)로서의 기능을 갖게 하였다. 중국의 군주는 하늘의 명령을 받아서 하늘의 아들, 즉 천자(天子)로서 백성을 통치한다. 하늘은 백성의 덕망을 얻은 사람을 천자로서 임명하는 것이므로, 그와 또 그 자손의 불의·부정한 행동과 정치는 백성의 지지를 잃게 되어, 천자의 위치로부터 쫓겨나게 되며, 따라서 백성은 기본적으로 혁명권(革命權)을 가지는 것으로 인식되었다. 이 군주에 대한 백성의 혁명권을 인정하는 정치사상과, 세습적 신분제를 부정하는 문관시험(文官試驗)이 존재했다는 것은, 중국왕조국가의 전제주의적 성격을 어느 정도까지 약화시키는 작용을 하였다.

중국의 중앙집권주의는 그 통일 국가가 처음으로 나왔을 당시에는, 제국의 넓은 판도(版圖)의 구석구석까지 법률로써 지배하려 하였다. 그러나 이 시도는 결국 실패로 돌아가, 정부는 촌락(村落)의 자치(自治)를 존중하고, 지방행정에 그다지 간섭하지 않게 되었다. 이상적(理想的)인 정치는 백성으로

하여금 자유롭게 일상생활을 영위하고, 정치의 지배존재에 대해서는 가급적 잊도록 하는 상태에 두는 것이라고 믿고 있었다.

천자의 힘이 어찌 나에게 미치리오(帝力何有於我乎)

중국에서 가장 도덕적인 군주로 되어있는 요제(堯帝)에 대해서는 다음과 같은 전설이 전해지고 있다. 어느 날 황제가 변장을 하고 어느 마을 네거리에 다다라서보니, 한 아이가 예쁜 목소리로 노래를 불렀다. 그것은 「우리들 만백성이 이렇게 즐겁게 매일 생활할 수 있는 것도, 모두 임금님의 보살핌 아닌 것이 없습니다. 우리들은 부지불식간에 황제의 모범을 따라서 살아갑니다」라는 의미였다. 옆에 앉아 있던 노인이 지팡이로 땅을 두드려 박자를 맞춰가면서 노래를 부르기 시작했다. 「우리들은 해가 뜨면 일하러 나가고, 해가 지면 집으로 돌아와 쉰다. 우물을 파서 물을 마시고 농사지어 밥을 먹는다. 황제의 은혜 따위가 어디에 있겠느냐(日出而作, 日入而息, 鑿井而飮, 農耕而息, 帝力何有於我乎)」라고 노래하는 것이다. 백성에게 이와 같은 목가적(牧歌的)인 정서가 가득 찬 생활을 보내게 하는 정치가 이상적인 정치였다. 아무 것도 지배하지 않는 정치, 지배를 의식시키지 않는 정치가 이상적인 정치였던 것이다.

중국의 전제주의는 보통 비난되는 것처럼, 힘들고 고된 암흑(暗黑)의 정치만은 아니었다. 그것은 온화화(溫和化)되어 독특한 민주주의적 색채를 가진, 어느 정도 합리주의적인 지배로 되었다. 이것이 중국에서 2천여년에 걸쳐 왕조국가(王朝國家)라는 정치가 지속될 수 있었던 한 가지 이유이다. 이러한 견지에서 본 학자 중에는, 이것을 중국 특유의 장기봉건제(長期封建制)라고 부르면서, 중국경제는 이런 오랜 기간동안에 서서히 성장하여 자본주의 경제의 싹을 키워온 것이라고 말한다. 고립된 중국경제는 19세기 중반을 지나면서 열강(列强) 무력에 강요되어, 항구를 열어 외국무역을 시작하게 되었다. 발달한 서구와 일본의 자본주의적 상품이 유입되면서 중국의 전통적인 경제가 붕괴되기 시작했고, 반봉건적인 구제도(舊制度)를 남기면서 반식민지 상태로 전락하게 되었다. 청왕조(淸王朝)를 전복시킴으로써 기나긴 왕조국가의 정치를 철폐하고 중화민국을 만들어, 근대적인 민주국가를 세우려고 하였다. 이 시도는 일본의 무력 침략과 더불어 실패로 돌아가고, 결국 마르크스-레닌주의에 의한 중국공산당의 혁명에 의해 중화인민공화국이 탄생되었다.

중국 공산당의 지도자였던 모택동(毛澤東)은 설명하기를 중국의 역대 왕조를 무너뜨린 혁명은, 대체로 B.C. 3세기에 진(秦)제국 붕괴에 불을 붙인 진승·오광(陳勝·吳廣)의 농민반란(B.C. 209)에 의한 혁명과 같은 형태를 따른 것으로서, 이 중국왕조 지배에 반항하여 종종 일어난 농민운동이야말로, 장기에 걸친 봉건제도를 서서히 발전 전개시킨 근본적인 원동력이었다고 했다.

중국인의 민족성의 하나로서 인내심(忍耐心)을 들 수 있다. 이것은 물질적 생활의 결핍을 견디어 내고, 역경에 굴복하지 않는 끈기있는 힘이다. 이 정신은 인도인과 같이 염세주의에서 나온 것이 아니라, 제왕에 대해 "천자의 힘이 어찌 나에게 미치리오"하는 말에서 잘 표현되고 있듯이, 중국인 특유의 낙천주의로부터 생겨난 것이다. 중국에 들어온 인도불교의 염세주의(厭世主義) 또는 숙명론(宿命論)은, 일시적으로 중국인의 정신에 영향을 주었으나, 머지 않아 민간종교인 도교(道敎)로 대표되는 철저한 현세주의(現世主義)에 의해 대치되었다.

중국민족의 대부분을 차지하는 농민은, 항상 한해와 홍수 등의 천재(天災)에 시달렸지만, 언제나 잘 견디면서 험한 자연환경에 적응하여 절제있는 생활을 영위해 왔다. 대평원에 정주하는 농민을 바탕으로 광대한 지역 위에 만들어진 중국의 왕조국가는 북방초원을 이동하는 유목민족의 침입이라는 위협을 끊임없이 받아왔으며, 또 종종 정복되어 그 압제에 복종하면서도, 중국고유의 문화를 계속 유지하면서 이민족(異民族)을 동화시켰고, 결국은 정복왕조(征服王朝)를 뒤엎고 민족의 독립을 쟁취하곤 했다. 혹독한 자연과 역사의 시련을 견디어내면서 살아온 중국민족의 오랜 기간에 걸친 경험은, 이 인내심을 잉태하게 한 기반이 되었다.

중국 옆에 위치하는 유라시아의 또 하나의 대륙국인 러시아라는 나라 농민의 인내심 강한 성격은, 종종 중국과 대등하게 평가받고 있다. 그러나 왕조(츠아)의 독재정치에 큰 반항을 보이지 않고 순종한 신민(臣民)이던 슬라브인과, 대규모 농민반란으로 역대왕조에 대항한 중국인의 성격은, 서로 궤도를 달리하고 있다. 러시아의 인내력이 정치적으로는, 수동적(受動的)인 것에서 그쳐버린데 대하여, 중국의 그것은 종종 정부의 악독한 정치에 반대하고, 또 이것을 타도하는 운동에서 나오는 능동성을 그 저변에 깔고 있었다.

중국민족은 오랜 역사기간을 통하여 통일을 유지하는 가운데서, 광대한 토지를 개척하여 12억이 넘는 인구를 가진 국가로 성장해 왔다. 그 원인은 과연 무엇일까. 중국 국토의 중요한 부분들이, 아시아 동남해안에 펼쳐진 몬순지대에 포함되어, 주로 벼농사를 짓고 있다. 벼농사는 보리 따위의 전작물(田作物)에 비하여 높은 수확을 얻을 수 있다. 중국이 많은 인구를 계속 유지할 수 있었던 것은 쌀과 밀접한 관계를 가지고 있기 때문이다.

중국의 벼농사가 동남아시아의 여러 나라처럼 조방농업(粗放農業)이 아니라 집약농업으로서 높은 생산을 유지하고 있는 것은 끈기있고, 강하며, 근면한 농민의 힘에 의한 것이다. 한편으로는 광대한 국토를 개척하고, 다른 한편으로는 전제주의적 왕조지배에 대하여, 농민운동을 일으켜 반항하는 적극적인 힘을 내포하고 있는 중국농민의 에너지가, 장기간에 걸쳐 봉건주의를 서서히 발전시켜온 원동력이었다고 말할 수 있을 것이다.

제 2 장 중국민족의 기원

1. 성왕(聖王)의 치세(治世) ― 삼황오제(三皇五帝)의 전설

유구한 역사를 자랑하는 중국민족은 어떻게 해서 형성되었을까. 12억여의 거대한 민족으로까지 성장, 발전한 중국민족은 이 국토에서 언제부터 살기 시작한 것일까. 19세기에 서양학자가, 중국의 문화는 서남 아시아로부터 이주해온 바빌론왕조의 지족(支族-分家)이 가져왔다는 설을 주창한 적이 있다. 현재는 이 설을 그대로 신봉하는 사람이란 거의 없지만 서남 아시아에서는 세계에서도 어느 나라보다 빨리 농경생활에 들어가, 토기와 금속기(金屬器)의 제작기술을 발명하고, 촌락 사회로부터 도시국가로 전화(轉化)했다고 한다. 이 서방의 고대문명이 어떠한 형태로든 동아시아에 전파해왔다는 견해는, 세계의 인류학자와 고고학자들 사이에는, 꽤나 유력한 학설로 되어있다.

그러나 중국민족은 세계 여러 민족과 마찬가지로, 자기민족이 현 거주지(居住地)에서 자생(自生)했고, 문명을 자력으로 만들어 왔다고 굳게 믿고 있다.

중국인은 자국(自國)의 문화가, 도덕이나 재능의 모두가 보통사람과는 비교할 수 없을 정도로 뛰어난 성인(聖人)이 황제가 되어, 유용한 기술을 발명했고, 미개한 인간과 사회를 교화하며, 인간의 물질적·정신적 생활을 창조했다는 전설을 가지고 있다. 최초의 성천자(聖天子)는 3황(三皇)이었다. 오랜 옛날의 세상은, 인간들은 아직도 소수이고 야수쪽이 훨씬 많아서, 호랑이나 용사(龍蛇)와 같은 괴물이 여기저기에 살고 있었다. 한 사람의 성인(聖人)이 이것들의 공격을 막기 위하여 커다란 수목(樹木) 위에 새둥우리 같은 것을 만들려고·생각했다. 사람들은 이 사람을 유소씨(有巢氏)라고 불렀고, 왕으로 추대했다. 그 무렵의 인간이 음식으로 먹었던 것은 패류(貝類)이지만, 이것을 날로 먹고 있었으므로 종종 위장을 망가뜨려 환자가 그치지 않았다. 또한 사람의 성인이 나타나 나무를 비비거나 돌끼리 맞부딪혀 불을 일으키는 기술을 발명하여, 불에 구워서 먹는 법을 사람들에게 가르쳤다. 위장병(胃腸病)은 완전히 없어지게 되어 그 은혜를 찬양하기 위해 사람들은 그를 수인씨(燧人氏)라 불러 왕으로 모셨다.

일설에 의하면, 다른 성인은 천체의 성좌(星座)나 지상의 산하(山河)의 형세, 날짐승의 털무늬 등을 본따서, 현재 역경(易經)의 원리에 의한 점술(占術)의 기본인 8괘(八卦)를 만들어 신(神)의 의지를 읽고 미래를 예지하는 방법도 생각해 내었다. 그는 포희씨(包犧氏)라고 불리었으며, 역시 왕으로 추대되었다. 다른 성인(聖人)은 나무를 깎아 농기구를 만들어 밭을 갈고 농업을 가르쳤기 때문에 신농(神農)이라는 이름으로 왕이 되었다고 전해지고 있다. 이와 같은 고대의 성인은 아직도 많이 있지만, 그 중에서 특히 저명한 세 사람을 선택하여 이들을 삼황(三皇)이라고 부르는데, 이들은 중국 역사에서 연이어 최초로 황제에 즉위한 것으로 생각되었다. 옛 중국의 전통적인 역사는 천지창조에서 시작되는 것이 아니라, 갑자기 이 삼황(三皇)이 나타나 다스리는 세계국가로부터 시작되는 것이 특징이다.

중국 고서(古書)에는 삼황을 열거하는 방법에 여러가지가 있기 때문에 일정하지가 않지만, 이들 성인은 기실 일반적인 보통 인간이 아니었다. 예를 들어 어떤 설(說)에 의하면, 화서(華胥) 즉 「꿈을 꾸는 처녀」라는 뜻의 이름을 가진 여자아이가 늪을 걷고 있다가, 유별나게 큰 거인의 발자국을 밟았다. 그 순간 무엇인가 신기한 정기(精氣)를 느끼고 잉태해서 낳은 아이가, 팔괘(八卦)와 갑력(甲曆)을 만들어낸 복희(伏羲)라는 성인이라고 한다. 그런데 이 거대한 발자국은 인간이 아니라 천제(天帝)의 발자국으로서, 이것을 느껴서 태어난 아이는 곧 천제(天帝)의 아들이라는 주장이다. 다른 설에 의하면 이 복희(伏羲)는, 얼굴은 인간이지만 몸 전체에 비늘이 있어서 마치 용과 같은 모양이고, 그의 황후(皇后)인 여왜(女媧)는 얼굴은 사람이지만 몸은 구렁이(人面蛇身)였다고 전해지고 있다.

산동성(山東省)에 있는 태산(泰山)은 중국 제1의 신성한 산악으로 되어있는데, 그 정상에서는 B.C. 1세기인 한무제(漢武帝)시대(B.C. 140~87 재위)만 해도, 합계 72인의 이러한 고대 성제(聖帝)에 대하여 제사를 지내왔지만, 그 중에서 이름을 알 수 있는 것은, 단지 12명밖에 없었다. 이것은 고대의 성왕들이 원래 화북(華北)지방의 대평원 위에 한층 더 우뚝 솟은 영산(靈山) 정상에 강림하신 신(神)들이었다고 믿었던 까닭이었을 것이다.

이 반인반수(半人半獸)의 모습으로 천신(天神)의 아들로서 지상에 태어난 삼황이 미개한 세상에 나타나, 인간의 생활기술을 발명했다는 기사도, 실제의 역사사실을 쓴 것이 아니라, 고대의 전설을 바탕으로 하는 것이다. 이런 전설은 아마도 B.C. 3세기경인 전국시대 말기에, 중국민족의 동아시아 통일

복희(伏羲)와 여왜(女媧)

신강성(新疆省, 현 위구르 자치구)트루판 지방 아스타나에서 출토된 바 명주천에 그려진 당대(唐代)의 그림에서 취했다. 복희는 자를, 여왜는 콤파스를 가졌고, 하반신은 모두가 뱀으로서 서로 얽혀있다. 위에는 해와 별, 아래에는 별과 초승달이 그려져 두 신(神)이 천지를 창조했음을 상징하고 있다.

이 바야흐로 진(秦)제국에 의하여 완성되려는 그 무렵에 중국인의 거주구역

이 확대되고, 주변에 있는 야만족의 미개사회를 직접 또는 간접적으로 보고 들은 학자가, 이와 같은 원시적 사회가 점차 개화되어 중화(中華)의 문화국가에 도달한 것이라고 상상하여 만들어 낸 전설인 듯하다. 이 시대에는 인간이 이성(理性)의 힘으로 야만인으로부터 문명인이 되었다는 계몽주의적(啓蒙主義的)인 역사관이 유행되었기 때문이다.

3황에 이어 5제(五帝)라는 다섯 사람의 성인 황제들이 계속해서 천하의 제왕이 되었다. 5제에도 여러가지로 열거하는 방법이 있다. 보통 첫 번째로 꼽는 것은 황제(黃帝)이다. 황제는 염제(炎帝)와 싸워 이겨서 황제의 자리에 오르게 되었다. 원래 염제(炎帝)의 어머니도, 어떤 처녀가 천제(天帝)의 정기(精氣)를 느끼고 강수(姜水)라는 강변 근처에서 태어난 여자아이였다. 그런데 다른 설에 의하면 황제(黃帝)는 또 다른 처녀의 아들로서 태어나, 희수(姬水)라는 강변에서 자랐다. 중국의 씨족(氏族)은 원래 남계(男系)가 아니라 여계(女系)인 듯 싶다. 왜냐하면 보통 그 성이 희(姬)나 강(姜)과 같이 부수에 계집녀(女)자가 항상 따라 다니는 성이기 때문이다.

고대에도 가장 유력한 부족은 희성(姬姓)과 강성(姜姓)이지만, 황제-염제(黃帝-炎帝)는 각기 부족들의 시조(始祖)였다. 그들은 천상(天上)으로부터 이 두 강의 수원지(水源地)에 해당하는 높은 산에서 내려왔고, 그 자손이 그 하류의 평원지대에 정착하게 되었다고 믿고 있었다. 여기서 계집녀(女) 부수에 강 이름을 붙여서, 각기 부족의 성(姓)으로 한 듯 싶다. 황제(黃帝)는 25명의 아들을 두었지만, 그 중의 14명이 각각 다른 성을 가진 부족의 시조가 되었다. 황제, 즉 하늘의 상제(上帝)는 지상에 내려와 천자가 된 사람으로서, 후에 그 자손들이 몇 개의 부족으로 나뉘어져 중국 각지에 살면서, 여러 나라를 만들었다는 것이, 이 전설의 원래의 의미이다. 황제는 말하자면, 중국민족의 공통의 조상인 셈이다. 우리 배달민족이 우리의 시조가 단군이라고 믿고 있듯이, 중국민족은 황제(黃帝)를 민족 공동의 조상이라 믿고 또 황제의 아들이라고 자칭해 왔던 것이다.

황제(黃帝-軒轅氏)다음으로 전욱제(顓頊帝-高陽氏), 곡제(嚳帝-高辛氏), 요제(堯帝), 순제(舜帝)의 4제왕이 연달아 즉위했다. 이 둘 중에서 가장 유명한 임금은 요(堯)와 순(舜)이다. 중국 학문의 기초가 되었고, 공자(孔子)가 편찬했다고 알려진 『상서(尙書)』라는 경전이 있다. 이것은 오래된 글, 즉 고대의 기록이라는 의미인데 『요임금의 경전(經典)』과 『순임금의 경전(經典)』이 그 제1권에 수록되어 있다. 공자가 정했다는 중국의 가장 정통성있는 역사는 성인 황제인 요와 순의 치적으로부터 시작하고 있다.

요전·순전(堯典·舜典)을 읽어보면, 앞의 3황이나 5제와 같은 기괴한 성격은 어디에도 보이지 않기 때문에, 그 덕망으로 중국 전체를 통치한 높은 인격을 가진 제왕으로 분석되는 것이다. 그러나 잘 읽어보고, 이것을 다른 고전의 기록과 비교해 보면, 역시 아직은 미개상태로 있던 사회에서 믿어졌고 또 전해진 신비스런 전설을 인간화하여, 우아한 문체로 표현한데 불과함을 알 수 있다. 요(堯)가 그 인격에 의해 동족(同族)만이 아니라, 천하의 모든 나라를 교화했다고 하는 송덕사(頌德辭)에는, 그가 희하(羲和)의 아이들을 사방 팔방에 파견하여 천문(天文)을 관측하고 지방마다에 적합한 달력을 만들게 했다는 기사가 있다.

고대 중국은 태양이 매일 아침 동쪽 산골짜기로부터 나와 저녁에 서쪽골짜기로 들어갈 때까지, 마차를 타고 하늘 위를 여행한다고 믿었는데, 이 희하(羲和)는 바로 이 마차의 마부 노릇을 했다는 전설이 있다. 이 전설은 본래 태양의 어머니로서 아이를 목욕시키거나 여러가지 시중을 드는 여성, 즉 태양의 운행을 조절하는 무녀(巫女)를 말하는 것 같다. 『상서(尙書)』는 이 신화 속의 무녀(巫女)를 천문관(天文官)의 모습으로 슬쩍 바꾸어 합리적인 기사로 만든 것이다.

노령(老齡)에 이른 요(堯)는 신하들에게 민간의 현자(賢者)인 순(舜)을 새로운 임금으로 추천했다. 그리고 시련을 주어 그의 인격을 확인한 뒤에 자신의 아들은 그대로 두고, 순에게 제위(帝位)를 넘겨주었다. 순제(舜帝)는 또한 제위를 자신의 아들에게 물려주지 않고, 치수(治水)로 공을 세운 우(禹)에게 물려주었다. 이것을 선양(禪讓)이라 해서, 현자로부터 현자로 넘겨주는 이상적인 제위의 상속법이라고, 유교 학자들은 극구 칭찬하고 있다.

순제는 왕위계승 이전에 요(堯)의 둘째 딸을 맞아 결혼했고, 많은 시련을 받은 것으로 되어있다. 이것은 아직 부계가족(父系家族) 제도가 확립되어 있지 않은 모계(母系) 씨족사회의 상속관습을 나타낸 것으로 해석된다. 신하들이 다함께 모두 순(舜)을 요(堯)에게 추천하였는데, 이것은 고대의 선거왕제(選擧王制)의 흔적을 나타내는 것으로 해석된다. 왕조국가(王朝國家)의 역사기록과 같은 외관을 보이고 있는 요전(堯典)도, 정독(精讀)해 보면 씨족사회의 미개상태를 반영하고 있는 기사를 여러 곳에서 찾아볼 수 있다. 요전(堯典)에 나오는 역사적인 인물을 잘 훑어보면, 중국의 주요 부족의 시조신(始祖神)을 뒤에 인간화한 것, 즉 천상(天上)으로부터 내려온 황제(黃帝)를 중심으로, 고대 각 부족의 시조신(始祖神)들이 각각 백관(百官)이 되어 궁전에서 봉사하되, 그중 각자가 맡은 직책을 잘 해낸 사람은 공덕을 칭찬하여 상을 받고, 그것을 못해낸 사람은 처벌을 받았다. 대처 고대문화 민족이 신화를 합리화할 경우는, 이부족(異部族)의 신들을 하나의 통일된 신계보(神系譜)에 편입시켜서 혈통화(血統化)하는 것이 통상이다. 이에 대해 중국에서는 부족신(部族神)을 고대 통일제국의 제왕과 그 신하관계에 편입시키고 있다. 이렇게 하니 신화로부터 인간역사에의 변형이 훨씬 높은 형식으로 승화된다.

　요전(堯典)에 이어서 중요한 것은 우공편(禹貢篇)이다. 여기에는 순(舜)으로부터 치수(治水)에 대한 명령을 받은 신하인 우(禹)가, 그 사업에 성공하여 천하를 9주(九州)로 나누고 공납제(貢納制)를 널리 시행한 것이 기록되어 있다. 이것은 요전(堯典) 등과 더불어, 당시의 제국이 현재 중국 중심부에 해당하는 광대한 지역에 걸쳐서 통일정치가 시행되었던 것이라는 느낌을 가지게 한다.

　그러나 우공(禹貢)치수의 본질은, 『구약성서(舊約聖書)』의 노아의 홍수를 비롯하여, 전 세계에 퍼져있는 천지창조 초기에 일어났다는 대홍수에 관한 전설 중의 하나이다. 우공(禹貢)은 바로 이것을 전국시대의 지리적 지식에 맞추어서, 지리서 형태로 엮은 것이다. 중국 고대에 이러한 대제국이 현실적으로 존재했던 것은 아니다. 그러나 요전(堯典)은 성인황제의 이상적인 정치를 나타낸 성전(聖典)으로서, 후일 중요한 의의를 갖는 책이 되었고, 또 우공(禹貢)은 지지(地誌)의 전형으로서 지리학의 기본이 되었다. 홍수에 의하여 황폐화된 중국의 토지를, 인간이 주거할 수 있는 장소로 만든 우(禹)의 공적은 위대하였으므로, 그를 따르는 백성이 자손을 왕으로 세워 여기에 하왕조(夏王朝)라는 세습적 왕조가 성립하게 되었다고 전해진다.

중국의 민족을 구성하는 여러 부족이 가지고 있던 신화·전설을 현실의 역사로 미화한 이들 고전은, 중국의 신대기(神代紀)와 비슷한 것이다. 이러한 전설은 중국 정치철학의 원천으로, 후세의 유교에 크나 큰 영향을 주었기 때문에, 그 의미로서는 중요하지만, 그 자체가 역사를 나타낸다고 믿는다면, 그것은 커다란 과오를 저지르게 되니, 주의하지 않으면 안될 것이다.

고전의 핵(核)으로 되어 있는 신화전설의 연구는, 최근 장족의 발전을 하였지만, 신화학자들의 입장에 따라 해석이 가지각색이므로, 아직은 제대로 된 정설이나 통설이 없다고 하겠다.

이처럼 전설이 아니라 글로 쓰여진 확실한 역사의 기록을 알려고 해도, 실제로 기록된 것은 일반적으로 그 민족의 기원으로부터 한참 훗날의 일이기 때문에, 그것은 거의 불가능한 일이다. 이 원시적인 민족 옆에, 좀더 오래된 문명국이 있어서 그들 사이에 교섭이 있었다면, 그 문명국의 역사에 이 원시민족의 상태가 확실하게 쓰여지는 경우가 있다. 그것은 마치 아이가 자신이 기억을 못하는 유아기의 생활을, 부모나 형제들의 이야기에 의하여 알게되는 것과 마찬가지이다. 아직 문자에 의한 역사를 가지고 있지 않았던 일본민족의 상태가, 이것과 국교를 가지고 있던 중국의 위(魏)왕조의 외교기록, 즉 『위지(魏志)』의 「왜인전(倭人傳)」에 기술된 것은 그런 예가 될 것이다.

중국은 동아시아에서 최고(最古)의 문명국이기 때문에, 민족의 기원에 대하여 다른 나라에 의존할 수 없었던 것이 당연하므로, 이리하여 중국의 역사가는 난처한 입장에 빠지게 된 것이다.

쓰여진 역사가 충분히 믿을 수 없는 것이라면 고고학자의 지상(地上)의 발굴과, 현재의 중국민족이나, 이들을 둘러싸고 있는 다른 민족의 체형(體型)에 대한 인류학적인 연구, 지하로부터 발굴되는 고대인의 골격과 그들의 문화유물 등을 실마리로 해서, 문자로 쓰여지지 않은 중국민족의 최고(最古)

의 시대를 다시 구성하는 방법 이외에는 다른 방법이 없을 것이다.

2. 중국인의 선조(先祖) — 몽골로이드 인종의 발생

중국은 지금은 절멸한 유인원이나, 그리고 원숭이와 인간과의 공동의 선조가 되는, 오래된 인류의 화석이 보존된 보고(寶庫)이다. 남부의 광서성(廣西省) 산악지대 여러 곳에 있는 석회암(石灰岩) 동굴 속에는, 짐승들의 화석이 많이 쌓여 있다. 주민들은 이것을 채굴하여 용골(龍骨)이라 불러 한약방에 팔고 있었는데, 이것들 중 인류의 것을 닮았지만 2배정도 더 큰 구치(臼齒, 어금니)를 발견하였다. 새 중국정권이 수립된 이후, 정식으로 학술적 조사와 발굴작업이 진행되어, 많은 견치(犬齒, 송곳니)와 아래턱뼈 등이 발견되었다. 어떤 것은 제3기(Tertiary period)초인 지금으로부터 약 1500 만년 전의 동물로서, 삼림고원(森林古猿)이라고 명명된 인류에 가장 가까운 유인원의 한 종류에 속하는 것도 있었다. 이것으로부터 시대가 조금 더 지난 제4세기(Quaternary period)초의 동물인 거원(巨猿)이라는 대형 유인원(類人猿)의 뼈도 역시 많이 발견되었다. 이러한 원숭이와 인간의 공통된 조상이거나 또는 이것으로부터 계통(系統)을 이어받은 유인원이 제3기경부터 중국에는 꽤 많이 살고 있었다는 것이 최근에 밝혀졌다. 제4기 중엽이 되면, 그것이 점차 원숭이로부터 갈라져 나와 인류에 가까워지는데, 직립(直立)하여 보행할 수 있는 원인(猿人)의 뼈가 인도네시아의 자바에서 발굴되었고 또 이것을 닮은 사람의 뼈가 중국에서도 발견되었다.

1929년 가을, 스웨덴의 지질학자 앤더슨이 수도 북경의 서남쪽 50km지점에 위치하는 주구점(周口店)이라는 곳의 언덕 위에 있는 석회암 동굴에서, 처음으로 치골(齒骨)화석을 발견하였다. 그로부터 1937년 7월, 중·일(中·日)전쟁이 일어날 때까지, 7개의 두개골을 포함하여 40구의 인골(人骨)이 발굴되었다. 두개골은 어느 것도 현대인 것보다 두께가 두꺼운 것이 원시적이었다. 이것은 그 무렵에 알려졌던 고생인류(古生人類)인 자바 발굴의 직립원인(直立猿人)과 대체로 닮고 있었다. 두개골에 들어갈 수 있는 뇌(腦)의 용

제 2 장 중국민족의 기원 **39**

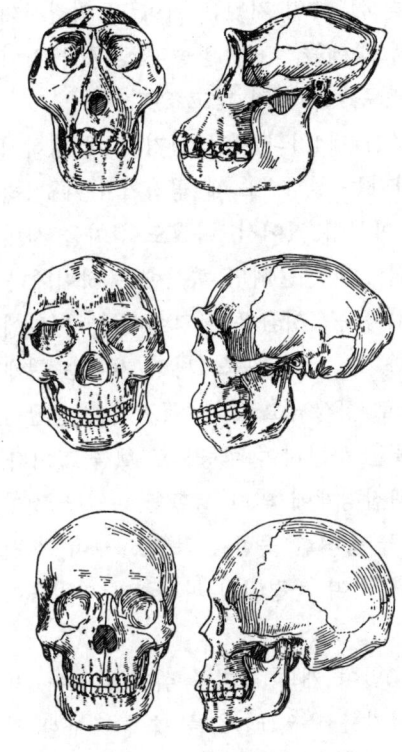

고릴라·북경인·현대인의 두개골

측면도가 말해주듯이 원숭이로부터 현생인류(現生人類)로 진화함에 따라 턱이 작아지고, 뼈드렁니가 없어지며, 얼굴각도가 직각으로 된다. 북경인은 원숭이와 현생인류의 중간에 위치한다. 눈썹부위의 凸부위도 현대인에게는 없어졌지만 북경인에게는 아직 남아있다.

적(容積)이 850으로부터 1300cm³, 평균 1075cm³로서 자바 직립원인의 평균 860cm³보다는 약간 커서, 유인원의 415cm³와, 백인이나 몽골로이드 인종의 1400cm³ 사이에 위치하고 있었다. 이 가운데서 어떤 1구는 1300cm³나 되어, 현생인류(現生人類)와 거의 변함이 없는 것까지도 있었다. 정수리가 납작하다는 점에서는 현생인류와 유인원의 중간쯤에 해당하였다. 대퇴골(大腿骨)로부터 추정하여 신장(身長)이 153cm정도이고, 인간과 같이 직립하여 걷고 있었다는 것은 확실한 바, 학계에서는 이를 북경인(北京人)이라고 명명(命名)하였다. 인류학자인 와이덴라이히는 북경인이 삽모양의 어금니(臼齒)를 가진 것을 비롯하여 현재의 몽골로이드 인종과 공통된 특징이 많은 것으로 보아, 그가 현 중국인(現中國人)의 직접적인 조상이라고 생각하였다. 만일

이 학설이 확인되면, 화북(華北)에서의 중국민족의 기원은 이미 먼 지질시대에 시작된 것으로 된다. 그러나 이 특색 중에는, 다른 인종과 공통된 것이 많기 때문에, 현재의 학자들은 이것을 별로 지지하지 않고 있다.

　북경인이 살았던 시대는 지질학적으로는 제4기의 제1빙하기와 제2빙하기의 사이, 즉 제1간빙기(間氷期)에 해당한다는 설과, 또 제2빙하기와 제3빙하기의 사이, 즉 제2간빙기에 해당한다는 학설이 있어서, 아직도 학자들 사이에는 정설(定說)이 없다. 이 동굴에 쌓여있던 동물뼈의 화석에는 하이에나, 검치범(劍齒虎), 큰뿔 영양, 삼문마(三門馬) 등, 지금은 절멸한 동물 이외에도, 코뿔소나 물소 등도 포함되어 있었다. 그 당시 화북지방의 기후는 현재보다 더욱 온난습윤(溫暖濕潤)했던 것으로 상상되고 있다. 북경인은 동굴바깥 초원에 사는 말이나 양 등의 초식동물을 사냥하여 식량으로 했을 것이다. 그 외에 과일, 풀뿌리, 줄기 등을 찾아 채집경제에 의한 생활을 하였을 것이다. 호랑이나 늑대, 표범 등의 짐승이 가끔 습격한 듯한 흔적으로 보아, 산간지대는 지금과 달라서 삼림이 굉장히 무성하여 북경인의 피난처가 되었음이 틀림없다.

　또한 동굴 속의 퇴적물(堆積物)에는 10만여 개의 석기가 섞여 있었다. 새 중국정권 수립 후, 고고학자가 다량의 석기를 층위(層位)를 쫓아 조사한 결과, 하층에는 별로 가공하지 않은 대형의 석기, 위층으로부터는 복잡하게 가공한 소형의 석기가 발견된 것으로부터, 이것을 제작하고 사용한 북경인의 거주가 역사적으로 꽤 장기간에 걸쳤다는 것이 추정되었다.

　이 유적에서도 가장 주목되는 것은, 석회암이 타서 석회로 된 것과, 불에 구워진 짐승뼈 외에도, 석회층 속에서 숯덩어리까지 발견된 사실이다. 북경인이 발화법(發火法)을 발명하고, 이것을 생활에 의식적으로 사용한 것은, 인류문화발전에서 하나의 시대를 구획(에폭)하는 대사건이다. 북경인이 사용한 석기와 똑같은 계통의 석기가, 하남성 삼문협(三門峽)댐을 비롯하여 산서성(山西省), 섬서성(陝西省)의 황하기슭 가까운 곳에서도 발견되었다. 이것으로 보아 그들의 주거지는 황하중류 유역의 상당히 넓은 지역에 분포되어 있었다. 현대인과는 현저하게 다른 구인류(舊人類)의 유적은, 북경인을 최초로 산서성(山西省)의 정촌(丁村), 광동성의 마파, 호북성(湖北省)의 장양(長陽), 산서성 내 오르도스의 각지에서 발견됨으로써 그 분포가 더욱 넓어졌다. 최후의 오르도스인이 구인류와 현생인류(現生人類)와의 과도기에 살았는데, 이것은 구석기시대 마지막 시기에 해당한다.

絶対年代	地質年代		地層 斷面		石器 時代 文化 区分				人類化石
	沖積世	次生黃土	砂質黃土		新石器時代				
25000						쟈라이놀·顧鄕屯文化			
50000	洪積世後期	黃土期	쟈라이놀 顧鄕屯·薩拉 黃土	資陽	舊石器時代	後期	山頂洞文化		山頂洞人 資陽人
100000			샤라·오소·골 水洞溝			中期	오르도스文化	샤라·오소·골文化	오르도스人
150000	第四紀							水洞溝文化 黃土底礫層의 石器	
200000			周口店期	丁村		前期	襄汾丁村文化	周口店第3·4地点	
300000	洪積世中期		赤色	枯土石			北京原人文化	上部 周第 口15 店地	丁村人
400000								第1地点 下部	
500000								山西匼河	北京原人
600000								周口店 第13地点	
700000	洪積世前期		泥河灣期	黃土	리 고 泥 灰 岩				
800000									
900000									

중국의 구석기 시대표

새중국 정권이 수립된 후, 중국에서는 구석기시대에 관한 수많은 발견이 있었다. 그들은 구석기시대의 지층연대(地層年代)를 가장 깊이 발굴 및 연구한 주구점(周口店)을 기준으로 구분하고 있다. 주구점에서 가장 오래된 것은 제13지점인데, 근래에 산서성 예성현 암하(芮城縣匼河)에서 이것에 해당하는 구석기시대의 유적이 발견되었다. 산정동인(山頂洞人)이란 주구점 산위에 있는 얼마간 새로운 동굴에서 출토된 인골을 말한다.

중국 남부의 산악지대 동굴에는, 구석기시대 말기에 살았던 현생인류의 화석도 매장되어 있었다. 광서성(廣西省) 유강(柳江)·내빈(來賓) 등의 동굴

안에서 발견된 인골은, 모두 원시 몽골로이드 인종의 특징을 갖추고 있었다. 그래서 학자들은, 화남(華南) 지구가 몽골로이드 인종의 기원지가 아닐까 하고 상상하고 있다.

현생인류가 출현한 것은 제4차, 즉 최후의 빙하기에 이르러서이다. 온화했던 화북지방의 기후가 변화하여, 심한 추위가 엄습하기 시작하였다. 사람들은 이러한 기후에서는 구인류의 생존이 거의 불가능하다고 상상할런지 모른다. 미국의 인류학자 쿤 박사는, 이 한랭한 기후야말로 몽골로이드 인종 형성의 모태(母胎)라고 생각하였다. 기원전 2500년경에 몽골·화북·서(西)시베리아는 영하 60~70도로 기온이 내려갔다. 이러한 기후에서 살게 된 인류는 이런 추위에 적응할 수 있는 체형(體型)을 자연도태에 의하여 만들어 냈다. 일정한 체중에 대해 방열(放熱)하는 피부면은 신장(身長)이 작을수록 적다. 피부면을 모피종류로 감싸도, 문 밖의 작업에서는 눈과 귀를 중심으로 한 얼굴이 아무래도 노출된다. 높은 코와 턱수염이 내쉬는 숨으로 얼어서, 동상에 걸리는 원인이 되기 때문이다. 몽골로이드 특유의 쌍꺼풀 아닌 두꺼운 외겹 눈꺼풀도, 추위로부터 눈동자를 보호하기 위하여 눈꺼풀에 지방질이 정착하게된 까닭이다. 마지막 엄한(嚴寒)의 빙하기에 몽골 고원에서 몇 백 세대(世代)를 지내는 사이에, 땅달막한 작은 키에, 신체에 비해 짧은 손발을 가지며, 넓적한 얼굴에는 두툼한 눈을 하고, 거의 턱수염과 몸털이 없는 몽골로이드 특유의 몸형태가 생성된 것이라고, 쿤 박사는 추론(推論)하였다. 이 새로운 체형을 가진 인종이 차츰차츰 사방으로 이주하게 되었다. 동쪽 또는 남쪽으로 진출하여 중국에도 도달하였다. 화남(華南)지방에서 구석기시대 말기의 원(原)몽골로이드의 특징을 가진 현생인류도 역시 이 분지(分枝)의 하나로 해석될 수 있을 것이다.

이 흥미로운 해석의 옳고 그름은 일단 제쳐놓고, 몽골로이드 인종은 아마도 구석기시대 말경에 형성된 것으로 추정된다. 그런데 몽골로이드 인종의 분지인 중국민족은, 몽골어와는 달리, 단음단절(單音單節)로 된 한어(漢語)를 사용하고 있다. 한어는 티벳 고원, 중국 서남부, 동남 아시아에 걸쳐 분포하는 티벳어, 미얀마어, 타이어 등의 어족(語族)과는 가까운 관계에 있다. 중국민족이 원 몽골로이드 인종으로부터 분화(分化)함에 있어서는, 한어와의 결합이 꽤 결정적인 모멘트가 되었을 것이다. 그러면 몽골로이드족과 티벳어처럼 한어와 같은 계통의 남방어족과의 관계는 어떻게 맺어진 것일까.

3. 원(原) 중국민족의 성립 — 신석기시대

구석기시대 말기, 제4차 빙하시대의 도래와 더불어, 중국의 지형은 크게 달라졌다. 이상한랭(異常寒冷)과 건조한 기후의 영향으로, 북부중국은 봄만 되면 차디차고 강한 서북풍의 습격을 받게 되었다. 이 바람은 몽골 오지에 있는 고비사막으로부터 대량의 황사먼지(黃砂塵)를 말아 올려, 이것을 화북지방에 눈처럼 내리게 했다. 이 빙하기간이 대개 5만년이라고 추정되기 때문에, 긴 기간 동안에 해마다 봄만 되면 밤낮 없이 계속해서 운반된 이 황사 진으로 섬서(陝西)·산서(山西)지방 일대가 두껍게 덮여져, 완만한 황토의 평원으로 만들어졌다.

빙하기가 지나가고 따뜻한 비가 내리는 시대가 시작되자 화북의 이 황토고원 위에는 수량(水量)이 불어 무수한 하천이 흐르기 시작하였다. 미세한 황토로 만들어진 고원은 차츰차츰 그물코처럼 침식되어 깊은 협곡이 만들어졌다. 그 중에서도 현저한 것은 황하와 그 지류가 만든 골짜기들이다. 동굴을 나온 인류는 수해를 피해 이 골짜기에 연한 단구(段丘) 위에 주거지를 꾸몄다.

주구점(周口店)에서 북경인의 뼈를 발굴한 앤더슨 박사는 이 유적의 최초 발견자라는 명예를 지니게 되었다. 1921년, 그는 중국의 고도(古都) 중 하나인 하남성(河南省) 낙양현(洛陽縣)에서 서쪽으로 75km 떨어진 면지현(澠池縣)의 앙소촌(仰韶村)을 방문하였다. 그리고 이 부락 동구 밖에 있는 황토협곡의 벼랑에서, 검은 색과 붉은 색으로 채색된 아름다운 무늬의 토기를 발견하였다. 발굴을 계속한 결과 이 토기가 나온 장소가 직경 20.3mm, 깊이 2m의 원형(圓型) 수혈주거(竪穴住居)가 모여있던 신석기시대 취락(聚落)의 유지(遺址) 임을 알게 되었다.

앤더슨 박사는 또한 황하의 상류까지 조사한 결과 감숙성(甘肅省)에서 이와 똑같은 채색토기가 나오는 유적지를 많이 발견하고, 이들 유적지에 공통된 문화를, 최초 발견지의 이름을 따서 양샤오(Yangshao)문화(仰韶文化)라고 이름지었다.

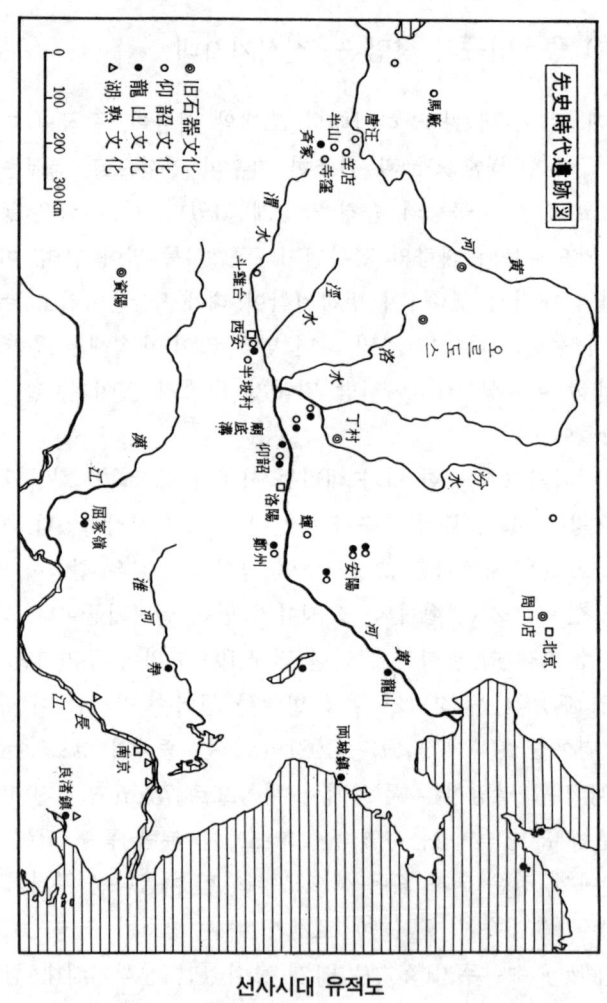

선사시대 유적도

새중국 정권이 수립된 후에 발견된 구석기시대의 유적지는 200여 개소이고, 신석기 시대의 유적지는 정확한 집계는 없지만 아마도 3000여 개소가 넘을 것이라고 한다. 제

2차대전 전에는 이런 것들이 거의 열손가락으로 꼽을 정도로 적었던 것과 비교하면 선사(先史)고고학이 아주 비약적인 발전을 이룩했음을 알 수 있다. 양사오(仰韶), 룽싼(龍山)의 두 문화 외에 양자강 하류지방에서 발달된 인문도기(印文陶器)문화에 대해서는 제3, 제4장에서 고찰한다. 그것의 하한연대(下限年代)는 은(殷)·서주(西周)시대까지 내려가고, 상한연대는 선사시대에 해당하기 때문에 여기에 게재하였다. 새로 발견된 이 서남문화(西南文化)가 중원(中原)의 선사시대 및 은·주(殷·周)시대 문화와의 사이에서 서로가 서로에게 미친 영향에 대해서는 아직 소상히 밝혀지지 않고 있다.

　새중국 성립 후, 건설공사의 확대와 더불어 민족문화유산의 보존을 위하여 중국 당국은, 전국적으로 고고학 조사에 주력한 결과, 1960년대 초까지 이미 1000여 곳에 달하는 유적지를 확인하였다. 이것들은 대개 섬서성 남쪽, 산서성 남부, 하남성 서부가 중심지이고, 서쪽은 위수(渭水)를 거슬러 올라가 감숙성(甘肅省)의 도하유역(洮河流域)에 이른다. 이 유적지는 동쪽으로는 하남성의 동쪽 경계, 북쪽으로는 오르도스사막, 남쪽으로는 호북성의 한수(漢水) 상·중류까지 사이에 전개되어 있다. 이것은 산동성(山東省)만 빠졌을 뿐, 화북의 주요부분, 다시 말하여 황하유역에 연한 고대 중국의 문화지역과 대체로 일치하는 것이다.

　양사오인(仰韶人)은, 농경에 사용된 석기가 많이 발굴되는 것으로 보아, 쟁기를 사용한 원시적인 농업을 하고 있었다. 주요작물은 화북풍토에 적합한 좁쌀이며, 돼지와 개를 가축으로 키우는 한편, 사슴이나 두더지를 사냥하고, 그물로 물고기를 잡아서 주식을 보충하고 있었다. 주거는 반지하식(半地下式)의 수혈(竪穴)로부터 지상가옥으로 점차 바뀌어가고 있었다. 대형의 집회소로 생각되는 건물을 중심으로 소형의 주거가 세워졌고, 외적(外敵)의 방어를 위해 주거구 주위에 도랑을 판 경우도 있었다.

　무덤(墓)은 토기를 굽는 가마와 함께, 주거구 외곽지역에 있었다. 성인(成人)의 뼈는 씨족공동체의 공공묘지(公共墓地)에 몇 구씩이 한꺼번에 매장되어 있었고, 토기를 포함하여 여러가지 장신구가 사체(死體)와 함께 매장되어 있었다. 이런 부장품(副葬品)이, 노인과 여자인 경우에 특히 풍부한 것은, 사회질서가 모계(母系) 내지 모권사회(母權社會)이며, 남자 노인네가 권위를 가졌던 연령적 위계제(年齡的 位階制)가 발달하고 있었음을 나타낸다.

이 문화유적지의 묘지로부터 발굴한 사람의 뼈를 측정한 서양의 인류학자는, 여기서 현대 몽골로이드 인종의 특징을 찾았기 때문에, 이들이 몽골로이드 인종에 속하는 '원중국인(原中國人)이라고 이름 붙였다. 새로 발굴된 인골을 조사한 중국학자들은, 몽골로이드 인종 중 중앙아시아에 사는 몽골민족과는 별로 닮지 않고, 오히려 동몽골에 사는 몽골민족과, 남아시아에 분포하는 제민족(諸民族)을 많이 닮고 있다는 결론을 내렸다.

서안 반파(西安半坡)의 주거유적

지표면에서 30cm정도 파내려간 곳에 반지하식(半地下式)의 수혈주거(竪穴住居)가 있다. 약 5m 지름의 원형으로서 중앙에 난로자리와 6개의 기둥을 세웠던 구멍이 남아 있고, 밑으로 내려가는 출구통로도 나 있다. 기둥에 나무를 걸쳐 윗꼭대기를 가지런히 자른 다음 그 위에 짚을 깔아서 지붕으로 하였다. 둘레에는 나지막한 토담을 둘러쳐서 빗물의 침입을 막았다.

원시시대, 중국본토에 정착하게 된 중국인의 조상인 몽골로이드 인종은, 북방민족의 침입을 받아 거듭 혼혈되는 과정에서 체격도 변화하게 되었다. 이에 대하여 남방에 살고있던 사람들이 원래의 체질을 그대로 보존하고 있을 것이기 때문에, 양사오인(仰韶人)이야말로 바로 현대 중국인의 참된 조상으로 보아야 한다고 그들은 주장하고 있다. 남방의 몽골로이드 가운데는, 티 벳·미얀마·타이어 등 한어(漢語)와 밀접한 관계에 있는 말을 쓰는 인종도 많다. 양사오 문화인은 토기 뒷면에 간단한 부호와 같은 것을 파 넣었을 뿐 아직 한어를 사용하고 있지는 않았으며, 지금의 한어조상에 해당하는 언어를 과연 사용하고 있었는지도 알려지지 않았다. 문제가 되는 것은 중국인의 조상이 제조 사용했던 토기이다.

반파인(半坡人)

서안(西安)동남쪽 교외의 반파(半坡)라는 곳에 있는 양사오(仰韶)시대의 유적지에서 발굴된 61구의 성인인골(成人人骨)을 자료로, 인류학자가 계측한 결과가 공개되고, 또 성인남자의 복원도도 발표되었다. 복원된 얼굴을 보면, 남방 몽골로이드인에 가까운 현대 한국인 남자얼굴과 별로 다를 바 없는 것으로 보인다. 다만 잔존하는 6개의 남성 대퇴골의 길이로부터 추정한 결과, 신장이 172.48cm로부터 165.24cm, 평균 169.45cm라고 보고되었다. 역사적으로도, 또 현대적으로도 몽골로이드인은 일반적으로 신장이 짧다. 이렇게 170cm에 가까운 장신이, 만일 그들 몽골로이드라고 한다면, 이례적인 키 큰 사람이 된다. 이점에 대하여 중국의 인류학자들은 아무런 견해도 표명하지 않았는데, 큰 문제를 내포한 테마라고 생각된다.

채색토기는 기원전 3000년대에, 서남아시아에서 만들어지기 시작하였고, 기원전 2500년경에는 그것이 남러시아의 트리폴리로 퍼졌나갔다. 서양의 고고학자는 중국 양샤오문화에서 나타난 채색토기의 제작기술만이, 마찬가지로 이미 기원전 5000년 이전에 서남아시아에서, 발달한 농경기술과 함께 중앙아시아를 거쳐, 중국으로 전해진 것이라고 생각한 적이 있다. 그러나 양샤오문화를 소아시아의 채색토기로부터 파생한 것이라 하여, 그 유적을 연대적·지역적으로 체계화하는 과정에서 그것이 꽤나 곤란하다는 사실임을 알게 되었다. 만약에 중국 채색토기의 기술이 서방으로부터 유입됐다고 하면, 중국의 서쪽 문호에 해당하는 감숙성(甘肅省)의 유적지가, 맨 처음에 이것을 받아들였을 것이다. 감숙성 내의 유적지보다 중원(中原)의 하남(河南), 섬서의 유적지에서 발견된 토기쪽이, 형식상 오히려 오래 된 것이라는 사실은 이 상식에 반대된다. 또한 채색토기의 문양을 잘 살펴볼 때, 단순히 트리폴리에 등의 서방 토기로부터 영향을 받았다는 결론을 내리기는 매우 어렵다. 설사 서방으로부터 그 무엇인가의 영향이 있었다 하더라도, 이것을 중개하는 중앙 투르키스탄의 유적이 발견되지 않았기 때문에, 실제 증명에는 아직 완전히 성공하고 있지 못하다.

　화북지역에서 양샤오문화가 전파되지 않은 유일한 예외였던 산동성의 룽싼(龍山, Longshan)으로부터, 달걀 껍질처럼 얇고도 딱딱하게 구워진 흑색토기의 유적지가 발견되었다.

　검은 도기(陶器)로 대표되는 룽싼문화(龍山文化)는, 산동반도로부터 서쪽으로는 하남성 동부에 이르렀는데, 은왕조(殷王朝)의 수도였던 안양(安陽)의 유적지 등에서는 이것이 양샤오문화 위에 포개졌기 때문에, 시대적으로는 이것보다 늦다. 룽싼인은 양샤오인의 돌칼(石刀), 돌도끼 등 외에도 가을걷이에 많이 사용했다고 생각되는 반달형의 돌칼과 돌낫, 흙을 갈아엎기 위한 가래(耒)라는 나무로 만든 농구(農具) 등을 사용했기 때문에, 농업을 한발짝 더 발전시키고 있었다. 가축으로는 돼지·개 이외에 소·양을 키우고 있었으므로, 목축을 생업으로 도입했을 것이다. 높은 온도를 낼 수 있는 발달된 가마에서, 고운 점토를 녹로(轆轤)로 성형한 정교한 검은 도기(黑陶)를 구워

내는 기술도, 양샤오 보다는 한단계 앞서고 있다. 특히 불룩한 발을 가진 세발솥(鬲, 다리굽는 세발솥) 형태의 토기는, 화열(火熱)을 잘 이용하여 물을

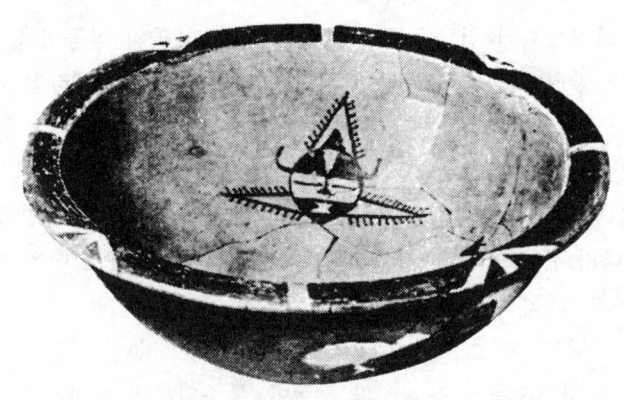

채색토기(彩色土器)

양샤오(仰韶)문화의 채색토기 가운데는 대개 기하학적인 무늬를 그려넣은 것이 많지만, 개중에는 새, 개구리, 물고기 따위의 동물문양을 그린 것도 있다. 여기에 게재한 토기의 그림은, 섬서성 서안(西安)부근에 있는 유명한 반파(半坡)유적지에서 출토된 사람얼굴과 물고기무늬의 그릇이다. 간소화된 물고기모습과 그것의 힘있는 묘선(描線), 소박하지만 인간 얼굴표정의 포착방법 등은, 보는 사람으로 하여금 경탄하게 한다. 양샤오인은 이 점에서 독특한 수묵화(水墨畵)와 서예(書藝)를 발전시킨 중국 후세문인들의 훌륭한 조상이라고 말할 수 있다.

뜨겁게 끓이고 또 곡물을 삶는 중국 특유의 발명이었다. 주거도 반지하식의 혈거(穴居)였지만 백회(白灰), 즉 회반죽한 것으로 땅바닥을 발라서 습기를 막아 생활을 더욱 쾌적하게 하였다.

　1929년에 룽싼문화가 처음으로 발견됐을 때는, 동쪽의 산동성을 중심으로 한 이 문화가, 중원 이북에서 발달한 서쪽의 양샤오문화를 따라잡아 서로 대립했던 것으로 생각되었다. 문헌에 의하면, 중원의 양샤오문화가 우왕(禹王)에 의해 창건된 하왕조(夏王朝)의 문화를 대표하는데 반하여, 룽싼문화는 동쪽의 야만족(蠻族), 즉 동이민족(東夷民族)의 것인데, 이 동이민족에서 은(殷)민족이 나타나, 그들이 서진(西進)하여 하왕조를 멸하고 은왕조(殷王朝)를 세운 것으로 해석되었다.

　새중국이 수립된 후 고고학이 급진적으로 발달했지만, 지금까지 미숙한 학도들에 의해 양샤오문화 유적지의 발굴이, 부주의하게 행하여졌기 때문에, 많은 경우 양샤오 문화층에 룽싼 문화층이 겹쳐져 있다는 사실을 알지 못하고, 무차별하게 유물들을 뒤섞어버린 것을 반성하게 되었다. 룽싼문화의 분포는 많은 경우, 서쪽의 감숙성만을 제외하고, 산동성은 물론 하남성, 섬서성 등 모든 양샤오 문화권을 뒤덮고 있다는 것이 판명되었다. 룽싼 문화와 양샤오 문화와는, 지리적으로 동서(東西)로 대립하는 것이 아니라, 동이(東夷), 즉 은왕조와 하왕조를 똑같이 대표한다고 해석하는 것이 경솔한 생각임이 명백해졌다.

　특히 황하 삼문협(黃河 三門峽)의 댐공사장에서 가까운 하남성 묘저구(廟底溝)에서의 발굴에 의하여, 묘저구 제2기 문화라고 일컬어지는바 양샤오 문화로부터 룽싼 문화로 이행(移行)하는 과도기적 문화, 내지 룽싼 문화초기의 실재(實在)가 확인되었다. 이로써 양샤오 문화와 룽싼 문화는 연속성을 가지면서 변화한 것이 밝혀진 것이다.

　룽싼인의 인골은 요즘 상당히 다량으로 이곳 묘지(墓地)에서 발견되었지만, 아직 인류학적인 연구는 완성되어 있지 않다. 아마도 이들은 양샤오인과 다소의 차이는 있어도, 넓은 의미에서의 몽골로이드 인종에 속하게 될 것이다. 이리하여 인종면에서도 이 2개의 문화는 연속성이 있었던 것으로 보아야할 것이다.

세발용기와 컵

룽싼(龍山)문화의 전형적인 토기로 평가되는 것에는, 그림에서 보는 바 손잡이 달린 컵에 커다란 세발을 붙인 물병(한자로는 鬹라 한다) 등이 있다. 이것들에 공통된 경쾌성은 양샤오 문화초기의 답답한 감을 주는 세발컵(한자로는 斝라고 쓴다)과는 아주 대조적이다. 이 이질적인 토기를 만든 룽싼인(龍山人)은, 과연 앞서말한 양샤오인(仰韶人)과 인종적으로 동일한 민족이었을까. 어쨌든 이 신선한 감각이 후세에 중국 조형예술의 하나의 원천으로 된 것이다. 세발 달린 토기가, 서유럽쪽에서는 아나토리아에서도 출토된다는데서, 반드시 중국특유의 것은 아니지만 발속이 텅 비어 있다는 것과 이처럼 물이 흐르는 듯한 선(線) 경쾌성은 확실히 중국특유의 것이라 하겠다.

수렵(狩獵)과 채집(採集)경제를 기초로 한 구석기 시대의 사회와 비교하면, 농업을 경영한 신석기 시대의 사회는 굉장한 약진을 나타내었다. 특히 룽싼문화시대에 이르면 농업기술이 눈에 뜨일 정도로 진보하였고, 그것은 목축업과 연결되어 경제성장을 촉진하였다.

서쪽은 섬서로부터 산동까지, 황하의 중·하류 유역에 전개된 황토고원과 화북 평야의 대부분은, 동일 계통의 문화를 가진 같은 계통의 백성이 거주(居住) 하였지만, 양샤오기의 유적지가 지방적으로 그렇게 차이가 없는데 반하여, 룽싼기에는 지방적 차이가 현저하게 나타났다. 고고학자는 룽싼문화가 구하남(舊河南), 섬서, 산동, 산서(山西) 등에서 각각 지방적으로 분화한 것이라고 설명하고 있다. 양샤오기에서는 농업의 생산성이 아직 낮았기 때문에, 넓은 화북에 거주하는 농민들의 농촌공동체가, 특수한 사치적인 상품을 교역하는 이외에는 원거리에 있는 부족들과 직접 상품을 교환하는 것은 드문 일이었다. 공동체 사이의 관계는 평등하였으며, 내부에는 빈부귀천의 차이가 별로 없었다. 화북의 양샤오 전체문화권은 부족·씨족이 분립(分立)한 그대로로서, 하나의 뭉쳐진 국가로 통합되려는 기운(氣運)은 아직 조성되지 않았었다.

룽싼문화에서 지방차가 나오게 된 것은, 농업과 목축기술이 급속히 발전함에 따라 사회적, 경제적인 불평등 현상이 나타났기 때문이다. 부(富)의 집중은 정치적 권력집중을 가져오게 하였다. 그 다음에는 지방적인 부족의 자치로부터 점차 통치로 바뀌었다. 룽싼문화층이 화북 전역에 걸쳐 넓은 범위로 분포하고 있었음에도 불구하고, 그 문화층이 양샤오 문화층보다 훨씬 얇았던 것은, 짧은 기간 사이에 부족성원과 각 부족간의 불평등화가 뜻밖에도 빨리 진행되어, 부족사회의 연합화로부터 국가창성(創成)에의 길을 열었기 때문일 것이다.

새중국의 고고학은 지금까지 황하 유역에만 집중되었던 눈을 중국 전역, 특히 양자강 유역으로 옮겨 조사를 진행함으로써, 양자강 중류에 있는 무한(武漢)지방에서 중원의 양샤오문화와 룽싼 문화의 과도기에 해당하는 굴가령(屈家嶺) 문화를 새로 발견하였다. 이 유적지로부터 수도작(水稻作)의 벼알이 많이 발견되었다. 논농사에서는 양자강유역이 중원지방보다 한발 앞서 있었던 것은 확실한 바, 이것이 당시 중원에서 형성되고 있던 은왕조 국가의 농업, 공업에 관한 기술혁신에 큰 자극을 주었던 것이다.

양자강 하류인 강소성(江蘇省), 안휘성(安徽省)에서는 청련강문화(靑蓮岡

文化)와 호숙(湖熟)문화, 그리고 절강성(浙江省)을 중심으로 양저문화(良渚
文化) 등이 발견되었다. 이들 문화를 중원에서의 선사문화(先史文化)의 발전
과 비교하면, 양샤오 만기(晚期) 또는 룽싼 조기(早期)에 해당되는 것 같지
만 그 시대는 확실하지가 않다. 이들은 벼농사와 더불어 수해(水害)를 피해
언덕 위에 주거를 꾸몄고, 독특한 형태의 농구(農具)인 돌도끼를 사용하면서
농업에 종사하였다. 신석기시대 말기에서 청동기시대 초기에 걸쳐, 토기표면
에 도기제(陶器製) 문양을 형틀로 만들어, 재료를 여기에 넣고 눌러 찍어서
구운 인문도기(印文陶器)를 만들어 냈다. 그 이외에 유약을 바른 도기도 꽤
많이 제작되었다. 가축으로는 벼농사에 중요한 역할을 한 물소가 사육된 바,
그것의 뼈가 양의 뼈와 함께 발굴되었다. 수도경작에 수반된 물소의 가축화,
유약이 발라진 토기와 인문도기의 제작은, 양자강 유역의 지역적 문화로부
터 오히려 중앙의 은왕조에 영향을 주었다고 상상된다. 즉 중국 역사의 기원
을 이루는 은왕조의 형성에는 쌀농사를 바탕으로 한 양자강 유역 여러 민족
의 문화까지 들어간 바 이것이 커다란 기여를 한 셈이다. 룽싼 문화에서는
미래를 예측하기 위해 소·양·사슴 등이 견갑골(肩胛骨)을 사용하여 점을
치기도 하였다. 이것은 인간이 자아의식(自我意識)을 각성하는 중요한 발명
이었다. 이것을 은왕조가 제도로서 채택하게 되면서, 주변(周邊)의 이민족
(異民族)으로부터 문화의 자극을 받은 중원의 중국민족은, 부족연합에 의한
국가형성을 더욱 촉진하게된 것이다.

제 3 장 역사의 여명

1. 하(夏)왕조는 실존하였는가

　작은 촌락에 살면서 강고한 씨족의 결합을 바탕으로 거의 자급자족에 가까운 생활을 보내고 있던 선사시대의 농민들 사이에, 차츰 개인적 및 지방적으로 빈부의 차가 생기게 되었다. 이런 변화는 긴 세월 동안에 서서히 진행되고 있었으므로, 고고학자가 발굴한 룽싼문화의 유적지를 매우 정밀하게 관찰하지 않으면, 이러한 경향을 알아내기란 힘든 일이다. 씨족사회 집단의 지방적인 발전의 불평균이 출발점이 되어, 씨족이 결합된 부족이 생겼으며, 최종적으로는 몇몇 부족이 연합된 국가가 성립된다. 그리고 우리들은 오랜 세월에 걸친 사회변혁의 결과로서, 역사적인 고대제국의 갑작스런 출현에 놀라게 된다.

　홍수를 다스린 공(功)으로 우(禹)가 시조가 되어 세운 하(夏)왕조(B.C. 2050∼1550 또는 B.C. 2257∼1818 등 설이 많다), 그 최후의 폭군인 걸(桀)왕을 멸한 탕(湯)왕이 세운 은(殷 B.C. 1760∼1122)왕조, 결과 병칭되는 폭군인 주(紂)왕을 쳐서 무(武)왕이 세운 주(周 B.C. 1122∼256)왕조를, 중국의 전통적인 역사는 이것을 3대(三代)라고 부르면서 본받아야할 옛성군(聖君)의 왕조 ― 서양에서 말하는 고전적인 고대왕국으로서 존경하였다. 이 3대 왕조에 대해서는 각각 시조로부터 시작된 모든 왕의 계보(系譜)가 남아 있어서, 예전부터 중국의 학자들은 물론, 중국인이라면 누구나 하(夏)·은(殷)·주(周) 3대의 이상적인 왕국을, 역사상 실재한 왕조였다고 믿어 전혀 의심하지 않았다.

　중국의 고대역사를 아는 첫 번째 사료(史料)는 역(易), 시(詩), 서(書), 춘추(春秋), 예(禮) 등 5경(五經)이라고 불리우는 고전 이외에는 아무 것도 없다. 처음으로 5경을 정리하고 교과서로서 제자들에게 학습시킨 것은, 기원전 6~5세기, 주(周)대 말기에 살았던 공자(孔子, 이름은 丘, 자는 仲尼, B.C. 552~479)이다. 주(周)왕조에 선행한 왕조로서 하(夏)·은(殷)의 왕조가 있었으며, 위대한 인물들은 주조 초기의 역대 주공(周公)들은, 주가 하·은왕조의 성공 또는 실패의 역사를 거울삼아 여기서 교훈을 끌어내지 않으면 안된다고 끊임없이 말했다는 것이다. 그럼에도 불구하고 『논어(論語)』에 의하면, 공자는 세상에 전해져 있는 하·은 두 왕조의 제도, 유가(儒家)의 이른바 하의 예(禮), 은의 예(禮)는 구전적(口傳的)인 전설에 지나지 않으며, 이들 왕조의 자손으로서 당시 아직 남아있던 기(杞)라든가 송(宋)이라는 나라들도 선조(先祖)에 대하여 쓰여진 확실한 사료를 보존하고 있지 않았다고 말하고 있는 것이다.

하왕조에 대하여 말한다면, 시조인 우(禹)는 원래 실존의 군주가 아니라 고대의 어떤 부족이 땅의 신, 또는 사신(社神)이라고 불리는 토지의 신령(神靈)으로 모셨던 초인간적인 존재이다. 토착주민은 그 토지의 신령을 자기들의 먼 조상으로 생각하였지만, 이 신령이 돌상자 속에 살고 있었다하여 석상(石箱), 또는 단순히 돌을 신체(神體)로 해서 제사 지냈던 것이다. 전설에 의하면, 우(禹)는 돌 속에서 태어났다고 하는데, 그것은 원래 그들 자신이 돌(즉 禹)을 신체로 모신 사신(社神)이었다는 증거로 해석하는 학자도 있다.

중국의 지신(地神)은 흔히 용왕(龍王)이라고도 불리는데, 우(禹)도 용을 닮은 사신(蛇身)의 신이었던 것 같다. 지신은 동시에 농민으로서는 생명줄인 물의 신이기도 했다. 우가 천하의 홍수를 다스렸다는 전설도 여기서 연유되는 것 같다. 신이 인류의 타락을 징벌하기 위하여 대홍수를 일으켰지만, 노아가 신의 계시에 의하여 방주(方舟)를 만들어 그 난을 피함으로써, 인류와 동물의 전멸을 막았다는 이야기는 『성서』의 창세기에 나타나 있다. 노아의 이야기와 비슷한 홍수에 관한 전설은, 여러가지 형태로 세계 각지에 넓게 분포되어 있지만, 우의 치수(治水)도 이런 홍수이야기의 한 예에 불과하다.

우의 아버지인 곤(鯀)은 요제(堯帝)의 명에 의하여, 홍수를 다스렸으나 실패하여 왕의 노여움을 사게되자, 누런 곰(黃熊)으로 화신(化身)된 몸을 연못에 던져 자살했다고 한다. 이런 망부(亡父)의 원한 맺힌 사업을 이어받은 것이 우(禹)였다. 그런데 당시 곤(鯀)은 거북이에게 경마잡힌 말을 타고 치수사업에 뛰어다녔다고 한다. 그가 용궁에 들어갈 때도 우리나라의 「토끼전」처럼 거북이를 안내자로 썼던 모양이다. 그런 이런 거북이의 도움으로 용왕의 귀중한 보물중의 하나인 『하천도(河川圖)』를 훔쳐내는데 성공했다. 그러나 후일 이것이 발각되어 용왕의 저주를 받게되자, 그는 그만 누런 곰으로 화신이 된 것이다. 이 『하천도』를 입수하게 된 곤의 아들 우(禹)는, 이 지도에 입각하여 물기를 텄더니, 그렇게도 맹위를 떨치던 대홍수도 금시로 물러가, 대지가 또다시 그 모습을 나타냈다. 그는 이곳을 구주(九州)로 구획하고, 각개 토질에 따라 공물(貢物)을 정하여 중앙의 하(夏)왕조 천자에게 상납하는 우공제도(禹貢制度)를 확립하였다. 이것이 중국 홍수전설에 관한 본래의 형태라고 상상된다.

우(禹)에 관한 전설

우(禹)에 관한 전설을 복원(復元)할 수 있는 유일한 단서는 전국시대(B.C. 403~221), 초(楚)에 널리 퍼져있던 전설을 「수수께끼」의 문답형식으로 쓴 것의 물음부분만이 남은 『초사(楚辭)』의 「천문(天問)」편이라고 한다.

『서경(書經)』의 「우공(禹貢)」편은 중국에서 가장 오래된 지지(地誌)라고 하며, 또 구주(九州 ; 冀・兗・青・徐・荊・揚・豫・梁・雍)는 중국의 지리구역 내지 지방행정구획의 모범이 되었다. 황하의 중・하류지역인 화북을 중심으로 여기에 양자강의 중・하류 지역까지 포함시킨 범위는, 대체로 전국시대 말기에 가졌던 중국사람들의 지리지식의 한계와 일치하고 있으므로, 「우공(禹貢)」은 고대제왕인 우의 공적을 찬양하는 기록으로서, 대략 전국시대 말기로부터 전한(前漢)대 초에 걸쳐, 최종적으로 편집된 의고적(擬古的) 작품으로 생각되어 왔다.

9주의 주(州)는 섬주(州)자와 통용되는 것으로서, 그것은 강 한가운데 모래가 쌓여서 만들어진 모래톱을 가리킨다. 중국의 고대문자(갑골문자나 금문자)로 된 동기(銅器)의 명문(銘文)에서 주(州)를 ⟨그림⟩로 표기하고 있는 것은, 하천 속의 모래톱 형태를 잘 나타내고 있다. 산악지대로부터 흘러온 화북의 하천이 평야지대에 나올 때, 거기는 경사가 완만하기 때문에 지금까지 운반되어온 모래와 자갈이 침전되어 작은 3각형의 부채꼴 충적지(扇狀沖積地, alluvial cone)를 만든다. 이 얼류비얼 콘에서는 하천이 분류(分流)하면서 많은 모래톱을 만든다. 중국 고대의 화북 농민은, 처음에 이러한 얼류비얼 콘 속의 모래톱에 주거하고 있었기 때문에, 농사를 짓기에 앞서 몇 개로 갈라진 강길을 정리하는 것이 선결문제로 되어 있었다. 우왕이 홍수를 다스린 9주 구획에 관한 건설은, 이러한 얼류비얼 콘의 소규모적인 치수관개(治水灌漑)사업의 기원을 말하는 것이었을 것이다.

하왕조의 시조라고 일컬어지는 우왕이 실존한 역사적 인물이라고는 인정할 수 없을뿐더러, 세상에 전해지는 마지막 왕인 걸(桀)에 이르기까지, 17대 왕의 족보도 어디까지 신뢰할 수 있는지가 의문시되고 있다. 하(夏)는 왕조의 이름까지도 하(夏/xià) 하(下/xià)와 음(音)이 같기 때문에, 신(神)이 사는 상천(上天), 즉 천상계에 대하여, 하늘로부터 내려온 신의 자손인 인간이 사는 하토(下土), 즉 하계(下界)를 가리키는 말일지언정, 결코 특정한 지명이 아니므로, 하국의 소재를 지리적으로 찾아보려는 일이란 처음부터 무리한 시도라고 비판적인 문헌학자는 말하고 있다.

그러나 고대역사전승의 실재성을 부정하는 의고파(擬古派)학자들의 이와 같은 견해는, 새중국이 성립된 후, 중국민족의식의 고양과 더불어 민족문화유산이 존중되는 시대가 되면서 하왕조를 역사적인 실재 왕조로 보고, 고고학적으로도 이것을 확증하려는 경향으로 바뀌게 되었다.

하왕조의 연대

중국고대의 확실한 연대는 서주(西周)왕조의 제10대왕인 여(勵)가 추방되어 공위(空位)시대가 시작된 소위 공화(共和)원년(B.C. 841년)이후부터는, 각 왕의 재위년수가 잘 기록되어 있지만, 그 이전은 불분명하다. 주무왕(周武王)이 은왕조를 멸망시킨 연대는 그때의 천상(天象)에 관한 전설적인 기사를 바탕으로 해서 고래(古來)로 여러가지 설이 나왔지만, 노(魯)국군주들의 재위년수(在位年數)의 합계로써 추산하건데, 대략 기원전 약 11세기 중반경에 해당한다고 보여진다. 하와 은왕조는 각각 5백년 내외에 걸쳐 존속했으리라는 통설에 의해 이것을 가산하여 추정하면 하왕조의 연대는 대략 기원전(2050~1550)년 정도로 추정된다.

2. 은도(殷都)의 유적지(遺蹟地)와 초기문화(初期文化)의 발견

역사적으로 실재했던 것이 확실하게 증명될 수 있는 왕조는, 하왕조에 대해서 일어난 은왕조이다. 19세기말인 1899년, 유악(劉鶚)이라는 학자가 우연히 청의 수도 북경의 한 약방에서 산 약재 중에, 용골이라는 동물의 뼈위에 무슨 말인지 알 수 없는 문자가 파여져 있는 것을 발견하였다. 이것이 계기가 되어 이 용골이라고 불리워지는 것이 실은 소뼈 또는 거북 등이었으며, 고대의 은왕조시대에 점치는 사람이, 안쪽에 불을 대어 거죽에 잔금이 간 것으로써 미래를 점쳤던 것으로서, 그 위의 문자는 점(占)의 문구임을 알게 되었다.

은(殷)의 왕명

뒤에 나오는 『은왕실 왕계표』에 제시했듯이, 거기에는 갑골문자(甲骨文字)로, 소을(小乙), 외병(外丙), 무정(武丁), 태무(太戊), 조기(祖己), 반경(盤庚), 조신(祖辛), 주임(主壬), 주계(主癸)처럼 갑(甲), 을(乙), 병(丙), 정(丁), 무(戊), 기(己), 경(庚), 신(辛), 임(壬), 계(癸)의 10간의 하나를 취한 사람이름이 자주 나타난다. 이것들은 현재 남아있는 은왕조 계보에 나오는 은나라 왕이름과 일치하고 있으므로, 이것들이 은대의 왕을 가리키고 있음을 알게되었다. 은민족은 해의 10간에 해당하는 10개의 태양이 있어서 이것들이 매일 교대로 하늘을 운행하는 것으로 믿었다. 이 10개의 태양은 운행당일을 지배하는 신령(神靈)인데, 예컨대 갑(甲)의 날에 태어난 사람은 바로 갑의 날을 지배한 신령의 정기를 받는 것으로 생각했으므로, 갑을 이름에 붙여, 예를 들어 조갑(祖甲)따위로 불렀던 것이다.

중국에서는 바로 그때(19세기말), 은주(殷周)시대에 청동기에 새긴 명문(銘文), 즉 지금의 인장의 문자인 전서(篆書)보다도 더 오래된 서체의 문자

한자서체(漢字書體)의 발전

B.C. 14세기의 가장 오래된 한자인 갑골문자(甲骨文字)에서 시작하여, B.C. 10세기의 주(周)의 금문(金文), B.C. 3세기말의 전서(篆書), A.D. 3세기의 예서(隷書)를 걸쳐 7세기에 고정된 해서(楷書)에 이르는 서체의 발전과정을 표시한 것이다.

나, 한대(漢代)의 오래된 돌비석에 파여진 예서(隷書) 등을 연구하는, 소위 금석학(金石學)이 굉장히 유행하고 있었다. 금석학자인 손이양(孫詒讓), 나진옥(羅振玉) 등이 이 용골 위에 쓰여진 글자를 연구한 결과, 이 문장 안에 은왕조의 왕의 이름이 들어있었기 때문에 이것이 중국 최고(最古)인 은대의 문자로 추정되었던 것이다.
　그 약방에서 잘 물어서 알아본 결과, 이 문자를 판 구갑수골(龜甲獸骨), 즉 갑골은 하남성의 북방인 북경과 한구(漢口)를 연결하는 경한철도(京漢鐵道)에 연한 안양현(安陽縣) 현성(縣城)에서, 서북쪽 교외에 있는 소둔촌(小屯村)으로부터 발굴된 한편, 이 갑골이 출토된 현진에 가서 간단한 발굴을 시도하였다.
　발굴현장은 하남성과 산서성의 성계(省界)를 남북으로 횡단하고 있는, 태행산맥(太行山脈)의 골짜기를 수원(水源)으로 하는 원수(洹水)가 구릉지대로부터 떨어져 화북의 대평야로 이행하는, 평평한 고원속의 조그만 언덕이다. 언덕은 해발 약 92미터이고, 원수의 우안(右岸)은 동쪽으로부터 남쪽으로 꺽이는 굴곡점에 위치하며, 북과 동의 원수하안(洹水河岸)은 수미터의 낭떨어지로 되어있기 때문에, 군사적으로는 중요한 곳이었다. 역사에 의하면, 옛날에는 이 땅이 기원전 2, 3세기경까지 은왕조 도성(都城)의 유적지로 전해져 내려오면서 은허(殷墟)라고 불려졌다는 것이다.
　나진옥이 그의 수제자인 왕국유(王國維) 등과 협력하여 이 갑골문자를 검토한 결과, 이 은허는 하왕조를 파멸시킨 은왕조의 개조 성탕(成湯)으로부터, 제 19대 왕인 반경(盤庚)에서 시작하여, 마지막 제왕인 주(紂)까지의 도성(都城)이었고, 또 이 점괘의 글은 13대에 걸친 각 왕의 점복사(占卜師)가 쓴 것임이 판명되었다.
　갑골문자에는 이들 왕이 선조를 제사지내는 것을 점쳤던 것이 많았다. 이에 의하면, 한대의 사학자 사마천(司馬遷)이 쓴 『사기(史記)』의 「고대사」에서 은왕조의 개조 탕(湯)으로부터 30대나 이어진 여러 왕들의 계보 서술이 정확할 뿐만 아니라 이 이전의 고조(高祖)의 그것과도 꽤 일치하고 있다는 것이 확실해졌다. 은왕조는 틀림없이 역사적으로 존재한 왕조이며, 특히 제22대왕 무정(武丁) 이후의 은조 후기는, 역사적 사건이 일어났을 바로 그 때에 쓰여진 동시사료(同時史料)에 의하여 실증할 수 있게끔 되었다. 무정의 부왕인 제19대 왕 반경(盤庚)이, 이 은허로 수도를 옮긴 후 주(紂)왕이 망할 때까지 273년간, 여기를 서울로 정하고 움직이지 않았다는 것은, 대체로 역사적 사실과 부합되는 것 같다.

 1928년 6월, 북방 군벌을 쫓아내고 북경에 입성한 중국 국민당 정부 밑에, 그해 가을부터 중앙연구원 역사어언연구소(歷史語言硏究所)가, 안양(安陽)의

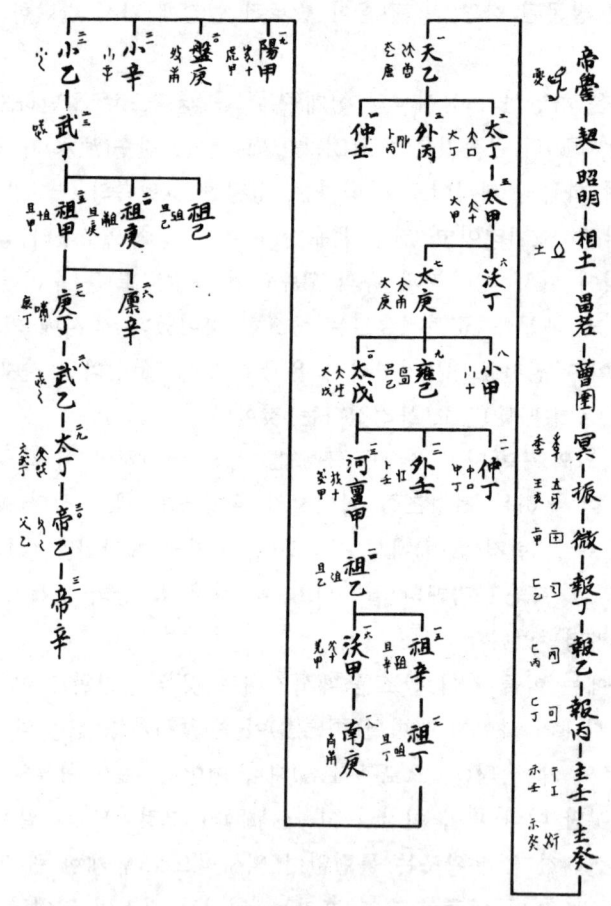

은왕실의 왕계표

오른쪽에 굵은 글자로 쓴 것은 사마천(司馬遷)의 『사기(史記)』에 실려있는 왕의 이름이고, 왼쪽의 것은 이에 해당하는 갑골문자(甲骨文字)와 또 이에 적응하는 현행 한자이다. 오른쪽의 첫째줄 제곡(帝嚳)으로부터 진(振), 즉 갑골문자의 왕해(王亥)에 이르

제 3 장 역사의 여명 **63**

기까지는 신화적인 고조신(高祖神)이라고 말할 수 있는 일종의 신들인데, 은의 점괘문에 의하면, 이들에게는 개별적으로 제사지낸 사례밖에 기록되어 있지 않으므로, 이 왕계표(王系表)는 사실은 명확한 것이 아니라고 하겠다. 그 다음의 미(微)에서 주해(主亥)까지는 새 수도인 은허(殷墟)의 사신(社神), 즉 토신으로 모셔진 고조신으로서 10간(十干)의 갑, 을…순서로 왕계화(王系化)되어 있는 것으로 보아, 가상적인 부자관계로해서 갑골문에 왕계가 실려있는 것 같다. 제1류의 제곡(帝嚳)으로부터 제2류의 보정(報丁)까지는, 배우자(갑골문의 비<妃>)가 함께 제사에서 모셔지지 않았으나, 주임(主壬) 이하의 왕들은 배후자와 함께 제사에 모셔진다. 이 이전의 신은 세상의 통상적인 인간 몸체를 가지지 않은 이상(異相)의 신으로 믿었던 모양이다. 주임(主壬) 이후는 인간의 모습을 한 조신(祖神), 즉 인왕(人王)이었다고 말할 수 있다. 중국고대의 은왕조가 조신(祖神)에 대하여 가졌던 종교적 관념은 절대적이다. 그리고 미(微), 즉 상갑(上甲) 이하의 조종(祖宗)이 모두 10간의 하나를 이름으로 가졌다는 것은 은왕조 특유의 관습이었다. 이것은 앞의 주석에서 말한 것처럼, 이 10간이 조상의 생일인 바, 하늘에 10간에 해당하는 10개의 태양이, 매일 교대로 운행하기 때문에, 바로 그날에 태어난 갓난아기는 그 신령의 정기를 받는다는 신앙이 있었던 까닭이라고 해석된 것이다. 이 왕계표에서 볼 수 있는 특이점은 은왕조에서는 형제상속이 상당히 많았다는 그것이다. 이 문제의 사회학적 의의에 대해서는 별항이 설명한다.

은허(殷墟) 발굴에 착수하였다. 그때까지 지방 주민의 도굴에 맡겨졌던 중요한 유적지를 처음으로 고고학자의 손에 의해 과학적이고도 계획적으로 발굴하게 되었다. 1937년 6월까지 15회에 걸쳐 계속된 발굴은 대단히 많은 성과를 얻었지만, 불행했던 것은 같은 해 7월 7일, 중일전쟁의 발발로 이 사업을 중단하지 않으면 안되었던 것이다. 이리하여 남경에 수장(收藏)되어 있던 방대한 발굴품은, 급히 사천성 오지로 소개(疏開)되고, 다시 1949년에는 국민당정부와 함께 대만(臺灣)으로 이전되었다. 이 때문에 연구의 속행, 특히 발굴보고의 출판에 커다란 지장을 가져오던 중, 근년에야 겨우 정식보고가 출판된 실정이다. 이에 대하여 중화인민공화국의 고고연구소(考古研究所)는 1950년부터 은허발굴을 재개하여, 그 성과를 계속해서 공표하고 있다.

은허의 고고학적 발굴에 의하여 알려지게 된 은왕조의 문화특색은, 꽤 복잡한 문자의 발명, 정교한 청동제 무기의 제작, 그리고 제사용기의 주조기술과 발전에 있다. 이것을 연구한 중국 고고 연구소의 사업성과는 첫째로, 중국 전토(全土)에 걸친 조사발굴에 의하여, 은대 청동문화의 분포 범위를 확실히 한일 일 것이다. 은허 이외에 화북의 하남, 하북, 산동, 섬서, 산서성 등 각 성내에서, 많은 은대 유적지를 발견했을 뿐만 아니라 안휘, 호북, 호남성과 같은 회수(淮水)와 양자강 중류지방으로부터도, 은대의 청동기를 부장(副葬)한 고분들을 발견하였다. 이것에 의하여 은왕조의 문화권이 동서 1000킬로미터, 남북 1200킬로미터를 넘는 넓은 지역에 펼쳐져 있었다는 그 누구도 예상하지 못했던 결과에 도달하게 되었다.

원시적인 청동기

정주(鄭州)뿐 아니라 하남성 휘현(輝縣) 등에서도, 이리강(二里岡)과 같은 시대에 해당하는 문화층이 발견되었다. 여기서 발굴된 청동기는 매우 얇고 밑바닥이 평평하고, 괴수(怪獸)를 본뜬 무늬는 소박간단하지만, 만듦새는 조잡하다. 안양 소둔기(安陽 小屯期)의 복잡하고도 정교한 것과 비교할 때, 그것은 너무도 달라서 비교할 수가 없을 정도이다. 인류는 처음에 자연적으로 생산되는 구리를 두들겨 펴서 얇은 동기(銅器)를 만들었고, 그 후는 이것을 불로 녹여서 주조하는 기술을 발견하였다. 그리고 동에 주석·납 등을 첨가하여 경도(硬度)를 증강시켜서 청동기를 주조하게 되었다. 이리강(二里岡)의 얇고 바닥이 평평한 원시적인 청동기는 단순한 조제품이 아니라 초기 주조시대의 면모를 남긴 것이라고 말할 수 있을런지 모른다.

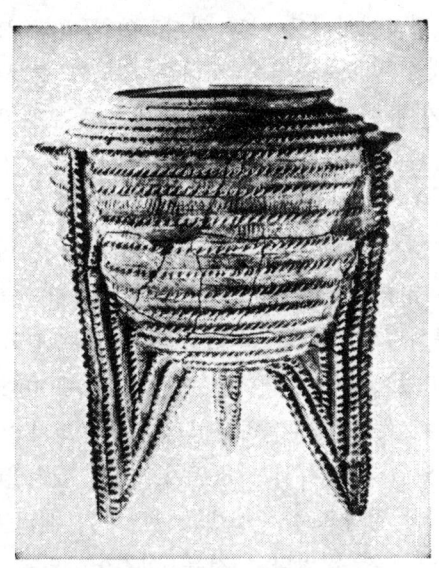

은대 초기의 세발 토기

하남성 황하의 삼문협(三門峽)댐 가까이에 있는 유적지에서 발굴된 토기의 3각형 모양의 세발은, 앞의 그림인 은대(殷代)의 원시적인 청동기의 발부분과 몹시 닮은데가 있다. 다만 가느다란 상문을 둘러찍은 듯한 장식은, 화북지방에서 나온 중국고유의 토기와는 이질적인 것으로서, 차라리 이국적(異國的)인 문화요소의 영향이 있었던 것으로 생각하게 한다.

둘째는, 은대 후반기(東周)의 수도 안양(安陽)보다 훨씬 오래된 은대 초기의 문화를 발견한 성과이다. 후반기의 수도 안양으로부터 약 190킬로미터 남방, 즉 경한선(京漢線)과 농해선(隴海線)과의 교차점에 위치한 정주(鄭州)부근에서, 은대의 많은 유적지가 발견되었다. 그중 가장 새로운 상층(소위 인민공원기<人民公園期>)에서 나오는 토기는, 안양의 소둔(小屯)의 것과 동시대의 유물도 있었지만, 다음으로 오래된 중층, 즉 2리강(二里岡)상층, 그리고 이보다 더 오래된 2리강 하층(二里岡 下層)에서 나온 유물은, 적어도 안양 소둔기보다 1시대(時代)나 더 오래된 것으로서, 아마도 은왕조 중기 또는 그 이전의 것으로 상상된다. 특히 2리강층에서 출토된 청동기는, 현재 알려져 있는 중국의 청동기 중 형식에서만도 가장 원시적인 종류로 볼 수 있다.

고고연구소의 셋째 성과는, 더욱 시대를 올라가 룽싼문화(龍山文化)로부터 은문화의 과도기에 가깝다고 생각되는, 굉장히 오래된 은의 문화층을 발견한 일이다. 이 종류에 해당하는 초창기 은대 문화는, 정주(鄭州) 교외에 있는 두 세 개의 유적지로부터, 서쪽의 낙양(洛陽)을 지나 황하 삼문협(三門峽)댐 지점에 이르는 황토대지의 많은 장소에서 발견되었다. 이 지역은 하(夏)왕조의 수도와 유명한 사건이 일어났다는 전설의 고향을 많이 포함하고 있기 때문에, 이 문화층의 시대를 하대(夏代)로 보는 학자도 적지 않다. 후일의 청동기원형이 되었으리라고 생각되는 세발그릇을 비롯하여, 모든 출토품이 양사오문화(仰韶文化)는 물론, 하남성의 룽싼문화와 비교해 보아도, 이질적인 요소를 갖고 있었다. 여기서는 청동기로서는 작은칼(小刀)이 얼마간 발견되었다. 소형무기를 청동으로 주조했을 뿐, 아직 제기(祭器)나 주기(酒器) 제작 등에 널리 응용하지 않았다는 것은, 이것이야말로 청동기시대의 개시기였기 때문일 것이다. 점을 치는데 사용했던 뼈도 나오지만, 거기에 아직 문자를 판 것은 발견되지 않았기 때문에, 문자의 발명은 이것보다 약간 늦어졌을 것으로 생각된다.

3. 은왕조 문화와 개화

초창기 은대(殷代)문화층이, 역사적으로 하(夏)왕조에 해당하느냐 어떠냐 하는 것은, 아직도 문제로 남아있다. 그러나 여기서 중국은 신석기시대에서 청동기시대로, 즉 미개사회에서 문명사회로 한발자국을 내디딘 것이다. 청동기는 그것의 경도(硬度)가 석기와 큰 차이가 없지만, 주조에 의하여 자유로운 형태를 줄 수 있는, 무한한 가능성을 가졌다. 이 가소성(可塑性)은 무기에 대해 더욱 능률을 발휘한다. 청동기 주조의 기술이 서아시아로부터 세계에 퍼지게 된 것도 유효한 무기의 제작과 관계하였기 때문이다.

극동세계에서 고립되어 있던 하인(夏人) 또는 은인(殷人)의 조상들이 청동무기 주조기술을 자신의 손으로 발견했는가, 아니면 서아시아로부터 간접적으로 배웠는가 하는 것은, 현재 고고학적으로는 실증할 수 없는 문제이다. 만약 중국이 이 기술을 밖으로부터 배워 온 것이라 하여도, 그 기술은 안양(安陽)에 천도한 이후인 은대 후기에, 전세계의 청동기시대와는 비교할 수 없을만큼 고도로 발달하여, 예술적인 제기(祭器)를 제조할 만큼 되었다. 중국 청동기 기술의 우수성은 누구나 인정하는 것이기 때문에, 청동주조기술을 자국에서 처음으로 발견하였는지, 아니면 타지역으로부터 유입한 것인지는 별로 중요한 문제가 아닐 것이다.

정주(鄭州)의 유적지로부터, 문자가 새겨진 갑골의 단편이 아직 1, 2편 밖에 발견되지 않았기 때문에, 확실하게 역사적 연대를 실증할 수는 없지만, 그 범위는 정주현성(鄭州縣城)을 중심으로 동서 15km 이상, 남북 7km 이상, 남북 7km에 분포하는 대규모 도시와, 그 교외의 위성읍면에 이르고 있음을 보여주고 있다. 이곳은 아마도 안양의 은허에 앞서 발전됐고 그후에도 이것과 병존한 은의 옛도시 중 하나였을 것이다.

은대의 정주는 약 1700m 사방을 높이 7m, 폭 4m로부터 17m의 흙을 굳힌 성벽으로 둘러싼 대도시국가였다. 이곳 사방의 성문 밖에서, 2개의 청동기 제조공장과 골기(骨器)제작공장, 그리고 도기(陶器)공장 등의 유적지가 발굴되었다. 이런 수공업에 종사한 사람들은 성안보다 성문 밖에 주거하고 있었던 모양이다. 직인(職人)들은 아마도 농업의 부업으로서가 아니라, 전문적으로 수공업에 종사했던 것 같다. 주조에 사용했던 주형, 토기·골기의 폐품 등으로 추측하건데, 그들은 귀족의 수요를 충당하기 위해 특수한 제품을 만들었고, 또 상품으로 만들어서 농민과 물물교환을 하였을 것이다. 농업을 떠난 본격적인 전문수공업, 상업민과 행정에 종사하는 관료군의 출현이, 도시국가의 성립을 가능하게 한 경제적인 원인이었다.

전문적인 수공업자와 관료에게 잉여식료품을 공급하여야 했으므로, 농업의 생산성은 이보다 앞선 룽싼 신석기시대보다 훨씬 높았을 것이다. 정주나 안양 소둔에서도 극히 소량의 청동제 괭이(钁), 자귀(鏟) 등이 나왔지만, 대량의 석제농구(石製農具)와 비교해 보면 문제가 되지 않는다. 석제농구의 폐물은 버려지면 그대로 남지만, 동(銅)은 끊임없이 재주조 되었기 때문에 폐물이 남지 않았을 뿐더러, 한편 별로 널리 실용되지 않았을 런지도 모른다.

청동기에 새겨진 물소 모티브

안양·소둔(安陽·小屯)의 유적지에서 다량의 물소뼈가 발굴되었다. 양자강 중·하류지역의 신석기시대 유적지에서는 벼알 껍데기가 발견되었다. 이로써 은허(殷墟)이전에 이 지방에서 벼농사가 지어진 것이 확실해졌다. 절강성의 유적지에도 다량의 물소뼈가 나왔다. 아마도 현재의 이 지방 물소들처럼, 그때 물소 역시 논에서 쟁기를 끄는 역축(役畜)이었을 것이다. 갑골문(胛骨文)에는 자주 勺牛라는 글자가 사용되고 있다. 勺은 ⅓라고 표기하여 밭을 갈아엎는 형상을 나타낸다. 勺은 또한 진한 회색이라는 뜻도 있으므로, 검은 털색깔의 물소역축을 가리키는 글자이기도 하다. 그리고 농사짓는 勺牛를 한 글자로 모으면 犁(밭갈려), 즉 밭갈이하는 소라는 글자가 된다. 은허(殷墟)에서도 신석기시대 강남문화(江南文化)의 영향을 받아 낮은 지대에서는 물소를 사용하여 쟁기를 끌게 하는 논농사가 이루어졌는데, 이것이 농업생산성을 높이는데 한몫했을 것이다. 당시의 안양지방은 지금보다 얼마간 기온이 높고 습윤하여 강우량이 많았으므로 물소를 사용하는 일이나 논농사가 가능했고 또 홍수의 위험은 물론 오늘날보다 물난리가 많았지만 치수·배수의 기술도 개량되었을 것이다. 여기에 게재한 청동기는 은대의 왕릉에서 출토된 것으로서, 신에게 바치는 고기를 삶던 네발솥이다. 앞면에 있는 괴수(怪獸)머리의 뿔은 틀림없이 물소의 뿔을 나타낸 것이다.

갑골문자가 풍작이냐 흉작이냐를 점친 대상은 곡식(禾)으로서, 이것이 은왕조의 중요한 농작물이었다. 곡식은 신석기시대 이래 화북평원에서 재배되고 있던 좁쌀에 해당한다. 갑골문자에는 이외에 기장(黍), 보리(麥, 아마도 소맥이 아니라 대맥이었을 것이다)의 풍작을 점치고 있다. 은대에는 화북의 건조한 기후에 잘 맞고 한해(旱害)에 강한 밭곡식을 주로 심고 있었지만, 벼농사도 부분적으로 하고 있었던 것 같다.

농업의 진보를 위해서는 치수사업의 발전이 중요하였다. 수해를 피하여 그때까지는 하천 옆 단구(段丘)의 언덕에서 농사를 짓고 있었지만, 점차 화

은허(殷墟)의 물도랑

소둔(小屯)에 있던 은나라 수도의 중심부에 있는 궁전자리는 1.2m 높이로 흙을 개어서 다진 단위에, 다시 주춧돌을 놓고 그 위에 궁전을 지은 것으로 되어 있다. 그리고 이 지역에서는 폭 40~70cm, 깊이 1m 남짓한 모래바닥의 물도랑이 몇 줄기씩이나 파여진 흔적이 있다. 어떤 것은 이 궁전의 토단(土壇) 밑을 지나가고 있었다. 이것은 건축부지의 수평도를 측정하기 위한 것이었다는 해석도 있지만, 불규칙한 물줄기식으로 되어 있다는데서, 이 해석은 받아들이기가 곤란하다. 암거식(暗渠式) 용수갱이거나 배수갱인 것으로 보인다.

북평원의 낮은 지대에 대한 개간사업을 추진시켰다. 은도(殷都)의 서쪽과 남쪽에서 이 도성의 도랑으로 보여지는 것으로서, 넓은 도랑을 팠던 자리가 발견되었다. 정주(鄭州)와 소둔(小屯)의 거주지역에는, 지상에 단(壇)을 쌓은 궁전 옆에 도랑을 팠던 흔적이 남아있다. 이것이 무엇에 사용되었는지는 불분명하지만, 농업에서도 이 기술이 치수관개에 이용되지 않았을 리가 없었다. 은왕조의 선조는, 개조(開祖)인 성탕(成湯)이 즉위할 때까지 사이에 8번이나 도읍을 옮겼고, 성탕 이후 반경(盤庚)까지는 5번이나 도읍을 옮겼다고 전해져 내려온다. 당시 화북지방이 현재보다 좀더 따뜻하고 강우량도 많았기 때문에 논농사가 가능함과 동시에, 한편으로는 수해의 위험도 많았는데, 이런 수해를 피하려는 것이 천도의 이유 중 하나였을지도 모른다.

갑골문 가운데는 은왕이 수렵 나가는 것을 점친 것이 많다. 은대는 이미 농업을 중요한 산업으로 하고 있었지만, 아직도 화북에는 광대한 미개척 원시평야가 남아 있었고, 거기에 소택지가 여러 곳에 있었기 때문에, 수렵은 단지 스포츠로서가 아니라 말·소·양 등의 목축과 함께 아직도 꽤나 유용한 산업이었다.

사냥한 짐승에서 빼낸 뼈와 뿔은 날붙이로 병기와 공구로도 사용되었다. 모피는 방한용 상의로 만들어 입었으며, 뽕나무를 심어 누에고치를 키워서는 명주천을 짰는데, 이것은 오로지 귀족계급의 의료(衣料)로 충당되었다.

4. 동아시아의 수도 — 큰서울의 유적 은허(殷墟)

하왕조를 멸하고 은왕조를 연 탕왕, 즉 개조(開祖)인 천을(天乙)로부터 20대째인 반경(盤庚)이 안양(安陽)에 천도한 이후, 다시 세 번째(통산23대)왕 무정(武丁)이 즉위한 때의 은왕국은, 아직 그 정치적 지배가 안정되어 있지 않았다. 그때의 갑골문자에는 서북방의 산지와 초원에서 유목하고 있던 토방(土方), 귀방(鬼方) 등의 이민족이 나타난다. 토방의 방(方)자는 나라(邦)라는 의미지만, 이들 부족이 종종 국경안까지 침입해 들어와서는, 가죽 등을 약탈하는 사실을 기술하고 있다. 그의 아들들인 조경(祖庚), 조갑(祖甲) 때는 이런 외환도 없어져 평화로운 시대가 계속되었다.

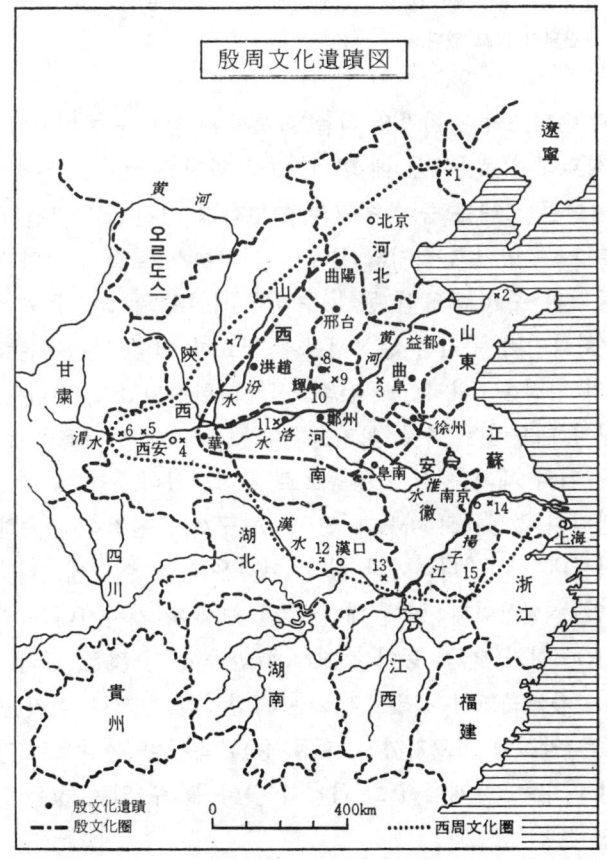

은·주(殷·周)의 문화유적지 분포도

 이 지도에서 은대의 유적지란 은나라 형식의 청동기·토기·복술에 사용한 갑골 등이 발굴된 지점을 말한다. 주대(周代) 초기는 은 왕조의 문화를 계승하여 청동기·토기 등도 동일한 양식을 취했으므로, 그 명문(銘文)에 명시된 경우라든가 주거와 분묘의 유적지가 완전히 발굴된 예를 제외하고, 은대 말기·주대 초기의 유물은 두 왕조 중 어디에 속하는 것인지 명확하지가 않은 것이 많다. 따라서 여기에 든 은대의 유적지는 은대인지 아니면 주대 초기인지, 그 시대가 상당히 불확실한 것이 포함된 것으로서 은 문화권의 확산범위에 대한 대략적인 어림짐작을 표시한 것이다. 이에 대하여 주문화의 유적지는 제4장에서 기술하는 것처럼 훨씬 더 확대되었다. 은문화의 서쪽한계는 한때 기산(岐山)까지 미쳤다고 한다. 현재 섬서성 위수(渭水) 유역에서는 주의 문화층이 일반적으로 섬서성의 룽싼(龍山)문화층 위에 올라앉은 곳이 많으나, 아직까지 확실한 은 문화층은 발견되지 않고 있다.

그 사이에 은왕조의 정치력은 차츰 화북평원 전체를 지배하게 되었고, 다시 서쪽의 황토대지(黃土臺址)에 미쳐, 그 문화권은 섬서성 동쪽 경계선까지 확대되었다. 이런 상태는 중국 최근의 고고학적 진전으로 발견된 은대식(殷代式) 청동기가 수반된 유적지의 분포에 의하여 비로소 분명하게 되었다.

원래 청동기의 주요 원료인 동과 주석의 생산량은 그렇게 풍부하지 못했기 때문에, 화북지역 주민의 일상생활에 필요한 청동기는 작은칼, 송곳, 바늘 등 소형의 가정용구와 토목·건축 공구에 한정되었고, 대다수 농민이 사용하는 농구의 대부분은 석기, 목기, 골기 등을 그대로 사용하고 있었다. 이에 반하여 무기와 제기는 대개 청동으로 제작되었다.

무기가 완전히 청동제로 바뀌게 된 후, 농구까지 완전히 금속화되는 데는, 다음의 철기시대까지 기다려야만 했다. 이것은 세계 어디에서나 마찬가지로 찾아볼 수 있는 현상이다. 이에 대하여 신(神)에게 제사지내는 의식에 사용된 주기(酒器)·식기(食器) 등이 정교하게 만들어 진 것은, 중국 청동기시대의 특색이다. 룽싼문화의 세발토기로부터 발달한 주기나 식기를 시작으로, 종(鐘)과 같은 악기에 이르기까지, 괴물 등의 복잡한 문양으로 장식된 거대한 용기들의 다수는, 세계에서 그 유례를 찾아 볼 수 없는 청동기 예술의 정화(精華)라고 칭찬 받는다.

동기(銅器)의 기묘한 형태와 그 위에 조각된 꿈틀거리는 듯한 괴물의 문양 등에 넘치는 신기한 생기(生氣)가 이런 예술을 성립시켰으며, 또 이것을 고도로 발전시킨 원동력이다. 종교민족학적으로 말하면, 이것의 동기는 주술신앙(呪術信仰)의 중심인 마나(mana, 태평양제도 원주민이 믿는 초자연력)와 같은 영력(靈力)을 가진 조령(祖靈)의 상징인 것이다.

이 영력을 지배하는 신(神)인 조령과 인간과를 중개하는 사람은 무당, 즉 주술사이다. 왕은 최고의 주술사로서, 하늘의 뜻을 인간에게 전달하며 지상을 지배하는 사람이었다.

　신의 주술사 우두머리인 왕은 주술사와 무당들을 사용하였다. 그 중에서도 가장 중요한 사람은 점을 치는 복자(卜者)였다. 왕명을 받아 거북이 등과 소뼈에 뜸을 놓아 거기에 생기는 잔금 형태에 의하여, 미래에 대한 신의 예언을 판단하는 것이 점장이의 역할이다. 은대의 유명한 대신은 모두가 복자의 동료였다.

　갑골문자는 왕조의 복자가 신에게 미래의 예언을 묻는 복문사(卜問詞)였다. 복문(卜問)은 제사를 지내며, 비바람, 그 해의 풍·흉년, 전쟁, 왕의 행동 등에 관한 길흉을 묻는 것이었다. 가장 많은 업무는, 조상을 비롯하여 신들에게 제사지내는 것이었다. 제사를 게을리 하면, 조상의 영혼이 왕을 비롯하여 사람들에게 질병이나 여러가지 재앙을 내리기 때문이라고 믿었다. 한해 농사의 길흉은, 유목을 부업으로 하고 농업을 주된 생업으로 한 은민족에게는, 국민의 사활문제가 걸린 것이었으므로, 이것에 커다란 영향을 주는 기상, 특히 적절한 강우량 등이 점쳐지곤 하였다.

　은왕조의 중앙행정은, 왕을 우두머리로 사(師)라고 불리우는 신분의 무당·점복사·군인, 문서기록관인 윤(尹), 시종(侍從)이나 하급관리인 소신(小臣)들에 의하여 행하여 졌다. 모계씨족의 흔적을 강하게 남긴 은대 씨족제도 하에서의 사회생활은 모두가 씨족, 또는 씨족의 집합체인 부족을 단위로 영위되고 있었다. 가장 유력한 부족은 왕실의 같은 세대(世代)의 왕자, 왕손군(王孫群)을 주체로 한 다자족(多子族)이고, 그 다음이 역대의 왕을 족장으로 하고 그에 세습된 왕족이었다. 은민족이 주대(周代)에도 자식을 성(姓), 즉 씨족이름으로 부른 것은, 다자족의 멤버인 왕자들이 아들 아무개라고 칭하였기 때문이다. 유력한 부족의 족장이나 주요 멤버들은 귀족으로서 부족에 속하는 군대를 통솔했고, 또 왕조정치에 참여한 귀족들은 다수의 남녀 노예를, 가정 내에서만이 아니라 농업과 목축업 또는 수공업 등 노동에 사역하였다. 안양현(安陽縣) 서북방 소둔촌(小屯村)에 위치한 원수(洹水)물가의 작은 언덕은, 은허(殷墟), 즉 은나라 도성의 유적지 언덕이라고 옛날부터 불리어왔다. 이곳에서 흙을 다져서 만든 단 위에, 나란히 놓인 주춧돌의 궁전터

74

제 3 장 역사의 여명   **75**

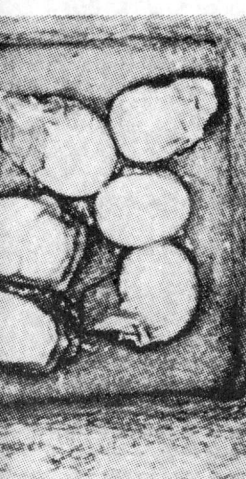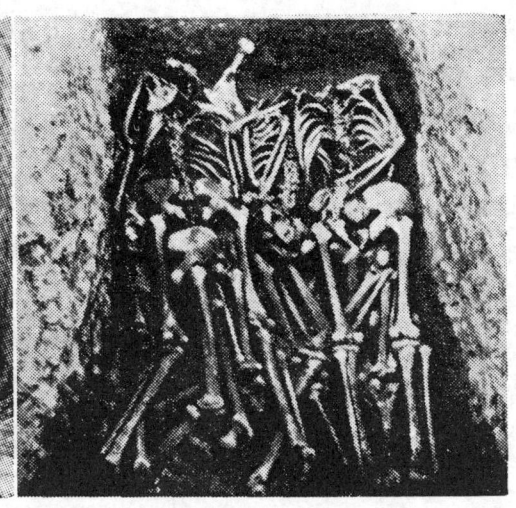

은대(殷代)의 순장(殉葬)

  위의 두 그림은 둘째 종류의 해골, 체골(體骨)이 별도로 10구씩 매장되어 있는 예이다. 왼쪽 그림의 해골은 분명히 수급10이 1개조로 되어 있다. 오른쪽 그림의 체골도 대체로 이에 준한 것 같다. 이에 대하여 다음 쪽의 그림은, 첫째 종류인 왕실 큰능 현실(玄室) 안 중앙에 놓인 관 주위를 많은 무기로 완전무장했고, 또 머리와 사지가 갖추어진 10여명의 남녀 뼈가 둘러싸고 있는 모형도이다.

  가 발굴되었다. 기와는 아직 사용되고 있지 않았기 때문에 단층초가지붕건물로서, 요즘으로 본다면, 허술하고 변변치 못한 초가집이지만, 정면폭이 60미터에 안길이 10미터에 달하는 큰 건축물도 있었다. 왕이 살았던 궁전과 조상을 제사지내던 종묘(宗廟)라고 추정되는 이들 건축물을, 주위에 있는 서민의 반지하식 수혈주거(竪穴住居)와 비교하면, 하늘과 땅만큼이나 대조적이었다.

  이 궁전의 토단 아래와 주위에는, 몇 수급씩이나 사람머리만을 매장한 작은 굴이 다수 파여져 있었다. 그 속에는 두개골 또는 체골(體骨)만 있는 것이 대부분인데, 이것은 목을 잘라서 매장한 것이었다. 이것은 궁전을 건축할 때 인간을 희생물로 바쳐 그 피로써 장소를 정화하고 악마를 쫓아내기 위해서 그랬을 것이다. 소둔의 북방, 원수(洹水)의 맞은편 고대(高臺)에서는 1000기 이상의 은대 고분이 발굴되었다. 그 중에서 한층 두드러진 것은, 특히 거대한 규모를 가졌고 왕릉으로 추정되는 10기의 큰 묘이다. 이 큰 고분은 지하를 12~13m나 깊이 파고, 460m²나 되는 넓은 4각형 광중(壙中) 중앙에 관이 놓인 것인데, 이 관을 둘러싸고 제주와 제물을 담는 정교하고도 기묘한 문양이 새겨진 커다란 청동제 용기들, 무기와 종(鐘) 같은 악기, 대리석으로 만든 조각상, 옥으로 만든 장신구 등이 많이 놓여 있었다.

이것들은 모두가 은대 청동기 예술의 결정으로 볼 수 있는 작품들인데, 이보다도 더 사람들의 눈을 놀라게 한 것은, 순장자(殉葬者) 대군(大群)의 많은 뼈였다.

이것들은 2개 종류로 구분된다. 첫째 종류는, 현실(玄室)의 관을 둘러싼 10여명 분의 뼈들이다. 옥돌로 된 장신구를 붙였고 창(戈)이나 세모창(矛) 등을 가졌던 사람들로서 청동기·도기와 함께 생매장되면서, 왕에게 순사(殉死)한 명예로운 시신(侍臣)들의 뼈였다. 둘째 종류는, 현실로 통하는 묘수(墓隧) 등에 수급 10이 1개조로 놓인 사람의 해골이다. 그리고 이 해골의 몸체뼈로 보이는 체골(體骨)이 역시 10구 1개조가 되어 들어있는 조그만 묘가 큰묘 주위에 대열을 지어서 나란히 배열되어 있었다. 이것은 왕을 매장했을 때나 또는 기제사(忌祭祀) 때, 사람의 머리를 베어 그 피로써 악마를 쫓아내는 의식의 희생물로서 바쳐진 것일 것이다. 이들의 총수는 어떤 경우는 300명, 500명, 1000명에 이르고 있었다.

이 큰 묘중의 1개를 발굴한 중국의 학자들은, 이와같이 많은 사람의 순장 사체에는 생살여탈의 권력을 가진 주인, 이 능에서는 왕의 수중에 들어 있던 장년의 노예병사가, 이런 희생의 제물에 충당되었다고 보고, 은대기 유물사관상 노예제 사회였다는 것을 증명하는 것이라고 추리하였다. 이에 대하여 현실 왕관(王棺) 주위에 있는 수십 명의 갑옷과 투구·무기로 무장한 중신 또는 근시(近侍)의 순장은, 머리도 몸체도 그대로 있는 것으로 보아 산채로 매장된 것이었다. 그들은 노예병사와는 달리, 물품이 아니라 개인으로서 취급되었고 인간으로서 대우받은 것을 말해주고 있었다. 그러나 신분상으로 주인에게 종속되지 않은 것이 아니라, 고대 그리스·로마시대의 해방노예를 닮은 지위를 가지는 사람들이었다. 이것은 노예 사이에도 복잡한 계층에로의 분화가 진행되고 있었음을 나타내는 것이다. 일반적으로 남자노예는 신(臣), 여자노예는 첩(妾)이라고 불리었고, 이외에 왕의 명령으로 농업노동에 종사하는 중(衆)이라는 신분의 계층이 있었다. 농촌공동체에 속한 일반농민은 토지에 붙들려 농지, 가축과 함께 지배자인 왕이나 귀족에 의하여 상속·증여·교환되었다. 농노라고도 불려지는 이와 같은 농민과, 순수한 노예가 뒤얽힌, 이 계층에서 이들은 은대 사회의 산업을 담당하고 있었다. 어느 계층이 주가 되는 직접생산자였나 하는 것은, 현재로서는 아직 결정적인 결론을 내릴 수 없다. 왕실에 부속된 피정복민 노예출신의 병사들을 비롯하여, 은허와 같은 대도시들에서 토기·골기·동기 등의 제작공장에 모여서, 이런 노동에 종사하던 것은 노예신분의 사람이 많았다.

은왕조의 능에서의 대량적인 순장은 세계 역사상 거의 그 유례를 찾아볼 수 없는 이례적인 것이라고 평가되고 있다. 당시 외부정복에 동원된 병력 수는 3천명이나 5천명이었기 때문에, 1개 왕릉에 순장된 병사의 수는 그 10분의 1 이상에 해당한다. 나라의 중요한 병력손실을 초래할런지도 모를 순장 관습은, 현대인의 눈으로 보면 단지 비인간적일 뿐만 아니라 너무도 비합리적이며 바보같은 짓으로 보여질 따름이다. 아마도 인간은 희생물로서 바쳐지는 소, 양 등의 가축보다는 가치가 있었으므로, 그 귀중한 피를 뿌림으로써 왕이나 귀족의 사회생활을 깨끗이 하고 또 불편 없이 보장하게 된다고 은나라 사람들은 생각했을 것이다.

한 사람의 왕, 한 사람의 귀족의 사후생활을 위하여, 어째서 이처럼 많은 사람의 희생이 필요하였을까. 그것은 왕이나 귀족이 신의 대표자 또는 화신(化身)으로서, 일반 사람들과는 비교할 수 없이 우월한 존재였기 때문일 것이다.

은의 탕왕(湯王)을 보필하여 명상(名相)이라고 불리던 이윤(伊尹)을 비롯하여, 역대의 현신(賢臣)이라고 전해지는 사람들, 예를들어 무함(巫咸), 무현

(巫賢)과 같은 이들은 신과 사람 사이를 중개하고 신의 의사를 신탁에 의하여 사람에게 말하는 능력을 가진 무사(巫師)였다. 은왕은 이런 무사를 통솔하는 무사장의 자격으로, 신의 권위에 의해 지상의 국민을 다스렸다. 이 신권정치(神權政治, theocrasy)는 고대 문명국에서 공통적으로 찾아볼 수 있는 정치형태이다. 이런 신권정치국들 중에서 이집트의 파라오(Pharaoh)는, 자신을 신의 화신(化身)이라 하여 신격화하였고, 국민을 무조건적으로 복종시켰다. 메소포타미아 국왕은 신의 대표자였지만, 자신은 신격을 가지지 않았다. 중국 은왕조의 수장(首長)은, 신권정치가로서는 이집트의 파라오에 가까워서, 자신이 신격을 보유하고 있다고 생각한 것 같다. 특히 은왕조 말기에는 무사장인 은왕에게 점차 권력이 집중되었고, 더 나아가 신격을 가지게 되었는데 이런 경향이 정점에 달하자, 마지막 왕인 주(紂)는 독재군주로서 왕국에 군림하기에 이르렀다.

고전 기록에 의하면, 은의 주왕은 생활에 고통을 겪고 있는 백성들에게 중세(重稅)를 부과하여 행궁(行宮)을 여러 곳에 지어서 각국으로부터 헌상된 귀한 동물을 길렀고, 수렵과 잔치로 나날을 보내면서 주지육림(酒池肉林)의 즐거움을 만끽하고 있었다. 게다가 동방의 이민족인 동이(東夷)를 원정(遠征)함으로써, 백성의 커다란 반감을 불러일으킨 반면, 서쪽 변경에서 일어난 주(周)민족의 동진을 저지시키는 것을 게을리 했다. 황하를 건넌 주무왕(周武王) 군대를 목야(牧野)에서 맞아 일대 회전을 벌인 끝에, 결국 패배(敗北)하여 은왕국이 멸망하였는데, 그 시대는 B.C. 11세기 초반경으로 추정된다. 개조(開祖)인 탕(湯)으로부터 30대, 씨족제의 흔적인 형제상속제가 남아 있었기 때문에, 세대(世代)로서는 17세(世), 약 500년동안 은왕조는 계속되었다고 한다.

은의 주왕은 망국폭군(亡國暴君)의 전형으로 되어 있으므로, 주대(周代)에 편찬된 문헌의 기록들은 너무도 과장되어 신용할 수 없다는 것이, 고전에 대한 비판적인 사학자들의 견해지만, 최근 은허의 발굴과 신뢰할 수 있는 갑골문자에 의해 어느 정도 그 진상이 확실해지고 있는 것 같다.

은 말기에는 제왕의 수렵에 관한 복사(卜辭)가 많은데, 이로부터도 주왕이 수렵과 같은 스포츠의 애호가였으며, 여행을 즐겼다는 것은 확실한 것 같다. 후가장(候家莊)의 왕릉에서는 코끼리뿐만 아니라 많은 짐승의 순장이 발견되었다. 이로써 그가 귀한 동물을 사방으로부터 모은 것도 사실로 되었다. 서북지방의 이민족을 평정한 은의 말기에는, 은의 정치력이 동남쪽으로 확대되었고 이리하여 동아시아의 일대 제국으로 성장하였다. 동남쪽 회하지방에 사는 인방(人方), 즉 동이(東夷)에 대하여 대원정을 행한 사실도 갑골문자에 기록되어 있다. 이 원정은 궁전 등 건축물의 장식과, 화폐로서의 용도가 넓던 보패(寶貝)의 생산지를 확보하는 것이 원정의 동기였을 것이지만, 무모한 외정을 틈타서 침입해 온 주(周)의 동침(東侵)을 미처 알아차리지 못한 것은 치명적인 실수였다.

섬서지방의 변강부족(邊疆部族)으로서 농업을 주생업으로, 검소한 생활을 영위해온 주민족(周民族)은, 하루아침에 은 왕조를 멸망시킨 것이다. 은 왕조 신권국가의 대조직, 수도에 있는 거대한 왕실궁전의 건축물, 기이한 동식물이 꽉 찬 정원, 동아시아 세계의 구석구석으로부터 집중된 조공품을 바탕으로 영위된 호화스러운 도시생활을 처음으로 접한 주민족은 그 얼마나 놀랐을까. 이런 인상이 망국의 군주인 주왕(紂王)의 전설에 도입되었던 것이다.

제 4 장 고전문화의 형성

1. 주(周)민족의 발흥

은왕조가 황하하류지역인 화북지방 대평원의 안양(安陽)에서 고도의 도시문화를 꽃피우고 있을 무렵에, 이 문화권의 서쪽 끝이며, 황하를 거슬러 올라간 섬서성의 위수(渭水)와 경수(經水)유역의 황토고원에서, 꾸밈없고 진실한 한 농업민족이 묵묵히 개척사업을 진행시키고 있었다. 그것이 주(周)민족이었다. 그들 사이에는 조상인 후직(后稷)이 천신(天神)의 아들로 태어나, 농업을 백성들에게 가르쳤다는 전설이 서사시로서 전해져 내려왔다. 그들이 살고 있던 황토고원에는 융(戎)이라는 민족이 유목을 하고 있으면서, 끊임없이 주족(周族)부락을 공격하여 약탈을 반복하고 있었다. 문왕(文王)의 조부이며 대왕(大王)이라고 존경받는 고공단보(古公亶父) 시대에 위수의 상류, 기산(岐山)의 산록(山麓)인 주원(周原)으로 옮겨서야 겨우 융의 화를 피해 안전한 주거지를 얻게 되었다고 한다. 주족(周族)에게 전해져 내려오는 서사시의 사장(詞章)은, 이 대왕시대부터 그 사적이 어느 정도 구체적으로 되어 있다.

이에 반하여 은왕조의 공식적인 기록인 갑골문자에는, 은허(殷墟) 초기의 왕인 무정 시대에, 주후(周候)라는 사람이 은도(殷都)까지 내조(來朝)한 내용이 쓰여져 있다. 주는 대왕보다 1, 2대 전대(前代)부터 은의 서북변경에 사는 유력한 부족으로서, 후(候) 즉 지방의 영주(領主)로 임명되어, 주위의 부족장들을 지배하는 자격을 얻고 있었다. 대왕의 아들로서 왕계(王季)로 추증(追贈)된 계력(季歷) 때에, 주족은 서쪽의 유력한 부족으로서 당당하게 지반을 굳히고 있었다.

은은 주족을 회유하기 위하여 중국의 전통적인 외적(外敵) 조종법에 의해 관직작위를 내림과 함께, 정략적 결혼정책으로 친척의 여자를 왕계(王季)의 비(妃)로서 시집가게 하였지만, 결국 왕계는 은나라 손에 걸려 사살되었다. 이 왕비가 낳은 바 은족과 주족과의 혼혈아인 문왕(文王)이, 후진의 주나라를 일약 서쪽을 문화국으로 높이는 역할을 하게 된다.

강소성 단도현에서 출토된 청동기

1954년, 강소성 단도현(江蘇省丹徒縣)에 있는 양자강 연안의 대지(臺地)에서, 경작중의 한 농민이 10여점의 청동기를 발견하였다. 조사결과 그 동기는 2개 그룹으로 분류되었다. 첫째 그룹은 전형적인 은조말·주조초 양식에 속한 것으로서, 대부분이 주나라 조정에서 주조된 후 여기까지 가져온 것으로 추정되었다. 위쪽 그림은 이것을 대표하는 殷라는 것이다. 신께 바치는 제물을 담는 용기인 殷에는 130여자의 명문이 있는데, 거기에는 동쪽 나라를 정벌한 강왕(康王)이 의후(宜候)를 제후로 봉한 사령문이 들어 있었다.

의후는 춘추시대(B.C. 770~403)말기에 소주(蘇州)에서 일어난 신흥국 오(吳)의 선조로 간주된다. 이에 대하여 둘째 그룹은, 선사시대부터 강남지방에서 만들어지던 것으로서, 인문토기(印文土器) 표면에 새겨진 기하학적 무늬로 장식된 청동기들이었다. 이것은 이 지방에서 주조된 토착문화를 대표하는 것으로 해석되었다. 아래 그림의 뿔모양을 한 청동기가 그런 것의 한 예다. 강남의 토착문화는 상당히 높은 수준으로 발전하여, 이런 기하학적인 인문토기와 더불어, 유약이 입혀진 토기를 만들어 중원지방으로 수출함으로써, 은과 주왕조의 도기(陶器)에도 영향을 주었다. 이 강남의 토착문화는 최근의 고고학적 발굴에 의하여 비로소 발견된 것인데, 이것과 중원문화와의 융합으로 춘추시대에 오나라 문화가 생겨난 것이다.

새중국의 탄생 후에 중국 과학원이 섬서성내 주족의 거주 유적지를 발굴하였지만, 위수 유역에서는 아직 은의 문화층을 발견하지 못한 것으로 보아도, 주 문화층은 많은 경우에 섬서의 룽싼(龍山)문화층 위에 퇴적되어 있다. 사실 서쪽 변경민족(邊境民族) 사이에는, 은문화가 아직 주의 왕실과 일부 상층귀족을 빼고 일반 백성사이에는 충분히 침투되어 있지 않았으므로, 주 문화는 석기시대 후기에 동지역 룽싼문화민족 사이에서 태어난 것이라고 인식되고 있다.

문왕이 즉위하자 이윽고 은의 주왕(紂王)은 그를 서쪽의 패자(覇者), 즉 서백(西伯)으로 임명하고, 서쪽 변경지방 여러 나라의 군대를 지휘하는 권한을 주었다. 서쪽의 강대한 적대국에 대한 방비를 제2차적인 일로 방치하고, 주왕이 감히 동이(東夷)에 대한 대원정에 떠난 틈을 타서, 주 문왕은 수도를 기산(岐山)으로부터 서안(西安) 서쪽의 풍(豊)으로 옮기는 동시에, 섬서성 경계로부터 착착 동진(東進)을 계속하였다. 하남성의 황토고원으로부터 내려와 화북평원 서부에 도달하고, 다시 황하를 건너서 은의 수도를 덮칠 태세를 준비하고 있던 바로 그때, 문왕이 병사하였다.

은왕조 타도에 대한 문왕의 숙원은 아들인 무왕에게 이어졌다. 그는 즉위하자마자 군사를 일으켜 은왕 주가 거느리는 대군과 목야(牧野)에서 회전하고, 대격투를 벌인 끝에 크게 이겨서 도망가는 주를 쫓아 은의 수도에 입성하였다. 주는 궁전에 불을 지르고 스스로 불에 타죽었다. 이런 승리에도 불구하고, 동방세계를 통치할 자신을 아직 가지고 있지 않았던 무왕은, 은의 왕자 녹보(祿父)로 하여금 은을 잇게 하여 구(舊) 영토를 그대로 다스리게 하고, 자기의 둘째 동생에게 감시 임무를 맡긴 다음 군을 돌려 귀국하였다.

귀국 후 무왕이 병사하자 주족도 은왕조와 마찬가지로, 씨족제도의 유습인 형제상속제를 하였기 때문에, 무왕의 동생으로서 정치적 경험이 풍부하고 유능한 주공(周公)이 뒤를 이을 것인가, 아니면 무왕의 아들인 젊은 성왕(成王)이 이을 것인가가 큰 문제로 제기되었다.

이때 주공에게 반감을 가졌던 두 동생들은, 은왕 무경(武庚)을 교사하여, 산동반도로부터 남쪽의 회수연안까지를 점거하고 있던 동이 민족과 통모하여, 일대반란을 일으키도록 계획하였다. 이렇게 되자, 주공은 동생인 소공(召公)과 협력하여 젊은 성왕을 즉위시키고, 자기자신은 섭정이 되어 대군을 이끌고 동정(東征)길에 올라, 은의 반란을 평정했을 뿐만 아니라 산동, 회수지방의 동이와 회이(淮夷)를 정벌하였다. 소공이 이끄는 일대(一隊)는, 동이를 쫓아 산동반도의 구석까지 도달하고, 다른 부대는 회이를 토벌한 후 끝내 양자강 대안(對岸)에 식민도시를 건설하였다. 주 성왕으로부터 강왕(康王), 소왕(昭王), 목왕(穆王)에 이르기까지, 서주(西周) 초기의 왕권은 눈부시게 발전하였다. 최근의 발굴에 의하여 그 청동기 문화권은, 섬서성 남부의 평원지대를 중심으로, 동북은 요녕성 남부로부터, 하북성의 대부분과 산서성 중부이남, 하남 및 산동, 강소, 안휘 3개성의 전부를 포함하며, 호북성의 한수유역을 포함했다는 것이 확인되었다. 은왕조 고유의 세력범위였던 화북 대평원을 넘어, 북은 만주의 일부에까지 진출함과 동시에, 또한 양자강 하류의 강남 델타지방에 근거지를 만드는 등 크게 확대된 서주왕조의 대영역을, 어떻게 유효하게 지배할 것인지가 서주 초기 정치의 최대 과제였다.

은·주(殷·周)의 문화유적지 　　　　　　　　(제3장의 은주유적도 참조)

서주(西周)의 청동기가 출토되는 문화유적지에 대해서는, 청조의 중반기 경부터 주목되었지만, 특히 중화인민공화국이 수립된 후에 많은 유적지가 발견되었다. 북방의 요녕성 능원현(遼寧省凌源縣)(1)로부터는, 서주(西周)개국의 명재상인 소공(召公)의 자손이 봉해진 북경(北京)부근을 본거지로 한, 연(燕)나라 초기의 동기군(銅器群)이 발굴되었다. 동쪽에서는 산동반도의 발해만 연안의 황현(黃縣)(2)에서, 소공이 동이(東夷)징벌 당시 여기서 신하에게 은상을 내렸음을 증명하는 명문이 든 동기(銅器)가 나온 것을 비롯하여, 양산(梁山)(3)에서는 은대 말기에 있던 은왕의 동이(東夷)징벌, 이것에 이어 주초(周初)에 소공이 동방을 경략할 때를 이야기하는 명문이 든 동기가 발굴되었다. 서쪽 위수평야에서의 주대문화의 유적지는, 수도 종주(宗周)가 놓였던 섬서성 서안(西安)(4), 민족의 발상지(發祥地)인 기산(岐山)(5) 등을 중심으로 하고, 서쪽 끝은 보개현(寶鷄縣)(6)에 달하고 있다. 산서성에서는 중부 황하에 가까운 서루현(石樓縣)(7)에서 발견되었고, 하남성에서는 은의 수도 안양(安陽)(8)을 비롯하여, 황하 북안의 준현(濬縣)(9), 휘현(輝縣)(10), 주의 동도(東都)인 성주(成周)가 있던 낙양(洛陽)(11)을 중심으로, 여러 장소에서 유적지가 발견되었다. 남방에서는 양자강 중류의 호북성 한수(漢水)유역인 효감현(孝感縣)(12), 기춘현(蘄春縣)(13) 등의 유적지가 알려졌다. 양자강 하류에서는 앞에서 알아본 단도현(14) 외에, 안휘성 남단의 둔계(屯溪)(15)로부터도 토착적인 인문토기문화의 영향이 강한 특수한 형식의 청동기가 발굴되었다. 주초의 문화권이 이렇게도 넓은 지역까지 확대되어 있었다는 것은, 지금까지 고대 사학자, 고고학자들이 몽상조차 하지 못하였던 사실이다.

섬서성 서안 부근인 종주(宗周)에 수도를 둔 주왕조가 약 500km 떨어져 있는 은허(殷墟)를 중심으로 한 화북평원의 새로운 영토를 통치하는데는 교통이 불편하였기 때문에, 도중에 적당한 근거지의 설치가 필요하였다. 주공은 하남성 낙양(洛陽)에 은왕조의 주력을 이루고 있던 부족을 이주시킨 다음 성주(城周)라고 하는 부수도(副首都)를 건설하고, 스스로 여기에 상주하면서 동방 경략의 책원지로 하고, 왕족과 친선적인 부족을 각지에 파견하였다. 은의 구(舊)본국에 대해서는 위(衛), 제수(濟水) 유역의 이민족에 대한 견제를 위해서는 노(魯), 산동반도의 동이(東夷)민족을 지배하기 위해 제

(齊), 북방야만족에 대해서는 산서성 남부에 진(晉) 등 제후국을 세웠다. 중국의 고전은 주공이 여기에 봉건제를 창조하였다고 기술하고 있는데, 이 봉건제란 제후의 공·후·백·자·남의 5개 등급의 작위(爵位)에 따라, 각각 4방 100리로부터 50리까지의 영지를 주어, 독립국으로서 통치시킨 것을 가리킨다. 이것은 서양 중세기의 퓨덜리즘(feudalism)의 번역어인 봉건제와는 별개의 애용으로서 고대 도시국가, 예컨대 그리스가 소아시아 등에 새로운 식민도시국가를 건설한 것과 닮은 것이다. 주공(周公)이 건설한 주족의 식민도시국가는, 본국인 주의 도시국가와는 종가와 분가(分家), 즉 종족관계에 의하여 통속(統屬)되고, 단순한 봉건적 군신관계로 맺어진 것이 아니었기 때문이다.

노예제인가 봉건제인가

새중국의 학계에서는, 마르크스주의 인류사회발전 5단계설에 입각하여 은왕조의 사회가 이미 원시사회를 탈피하고, 계급분화에 의하여 노예제도에 입각한 노예제 사회에 도달하여 있었다고 보는 학설이 지배적이다.

그러나 주 왕조는 정복한 은 왕조의 노예제를 그대로 계승하였다는 학설과 이것을 변혁시켜 봉건제를 창설했다는 학설도 있어서, 아직 결론이 나와있지 않다. 소수의 정복자인 주민족이, 다수의 피정복자인 은민족을 지배하는데는, 단지 힘에 의한 강제로서는 지배할 수 없었다. 때문에 주공은 은의 왕족을 비롯하여 유력한 부족의 귀족에게는, 왕족귀족으로서의 신분을 인정하였으며, 왕자의 하나를 군주로 봉하였고, 다른 귀족들도 명예 있는 군사로서 대우하였으며, 또 귀족으로서 여러 도시국가 정치에 참여시켰다.

은의 일반 백성 중 일부가 구(舊)부족에서 떼어져, 주조 귀족의 노예로 전락된 경우가 있기는 했지만, 대부분은 원래의 부족 그대로, 서민으로서 농지에서 농사짓는 것이 허락되었다. 농지는 귀족이 노예를 사역해서 경작시킨 직영지와, 서민이 자작하는 소작지의 두 종류가 있었다. 이들 서민은 농촌 공동체에 속하고, 토지를 떠날 자유를 가지지 못하는 농노적 신분에 속했던 것 같다. 주대의 토지제도로서는, 전지(田地)를 우물정(井)자로 반듯하게 구획하고, 주위의 전지를 사유한 8개 가구가, 공동으로 중앙의 공전(公田)을 경작하는 정전제(井田制)가 존재한 것으로 전해진다. 이것이 소위 원시 공산제의 유제(遺制)인지 또는, 영주가 영유하는 장원(莊園)의 경작제를 바탕으로 한 것인지에 대해서는, 여러가지의 해석이 나와 있다. 전국시대(B.C. 403~221)유교학자에 의해 이것이 얼마간 유토피아화되어 있지만, 고대 농촌공동체 면모의 일단을 전하는 것이라 하겠다.

2. 예법(禮法) 문화의 성립

서쪽의 신흥 주민족(周民族)이 동쪽 중원의 은왕조를 멸망시킨 것은, 중국 고대역사상 대사건으로서 은주혁명(殷周革命)이라고 불리운다. 섬서성에 있는 주대의 유적지로부터 나온 농기는 석기·골기일 뿐으로서 넓은 토지를 개간하고, 깊이 갈아서 농업생산을 급격히 증진시키는 일은, 거의 불가능하였다. 청동기의 주조기술도 완전히 같았으며, 그 기형(器形)이나 장식의 문양은 은대에 비해 오히려 생기를 잃고 딱딱하게 보여, 예술작품으로서는 퇴보하고 있었다. 농업생산의 기술면을 보더라도 은·주 두 왕조사이에는 특별한 변혁이 없었다. 은왕조의 노예제가 주왕조에 와서 봉건제로 바뀌었다는 학설은 믿을 수가 없다.

은·주 왕조는 어느 쪽도 종교적 권위를 갖춘 군주를 우두머리로 하였으므로, 신의에 의해 미래를 예측하여 정치하는 신권정치(神權政治)를 밀고 나갔다. 그러나 신권정치는 그의 존재방법을 달리하고 있었다. 은대는 종교 이전의 주술(呪術)을 믿고 있었다. 자연계·인간계를 불문하고, 모든 현상은 천명에 의해 일정한 코스를 따라갔다. 인간을 대표하는 군주는 불변의 신의 의지, 즉 천명을 구복(龜卜)이나 무사(巫師) 등의 주술에 의하여 예지하려는 일에만 전력하였다.

이 철저한 결정론(決定論)에 의문을 품은 주공(周公)은, 인간은 태어나면서부터 하늘이 운명을 내려 주셨지만, 덕행을 쌓지 않으면 모처럼의 운명도 그 전부가 온전할 수가 없다. 인간의 운명은 신의 뜻에 의하여 결정된 일정 불변의 것이 아니라 인간의 후천적인 행동, 수양을 쌓고 도덕을 여행함으로써 어느 정도 바꿀 수 있다고 생각하였다.

주술적(呪術的) 신앙에 이끌렸던 은나라 사람들은, 신을 공경하고 죽은 이의 혼인 귀신을 소중하게 여겼다. 주술신앙으로부터 탈피하고자 노력하던 주나라 사람들은, 귀신(鬼神)을 경원(敬遠)하되 이에 대해 예를 다하는 쪽을 좀더 중요시하였다. 은나라 사람들은 무서운 신의 마음을 달래기 위하여 희생물을 바쳤다. 그러나 조상의 신은 선의에 가득 찬 신이라고 생각한 주나라 사람들은, 자손이 예에 따라서 제사를 드리면 조상은 자손에게 충언과 축복을 준다고 믿었다. 이리하여 제사를 드릴 때, 조상의 공업(功業)을 찬양하는 찬가에 따라 신무가(神舞)가 추어졌으며, 그 뒤의 향연에서는 조상이 남긴 교훈이 부족의 장노들에 의하여 젊은 사람들에게 전해졌다. 전자가 『시경(詩經)』의 기원이고, 후자가 편집되어 『서경(書經)』의 바탕이 되었다.

이 제사에는 종가와 분가의 사람들이 신분에 따라서 각자가 맡은 역할을 수행하였다. 때를 정하여 거행하는 제사와 향연은 일족의 단결을 유지하는 역할을 하였고, 예의 범절을 통하여 봉사자(奉仕者)들에게 집단의 전통을 몸에 익히게 하였다. 감각적이며 예술적 소질에 뛰어난 은문화를 이어받은 주공은, 서북 변방지역에서 주변 유목민의 침략을 받으면서도, 인내성 있게 농업에 종사하여 국력을 키워 나라를 연, 민족의 의지적 성격을 살려 독자적인 예의 문화의 기초를 세웠다. 주공은 이와 같은 방향을 제시하는 것만으로 그쳤고, 이것의 완성은 5세기 후에 나타난 공자(孔子)의 유교에 맡겨져야 했다.

같은 신권정치이긴 하지만, 주(周)의 여러 도시국가의 행정은, 은의 주술적 신앙과 이와 결부된 전제주의(專制主義)에서 탈피하여, 이성을 바탕으로 보다 합리적이며 민주적인 원리에 따라서 운영되었다. 도시의 일상적인 행정은, 아침마다 열리는 군주와 주요부족의 대표인 귀족들의 조회에서 대화로서 결정되었다. 그러나 군주 상속자의 결정·외국과의 화전(和戰)·천도 등 대단히 중요한 사건에 대해서는, 전 부족의 하급귀족과 사인(士人, 사대부층)의 전체 성년남자, 즉 시민을 궁전 앞 광장에 소집하여 다수결로써 결정하였다.

무왕(武王), 성왕(成王), 강왕(康王)의 3대 사이에 주(周)의 동방개발사업은 이미 진행되어, 화북평원으로부터 남쪽으로는 양자강 중·하류지역까지 식민도시 국가군이 창설되었다. 거의 마차에만 의존하던 교통불편의 고대사회에서, 부도성 낙양(副都城 洛陽)으로부터는 800 내지 1000킬로미터, 서안의 수도로서는 1200 내지 1000킬로미터나 먼 곳에 떨어져 있고, 게다가 다수의 이민족 원주민에 둘러쌓인 능원(凌源)이나 단도(丹徒)의 식민도시를 유지하고, 또 원주민에 대한 동화정책을 펴 나간다는 것은 커다란 곤란이 따랐다.

강왕을 이은 소왕(昭王), 목왕(穆王)의 치세 때는, 이미 서북 초원지방의 견융(犬戎), 동남 회수 유역에 있는 서국(徐國)과 회이(淮夷), 한수 유역의 형만(荊蠻) 등 이민족 여러 나라의 배반 징후가 나타났다. 소왕은 한수지방에, 목왕은 초원인 오르도스지방에 원정하여 제부족에게 복종을 맹세시켰지만, 일단 왕사(王師)가 현지에서 모습을 감추면 금방 배신 행동으로 나왔다. 막대한 국비를 소비한 소왕, 목왕의 군사적 강압책은, 오히려 이민족의 독립운동을 자극하는 결과가 되었다. 중국의 유교학자는 목왕의 서정(西征)을 원주민에 대한 주왕조의 평화적인 동화정책에 위배된 무모한 행동이라고 비판하였다.

왕은 덕으로 다스리되 무력을 과시하지 않는다.

주대(周代) 여러 나라의 이야기라고 볼 수 있는 나라별 전설집인 『국어(國語)』라는 책에는, 주의 목왕(穆王)이 서북 초원지방의 수렵유목민족인 견융(犬戎)을 정벌하려고 했을 때, 채공모보(菜公謀父)라는 대신이 상주한 간언(諫言)이 실려있다. 이에 의하면, 그는 「옛날의 성군(聖君)은 덕을 밝게 밝히신 때는 있었지만, 무력을 과시한 일은 없었습니다. 대저 무력이란 평상시에는 거두어 두었다가 가끔 움직여야만, 매력이 있는 법입니다. 자칫 이것을 한번 잘못 과시하면, 언제라도 장난감으로 여겨 자주 사용하게 됩니다. 그러면 상대방이 겁내지 않게 됩니다」라고 전제한 다음, 견융민족은 때를 정하여 조공을 바쳐 오늘날까지 결코 게을리 한 일이 없었는데도, 이제 이쪽에서 먼저 우호관계를 깨뜨리면서 정벌한다는 것은 불가(不可)한 일이라고 말하였다. 왕이 이것을 듣지 않고 정벌에 나서 견융의 수렵장(狩獵場)에서 그들이 영물로 여기는 하얀 늑대와 흰 사슴을 사냥하고 돌아왔다. 이것이 변경 민족의 반감을 불러일으켜 그 뒤는 누구도 조공을 바치려 하지 않게 되었다고 한다. 이 전설은 과장되어 있지만, 지금 소개한 전설의 핵심부분은 대개 진상을 말하고 있는 바, 여기에는 변경민족에 대한 중원민족의 평화외교사상이 잘 나타나 있다.

소왕, 목왕의 강경 외교정책은 화려한 성공을 거둔 것처럼 보였지만, 주나라 국내의 정치와 사회에는 여러가지 모순이 계속해서 나타났다. 종주(宗周)와 성주(成周)의 도성(都城)에서는, 원래 검소한 주민족이었지만 상공업의 발전과 더불어 도시민의 생활이 사치스러워갔다. 건축에서는 기와를 넣은 궁전이 나오기 시작했다. 호화스러운 은대의 궁전건축도 초가지붕이던 것에 비하면, 이것은 건축사상 일대 혁신이었다.

왕의 주위를 둘러싼 벼락출세의 새 관료군이 상공업자와 연결되면서, 농촌에 본거지를 둔 구귀족들을 압도하는 세력으로 형성되었다. 풍족한 새 관료 및 상공시민과 몰락귀족과의 대립은, 날이 갈수록 날카롭게 되었다. 여왕(厲王)이 도시의 상공업자와 결탁한 신흥관료를 신임하였기 때문에, 불평을 가진 구귀족 중에 도성 내 광장 등에 모여서 왕을 욕하는 사람까지 나오게 되었다. 이런 정세를 보고 간언드린 대신이 있었지만 왕은 돌보지 않았다. 오히려 불평하는 사람을 탄압하는 정책으로 나왔기 때문에 대반란이 일어났다.

여기서 여왕은 겨우 목숨만 건져, 허둥지둥 도성에서 도망치지 않을 수 없었다. 여왕에 대해 심한 반감을 가졌던 시민은 왕을 놓쳤기 때문에, 왕자가 잠복하고 있던 대신의 집을 에워싸고 그의 인도를 요구했다. 대신이 자기 아들을 왕자로 가장시켜서 내주었기 때문에 왕자는 겨우 죽음을 모면하였다. 개가(凱歌)를 올린 시민은 공석으로 된 왕위를 그대로 두고, 공백화(共伯和)라는 대신을 내세워 정무를 집행하게 하였다. 이것을 공화원년(B.C. 841)이라고 한다.

왕위의 공백시대는 B.C. 828년까지 13년간 계속되면서 주왕조의 통치가 일시 중절되었다. 중국의 사회사가는 이것을 중국 최초의 시민혁명 성공이라고 높이 평가하고 있다. 신흥 상공업자와 결탁한 대신에 대하여, 구귀족을 중심으로 한 시민반란세력이 왕실을 쫓아내고, 자기의 정권을 10년 이상이나 유지한 이 사건은, 중국 고대 도시국가 정치에서 민주주의 사상의 출현으로 주목되고 있다.

백성의 입을 막는다는 것은 강을 막는 일보다 더 어렵다

여왕(厲王)의 압제에 대하여, 백성의 비난의 목소리가 높아져가고 있다는 사실을 간언한 대신이 있었다. 왕은 그 말을 듣기는 커녕 화를 내면서 점쟁이로 하여금 욕을 한 백성을 적발하여 모조리 사형에 처하였다. 백성은 공개적으로 비난할 수 없었기 때문에 도로에서 만나면 서로 눈짓으로 왕의 실정(失政)을 비방하였다. 왕은 간언했던 그 대신을 불러들여 「어떻소, 비난은 그치지 않았오」라고 뽐내는 것이었다. 대신은 「백성의 비난을 일시적으로 멈추게 했을 따름입니다. 백성의 입을 막는 것은 강물을 막는 것보다 더 어려운 일입니다. 강물이 밀리게 되면 결국은 제방이 무너져 더 큰 재해가 일어납니다」라고 말하면서, 백성의 목소리에 대해 여러가지 방법으로 귀를 기울여 듣고, 그것을 참고로 하는 것이 주의 전통적인 통치방법이라고 자세히 아뢰었다. 그러나 여왕은 조금도 듣지 않았다. 백성의 반감이 끝내 백성에 의한 국왕의 추방, 백성에 의해 추대된 대신의 통치라는, 이번 일은 중국 고대 정치사에 일대사건으로 기록되었다. 이 변론의 세부에 대해서는, 후세에 유교 정치학설이 얼마간 수식했겠지만, 전설의 요점은 옳다. 중국 고대 도시국가에 대한 일반시민의 여론이 얼마만큼 존중되었는가를 이야기하는 것이라 하겠다.

이 반란이 얼마만큼의 규모였던가는 자세한 기록이 남아있지 않기 때문에, 잘 판단되지 않는다. 고대의 계보(系譜)나 연대기를 참고한 한(漢)의 사마천이 쓴 『사기(史記)』라는 통사(通史)는 주의 문왕으로부터 무왕, 성왕, 강왕, 소왕, 목왕, 공왕(共王), 의왕(懿王), 효왕(孝王), 이왕(夷王)을 거쳐 여왕까지 11대로 이어진 왕의 재위년수가 불분명하기 때문에, 공화원년(B.C. 841)으로부터 연대를 시작하고 있다. 아마도 이 큰 반란에 의하여 종주(宗周)의 도성은 전화(戰火)로 불타버렸거나, 역사 기록관이 도망하였던가, 어쨌든 주왕조의 정식연대기가 없어진 것이다. 얼마만큼 격렬한 전투가 시내에서 일어난 것일까. 중국 역사상의 정확한 연대는 이 B.C. 841년에서 시작한다. 그 이전은 모두 추정연대에 그친다는데 주의하여야 한다.

3. 서주왕조(西周王朝)의 중흥과 몰락

여왕(厲王)이 도망친 후 14년째에 망명지(亡命地)에서 죽었기 때문에, 주도(周都)에서는 그때까지 겨우 목숨을 부지했던 왕자 하나를 찾아내어 즉위시켰는데, 그가 선왕(宣王)이다. 내란의 뒤를 이어서 주 왕국은 북쪽으로부터는 후에 흉노의 전신이 된 유목민족의 침략을 받았고, 남쪽에서는 회이(淮

夷)가 진출해왔기 때문에, 나이 어린 왕은 국내의 정치질서 회복과 외적의 방어라는 이중의 임무를 부과당하게 되었다. 선왕은 명재상 윤길보(尹吉甫) 등의 보좌로 우선 흉노를 쳐물리치고, 남방 회수유역에는 회이 정토군을 보내어 반란을 평정함으로써, 주왕조가 잃은 권위를 회복하였다.

궁정시인(宮廷詩人)들이 주왕조 중흥의 영웅으로서의 선왕의 공적을 찬양한 시편이 많이 남아있다. 출정군의 병력은 마차 3000대에 보병이 3만명에 이르렀다. 주의 무왕(武王)이 은왕 주왕(紂王)을 격파한 목야(牧野)의 결전에 참가한 마차가 350대에 불과했던 것과 비교하면, 그 장비가 무려 10배나 증가한 것이다. 13년의 대공위(大空位)시대의 뒤를 이어 받아, 여기까지 주왕실의 세력을 회복시킨 선왕의 공로는 십분 칭찬할 가치가 있다고 하겠다.

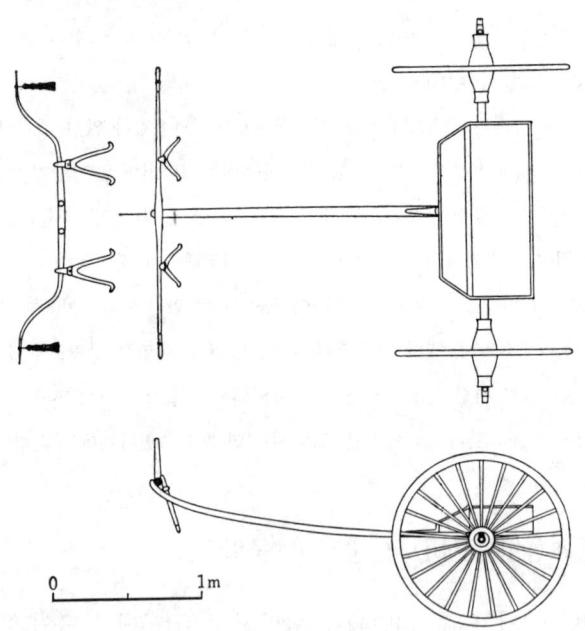

주대(周代)의 차전(車戰)
은주(殷周)시대의 전투는 사마(駟馬), 즉 4필의 말에게 끌린 마차에 올라탄 귀족들의 싸움이었으므로, 병력은 마차의 수로 계산되고, 마차 1대당 10인씩 뒤따랐던 보병

은, 그다지 중요시되지 않았다. 마차 위에는 귀족을 가운데 두고 왼쪽에 마부, 오른쪽에 사수가 앉았다. 왕이나 대장 등이 탄 마차의 동승자로는 무술이 상당히 뛰어난 용사가 선발되었다. 그림은 얼마 전 섬서성 서안(西安) 부근의 옛 주도(周都)였던 장가파(張家坡)에서 발굴된 수레 유물을 복원시킨 것이다. 수레의 지름은 136cm, 두 바퀴의 게이지는 225cm이며, 수레의 형식은 은대부터 전국시대에 이르기까지 그다지 변화되지 않았다. 다만 바퀴의 살이 은대에는 18개, 서주 때는 21개, 춘추시대에는 25개, 전국시대에는 26개라는 식으로 점차 개량발전되었을 따름이다.

  그런데 주의 역사 이야기집인 『국어(國語)』속에는, 선왕이 대신의 충고를 듣지 않고, 초봄에 왕이 스스로 쟁기를 잡고 밭을 가는 기년제(祈年祭) 의식을 폐지함으로써, 그 앙화로 북방의 이민족(異民族)에게 패전한 것, 동남쪽 회이(淮夷)와의 싸움에서도 진 것, 감소된 병력을 보충하기 위하여 백성을 대원(大原)에 모아놓고 등록한 것, 또한 노(魯)나라 후위계승(候位繼承)에 개입하여 장자(長子)를 버리고 나이 어린 동생을 그 위에 올렸기 때문에 제후의 신망을 잃었던 것 등, 선왕의 부덕(不德)에 기인된 정치·군사상 실패를 비난한 이야기도 많다.
  선왕의 공업(功業)에 대한 『시편』의 찬사가 결코 궁정시인들의 아첨·추종이 아니라 역사적 사실에 바탕을 두고 있다는 것은, 선왕 초기인 북정·남벌시의 총대장이던 윤길보가 만든, 청동기와 혜갑반(兮甲盤)의 명문 등에 의해서도 증명되고 있다. 46년이라는 장기간에 걸친 집권 초기에, 젊은 선왕은 이 윤길보 등 노신들의 의견을 잘 받아들여, 그들에게 정치·군사의 실권을 맡겼기 때문에, 중흥의 어려운 사업을 완성할 수 있었던 것이다.
  어떤 영명한 황제라 해도 긴 재위년간에, 계속해서 긴장한 다는 것은 어렵기 때문에, 만년에는 그 긴장이 풀어짐에 따라 실패하기 쉬운 것이다. 선왕의 후년의 실정(失政)도 그런 예에서 벗어나지 못했다. 아마도 윤길보와 같은 노련한 정치가나 유능한 군인이 빨리 세상을 떠났기 때문일 것이다. 선왕의 정책상 실수로 지목되는 것들 중에는, 현실정세의 요청에 부응하기 위한 불가피한 것도 있었을 것이다.
  원래 주왕조는 처음부터 화북의 대평원을 덮는 넓은 판도의 전부를 구석구석까지 빠짐없이 통치할 만큼의 실력을 가지고 있지 않았다. 주나라 자신

혜갑반(兮甲盤)의 명문

    이것은 제사를 올리기 전에 몸을 깨끗이 하며, 얼굴을 씻을 때 사용한 청동기 소반 위에 새겨진 명문(銘文)이다. 제작시킨 사람은 혜갑(兮甲), 또 다른 호칭으로는 자(字)가 백길보(白吉父)인 백길보(白吉甫)이다. 중국에서는 옛날부터 이름을 태어났을 때 아버지가 지어주는 것으로서, 자칭(自稱)할 때나, 군주 또는 부조 등 윗사람만이 이것을 부를 수 있는 것으로 되어 있다. 자(字)는 성년식(成年式) 때 붙여지는 것으로서, 다른 사람이 그를 부르는 이름인데, 그것은 통상 이름과 자와 관련된 글자가 선택된다. 『시(詩)』 등의 문헌에는 윤길보(尹吉甫)에 대한 본명이 없고 자(字)만이 올라있는데, 이 명문의 「혜갑(兮甲)」에서의 甲이 10간(干) 첫 번째의 길한 날(吉日)이라는 데서, 吉甫의 吉을 여기서 취한 것으로 생각된다. 그래서 이 혜갑반(兮甲盤)이 틀림없이 『시』에서 찬양하고 있는 명재상 윤길보가 만들게 한 것이라는 고증이, 근대의 대 사학자 왕국위(王國維)에 의하여 이루어졌다. 이 명문에는 선왕(宣王) 5년에, 윤길보가 북방정벌에서 크게 군공(軍功)을 세워 은상(恩賞)을 받았고 또 남쪽의 회이(淮夷)정벌을 명령받고, 여러 나라에서 병사와 군량미를 징발할 권한이 부여되었다는 내용이 기록되어 있다.

은, 다른 대식민(大植民) 도시국가와 마찬가지로 하나의 도시국가이고, 천의(天意)에 의하여 전 도시국가 연맹의 맹주로 된 것뿐이다. 다른 도시국가에 대하여 종주권(宗主權)이라고 칭하는 종가(宗家)로서의 지도권은 보유하고 있지만, 다른 나라의 내정에 간섭하지 않고, 그 자치권을 존중하는 것이 전통적인 정책이었다.

주왕국의 내란과 외적의 침입을 막기 위하여 필요한 막대한 경비는, 궁핍화한 재정으로는 감당할 수가 없었다. 호구조사를 다시함으로써 더 넓은 범위의 백성들로부터 조세를 걷어들였고, 또 새로운 병사를 등록시키지 않으면 아니 되었다. 선왕의 중앙집권주의 정책은 이것을 뒷받침하기 위해 입안된 것이었다.

주 말기의 위기를 돌파하기 위한 이런 강압책은, 일단 성공을 거두었지만, 도시 국가연맹 맹주로서의 전통적이며, 미온적인 통치에 익숙해진 일반백성에게는 커다란 반감을 불러일으키게 했다. 치세 초기의 외교·군사상의 성공을 상쇄할 정도의 불만을 내외백성에게 가지게 했다. 선왕 정치에 대한 모순된 평가는 여기서부터 생긴 것이다.

주 선왕의 46년에 걸친 장기간 치세에 뒤이어, 유왕(幽王)의 짧은 11년 시대가 이어진다. 선왕이 주실 부흥의 명군이라고 칭찬 받는데 반하여, 유왕은 주왕조를 멸망시킨 암군(暗君)이라는 낙인이 찍혀 있다.

유왕은 왕후인 신후(申后)와 그녀가 낳은 태자를 폐하고 사랑하는 후궁인 포사(褒姒)가 낳은 아들을 태자로 세우고자 하였다. 전설에 의하면 이 절세

미인은 용녀(龍女)의 화신(化身)이었다고 한다. 조금도 얼굴에 웃음을 띤 적이 없는 애비(愛妃)의 환심을 사서, 그녀 얼굴에 웃음을 띠게 하려고, 국경에 아무런 이상이 없는데도 불구하고, 외적의 침입을 알리기 위하여 설치한 봉화대에 불을 올리게 하였다. 약속에 따라 도성에 모여든 제후는 아무 일도 없자 허탕치고 맥이 빠졌는데, 이것을 보고 포사는 그때서야 크게 웃었다. 이에 맛을 들인 왕은 그녀의 웃는 모습을 보고 싶은 나머지, 자주 이런 봉화를 올리게 했다. 한두 번 속은 제후는 그후 이런 봉화신호를 전혀 믿지 않게 되었다.

폐위(廢位)된 신후(申后)의 일족은, 그후 서북 초원지대의 견융(犬戎) 민족을 부추겨서, 주도(周都)로 진공(進攻)하게 하였다. 왕은 급히 봉화를 올려 제후를 모이게 하였지만, 그 전의 허위 봉화에 속았던 제후는 누구도 모여들지 않았다. 유왕은 도성을 빠져 나와 동쪽으로 도망치던 중 여산(驪山) 밑에서 견융의 병사의 손에 걸려 죽었다(B.C. 771년). 견융이 주도(周都)를 철저히 약탈하여, 금은재보를 모두 가지고 본거지로 개선하였기 때문에, 종주(宗周)의 서울은 완전히 붕괴되었다. 제후는 멀리 달아났던 태자를 불러 낙양(洛陽) 즉 성주(成周)에서 즉위시켰다. 그가 평왕(平王)이다.

한번은 여왕의 실패로 거의 멸망에 처했으나 선왕 때 중흥한 서주(西周)는, 유왕의 패사(敗死), 평왕(平王)에 의한 주실(周室)의 동천(東遷)으로, 두 번 다시 회복할 수 없는 타격을 받았다. 주 문왕(文王) 이래 섬서성에 종주(宗周) 도성을 정하고, 하남성의 성주(成周)와 나란히 화북지방에 위압을 가하고 있을 무렵, 즉 기원전 11세기 중반경부터 B.C. 771년에 이르기까지를 서주왕조(西周王朝)시대라고 부른다. 이에 대해 B.C. 770년 이후, 낙양(洛陽)에 수도를 둔 주나라가 B.C. 256년에 진(秦)나라에 의해 멸망될 때까지를 동주(東周)왕조시대라 하며 이것을 구별한다. 동주왕조는 다시 춘추(春秋)와 전국(戰國)의 두 시대로 나누어진다.

제 ⑤ 장 고대 도시국가에서 세계국가로
― 춘추·전국시대

1. 패자(霸者)의 시대 ― 도시국가 동맹의 성립

주의 평왕(平王)이 B.C. 770에 잿더미로 화한 지금의 서안(西安) 서쪽 교외에 위치한 종주(宗周)의 도성을 버리고 겨우 성주(成周), 즉 현재의 낙양(洛陽)에 도착한 후부터 약 40년간은, 사료가 없기 때문에 그간의 일은 잘 알 수가 없다. 나이가 어린 평왕은, 주 무왕(武王)시대로부터의 오래된 산서성 남부의 분가(分家)인 진(晉)나라와, 좀더 새로운 분가인 정(鄭)을 비롯하여 여러 유력한 제후의 지원하에, 겨우 동쪽 도성에 도착하였다. 동쪽의 평원지대는 주와 토착민족의 도시국가가 완전히 뿌리를 내리고 있었기 때문에, 좁은 낙양의 분지를 넘어서 그 세력을 확장할 수는 거의 없었다. 스스로 약소한 도시국가로 전락한 주왕조에는, 도시국가 공동의 명목상 종주국 자격이 남았을 뿐이었다. 이 소도시국가가 B.C. 770년 이후 진(秦)나라에 의해 멸망하게 되는 B.C. 256년까지, 514년을 동주시대라고도 말하지만, 실질적으로는 여러 도시국가의 대립시대와 다름이 없었다.

동주(東周)는 보통 그 전기인 춘추(春秋)와 후기의 전국(戰國)이라는 두 시대로 나누어진다. 춘추시대 말기경, 주공을 조상으로 모시는 산동성 노(魯)나라에 출현한 공자(孔子)가 정치도덕의 붕괴, 사회의 무질서를 경고하기 위하여 노나라 국사인 연대기를 손질하여 『춘추(春秋)』를 저술하였다고 한다. 『춘추』는 B.C. 722년에 시작하여 B.C. 481년에 끝났으므로, 춘추시대도 원래라면 이 기간으로 한정시켜야 하지만, 위로는 B.C. 770년의 주왕조 동천으로 거슬러 올라가는 동시에, 아래로는 사마천의 『사기(史記)』에 쓰여 있는, 춘추 12제후연표(春秋十二諸候年表)처럼, B.C. 477년까지 포함시키거나, 이외에 B.C. 453년까지를, 또는 B.C. 403년까지로 규정하는 등 여러 가지 설이 있다.

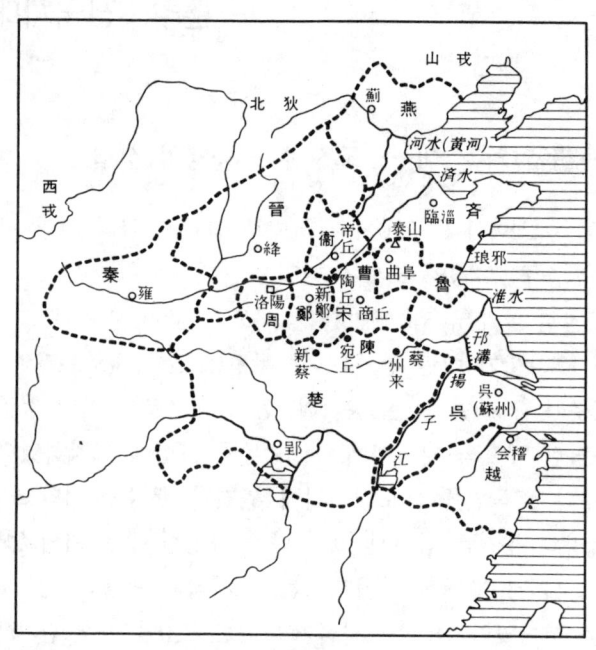

춘추열국의 형세

춘추열국(春秋列國), 즉 도시국가의 총수는, 공자(孔子)가 편찬한 것으로 전해지는 춘추시대의 연대기인 『춘추(春秋)』와, 이것과 관계있는 기록과 이야기를 모은 『좌전(左傳)』・『국어(國語)』등에 나타나 있는 바로는, 약 200개국에 이른다. 그 중에서 유력한 나라는 진(晉)・제(齊)・초(楚)・진(秦)의 4개국을 비롯하여 노(魯)・송(宋)・위(衛)・진(陳)・채(蔡)・조(曹)・정(鄭)・연(燕) 등 12개국이었다. 이것을 춘추 12열국이라고 하는데, 사마천(司馬遷)은 그의 『사기(史記)』에 주(周)와 신흥국인 오(吳)를 포함시킨 여러 나라의 대조연대표를 만들어 넣었다. 이 지도는 당시의 주요 도시국가들을 표시한 것이다.

『사기』는 춘추에 바로 이어 B.C. 476년부터 진(秦)제국 멸망의 해인 B.C. 207년까지를 6국, 즉 전국시대로 구분하고 있다. 춘추와 전국과의 경계

제 5 장 고대 도시국가에서 세계국가로 — 춘추·전국시대

를 언제로 하는가는, 시대구분상 특히 커다란 문제로 되어있다. 춘추 열국중의 강대국인 진(晉)나라가 한(韓)·위(魏)·조(趙)의 3개국으로 분열하고, 그것이 동주왕조로부터 정식으로 승인된 B.C. 403년을 전국시대의 시작으로 보는 설이, 지금까지는 가장 유력하였다. 그러나 이 책에는 전국시대의 시작을 한·위·조가 진나라의 집정(執政)이던 지백(知伯)을 멸하고, 3진(晉)의 분립이 사실상 성립된 B.C. 453년까지로 끌어올린 새 학설에 준거하기로 한다.

　동주의 총리라고도 할 경사(卿士)의 직을 세습해온, 가장 가까운 혈족이며 또 인접국인 정(鄭)이, 주의 명령에 복종하지 않고, 왕과 제후의 연합정토군(聯合征討軍)을 맞아 격전 끝에 주의 황왕(桓王)에게 중상을 입히면서 대승리를 거둔 일이 있었다(B.C. 707년). 이리하여 동천 후 불과 60년 사이에 동주왕조는 인접국이며 또 가장 가까운 혈족인 정(鄭)에 대한 지배권마저 잃어 버렸던 것이다. 게다가 동주에서는 여러 왕자들 사이에 분쟁이 일어나, 국내에 격심한 대립현상이 조성되더니 이것은 끝내 내란으로까지 번졌다.

　이 국내의 대립은 이미 서주(西周) 말기에 나타났던 것처럼 이민족을 자기편에 끌어들이는 슬픈 정세를 조성하였다. 화북평원 제요지에 띄엄띄엄 건설된 주의 식민도시 국가들은 이미 지방 개척을 추진시키고 있었지만, 평야 중에서도 소택지와 미개척 삼림이 아직 남아 있었다. 이 평화 속의 삼림지대와 산간지대에는, 이르는 곳마다 풍속 습관이 다르고 언어도 통하지 않는 융(戎)·적(狄)·이(夷)·만(蠻) 등으로 불리며, 수렵을 생업으로 하는 미개민족이 살고 있었다. 그들 중에는 농업을 배워 평원의 백성으로 정착했고, 또 한(漢)족과 다름없이 완전 동화된 사람들도 있었지만, 한편으로는 미개상태에 머물러 있으면서, 기회를 엿보아 산림으로부터 평원에 내려와서는 약탈을 자행하는 무리도 많았다.

　특히 서주 말년에는, 아마도 서북의 초원지대로부터 섬서, 산서에 걸쳐 기후가 건조하여 몇 해씩 한해(旱害)가 계속된 때문인지, 이 지방의 원주민인 이민족의 동쪽으로의 이동이 시작되었다. 융(戎)민족은 섬서성으로부터 위수(渭水)을 따라 동진하여 이수(伊水)·낙수(洛水)의 상류와, 동주왕조의 수도인 낙양 남쪽의 눈과 코에 해당하는 산간지역에 거주할 근거지를 마련하였다. 그들의 한 지족(支族)은 더 먼 남쪽인 회수(淮水) 유역까지 이르렀다. 적(狄)민족도 섬서로부터 산서성 북부로 옮기더니 다시 하북·산서의 태행산맥(太行山脈)으로부터 남하하여 하남북부에 진출하였다.

이들 북방 융적족(戎狄族)의 남하운동에 호응이라도 한 것처럼, 양자강 중류의 무한(武漢)에 있던 남만(南蠻)의 초(楚)나라 사람들도 북진해 왔다. 이런 북과 남으로부터의 침략에 대비하여야 했지만, 주(周) 주권의 전락(轉落)으로 말미암아, 중심을 잃고 완전히 흩어졌던 노(魯)·제(齊)·진(晉)·송(宋)·위(衛)·진(陳)·채(蔡)·조(曺)·정(鄭)·연(燕) 등 10대 열국(列國)을 위시한 도시 국가군은, 이제 힘을 모아 외적에 대항함으로써 중국민족이 최초로 당면한 이 위기를 극복하지 않으면 안 된다고 생각하기 시작했다.

동쪽의 대국인 제(齊)나라의 환공(桓公, 제위 B.C. 685~643)을 보필하던 명재상 관중(官仲)은, 이런 기운(氣運)에 부응하기 위하여 존왕양이(尊王攘夷)라는 기치하에, 도시국가의 연맹을 만들어냈다. 제나라는 원래 산동반도의 원주민 동이(東夷)민족을 누르기 위하여 설치됐던 국가이다. 평야가 넓지 않아서 농업생산이 빈약한 반면에, 연안의 어업과 제염업(製鹽業)을 경영하며, 산지에서 뽕나무를 심어서 양잠업을 장려하는 등 상공업을 바탕으로 해서 강국으로 성장하였다. 이런 정책을 입안한 사람이 바로 관중이다.

의식이 풍족한 연후에야 예절을 안다.

관중의 저서라고 전해지는 『관자(管子)』속의 한 구절로서, 인간생활에 인정이 있음으로써 비로소 도덕이 유지된다는 말(원문은 「倉廩實 則知禮節, 衣食足 則知榮辱」이다). 중국의 정통사상인 유교에서는 도독(道德)이 경제(經濟)보다 중요하다고 생각하였으며, 물질적 생활의 중요성을 설교한다는 것은, 이단사상(異端思想)인 법가(法家)의 이념에 속한다고 하였다. 농업을 중시하는 유교에 반하여, 상공업을 장려한 『관자』의 학설은, 이점에서도 이단적이다. 개인이 자신의 사상을 저서로 해서 공개하는 일은, 관중의 시대보다 300년 이상이나 지난 전국시대에 시작되었다. 『관자』는 전국시대 말기인 B.C. 3세기 말, 당시 제(齊)나라에서 유행하던 정치경제학설을 관중의 이름으로 모아서 만들어진 것이 바로 이 책이다. 관중이 여기에 인용한 말을 직접 설파했다고는 볼 수 없지만, 경제가 도덕보다 급선무라는 이런 사상은 이 대정치가의 말로 받아들여져, 그후 중국 정치에 심대한 영향을 주었다.

제나라 환공은 제후(諸侯)의 집회를 연 후 연맹(聯盟)의 맹주(盟主)가 되었다. 이것을 패자(覇者)라고 한다. 그 후 열국은 이 패자의 지위를 얻기 위하여 서로 싸웠다. 춘추(春秋)는 주(周)의 왕권이 쇠퇴(衰退)하고 패자가 주도하는 시대이다. 가장 유명한 것은 제의 환공, 진(晉)의 문공(文公), 송의 양공(襄公), 진(秦)의 목공(穆公), 조의 장왕(莊王) 등 5패이다. 제나라 환공은 패자의 선구자가 되었지만, 그의 실력은 화북(華北) 동쪽지역 밖에는 영향을 미치지 못했다. 제의 환공을 이은 진나라 문공(제위, B.C. 636~628)의 패자시대가 되자, 초국(楚國)의 북진(北進) 위협이 가중되었기 때문에, 북방의 모든 도시국가는 서로 협력하여 이에 대항할 필요성을 절감하게 되었다.

산서성 남부에 수도를 둔 진국(晉國)은 이때부터 세력권을 넓혀 산서성의 대부분을 차지한 후, 섬서성의 동쪽으로부터 하북성의 서남부, 하남성의 북부를 영토로 하였으며, 동쪽으로는 산동성 동부에 이르는 중원(中原) 최대의 강국으로 성장하였다. 진은 문공이 죽은 뒤, 한동안 맹주(盟主)의 자리를 타국(他國)에게 빼앗겼지만, 얼마 가지 않아 그것을 다시 차지하게 되어 춘추말기까지 황하유역의 소위 중원(中原)의 패권을 계속 유지하였다. 진의 국력이 급격히 발전한 원인은, 무엇보다 북방의 이민족인 융적(戎狄)과 경계선을 접하여 한편으로는 그들을 동화(同化)시키면서, 다른 한편으로는 수렵에 능한 이민족의 전투력을 조직적으로 도입하여, 군사력을 증강하였기 때문이다. 이런 이민족과 인접한 중원 지방에서는, 인구가 희박하여 미개지는 훨씬 더 넓게 펼쳐져 있었다. 둘째 원인은, 이것을 정력적(精力的)으로 개척하였기 때문이다.

남쪽의 초(楚)도 역시 양자강 중류로부터 한수·회수 유역에 걸친 일대 미개지역을 개발함과 동시에, 중원계의 소도시국가들을 계속해서 정복하였다. 그 영토는 호북성(湖北省)의 대부분, 하남성의 남부, 강서성의 북부, 안휘성 북쪽의 절반, 강소·절강·섬서의 일부를 포함하는 중국 제일의 대국(大國)으로 되었다.

춘추시대 중기(中期) 이후는 북부의 진(晉)을 맹주로 하는 중원연맹과, 초(楚)를 맹주로 하는 남만(南蠻) 연맹이라는 두 집단의 대립시대가 되면서, 쌍방 사이에서는 끊임없는 격전이 반복되었다.

삼사(三舍)를 피하리다

춘추시대의 수많은 전투 중에서도 가장 유명한 것은 진(晉)의 문공(文公)이 북방연맹제국의 군대를 지휘하여, 초군(楚軍)을 선두로 북상하는 남만연맹군을 격파하여, 초의 야망을 꺾고 중원방위에 성공하면서, 스스로 패권을 확립한 성복(城濮)의 일전이다. 진의 문공은 공자 중이(公子重耳)라고 불리던 왕자시절에, 계모(繼母)의 책략에 걸려 그만 국외로 망명하지 않으면 안되었다. 그후 19년의 유랑생활 끝에 서쪽 인방인 진(秦)나라의 후원으로 귀국해서 즉위하였다. 망명 중에도 특히 초나라에서 받은 후한 대접에 보답하기 위하여, 만약에 운이 좋아서 귀국한 다음 초나라 군대와 전쟁터에서 만나게 되는 경우는 「삼사(三舍)를 피하리다」, 즉 3일분의 행정(行程)만큼 군대를 뒤로 물려, 나의 감사의 뜻을 표하겠다고 약속하였다(昔在楚 約避三舍 可倍背乎). 「춘추시대에 의(義)로운 전쟁 없다」라고 일컬어질만큼 열국(列國)은 냉엄한 실력 투쟁에 들어갔지만, 그때까지는 아직 전투가 귀족을 주체로 한 차전(車戰)으로서 주대(周代)의 전통인 예(禮)에 따라서 이루어졌던 것이다. 이 명문구(名文句)는 그런 중국적 무사도(武士道)가 활짝 꽃피고 있던 시대의 분위기를 유감없이 나타낸 것이다.

남북교전으로 직접적인 피해를 입은 곳은 남북세력이 교차된 중간지대, 즉 하남성 중부로부터 남부에 위치한 송(宋)·정(鄭)·진(陳)·채(蔡) 등 여러 소도시 국가군이었다. 전화(戰禍)에 지친 송나라 재상이, 참다 못하여 남북연맹의 화평을 제안하자, 드디어 그의 중재로 B.C. 579년에 국제 회의가 열려 진-초 양국이 불가침조약을 체결하였다. 그러나 불과 3년 후에, 초가 이 약속을 위반하여 출병(出兵)하는 사태가 생겼지만, 전쟁을 그만두자는 강한 국제적인 희망에 의하여 B.C. 546년에 재차 국제회의가 소집되어, 여기서 남북의 정전(停戰)조약이 성립되었다.

제5장 고대 도시국가에서 세계국가로 — 춘추·전국시대

춘추시대의 전차(戰車)와 말

　귀족정치제도하에 있던 춘추시대의 도시국가들은, 서주(西周) 시대에 이어 귀족들이 마차를 타고 차전(車戰)을 벌였으므로, 모든 나라의 병력은 이런 마차의 수로써 표현되었다. 춘추시대의 유적은 아직 많이는 발견되지 않았지만, 서주말기에서 춘추시대에 이르는 B.C. 655년에 죽은 괵후(虢候) 일족의 묘가, 하남성 삼문협(三文峽)댐이 있는 상촌령(上村嶺)에서 발굴되었다. 그림은 이미 해골로 된 바 말에게 끌게 했던 전차(戰車)를 찍은 것이다. 전차 형태는 대략 서주시대의 그것과 같다. 청동기의 대부분도 서주 말기의 것과 별로 다를 바 없지만, 그 중에는 낙양의 고분에서 출토된, 같은 시대의 상아칼집의 단검이 특히 주목되었다. 춘추시대의 전투에서는, 마차 위의 용사들이 마지막으로 1대1의 결투로써 승패를 결정하였다. 이 단검은 그런 격투 때 사용한 것으로 보인다.

2. 귀족정치로부터 관료정치로

　남북의 화평협약이 성립되어 국제간의 무력전이 차츰 뜸해진데 반하여, 국내에서는 군주와 귀족의 세력이 점차 쇠퇴하고, 이에 대신하여 신흥호족(豪族)이 머리를 쳐들었고, 또 그들이 서로 대립함으로써 내란이 빈번하게 일어났다. 중원의 각국 진(晉)에서는, 군주의 친족이 완전히 몰락하여 고립화되면서, 한(韓)·위(魏)·조(趙)·범(范)·지(知)·중행(中行)의 6대 가문이 육경(六卿), 즉 국무대신 자리를 세습하여 정치의 실권을 잡았다. 진에 버금가는 강국인 제(齊)에서도 군주의 일족(一族), 즉 공족(公族)이 쇠퇴하고 새로운 호족이 세력을 잡았다.

각 도시국가에서는 구(舊) 귀족정치 대신에, 신흥호족에 의한 과두(寡頭)정치가 행해지게 되었다. 호족간의 격심한 암투 결과로 진국에서는 우선 2씨(二氏)가 멸망하자 지(知)·한(韓)·위(魏)·조(趙)의 4씨(四氏)가 대립하였으나, 마지막으로 가장 강대했던 지씨(知氏)가 한·위·조 3족(三族) 연합군에 의하여 멸망하자(B.C. 453년), 진국은 사실상 3개국으로 분열되었다. 제국(帝國)에서는 신흥 전씨(田氏)가 타씨(他氏)를 압도하여 전제주의 체제를 확립하고, 동주왕조로부터 군주로서 인정받았다(B.C. 386). 본서가 B.C. 453년을 가지고 춘추와 전국 시대간에 구획선을 그은 것은 이 정치사상의 대사건을 표준으로 삼았기 때문이다.

구(舊) 귀족의 대부분은 도시국가의 군주를 대종(大宗), 즉 종가(宗家)로 보는 소종(小宗)이었다. 도시국가의 군주는 이들 귀족의 공통 조상인 종묘(宗廟)의 제사를 관리함으로써 제정(祭政)일치의 통치를 하였다. 이 도시국가의 신권정치(theocrasy)에는 종묘의 제사를 관여할 자격을 가진 꽤 많은 수의 귀족들이 참가하였다. 매일 아침마다 각 씨족의 대표자가, 궁정(宮廷)에 모여서 왕을 모시고 조회(朝會)를 열어 정무를 처리하였다. 군주지위의 상속상 분쟁이나 외교상의 대사건, 또는 화전(和戰) 등의 결정은, 전 부족의 성년자유민의 남자들을 광장에 소집하여 그 결의에 의거하지 않으면 안 되었다.

구귀족의 몰락으로 신흥호족의 통치가 실현되는 동시에, 종전에는 일부 제한된 귀족들 사이에서만 행하여졌고, 하나의 민주주의 위에서 이루어진 구 도시국가의 신권정치는 이제 유지될 수 없게 되었다. 그것은 호족출신의 군주와 그에게 충성을 맹세한 가신(家臣)과의 사이에는, 이미 고대 도시국가적인 종족관계(宗族關係)가 없어지고, 개인적인 주종관계만으로 연결되었기 때문이다.

춘추시대 후기에 호족의 군주와 주종관계를 맺는 것은, 원래 무용(武勇)을 숭상하는 것이 무사들이므로, 그런 형세(形勢)가 계속되었더라면, 어쩌면 유럽에서 발달했던 것과 같은, 봉건제 국가가 중국에도 생겨났을는지 모른다. 중국에서는 춘추 말기에 공자(孔子)가 출현하여 주대(周代) 도시국가 문화의 전통을 계승 발전시켜 새로운 유교문화를 창조해냈다. 이런 교양을 받은 지식계급이 호족의 신정권(新政權)에 신종(臣從)하고, 관료가 되어 국가정치에 관여하였다. 여기서 유교적 교양을 받은 관료에 의한 중국특유의 문치적(文治的) 봉건국가가 생기게 된 것이다.

도시국가는 종묘의 제사를 받드는 동족의 종교공동체였다. 이 공동체의 제사에는, 공통된 선조로부터 태어난 자손 이외의 사람은 참가할 수가 없었다. 하나의 도시국가가 다른 도시국가와 싸워서 승리를 얻었다 하여도, 그 국가를 멸하고 이것을 현(縣)으로 격하시킨 다음, 그들의 조상과는 피가 연결되어 있지 않은 자국(自國)의 관리를 파견하여 정복국가를 다스리는 것은, 제정일치(祭政一致)라는 신권정치(神權政治) 원칙에 위반된다고 생각하였다. 제사를 올리는 자손을 가지지 못한 조상의 영혼(靈魂)은, 하늘을 떠돌아다니면서 반드시 정복자에게 앙화를 가져다준다고 믿고 있었기 때문이다. 주왕조가 은왕조를 정복했을 때도 은의 자손에게 비록 나라는 작지만 송국(宋國)을 세우게 한 것이 그 예이다.

기원전 7~6세기경부터, 정복한 도시국가를 현(縣)으로 격하시켜, 원래의 국가와는 혈연관계가 전혀 없는 자국의 관리를 현령(縣令), 즉 장관(長官)으로 임명하여, 그곳을 다스리게 하는 제도가 생기기 시작하였다. 진(秦)·초(楚)와 같은 만족(蠻族)만이 아니라 진(晉)·제(齊)와 같은 중원의 대국까지도, 이것을 배우게 되었다. 전국시대가 되면서 현을 통할(統轄)하기 위하여 군(群)이라는 상급(上級) 행정기구가 만들어져 소위 군현제라는 지방행정조직이 생겨서 중앙집권적인 관료국가의 체제가 확립되었다.

춘추 말기에 노(魯)나라에서 하나의 전환기를 대표하는 사상가인 공자(孔子, B.C. 552~479)가 태어났다.

공자의 선구자는 정나라 대신인 자산(子産, B.C 554~552재직)이다. 그는 진·초 양대국의 쟁패시대에, 그 전화(戰禍)를 정면으로 입은, 정나라의 귀족출신 대재상이었다. 두 강대국 세력의 균형을 교묘히 이용하여, 정국이 양국에 지불하던 방위부담금을 경감(輕減)시키는데 성공한 외교가였다. 냉철하게 국제관계를 관찰하고 소국(小國)의 독자적인 외교책을 강구한 자산은, 구 도시국가의 제사제도에 남아있는 불합리한 신비주의적 요소를 제거하려고 하였다. 인간 세계와 동떨어진 천상세계를 지배하는 신의 의지 따위는 불가해의 것이기 때문에 내버려두고, 무엇보다 신변 가까운 인간 세계를 지배하는 인간의 이성쪽을 소중히 여겨야 한다고 생각하였다. 그리고 국내에서는 스스로 입안한 성문법을 발포하여, 법에 의한 통치제도를 만들어 냈다.

공자는 그의 합리적인 인도주의는 인정했지만, 법치주의에는 반대하였다. 신비주의를 배척하고 도시국가의 제정일치라는 귀족정치의 형식을 보존하면서, 실질적으로는 이 문화의 전통을 섭취한 신흥 선비계급에게 정치를 담당시키려고 하였다. 이 선비계급을 양성하는 것이, 공자가 경영한 유교학단(儒敎學團)의 사명이었다. 주공(周公)에 연원(淵源)되는 주(周)나라 예(禮)의 문화를 전한 『시(詩)』『서(書)』『역(易)』등의 고전을 「경(經)」이라 하여 교과서로 삼아 읽게 하였고, 장엄한 의식을 수반한 「예(禮)」와 「악(樂)」의 예의범절을 익히게 하였다. 이것들은 귀족들만이 받았던 교양이었지만, 이것을 차츰 신흥 선비계급을 위해 만인이 받아야 할 교양으로서 개방하였다.

공자 밑에서 가르침을 받은 제자들은, 작은 노나라를 떠나 진·제·초의 대국들, 더 나아가 춘추말기 이후의 소주(蘇州) 지방에서 일어나 중원의 패자가 된 오국(吳國) 등을 향하여 흩어졌는데, 그들은 거기서 새로운 집권국가를 운영하는 관료로 등용되었다.

3. 산업혁명과 법률의 개정 — 철제 농기구의 사용

정치적으로 춘추말기와 전국초기를 연결하는 사건은, 남방에서의 오(吳)·월(越) 양국의 패업(霸業)이다. 전설에 의하면, 오국은 주(周)의 두 왕자인 태백(太伯)·우중(虞仲)이 동생인 왕계(王季)에게 왕위를 양보하기 위하여, 당시는 아직 야만족이 살던 미개의 땅, 양자강 남쪽으로 몸을 피해서 세운

나라였다. 주초(周初)에는 형제상속, 또는 말자(末子) 상속이 이루어졌었다. 이것을 유교는 자기의 정치·도덕적 이념으로부터, 가장 이상적이라고 생각한 유덕자(有德者)에의 제위선양(帝位禪讓)이라는 전설로서 구전(口傳)시켰던 것인데, 이것은 오늘날 사실(史實)과 완전히 다른 가공의 설화에 불과한 것으로 해석되고 있다.

앞에서 소개한 바, 강소성 단도현(丹徒縣)에서 발견된 주(周)초의 중원식 청동기의 명문(銘文)에는, 의후(宜候) 시(矢)가 주의 강왕(康王)으로부터 이곳의 제후로 제수되었다고 쓰여 있다. 주가 개국되기 이전이 아니라 통일 후의 강왕 시대의 일이고, 비록 두 왕자(태백·우중)가 아니라 한 왕자만이지만, 어쨌든 주족(周族)의 유력한 왕족이 양자강 남쪽에 의(宜)라는 식민도시국가를 세운 것은 틀림없는 역사적 사실이었다. 서주(西周) 중기인 소왕·목왕 이후에, 회수 부근에 사는 회이(淮夷)와 서이(徐夷)가 반란을 일으켰기 때문에, 주족의 식민국가는 고립되었을 것이며, 오국은 주족의 식민도시가 토착민족과 융합하여 소주를 중심으로 국가를 형성한 것으로 생각된다.

중국 역사에서 완전히 지워져 있었던 우백(虞伯)의 나라가 오(吳)의 이름으로 재차 역사에 등장한 것은 기원전 6세기 초이다. B.C. 506년에 오왕 합려(闔廬)는, 서쪽에 있는 양자강 중류의 패자인 초국에 일대 타격을 가하였고, 남쪽은 절강성의 월국을 파하여 남방 연방의 패자가 되었다. 여세를 몰아 양자강 하류로부터 운하를 이용하여 북상한 오왕 부차(夫差)는, B.C. 482년에 진(晉)을 맹주로 하는 중원제국과 하남성 개봉(開封) 부근의 황지(黃地)에서 회의를 열었을 때, 진을 누르고 상위(上位)를 차지함으로써 전국적인 패자가 되었다. 지금까지는 황하 중·하류가 정치문화의 중심이었고, 그것과 또 그의 영향을 받아 이미 상당히 중원화한 양자강 중류의 초나라와의 대립으로 연출되어온 중국 정치사에, 이제 양자강 하류의 강남세력이 새로 진출하여 지배적인 지위에 선 형국이 되었다. 화북의 정치와 군사력이 끊임없이 화중·강남을 압도해 오던 지난날의 중국 정치사상에서 이것은 이례적인 한 예를 만든 것이다. 선사시대로부터 서주(西周)시대에 걸쳐, 기하학적 문양을 눌러만든 인문도기(印文陶器) 형태의 토착문화가, 이 지방에서 발달하게 됐다는 것이, 최근의 발굴에서 명백해졌다. 주초(周初)의 식민도시 건립과 더불어 중원과 토착의 두 문화가 서로 융합하여 이런 새 문화를 창조한 것이다.

오왕 부차(夫差)가 북정(北征)하고 있는 틈을 타서, 절강성에 본거지를 둔 월왕 구천(勾踐)이, 오국의 수도인 소주(蘇州)를 공격하였다. 바삐 군사를 돌려온 부차(夫差)군과의 격전 끝에 오왕(夫差)을 파하고 대승리를 거둠으로써 구천(勾踐)은 강남을 완전히 월국의 영유(領有)로 만들었다. 월은 항해(航海)에 능숙한 민족으로서, 그후 황해연안을 북진하여 B.C. 468년, 산동반도 낭야(狼邪)에 이른 다음, 거기에 수도를 옮기고 오국의 패권을 이어받음으로써 중원에서 세력을 떨쳤다. 월나라의 패업은 한·위·조가 지백(知伯)을 파하고, 세나라로 분리되는 진국(晉國) 내전(기원전 5세기 중반까지)이 일어날 때까지 계속되었던 것 같다.

남쪽의 후진국인 오·월 등이 이와같이 눈부시게 발전했다는 것은, 전국시대 초기의 중원 정치계에서는 하나의 경이(驚異)였다. 중원지역에서 월에 들어가 부국강병책(富國强兵策)을 입안한 사람은 범리(范蠡)로 알려졌다. 그의 정책은 여러 나라에 큰 자극을 주어 전국시대를 낳게 한 계기의 하나가 되었다.

전국시대를 『사기(史記)』가 6국시대(六國時代)라고 부른 것처럼 한·위·조·제·초·연의 6국이 패(覇)를 놓고 서로 싸우고 있을 때, 그 중반기부터는 서쪽의 신흥국인 진(秦)이 여기에 비집고 들어와 모든 정권을 휩쓸었던 것이다. 중원의 패자였던 진(晉)이 3개로 분열된 한·위·조 3개국 중에서, 먼저 머리를 쳐든 것은 위였다. 개명(開明)군주로서 이름 높은 위의 문후(文侯, 재위 B.C. 445~396)는, 공자의 고재(高弟)인 자하(子夏)를 위시하여 많은 학자를 등용했기 때문에, 위의 도성인 안읍(安邑)은 전국시대 초기에 문화의 중심지로 성장했다. 이극(李克)은 재상으로서 지금까지 관습법 밖에 없던 위국에 성문(成文)의 법률을 제정하였다. 이 법률은 일반적으로 토지·재산의 사유권을 보호하는 동시에, 국민의 사치를 금하고, 반란을 방지하는 면에 역점을 둔 것이다. 춘추시대부터 이미 영주제(領主制)가 쇠퇴하고 지주제(地主制)가 이것을 대신해 왔었다. 신법은 이런 지주를 보호하는 것이 목적이었다.

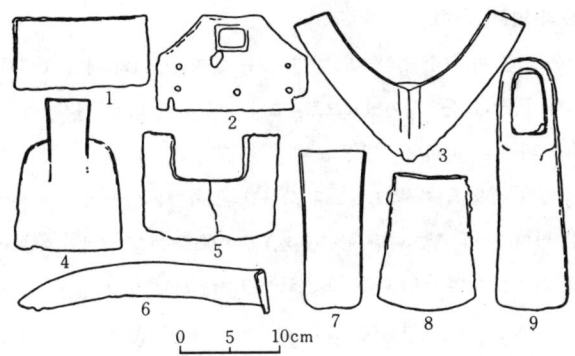

1, 5. 가래 / 2, 4. 호미 / 3. 쟁기날 / 6. 낫 / 7, 9. 괭이 / 8. 도끼

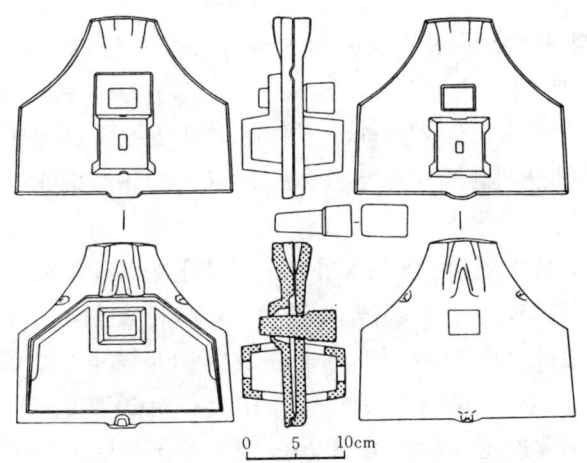

전국시대의 철제 농기구

춘추시대 말— 전국시대 초기부터 제철기술이 발전했다는 것은, 문헌에 의하여 알려져 있었으나, 철은 워낙 땅속에서 부식하기 때문에 증거로서의 유물을 발견할 수가 없었다. 새중국 탄생 후에, 하북·하남·산동·산서·섬서·호남·사천 등 7개성 22개소의 유적지로부터, 철제 농기구와 그것의 주형(鑄型)이 발견되었다. 위의 그림은 농기구이고, 아래의 그림은 주형이다.

법률개정운동은 위국으로부터 차츰 여러 나라에 파급되었는데, 특히 부국강병정책과 결부되어 마지막으로 서쪽의 후진국인 진(秦)에 파급되었다.

이회(李悝)의 법경(法經)

이극(李克)은 또한 이회(李悝)라고도 한다. 그는 공자(孔子)의 제자 중에서도 사회개혁 의욕이 강한 자하(子夏)의 문하생이었으므로, 그의 영향하에 법률 개정, 즉 변법운동(變法運動)의 선구자가 되었다. 이회의 『법경(法經)』은 도법(盜法), 적법(賊法), 수법(囚法), 포법(捕法), 잡법(雜法), 구법(具法) 등 6편으로 되어있다. 이것은 중국에서 성문화된 형법법전의 기원으로 되어 있다. 구법(具法)이란 형법(刑法) 총칙에 가까운 성격의 것으로서, 다른 5편과 더불어 체계를 이루고 있다. 이 6편을 계승하여 상앙(商鞅)은 다시 3편을 더하여 9편의 진제국(秦帝國)의 율(律)을 완성시켰는데, 그후 이것이 한율(漢律)에 계승되었고, 다시 당율(唐律)의 바탕으로 되었던 것이다.

토지제도의 혁신을 촉진한 것은 철제 농기구의 사용으로 토지개간이 수월해졌고, 영주제 밑에서 생산의욕을 잃은 소극적인 노예보다는 자주적으로 일하는 적극적인 농민을 사용하는 지주제 쪽이 생산에 적합했기 때문이었다. 영주제하에 미개간 그대로 남겨졌던 원야(原野)를 개방하고 농민에게 이것의 개간을 장려하였다.

제철업의 진보는 전국시대의 농업만이 아니라 산업계에 혁명을 가져왔다. 상공업의 대약진으로 왕실·귀족계급만이 사용해 왔던 지금까지의 청동기 주조업과는 달리, 다수의 농민이 사용하는 다량의 농기구 수요를 충족시키는 제철업이, 훨씬 더 대규모 사업으로 되었다. 서주(西周)로부터 춘추시대 도시국가의 귀족을 중심으로 한 주민은, 1만 가구를 별로 넘어서지 않았다고 상상되지만, 전국시대의 7개국 수도들은, 다수의 상공업 종사자를 포함하여 7만 가구를 넘었고, 성인남자만도 21만명을 넘어섰다는 제(齊)나라의 수도 임치(臨淄)와 같은 대도시가 출현하였다. 도시의 부유한 시민은 광장에 모여서 음악, 연극, 닭싸움, 개경마 등의 오락을 즐겼다. 그 번화가의 혼잡은 근대 대도시 생활을 상기하게 하는 것이었다.

제 5 장 고대 도시국가에서 세계국가로 — 춘추·전국시대 **111**

화 폐

중국에서 처음으로 화폐로 사용한 것은 보패(寶貝)였는데 이것은 은대(殷代)와 주대(周代) 초기의 유적지로부터 많이 출토되고 있다. 보패는 인도네시아와 말레이반도가 원산지이고, 중국에서는 대만·홍콩·해남도에서도 성장하고 있다. 은·주 나라들은 이것을 고유의 영토 밖인 남해에서 수입하였다. 청동기의 바탕쇠로서 귀중하게 여긴 구리가 서주(西周)시대 초부터 화폐로 사용되었지만, 그것의 사용도는 결코 높지 않왔다. 금속화폐로서는 철제농기구 형태를 모방한 청동제 포(布)와, 무기형태를 본딴 청동제 도화(刀貨)가 전국시대부터 널리 사용되었다. 포화(布貨)는 황하 중류지역인 하남성 북부와 산서성 남부에 위치한 위국(魏國)을 중심으로 사용되었고, 도화는 산동성에 있던 제나라에서 주조되었다. 북쪽의 연(燕)과 조(趙)가 이것을 본받아서 도화·포화를 다름게 주조·사용하였다. 남쪽에서는 초나라가 보패를 모방한 의비전(蟻鼻錢)을 사용했는데, 이와 병행하여 금화의 원금(爰金)을 만들었다. 서쪽의 진(秦)나라에서는 환전(圜錢)이라는 구멍 뚫린 엽전을 발명했는데, 후에 진나라가 천하를 통일한 결과 이것이 중국의 독특한 화폐형식이 되어, 널리 한국과 일본에까지 유포되기에 이르렀다.

1. 안양(安陽)의 은대 왕릉에서 출토된 보패의 앞면과 뒷면.
2. 포(布) 중에서는 농기구 원형에 가까운 공수포(空首布). 명문(銘文)은 「삼천근(三川釿)」으로 읽는다.
3. 조나라 말기의 포(布). 명문은 「진양반(晉陽半)」이라고 읽는다.
4. 제(齊)의 도화(刀貨), 앞면에 「齊之法化(=貨), 뒷면에 「法甘」이라는 명문이 있다.
5. 초나라의 의비전(蟻鼻錢).
6. 초나라의 금화인 「영원(郢爰)」

도시시장(市場)에서는 각국으로부터의 행상인에 의한 물자의 집산(集散)이 어지러울 정도로 크게 이루어졌다. 각국간의 무력적 대립에 관계없이 국경의 관문(關門)을 넘나드는 상품유통이 꽤 자유화되면서, 중국 전역에 걸친 시장이 형성되려고 하였는데, 이런 정세 하에 정치적 통일의 기운(機運)도 차츰 무르익어 가고 있었다.

상업의 발달과 더불어 화폐가 넓은 범위에서 사용되기 시작하였다. 농기구 형태를 모방한 포화(布貨)와 무기 형태를 모방한 도화(刀貨)가 화북지방으로부터 요동(遼東)에 걸쳐 유통되었다. 자연경제에서 물물교환에 의존해 왔던 농촌사회도, 전국시대가 되면서 화폐경제가 깊이 스며들어 7개국의 국경을 넘어선 전국적인 시장이 형성되고 있었다. 진나라(秦國)의 천하통일은 바로 이런 기운을 타고 성취한 것이었다.

황하 유역은 진(秦)·한(漢)제국이 성립된 후, 언제나 중국에 통일의 기초를 제공한 곳이 되었다. 춘추로부터 전국시대에 걸쳐, 철제 농기구의 채용과 운하에 의한 수리관개로 그 광대한 원야(原野)가 경작지로 바뀌었다. 이와 병행하여 남아있던 이민족에 대한 동화가 차츰 진행되었다. 황하 유역의 한족(漢族)은 이 지방을 완전히 지배하여 진(秦)·한(漢)의 통일제국에 이르게 하는 준비를 완료하였다.

초·오·월과 같은 남쪽의 만족은, 중원에 침입하여 일시적으로 패권을 잡았지만, 그것은 오히려 미개민족에 대한 한(漢)민족 문화에의 동화를 촉진시키는 결과가 되었다. 전국시대가 되면서 북변의 여러 나라는, 흉노(匈奴)라는 북방의 새로운 기마민족의 출현으로 큰 위협을 받게되자, 장성(長城)을 쌓고 이것에 의지하여 방어하려고 하였다. 가장 직접적으로 피해를 입은 조국(趙國)은, 기마(騎馬)에 적합하지 않는 긴소매와 스커트를 기본으로 한 고대의 의상을 버리고, 통소매와 바지라는 북방민족의 의복, 즉 호복식(胡服式)을 채용하였고, 기병대를 창설하여 이에 대항하였다. 이윽고 기병은 마차로 바뀌어 기동부대의 중심이 되었다.

전국시대 각국의 병력과 인구

전국시대 말기, 각국의 병력을 진·조·초가 각각 보병 100만, 마차 1000대, 기병 1만이고, 제·위·연은 보병 70만, 마차 600대, 기병 5000정도였으며, 한은 보병이 30만이었다고 한다. 이것과 각국 군현(郡縣)의 수 등을 종합하여 고찰할 때, 진·조·초 등 3대 강국의 인구는 각각 500만 미만, 다른 나라들은 2~300만으로서, 7개국의 합계는 2000여만으로 추산되었다. 기원전 3세기의 세계에서, 중국은 당시 알렉산더 대왕에 의해 통일된 서아시아와 지중해 헬레니즘 문화권에 대립하는데 충분하리 만큼의 국력을 갖추고 있었다고 말할 수 있다.

중국 군사제도에서 근본적인 변혁을 가져온 것은 보병이 전투의 주력으로 된 사실이다. 서주(西周)의 귀족적인 도시국가에서, 전투는 주로 마차에 탄 귀족이 중심이 되고, 이것을 따르는 보병은 마차당 10명을 넘지 않았다. 춘추시대 중반기부터 차츰 보병이 중요시되어 마차 1대(1乘이라고 한다)당 그것이 30명이 되더니, 전국시대에는 70명에 달하였다. 귀족의 집에서 부양하던 종신(從臣)만으로는 모자랐기 때문에, 농민을 주체로 한 징병에 의존하지 않으면 안되었다. 귀족제는 군제(軍制)상으로도 시대에 적합하지 않았으므로, 관료에 의한 군현국가(郡縣國家)의 발전을 촉진시켰다. 중앙에는 행정의

전국시대의 전투

　전국시대 보병전투의 실황은, 기원전 5세기 중반기경으로 추정되는 청동기에 새겨진 문양에 잘 표현되어 있다. 좌우의 양군은 단도를 가지고 1대 1의 격투를 벌이는 선두 두 사람을 나머지 병사들은 긴 자루달린 칼을 들고 지원하고 있다. 이런 상황은 밑의 그림에서 보듯이 전함에 의한 수상전에서도 벌어지고 있다. 중국에서는 기원전 5세기인 춘추에서 전국시대로 넘어가는 시기에, 이와 같은 전술상의 변화가 일어났던 것이다.

장(長)으로서의 재상, 관리에 대한 감독관으로서 어사(御史), 군대의 장으로서 장군(將軍)제가 설정되었고, 지방에는 군에 문관의 장인 군수(郡守), 무관의 장인 군위(郡尉), 감찰관인 감(監)이 배치되었다.

4. 전체주의 국가 진(秦)의 약진

　위(魏)의 문후(文侯)가 사망한 뒤에 동쪽의 제나라는 위왕(威王, 재위 B.C. 365~320)이, 서쪽의 진(秦)에서는 효공(孝公, 재위 B.C. 361~338)이 연이어 행정개혁을 단행하여 국력을 증대시킴으로써, 위를 대신하여 동서의 2대 강국이 되었다. 특히 제의 위왕과 선왕(宣王, 재위 B.C. 319~301), 민왕(湣王, 재위 B.C. 300~248)은 위의 문후보다 더 앞선 개명(開明)한 군주였다. 가장 번영한 제(齊)의 수도 임치의 직문(稷門) 부근을, 문화구(文化區)로 지정하고 대저택을 지은 다음, 각국으로부터 널리 학자·사상가를 초빙하였다. 이렇게 초청한 학자만도 총계 1000명 이상이나 되었는데, 그중 유명한 학자만도 76명이나 있었는데 이들에게는 상대부(上大夫)인 「경(卿)」의 급여를 주었다. 그들은 아무런 구속도 받음이 없이 매일 강당에 모여서 철학, 정치를 논의하였다. 이 학자들은 직하(稷下)의 학자로 불리우며, 전국시대 학술사의 정점을 형성하였다.

진(秦)의 효공은 동쪽 위국(衛國)의 망명귀족인 상앙(商鞅)을 신임하여 그를 중심으로 B.C. 359년에, 대담한 개혁에 착수하였다. 호적법을 바꾸어 5인조(五人組)제도를 설치하고 범죄에 연대책임을 부과하였으며, 2인 이상의 성년 남자가 있는 가족에게는 분가를 강제(强制)하였다. 군공(軍功)을 장려하여 전투에서 잘라낸 적의 수급(首級)에 따라서 작위(爵位)를 주었고, 군공이 없는 귀족영주의 특권을 폐지하였다. 그리고 농업과 수공업을 장려하고, 상인을 압박하여 생산 증강을 도모하였다. 특히 전국을 41개 현의 행정구역으로 통합하여 관료에 의한 군현제를(郡縣制)를 확립하고, 종래(從來)의 영주와 공동체에 점유되어 있던 미개간지를 개방하여, 농지의 사유권을 주어서 개간을 장려하였다.

진나라는 서쪽에 치우쳐 있어서, 미개간의 원야가 광대한데 비하여 인구가 희박하였다. 때문에 이 새로운 전체주의적 정책은 매우 적절하여, 곧장 그 효과가 나타났다. 소박한 국민은 법률의 보호 아래 생산에 힘썼으므로 국력은 충실(充實)해지고, 군기(軍紀)가 엄정하여 전공(戰功)을 다투었기 때문에 계속해서 승리를 거두었다. 구 귀족의 반감을 사고있던 상앙은, 효공이 죽자마자 곧 실각 당하여 사형에 처해졌다. 그러나 그가 입안(立案)했던 정책은 착착 효과를 올렸다. 위국 출신의 웅변가 장의(張儀)가 진나라의 재상이 되어 교묘한 외교술로 위와 초를 이간시키고 제국(齊國)을 고립시켜, 진과 제가 동서에 대립하는 강국으로 되는 정세를 만들어 놓았다. 장의(張儀)

의 연형책(連衡策)에 이어 외국인인 범저(范雎)가 대신(大臣)이 되자, 원교근공(遠交近攻) 정책으로 이것을 계승하였다.

합종연형(合縱連衡)과 원교근공(遠交近攻)

전국시대에 웅변가의 활동에 대해 쓴 『전국책(戰國策)』에는 진국(秦國)을 중심으로한 진나라쪽 장의(張儀)가 구상한 동맹, 즉 연형책(連衡策)에 앞서, 소진(蘇秦)이 획책한 동쪽 6개국의 합종책(合縱策)이라는 연맹체로서, 진나라에 대항하려는 정책이 유행했다고 쓰여 있다. 이 합종·연형을 주장한 소진과 장의의 웅변은, 중국에서는 매우 유명하지만, 기실 이것은 역사적 사실과는 맞지가 않는다. 소진은 장의보다 오히려 뒤늦게 정계에 나선 정치가로서, 제(齊)나라를 위해 연(燕)과 송(宋) 등 이웃 나라를 정복하려는 외교정책을 기획했을 뿐 대규모 6개국 연맹체의 체결을 주창하지는 않은 것 같다. 이 사실성(史實性)에는 의문이 있다 하여도, 7개국의 대립투쟁이 격심한 전국시대의 국제적 외교무대 위에서, 우수한 많은 외교가가 변설(辯舌)로서 다툰 것은 사실이지만, 여기에는 중국인의 특기라고도 말할 수 있는 권력적인 외교술이 전통적인 지반으로 되었다는 것을 잊어서는 안 된다.

강대국의 이익을 대표하는 전국 중반기의 웅변가 시대에 뒤이어, 전국시대 후기에는 임협가(任俠家) 시대가 왔다. 제(齊)의 맹상군(孟嘗君), 조(趙)의 평원군(平原君), 위(魏)의 신릉군(信陵君), 초(楚)의 춘신군(春申君) 등 4군(四君)은, 모두 그 나라의 왕자로서 각각 3000명 이상이나 되는 많은 식객(食客)들을 포용하여, 학술과 문화의 보호자로 자처한 사람들로서 천하에 유명하였다. 각국으로부터 모인 식객 중에는 학자라고는 볼 수 없지만, 아주 비상한 재주를 가진 인사가 많았다. 중반기의 문화중심지였던 직하(稷下)의 학문(學問)에 비하면, 품격은 떨어지지만 현실적인 정치나 군사와 밀착한 재능을 가진 선비가 고용된 점이, 절박한 시대의 요구에 부응하는 것이었다.

계명구도(鷄鳴狗盜)의 패거리

전국시대 말기의 사공자(四公子; 孟嘗君·平原君·信陵君·春申君) 밑으로 모여든 식객(食客)들 중에는, 학자(學者)·군인(軍人) 같은 부류에는 들어갈 수 없는 특수한 예능을 가진

제5장 고대 도시국가에서 세계국가로 — 춘추·전국시대

재주꾼들이 많이 있었다. 제(齊)나라의 맹상군이 고용한 식객 3000명 중에는 개 짖는 소리, 닭 우는 소리의 흉내를 잘 내는 사람도 있었다. 맹상군 전문(田文)이 진나라(秦國)에 유폐되었을 때, 진왕인 소왕(昭王 또는 襄王)의 애비(愛婢)에게 귀국허가를 청탁하자, 대가로 흰여우털로 만든 옷(狐白裘)을 요구하는 것이었다. 이미 소왕에게 선물로 바쳐 여분이 없었고, 그것은 이미 국고(國庫)에 들어가 있었으므로, 그가 데리고 간 식객 중 개의 흉내를 잘 내는 사람으로 하여금 창고에 잠입하여 그 호백구를 훔쳐내게 하여, 그것을 소왕 애비에게 바침으로서 그녀의 출국허가장을 받아 진나라 수도를 야반도주하는데 성공했다.

그러나 국경의 관문인 함곡관(函谷關)에 이르자 성문이 굳게 닫혀 있었고, 첫닭이 울 때까지는 성문을 열지 않는 것이 규칙으로 되어 있었다. 책모에 걸린 것을 알아차린 소왕이 추격대를 보내어 뒤쫓아올 것이 명백했으므로, 이 위기를 탈출하고자 이번에는 닭 우는 소리를 잘 내는 식객 수행자로 하여금 닭 우는 소리를 내게 하였다. 이 기막힌 성대묘사에 호응하여 집집의 수탉들이 울었으므로, 수문장도 새벽인 줄 알고 성문을 열어 맹산군 일행을 통과시켰다. 그리하여 그는 무사히 제(齊)나라로 돌아갔던 것이다. 전국시대 말기에는 이와같이 고대문화가 난숙했던 시대이고, 또 개인의 재능도 자유로이 발휘될 수 있던 시대이기도 하였다.

사공자(四公子)의 뒤를 이은 것이, 서쪽의 신흥국 진(秦)의 재상 여불위(呂不韋)이다. 여러 나라에서 모은 학자들로 하여금 공동저작 하게 한 『여씨춘추(呂氏春秋)』는 전국시대 말기 학문의 종합체계로서 유명하다. 여불위는 조나라(趙國)의 큰 중매상(仲買商) 출신이었으므로, 그는 식객들을 모아서 진국을 위해 동쪽 제국을 상대로 공작하는 첩보기관(諜報機關)을 만들었다. 당시는 모든 나라가 비밀탐정(秘密探偵)·제5열분자들에게 많은 돈을 주어서 적국을 서로 이간시키거나, 혹은 암살자를 고용하여 눈에 거슬리는 인물을 처치하는 등, 음모가 곳곳에서 소용돌이치고 있었다. 진시황을 암살하려다가 실패한 연(燕)나라의 형가(荊軻. ?~B.C. 237. 衛國 태생)가 임무수행을 하기 위하여 역수(易水)를 건너기에 앞서 읊은 바, 「바람은 쓸쓸히 불고 역수물은 차구나, 壯士는 한번 떠난 후 다시 돌아오지 않는다」라는 글귀는 옛날부터 유명하다 사건은, 이런 공작의 한 예에 불과하다.

전국시대의 여섯 나라는 진나라 군국주의 강화에 대응하기 위하여 모두가 부국강병 정책을 취하여 군국체제를 확립했으므로, 여섯 나라의 대립은 더욱 심각해지기만 하였다. 각국에는 각각 꽤 다른 방언(方言)이 있었으며, 문자의 서체(書體)도 다르고, 화폐체계도 상이하였다. 한편 학자・유세가(遊說家)들 중에는, 국적을 이탈하여 문화를 보호하는 군주 밑으로 이합집산 하여 거의 국제인(國際人)과 같은 양상을 나타내었다. 협객(俠客)들 또한 이런 흐름을 따랐다. 7개국의 대립도 아랑곳하지 않고, 국경을 초월한 전국적인 국제사회가 이미 만들어지고 있었다. 큰 상인은 한나라 안에만 머물러 있지 않고 다른 나라를 목표로 광범위하게 장사하고 있었으므로 전국적인 시장이 형성되고 있었다. 구 귀족 중에 남아있던 국가적인 대립의식은 중국 백성 전체의 내란을 끝내고 평화상태를 유지하려는 희망에 밀려 차츰 무의미해지면서, 중국 통일의 기운과 조짐이 암암리에 일어나고 있었다. 이런 통일은 일찍이 유교학자들이 공상한 왕도(王道), 즉 인애(仁愛)를 주장하고 정의의 입장에서는 평화적 수단에 의하여 실현될 수는 없었다. 그보다는 오히려 패도(霸道), 즉 힘에 의한 정치를 철저하게 추진시킨 서쪽의 후진국가 진(秦)에 의해 현실화되었다.

5. 백가쟁명(百家爭鳴) — 중국사상의 황금시대

　변화무쌍한 사회현실에 대응하기 위하여 전국시대의 사람들은 항상 유연한 두뇌로, 오래된 고정관념을 파괴하고 새로운 입장에 서서 사물을 생각하지 않으면 안되었다. 여기서 유(儒)・도(道)・음양(陰陽)・법(法)・명(名)・묵(墨)・종횡(縱橫)・잡(雜)・농(農)과 같은 9개의 유파(流波)로 나뉘어진 다양한 사상가가 생겨나, 서로 독창성을 다툰 것이다. 중국이 약 200년에 걸쳐 세력이 비슷비슷한 7대강국으로 나뉘어, 서로가 우수한 사상가들을 모아들여 그들의 지도하에 국력을 충실화하여, 천하의 패권(霸權)을 잡으려고 경쟁한 결과가, 이런 학문사상의 자유로운 발전을 가능하게 한 원인이었다. 기원전 220년, 진(秦)의 천하통일 이후, 2130여년 동안, 중국은 남북으로 나누어지는 경우는 있었지만, 이와 같은 다원(多元)국가가 장기적으로 병립한 때는 없었다. 이로 말미암아 유교사상을 주체로 한 정통사상만이, 중국본부(本部) 전체를 지배하고, 다른 사상학문이 다면적으로 전개될 수는 없었던 것이다. 이에 대하여 전국 시대의 제자백가(諸子百家)는 중국 사상사상(思想史上)의 황금시대라고 불리운다.

제자백가(諸子百家)

제자의 자(子)는 선생(先生)을 의미한다. 제자는 많은 선생, 즉 독자적인 사상을 가진 많은 학자들을 말한다. 백 명이나 되는 많은 학자들, 즉 제자백가를 9개 유파로 분류한 것은, 전한말(前漢末) 때의 문헌학자 유향(劉向, B.C. 77?~6? 光祿大夫)이다. 그의 학설은 한대(漢代)의 정사(正史)인 『한서(漢書)』 「예문지(藝文志)」편에 자세하게 나와있다. 그는 한조(漢朝)의 궁정(宮廷)도서관에 소장되어 있는 책의 목록을 기초로 제자백가의 학문을 분류하여 이것을 『서록(敍錄)』(20권)으로 편찬했던 것이다.

춘추시대를 대표하는 사상가인 공자(孔子, B.C. 552~479)에 대하여, 전국시대를 대표하는 것이, 묵가(墨家)의 개조(開祖)인 묵자(墨子, B.C. 470~390)이다. 성(姓)은 묵, 이름은 척(翟)이라고 전해지고 있다. 고대의 죄인은 문신이 새겨졌다. 묵자학파의 사람들은 검약(儉約)을 존중하고 간소한 생활을 하면서 서민들과 같이 노동을 하였다. 먹물로 문신이 새겨진 죄인들과 같은 생활에 젖으면서 학문하는 사람들이라는 의미에서, 묵가(墨家)라고 불렸고, 그 개조(開祖)를 묵자라고 칭하게 된 것이라고 해석하고 있다. 사대부(士大夫)계급에 속했던 공자에 대해, 서민으로 태어난 묵자는 귀족정치하의 도시국가의 신분제도를 폐지하고, 출신에 관계없이 현자(賢子)를 관직에 고루 등용할 것을 주장하였다. 묵자학파의 사람들은 스승(師)에게 절대적으로 헌신함으로써 강고한 종교적인 학단(學團)을 결성하였고, 각국에 진출하여 전국시대 초기에는 이미 유교에 대립하는 유력한 학파로 성장하였다.

묵자는 유교의 예(禮)가 너무도 번잡하며, 특히 가족의 장례식을 중요시하여 후장(厚葬)하는 풍습에 반대하여, 절용(節用) 즉 검약할 것과 박장(薄葬)

즉 장례식(葬禮式)을 간단하게 치를 것을 주장하였다. 공자나 묵자할 것 없이 모두가 진리의 근거를 경험에 두었지만, 공자는 제자(弟子)에게 사상을 암시적으로 말한데 반하여, 묵가의 유교배격의 논법은, 대단히 명쾌하고도 논리적이었다. 이로써 전국시대 후기의 묵가는 독특한 윤리학체계를 세우게 되었다.

제자백가에서는 보통 유교에 대립하는 학파로서 도가(道家)의 노자(老子, B.C. 604~531)를 더 중히 여긴다. 노자는 공자가 그에게 도(道)에 대한 가르침을 물었다는 전설이 있기 때문에, 공자의 선배인 것 같다. 그러나 노자 개인에 대해서는 신뢰할 만한 전기가 없다. 노자의 말을 썼다는 『노자(老子)』라는 책도, 이미 공자의 사후 100년 이상이 지나서 유(儒)·묵(墨)의 양 대학파 사이의 격심한 논쟁이 있은 후에야 만들어진 이념서라고 한다. 공자의 복고(復古)형태의 개혁론, 묵자의 철저한 혁신론 등, 춘추시대 말기에서 전국시대 초기에 걸쳐서는, 이상사회(理想社會)를 목표로 하는 사회개혁론이 성행하였다. 학자들이 이와 같은 이상실현을 기탁했던 신흥 7대국들이, 전국시대 중반기에 들어서자, 단지 서로가 권력을 경쟁하는 강국(強國)으로 변하면서 이상은 꿈으로만 되고 말았다. 이리하여 유(儒)·묵(墨)의 논쟁도 전혀 무의미한 것이 아니었는가 하는 회의가 학자들 간에 생기게 되었다.

『노자(老子)』는 바로 이런 의문을 이론화한 책이다. 유·묵 어느 쪽도 근본적으로 인간의 본성을 잘못 보고 있다. 그들은 영원히 변하지 않는 절대 불변의 도(道)가 있다고 믿고 있지만, 그러한 것은 어디에도 없다. 도는 진(眞)과 위(僞), 선(善)과 악(惡), 미(美)와 추(醜)를 넘어선 곳, 즉 무(無)에 존재한다. 전국시대 중반기 사람들은 입신(立身) 출세와 부귀를 얻기 위하여 기를 쓰고 있지만, 영고성쇠(榮枯盛衰)는 무상(無常)하고, 부귀에는 실각(失脚)이 따르게 마련이다. 군주는 나라를 부국강병하게 만드는 정책 입안에 골머리를 싸매고 있지만, 전쟁은 끝날 것 같지 않고, 백성의 불행은 증대할 따름이다. 인간은 이러한 불행을 만들어 내는 정치사회에서 물러나, 강대국가 건설의 꿈을 버리고, 협소한 향촌(鄕村) 공동체 속에 파묻혀 평화로이 자급자족의 생활을 즐기는 것이, 더없이 행복이 아닐까 하고 『노자』는 제언(提

제5장 고대 도시국가에서 세계국가로 — 춘추·전국시대

言)한다.

역사적으로 실존성이 확실하지 않은 노자와는 달리, 전국시대 중기를 확실하게 대표하는 사상가는 유가(儒家)의 맹자(孟子, 이름은 軻, B.C. 390~305)와, 도가(道家)인 장자(莊子, 이름은 周, B.C. 365경~290) 두 사람이다. 전국시대 중기의 학예(學藝) 중심은, 제(齊)나라 위왕(威王, 재위 B.C. 356~320)과 선왕(宣王, 재위 B.C. 319~301)의 치세(治世) 당시, 제도(齊都) 임치(臨淄)의 문화구(文化區)인 직하(稷下)였다. 맹자는 이 직하의 학문(學問)에서 특색있는 이론적인 변론술을 취하여, 묵자의 설(說)을 반박하고, 유교의 학문을 부활시켰다.

이에 대하여『장자(莊子)』의 저자인 장주(莊周, B.C. 365~290. 이것이 본이름이다)는 화려한 정치무대에 나가고 싶어하지 않은 은자(隱者)였다. 장주는 세계의 원리인 도(道)의 본질을, 논리에 의한 추리로는 도저히 인식할 수 없다. 작은 인간에게 있어 커다란 자연을 지배하는 원리인 도(道)는, 유(有)의 논리에 의해 합리적으로 알 수 없다. 그는 이것을 일반적인 논리를 넘어선 비유나 우화(寓話)로써 직관적으로 터득할 수밖에 없다고 생각하였다.『장자』는 이 오묘한 사상과 웅대한 공상을 가공적인 인물과의 대화와 산문시에 의하여 문학적으로 표현한 책인데, 중국의 언어의 표현력을 자유로이 구사하고 효과를 극대화시킴으로써 후세 문학에 깊은 영향을 주었다.

묵가와 초기 도가의 사변(思辨)을 반박하기 위해 논리학을 자기 것으로 한 맹가(孟軻)는, 변론에서도 한발자국도 그들에게 양보하지 않았다. 맹자의 사색의 대상은 도가와 같은 자연계가 아니라 인간계에 한정되었다. 특히 인간의 본성을 추구하였는 바, 이것이 본래는 선(善)이라 하여 성선설(性善說)을 전개하였다. 공자에게는 빠져있는 논리적인 사고법이 처음으로 유교에 도입된 것이다. 맹자의 저작인『맹자(孟子)』가, 후세 송대(宋代)에 공자의『논어(論語)』와『대학(大學)』, 가(軻)의 스승인 자사(子思 이름은 波, 孔子의 손자, B.C. 492~431)가 저작한 것으로 알려진『중용(中庸)』과 함께 4서(四書)의 한 권으로 된 것은, 이런 논리성 덕분이다. 맹자는 공자가 쓴 노국(魯國) 연대기에 가필하여, 다가올 미래사회를 암시한『춘추(春秋)』에 주목하여, 이것을 유교의 5대경전(五經)의 하나로 추가하였다. 유교는 이로써 역사철학적인 사상을 풍부히 할 수 있게 되었다.

전국시대 중기의 정치계는, 종횡가(縱橫家)라고 일컬어지는 웅변 외교가들의 활동무대였다. 그들의 주장을 들으면, 진(秦)과 연합되는 공수동맹(攻守同盟)인 연형(連衡)과, 진을 적으로 하는 동맹인 합종(合縱)과의 어느 쪽 외교정책도, 또 어느 쪽의 변론도 다 옳은 것처럼 여겨진다. 학자의 학설도 유가, 묵가, 도가, 법가의 입장들이 각각 완벽한 것처럼 그럴듯하게 보인다. 특히 명가(名家), 형명가(刑名家)라고 불리우는 논리학자는, 「백마는 말이 아니다」 따위의 궤변을 천연덕스럽게 말하여 사람을 혼란시켰다. 때문에 7개국의 군주들은 어리둥절했던 것이다.

사람들이 그럴듯한 말만으로는 믿을 수 없다고 깨닫게 되자, 논리는 사실에 의한 실증이 필요하며, 주관적인 이론보다도 현실사회에 작용하여 실효성 있는 객관적인 이론이 아니면 안 된다고 깨닫게 되었다. 전국시대 후기의 뛰어난 사상가는, 예를 들어 유가의 순자(荀子, 이름은 況, B.C. 315~230)와 법가인 한비자(韓非子, B.C. ?~233)가 이런 경향을 대표한다.

백마(白馬)는 말이 아니다(白馬非馬論)

이 변론은 명가(名家)라고 불리는 논리학파 소속 공손룡(公孫龍, B.C. 3C 趙나라사람)이 말하기 시작한 것이다. 말(馬)은 형태에 의해 만들어진 개념이고, 백(白)은 색깔에 의하여 세워진 개념이다. 때문에 백마는 말이 아니다라는 논법이다. 중국에는 지금도 백마가 꽤 많지만 옛날에는 더 많았던 모양이다. 가장 흔하게 볼 수 있는 백마를 말이 아니라고 결론지은데, 이 논의의 역설적인 묘미와 궤변성이 있고, 거기서 세상사람들을 놀라게 하여 유명하게 된 것이다. 이것은 명(名), 즉 개념과 실(實) 즉 존재와의 관계를 논한 것이었다. 순자는 객관적인 존재에 해당하는 실에 대하여 명 즉 개념을 만들고, 양자(兩者)를 일치시키는 것에 의하여 지식이 성립한다는 입장을 취함으로써 이 궤변을 극복하였다.

순자의 성명(姓名)은 순황(荀況), 제(齊)의 수도 직하(稷下)에서도 노사(老師)로 존경받았지만, 진(秦)·조(趙)의 각국을 편력(編歷)한 후, 초국의 왕자

제 5 장 고대 도시국가에서 세계국가로 — 춘추·전국시대

춘신군(春申君) 밑에 들어가, 전국시대 유교의 마지막 노대가(老大家)로서 존대되었다. 그는 맹자의 성선설에 반대하여, 인간의 본성은 악(惡)이라 하면서 성악설(性惡說)을 내세웠다. 인간의 악한 본성 때문에 사회질서를 유지하기 위해 예(禮)를 정하고, 그것에 의하여 사람을 강제할 필요가 있다고 하였다. 그런데 그가 말한 예(禮)는 정부가 만든 법률에 가까운 성질을 가지는 것이었다.

전국시대의 민심은 전란에 시달린 나머지, 이제 막 성공하고 있는 진나라의 통일에, 그것이 평화를 가져올 것이라는 희망을 걸고 있었다. 순자는 유가·묵가·도가가 고대의 성왕(聖王)들에게 기탁하여 평화로운 이상왕국의 꿈을 그린 나머지, 현실국가의 정치를 그르치게 하였다고 지적하였다. 그는 그와같은 옛날 옛적에 있은 선왕(先王)들의 법을 버리고 뒷날의 왕, 즉 현실적인 주(周)나라 법에 의하여 천하를 통일하려고 하였다. 이것은 미구에 오게 될 진에 의한 통일과 그후 천하를 통일한 진(秦)·한(漢)제국에 이론적 기초를 제공한 것이 되었다.

순자의 제자인 한비자(韓非子)는, 법치국가론을 주장한 법가의 전통도 이어 받았기 때문에, 순자의 통치원리인 유교의 예(禮)를 완전히 법률로 바꾸어 놓았다. 그는 전제군주란 어떻게 하면 법을 유효하게 시행하고, 국가의 통제를 어떻게 유지할 것인가를 자세히 논하였다. 군주는 신하가 상주문(上奏文) 속에서 전개한 개념 즉 명(名)과, 그 사실에 나타난 결과 즉 형태를, 서로 참조하지 않으면 안 된다. 만약 이것이 일치되면 옳은 인식이 된다. 이 현실에 나타난 결과, 즉 실례가 많으면 많을수록 진리에 가깝게 된다. 이 실천적인 사실에 의한 귀납논리(歸納論理)는, 전국시대에 퍼진 명가(名家) 등의 궤변적인 변론을 없애고, 실증적인 경향을 명확히 하였다. 한비자는 정치가로서는 성공하지 못했지만, 그가 전제국가를 위해 정립한 정치철학은 진·한제국 성립에 기초 이론적 역할을 수행하였다.

『장자』의 비유와 우화 속에는, 북해(北海)에 사는 대붕(大鵬)이라는 거대한 새가 남해(南海)로 여행하려고, 3000리 해면에 깃을 펄떡이는 날개짓으로, 9만리 상공(上空)에 날아올라, 6월의 바람을 타고 날아갔다는 것이 쓰여 있다. 이와 같은 해양성(海洋性) 가진 문학은, 지금까지 황토고원(黃土高原)을 중심으로 한 북방중국의 문학에서는 전혀 찾아볼 수 없었던 것이다. 해양문학은 원래 북은 산동반도 연해로부터, 남쪽은 회수(淮水)하류의 중국 동해연안, 즉 초나라 중에서도 동초(東楚)라고 일컬어지는 지방에서 발생한 것이 틀림없다.

전국시대 중기, 『장자』에서 볼 수 있는 북방중국에서의 남방문학적 요소는, 초나라의 문화가 중원에 받아들여진 하나의 선구였다. 전국시대 후기에, 순자와 거의 같은 해에 태어난 애국시인(屈原, B.C. 343~277)이 B.C. 278년에 초(楚)나라 회왕(懷王)에게 간하여 그것이 받아들여지지 않자 몸을

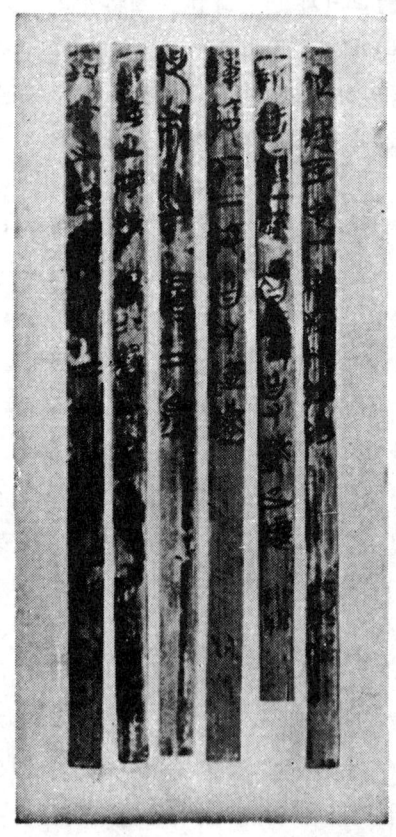

장사(長沙)에서 출토된 초(楚)의 죽간(竹簡)

1953년, 장사 남문(長沙 南門) 밖 앙천호(仰天湖)에 있는 전국시대 초(楚)나라 고분속에서 발견된 죽간(竹簡)이다. 서체(書體)는 전국시대에 통용되던 고문(古文)이라는 서체이지만, 이미 진·한(秦·漢) 이후에 통용된 서체인 예서(隸書)를 닮은 필법이 여기에 나타나 있다. 내용은 무덤에 함께 묻은 무기·청동기·의류 등의 부장품 목록이다. 같은 종류의 초나라 죽간은 후에 하남성 신양(信陽)에 있는 초나라의 무덤에서도 발굴되었다. 이들 고분의 부장품에는 유려(流麗)한 무늬를 칠한 많은 칠기도 들어 있었다. 일용 기구로서는 청동기를 대신하여 칠기가 유행한 것도 전국시대의 특색이었다.

물에 던져 죽었다. 그의 초나라의 행사와 민속을 풍부하게 집어넣은 『초사(楚辭)』라는 시편(詩篇)은 『시경(詩經)』에서는 볼 수 없는 남방인의 우수(憂愁)가 기조(基調)로 되어있다. 춘추·전국시대를 통한 중국에서의 거주공간의 확대는 드디어 이런 시인을 낳게 하였고, 중국의 문학만이 아니라 사상에도 아주 새로운 요소를 첨가시킨 것이다.

주(周)의 융성시(隆盛時)는 물론 춘추시대에서 전국시대 초기까지는, 연대기를 비롯하여 관아(官衙)의 문서는 대나무의 쪽이나 나무의 쪽, 즉 죽간(竹簡)·목간(木簡) 위에 쓰고, 더 나아가 장문(長文)의 것은 이것을 가죽끈으로 엮어 두루마리로 해서 보존하였다. 부피 큰 책들은 민간인에게는 좀처럼 보급되기 어려웠기 때문에, 춘추시대 말기부터 전국시대 초기까지의 공자·묵자와 같은 사상가도 자기자신의 사상을 쓰거나 책으로써 발표하는 일은 거의 하지 못했다. 그 제자와 손자제자 시대에 암기하고 있던 스승의 말씀을 편집하여 『논어』 『묵자』라는 저서가 만들어졌고, 『순자』 『한비자』에 이르러 저자 자신이 쓴 부분이 주체(主體)가 되어 책자로 나타나게 되었다. 전국시대 후기의 위(魏)나라 양왕(襄王)의 능으로부터 일찍이 볼 수 없을 정도로 대량의 죽간(竹簡) 기록이 나와, 죽서(竹書)라 하여 인기가 높아 매우 떠들어댔지만, 미구에 그 원서가 없어졌다. 최근에 장사(長沙)와 신양(信陽)에 있는 전국시대 초(楚)의 고분으로부터 죽간과 비단(帛)에 쓴 문서가 발굴되었다.

전국시대 중기 이후부터 죽간·목간이 차츰 널리 이용되어 제자(諸子)의 사상, 굴원의 문학이 책으로 저작되기 시작하였다. 사상 전달수단의 비약적인 진보로 말미암아, 전국시대의 제자백가는 한층 더 널리 보급되어, 서로 영향을 주고받으면서 발전하여 후세에 전통으로 나게 되었다.

제 6 장 중국 최초의 통일제국 진나라의 성립

1. 진시황(秦始皇)의 위업

상앙(商鞅, 성은 公孫, 이름이 鞅, B.C. ?~338)의 개혁 이후 갑자기 신장한 국력을 배경으로 진(秦)은 교묘한 외교에 의하여 6국을 각개 격파하면서 동쪽으로 진격하였다. 인접한 나라인 한(韓)과 위(魏)의 영토는 날마다 침략당했고, 7개국 중 최대의 판도를 가졌던 초국도, 진의 동진정책에 눌리어 수도를 무한(武漢)에서 회수유역의 수주(壽州)로 옮겨야만 했다. 전국시대 말기에 무력으로 대항한 것은 조(趙)나라 뿐이었다. B.C. 260년, 산서성 황토대지(黃土臺地)의 끝단에서 화북평원으로 내려가는 요지(要地)인 장평(長平, 산서성, 高平縣)에서 전국시대를 통하여 최대의 격전이 벌어졌다. 이 결전에서 대승을 거둔 진나라는, 그 승세를 몰아 동침(東侵)하여 기원전 256년에는 주(周)의 난왕(赧王)을 항복시켰다. 동주(東周)의 평왕(平王) 이후 23대 514년 동안 계속 이어져 왔던 주왕조는, 여기서 멸망하는데, 주의 무왕(武王)으로부터 통산하여 37대째가 된다.

조괄(趙括) 병(兵)을 논하다.
진나라 공격군의 장군인 백기(白起, B.C. ?~256)에 대하여, 조나라 장평(長平)의 위수사령관인 유명한 노장군 염파(廉頗, B.C. 283?~240?)는 성문을 굳게 닫고 수비를 튼튼히 하여, 지구전으로 들어가 무려 3년간에 걸쳐 양군 대치(對峙) 상태를 유지할 뿐이었으므로, 승패가 나지 않았다. 그러자 진은 특기인 스파이 전술을 사용하여 조의 효성왕(孝成王)과 염파를 이간시켰다. 여기서 효성왕은 염파를 면직시키고 명장인 조사(趙奢)의 아들 조괄(趙括)을 그 자리에 임명한 것이다. 그러나 조괄은 아버지가 소장한 병서(兵書)를 많이 읽어 병(兵)을 이야기하는, 단지 이론가에 지나지 않았다. 결국 진의 도전에 응하여 출격하였지만 즉시 포위되어 전사하고 말았다. 40만의 조병(趙兵)도 진군에게 항복하자마자 곧 생매장되었는데, 45만의 조군 중 살아서 돌아간 것은 불과 240명이라고 하는, 철저한 참패를 당했다. 이 전투는 전국시대만이 아니라 중국 역사상 대결전의 하나로 손꼽힌다.

B.C. 246년에 13세로 즉위한 진왕 정(政)은, 성인이 되면서 지원자로서 실권을 잡고 있던 재상 여불위(呂不韋, B.C. ?~235)를 처분하고, 이사(李斯, B.C. ?~208)를 재상으로 임명한 다음, 강력히 도방 6개국에 대한 공작을 진행하였다. B.C. 231년에 한(韓)을 시작으로, 연이어 위·초·연·조를 멸하고 기원전 221년에 마지막으로 제(齊)를 항복시켜 완전히 천하를 통일하고 스스로 시황제(始皇帝)라고 칭하였다. 지금까지 하(夏)·은(殷)·주(周) 등 3대 왕조의 군주는, 왕이라고 부르고, 그들의 사후에, 예컨데 주위열왕(周威列王)처럼, 생전의 공업(功業)에 어울리는 시호(諡號)를 추증했던 것이다. 이에 대하여 「제(帝)」는 고대의 이상적인 군주였던 3황·5제의 칭호를 합하여 「황제」라고 부르고, 그분들에게 신하가 시호를 추증한다는 것은 불경(不敬)스럽다 하여 그만두고, 자기자신에 대해서는 시황제라고 부르게 하였다. 신권정치(神權政治)의 원리에 따라 도시국가의 군주는 지상신(至上神)의 대리자, 즉 하늘의 아들로서 지상을 통치한다. 부족연합체인 도시국가는, 부족의 대표자인 귀족으로부터 부족 전체, 즉 백성들의 여론의 구속을 받는데, 백성의 의지는 곧 하늘의 의지를 나타내는 것이라는, 민주주의적인 면을 가지고 있었다.

진시황은 고대적인 신권정치와 도시국가적인 민주주의를 이론화한 유교의 정치철학과 인연을 끊고, 절대적인 전제군주로서의 중앙집권적인 관료국가를 구상한 법가(法家)의 정치철학적 입장에서는 이사(李斯)를, 재상에 임명하고 그의 정책을 구체화시켰다. 진시황제가 중국에 영향을 끼친 것으로서 가장 큰 공헌은 현재의 중국 본부와 거의 일치하는 영토 범위를 설정하고, 오래된 부족과 도시국가의 대립을 초극하여 중국인의 민족의식을 고양시키고, 게다가 엄격한 법률에 의하여 능률적이며 전국적인 행정조직을 확립한 것이다. 약 1만 가구를 가진 행정구역을 현(縣)으로 하고 다시 수 10개의 현을 합쳐 군(郡)으로 하였는데 전국을 36개군 — 후에 40이상으로 증설했다 — 으로 나누어, 중앙으로부터 군수, 위(尉) 등의 지방장관을 임명하여 정치·군사·감찰업무를 수행하게 하였다. 중앙에는 재상(宰相)·태위(太尉)·어사(御史)의 3공(公)과 9경(卿)을 우두머리로 관리의 정치·군정·감찰의 관청이 황제의 명령에 따라 정무(政務)를 통할했다. 이것은 주왕조가 전국을 다수의 소도시 국가로 나누어 일문 일족으로 하여금 세습적으로 통치하게 하고, 그들 분가(分家)를 종가(宗家)가 가족제도적인 종교의례와 도덕률로써 통치한 소위 봉건국가였던데 반하여, 진제국은 법을 바탕으로 한 율령(律令)국가, 즉 군현제(郡縣制)국가라고 불린다. 이 개혁은 중국 역사상 최대의 정치 혁명이었다. 봉건제를 지지하는 후세의 유교학자들로부터는 사회의 도덕을 파괴한 폭정이라고 비난받게 되었지만, 현중국 당국은 혁명 후에 중국사회에 진보를 가져왔고 민족 의식을 각성 및 고취시킨 영웅으로서 진시황을 높이 평가하였다.

전국시대는 7대 강국이 각각 독자적인 법률, 다른 문자, 다른 화폐를 사용했을 뿐만 아니라 도량형의 단위도 달랐다. 진시황은 천하를 통일하자마자 곧 법률, 문자, 화폐, 도량형을 획일화하는 조치를 취하였다. 당연한 정책이라고 말할 수 있지만, 단시일 내에 실행에 옮긴 것은, 적극적인 정신이 강하고 정력적인 정치가였던 진시황의 개인적인 힘에 의한 점이 많았다. 그는 국내에서 절대군주인 자기에게 대항하고 그의 권위를 꺾으려는 반란이 일어나는 것을 극도로 경계하였다. 이리하여 국내의 금속무기를 모아 폐훼(廢毀)하여 그 지금(地金)으로 12개의 거대한 동상, 즉 금인(金人)을 주조하였다. 구(舊) 6개국 도시에 살고있던 재산가와 호족을 수도 감양(感陽)에 이주시킴으로써, 선진(先進) 동방 6개국의 부력(富力)을 꺾고 중앙의 경제를 충실화했다.

서주(西周)말경부터 춘추시대에 걸쳐 주왕조의 통제가 약화되면서 많은 나라들이 서로 대립 항쟁하는 틈을 타, 북방의 융적(戎狄) 등 미개부족이 줄곧 중국 본부에 침입해왔다. 전국시대 초기에 소도시국가를 병합하여 7개강국이 형성되면서 각국은 이민족을 격퇴하고, 북변에 식민지를 만들어 그 경계를 넓혔고, 장성(長城)을 구축하여 방비체제를 정비하였다. 중원에 진제국이 성립되자, 그 작용은 북쪽의 몽골초원에서 방목하는 부족에게도 충격을 주었는데, 이리하여 분열되어 있던 몽골의 제부족도 연합하여, 흉노민족을 결성하고 흉노어(匈奴語)로 천자(天子)를 의미하는 선우(單于)를 추대하고 진에 대항하게 되었다. 그들은 황하를 건너 남하하여 산서성 오르도스 지방에까지 침입해왔다.

시황제는 노장군 몽념(蒙恬)에게 명하여 장자인 부소(扶蘇)를 받들고 흉노를 격퇴시킨 다음, 구6국이 쌓은 장성(長城)을 보수 및 연결하여, 동쪽으로는 요동(遼東)지방으로부터 서쪽으로는 감숙성 민현(岷縣)에 있는 임조(臨洮)까지 장장 5000여리 사이에 산을 넘고 계곡을 건너 만리장성을 구축하였다.

만리장성(萬里長城)

이 장성은 당초는 흙벽돌로 쌓은 낮은 토성에 지나지 않았지만, 시대가 지남에 따라 손을 가해 오던 중, 명대(明代)에 이르러 벽돌로 만든 당당한 지금의 만리장성이 완성된 것이다. 진대의 장성은 현재에 비하면 변변치 않은 것이었지만, 이 장성의 선(線)은 중국민족과 북방민족 거주지역의 경계를 만들어 낸 영웅이었던 것이다.

양자강 유역과 그 남쪽의 주강(珠江) 유역인 현재의 화중·화남 지방에는, 선사시대부터 중국민족과 같은 의관(衣冠)을 하지 않았고, 머리는 다듬지 않은 채 난발로 두었으며, 몸에는 문신을 한 야만족이 살고 있었다. 선사시대부터 역사적 왕조인 은·주 2개 왕조시대에 걸쳐, 인문도기(印文陶器)라는 특수 토기의 문화를 가진 민족이 양자강 하류 우안지대(右岸地帶)에 퍼져 있었다는 것이, 고고학적 발굴에 의하여 확인됐다는 것은 앞에서 이야기하였지만, 이것은 이 미개민족의 거주 지역에 해당된다.

춘추시대 초기무렵, 양자강 중류의 초(楚)가 남쪽 만족의 대표로서 중원에 진출하였지만, 춘추시대 말에는 소주(蘇州)지방의 오(吳)나라가 일어났고 이어서 절강(浙江)지방의 월(越)이 융흥하여 오나라를 대신해서 전국시대 초기의 패자가 되었다. 월이 패권을 잃게된 후, 월민족은 동월(東越), 민월(閩

越), 남월(南越) 등으로 분열되었다. 그중 안남(安南) 지방의 남월이 가장 세력이 강하여 진(秦)제국에 대해서도 독립성을 유지하고 있었다. 시황제는 토벌군을 이끌고 오령(五嶺;호남성―광동성 경계에 있는 5대산)을 넘어 남진하여, 주강유역에서 안남지방까지 평정하고, 군현제를 여기까지 넓혔다. 서주 초기 융성하였던 시대에 비해 1.5배에 달하는 광대한 중국민족의 거주영역을 확장한 것은, 진시황의 영원히 남는 위대한 업적이었다.

좋은 쇠는 못이 되지 않고, 좋은 사람은 군인이 되지 않는다.

농업을 중요 생업으로 하는 중국민족은, 원래 전쟁을 좋아하는 국민이 아니라, 평화를 애호하는 민족이다. 최고(最古)의 문학인 주(周)의 시(詩)속에는, 고향으로부터 멀리 떨어진 전쟁터로 종군하는 병사와 군부(軍夫)의 비참한 경우를 노래한 작품이 꽤 많다. 서민의 소리를 대변한 반전(反戰) 문학은, 당대(唐代)의 시에도 다수 남아있다. 양질의 철은 못으로 사용되지 않는다. 못으로 되는 것은 파철이다. 인간도 가장 쓰레기 같은 사람만이 군인이 된다는 중국속담에, 이런 반군(反軍) 사상을 잘 나타내고 있다. 농민이 품고 있는 바 평화를 사랑하는 소박한 기대는 유교교육을 받은 관료에 의한 문치정부(文治政府) 즉, 유교적 관료국가 성립의 한 원인으로 된 동시에 이 문치정부의 조직 속에서, 군인에 대한 유교적인 관료의 상위성(上位性)이 확고한 전통으로서 계승되기에 이르렀다. 이 평화사상에도 불구하고 강대한 이민족의 침략이나 정복과 같은 위기에 직면하여, 일단 민족의식이 눈을 뜨게되면, 중국민족은 중일전쟁(中日戰爭)에서 보였듯이 끈질긴 저항과 격심한 적개심을 발휘한다. 한(漢)민족으로부터 나온 왕조의 대개는 넓은 영토 보존에만 그치고, 국외에 대하여 침략 정책을 추구한 경우는 많지가 않았다. 그러나 진시황(秦始皇), 한무제(漢武帝), 수양제(隨煬帝), 당태종(唐太宗)과 같이 내란 후에 대통일제국을 건설했을 때는, 프랑스 혁명 후의 나폴레옹처럼 강력한 국외침략으로 나간 경우도 있었다는 것을 잊지 말아야 한다. 이 농업민으로서 또 인구 증식력에 강한 중국민족의 발전 방향은, 진시황의 만리장성과 같이, 북방 유목민족에 대해서는 수세를 취하였지만, 남방의 수전 경작민인 월(越) 민족(지금의 인도차이나 민족의 조상)에 대해서는, 대수로운 저항과 반격을 받지 않은 채 침입하여, 평화적으로 그들을 동화시켜 식민통치를 계속하였다. 역사시대의 중국민족은 북으로부터 남쪽을 향하여 개척을 계속한 결과, 광동(廣東), 광서(廣西), 인도차이나 반도까지 전진하였고, 더 나아가 해상으로 발전하여, 말레이 반도, 인도네시아 제도에, 화교로서 진출하더니 끝내는 아메리카에까지 이민하게 되었다.

　진시황의 흉노(匈奴)정벌, 장성(長城)의 수축과 안남(安南)진출은, 다수의 백성을 강제 징용함으로써 꽤 많은 불평을 샀다고는 하지만, 중국민족의 역사적 발전에 대한 기본 노선을 확정지었다는 점에서는, 영원히 그 가치를 잃지 않는다. 또한 국내에 대한 대토목공사, 특히 순수용(巡狩用) 넓은 도로를 만들어, 사방으로 순행하면서 돌아다닌 것도 로마의 군용도로와 같이 대제국 통치에 따른 필요한 정책이었다. 될 수 있는 한 백성에게 불필요한 부담을 주지 않는 것을 정치신조로 삼은 후세의 유교학자들은 한결같이 진시황제의 사치성(奢侈性)을 비난 공격하고 있지만, 어쩌면 이것도 실제 정치를 알지 못하고 역사적인 시야로 사물을 보지 못한 관념론적인 유교학자의 편견이라고 말할 수 있을는지 모른다.

　시황제가 수도 함양(咸陽)에 1만명을 수용할 수 있는 아방궁(阿房宮)이라는 대궁전을 건축한 것까지는 중앙집권 국가의 필요에 부응하는 것이었지만, 더 나아가 별궁(別宮)을 각지에 조영(造營)했을 뿐만 아니라 대지하궁전을 포함한 왕릉을 여산(驪山)에 건설한 것은, 사실 도를 넘어선 사치였다. 이 왕릉 토목공사에 동원된 농민이 진제국을 무너뜨리는 농민반란의 원동력으로 변한 것은 아이러니컬한 역사의 재판이었다.

　황제의 이런 절대권력의 지나친 행사는, 끝으로 사상통일을 위하여 민간이 서적을 보관 및 휴대하는 것을 금하고, 또 이것을 태워버렸을 뿐만 아니라, 심지어 유교학자를 생매장하여 죽인데서 최고조에 달하였다.

　진제국은 통상 법가사상에 바탕을 둔 법률일변도(法律一邊倒)의 통치를 했다고 인식되고 있다. 그러나 실체(實體)는 결코 단순한 것이 아니어서, 전국시대의 다양한 사상을 진나라가 꽤 많이 흡수하고 있었음을 보여주고 있다. 시황제 초기에 재상으로서 크게 세위(勢威)를 떨치던 여불위(呂不韋)가, 권력과 재력으로 여러 나라에서 모아들인 학자를 결집하여 『여씨춘추(呂氏春秋)』를 만들게 한 것이 그 예이다. 시황제의 천하통치 이념에는, 백성의 도덕성을 높이고 문화를 향상시키려는 의도도 포함되어 있었다. 이런 훌륭한 의지까지도 무시하고, 진나라의 허점을 엿보고 있던 6국의 망명귀족들에게 좋은 꼬투리를 제공하는 사건이 일어났다.

아방궁(阿房宮)터

진시황(秦始皇)이 조영한 대토목공사 중에서 현재 알아 볼 수 있는 곳은, 여산릉(驪山陵)과 아방궁터이다. 350m 사방에 높이 50m나 되는 능의 규모는 한 대(漢代) 왕릉 중에는 이것을 능가하는 것도 있지만, 사후에도 생전의 생활과 똑같은 영화를 향수하도록 가장 좋은 모든 집기가 갖추어진 무덤 안은, 흡사 대지하궁전을 방불하게 하는 바, 그곳의 호사성은 세상사람들의 이야기꺼리로 되었다. 아방궁의 기초는 지금도 남아있다. 동서로 70m, 남북이 150m이고 남면(南面)한 옥좌(玉座)를 정점으로 한 대스타디움과 같은 궁전으로서 높이가 7m에 무려 1만여 명이 앉을 수 있는 곳이라고 한다.

중국 최초의 위대한 제왕인 시황제가, 역사상 폭군으로서 영대(永代)에 걸쳐 씻을 수 없는 오명을 남기게 된 것은, 극단적인 사상탄압정책이다. 전국시대의 기풍을 이어 받아 현세에서의 욕망을 끊임없이 추구하는 황제는, 쇠퇴해가는 자신의 육체를 의식함과 동시에, 영원히 번영하는 진제국과 같이 살고 싶다는 강렬한 소망을 갖게 되었다. 산동반도의 방사(方士), 즉 마술사의 말을 믿고, 해상에 산다는 선인(仙人)으로부터 불로장생의 선약을 구하기 위해 대선단(大船團)을 파견하였지만 결국 실패로 돌아갔다.

이 방사(方士)와 한 무리가 되었던 유교학자 가운데는 이 실패를 감추기 위하여 제(帝)의 전제주의를 비난한 사람이 있었다. 격노한 시황제는 이 460명의 유교학자들을 생매장해 버렸다.

원래 동방의 유교학자 사이에는, 진의 중앙집권정책을 도시국가 연맹의

낭야산(琅邪山)의 비석

진시황(秦始皇)은 만년에 전국시대 말기부터 유행하던 신선(神仙)의 사상에 개료되어, 불로장생하는 영약을 구하기 위하여 서복(徐福)에게 명령하여, 그런 영약을 구하고자 대선단(大船團)을 동해 바다로 내보냈다. 서복은 신선이 산다는 봉래산(蓬萊山)있는 섬이 지금의 한국이라 생각하고 한반도를 목표로 항해한 모양이다. 그런데 이 대선단의 기지가 산동반도 내 청도(靑島) 가까이에 있는 낭야대(狼邪臺)였다고 한다. 당시 진시황은 국내 여러 곳을 순수(巡狩)하면서, 태산(泰山)과 같은 명산에는 자기의 위대한 공적을 백성들에게 선전하고 또 후세에 길이 남기기 위하여 비석을 세웠던 것이다. 태산에 세운 비석에는 대부분의 글자가 마모되고 현재 불과 14만이 남아 있다고 한다. 그러나 낭야대에 세운 비석은 청조(淸朝) 말기까지 어느 정도 완전한 형태로 남아 있었다. 현재 보전되고 있는 이 비석에 쓰인 서체(書體)는 재상 이사(李斯)가 정했다는 대전(大篆)이다. 자기 이름을 후세에 길이 전하면서, 문화적으로도 영원히 살려는 중국인 특유의 영생사상(永生思想)의 최초 표현이다. 이것이 효시가 되어 한대(漢代) 이후에는 비석을 세우는 일이 크게 성행하게 되었다.

장으로서 각국에 자치를 허락했던 주대(周代)의 소위 봉건국가와는 전혀 반대되는, 법에 의한 강력한 통치제도라 하여 반대한 사람들이 적지 않았다. 시황제는 이설(異說)을 없애기 위하여 정부의 박사가 관할하는 전적(典籍) 이외에, 민간에서 유교나 제자백가의 책을 소지하는 것을 금지하고, 그 모두를 압수하여 30일간이나 태워버렸고, 유교의 설(說)을 길가에서 연설하는 사람은 사형에 처한다는 엄명을 내렸다. 이것이 「분서갱유(焚書坑儒)」라 하여 한 대(漢代) 이후의 유교학자로부터 심한 비평을 받게 되었다.

시황제는 독재자로서 자기에게 대항하는 권력 소유자의 출현을 극력 배제하였는데, 그는 이 때문에 태자를 책봉하는 일조차 좋아하지 않았다. 그러자 그가 동방을 순수하는 도중에 그만 급사하게 되자, 제위계승문제가 불씨가 되어 위기가 찾아들면서, 이 대제국 붕괴의 날을 재촉한 것이다. 불과 37년으로 끝나는 진 제국의 창시자 시황제는, 다소간의 지나침은 있었지만, 중국에 최초의 통일을 가져왔고 외적을 물리쳐 중국민족의 국경을 확립하였고, 관료제 국가의 조직을 만든 공적은 결코 적지가 않다. 진의 국위는 외국에도 영향을 미쳐 인도인, 서양인이 중국을 치나(Cina, Sin, Thin)라고 부르는 명칭도 진(gin)이 어원으로 되어 있다.

2. 진제국의 붕괴와 내전

시황제가 남몰래 마음속에서 태자로 결정하고 있던 큰아들 부소(扶蘇)는, 현명하고 또 아버지와도 달라서 자애심이 많은 성격이었지만, 흉노(匈奴)의 침입에 대비하여 북변(北邊)에 주둔하고 있었다. 환관(宦官)들은 시황제의 유조(遺詔)라고 속여 그에게 사죄(死罪)를 명령하고, 평범한 둘째 아들인 호해(胡亥)를 2대 황제로 즉위시켰다. 시황의 죽음이 알려지자, 외정(外征)이나 토목공사를 위하여 고향에서 떨어져 먼 나라에 부역으로 보내져있던 백성들 사이에, 마음속 깊이 감춰졌던 불만이 일시에 폭발하여, 기원전 209년, 회수(淮水) 유역의 옛 초(楚)나라 구역 내 농민들이 대반란을 일으켰다. 주모자는 토목공사에 동원되어 상경하던 날품팔이 농민인 진승(陳勝, B.C. ?~208)

과 오광(吳廣)이었다. 진의 법률은 매우 엄격하여, 기한 내에 조금이라도 늦어진 백성은 사형에 처하였다. 폭우를 만나 기한 내에 오지 못했던 그들은 죽을 수는 없다고 반기를 올린 것이다.

왕후장상(王侯將相)의 씨가 따로 있는 것이 아니다.

이 말은 진승(陳勝)이 군사를 일으킬 때 대중에게 호소한 유명한 문구다. 그는 말하기를 일단 남아 대장부로 태어나 똑같은 죽음을 당한다면 큰 일을 한번 해보는만 못하다고 하면서 「왕·제후·대장·재상할 것 없이 모두가 우리가 똑같은 사람임에 틀림없지 않은가」라고 외쳤다(『十八史略』 「秦」에 쓰여있는 원문은 「王侯將相 寧有種乎」이다). 진승은 어릴 때부터 큰 뜻을 품고 있었다. 친구들이 가난뱅이 주제에 큰 소리치는 것을 비웃자 「제비나 참새 따위가 어찌 대붕 같은 큰 새의 뜻을 알겠느냐(燕雀安知 鵬鵠之志)」고 말하면서, 진승은 그들을 상대조차 하지 않았다는 일화도 있다. 진승·오광의 봉기는 중국 역사상 농민전쟁의 효시라고 한다. 교육도 변변히 받지 못한 농민들까지도 이처럼 뜻밖일만큼 인간평등의 의식을 가졌으며, 전제주의 정부를 타도하려는 정치적·사회적 혁명을 기도했다는 것은, 중국농민이 가진 특유한 성격의 표현이다. 이런 전통은 중국 역사를 통하여 쇠퇴하지 않았고, 중국농민의 정치의식을 가진 대규모적인 무장반란이 가끔 강력한 절대군주의 왕조를 무너뜨리는 혁명의 원인이 되었다.

진승·오광의 난은 곧 전국에 파급되어, 가는 곳마다에서 진제국의 지방장관과 경비군을 도살하고, 수10만의 대 병력으로 팽창하면서 진의 수도 함양(咸陽)으로 육박하였다. 별로 배우지 못한 지도자들에 의하여 지휘되며 또 조직도 정비되지 못한 농민군은 진의 명장군이 지위하는 군대와 맞부딪치자 비참한 패전을 겪고 사방팔방으로 흩어지고 말았다. 농민군은 비록 패배했지만, 진에 반감을 품었던 6개국의 구 귀족들이 이에 호응하여 각지에서 기병(起兵)하였다. 그중 가장 강력한 것이 구 초나라 장군의 아들인 항우(項羽)와 자작농 출신의 유방(劉邦)이다. 항우는 구군인의 용장이지만 정치·외교면에서 무능했다. 유방은 그다지 교육은 받지 못했지만 성격이 너그럽고, 지식인을 참모로 삼아 그의 의견을 잘 받아들였고, 구군인을 장군으로 발탁하여 자유롭게 그의 재능을 발휘하게 하였다. 항우는 진군(秦軍)을 정면공격하여 대전과를 올렸지만, 무모하고 또 부하의 약탈을 제지하지 못했고 진의 항복한 군인을 대량으로 학살하였기 때문에 인망(人望)을 잃었다. 이에 반하여 유방은 군사(軍師) 장량(張良)들의 충고를 받아들여 부하를 잘 통제하여 서쪽의 샛길로부터 진국의 관중(關中)에 들어가, 드디어 진의 3세 황제를 먼저 항복시켰다.

한발 늦게 입관(入關)한 항우의 병력은 유방의 군을 압도했고, 홍문(鴻門)의 회견에서는 유방을 죽이는데 실패했지만, 서초(西楚)의 패왕으로서 일시 주도권을 잡았었다. 항우는 진3세 황제를 죽이고, 반란에 합세한 열국의 말손(末孫) 등을 각국 왕으로 세웠는데, 이때 유방을 서남쪽 사천성에 인접한 한중(漢中) 분지의 국왕으로 임명함으로써, 그를 이곳에 가두어두려고 하였다.

유방은 5년동안, 한중에서 자복(雌伏)하는 동안, 인색한 항우의 논공행상(論功行賞)에 불복하는 여러 나라와 통모하여, 기회를 엿보아 동진(東進)하여 진의 구 영토를 손에 넣고, 항우와 동서로 대립하여 대격전을 전개하였다. 장량(張良)의 지모(智謀)와 한신(韓信)의 용병(用兵) 그리고 소하(蕭何)의 후방으로부터의 보급에 의하여 한군(漢軍)의 사기는 날로 올라가는데 반하여, 병참(兵站) 유지에 고민하였지만 그래도 황우와 그의 초군은 각지에 전전(轉戰)하여 가는 곳마다에서 승리를 거두면서도, 끝내 해하(垓下)의 결전에서 대패하여 항우는 자살하였다. 기원전 202년, 유방은 추대되어 한고조(漢高祖)로서 진국의 강역(疆域)을 이어받아 한(漢)제국을 창시하게 되었다.

항우와 유방

출생도 성격도 전혀 대조적인 두 영웅의 투쟁은, 한(漢)의 대역사가 사마천(司馬遷)의 명문장에 의해 『사기(史記)』 속에 잘 그려져 있다. 특히 유방이 장량의 계략과 번쾌(樊噲)의 용기에 의하여 생명을 부지한 홍문에서의 회견의 극적인 장면과, 해하의 결전에서 아름다운 우희(虞姬)와 사별하고 끝내 자살하는 용장 항우의 최후는, 중국 역사문학의 걸작이라고 일컬어진다. 중국이라는 지형변화가 심한 대륙에서, 서로 세력이 대등한 양자가 전개한 전투는, 이윽고 지구전이 되면서 정치적으로 백성의 인심을 얻는 쪽이 승리를 차지한다는 실례를 잘 말해주고 있다.

제 7 장 왕조국가 원형의 탄생
― 두 한(漢)제국의 역사적 운명

1. 중국적 전제군주의 이상상(理想像) ― 한고조

중국 최초의 통일제국을 만든 진시황의 공적은 물론 위대하다. 그러나 진나라가 겨우 15년의 수명밖에 유지할 수 없었던 것은, 정치가로서의 시황제의 가치를 상당히 저하시킨다.

왕자로 태어난 진시황과는 달리, 일개 무명의 농민가정에서 태어나 진(秦)·초(楚)를 무너뜨리고 전한(前漢)제국 207년, 후한(後漢)제국 195년, 합계 402년에 걸쳐 중국 최장기 왕조의 개조(開祖)로 된 한나라 고조(高祖, 재위 B.C. 202~195)의 정치가로서의 자질은, 결과론적으로도 시황제보다 우수하다고 평가할 수 있다.

진 이후 2112년에 걸치는 중국의 역사적 왕조들 중에서, 상당히 장기에 걸쳐 전국을 확실하게 지배한 왕조는 618년으로부터 907년까지 289년간의 당조(唐朝), 1616년으로부터 1911년까지 295년간의 청(淸), 1368년으로부터 1644년까지 267년간의 명(明), 960년으로부터 1127년까지 167년간의 북송(北宋), 1260년으로부터 1367년까지 107년간의 원(元), 265년으로부터 316년까지 51년간의 서진(西晉)왕조 밖에 없다.

장기왕조(長期王朝)

서진왕조(西晉王朝)는 A.D. 316년에 화북(華北) 지방을 잃은 후, 양자강 유역의 남경(南京)으로 옮겨 동진(東晉)왕조로서 419년까지 존속된다. 북송(北宋)왕조도 1127년 강남(江南)으로 이동한 후 1279년 원(元)에 의하여 멸망하게 될 때까지 남송(南宋)왕조로서 남아있었다.

장기왕조의 창업군주 중 명(明)의 태조(太祖) 주원장(朱元璋)은, 가난한 탁발승 출신이기 때문에 낮은 신분의 출신임에도 불구하고 지식계급에 속했다는 점에서는, 무학(無學)인 한고조(漢高祖)보다는 유식하였다. 그 외의 다른 여러 황제는 모두 정도의 차이는 있어도 중국의 귀족, 내지 삭외(塞外) 부족 중의 명문가족(名門家族)으로 태어났다. 도수공권(徒手空拳)으로 천하의 주인이 된 고조의 출세이야기는, 한편의 드라마와도 같다. 청년시절까지도 교육이라는 것은 전혀 받지 못했던 고조 유방도, 태어난 그대로의 대담성에 더하여 장량(張良), 한신(韓信), 소하(蕭何)의 3걸(三桀)을 비롯하여 구름과 같은 명장·명신들, 그리고 모든 재능있는 사람들의 의견을 받아들였고, 또 자유로이 자기들의 실력을 발휘하게 하여 천하를 통일한 것은, 참으로 훌륭한 리더십이라 말하지 않을 수 없다.

통일을 달성할 때까지 고조는 자기가 놓인 역사적·사회적 상황하에서, 군사정치공작을 유능한 장상(將相)들에게 거의 전권을 위임하고 있었지만, 일단 권력을 손에 넣고 나서는, 이 정치적 권력을 자기 집안에 영구히 확보하기 위하여 그것을 위협할 수 있는 경쟁자인 모든 유능한 장군들을 제왕(諸王)으로 책봉하였고 또 약간의 실수나 반역의 기미라도 보이면, 금방 자신이 진두(陣頭)에 나서 군대를 지휘하여 그것을 토벌하였다. 명장 한신(韓信)을 시작으로 유명한 맹장들을 불과 5년 사이에 모조리 처분하고, 그대신 유씨(劉氏) 일족을 제왕으로 세웠다. 사실 고조는 창업의 주인으로서, 동시에 수성(守成)의 주인공으로서도 적격자임을 과시하였다. 관인대도(寬仁大度)의 대인(大仁)이면서도 이해득실의 계산을 조금도 잊어버리지 않았다. 공신(功臣)의 처분은 질풍의 과단성(果斷性)을 가지고 행하였지만, 그것은 정권유지에 필요하고도 충분한 정도에서 그쳤고, 결코 잔혹감을 주지 않았던 것이, 그가 중국 역사상 최대의 정치가로 평가되는 이유이다. 그야말로 태어난 그대로의 중국인의 특색을, 그의 일생을 통하여 잘 표현하고 있다.

교토사(狡兎死)하면 주구팽(走狗烹)한다.

한신(韓信)은 천하에 둘도 없는 명장이기 때문에 고조(高祖)는 그 처분에 대하여 굉장히 고심하였다. 초왕인 한신의 영내에서 몰이사냥을 할 것이라고 제왕에게 거짓 통발을 돌려 출유(出遊)하여, 한신을 진중(陣中)에 유인한 다음 포로로 해서 장안(長安)에 데려왔다. 이렇게 된 다음에야 한신은 부하로부터 모반할 것을 가끔 권고 받았으나 그에 응하지 않았던 일을 크게 후회하고 또 분해하였다. 이때 그는 이렇게 말했다. 「狡兎死 走狗烹 飛鳥盡 良弓藏, 敵國破 謀臣亡」(『十八史略』 「西漢高祖」)(사냥할 토끼가 없어지면, 지금까지 토끼를 쫓던 사냥개도 죽어서 삶아먹는다. 날으는 새가 없어지면 좋은 활은 창고 안에 넣어지고, 적국이 격멸되고 나면 모신(謀臣)도 망하고 만다). 한신은, 천하가 이미 태평세월이 되었다. 군인인 나도 이제 필요 없어졌다. 사냥개마냥 삶아 먹힐 때가 되었으니 이것도 하는 수 없는 일이 아니겠는가 라고 체념했다는 뜻이다. 이것은 전국시대에 살았던 영웅호걸들이 최후의 심경(心境)이었을 뿐만 아니라 옛 중국인의 하나의 특징적인 인생관의 표현이라고 볼 수 있다.

중국 국민은 세계역사상 가장 오래도록 고유문화의 전통을 유지해오는 민족이다. 적어도 유사시대 이래 3천년간의 역사기록을 보존하고, 국민은 복잡한 역사 경험을 끊임없이 학습해 왔다. 중국 최대의 정치가였던 한 고조는, 이 역사속에 군주의 전형(典型)으로서 그려졌고, 그의 행동은 후대 군주들에 의하여 끊임없이 모방되어 왔다. 후한조(後漢朝)를 연 광무제(光武帝), 촉한(蜀漢)의 유비(劉備), 당(唐)의 태종(太宗), 명(明)의 태조(太祖) 등은, 모두 그를 이상인물로 숭배했지만, 그들에게는 고조만큼의 자연스러운 면이 없었고 때로는 너무도 잔인성이 지나친 경향을 보였다.

한의 고조가 오랫동안 중국 군주의 전형으로 숭앙될 수 있었던 것은, 그가 시작한 한(漢)이라는 왕조가,. 그후 중국에서 흥하였다가 망하고, 또 망하였다가 흥한 여러 왕조국가의 원형이 된 것과 관련된다.

전란 후에 겨우 회복된 통일제국을 어떻게 하면 안정시킬 것인가. 그는 농민의 아들로서의 체험으로부터, 대토목공사나 외국정벌을 위한 징병·부역 등이 굉장히 무거운 부담이라는 것을 알고 있었기 때문에, 될 수 있는 한 백성에게 쓸데없는 부담을 끼치지 않도록 하였다. 전쟁에 동원된 많은 군인을 대담하게 정리하여 귀농시키는 방침을 취했는데 이것은 진말(秦末)의 대동란으로 백성은 유민화(流民化)하고 농지도 황폐화된 곳이 많았기 때문에 비교적 쉽게 달성되었다. 상업을 어느 정도까지 억제하고 농업을 보호·장려한 것도, 농업생산을 회복하는 것이 급선무였기 때문이다.

무학(無學)으로서 유교를 비롯하여 노자·장자·법가 등의 고상한 정치철학을 이해할 수 없었던 고조도, 어떤 정치사상이 실제적인 군사·정치행동에 도움이 된다는 것을 알게 되면, 주저하지 않고 실용(實用)하였다. 내전이 가라앉은 한초(漢初)의 사회를 안정시키는 것은, 군사력만으로는 안 된다는 것을 알게 되자, 유가·법가의 사상가가 바치는 정책 중 유효한 것은 서슴없이 채용하였다. 이 천성의 유연성이 그의 정치가로서의 최고의 소질이었다.

말 위에서 천하를 다스릴 수 있으랴

고조는 원래 무학(無學)이었기 때문에 유가처럼 체재(體裁)를 만들려는 학자를 매우 싫어했다. 그런 사람의 하나로서 육가(陸賈)가 『시(詩)』 『상서(尙書)』 등의 고전을 인용하여 상주(上奏)하면 「과인은 말을 타고 천하를 제패하였오. 어떠한 시서(詩書)도 도움을 받지 않았오」라고 말하였지만, 「폐하께서는 말 위에서 천하를 제패하셨는지 모르지만, 어떻게 말 위에서 천하를 다스릴 수 있겠습니까(陛下以馬上得之, 寧可以馬上治之乎)」라고 반론 당하였다. 혈기에 넘치는 무사들을 다스리는 것은 예악(禮樂) 등과 같은 문화의 힘도 중요하다는 것을 알게되자 성미로서는 싫었지만 이것을 이용하기로 고조는 마음먹었던 것이다.

가혹했던 진(秦)의 법률이 백성에게 대단히 인기가 없었기 때문에 맨 처음에 진의 수도에 입성했을 때 유방은 살인·강도 등 이외의 범죄에 대한 형법을 폐지하고, 법3장에 한정시켰던 것이다. 그렇지만 정권을 잡자 한(漢)제국의 기틀을 확립하기 위해 지난날의 진제국의 법률과 제도를 대부분 그대로 채용했고, 다만 백성의 범죄를 마구 적발하지 않도록 그것에 손질을 가하도록 하였다. 노자·장자 사상에 심취되어 무위(無爲)를 신조로 하는 조참(曹參)을 재상에 임용하고, 백성의 생활에 간섭하지 않는 자유방임 정책을 취하게 하였다. 이것은 법률을 개정하는 것보다도 그것의 운영의 묘를 기함으로써 실효를 높이는 중국 정치의 이상(理想)에 부합되는 것이었다.

한 고조의 집권당시, 몽골고원의 흉노부족이 통합되어 모돈선우(冒頓單

于) 지도하에 대세력으로 뭉쳐서 한나라 장안성이 있는 산서성 중부까지 침입해 왔다. 평화주의자인 고조도 주저하지 않고 토벌에 나섰지만, 대패하여 굴욕적인 강화를 맺지 않을 수 없었다. 그는 이것에 넌더리가 나 그후 흉노에 대해서는 소극적으로 그 침입을 방어하는데 그치고, 적극적으로 대규모 작전을 행하지 않기로 하였다. 진의 강역(疆域)은 남쪽은 안남(安南)지방까지 미쳤지만, 고조는 광동(廣東)·광서(廣西)지방에서 독립을 유지하고 있는 남월국(南越國)을 명목상의 속국(屬國)으로 하는데 그쳤다. 한 고조가 대외정책에서 이와 같이 소극적이었던 것은 진의 통일제국이 승세를 몰아 대병력을 가지고 사방으로 영토를 확장하는 정책을 실행하여 실패한 경험을 절실히 체득하고 있었기 때문에, 이런 소극책으로 시종했던 것이다. 이와 같이 대담하게 개혁을 단행한 고조의 정책은 그 당시에는 적합하였지만, 사후에 커다란 미해결 문제로 남게 되었다.

2. 유교적 관료국가의 성립

고조의 사후, 병약한 혜제(惠帝, 재위 B.C. 195~188)가 제위에 올랐지만 모후인 여후(呂后, B.C. 187~180집권)가 권력을 휘둘렀고 혜제가 조사(早死)한 후는, 연소(年少)한 제(帝)를 세워 여씨(呂氏) 일족을 제왕으로 책봉하거나 요직에 등용하여 정치를 농단하였다. 그러나 여후가 세상을 떠나면서 한의 공신들은, 고조의 황자(皇子)인 문제(文帝)를 세워 곧 정권을 탈환한 다음, 여씨의 일족을 남김 없이 멸하였다(기원전 180년).

한 고조는 진 제국이 황족(皇族)을 우대하였을 뿐 제왕(諸王)으로 봉하지 않고 전국을 일률적으로 군현제(郡縣制)로 하였기 때문에, 황제(皇帝)를 옹호하는 동족이 없어 금방 몰락했던 실패를 교훈으로, 유씨(劉氏)의 일족을 각 요지에 제왕으로 봉하여 제실(帝室)의 번병(藩屛)으로 삼았다. 이것은 모처럼 한발자국 진보했던 군현제로부터, 옛날의 봉건제로 후퇴하는 정책이었을 뿐만 아니라, 구 6개국 영토였던 제왕국도 한·초전(漢楚戰)의 전화로부터 회복하여 인구가 증대하면서 그 재력(財力)과 군사력에서 장안(長安)에 수도를 둔 한의 중앙정부를 능가하는 위세를 보이기 시작하였다.
 관인(寬仁)의 군주로서 평판은 높지만 소극적인 성격의 소지자였던 문(文帝, 재위 B.C. 180~157)는 전국시대 말의 굴원(屈原)에 버금가는 우국(憂國)의 비극적 시인으로서, 순자(荀子, B.C. 315?~236?) 계통을 잇는 유교적 정치학자인 가의(賈誼 B.C. 201~168)의 주장—진 왕조의 제도를 그대로 두지 말고, 한제국의 독자적인 제도를 창설함으로써, 제왕국을 압박하여 한제실(漢帝室)에 의한 중앙집권의 열매를 맺어야 한다—을 전면적으로 채용할 수 없었다. 다만 특별한 은혜를 베푼다는 미명하에 제왕의 자손에게 영지를 분배하여 왕으로 하는 것을 허락한 추은령(推恩令)이라는 법령은, 대국(大國)을 소국(小國)으로 분할하여 세력을 분산시키는 효과는 차츰 나타나기 시작하였다.
 문제(文帝)를 이은 경제(景帝, 재위 B.C. 157~141)는 조조(鼂錯, B.C. ?~154)의 헌책에 따라 제왕의 작은 과오를 구실 삼아 그 영지를 회수하는 노골적이고도 성급한 압박정책을 추진시켰다. 이것은 제왕(諸王)의 반감을 높여, 오(吳)·초(楚)·조(趙)·교서(膠西)·교동(膠東)·치천(菑川)·제남(濟南)의 7개국으로 하여금, 연합하여 반란을 일으켜 대군을 가지고 수도로 진격케 하였다. 이에 대하여 한의 대장군 주아부(周亞夫 B.C. ?~148)는 요새에 의지하여 지구전을 계속하면서 게릴라전으로 그들의 보급선을 끊는 작전을 전개함으로서 완전히 그들을 격퇴하였다(B.C. 154년). 이 오·초7국(吳楚七國)의 난을 평정한 후, 한은 제왕·후(侯)를 수도 장안에 주재시키고 본국에 돌아가 직접 정치를 못하게 함으로써 드디어 왕·후들로 하여금 영지에 대한 지배권을 잃게 하고, 다만 거기서 징수되는 조세수입으로 생활하도록 귀족화시켜 버렸다. 제왕·후의 명목만은 남았지만, 실질적인 봉건제후는 소멸되고, 군현제(郡縣制) 위에 선 중앙집권적인 한 제국의 행정조직이 완성되면서 정권은 완전히 안정되었다.
 경제(景帝)에 이어 19세의 젊은 한무제(漢武帝, 재위 B.C. 140~87)가 이 대제국의 황제 자리에 올랐다. 젊음의 정열이 넘친 그는 주(周)의 귀족제가 붕괴된 후, 법가사상(法家思想)을 바탕으로 만들어진 진왕조의 관료제를 그대로 받아들이면서, 한편 도가(都家)의 무위사상(無爲思想)에 입각하여 농촌, 특히 지주계급에 대한 비간섭주의를 계속 견지해온 한고조 이래의 전통적인 소극정책에는 만족하지 않았다.

전한(前漢) 초기의 정치가와 봉건귀족의 대부분은 고조를 따라서 공을 세운 군인과 그 자손이고, 그 다음에 위치하는 관료그룹은 황제를 둘러싼 시위(侍衛), 즉 낭관(郎官－郎中이라고도 하며, 尙書의 보좌관) 출신자였다. 평화스러운 세상이 되면 출세의 실마리가 되는 낭관은, 대관(大官)이 자기의 특권으로 추천한 가족, 대부호가 추천한 가족과 문사·배우(文士·俳優)와 같은 예능계 출신자에 의해 점령되었다. 관료는 구 세습귀족·재산가인 신귀족·황제 개인추천의 기능자 등으로 구성되어 있었다. 이들이 새로운 왕조의 행정관료로서 별로 적격자가 아니라는 것은 금방 알 수 있었다.

무제는 그 당시 민간에게 유행되던 태일(泰一) 등으로 칭하는 신(神)을 숭배하는 주술적(呪術的)인 신흥종교를 믿고 있었기 때문에, 일단 확립된 군사·정치적인 권력을 기초로 한 한왕조의 정권을 그 무엇인가 좀 신비스런 권위에 의하여 영구화·절대화시키려고 막연한 소원을 품고 있었다.

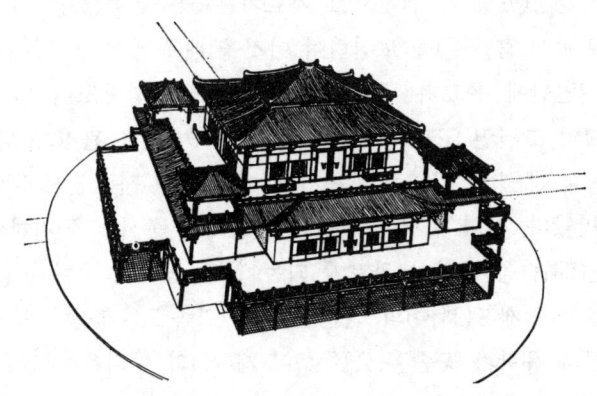

유교이념의 상징인 명당(明堂) 건축물

1957년, 섬서성 서안시(西安市) 서쪽 교외에 있는 옛 한나라 수도였던 장안성(長安城) 남쪽 교외에 해당하는 지점에서, 전한(前漢) 시대의 큰 건축물의 유적지가 발견되었다. 이것을 연구한 결과, 이곳이 한무제(漢武帝) 집권 초기에, 학자들이 중지(衆知)를 모아서 설계한 원형(原型)에 입각하여, 전한(前漢)대 말(A.D. 4)에 세워진 명당(明堂)이라는 건축물임을 알게 되었다. 여기에 게재한 그림은 현 중국학자들에 의하여 재현된 명당의 복원도이다. 「명당」이란 고대의 하(夏)·은(殷)·주(周)왕조의 제왕이 전례(典禮)를 거행하던 전당(殿堂)이었다고 한다. 이것이 한나라에 계승되어 한대의 명당은, 상원(上圓; 위가 둥글다는 뜻), 하방(下方; 아래가 네모지다는 뜻)의 9궁(宮) 12당(堂) 규모이고, 사방을 향하여 5개실(室)이 있었다고 한다. 3층 건물인 이곳 윗층에서는 하늘에 제사지내는 의식을, 아래층에서는 만조백관(滿朝百官)을 소집해서 행하는 정치적인 의식을 거행하였다고 한다. 이처럼 기이한 형태의 건축물은 천인감응론(天人感應論)을 배경으로 한, 한대 유교의 신비주의를 상징하는 것이라고 한다.

우주의 주재자(主宰者)인 하늘로부터 명을 받은 제왕(帝王)은, 하늘의 의지에 의해 지상을 지배하는 사람이기 때문에, 제왕은 인사(人事)만이 아니라 자연현상의 정상적인 운행에 대해서도 책임지고 있다. 만약에 제왕이 정치를 서툴게 하고 부도덕한 행동을 저지르면, 하늘은 재해를 내려서 경고한다. 이러한 천인감응론(天人感應論)에 입각한 동중서(董仲舒)의 유교적 국가재건론은 무제의 마음을 강하게 사로잡는 요소가 있었던 것 같다.

그는 기원전 130년에, 유교의 고전들인 시(詩)·서(書)·역(易)·예(禮)·춘추(春秋)의 5경(五經)을 전문으로 가르치는 교수관제(敎授官制)를 만들고 곧 50명의 관비생(官費生)을 모집하여 이것을 배우게 하였다. 진시황의 유교 탄압이래, 82년만에 유교가 국가정통의 학문으로 한왕조에 의하여 공인된 것이다. 유교의 고전인 5경의 학습을 마친 제자에게는 관리가 되는 길이 열렸으며, 군·국(郡國)의 장관은 매년 덕행이 뛰어난 사람을 중앙에 추천하라는 명령을 받았다. 이와 동시에 관리의 상업에의 종사를 금지하였으므로 자산가가 낭관(郎官)을 통하여 관료가 되는 길은 굉장히 좁아졌다.

종전에 재상은 제후(諸侯)의 신분을 가진 귀족출신자만이 임용되어 왔지만, 평민출신의 유학자 공손홍(公孫弘)이 제(帝)의 두터운 신임을 받아 재상에 제수된 후로는, 종래와 같은 구귀족·재산가로부터가 아니라 유교의 교양만에 의해서도 관리의 최고직에 오를 수 있도록 되었기 때문에, 정치계의 공기가 일변하였다. 야심을 품은 유능한 청년은 박사 등 유능한 교사에 붙어서 5경 학습에 전력을 쏟도록 되었다.

무제는 유교를 국가종교의 위치에 올려놓고, 전국시대에 일어났고 그때까지만 해도 유가(儒家)와 병립하여 성행하던 도가(道家)·법가(法家)·명가(名家)·묵가(墨家) 등 제자백가(諸子百家)의 다양한 사상을 통일시켜, 유교국가의 이데올로기를 만들었다. 한 무제와 유교사상과의 융화는 그 이후 2000년에 걸쳐 중국 왕조국가의 성격을 결정하게 된다. 서양의 중세 봉건제 국가에서, 정치는 기사(騎士)와 승려의 손에 의해 이루어졌다. 이것에 대응하는 중국의 왕조국가, 다시 말하면 율령국가(律令國家)의 정치는 기본적으로 군인이 아니라 유교적 교양을 받은 문관의 손에 의해 이루어졌던 것이다.

늙은 유학자 복생(伏生)의 서경(書經)강독

사천성 성도(成都) 시외에서 얼마 전에 발굴된, 후한(後漢)시대의 전(塼), 즉 벽돌로 만든 고분벽에 선각(線刻)한 벽화(壁畵)인데, 이런 벽돌을 화상전(華象塼)이라고 한다. 그림 왼쪽 단상의 노인은 진(秦)대부터 살아남은 노박사 복생(伏生)이 서경(西經)을 막 강독(講讀)하려는 장면을 묘사한 것이다. 복생의 왼쪽에는 서경 본문을 쓴 죽간(竹簡) 또는 목간(木簡), 즉 대나무나 나무판자를 엮어 두루마리로 만든 것을 손에 바쳐든 시자(侍者)가 앉아 있다. 오른 쪽에는 젊은 제자들이 나이 순서로 앉아서 노스승에게 문안 드리고, 이제부터 막 강의를 들으려는 순간을 보여주고 있다. 한나라 때 서당에서의 교육이 어떤 것인가를 알 수 있는 그림이다.

3. 한 제국의 대외발전

국내 정치체제를 정비한 한 무제는 눈을 국외로 돌려, 그의 웅재대략(雄材大略)을 여기서 발휘하게 된다. 중국을 둘러싼 동아시아의 제민족 중에서 가장 강대한 것은 북방 몽골고원에 본거를 둔 흉노였다.

원래 중국 북변과 접한 몽골고원은, 투르키스탄을 서쪽으로 횡단하여 남러시아-헝가리에 이르며, 또 남쪽으로는 이란-아라비아 고원을 넘어 아프리카 사막까지, 유라시아 대륙을 관통하여 한 면이 넓게 연결된 초원·사막지대의 동단(東端)을 이루는 곳이다. 이 지대에는 신석기시대이래, 수렵·목축을 경영하는 민족이, 잡은 짐승들의 가죽 따위를 벗기는데 사용한 소형의 타제석기(打製石器), 소위 세석기(細石器)문화의 보유자로서 분포되어 있었다.

기원전 8세기말경, 서쪽의 남러시아 초원에서 기마전사(騎馬戰士)에 통솔된 유목민족의 이란계 스키타이족이 일어났다. 이 기마민족의 영향은, 유라시아 대륙의 초원사막을 수초(水草)를 따라서 이동하는 제유목민족에 의해 동방으로 전파되었다. 기원전 4세기말경에 한(漢)민족은, 화북지역을 점거하고 있던 융적(戎狄) 등 이민족을 쫓아내고, 내몽골과 접하는 지대에까지 진출함으로써, 비로소 몽골고원의 흉노민족과 만나게 되었다. 흉노는 서쪽의 스키타이족으로부터, 기마술(騎馬術)과 그것에 수반된 청동제 마구(馬具)와 병기를 도입하였고, 한어(漢語)로 천자(天子)에 해당되는 선우(單于, Chan-gu)를 세워, 전국말기 특히 진나라와 대립하는 강대한 민족으로 되었다. 진에 의한 중국의 통일, 다수의 농민을 바탕으로 한 강대한 한족국가(漢族國家)의 성립은, 중국 북쪽에 가로놓인 사막과 초원에 살면서, 주로 유목에 종사하는 제부족군(諸部族群)으로 하여금 민족의식을 높여, 부족연합으로부터 한민족에 대항하는 국가로까지 성장시켰다. 진시황제의 장성(長城) 축성은, 농민인 한민족의 거주공간을 설정하고, 유목민족과의 경계를 구획함으로써, 남쪽의 온난하고 물자가 풍부한 중국의 평원을 향하여 유목민족이 기마로

제7장 왕조국가 원형의 탄생 — 두 한제국의 역사적 운명   **149**

남하하는 것을 막았다. 진·한 제국의 붕괴, 초·한 내전의 틈을 타고, 흉노는 급격히 세력을 회복하였다.

　모돈(冒頓)선우 밑에서 제부족은 대동단결하여, 동쪽의 동호(東胡), 서쪽의 월지(月氏, Yuezhi) 등 흉노와 똑같이 유목을 업으로 하는 이민족을 격파하고 전몽골을 지배한 다음, 장성을 넘어 산서(山西)·섬서(陝西) 북부지방 깊숙이 침입하여 살육(殺戮)을 제멋대로 자행하였다. 한 고조는 통일의 여세를 몰아 북정하였지만, 산서대동(山西大同) 부근의 평성(平城)에서 겨우 자기 한몸만 건져 도망쳐 나오는 대패를 맛보았다. 이에 넌더리가 난 고조는 화친정책을 취하여 황실의 딸을 선우(單于)에게 시집가게 하고, 매년 많은 명주와 식량을 보내어 그의 환심을 샀지만, 흉노는 진공(進攻)의 손을 늦추지 않고 수도 장안의 교외까지 약탈의 재앙을 가져다주는 형편이었다.

　무제가 즉위한지 8년이 되는 기원전 133년, 흉노를 유인하여 복병(伏兵)으로 포위하는 모략에 실패한 후, 한·흉노의 화친관계가 끊기자 기원전 129년부터 119년에 걸친 10년간의 긴 전쟁이 시작되었다. 기원전 127년에는 장군 위청(衛靑)이 황하의 오르도스에서 흉노의 대군을 격파하여 진의 구 장성내 실지(失地)를 회복하면서 장안에 대한 흉노의 위협을 제거했다.

　흉노의 강력한 군사력은 대기병부대의 기동력을 믿고 각처에 불의 출격하는데 있었지만, 보병을 포함한 전체병력과 무기의 정교성에서는 한군이 오히려 우수하였다. 무제는 화북일대에 목장을 개설하고 군마를 키워서, 흉노에 대항할 수 있는 기병부대를 양성하여, 공격전으로 전환하게 되었다. 기원전 121년에는 젊은 명장 곽거병(霍去病)이 기병을 이끌고 서쪽의 감숙성(甘肅省)으로부터 서북방 장성 밖으로 나가 흉노 영내 깊숙이 출격하여 기련산(祁蓮山)(甘肅省 張掖縣 서남쪽)에서 흉노에게 대승을 거두었다. 이 방면을 지배하던 흉노의 곤야왕(昆邪王)이 4만명을 데리고, 한무제에게 항복하자, 한은 여기에 무위(武威)·주천(酒泉)의 2개군(郡)을 두었다. 중국쪽에서 보면 황하상류에서도 서쪽에 위치하기 때문에, 후에 나누어진 장액(張掖)·돈황(敦煌)을 합쳐서 하서(河西)의 4군이라고 칭한다. 여기는 흉노가 서남쪽의 청해·티벳지방에 사는 강족(羌族)을 지배하던 중요한 거점이었기 때문에,

이곳을 한에게 빼앗긴 것은 이들 민족으로부터의 조공물의 재원(財源)을 잃은 것이 되어, 경제적으로도 큰 타격을 받는 것이 되었다. 당시는 아직 이런 실정을 모르던 한왕조는 단지 서북변경으로부터의 흉노의 침입을 면하게 된 것을 기뻐하는데 그쳤다.

기원전 119년에는 흉노와 한 사이에 최대의 큰 전투가 있었다. 한은 흉노의 예상을 뒤엎고 단번에 고비사막을 지나 흉노의 본거지를 격파할 계획을 세웠고, 한편 흉노는 또한 한을 유인하여 깊은 오지에서 이들을 기다리고 있다가 격멸하려고 준비하였다. 무제는 기병 10만, 여기에 따르는 사병(士兵) 14만과, 이것에 상응한 보급부대를 합하여, 대군을 대장군 위청(衛靑), 표기(驃騎)장군 곽거병의 2군으로 나누어서 출전시켰다. 위청이 흉노의 선우(單于) 본거지를 포위 공격하자, 선우는 겨우 몸만 빼어 도망갔고, 곽거병도 흉노의 좌왕(左王)을 고전 끝에 격파했다. 흉노 쪽의 전사자 및 포로가 9만명에 달하여 한의 대승이긴 하였지만, 한의 전사자도 수만명에 이르렀고, 특히 군마가 죽은 것이 10여만필이라는 피해는 매우 큰 것이었다. 이로써 흉노의 세력도 고비사막 남쪽에는 그 영향을 미치지 못하게 되었지만, 한군도 재차 대군을 가지고 공격을 가하는 것은 불가능하게 되었다. 이후 기원전 103년까지 16년간은 두드러진 전쟁이 없었다.

긴 전국시대를 이어받은 한왕조의 군사과학기술과 조직은, 주위의 이민족을 훨씬 능가하였다. 군사훈련도 앞서거니와 전한(前漢)사람들이 일반적으로 호방하고 용기 있으며 또 뛰어난 군인적 소질을 가졌던 것도 이런 대승을 거둔 원인이었다.

흉노의 인종(人種)은 분명하지가 않지만, 알타이어족(語族)에 속하는 언어를 사용하는 유목민족이었다. 유라시아 대륙을 횡단하는 대초원 사막지대의 민족은, 언제나 유동하였으므로 어느 부족이 유력해져 강대한 민족으로 형성되면 그 세력은 곧 넓은 지역으로 퍼져 나갔다. 동(東) 투르키스탄지방의 여러 나라를 흉노가 속국(屬國)으로 두었던 것은 그런 것의 한 표현이다.

흉노의 서쪽 이웃인 감숙성 서부에 살던 월지(月氏)가 흉노에 쫓겨서 신강성 이리강 유역을 점거하고 있었다. 한무제는 즉위한 초기에, 이 월지부족

제7장 왕조국가 원형의 탄생 — 두 한제국의 역사적 운명 **151**

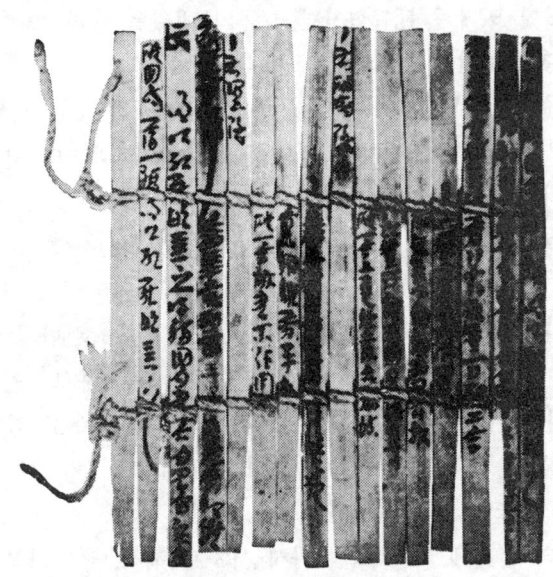

거연(居延)의 둔전유적지에서 발견된 목간문서

하서(河西)지방의 오르도스 지대와 가순 놀(居延海)로 통하는 오아시아 지대에 놓인 한나라 둔전병(屯田兵)의 거점이던 유적지가 슈타인, 헤딘 등의 탐험대에 의하여 조사·발굴되었다. 당시 흉노기병대의 출현을 중앙에 신속히 보고하기 위하여 배치됐던 봉화대의 유적지에서, 둔전(屯田)의 실상을 말해주는 다량의 죽간·목간 문서가 발견됨으로써 한대(漢代)의 군사제도는 물론, 사회경제생활의 중요기록을 제공받게 되었다. 그림은 거연(居延)에서 출토된 목간 두루마리 문서이다.

과 결탁하여 흉노와 맞서고자 장건(張騫, B.C. ?~113)을 사자(使者)로 파견하였다. 그는 만리장성의 북쪽으로 나가, 흉노의 세력권 안에 들어가자마자 곧 붙잡히고 말았다. 10년 남짓 잡혀서 구류되어 있던 중 도망하여, 서(西)투르키스탄의 페르가나 지방에 있는 대원국(大宛國)을 걸쳐 겨우 월지국에 도달하였다. 월지는 이리 지방에서 주위의 오손(烏孫) 민족 등의 압박을 받아 다시 서천(西遷)하여 박트리아(현재의 아프가니스탄 북부, 후의 大夏國)를 정복하고, 비옥한 토지에 안주하고 있었다. 한과 동맹하여 흉노를 정토하자는 장건의 제안(提案)은 전혀 먹혀 들어가지가 않았다. 하는 수 없이 귀국하는 도중에 흉노에 또다시 붙잡혔지만 그들의 내란을 틈타 그곳을 탈출하여 13년만인 기원전 126년에 고국으로 돌아왔다.

그는 비록 주어진 사명은 이루지 못하였지만, 중국인으로서는, 처음으로 투르키스탄 사막을 넘고 또 중앙아시아를 여행하여, 미지의 서방제국에 관한 새로운 지리적 지식을 가져왔다. 그가 동양의 콜럼부스(Columbus, 1446~1506)라고 불리워지는 것은 결코 과장된 말이 아니다. 그 당시의 중국인의 상식으로는 황하를 얼마간 올라간 서북지방의 끝지역에는 반인반수(半人半獸), 인면조신(人面鳥身) 등의 괴물이 사는 곳으로서, 일반적인 인간이 거주하는 구역이 아니라고 생각하고 있었다. 중국인과는 용모·언어·풍습 등은 다를지 몰라도, 같은 인간이 모여서 많은 국가를 세우고 있다는 장건의 견문담은, 사람들을 놀라게 하였으며, 특히 남달리 기이한 일에 호기심이 많은 무제의 마음을 크게 만족시켰다.

무제는 장건의 건의에 따라 그를 다시 사자로 해서, 흉노서북지역에 있는 흉노의 강적국(強敵國)인 오손(烏孫)과 동맹을 맺을 것을 제의하게 하였던 바, 이것이 열매를 맺어 흉노를 견제하고 그 세력을 약하게 하는데 도움이 되었다.

흉노에 대항하기 위해서는 우수한 군마(軍馬)를 손에 넣을 필요가 있었는데, 대원국이 그런 명마의 원산지라는 보고는 무제를 기쁘게 하였다. 이를 위하여 사절을 파견하였지만, 대원국은 좀처럼 명마를 보내주지 않았다. 드디어 기원전 102년에 대군을 일으켜 장도원정에 나서 대원국(페르가나)의 수도 귀산성(貴山城, 코젠드)을 포위하고 명마 수십 필과 군마 3000필을 손에 넣을 수 있었다.

대군(大軍)의 통로에 해당하는 동투르키스탄 사막의 오아시스지대에 연해 있는 소위 서역(西域) 36국은, 얼마 전부터 한왕조에 복종하고 있었지만, 그것은 겉치레일 뿐 결코 심복하고 있었던 것은 아니다. 대원국에 대한 원정은 한제국의 위력을 낱낱이 과시하는 것이었기 때문에, 이후 서역 각국은 수도 장안에 사자를 보내어 조공을 바치게 되었다. 하서(河西) 서쪽 끝의 돈황(敦煌)으로부터 타림분지의 로프호(湖) 사이에 역마의 역참(驛站)이 생겨, 서역에의

제7장 왕조국가 원형의 탄생 — 두 한제국의 역사적 운명

중요한 교통로가 생기면서, 둔전병(屯田兵)이 주재하여 경계에 임하였다.

무제의 서역제국에 대한 지배는, 원래 대흉노전에 사용할 군마를 대원국에게서 구하려고 한 군사적 목적이었지만, 생각지도 않았던 동쪽의 중국과 서쪽의 로마와의 동서무역과 문화교류의 통로를 열게 하는 세계적인 작용을 일으켰다. 이리하여 서방의 상인은 보석·향료 등을 중국에 수출하고, 중국으로부터는 견직물을 비롯하여 칠기·금을 가져가는 소위 실크로드가 열리게 된 것이다.

무제는 흉노와의 운명적인 결전을 전개하여 한제국의 판도를 동쪽과 남쪽으로 확대하였다. 앞서 전국시대에 변경과 접경했던 제국은 경쟁적으로 외부를 향해 발전했었다. 하북(河北)에 본거를 둔 연(燕)나라는 요동지방으로부터 다시 세력을 넓혀 한반도(韓半島)의 일부에까지 판도를 넓혔고, 진의 통일제국은 이것을 승계했다. 압박 당한 남부의 원주민의 조선국은 이에 복종하지 않을 수 없었다. 그러자 진제국이 망하고 초·한의 대란(大亂)을 피하여 이주한 한족(漢族) 망명자인 위만(衛滿)들은, 한 고조가 대외소극정책을 취하여 국경을 요동까지 후퇴시킨 공백기를 이용하여 평양에 새 조선국을 세우고 남쪽의 원래의 조선, 즉 기자(箕子)조선을 멸하고 위씨조선(衛氏朝鮮)을 세웠다. 이 철기문화를 가진 한족망명집단이 만든 국가가 권력에 자만하여 한왕조의 정령(政令)에 복종하지 않게 된 바로 그 무렵에, 한무제가 나타났다. 흉노에 대한 경략(經略)이 일단락되자 무제는 기원전 109년, 대군을 수륙 양군으로 나누어 조선을 정벌하라고 명령하였다. 수군은 산동성으로부터 바다를 건너 대동강을 올라와 수도 평양을 공략했고, 육군은 요동반도로부터 남하하여 이 수군과 만나 위씨조선국을 멸한 다음, 낙랑(樂浪)·현토(玄菟)·진번(眞番)·임둔(臨屯)의 4개군을 두고 통치하였다. 이것은 오히려 원주민인 배달민족의 민족의식을 높였다. 망명한 한족이 많이 거주하는 평양의 낙랑군은 비교적 오래 버티었지만, 한족이 적고 원주민이 많은 다른 3개군은 반항세력에 밀리어 도저히 유지가 곤란하였기 때문에 한조 세력도 이곳을 포기하지 않을 수 없었다. 평양 낙랑군 유적지의 엄청나게 많던 고분군(古墳群)이 일본 고고학자들에 의해 발굴되어, 거기서 출토된 바 사천성에서 제조된 아름다운 칠기(漆器)나 날카로운 병기, 화폐류의 발견은 한왕조의 식민지로서의 번영을 이야기해 주었지만 일본인은 이것을 모두 약탈해갔다.

양자강 남쪽에서는 일찍이 진나라가 절강(浙江)·복건(福建) 등 구 월국 (舊越國)의 세력범위에 민중군(閩中群)을 세웠었다. 한은 처음에, 복건에 민월왕(閩越王), 절강 영가(浙江永嘉)에 동월왕(東越王)을 봉하여, 월인(越人)에게 자치를 허용하는 방침을 취하였지만, 이 두 나라가 끊임없이 서로 항쟁하였기 때문에 기원전 111년에 월민을 집단적으로 양자강-회수 사이의 공지에 이주시켰기 때문에, 이 두 나라는 독립국으로서는 소멸되었다.

화남지방에서 진은 일찍이 광동에 남해(南海), 광서에 계림(桂林), 북베트남에 상군(象郡)을 두고 통치했었다. 진말의 대혼란기에 화북으로부터 이주한 현령(縣令)인 조타(趙佗)가, 한때 자립하여 이 3군을 합쳐서 남월왕을 칭하였다. 한왕조가 성립된 후에, 수차에 걸친 사자(使者)에 대하여 독립국임을 주장하던 조타도, 드디어 한의 속국으로서 조공하는 것을 수락하지 않을 수 없었다. 그후 무제는 남월을 직접 통치하려고 하였지만, 남월왕이 이에 불응했기 때문에 기원전 111년, 대원정군을 보내어 지금의 광주(廣州)에 있

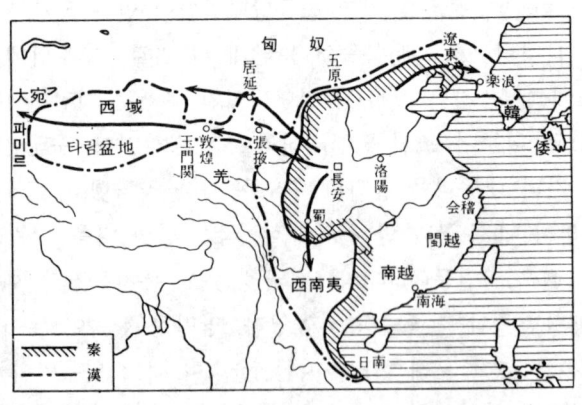

진·한 제국의 판도

한제국이 진제국의 영토를 이어받았고, 무제(武帝, 재위 B.C. 140~87) 이후 다시 동·서·남에 새로운 영역을 확대한 상황을, 두 나라의 국경선을 대조시킴으로써 명시

한 지도다. 이 경계선이 대체로 한민족의 거주지역, 즉 중국본토와 일치한다. 진나라는 전국에 40개 군(郡)을 두었는데, 군은 그 밑의 현(縣)을 통할한 최대의 지방행정구획이었다. 당시의 전국적인 현의 총수는 알려지지 않았다. 한말기 평제(平帝)시대(A.D. 2)의 전국의 총지지(總地誌)가 반고(班固)의 『한서(漢書)』 지지서에 실려있는데, 이에 의하면 진의 40개 군에 비하면 한 대의 행정구역은 63개군이 더 증가하여 진의 40개군과 합하여 103군 1,314현과, 이민족 거주구로서 32도(道), 그리고 제후(諸侯)가 책봉된 나라가 241국이었다. 국토의 넓이는 동서로 9,302리, 남북으로 13,368리였다. 이 지역의 군이상의 지방행정구역은 끊임없이 이동(異同)변화했지만, 그 기본행정단위라고 볼 수 있는 현(縣)은 근세에 이르기까지 큰 변화가 없었다. 한나라에 이어서 대제국이던 당나라 최성기(A.D. 754)의 강역(彊域)도 이것과 큰 차이가 없어서, 현이 1,573이었고, 인구도 한대의 1,223만 3,662호, 5,959만 4,978인에 대하여, 961만 9,254호에 인구가 5,288만 488명이라는 실정으로서 거의 변동이 없었다.

던 번우(番禺)의 수도를 함몰시키고, 남해 이하에 9군을 두었다. 이것은 남해로의 항해·무역의 발판을 만든 것이었다.

서남지역의 운남(雲南), 귀주(貴州)와 사천성 남부는 중국과 격절(隔絕)된 곳으로서, 초의 구 장군 장교(莊蹻)가 전왕(滇王)을 자칭하여 독립하고 있었는데, 진국도 감히 간섭할 수 없었다. 이 지방은 서남이(西南夷)로 총칭되는 소수민족이 섞여 살고 있어서 통제하는 것이 퍽 어려웠다. 남월을 평정한 후, 무제는 이 지방에 대한 공략을 진행시켜, 기원전 109년에 전국(滇國)을 정벌하여 항복을 받은 다음 익주군(益州郡)을 둔 후로는, 서남의 대부분도 중국판도에 들어왔다.

한무제의 대외팽창은 진시황에 이어 중국의 영역을 확대시켜 현 중국국토의 기초를 만들었을 뿐만 아니라, 나아가 해외에 대한 지리지식을 확실하게 함으로써, 로마를 중심으로 한 서쪽의 지중해 세계와 동아시아 세계와의 교통로를 열게 한 것은, 무제의 후세에 대한 최대의 공적이었다고 평가된다.

4. 왕망(王莽) 신정권의 실패

한나라 무제(武帝)의 54년간에 걸친 긴 치세(治世)는 외정(外征)과 내치(內治)의 눈부신 성공으로 400년 한왕조의 최성기(最盛期)를 출현시켰다. 유능한 많은 정치가·장군 등을 뜻대로 구사한 무제는 또한 문화·학술의 모든 분야에서도 천재들을 발견하여 마음껏 활동할 수 있도록 보장하였다. 유교사상가인 동중서(董仲舒), 중국 최초의 통사(通史)인 『사기(史記)』 130권을 저술하여 중국 사학의 창시자가 된 사마천(司馬遷, B.C. 145~86), 부(賦)라는 장시(長詩)형식을 대성한 시인 사마상여(司馬相如, B.C. ?~11?), 서방세계를 처음으로 발견한 탐험가 장건(張騫), 악부(樂府)라는 음악시를 처음으로 시작한 작곡가 이연년(李延年), 천문학자들인 당도(唐都)·낙하굉(落下閎) 등을 배출하여, 중국의 문명사에서도 보기 드문 찬연한 시대를 만들었다.

　그러나 대외발전, 특히 흉노와의 해마다의 전쟁으로 한제국이 반세기 이상 축적한 부(富)를 소모하고 일반적인 조세의 재원도 거의 고갈되었기 때문에, 후반세(後半世)는 재정수입을 증강시키기 위하여 새로운 재정 정책을 쓰지 않으면 안되었다. 우선 민간에서 자유로이 경영해오던 철기(鐵器)의 주조, 해수로부터의 제염(製鹽), 술의 양조를 금지하고, 이것들을 정부의 전매제로 바꾸었다. 제철과 제염은 당시 최대 공업이었기 때문에, 죄수(罪囚)와 관노(官奴) 등의 강제 노동력을 사역한 정부는, 높은 이윤을 얻을 수 있었다. 그러나 제품의 질은 형편없이 조악하여 국민을 곤란하게 하였다. 무제 사후인 기원전 81년에 염(鹽)·철(鐵)·주(酒)의 전매제에 대한 반대의 소리가 높아져, 유가의 전매 폐지론자와 제가(諸家)의 찬성론자가 소제(昭帝) 어전에서 일대논쟁을 벌인 끝에 술의 전매제는 폐지되었지만 염·철은 계속 전매하기로 되었다.

　두 번째는 상공업자에 대한 재산세의 징수이다. 상인이 매매하는 상품·이자, 수공업자의 판매품과 선박·수레에도 세금이 붙게 되었다. 이와 같은 자산의 소유자는 관아에 신고하여 납세하고, 부정이 있으면 전쟁터에 끌려 나가 노역에 복무해야하고 아울러 전 재산을 몰수당하였다.

　세 번째는 균수법(均輸法)을 설정하고, 토지에서 많이 생산되는 상품을 정부가 수납하여 이런 상품이 적은 지역에 보내어 높은 값으로 파는 방법이다. 물가조절관, 즉 평준관(平準官)을 수도에 두어 물건을 싸게 사들여 높은 값으로 팔아 정부가 일반상인이 취할 이윤을 빼었다.

네 번째는 그때까지 민간의 동전주조를 금지하고 정부가 독점 주조하되, 끊임없이 악화를 대량 주조 유통시킴으로써 거대한 이익을 올린 일이다.

이런 강력한 재정정책과 전매제도에 의하여 한의 재정은 굉장히 풍부하게 되었다. 그러나 큰 상공업자들은 커다란 타격을 받아 파산하는 경우가 속출하고, 일반 상인들도 또한 활동이 제약됨으로써 경쟁이 없는 관영(官營) 철기의 질의 악화 등으로 말미암아 국민생활은 바람직하지 못한 영향을 받았다.

무제는 17품급의 벼슬을 제정하고 일정한 금전을 국고에 납부한 자에게 벼슬을 주었다. 제5품급 벼슬 이상의 신분을 가진 자에게는 부역(賦役)을 면제하였기 때문에, 농민에게는 가장 무거운 부담인 부역이 이제 벼슬을 살 재력이 없는 빈농의 두 어깨에 전가(轉嫁)되게 되었다. 벼슬아치의 착취에 견디다 못한 농민이 각지에서 반란을 일으켰는데 그 진압은 굉장히 어려웠다.

기원전 87년, 무제가 사망하자 겨우 8세의 소제(昭帝, 재위 B.C. 87~74)가 즉위하고, 곽광(霍光 B.C. ?~68)이 섭정으로서 다음의 선제(宣帝)초기까지 집무하였다. 조심성 많은 정치가인 곽광과 또 청년시절에 민간에서 자라면서 국민의 고통을 충분히 경험한 유능한 선제는, 부세(賦稅)를 싸게 하고, 국민의 부담을 경감시키는데 힘을 쏟았다. 특히 성실하고 유능한 하급관료와 속관(屬官)을 발탁하여, 법률 조문을 융통성 있게 운용함으로써 백성을 가혹하게 통제하지 않았고, 또 농민을 압박하는 호족을 단속하는 방침을 취했다. 이리하여 한 무제의 외정(外征)으로 야기됐던 국가재정의 궁핍성은 치유회복되고, 백성의 생활도 안정되었다. 외교적으로도 기원전 72년, 오손(烏孫)과의 동맹이 주효하여 흉노군을 협공으로 격파함으로써 4만의 포로, 70만두(頭)의 가축을 얻어, 한동안 다시는 일어날 수 없을 정도로 대타격을 주었다. 그 결과로 흉노는 남북으로 분열되어, 남흉노의 호한야선우(呼韓邪單于)는 남하하여 한의 속국으로 되었다. 무제의 외정으로 한왕조의 권위에 의하여 얻은 것이 많다곤 하지만, 무제정치의 폐해(弊害)를 보정(補正)하면서 그의 전유산을 계승한 선제의 치세(治世)는, 국내·국제 양면을 통하여 양한(兩漢) 400년중 절정시대(絶頂時代)라고 일컬어진다.

영명한 전제군주 선제를 이어, 온후하고 호학(好學)의 유학(儒學)군주 원제(元帝)가 즉위하였다. 그는 황태자시절부터 아버지가 법률만능으로 신하를 자꾸만 처분하는 것에 불만이었다. 즉위하자 유자(儒者)를 발탁하여 재상으로 국정을 돌보게 하였지만, 우유부단하기 때문에 정치의 운영은 저해되었다.

한조(漢朝)에서는 독자적인 제도가 있었는데도 패도·왕도를 혼용했느니라

황태자시절에, 아버지 선제(宣帝)의 대신에 대한 처분이 과혹(過酷)한 것을 보고 「폐하의 재판은 너무도 엄한 것처럼 보입니다. 얼마간 유생(儒生)의 의견을 들으시면 어떻습니까」라고 비판하였다. 선제가 이때 얼굴색을 바꾸어 크게 꾸짖은 말이 이런 문구이다. 「우리 조정에는 독자적인 제도가 있는데도 패도(覇道)·왕도(王道)를 혼용해 왔다. 오로지 도덕의 교화(敎化)에 의하여 주조(周朝)의 정치를 하려고 하는 것은 언어도단이니라. 속유(俗儒)에서는 현실정세에 전혀 어두워, 말끝마다 옛대가 좋았다고 하면서 현대를 비방하고, 관념과 현실과를 구분하지 못한 채, 어느 쪽에 요점이 있는지도 모르는 도배가 많으니라. 그러니 국정 따위를 그들에게 맡길 수 있는 일이 아니다」라고 타일렀다. 황태자가 자리에서 물러간 후에 「우리 조정의 국사를 혼란시키는 것이 있다고 한다면 황태자가 바로 이것에 해당한다」라고 탄식하였다고 한다. 중국에는 이와 같은 명문구를 중심으로 하는 예언(豫言)에 관한 이야기가 많기 때문에, 일률적으로 신용할 수는 없지만, 정치에서 이상(理想)과 운용의 양면을 잘 조화시키지 않으면 안 된다는 것은, 단지 한왕조의 독자적인 제도만이 아니라, 기실 중국 정치학의 최고의 지혜인 것이다. 이상(理想)은 문장과 언론으로 표현되지만 운용은 숨겨져 있기 때문에, 종종 보아 넘기게 된다. 특히 외국의 학자들은 중국이 주장하는 이념에 눈을 뺏기는 경향이 많다.

원제(元帝)에 이어 그의 아들인 성제(成帝, 재위 B.C. 33~7)가 즉위하였다. 원제는 유학만이 아니라 서예의 명수이며, 거문고나 통소의 명주자로서 스스로 작곡도 할 수 있었던 다예다재한 제왕이었다. 이에 대하여 성제(成帝)는 행동거지가 법도에 들어맞았고, 특히 조정에서의 위용이 당당하여 성천자(聖天子)의 전형으로 일컬어졌다. 결점은 귀공자에게 흔히 있는 일로서, 주색(酒色)에 빠지는 것이었지만, 한편 널리 고금의 서적에 통달하여 결코 범용(凡庸)한 인물이 아니었다. 모후인 원제의 황후, 즉 황태후의 형제가 모두 후(侯)에 봉해져 그들의 위세가 조정을 압도했고, 따라서 횡포한 행동이 많았다. 조신(朝臣) 중에는 이것을 직간(直諫)하는 신하도 있어서, 성제는 이것을 마음속으로는 옳다고 생각하면서도 조치를 취하지 못한 채 주색 잡기로 자기의 기분을 달래거나 얼버무렸던 것이다.

원제의 손자신 애제(哀帝, 재위 B.C. 7~1)를 이은 평제(平帝, 재위 B.C. 1~A.D. 5) 치세 때인 서기 2년의 통계에 의하면, 인구는 1223만 3662호에 5959만 4978명이었다. 한대에는 산부(算賦)라는 인두세(人頭稅)를 부과하기 위하여, 매년 8월에 인구조사가 행하여졌기 때문에, 신용할 수 있는 세계 최고(最古)의 인구통계라고 일컬어진다. 다만 부역(賦役)을 피하기 위하여 농민이 도망하여 대지주 밑에 몸을 숨긴 사람이 상당수 있었기 때문에, 실제인구는 이것을 상회했을 것이다. 한나라는 실로 세계에 그 유례가 없는 거대한 고대제국이었다. 수도 장안(長安)의 경조윤(京兆尹)의 소관은, 64만 7000여 호에, 인구가 243만 7000여명이고, 장안 성안만도 8만 8000여호에, 인구가 24만 6000여명에 이르렀고, 만일 주위의 위성도시를 합하면 시민의 수는 150만에서 200만에 이르렀을 것이다.

성(成)·원(元) 두 황제대까지는 쇠퇴징조가 아직 표면화되지 않았지만, 다음의 애(哀)·평(平)제 시대에 들어서면서 한왕조의 쇠퇴 징조는 주로 외척·환관의 전제에 의한 정치의 부패와 농지겸병(農地兼倂)에 의한 사회빈부의 격차가 확대되어 커다란 사회불안을 낳게 되었다. 토지겸병 현상은 이미 무제(武帝)시대에 동중서(董仲舒)도 경고하였지만, 애제(哀帝) 때는 열후(列侯)·공주(公主)·관리를 비롯하여, 백성의 농지와 노예의 소유를 제한하는 법령을 발포하여야만 하였다. 그러나 외척과 고관대작들의 반대에 부딪혀, 이것의 실시가 불가능하게 되었고, 한편의 공문(空文)으로 되고 말았다.

대지주인 호족·대관의 사치가 극에 달한 생활을 향락하는데 대하여, 일반농민의 생활은 비참하기 짝이 없었다. 중세(重稅), 호족의 토지겸병, 부역의 가혹성, 관리의 전횡(專橫), 재판의 불공평, 도적의 발호 등에 견딜 수 없게 된 농민은 기원전 30년경부터 전국적으로 반란을 일으키기 시작하였다.

미신과도 관련하여 유교사상이 널리 사회인에게 심각한 영향을 미치기 시작하였다. 첫째로, 왕조는 자연과 인간세계의 목화수금토(木火水金土)라는 5행(五行)의 덕(德)의 순환에 따라서 수시로 변혁된다. 제요(帝堯)가 순(舜)에게 제위를 선양한 것처럼 황제의 지위는, 성인현자들에게 선양되어야 할 것이라는 관념이 널리 퍼졌다. 왕조의 덕이 쇠퇴하면 하늘은 재앙을 내려 경고한다. 성인이 나타나면 하늘이 황룡(黃龍)을 지상에 내려보내는 것처럼 서상(瑞祥)을 내려보내고, 또 참위(讖緯)라고 하는 신비스런 예언을 행한다. 왕조는 이런 재이(災異)와 서상(瑞祥)예언에 따라서 현자(賢者)에게 선양하는 조치를 취해야 한다.

한도 장안(漢都長安) 성문의 유적지

한나라 수도 장안(長安)의 성터가 근래의 발굴로 그 전모가 들어나고 있다. 장안 성벽은 얼마간 부정형(不整形) 네모꼴에, 전체 길이가 25km이고, 4방에 3개씩의 성문(합계 12개 성문)이 있었다. 사진은 동남쪽에 위치하던 선평문(宣平門)터로서, 8m너비의 성문이 3개, 합계 24m 너비의 성문이었다. 이것은 단번에 12대의 마차를 통과시킬 수 있는 것이므로, 이로 미루어 볼 때 장안성안 대로의 규모를 가히 짐작할 수 있을까 한다.

원래 한제국(漢帝國)의 영구정권을 합리화하기 위해 국교(國敎)로 된 유교는, 동중서(董仲舒)가 천인상관(天人相關)의 신비주의적인 원리를 강조하

제 7 장 왕조국가 원형의 탄생 — 두 한제국의 역사적 운명

였기 때문에, 오히려 한제국이 성인현자간의 선양(禪讓) 즉, 평화혁명에 의하여 새로운 왕조로 이행해야 한다는 여론을 창조해 내는 심리적 기초를 제공하게 되었다. 이것을 충분히 활용한 것이 외척(外戚) 왕씨의 대표저인 왕망(王莽)이다.

전횡(專橫)과 사치스러운 생활을 보내던 왕씨 일족은 사람들과 사귀는 사교를 즐겼고, 특히 유능한 선비를 보호하며 재산을 아끼지 않고 뿌렸기 때문에 인망을 얻었다. 왕망은 일찍 부친을 여의고 일족 중에서는 비교적 좋지 않은 환경에서 유교에 정진하고, 근엄검소한 생활과 어머니에 대한 효행 등에 더하여, 친척과 당대의 명사와의 교우에 의하여 인품을 인정받게 되었다. 애제(哀帝) 때 사실상의 총리인 대사마(大司馬)에 임명되었고, 평제(平帝) 때는 딸을 황후로 세움으로써 완전히 조정을 지배하였다. 은혜를 황실(皇室)·대신(大臣)·대관(大官)들에게 베풀고, 최고학부인 태학(太學)을 확충하며 학생정원을 1만명으로 증강시키는 등 주(周)의 구(舊)제도를 따라 유학을 장려하여 민심을 얻었다. 천하의 학자들이 왕망의 덕을 주공(周公)에 비교하여 천자에게 상서하여 그의 공덕을 칭찬하는 사람이 48만명에 이르렀다. 여기서 왕망은 드디어 평제를 시해(弑害)한 다음 선제(宣帝)의 고손자인 2살난 갓난아기를 황제로 세우고, 자기 자신은 소위 가황제(假皇帝)라고 칭하여 섭정을 보기를 3년, 그사이에 뒷공작으로 여러가지의 길조(吉兆)를 만들어내고 나이 어린 황제를 폐하고 선양을 받아 정식으로 제위에 올라, 나라이름을 신국(新國)이라 하였다(서기 8년).

신정부는 곧 제도개혁에 착수하였다. 왕망은 유교학도의 한 사람으로서, 진제국(秦帝國)을 이어받은 한왕조의 정치조직이란, 유가(儒家)가 이상(理想)으로 하는 주공(周公)이 제정한 주례(周禮)의 제도에서 보면, 한낱 무질서한 법제(法制) 밖에 되지 않는다고 생각하였다. 이것을 주례와 같은 이상제도에 접근시키려는 것이 제도개혁의 이론적 목적의 하나였다. 전한말의 사회에서는 호족·대상인의 농지겸병 때문에 일반농민은 농지를 잃고 노예의 지위로 전락한 경우가 많았으므로, 농민전쟁이 각지에서 일어나고 있었다. 백성의 배고픔을 우려하지 않고 다만 균등하지 않음을 걱정하는 유교 교

의에 따라서, 호족·상인을 억제하고, 그 무엇인가 사회정책을 단행하려는 것이 제도개혁의 현실적 목적이었다.

우선 천하의 논밭을 왕전(王田)으로 귀속시켰으며, 노비 즉 남녀노예를 사속(私屬)이라 개칭하고, 이들에 대한 매매행위를 일체 금지하였다. 남자 8명이 되지 않는 가정에서 1정(一井) 이상의 논밭을 소유하면, 여분의 논밭은 친족이나 이웃에 나누어주도록 하는 칙령을 발포하였다. 이 법령은 빈농이나 노예들에게 환영받는 것은 틀림없으나, 대토지 소유자로서 노예주인 천하의 귀족·호족·대상인은 물론, 일반적인 자작농에게는 치명적인 악법으로서 맹렬한 저항에 부딪혔다. 이리하여 3년이 지나자 서민은 왕전을 매매할 수 있도록 완화되었다.

침착하지 못한 성격의 소유자인 왕망은, 유교의 복고주의적(復古主義的)인 사상을 바탕으로, 객관적 정세도 제대로 살피지 않고 즉흥적으로 법제화했지만, 그것마저 구체성과 일관성을 잃었기 때문에 모처럼의 좋은 의도로 입안한 법률도, 일부의 반감을 일으켜 실효를 거두지 못한 채 폐지함으로써, 백성의 불신을 더욱 부채질하는 결과를 자초하곤 하였다.

최대의 실패는 화폐제도와 관제(官制)의 개혁이었다. 한은 진을 본받아 오수전(五銖錢)이라는 동전을 기본으로 하였다. 왕망은 주대(周代)에는 대전(大錢)과 소전(小錢)이 병용되었다는 설에 입각하여, 대·소 2종의 동전을 발행하였다. 이 환산율에 익숙하지 못한 서민이 종전과 같이 여전히 오수전을 사용했기 때문에 엄벌로써 그것을 금지하였지만, 효과가 올라가지 않았다. 더 나아가 금·은·거북(龜)·조개(貝)를 더하여 28종의 화폐를 발행하였으므로, 화폐제도는 더욱 혼란해졌다. 게다가 물가를 통제하기 위하여 정부가 시장에서 매매를 관리하려 했기 때문에 상품의 유통이 저해되어, 경제는 파멸상태로 떨어지게 되었다.

중앙과 지방의 관제를 고전(古典)에 의하여 개혁하였지만, 개정이 빈번하였고, 특히 지방행정구획의 개폐에는 백성은 물론이거니와 관리(官吏)들조차 어리둥절하였으므로 행정운영이 원활성을 잃었다. 농작물의 풍흉(豊凶)과 연동시키는 급여규정의 개정은 재미있는 착상이었지만 개정령이 성안될 때까지 봉급지급을 정지하였으므로, 관리들은 그간 뇌물에 의지하지 않을 수 없게되어 부패를 더욱 촉진시키는 결과가 되었다.

하늘에 두 태양이 없고 나라에 두 임금 없다는 대의명분론을 내세운 왕망은, 천하의 제왕국뿐 아니라 변경(邊境) 또는 외국 국왕을 모두 후(侯)라고 개칭하고, 외국에 이것을 통고하는 사절까지 파견하였다. 지금까지 한의 무슨무슨 왕이라는 옥새를 받고 있던 만이(蠻夷)의 군주들은, 새로 무슨 후(侯)라는 직인으로 바뀌게 된 것에 분개하였다. 그 중에서도 특히 북방의 강국 흉노(匈奴)에게는 흉노선우(匈奴單于)의 칭호(稱號)를 「항노복우(降奴服于)」라는 칭호의 직인(職印)을 내리려고 하자, 그들을 신조(新朝)에서 완전히 이반(離反)시켜 버렸다. 이들을 정벌하기 위해 30만의 대군을 출병시켰는데, 이것을 뒷받침하기 위해 각지에 파견된 관리가 가는 곳마다에서 부정을 저질렀기 때문에, 백성은 유민화(流民化)하여 도적떼가 되더니, 이윽고 대규모적인 농민반란을 일으켰다.

먼저 호북성(湖北省)의 농민이 녹림산(綠林山)에 집결하여 녹림군(綠林軍)이라고 칭하며 반란을 일으켰고(서기 18년), 이어서 산동(山東)의 농민들이 눈썹을 빨갛게 물들여 단결함으로써 적미군(赤眉軍)이라 칭하고 반기를 올렸다. 농민전쟁은 거의 전국적으로 확산되었는데 가장 유력했던 것은 하남성 남양(南陽)출신 유씨(劉氏)의 일족인 유수 형제(劉秀兄弟)가 통합한 호북(湖北)의 반란군이었다.

차라리 적미(赤眉)와 만날지언정 태사(太師)는 만나지 않으리

적미군(赤眉軍)은 양민(良民)을 해치지 않을 것을 서로 맹세한 농민의 자위단과 같은 것이 확대된 것으로서, 군기도 엄정했던 것 같다. 왕망(王莽)은 태사 왕광(太師王匡)과 경시(更始)장군 염단(廉丹)을 사령관으로 삼아 대군을 보내어, 적미군을 평정하려고 했다. 그런데 농민의 반란군인 적미군보다 왕망이 보낸 관군쪽이 오히려 악질이어서, 이르는 곳마다에서 약탈을 자행하였다. 그래서 지방농민은 「차라리 적미군과 만날지언정 태사(왕광)는 만나지 않으리라. 태사는 그마마 괜찮다 치더라도, 경시(염단)는 우리를 죽일 것이다」라는 노래를 불렀다. 그들에 대한 지방민의 반감과 반란군에 대한 친애의 정이 잘 표현되어 있다.

유수(劉秀)형제는 일시적으로 유현(劉玄)을 황제로 추대하였는데, 유현은 스스로 경시제(更始帝)라 칭하고, 그해를 경시(更始) 원년(A.D. 23)으로 정하였다. 왕망(王莽)은 왕읍(王邑)·왕심(王尋)을 장으로 42만의 대군을 보내어 이것을 압도하고자 먼저 곤양성(昆陽城)을 공략하게 하였다. 이때 유수는 이 호남군(경시군)의 선두에 나서 분투한 결과 왕심을 베었기 때문에 총사령군을 잃은 왕망의 대군은 사방으로 흩어져 패주하였다. 이것이 농민군과 왕망과의 운명을 결정지은 한판승부로 되었다.

경시군(호남군)은 도망하는 관군을 뒤쫓아 단번에 장안(長安)에까지 진군하였다. 왕망은 처음에 제도의 개혁만 된다면, 천하는 스스로 태평하게 될 것이라는 유교의 예악(禮樂), 즉 도덕·문화편중의 주관주의적 입장을 취하여 제도개혁에만 전념하고 있었으므로 정치·사회의 현실적 전개에 직면하자 크게 당황하여 대응책을 강구할 수가 없었다. 그는 마지막으로 미앙궁전(未央宮殿)석대 위에 올려져 목이 잘리고 말았다. 이리하여 15년간(A.D. 8~23) 계속된 신왕조(新王朝)는 역사기록에서 사라졌다. 왕망은 중국정치사상 의문의 인물이다. 신(新)정권을 타도한 후 후한왕조(後漢王朝)의 역사가인 반고(班固)가 저술한 전한왕조사(前漢王朝史), 즉 『한서(漢書)』는 그를 간악사지(姦惡邪智)하고 음험한 성격의 소유자로서 정권탈취에는 성공하였지만, 그후 국가를 지도하는 정치가로서의 재능은 별개문제였다고 쓰고 있다. 비록 실패로 끝났다고는 말하지만, 한대사회의 최대문제였던 대지주와 귀족·대관들의 토지겸병(土地兼併) 방지와 상업 자본가의 억압에 대하여 그가 취한 정책을, 단지 인기를 얻기 위한 매명자(賣名者)였다고 하는 것은, 귀족과 호족의 입장에서 말한 악의 찬 비평이라고 한다.

5. 제정(帝政)의 부활과 재붕괴 — 후한조의 흥망

유현(劉玄)은 왕망(王莽)의 신(新)정부를 타도하였지만, 황제의 자리에 만족하였고, 호화스러운 궁정생활에서 향락의 날만을 보냄으로써 완전히 수도시민의 인심을 잃었다. 그러던 중 일찍이 유현군과 협력해 오던 동쪽의 적미군(赤眉軍) 조직인 농민군이, 그 군대에 종군 중이던 15세의 유씨 성을 가진 소년인 유분자(劉盆子)를 황제로 옹립하고 서진(西進)하여 관중(關中)에 들어왔다. 유현은 전의를 잃은 군대를 내몰아 이를 요격하였지만 패전하고 투항한 후 결국 교살당했다.

장안의 시민은 적미군의 입성을 환호로서 맞이하였지만, 글자를 읽을 수 없는 무학(無學)의 농민출신인 번숭(樊崇)을 지도자로 하고, 옥졸(獄卒)출신의 서선(徐宣)이 일찍이 유교의 역경(易經)을 읽었다는 지식만으로 재상(宰相)이 된 정부로서는 전재(戰災)를 입은 장안시를 다시 일으켜 세우는 정책을 추진시키지 못하였기 때문에, 또한 시민의 반감을 사게 되었다.

한왕족 출신 유수(劉秀) 밑에 귀족·지주가 연합하여 지도하는 농민군이, 낙양(洛陽) 본거지로부터 진공해 왔다. 적미군은 전투에는 강하였지만 장안 부근에서 발생한 대기근 때문에 식량이 부족해지자, 이 장안 도성을 대약탈한 끝에 모두 불태워 버린다음, 고국인 산동으로 물러가지 않을 수 없게 되었다. 유수는 그들의 귀로에 기다리고 있다가 공격하여 황제(유분자) 이하를 패사(敗死)시켰다(27년).

유수는 또한 각지에 할거한 제종실(諸宗室)과, 관료나 농민군의 지방정권을 평정하고, 서기 37년 중국 재통일에 성공하였다. 서안(西安)을 수도로 한 전한제국, 말하자면 서한왕조(西漢王朝)는 이 후한제국의 광무제(光武帝)에 의하여 낙양(洛陽)을 수도로 재흥되었으므로 동한왕조(東漢王朝)라고도 불리운다.

광무제의 선조는 전한대 경제(景帝)의 왕자에서 갈라진 황족(皇族)으로서, 남양군 채양군(南陽郡蔡陽縣)(호북성 棗陽縣)에 거주지를 정했던 호족(豪族) 출신 대지주였다. 그를 둘러싼 「운대28장(雲台二十八將)」을 비롯하여, 그에게 협력한 군장(軍將), 공신(功臣)의 대부분은 강대한 사병(私兵)을 거느리던 지방호족이다. 후한제국이 처음부터 호족·지주의 연합정권이라는 점에서, 농민출신의 고조(高祖-劉邦)를 우두머리로 한 평민정권으로 발족했던 전한제국과는 이질적이다. 왕망 정부를 무너뜨린 농민군의 지도를 손아귀에 틀어잡고, 농민을 도구로 농민혁명의 아름다운 열매를 가로챔으로써 그가

한 제국 재흥에 성공할 수 있었던 것이라고 새 중국 사학가(史學家)들은 비난하지만, 기실 광무제는 전한조 중반이래, 끊임없이 각지에서 반란이 계속 일어났고 마지막으로 왕망정부를 타도하고 전국을 소용돌이 속에 빨려 들어가게 한 농민전쟁에서 나타난 바, 농지를 요구한 하층 농민이나 농업노예가 자유를 원하는 그 욕구가 매우 강력함을 몸으로 체험한 지도자이다.

대토지 소유주와 빈농사이의 사회적 모순이 빚어낸 사회불안을 얼마간이라도 완화하려는 시도는, 전란 때부터 통일정부 성립 초까지 끊임없이 계속되었다. 노예해방에 대한 칙령이 여섯 번, 노예주가 마음대로 노예를 학살하는 것을 금지한 명령이 세 번이나 반포되었다. 특히 통일된 다음해인 서기 38년의 칙령 – 익주(益州)·양주(凉州), 다시 말하여 감숙성·사천성에서 부당한 이유로 자기가 노예로 전락됐음을 지방관서에 호소한 사람에 대해서는 양민으로 환원시키되, 이때 노예주는 이에 대하여 몸값을 요구할 수 없다는 어느 정도 실제적인 수속 절차까지 밝힌 칙령은, 이른바 호족·지주정권이라고 일컬어지는 후한왕조의, 이 문제에 대한 처리태도가 상당히 본질적으로 서민위주였음을 나타내는 사례였다.

농민전쟁은 농민의 기본적인 인권보장에 대한 배려를 대지주들에게 강제한 결과가 되었지만, 한편 노예만큼은 비인도적이 아니지만, 이보다 약간 완화된 새로운 형식의 예속관계가 발달하여, 종전의 노예제도에 대체되는 제도가 형성되기 시작하였다. 그것은 농민전쟁 와중에 농촌에서 호족들이 농민군의 횡포를 방어하기 위하여 소작인이나 부근의 가난한 농민을 동원하여 오(塢–마을)·보(堡–방축)·저각(邸閣) 등으로 불리운 울타리와 참호 등을 건설하고, 그들을 사병(私兵)–당시의 용어로서는 부곡(部曲)–으로 해서 방위 임무를 부담시켰다. 사병을 뜻하는 부곡은 점차 세습화하여 농노적(農奴的)인 반자유민(反自由民)을 가리키게 되었다. 부곡은 그 혼자만이 노예인 것이 아니라 한 가정을 이룬 소작농민을 가르켰다.

불행한 노예를 해방시키는 제도는 부분적으로 만들어졌지만, 대토지소유자의 농지를 제한하는 것은 호족·대지주가 절대 반대하였기 때문에 곤란하였다.

제7장 왕조국가 원형의 탄생 — 두 한제국의 역사적 운명 **167**

그 다음 해에 천하의 식부전답(植付田畓)의 넓이와 호구·연령의 신고가 부정확하므로 각주군(各州郡)은 실정을 조사하여 정확한 원부(原簿)를 바탕으로 조세를 징수하라는 칙령을 냈지만, 호족의 저항에 부딪혀 역시 실시될 수 없었다. 대토지 소유자는 전한시대와 같이 노동력을 자유 없는 노예가 아니라 반자유민인 부곡(部曲)이나 전객(佃客—머슴꾼) 등에 의지할 수 있었으므로, 토지의 겸병(兼幷)은 더욱 진행된 것으로 보여진다.

후한 광무제(光武帝)의 초상

당(唐)대 초기의 서예가 염립본(閻立本, ?~673)이 그린 역대 제왕그림의 일부이다. 현재 미국 보스턴 미술관에 소장되어 있는 것으로서, 명주천에 그려진 원본두루마리는 부후(腐朽)하여 명주천으로 보완한 부분이 많은데, 아마 이 초상은 일종의 복원본으로 보여진다. 어쨌든 어느 정도까지는 믿을 수 있는 중국 고대 제왕의 최고(最古)의 초상화임에는 틀림이 없다. 광무제는 신장이 7자3치에 아름다운 눈썹을 가졌고, 수염을 길렀으며, 크고 꽉 다문 입과 높은 코, 튀어나온 광대뼈가 특징적이었다고, 역사는 전하고 있다. 이 초상화는 그의 온후하고도 당당한 위풍을 갖춘 영웅의 면모가 잘 표현되어 있다.

후한시대 호족(豪族)의 생활

 후한시대 호족들이 살던 저택은, 주위에 성곽을 둘러치고 네귀퉁이에 망루(望樓)를 세웠는데, 그 외관(外觀)을 광동성·광주시(廣州市) 교외에서 발굴된 장제(章帝, 재위75~88)시대의 도기(陶器)에 의하여 알 수 있다. 위의 그림처럼 성벽을 둘러친 저택 내부는, 벽에 의하여 몇 개로 구획되어 있다. 왼쪽 안이 몸채(正堂)로서 주인과 손님이 술잔을 기울이고 있다. 뜰 아래에서는 날개를 추켜세운 두 마리의 싸움닭이 막 시합중인데, 주객(主客)은 이 투계를 즐기면서 술잔을 주고받는 것으로 보인다. 오른쪽 높은 망루는 평소에 신선(神仙)이 된 기분으로 사방을 전망하면서 풍경을 즐기는 동시에, 유사시는 감시초소로 사용한 것 같다. 이런 저택 주위는 집안노예, 전객(佃客)이라고 불리우는 머슴꾼과 부곡(部曲), 기타 다수의 반자유 또는 자유없는 농노의 주택들이 둘러싸고 있어서 조그마한 성곽장원(城廓莊園)을 형성했던 것으로 보인다.

낙양에 수도를 둔 유수(劉秀)는 호족의 세력이 증대됨에 따라 지방의 독립성도 높아가는 과정에서 중앙정부의 조직강화에 전력을 다했다. 무제(武帝) 이래 재상을 대신하여 황제의 비서(秘書)였던 상서령(尙書令)의 실권이 강화되어 왔었는데, 이런 경향은 후한 광무제에 이르러 결정적으로 되었다. 특히 한의 중앙군대는 지방으로부터 교대로 상경해 오는 농민의 징병에 의존하고 있지만, 이것이 농민반란의 근본이 되었기 때문에, 이 제도를 폐지하고 직업군인으로 편성하도록 하였다.

광무제는 서한(전한) 말기에, 천하의 식자(識者)들이 왕망(王莽) 등에 아첨하여 신(新)정권이 수립되는 것을 방관·방조한 언짢은 경험에 비추어 관리의 등용, 소위 선거(選擧)에서는 덕행이 높고 지조가 굳은 것을 제1로 하고, 학업은 제2, 법률지식은 제3, 강의성(剛毅性)과 담략성은 마지막 네 번째로 분류선발하고, 그들에게 절의심(節義心)을 갖도록 하는 교육에 주력하였다. 청년시절에 장안에 유학하여 『상서(尙書)』의 전수(傳授)를 받아, 역대 개국군주(開國君主) 가운데서는 제1급의 학자였던 광무제는, 낙양에 태학(太學)을 설립하여 다수의 유생을 교육했을 뿐만 아니라 친히 공경(公卿)들을 모아놓고, 그들과 함께 『경서(經書)』의 강의를 들었다고 한다. 이후 역대의 제왕·황후도 그의 뜻을 이어받았으므로, 유교는 정치에 깊이 침투하여 전한시대보다 한발자국 더 나아가, 여기에 유례없는 유교국가가 실현되었다. 광무제에 이어 그의 아들 명제(明帝)가 제위에 올랐다. 명제도 부황의 유업을 이어 학문을 숭상하고 정무에 전념하여 검소한 생활을 계속하였기 때문에, 국민의 생활은 풍부하게 되었고, 유교국가가 완성되었다. 그의 아들 장제(章帝) 또한 관용의 군주였다. 광무제로부터 장제말까지 60여년 동안 광무제의 중원(中元) 2년(A.D. 57)에는 인구가 427만 9634호에 2100만 7820명이던 것이 장제의 장화(章和)2년(서기 88년)에는 그것이 거의 2배인 745만 6784호에 4335만 6367명으로 증가하면서 전한(前漢)말 총호구수의 2/3까지 회복되었다.

6. 실크로드의 재건 — 도달할 수 없었던 로마에의 길

서한의 선제(宣帝) 때, 호한야사선우(呼漢邪單于)가 한에 항복한 이래, 북변에는 한동안 흉노의 침입이 끊어졌지만, 왕망(王莽)의 지나친 중화사상 위에 선 국체론(國體論)으로 흉노를 깔보아 그들의 반감을 샀기 때문에, 또다시 흉노의 위협을 받게 되었다. 국내 질서유지에 전력을 다한 광무제(光武帝)는, 대외적으로는 소극책을 썼기 때문에 더욱 산서(山西), 섬서(陝西) 변경 지방에의 흉노의 입구(入寇)가 심하였다. 바로 이런 때에 흉노 내부에서는 선우자리의 상속을 놓고 내분이 일어났을 뿐만 아니라, 큰 가뭄으로 초목이 말라 대부분의 사람과 가축이 굶어죽는 재해를 입게 되었다. 48년에 남부의 일축왕비(日逐王比)가 북부의 포노선우(蒲奴單于)에게 대항하기 위하여 후한에 내속(內屬)하였으므로 흉노는 남북 두 세력으로 갈라졌다.

한동안 조용하던 북흉노는 명제(明帝)시대에 또다시 세력을 만회하여, 종종 서북변경에 침입해서는 약탈을 일삼았다. 반격에 나선 명제는 73년 두고(竇固)에게 명하여 남흉노군과의 협동작전으로 하서(河西)로부터 출격하여, 북흉노군을 부수고 이오로(伊吾廬)를 점령하게 하였다. 이오로는 지금의 신강성(新疆省) 하미(哈密)로서, 서역(西域)과의 문호에 해당한다. 중국의 소위 서역, 즉 동(東)투르키스탄은 북은 천산(天山)산맥, 서는 파미르고원, 남은 곤륜(崑崙)산맥에 둘러쌓인 타림분지를 말한다. 동서 1500km, 남북 700km 넓이의 그 중앙에는, 불모(不毛)의 타클라마칸 사막이 길게 전개되어 있다. 세 방면의 산맥으로부터 발원한 많은 하천이 사막이 흘러들어 소멸되면서 내륙유역(內陸流域)을 형성하고 있다. 하천이 산록과 사막의 변두리 일대에 만든 비옥한 지구, 즉 오아시스 지대에는 서역의 여러 소 도시국가가 분포되어 있다. 이 지대가 바로 천산산맥 남쪽에 위치하여 동서의 교통로를 이루고 있기 때문에, 천산남로(天山南路)라고도 불리운다. 천산산맥 북쪽에서 천산남로와 평행으로 달리는 것이 북도(北道). 곤륜산맥의 북록을 가는 것이 남도(南道)이다. 전한조와 선제(宣帝)대(B.C. 60)에 흉노를 복속(服屬)시키고, 정길(鄭吉)이 서역도호(西域都護)로 된 이래 이 지방을 통제해 왔지만, 왕망의 난 이후부터 다시 북흉노의 세력권으로 되었다.

이오로(하미)를 점령한 한은 반초(班超)를 파견하여 서역 제국과의 국교 회복을 실현시키려고 하였다.

「호랑이 굴에 들어가지 않고서는 호랑이 새끼도 얻을 수 없다」고 호언장담하면서 겨우 36명의 용사만을 데리고 간 반초가, 로프·놀 호반(湖畔)에 있는 전한의 누란(樓蘭), 즉 후한의 선선(鄯善)왕국에 도달하자 북흉노가 보낸 사자(使者)의 대부대와 마주쳤다. 반초는 용감하게 흉노 사자의 숙소를 야습하여 사자를 무찌르고, 그의 부하 1백수십명을 전멸시켰다. 이것을 본 선선왕국은 벌벌 떨면서 흉노와의 국교를 단절하고 한조에 인질을 보내어 조공을 바칠 것을 약속하였다.

서역 제국은 소국들이지만, 동서교통로에 해당하는 대상(隊商)의 통과지역이고 또 일종의 중계항적(中繼港的) 역할도 하기 때문에, 소국이라고는 하지만 꽤 잘사는 나라들이기도 하였다. 그 조공품이 북흉노에게는 귀중한 재원으로 되어 있었기 때문에, 흉노는 이곳을 내놓기는 커녕, 한과의 사이에서 격심한 쟁탈전을 벌였던 것이다.

89년에 두헌(竇憲)은 고비사막을 넘어 흉노의 영내 깊숙히 진입하여 대승을 거두고, 선우가 도망가는 것을 뒤쫓아 연연산(燕然山, 외몽골의 한가이산맥)에 이르러 산 위에 기념비를 세우고 귀환하였다. 이 결과로 선우는 남은 흉노부족을 이끌고 알타이산을 넘어 서쪽으로 대이동해 가지 않으면 안되었다. 이렇게 북흉노가 해체되자 한나라는 서역도호(西域都護)를 두고 서역제국에 대한 지배를 확고히 하였다.

중국사 무대에서 자취를 감춘 흉노는 3세기경 아랄해와 카스피해 부근에 출현했고, 374년에 돈강을 건너 유럽에 출입했는데, 이들은 더 나아가 훈족의 왕 앗티라(Attila, 406?~453)에게 인솔되어 서양사상 유럽을 휩쓴 훈(Hun)이라는 유목민족으로 되었다고 한다. 이 흉노=훈 동족설은 처음에 유럽의 동양사 학자들 사이에서 논쟁되었지만, 최근 일본 학자에 의하여, 볼가강 하류지역에서의 발굴품속에 흉노가 섭취한 한대(漢代) 문화계통에 속한 유물인 거울, 활 등이 존재하는 사실이 지적되면서 동족설은 더욱 유력하게 되었다.

유라시아 대륙을 동서로 횡단하는 대초원과 사막지대를 따라, 종종 수렵 유목민족의 이동이 이루어 졌을 뿐만 아니라, 예컨대 동쪽 끝인 중국 북변이며 몽골고원 서부지역에서 진시황이 흉노에 압력을 가하면, 흉노는 다시 그들의 서쪽 이웃인 대월지(大月氏)를 쫓고, 그 대월지는 멀리 중앙아시아의 투르키스탄으로 이동하여 박토리아를 정복한 것은 이것의 한가지 예이다. 이 지대에서는 동방 문화, 즉 중국문화와 서양 문화가 유목민족의 매개로 연결되어, 세계사적 연관이 성립되었다. 유목민족을 통한 동서의 문화교류는 질이나 양이 모두 빈약한 동시에 불안정하였다. 그러자 천산남로의 오아시스지대에 위치하여, 농업상업민족인 아리아 도시국가의 중계에 의하여, 교류는 비로소 본격화되어 동과 서의 세계사적 연관이 더욱 긴밀도를 더하게 되었다.

반초(班超)가 천산남로의 제국을 지배하고자 공작하는 과정에서, 서방 파미르고원 너머에 있는 서(西)투르키스탄의 강국인 쿠샨왕조가 배후에서 그들을 지원하고 있음을 알게 되었다. 90년에 들어와 쿠샨왕국, 즉 대월지국(大月氏國)의 부왕(副王)은 7만의 대군을 이끌고 공격해 왔다. 그러나 대패하여 퇴각하고 한제국의 위세는 파미르고원 너머에까지 확대되었다.

서방에서는 로마제국이 지중해 세계의 지배를 완성하고, 1세기 중반에는 소아시아에 진출하여 아르메니아를 속국으로 하고, 다시 시리아를 정복하였다. 동서로 나누어져 정치적으로 전혀 관계없이 그대로 성장해 오던 이 양대 제국 사이에, 이제 서로의 존재를 확인하는 기회가 찾아왔다. 토카라족이 세운 쿠샨(貴霜)왕조를 제압한 반초는, 부장 감영(甘英)을 대진국(大秦國)에 사자로 파견하였다(97년). 대진국은 서해(西海) 서쪽에 있는 대국으로서, 국민의 키가 크고, 양식(良識)있는 문화인이라는 점이 중국인과 닮고 있었다. 중국인은 당시 외국으로부터 진인(秦人)이라고 불리우고 있었기 때문에, 키다리 중국인의 나라라는 의미에서 대진국이라 명명하였다고 한다. 그 이유는 반드시 믿을 수 있는 것이 아니지만, 대진국이란 서방세계를 통일한 대문명국인 로마제국을 막연하게 가리켰던 것 같다. 이와 같은 문명국으로서 널리 이름이 알려진 서방대국과 직접 국교가 맺어졌더라면, 중국문화는 앞으로의 발전에 그 얼마나 큰 영향을 받게 되었을는지 모를 일이다. 그러나 로마는 중국으로부터 너무도 멀리 서쪽에 떨어져 있었다.

 감영은 안식국(安息國, 페르시아)을 지나 조지(條支, 시리아)국에 도달하여, 지중해안으로부터 배를 타고 계속 나가려고 하였다. 동서의 중계무역을 독점하고 있던 시리아 상인은, 감영의 도항(渡航)으로 자기들의 이익이 줄어들 것을 걱정하여 선원들로 하여금 감영에게 더 가지 않도록 다음과 같이 충고하게 하였다. 해양(海洋)은 너무 광대하여 아무리 순풍(順風)을 탄다해도 로마까지 다다르려면 3개월을 요한다. 만약에 역풍(逆風)이라도 만나면, 족히 2년은 걸릴 것이라고. 긴 여행에 지치고 또 향수에 젖어 있던 대원을 데려간 감영은, 더 이상의 항해를 그만두지 않을 수 없었다.

 사막·초원·고산을 통과하는 장도의 육상 운송은, 많은 나라들의 중계를 필요로 하는 까닭에, 국제적인 정치관계가 좀처럼 우호적이 아니면, 중도의 장애로 말미암아 교통이 방해받는 경우가 많다. 운임이 보다 싸고, 보다 안정성이 있는 것이 해상교통이다. 기원 1세기 후반에, 무명(無名)의 한 로마인이 상선으로 이집트의 홍해연안에서 출항하여, 홍해-인도양을 횡단한데서 얻은 지식을 바탕으로, 『엘류투라스해 안내기』를 그리스어로 쓴 바 있다. 8월 남서계절풍을 이용하여 홍해만 입구로부터 직접 인도반도의 서해안으로 도항하고, 다음해 1월에는 북동계절풍을 타고 귀향하는 방법이 발견되고 있었다. 인도반도의 남단을 돌아 갠지즈강 하구에 도달하고, 더 나아가 말레이반도를 우회하여 중국 광주(廣州)에 도달하는 해상 무역로도 차츰 개발된 것 같다.

 이 상선대(商船隊)는 인도상품만이 아니라, 멀리 육로를 거치거나 또는 인도선박과 중국선박으로 해로를 통하여 운반되어 오는 중국 산물을, 로마로 가져갔다. 로마에의 유입품은 인도로부터 상아, 진주, 보석류와 호초(胡椒)와 같은 향신료나 향로가, 그리고 중국으로부터는 비단과 같은 귀한 물품이 주

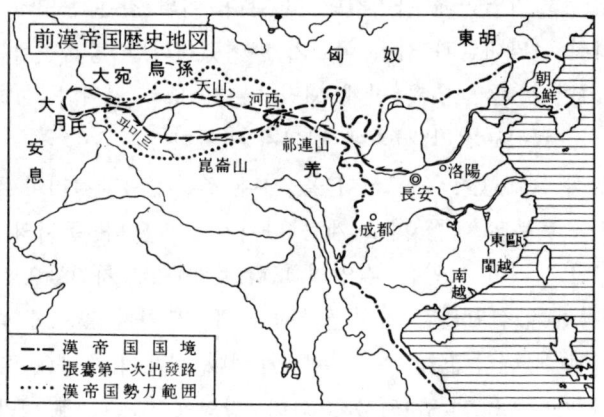

대진국(大秦國)

감영(甘英)이 말한 대진국(大秦國)이 어디에 해당하느냐에 대해서는, 그것이 이집트의 알렉산드리아라는 설도 있다. 그가 방문한 조지국(條支國, 시리아)에 대해서는 이설(異說)이 많다. 한대(漢代)의 사절은, 지리적 지식을 습득하는데도 상당히 열심이었으므로, 로마에 관한 불확실한 지식밖에 가지지 않았던 것으로는 생각되지 않는다. 중국인이 원서(遠西)지역의, 벽안(碧眼)에 코가 높고, 키가 큰 이국인(異國人) 땅에 처음으로 닿았을 때, 어떠한 생각을 가졌을까 하는 것은, 기실 현대의 우리들로서는 이해하기 어려운 일이다. 이에 앞서 장건(張騫)이 중앙아시아의 인도아리안, 즉 백색인종이 사는 나라를 방문하고, 그 나라에 대원(大宛)·대하(大夏) 등의 이름을 붙인 바 있다. 강한 중화의식을 가진 지금의 중국민족에서 보면, 장건이나 감영이 고대왕조인 하(夏)에 큰 大자를 붙여서 「대하」라는 국명을 이 원서(遠西)의 이국(異國)에게 붙였고, 또 중국 최초의 통일국가이고, 한나라에 선행하며 현실적인 최대제국이던 진(秦)에 다시 큰 大자를 붙여서 「대진」으로 불렀다고는 생각되지 않는다. 그러나 서쪽 끝에는 중국에 대항하여 결코 뒤지지 않을 이색인종에 의한 별개의 문명국가가 있다는 사실을, 어슴프레하지만 감영도 알고 있었기 때문에 이렇게 명명한 것이 아닐까 생각된다. 오늘날만큼 중화의식이 아직 견고하지 못했던 중화민족이, 처음으로 알게 된 원서(遠西)에 대한 소박한 체험을 바탕으로, 감영(甘英)은 중국의 지리학사(地理學史)상 위대한 발견을 한 탐험가이지만, 그가 한발자국 더 나아가 로마본국까지 도달하지 못했던 것은, 참말로 아쉽고도 유감된 일이다. 그러나 중국의 지리적 고립성이 중국과 서방세계와의 직접교통을 저해하여, 중국인으로 하여금 보편적인 세계사의 일원으로 자각시키지 못한 것은, 어쩌면 당연한 일인지도 모른다.

종을 이루었다. 이에 대하여 로마는 유리제품과 금속제품 이외에, 볼만한 상품을 갖고 있지 않았기 때문에, 매년 다량의 금은괴, 금은화폐로 지불했으므로, 대량의 황금·은을 잃었다고 한다. 후한말에 가까운 환제(桓帝)대(166년)에, 대진왕(大秦王) 안돈(安敦)의 사절이 안남(安南)에 와서 상아·코뿔소뿔·대모갑 등을 헌상한 사실이 기록되어 있다. 이것이 로마황제 안토니누스(Pius Antoninus, 재위 138~161)의 칙사가 아니고 로마황제의 명의를 사칭한 로마제국의 무역상인이, 멀리 인도양·말레이반도를 거쳐 중국까지 항해해 왔다는 것이 사실인 것 같다. 광주(廣州), 귀현(貴縣), 장사(長沙) 등 각지의 후한시대 분묘에서 부장품으로 유리구슬과 유리공기를 비롯하여, 호박(琥珀)과 같은 보석 장식물이 발견되었다. 특히 유리제품은 로마제국으로부터 해로로 수입된 것이 틀림없는 제품이었다.

이와같이 장식품은 원거리 중계무역을 통하여 원서(遠西)로부터 원동(遠東)의 중국에까지 전달되었지만, 로마의 학술·사상·문학 등은 거의 한왕조에 어떠한 영향도 끼치지 못한데 반하여, 후한왕조의 서역제패는 그 부산물로서 인도에서 일어난 불교를 중국에 가져오게 되었다.

기원전 500년경, 석가(釋迦)에 의하여 창시된 불교는, 처음에 갠지즈강 중류지방에만 유포되었지만, B.C. 3세기에 남인도를 제외한 인도의 대부분을 통일한 마우리아 왕조의 아쇼카왕이 불교를 국교로 정하고 사방에 전도사를 보낸 후부터 전인도에 퍼졌다. 그후 서북으로부터 이동하며 아프가니스탄, 서북 인도를 영유하게된 쿠샨왕조의 카니시카왕의 후원으로, 다시 중앙아시아를 넘어 천산남로의 서역제국에까지 교화가 미쳤다.

후한의 제2대 황제인 명제(明帝)가 꿈속에서, 머리 뒤통수로부터 후광을 발산하는 장대한 금인(金人)과 만났다. 이 꿈 판단에 의하면, 그 금인은 서방의 부처님 모습이었다. 명제는 급히 사신(使臣)을 인도에 보내어 불법을 구해오게 하였다. 이것이 중국에 불교·불상조각이 들어온 기원으로 되어 있다. 불상이 명제의 꿈속에서 나타났다는 것은 불사(佛寺)의 창건에 항상 붙어 다니게 마련인 연기전설(緣起傳說)의 한 예일 뿐 물론 역사적 사실이 아니다. 그러나 명제의 왕자인 초왕영(楚王英)이 황제·노자(黃帝·老子)의 학문과 더불어 부도(浮屠)의 교, 즉 불교를 믿었던 것으로 미루어 보아, 1세기 후반에는 불교가 중앙아시아를 거쳐 중국에 이미 전래된 것은 의심할 여지가 없다. 도가(道家)의 신선사상(神仙思想)이나 마술(魔術)과 결부된 미신적인 민간의 신흥종교로 발족한, 이국기원(異國起原)기원의 난해한 교리를 가진 불교가, 강렬한 중화의식의 소유자이며, '외국문화를 좀처럼 높이 평가하지 않는 중국국민에게 이해되고, 또 받아들여 진 것은 쉬운 일이 아니다. 그것을 위해서는 신자들의 오랜 기간에 걸친 진지한 학습과 그것을 가능하게 한 적절한 역사적·사회적인 조건이 필요하였다.

7. 왕조국가의 붕괴 — 외척·환관·사대부의 항쟁과 농민봉기

광무제—명제—장제의 3대에 걸쳐 밝은 제왕이 연이어 집권함으로써 융성하게 된 동한(후한) 왕조는 장제가 33세라는 젊은 나이로 붕어하고, 화제(和帝)가 겨우 열 살에 즉위한 것(A.D. 89)을 갈림길로 쇠퇴징조를 보이기 시작하였다. 황제가 일찍 죽으면 그 자리에 나이 어린 태자가 즉위한다. 그러면 어머니의 황태후가 섭정이 되고, 실권은 외척(外戚)의 손에 돌아간다. 천자가 성인(成人)이 되어 이것에 만족하지 않고 외척의 간섭을 배제하려 하면 측근인 환관(宦官)의 조력을 받지 않으면 안되며, 또 황제가 죽었을 때도 환관이 외척을 멸하며 신제(新帝)를 세우게 된다. 어느 쪽으로 굴든 결국 외척 대신에 환관이 정권을 잡게된다. 후한의 정쟁(政爭)은 이런 과정의 반복이었다.

후궁문학(後宮文學)

후한시대에는 후궁(後宮)을 중심으로 한 궁중문학이 발달하였다. 명제(明帝)의 명덕마(明德馬) 황후는 굉장히 학문을 좋아하여 『춘추(春秋)』에 통달했고, 『초사(楚辭)』의 애독자로서 망부(亡夫)인 명제를 위해 실록까지 저술하였다. 그 이후 장제(章帝)의 장덕두(章德竇) 황후, 화제(和帝)의 음(陰)황후와 화희등(和熹鄧)황후, 순제(順帝)의 순렬량(順烈梁)황후들은 모두 학문도 있고, 글씨에도 능하였다. 황후나 여관(女官)의 스승으로서 유명한 사람이『한서(漢書)』의 저자인 반고(班固)의 누이동생 조대가(曹大家 ; 본명은 班昭)였다. 그녀는 반고가 미처 다 쓰지 못했던『한서』의 일부를 보충한 중국 최초이자 최대의 여류문사였다.

중국 왕조국가의 황제들은 일부 다처제(一夫多妻制)하에 자금성(紫禁城) 안 깊은 궁전에 자라면서 외계와 접촉하는 일이 적었기 때문에 세대가 지남에 신체가 허약해지며 따라서 요절하는 경향이 있었고, 이리하여 황제권(皇帝權)이 외척·환관 등에 탈취당하여 붕괴되곤 하였다. 전형적인 예로서 후한제왕의 수명, 재위년수, 즉위시의 연령, 생자수(生子數)의 표와 더불어 섭정·황후와 정권을 마음대로 두른 외척·환관 등의 일람표에 의하여 설명하고자 한다.

외척으로서 가장 강력하고 장기에 걸쳐 정권을 차지했던 것은 후한 11대 황제인 환제(桓制) 시대의 양기(梁冀)이다. 이 일문(一門)에서 전후 7인의 제후(諸侯), 3인의 황후, 6인의 귀인(천자의 제2후궁), 2인의 대장군과 기타 57인의 경(卿)·장(將)·윤(尹)이 배출됐다. 양씨의 독재가 오랫동안 계속된

후한 황제들의 수명표

皇 帝	壽 命	在位年數	卽立時年齡	生 子 數
光武	62	33	30	10
明	48	18	30	9
章	33	13	19	8
和	27	17	10	2
殤	2	1	출생후100여일	0
安	32	18	13	1
少		7개월로 퇴위		
順	30	19	11	1
沖	3	1	2	0
質	9	1	8	0
桓	36	21	15	0
靈	34	22	12	2
獻	54 양위	20	9	

후한(동한)의 창업주이며 한조 중흥의 영웅으로 일컬어진 광무제(光武帝, 劉秀)가 62세의 천수(天壽)를 누린데 대하여 동란 없는 평화스런 세상에 태어난 그의 아들 명제(明帝)와 그의 손자 장제(章帝) 등 세대(世代)가 내려갈수록 차차 젊은 나이로 세상을 떴다는 것은, 아마도 부자연스런 중국 황족의 궁중생활의 결함이 원인이었을 것이다. 제3대 황제인 장제까지는 많은 왕자가 태어났지만, 그 이하의 대에서는 요절(夭折)한 탓도 있지만, 왕자가 드물게 밖에는 태어나지 않고 사회인으로서의 왕자·왕손의 생명력의 쇠퇴를 표상하는 것일런지도 모른다.

후한대 외척·환관의 정권교대표

皇帝	皇后	外戚	宦官
和	竇太后 帝는 太后의 양자	竇賢 竇太后의 兄	92년, 鄭衆이 竇氏와 交代
殤	鄧太后 帝의 生母	鄧隲 鄧太后의 兄	121년, 鄧太后가 죽자, 李國 江京이 鄧氏와 交代
安	閻后 帝의 后	閻顯 閻后의 兄	125년, 安帝가 죽자 閻后 少帝를 세움. 少帝가 죽자 安程, 閻氏와 交代
順	梁后 帝의 后	梁商 梁后의 父 梁冀 梁后의 兄	160년, 桓帝가 唐衡·單超와 協力, 梁氏를 멸함
桓	竇后帝의 后	竇武 竇后의 父	曹節王甫帝를 시해
靈	何后帝의 后	何 何后의 兄	張讓段珪 帝를 시해

화제(和帝, 재위 88~105)가 즉위하자 생모인 두태후(竇太后)가 섭정으로 앉았고, 태후의 오라버니 두헌(竇賢)은 흉노를 격파한 공으로 대장군(大將軍)이 되어 그 위세를 따르는 자가 없었다. 서기 92년에 화제가 환관인 정중(鄭衆)과 모의하여 대장군 두헌을 죽이고 두씨 일족을 일소해 버림으로써, 후한대에 환관이 정치에 참여하는 계기가 마련되었다. 안제(安帝, 재위 105~125)가 즉위하자, 황후 등씨가 오라버니 등즐(鄧隲)이 정권을 잡았다. 등씨는 유교를 숭상하여 그 일족에게 절대로 전횡적(專橫的)인 행동을 삼가도록 엄히 타이르고, 또 많은 명사들을 천거하여 등씨를 지원하게 하여 집권의 영속화를 도모하는 현명한 방침을 취했지만, 121년에 황태후가 죽자, 환관은 명문의 고급관리들이 아니라 실의(失意)에 빠진 하급관리와 중류 이하의 호족들과 결탁하여, 등씨 일족을 타도하고 정권을 잡았다. 양식(良識)있는 귀족정치로부터 이해타산만의 권력정치에로의 이행(移行)은 여기서 시작된 것이다. 125년 안제(安帝)가 죽고 갓난아기인 소제(少帝)가 즉위하면서, 염태후(閻太后)가 섭정이 되고 염현(閻顯)이 전권을 장악하면서 환관을 압박하자, 아마도 독살에 의한 것으로 추정되지만, 몇 달만에 소제가 병사를

하니 이번에는 환관 손정(孫程)이 외척들을 물리치고 정권을 되찾았다. 146년에 환제 (桓帝)가 즉위하면서 양태후(梁太后)가 섭정이 되니, 외척인 양기(梁冀)가 대표가 되어 20년 이상이나 양씨의 전제정치가 계속되었다. 159년에 환제가 환관의 협력을 얻어 외척인 양씨 일문을 처분하니, 이번에는 167년 환제가 죽을 때까지 환관들이 정권을 농단하였다. 이 무렵부터 명유(名儒)들린 이응(李膺)과 진번(陳蕃)을 앞세운 곽태(郭泰)·가표(賈彪) 등 태학생(太學生)들의 반항운동이 일어났다. 167년에 영제(靈帝)가 즉위하자, 두태후(竇太后) 명에 의하여 두무(竇武)가 학자들과 협력하여 정권을 잡고 환관세력을 물리치려 했으나, 계획이 사전에 누설됨으로써 오히려 환관들의 쿠데타로 패배하고 말았다. 환관은 학자들을 금고형에 처하고, 자기들의 전제제도를 계속 밀고 나갔으나, 여기에 황건(黃巾)의 대농민 운동이 발생했으므로, 환관도 학자·태학생을 방면하고 그들의 협력을 요청하지 않을 수 없었다. 189년에 헌제(獻帝)가 즉위했을 때는, 하태후(何太后)와 하진(何進)이 전권을 휘둘렀지만, 변방의 장군 동탁(董卓)의 개입으로, 외척·환관할 것 없이 모두가 몰살되면서 이 두 세력에 의지하여 지탱되던 후한조 자체가 몰락되고 말았다.

것은, 구적(仇敵)인 환관을 포섭하여 연합정권을 형성하였기 때문이다. 외척·환관은 황제권의 운영을 자가(自家)의 손아귀에 넣고자 격심하게 싸웠는데 이런 정치 정점에서의 외척·환관간의 권력투쟁은 결국 넓은 범위의 관료와 호족 집단이 결합된 정치세력간의 항쟁(抗爭)이기도 하였다.

귀족 중의 귀족인 외척이 결성한 호족(豪族)은 명문, 즉 상급호족이었던데 반하여, 성 불구자의 환관 밑에 모인 것은 권력과 부(富)를 추구하는 탐욕스런 하급 관료와 지방호족들이었다고 한다. 이 두 정치세력의 대립을 통하여 정권은 차츰 상층귀족으로부터 하층호족에게, 상급관료로부터 하급관료에로 이행해 갔다. 한편 이런 이행에 저항하고, 부패한 정치를 도덕적으로 바로잡고자 유교학자와 태학생(太學生)의 운동이 일어났다.

일문에서 제후에 봉해진 자 7인, 황후 3인, 대장군 2인을 낸 외척 양씨의 전횡과 호사(豪奢)는 차마 볼 수 없을 정도로 심했지만, 이들을 넘어뜨린 환관의 일족과 그들에게 빌붙어 정권탈취에 성공한 관료배는, 중앙관계(中央官界) 뿐만 아니라 지방관리의 자리까지 독차지하여, 온갖 수단방법을 다하여 백성들로부터 혈세(血稅)를 짜내어 재원(財源)을 좀먹으면서 그것을 사용(私用)에 탕진했으므로, 「논밭이 비었고, 조정이 비었으며, 창고도 텅 비었다」는 그런 상태가 출현된 것이다.

후한의 창업주 광무제는 유교를 장려하고 관리의 명예와 절조를 존중하였는데, 중세이후가 되면서 이런 경향이 극단화되어, 관리의 추천·승진은 정치실무의 재능이 전혀 무시된 채 도덕의 수양정도, 명예와 절조의 높고 낮음에 의하여 결정되었다. 명예와 절조에는 객관적인 기준이 없기 때문에, 3만명이 되는 낙양(洛陽)의 태학생(太學生) 사회에서는 인기에 의해 관료들의 유능·무능이 결정되었다. 태학생이나 유학자 중에는 인기를 얻기 위하여 학문의 실력보다도 극단적인 언론에 의하여 허명(虛名)을 떨치고, 또 명사(名士)가 되는 일이 많아졌다. 환제시대의 명사 이응(李膺)과 진번(陳蕃)은 환관을 맞대놓고 정면으로 비판함으로써, 명성을 높이려고 했고, 태학의 학생들 사이에서도 이에 호응한 정치평론이 성행하게 되었다. 크게 분개한 환관은 학자들이 당을 만들고 태학 학생을 선동하여 정부에 반항하게 했다고 고자질하였기 때문에, 화가 난 환제는 학자 200여명을 당인(黨人)이라 하여 체포하였다. 당인(黨人)의 자백이 환관 일당의 죄악에 언급한 것이 많았으므로, 공식적으로 재판에 회부하면 생각지도 않던 불이익이 돌아올 것을 겁낸 환관들은, 당인의 무죄를 논한 외척 두무(竇武)의 상주를 받아들여 당인을 방면하여 향리에 돌아가게 하되, 종신금고(終身禁錮)를 명하게 함으로써 이 문제를 일단락지었다. 이 것을 당고(黨錮)나 사화(士禍)라고 한다(166년).

환제가 죽은 후 12세의 영제(靈帝)가 들어서면서 두태후(竇太后)의 섭정 두무(竇武)는 「당인의 금고」를 풀고 환관을 멸하려고 하였지만, 사전에 기밀이 누설되어 오히려 반격을 받아 패배하였다. 이 여세를 몰아 환관은 연루자를 색출하여 6, 7백명의 당인은 사형·유형·금고에 처하고(169년), 나아가 1000여명의 태학생도 잡아들였다. 이 제2차 당고(黨錮)에 의하여 학자당은 완전히 해체되고, 환관의 전제 체제가 확립되었다. 허명을 동경한 후한의 명사·태학생의 정치운동은 일반적으로 순수(純粹)하다고는 말할 수 없지만, 그럼에도 불구하고 당고는 진시황의 분서갱유(焚書坑儒)에 버금가는, 중국 제2의 사상탄압이었다. 그것은 유교를 국교로 하며, 또 그것을 기초로 한 후한의 유교적 도덕국가로서는 자살적 행동이었다.

제7장 왕조국가 원형의 탄생 — 두 한제국의 역사적 운명

동한(후한) 중반기경부터 호족·지주에 의해 농지를 빼앗긴 농민의 빈곤의 고통은 외척·환관의 전횡과 부패한 정부 밑에서 가중해 왔다. 견디다 못한 농민은 각지에서 계속해서 반란을 일으켰는데, 그들의 분노는 영제(靈帝) 말년(184년)에 이르러, 소위 황건적(黃巾賊)으로 되면서 폭발하였다. 그때까지의 농민의 반항과 다른 점은, 이번 반란이 당시 민간에서 행해지던 태평도(太平道), 또는 5두미도(五斗米道)라고 하는 도교교의(道敎敎義)에 뒷받침되어 있는 것이다. 이 교의의 터득자인 진인(眞人)의 지도하에 집결한 농민들은, 현세사회의 부정을 배제하고 난세를 바로잡아 진(眞)의 태평성세를 실현시키려고 한 것이다.

태평도(太平道)

태평도의 교의(敎義)는 도교(道敎)의 교의를 집대성한 『도장(道藏)』 「태평경(太平經)」에 의하여 잘 알 수 있다. 「태평경」은 이 속에서 인간이 가진 6개의 대죄(大罪)를 들고 있다. 「사람으로서 무수한 도술(道術)을 체득하고도 타인을 계몽하여 참된 생명을 추구하도록 깨우쳐주지 않는 것이 첫째 대죄이다. 사람으로서 무량의 덕을 쌓으면서도 타인에게 도덕을 지키고 성정(性情)을 함양하는 일의 중요함을 알리기 위하여 노력하지 않는 것이 둘째 대죄이다. 사람으로서 억만금의 재산을 모으면서도 빈곤으로 고생하는 사람을 구제하지 않은 채, 굶주림과 추위로 죽어가는 것을 좌시하고 있는 것이 셋째 대죄이다」라고 기술하고 있다. 높고 원대한 유교의 이상을 풀면서도, 현재의 무지한 대중에게 인생의 본뜻을 확실하게 하는 것을 태만한 유가(儒家)와 도가(道家), 그리고 빈민의 어려운 생활을 구제하는 것을 잊고 있는 재산가의 맹성(猛省)을 촉구하고 있다. 이것에 이어 「무릇 재(財)는 천지(天地)의 근원인 음양(陰陽)의 기(氣)의 중화(中和)에 의해 만들어진 것이다. 천지는 인(仁)의 실현을 목적으로 한다. 서로 유통하여 부족을 만족시켜 사람의 빈곤을 구하지 않은 채 재산만 축적하는 것은 원만한 유통을 저해하는 것이고, 천기의 화기(和氣)의 적으로 되는 것이다」라고 말하고 있다. 여기에는 공자의 「빈곤을 걱정하지 않고, 불평등을 걱정한다」라는 말에 나타난 바, 중국민족의 전통인 인간평등론 위에 선 사회개혁론이 소박한 형식으로 전개되어 있다. 오랫동안 『도장』 속에 매몰되어 있던 태평도의 교의는, 새 중국의 철학연구가들에 의하여 그 의의가 재평가되고 있다.

지금의 하북성 평향현(平鄕縣)에 해당되는 거록(鉅鹿)의 장각(張角)이라는 도교(道敎)의 수행자(修行者)가, 부수(符水)에서 병환을 치료하는 비술(秘術)로 다수의 신자를 획득함으로써,「대현양사(大賢良師)」라고 불리우게 되었다. 제자 8명을 사방으로 파견하여 전도함으로써, 10여년간에 한나라 거의 전국에 걸쳐 수10만의 신도를 획득하게 되었다는 그는, 1만명을 방(方)으로 해서 각각 양수(梁帥)를 세워 모든 신도를 36방으로 조직하고, 갑자대길(甲子大吉)의 해에 해당하는 서기 184년 3월 5일, 모 환관(宦官) 신자와 결탁하여 수도 낙양(洛陽)에서 내란을 일으키려고 하였다. 이 음모가 사전에 발각되어, 중앙에서는 1000명이나 처분되고, 바야흐로 관헌의 체포의 손길이 군·국(郡·國)에 뻗치려 하였다. 장각은 급히 36방에 지령하여 일제히 봉기시켰다. 푸른하늘이 죽고 새로 태어나는 황천(黃天)에 덧게 비쳐 복을 얻는다는 뜻으로, 봉기군중은 황색 두건을 표지로 했기 때문에,「황건의 적」이라고 불러지게 됐다. 10일도 채 지나지 않은 사이에 전국 각지에 반란이 파급되었다.
　영제(靈帝)는 장군에게 엄명하여 토벌군을 파견하였지만, 그 진압은 좀처럼 쉬운 일이 아니었다. 환관 중에는 태평도 신자도 꽤 많았는데, 그들은 이 반란의 위력에 겁을 집어먹고 암암리에 내응하여 투항을 약속하는 자가 있었는가 하면, 또한 군·국(郡·國)의 환관당 관리들에게 퇴피(退避)를 명하는 지령까지 내리는 형편이었다. 고립된 영제는 참지 못하여, 환관의 반대당인 학자·학생, 즉 선비들 힘에 의지하려고 당인(黨人)의 금고령을 풀고, 그들에게 의용군을 조직하여 황건적에게 대항시켰다. 하북(河北)의 본거지에 도착한 당인 출신의 명사 황보숭(黃甫嵩)은 본거지를 습격하여, 장각(張角)이 병사한 후에 두령 자리를 이은 장량(張梁)의 대군을 격파하고, 신도들까지 학살하였는데, 그 수가 10여만에 이르렀다. 그는 낙양성으로 개선하였다. 본거지는 무너졌지만 각지의 황건적은 아직도 강력하여, 그 전면적인 평정은 언제가 될지 알 수가 없었다.
　189년 영제가 죽고, 황태자 유변(劉弁)이 제위에 올랐다. 하태우(何太后)가 섭정이 되고, 그녀의 형이며 가축도살자 출신인 하진(何進)이 정권을 잡았다. 그는 서북 지방의 강족(羌族)의 반란을 평정한 변경의 군벌 동탁(董卓)의 힘을 빌어 환관당을 무너뜨리려고 하였지만, 사전에 이런 기밀을 알아낸 환관은, 쿠데타를 일으켜 하진 일족을 멸하였다. 황건의 진압으로 세력을 가지게 된 선비족의 대표자이며 하북지방의 호족인 원소(袁紹)가, 자기 병력을 이끌고 궁중에 들어가 환관 2000여명을 전멸시켰다. 서쪽에서 동탁의 대군이 원소군을 뒤따라 낙양에 도착하자, 광포한 원소는 황제 유변을 폐하고 하태후를 죽인 다음 헌제(獻帝)를 황제로 옹립하였다. 외척·환관은 일거에 소멸되었지만, 그와 동시에 한왕조는 사실상 망한 것과 다름없고, 이때부터 3국 정립에 이르는 영웅들의 투쟁시대가 시작된다.

원소가 동탁에게 쫓겨 동쪽으로 도망가 기병(起兵)하니 관동지방의 여러 주군(州郡)이 이에 호응하여 원소를 맹주(盟主)로 하여 서진(西進)할 기세를 보였다. 이에 겁을 먹은 동탁은 백관의 반대를 무릅쓰고 섬서의 장안(長安)으로의 천도를 강행하였다. 천도에 앞서 장졸들로 하여금 낙양성 내외를 샅샅이 약탈시켰고, 한편 귀족부호의 재산을 몰수한 다음, 시민을 내몰아 이동시키고, 궁전·시가에 모두 방화하였다. 이리하여 200년 문화의 도성은 회신으로 돌아가고, 200리 내에서는 닭이나 개의 울음소리도 들리지 않는 폐허로 되었다(190년).

장안(長安)에서도 극도로 난폭하게 군 동탁의 행위에 회의를 느낀 선비족 출신 왕윤(王允)이 동탁 근위군의 용맹한 장군인 여포(呂布)를 꾀어내어 궁중에서 암살해버렸다. 격분한 동탁의 구(舊)부하는 왕윤을 비롯하여 조신(朝臣)들을 모두 죽인 후에, 여세를 몰아 마치 미친 개들마냥 장안 시중을 쏘다니며 닥치는대로 대학살을 자행하였다(192년). 이리하여 낙양만이 아니라 장안 고도(古都)도 파괴되었기 때문에, 동서 두 한왕조가 400년 동안에 남긴 문물은 거의 사멸하였다. 196년, 헌제는 장안을 벗어나 낙양으로 도망갔지만, 누대(累代)의 조신이 모두 죽고 지지자를 잃자, 완전히 황제라는 빈 이름만을 갖게 되었을 따름이다.

제 8 장 새로운 시대의 대두

1. 3국의 분립(分立)

　190년, 후한의 헌제(獻帝)가 동탁(董卓)에 의해 강제로 서쪽의 장안(長安)으로 이동한 후, 한제국의 권위는 크게 떨어져 거의 무정부 상태로 되었다. 관동(關東) 즉 하남성 이동(以東)의 중원(中原)에서는 군벌(軍閥)이 지방에 할거하여 19년의 장기간에 걸쳐서 심한 전투를 벌이고 있었다. 가장 유력했던 것은 선비족 중의 명가인 원소(袁紹 ?~202)로서, 거의 하북·산서 양성을 차지하고 있었다. 여기에 버금가는 것이 조조(曹操 154~220)로서 그는 산동성에서 하남성으로 진출하여, 헌제가 장안에서 탈출하여 낙양에 돌아오자 재빨리 본거지의 허(許)(하남성 許昌縣)로 헌제를 맞아들여, 한의 제실(帝室)을 부흥시키고 한조에 충성을 다 바친다는 미명하에, 천자를 인형과도 같이 마음대로 조정하여, 급격히 권위를 높이고 있었다. 원소를 관도(官渡)의 일전에서 격파하고 하북지방을 손에 넣은 여세를 몰아, 조조는 중원에 진출하여, 하북지방 북변에 할거하는 오환(烏桓, 또는 烏丸이라고도 한다)을 복속시키고, 동북에서 독립하고 있던 공손탁(公孫度)도 그의 부하가 되었다.

치세(治世)의 능신(能臣)이요, 난세(亂世)의 간웅(姦雄)

　조조의 아버지 조숭(曹嵩)은 환관 조등(曹騰)의 양자가 됨으로서 매관(買官)으로 태위(太尉)의 지위에까지 올랐다. 조조는 선비족들로부터 구적시(仇敵視)되던 환관계통에 속하는 출신상의 불이익과, 따라서 그들로부터 업신여김에 크게 반발하여, 젊었을 때부터 무용(武勇)에 긍지감과 자부심을 갖고 무예를 닦았고, 이리하여 무뢰한의 무리와 사귀어 평소의 소행이 좋지 않았지만, 기지(機智)가 있고 독서하기를 즐겼는데, 특히 『손자병법(孫子兵法)』을 정독하여 그것에 통달함으로써 거기에 주석을 달 정도로 학력도 갖추었던 것이다. 어떤 인물평론가(관상장이)로부터 「당신은 치세(治世)의 능신(能臣)이요, 난세(亂世)의 간웅(姦雄)이 될 사람이외다」 (태평성세에 태어났더라면 커서 유능한 정승이 되었겠지만, 지금과 같은 난세에서는 아마도 천하의 대악당이 되었을 것이라는 뜻)라고 평가받고, 겉으로는 웃어 넘겼지만, 속으로는 크게 기뻐했다. 사실 조조는 지용(智勇)이 겸비된 재능과 고금(古今)을 통한 중국정치가들 중에서는, 제1류급에 속한다 해도 과언이 아니다. 한 왕조를 이용하여 충성을 가장해서 성공한 간웅적(姦雄的)인 그의 소행은 중국 역사에서 악명 높은 영웅이다. 새 중국 학자들은 그의 업적을 재평가하고 있다고 한다.

화북(華北)의 대부분을 제압한 조조는 남하하여 양자강 중류의 무한(武漢) 요충지를 포함하는 형주(荊州)로 향하였다. 이 지방의 정권을 잡고있던 호북(湖北) 양양(襄陽)의 유표(劉表)가 병사한 후를 이은, 그의 아들 유종(劉琮)은 조조에게 항복해 버렸다. 유표 밑에서 당시 한(漢) 왕실의 먼 분가(分家) 친척인 유비(劉備, 161~223)가 몸을 의지하고 있었다. 그는 황건적(黃巾賊)을 무찌르기 위하여 일어났던 선비족(士族) 중의 한 사람이지만, 사방으로 유랑하면서 뜻을 얻지 못한 채, 한 때는 조조에게도 속해 있었다. 조조가 근왕(勤王)을 부르짖으면서도 한왕조를 타고 앉아 정권을 잡으려는 야심을 가지고 있음을 간파한 유비는, 조조를 없애려고 하였으나 실패하자, 도망쳐 유표 밑에 망명해 있었던 것이다. 유비는 은둔생활을 하고 있는 학자인 제갈량(諸葛亮, 181~234)의 계략(計略)을 받아들여 양자강 하류인 남경(南京)에 할거해 있던 손권(孫權)과 동맹하여 조조에게 대항하였다.

삼고초려(三顧草廬)

유비는 후한의 명유(名儒) 노식(盧植)에게 사사하여 경학(經學)을 수련하였다. 그러므로 조조에 비하면 정통학문의 소양을 받은 셈이다. 그러나 그로서는 오로지 학문만을 닦기에는 사회적 관심이 너무도 강했다. 호협(豪俠)들과 교우관계를 맺고 비분강개하는 토론으로 청년시대를 지냈는데, 워낙 인덕이 높아서 자연히 대중의 신망을 받았다. 조조도 「천하의 영웅은 자네와 나뿐이다」 라고 말할 정도로, 그를 높이 평가하고 있었다. 36세의 유비는 자기보다 훨씬 연하의 제갈량(자는 孔明)의 운둔처를 세 번이나 방문하여, 그에게 군사(軍師, 참모)로서 출마하여 자기를 도와 줄 것을 간청하여 끝내 승낙시켰다. 삼고초려(三顧草廬)의 예를 취함으로써 제갈량을 초빙한 미담은 굉장히 유명하게 되었다. 이 때 제갈량이 헌책한 「천하 3분의 계(計)」가 그후 3국분립(三國分立)의 정세와 너무도 일치하였기 때문에, 이것이 후세 사람들이 갖다붙인 이야기가 아닐까 하고 의심하는 학자도 있다. 그러나 천하 3분지 계는 그 당시 다른 정객들도 생각하고 있었기 때문에, 어쩌면 문사(文辭) 끝에는 어느 정도 후세의 수식이 붙어 있을는지 모르나, 대체로 제갈량의 원안으로 보아도 좋을 것이다.

조조는 유표의 수군(水軍)까지 포함한 16~17만의 수군과 기타 지상군을

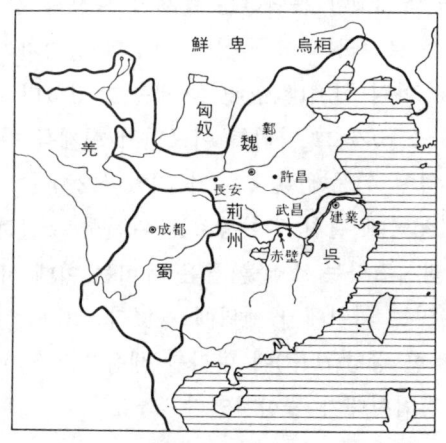

3국 정립도(鼎立圖)

위의 문제(文帝, 曹丕)는 도성을 낙양(洛陽)으로 옮기고 화북지역의 태반을 영유하였다. 촉은 성도(成都)를, 오는 남경(南京)을 각각 도성으로 정하였으나 이 두 나라의 세력은 위에 비교할 바가 못되었다. 3개국의 호구수는 다음과 같았다.

나 라	호 구	인 구
위	663,423	4,432,881
촉	약 280,000	약 940,000
오	약 520,000	약 2,300,000

인구에서 위가 중국전역의 57%를 차지했고, 특히 정치·문화의 중심인 화북지역을 영유하고 있었으므로 그의 우위성은 명백하였다.

합하여 모두 80만의 대군을 이끌고 강릉(江陵)으로부터 강을 따라 동하(東下)하여 적벽(赤壁)에 이르렀다. 이때 손권의 명장 주유(周瑜, 175~210)는 겨우 3만의 수군을 가지고 이에 대항하였다. 주유는 바람풍세를 헤아려 화선(火船)을 풀어 화공작전으로 조조의 군선을 불태웠다. 이리하여 조조는 대패하여 북쪽으로 군을 돌리지 않을 수 없었다(208년). 이 적벽의 싸움은 중국 역사의 운명을 바꿔놓는 대결전의 하나였다. 만약에 조조가 이 전투에서 승리하였더라면, 그후에 위(魏)의 통일제국이 탄생하고, 조조의 우수한 정치가적 두뇌에 의해, 꽤 강고하고 안정된 국가가 성립되었을는지 모른다. 다행인지 불행인지 모르나, 조조가 크게 패함으로써 여기에 공명이 예언한 것처럼, 조조-유비-손권의 3국이 분립하는 형세가 확정된 것이다.

조조는 위왕(魏王)으로 책봉되어 사실상 북방의 실력자가 되었지만, 그의 생전에는 명목상으로 아직 헌제(獻帝)를 내세우고 있었다. 그가 죽은 후 아들인 조비(曹丕, 186~226)가 그 자리를 이으면서 헌제를 다그쳐 황제자리를 그에게 선양하도록 하여 위문제(魏文帝)가 되었다(220년). 여기서 광무제가 즉위한 이래 13제, 196년에 걸친 후한왕조는 완전히 소멸하였다.

위가 한왕조를 멸망시켰다는 소식을 들은 유비는 이때 사천성을 영유하고 있었지만, 한왕조를 잇는 의미에서 제위에 올랐다. 그가 촉(蜀)의 소렬제(昭烈帝)이다. 손권도 또한 강남(江南)에 나라를 세움으로써 여기에 위(魏)·촉(蜀)·오(吳)의 3국 정립시대가 출현하였다.

2. 군사봉건제도의 맹아(萌芽)

조조가 적벽의 결전에서 대패하여 천하통일의 기회를 놓친 원인으로는, 그 자신의 외교와 용병술의 실패 이외에, 당시의 사회경제적인 객관적 정세가, 정치적 통일을 방해하고 분열로 인도하는 경향을 잉태하고 있던 요소도 작용한 것이라고 생각된다.

군태수(郡太守)와 같은 후한의 지방행정관은 임지의 군에서 행정·군사·재판을 주재하는 커다란 권한을 가질 뿐만 아니라, 하급 지방관을 자유롭게 임면할 수 있는 특권을 보유하고 있었다. 임명된 하급관리는 고리(故吏), 문생(門生)이라 칭하여, 군태수에 대해서는 군신(君臣)의 사이와도 같은, 절대적인 복종관계를 맺고 있었다. 지방관리는 한의 중앙군주에 대하여, 공적인 군신관계와 복종의무를 가질 뿐만 아니라, 지방의 행정장관들과는 사적인 군신관계에 의해 연결되어 있었다.

 지방의 호족은 더욱더 농지를 겸병하여 대토지 소유자로 되었다. 전한의 대토지 소유자는, 다수의 노예를 가지고 농사일에 사역시켰다. 후한 말의 대지주는 부역의 무거운 부담에 견디다 못하여 본적지를 떠나 유랑하는 빈농들을 빈객(賓客)·전객(佃客) 등 여러가지 명칭으로 고용하여, 논밭을 갈게 하였다. 전란으로 인한 불안의 시기였기 때문에 지주는 이들 농민 중에서 선발하여 사병(私兵)을 조직하였는데, 이것을 부곡(部曲)이라 불렀다. 전객·부곡은 독신의 노예가 아니라 가정을 이룬 농노와 같은 반자유민의 신분에 속했던 것 같다.

 이와같이 대지주 밑에는 그 지주를 주인으로 하고, 전객·부곡 등 잡다한 봉건적인 종속관계로 맺어진 농민이 모여 있었다. 전란을 피하여 대·소의 보류(堡壘), 소위 오벽(塢壁)을 만들어 자체방위한 대지주·호족과, 이들 신종자(臣從者)와는 단순한 경제적인 지주와 농노와의 관계가 아니라 오주(塢主, 즉 城主)의 보호를 구하여 군인으로서 그에게 충성을 맹세한 사병(私兵)·사신(私臣)의 관계였다. 군사적 의미를 가진 고유의 사적(私的)인 봉건관계가 문인관료로 구성됐던 한왕조 국가의 공적제체(公的體制)를 무너뜨리고, 이것에 대체되려 하고 있었다. 대지주는 차츰 영주화(領主化)하여, 후한 말에서 삼국시대에 걸쳐 이 분열된 제국 속에서, 군사봉건제를 형성하고 있었다. 이것이 중국을 통일하는 대제국의 출현을 막은 요인의 하나였다.

 한제국의 붕괴와 더불어, 각지에서의 대소 봉건영주의 할거는, 교통을 방해하여 상품의 유통을 막았고, 상공업을 쇠퇴하게 하여 상품시장의 성립을 저지함으로써 자급자족의 자연경제로 회귀하게 하였다. 이와 같은 경제정세는 대량의 식량을 징발하여 대군을 먼 거리에 출정시키는 것을 거의 불가능하게 한다. 80만이라는 조조의 남하군은, 손권의 화공전에 패배하기 전에,

이미 식량보급에 큰 곤란을 겪고 있었던 것이다.

조조는 적벽전 대패배의 교훈으로부터 대군의 원정전쟁에는 먼저 보급 노선에 연하여 군대를 둔전(屯田)시켜, 군량을 자급자족하려고 하였다. 오나라의 수도 건업(建鄴)을 향하여 보복의 군대를 출병시킴에 앞서, 조조는 황하와 회수 사이의 하천연안과 전선(前線)인 양자강 북안 등의 관개공사를 위하여 군민을 파견하여 둔전(屯田)을 하였다. 이 둔전제는 위의 남방진격 작전의 기초로 되었을 뿐만 아니라 황폐화 했던 화북의 농업을 부흥시키는 원동력이 되었고, 다음에 온 진(晉)의 점전제(占田制)로 시작되는 중세의 독특한 국가적 농지소유제의 선구가 되었다.

중원의 위(魏)에 대항하는 오와 촉의 연맹은, 적벽의 싸움 이후 한번 해소된다. 촉의 용장 관우(關羽)가 양양(襄陽)을 회복하고 위도(魏都)인 허창(許昌)을 무찌르려는 기세를 보이자, 이에 겁을 먹은 조조는 오의 손권을 설득하여, 앞뒤에서 관우를 협격하여 그를 죽였다(219년). 촉의 소렬제는 이에 대결하여 오국을 공격하였지만, 오가 위와 화평하고 전력을 다하여 촉에 대항하였기 때문에 촉은 목적을 달성할 수가 없었다.

소렬제가 죽고 촉의 후주(後主) 유선(劉禪)이 즉위하면서 후견역이 된 제갈량은 오와 화평협약을 맺었다. 제갈량은 무엇보다 먼저 국력을 키우고 운남(雲南)지방의 이민족을 정복하여 후환(後患)을 끊은 다음, 대군을 이끌고 북진하여 기산(祁山)에서 위군과 대전하였다. 제갈량은 선제(先帝-劉備)의 지우(知遇)에 보답하며, 위국토멸의 초지를 관철하기 위하여 몇 번이고 출격하였지만, 위의 방위군 사령관인 사마중달(司馬仲達)이 굳게 성을 지켜, 지구책으로 나왔기 때문에 성공하지 못한 채 오장원(五丈原) 진중에서 세상을 떠났다(234년).

출사표(出師表)

제갈량은 유능한 정치가요, 탁월한 전술가인 동시에, 또한 혼란한 시대에는 드물게 보이는 성실한 인격자였다. 출진에 앞서 그가 후주(劉禪)에게 바친 전후 2통(기원전 227년과 228년)의 출사표(出師表)는 그의 폐부 속에서 솟아 넘치는 순충지성(純忠至誠)의 표현이요, 명문장이다. 여기서「전출사표」(기원전 227년)의 한 구절을 인용한다.

「命을 받은 이래 夙夜 우려하기를 부탁의 효력이 나지 않아, 선제의 총명을 傷할까 두려워 하였습니다. ……兵甲도 이미 충족되었습니다. 마땅히 三軍을 獎率하여 북으로 中原을 평정할 것입니다. 바라옵건데 駑鈍을 다하여 姦凶(위의 曹丕)을 攘除함으로써 한실은 부흥하고 舊都에 돌아가기를, 이는 신이 선제께 보답하고 폐하는 충성하는 所以의 직분입니다. 崔仁旭, 『古文眞寶』乙址文化社, 서울 1964. p.401)」

　제갈공명의 의지를 이어받은 촉장(蜀將) 강유(姜維)도 자주 북정군(北征軍)을 냈지만 국력만을 소모했고, 또 후주(後主)의 신정(失政)과 더불어 나라에는 불안한 기운이 가득차게 되었다. 사마의(司馬懿)의 손자로서, 위나라의 실권을 쥐고 있던 사마소(司馬昭)가, 이 틈을 타서 대군을 일으켜 촉을 공격하여 후주의 항복을 받자, 촉은 2대 45년으로 멸망하였다(263년).

　위의 조조도 원래 시의심이 많은 인물이었지만, 문제(文帝, 曹丕) 이하의 제제(諸帝)도 육친을 소외하고 외척을 신용하지 않아, 그들을 왕후(王侯)로 책봉하지 않았기 때문에 제계(帝系)는 고립하였다. 사마의(司馬懿)의 아들 사마사(司馬師)는 황제의 폐립을 단행했고 손자인 사마소(司馬昭)는 진공(晋公)에 책봉되자마자 위국을 자기 독재 하에 두고 전횡하였다. 촉을 멸망시킨 후 그의 위망(威望)이 더욱 높아지자 소(昭)의 아들 사마염(司馬炎)은 위의 원제(元帝)를 협박하여 퇴위시킨 다음, 스스로 제위를 이었다(265년). 이것이 진무제(晋武帝)이다. 위국은 불과 45년으로 멸망한 것이다. 오국에서는 손권의 손자 호(皓)가 너무 포악하여 민심을 잃고 있었는데, 이것을 안 진의 무제는 대도강작전으로 진공하여 수도 건업(建業, 후일의 南京)을 함몰시켜 오제(吳帝)의 항복을 받음으로써, 여기에 진국에 의한 천하통일을 완성하였다.

　후한말의 전란 결과로 형성됐던 삼권분립은, 중국 통일제국으로서는 아마도 불가능했던 변경(邊境) 개발에 커다란 공헌을 하였다. 후한말에 중원의 난을 피하여 요동과 한(韓)반도로 망명한 사람들이 많았다. 요동에서는 공손탁이 이런 망민(亡民)을 결집하여 한지역의 패권을 쥐고 있었다. 당시 위국은 이 공손씨를 자기 세력 밑에 넣고 있었으므로, 동북지방에서 날뛰고 있던 오환족(烏桓族)을 격파하여 이 지방에서 한족(漢族)의 세력을 확고히 하였다.

사천성에 나라를 세웠던 촉이 사천성·운남성 오지의 이민족을 복속시켜 이 지방 개발에 손을 댔다 함은, 앞에서 언급한 바와같다. 양자강 하류, 건업(建鄴)에 수도를 둔 오국은 항해술에 능하여 해상으로부터 동남아시아에 진출하여 우선 이주(夷州) 즉, 고사족(高砂族)이 주거하는 대만도(台灣島)를 탐험하였다(230년). 그는 더 나아가 교주(交州)(현재의 북베트남) 지역의 지배를 확립하고, 다시 부남(扶南, 캄보디아)·임읍(林邑, 남베트남) 등 제국과 국교를 열었다. 남해항로를 연데 응하여, 서기 226년에는 대진국(大秦國), 즉 로마제국의 상인 진론(秦論)이 교주에 왔다. 그는 다시 수도 건업(남경)에 도착하고, 약 7~8년동안 체재한 후 본국으로 돌아갔다고 한다. 그후의 그의 소식이 확실하지 않은 것은 유감이지만, 오국은 남해무역을 통해 멀리 로마제국의 공업품 등도 유입하고 있었다고 상상된다.

3. 한·위(漢·魏)의 문화

동중서(董仲舒)의 상주서(上奏書)에 의하여 한무제(漢武帝)가 유교를 국가의 정통학(正統學)으로 정학고, 5경박사(五經博士)가 생기면서(B.C. 136) 경학(經學)이 급격히 세력을 얻었다. 전한의 경학은 오래된 경서를 한대(漢代) 통용의 예서체(隷書體)로 고쳐쓴 것을 텍스트 북으로 했기 때문에, 금문학파(今文學派)라고 불리운다. 이에 대하여 전한말이 되어 전국시대의 서체 즉 진대(秦代) 전서(篆書) 이전의 서체로 쓴 책을 텍스트 북으로 하는 고문학파(古文學派)가 일어나, 후한시대에는 금문학파를 압도하게 되었다. 전한의 금문학파는 음양 2원의 기(氣)의 교대로써, 인사(人事)와 자연의 모든 움직임을 설명했다. 특히 자연재해를 하늘이 인간, 특히 왕에게 주는 경고로서 그 의미를 읽으려고 했기 때문에, 자칫 잘못하면 신비주의적인 해석에 빠지곤 하였다. 후한의 고문학파는 경서 원문에 대하여, 옛날식으로 읽는 방법과 해석법 그리고 문구의 주석(註釋)에 전력을 쏟음으로써, 미신적 요소를 배제한 점에서 그만큼 진보했다고 볼 수 있다.

경학 중에는 『상서(尙書)』, 『춘추(春秋)』 같은 역사기록을 바탕으로 하는 것도 포함되어 있지만, 그 해석은 암암리에 공자(孔子)가 품고 있던 이상을, 그 짧은 글속에서 찾아보려는 신비주의적 역사철학의 경향을 나타내고 있었다. 이에 대하여 보다 실질적인 역사학의 기초를 다져 놓은 것은, 동중서의 친구인 사마천(司馬遷)이다. 그는 상고(上古)의 황제로부터 그에게 있어서는 현대인 한무제(漢武帝)까지, 중국의 통사(通史)를 103권의 『사기(史記)』로 저술하였다(B.C. 98). 이를 이어받아 전한의 단대사(斷代史) 『한서(漢書)』를 쓴 것은, 후한의 반고(班固)였다. 이 천재적인 두 사학자의 영향 아래, 정사(正史)라는 독자적인 형식의 역사가 중국에서 가장 권위적인 국가의 역사로서 계속 쓰여지게끔 되었다.

한의 무제가 진시황(秦始皇)의 분서(焚書)를 모면하여 민간에 보존되어 있던 고서를 헌납시킨 이래, 한나라궁중 도서관에는 거의 모든 고서가 모이게 되었는데, 전한말에는 그것이 596부, 1만3,269권에 달하였다. 유향(劉向), 유흠(劉歆)의 부자가 이것을 정리하고 또 이것을 학문적으로 분리하여 『칠략(七略)』이라는 도서목록을 완성하였다. 그 학문분류의 체계는 세계의 학술사상 자랑할 만한 빛나는 것이었다. 『칠략(七略)』은 현재 반고(班固)의 『한서』 속의 「예문지(藝文志)」에 요약되어 남아있다.

문학에서는 『초사(楚辭)』의 영향 이후에 생긴 「부(賦)」라는 형식의 서사시가 성행하여 무제시대에는 사마상여(司馬相如), 전한 말에는 양웅(揚雄, B.C. 53~A.D. 18)과 같은 대시인을 낳았다. 이것과 나란히 5자구의 고시(古詩)라고 불리어지는 서정시가 차츰 세력을 얻게 되었다.

후한시대가 되면서 경학에서는 금문·고문의 격렬한 논쟁이 벌어졌는데, 민간의 가난한 학자인 왕충(王充)이 독창적인 『논형(論衡)』을 지었다. 그는 「사물을 끌여들여 언행을 시험한다」는 실험주의에 입각하여, 공허한 경학자의 불합리한 논쟁에 따끔한 일침을 놓았다. 학자가 존경하는 하늘이란 입도 눈도 없고, 감각도 없거니와 의식(意識)을 가지지 못한 단순한 자연물에 불과하다고 그는 생각하였다. 세상사람은 죽은 사람이 유령이 된다고 믿고 있지만, 그것도 전혀 실증(實證)이 없는 일이다. 사람이 죽어서 혈액이 마르면, 인간의 정신도 소멸하고, 육체는 부패하여 흙이 되어 버리기 때문에, 유령이 될 리가 없다고 논한다. 이 비판적 정신은 스승으로부터 전해 배운 교리, 소위 사법(師法)을 지키는 유교학자의 열(列)을 초월하는 것이기 때문에, 세상사람들에게 무시되어 지금까지 별로 연구되어 오지 않았다. 그러던 것이 중화인민공화국이 수립된 후, 유물론자의 전형으로 추앙되어 그의 사상은 한때 다방면으로 연구되었다.

위의 3체석경(三體石鏡)

한대(漢代)예서체(隸書體) 석경(石鏡)에 대하여 위대(魏代)에는 전국시대의 편용서체(遍用書體)인 「고문(古文)」과 진(秦)의 「전서(篆書)」, 그리고 한의 「예서」라는 세가지 글체를 대조할 수 있도록 「3체석경」이 태학당(太學堂)에 세워졌다. 이 그림은 『춘추(春秋)』의 단편이다.

왕충(王充)의 합리주의적이고도 실증주의적인 정신은, 어떤 점에서는 후한의 뛰어난 고문파의 주석(註釋)학자 마융(馬融)과 정현(鄭玄)의 주석과도 통하는 점이 있었다. 특히 정현은 금문·고문의 각 학파에서 만든 텍스트의 이동점(異同点)을 면밀히 교정하여 정본(定本)을 만들고, 고어(古語)의 정확한 의미를 귀납적으로 규명하였다. 이 바른 텍스트를 당시의 학자이며 명필가였던 채옹(蔡邕)이 예서체(隷書體)로 써서 비석에 조각한 「희평석경(熹平石經)이」 낙양(洛陽)의 태학당(太學堂)에 세워졌다.

왕충에 의하여 공격받은 신비주의 사상은 후한말에 이르러 자연과학, 특히 천문학의 발달에 의하여 심한 타격을 받았다. 장형(張衡)은 정교한 청동체 혼천의(渾天儀)를 제작하여, 이것으로 성좌(星座)의 운행법칙성을 명확히 하였다. 지금까지 천변에 대하여, 또는 하늘의 뜻의 표현이라 하여 신비적으로 해석하여 오던 재앙을 합리적으로, 학문적으로 해석되기에 이르렀다. 의학에서도 고대의 성인 신농(神農)이 썼다는 『신농본초경(神農本草經)』이 과학적으로 연구되어, 수많은 보정(補正)이 가하여졌다.

종교에 대해서는, 후한초에 서역(西域)으로부터 유입된 불교가, 후한말이 되면서 서역의 명승 안세고(安世高)와 지참(支讖)이 낙양(洛陽)에와 정주하면서, 불경을 많이 번역출판 하였기 때문에, 처음으로 불교가 독자적인 종교사상으로서 이해되는 길이 열렸다.

불교와 나란히 위대(魏代) 사상계에 새로운 풍조가 태어났다. 그것은 노자·장자의 무(無)의 사상을 연구하며, 유학에 대항하는 현학(玄學)이라는 일파가 대두한 것인데, 불교·도교·현학 등에 대해서는, 진대(晋代)의 문화에서 자세히 알아 보기로 한다.

환관(宦官) 가계에 속하는 조조(曹操)는, 선비족(士族)이 지지하는 정통파 유교에 대하여 반감을 나타냈다. 특히 그는 후한말에 인망 높은 명사가 난세를 구하는데 무력했던 것을 비웃었다. 혼란했던 정치사회를 구하는 것은, 덕행이 아니라 현실의 재능이라고 하였다. 그는 「불인불효(不仁不孝)하지만 치구용병(治國用兵)의 기술이 있는」 유능한 선비를 채용한다고 하였다. 이것은 또한 유교를 버리고 법가(法家)의 학문을 숭상하는 것이었고 사상혁명의 제1보였다.

　사상혁명과 나란히 문학혁명도 조조의 지도하에 시작되었다. 조조는 문재(文才)가 있고, 잔인한 성격의 소유자였지만 문사(文士)에게는 관용적이었다. 아들인 조비(曹丕)·조식(曹植)·형제, 특히 조식은 비범한 시인이었기 때문에, 전국의 저명한 시인·문사가 이 세 사람 주위에 모였다. 이것을 건안문사(建安文士)라고 칭하였는데, 그들은 예절에 구애받지 않고, 음주를 즐겼으며, 천성과 기분나는 대로 방종한 생활을 하고 있었다. 공융(孔融)·왕찬(王粲)·정정(鄭楨)·완우(阮瑀)·서간(徐幹)·진림(陳琳)·응창(應瑒)을 「건안(建安) 7자」라고 칭하였다. 이들의 시문은 미세한 기교에 구애되지 않고 기분 내키는 대로 자유로운 창작을 전개했다고 한다. 이런 사상과 문학혁명은 진대(晉代)에는 다시 청담(淸談)으로 발전하면서 꽃을 피우게 된다.

제 9 장 통일제국의 환영(幻影)
― 서진(西晋) 왕조의 조기붕괴

1. 무기력한 지도자들

　진(晋)의 무제(武帝, 司馬炎, 재위 236~290)가 양자강(揚子江) 하류에 위치하던 오(吳)나라를 정복하고 천하를 평정했을 때(A.D. 280), 서북지방에 있던 맹장(猛將) 동탁(董卓)이 낙양(洛陽)에 입성하여 후한(後漢)의 헌제를 제멋대로 세우고, 천하 인심의 이반(離反)을 초래한 이래 91년째 되는 해, 그리고 위(魏)·촉(蜀)·오(吳)의 세나라가 정립(鼎立)한지 59년 되는 해에 내란(內亂)으로 날이 새고 세월이 흐르던 중국땅에 드디어 평화가 돌아왔다. 그러나 이 통일제국의 앞날도 결코 순탄치가 않았다.
　조부인 사마의(司馬懿)이래 3대에 걸친 음모의 결과로 위조(魏朝)로부터 제위를 물려받는 무제(武帝)는 왕조창업 군주에게 갖추어져 있어야 할 재지(才智)와 결단력이 없었다. 그는 후한조(後漢朝) 말기의 분열이 각주(各州)의 장관인 자사(刺史)가 군권(軍權)을 가지고 있었기 때문이라고 생각하여 주(州)·군(郡)의 무력을 축소시켜 아무리 큰 군(群)이라 해도 군사를 100명 이하로 제한했으니 이것은 일시적으로 천하태평에 도취한 나머지 조심성 없이 행한 정책이었다.
　일찍이 위나라의 조비(曹丞)는 백성이 고향을 떠나 유랑하고 있던 내란시대에는, 종전처럼 지방향리중에서 덕행(德行)과 학문이 높으며, 재능있는 인재를 등용하고자 했던 중국의 이른바 선거(選擧), 즉 지방별 추천제에 이제는 더 의존할 수 없게 되었다고 생각하자, 주와 군의 인망있는 인물을 중정(中正)이라는 관직을 주어, 그들을 9품(九品)의 관등(官等)으로 평가케하여 임용한 바 있다. 이것이 「구품중정(九品中正)」이라고 불리우는 독특한 인재추천제도인데, 진(晋)의 무제는 이 제도를 그대로 받아들인 것이다.

위나라의 조비가 중정제도를 만든 최초의 목표는 변화하는 시대의 요구에 부응하는 실력 있는 선비를 발굴하기 위한 임시조치였던 것이다. 그러나 한말(漢末)에는 인재추천의 실권이 지방유지, 즉 지방명사들의 손에 쥐어져 서로 당파를 만들고 당파간의 이해관계로 얽힌 타락한 분위기 속에서 선정하였기 때문에 실제에 있어 정치적 재능이 갖추어져 있지 못한 자들이 많이 선출되었다. 그리고 그 명사들이란 지방의 호족(豪族)들과 깊은 관계를 맺고 있었던 까닭에 인물추천제는 한편 호족들의 세력을 더욱 강화시키는 수단으로 사용되고 있었다. 이 때문에 조조(曹操)는 명사들과 호족들로부터의 인재추천권을 박탈하여 중앙정부의 권력을 강화함으로써, 자기정책 시행에 적합한 인재를 임용토록 하였던 것이다.

서진(西晋)의 무제가 「9품중정제」를 계승했을 때는 황제자신이 원래 유학적 교양이 높은 명문가인 사마씨(司馬氏) 출신인 까닭에, 이 제도는 자연적으로 기성호족(旣成豪族)들의 세력을 옹호하는데 이용되었다. 부화경조(浮華輕佻)한 명성(名聲)에 따르지 않고 객관적인 기준으로 인재를 평가하기로 된 「9품제」가 언제부터인지 모르게 출신씨족과 문벌의 고하(高下)를 표준하게 됨으로써 서진(西晋)에서 동진(東晋)을 거치는 과정에 점차 남북조(南北朝) 시대의 귀족제도를 지탱하는 지주(支柱)로 되기에 이르렀다.

또한 진의 무제는 중국역대 군주중에서도 매우 방탕한 군주의 한사람으로 유명하다. 전국 각지의 명문호족의 여식들을 강제로 징집한 외에도, 오나라를 멸망시킨 후에는 손씨(孫氏)의 궁녀 수천명을 데려다가 이들과 합쳤으니 그 후궁의 수가 무려 1만명에 이르렀다고 한다. 이와 같은 음탕하고 방종한 생활 때문에 무제는 비교적 단명(短命)으로 끝났다(55세에 사망). 무제를 둘러싼 진나라의 공신(功臣)들도 이미 노후화(老朽化)된 관료집단에 지나지 않았을 뿐만 아니라 자기가문의 축재에만 집착하였고 또 일반백성과는 동떨어진 호사스런 생활을 탐닉했으므로 진나라의 운명을 진심으로 생각하는 사람은 많지가 않았다.

물신숭배론(物神崇拜論)

　명문출신이며 죽림7현(竹林七賢)의 한사람인 왕융(王戎, 234~305)은 장원(莊園)과 부속된 물레방아에 의한 제분소를 전국 곳곳에 설치하고 또 직접 경영함으로써 막대한 재물을 축적하였다. 이와 같이 금전의 마력(魔力)에 들리니 세태(世態)를 풍자하기 위하여 노포(魯褒)는 『전신론(錢神論)』이라는 책을 저술하고 돈을 신주로 모셔다 놓고 다음과 같이 그 덕(德)을 찬양하였다.「돈은 신물(神物)로써 덕(德)없이도 숭배되고, 권세 없이도 사람들을 끌어당긴다. 왕후(王侯)의 대문을 멋대로 드나들고, 귀부인의 안방에 까지도 잠입하는가 하면, 어떠한 위험도 그것의 힘으로 극복하는가 하면 죄 없는 사람도 살해한다. 그러나 돈이 없으면 정당한 소송에서도 이기지 못하거니와 평판도 좋아지지가 않는다. 때문에 낙양(洛陽)에서 내노라하고 드날리는 권세가는 모두가 돈을 사랑하며 그것을 끌어안았으며, 돈만 있으면 인물의 우열(優劣)에 관계없이 높은 관직에 올랐으므로 돈보따리를 들고 관직을 구하는 자들이 권문세가에 모여든다.」고 썼다.

　후한(後漢)의 통치이념은 원래 명교(名敎), 즉 유교(儒敎)의 윤리로 확립된 가르침에 의하여 백성을 교화(敎化)시키려는 것이었다. 후한 말기에는 유교의 표준에 따라서 선발된 관리들 — 허명(虛名)만이 높을 뿐 도의에 어긋난 행동과 실제 행정에서의 무능성으로 말미암아 유교의 권위가 땅에 떨어졌다. 때문에 위나라는 유교(명교)에 대체하여 법술(法術), 즉 법가(法家)의 엄밀한 논리를 중용함으로써, 허명(虛名)이 아니라 현실적인 효과를 거양코자 하였다. 또 한편으로는 명교(名敎), 즉 도덕의 공허성에 절망한 나머지 도가(道家)의 무(無)의 철학으로 기울어지는 사람이 나타나 청담(淸潭)이라고 일컬어지는 기지(機智)가 넘쳐흐르는 말을 주고받으면서 형이상학적(形而上學的)인 논의로 허송세월 하는 풍조가 귀족들 사이에서 유행하게 되었다.

청의(淸議)·청담(淸談)·현학(玄學)

　청담(淸談)이라는 낱말은 후한(後漢)에서 정부가 인재를 임용함에 있어 중요한 참고자료로 삼은 바, 후보인물에 대한 본적지 고향 사람들의 평판, 즉 당시의 말로 표현하면 향당(鄕黨)의 청의(淸議)에서 전화(轉化)된 것이라고 한다. 청담(淸談)도 초기에는 청의와 마찬가지로 인물평론, 즉 인물월단(人物月旦)이 주된 내용이었지만 점차 형이상학적인 토론으로 옮겨갔다. 통상 세상사를 떠나 풍류이야기를 나누는 것을 청담이라고 하지만, 진대(晋代)에는 청정무위(淸淨無爲)의 설을 논하는 노장학(老莊學)의 일파를 가리키는 말로도 쓰였다. 또한 위·진(魏·晋)대에 일어난 새로운 도가적(道家的)인 형이상학적 경향을 현학(玄學, 老子 및 莊子)일파의 학설)이라고 부른다. 청담은 인재등용을 위한 인물론에서 점차 현학으로 발전하였고, 한편 현학은 유교도덕에 의한 인공적인 세계를 부정하고 그 속박에서 벗어나 자유로운 자연으로 되돌아가려고 하였다.

후한(後漢)에서 위말(魏末)에 걸친 저 볼꼴 사나운 정치의 부패로 역겨운 공기에 질식된 원적(阮籍)·혜강(嵇康) 등 이른바 죽림7현(竹林七賢)의 은인(隱人)들은 내일의 자기운명이 어떻게 될런지도 모를만치 어지럽게 변화하는 정쟁(政爭)에서 초월하여 정부의 초빙에도 응하지 않고 「명교(名敎/儒敎)밖의 별천지」를 구하여 산림속으로 도피함으로써 서로 좋아하는 동아리

죽림7현(竹林七賢)의 전각화(塼刻畵)
새 중국이 건설된 후, 남경(南京)의 서선교(西善橋)에서 남조(南朝)대에 벽돌(塼)로

제9장 통일제국의 환영 — 서진 왕조의 조기붕괴   201

둘러싼 묘소(墓所) 벽면에 조각한 죽림7현(竹林七賢)에 관한 초상화가 발견되었다. 그 조각상은 혜강(嵇康)·원적(阮籍)·산도(山濤)·왕융(王戎)·향수(向秀)·유령(劉伶)·원함(阮咸)의 7현에다 영계기(榮啓期)를 포함해서 8명의 은사(隱士)들이 산속에서 술을 마시거나 거문고 등의 악기를 탄주하던가 또는 시조를 읊조리며 놀고 있는 모습이 표현되어 있었다. 5세기 전반기에 활동하여 화성(畵聖)으로 일컬어진 고개지(顧愷之)가 활동하던 거의 같은 시대에 제작된 작품으로 보여진다. 여기에 게재한 그림은 자유분방한 철학자 혜강이 가슴을 드러내고 앉은 무릎위에는 거문고를 놓고 타는 모습을 형상화한 것이다. 남조(南朝) 사람들이 속세를 떠나서 사는 훌륭한 사람(高士)으로 숭배해 마지않는 혜강에 대하여 가졌던 이미지를 구상화한 그림으로써 귀중한 문화적 유산이다.

들이나 은인들과의 생활로 나날을 보내되 멋대로 논의하고 은둔자로서 기분내키는 대로 생활하려고 하였다. 오로지 일신일가(一身一家)만의 세속적인 부귀영화를 추구하는 고급관료와 귀족에게는 처음부터 국가의 먼 장래에 대하여 근심 걱정하는 사람이 없었다. 학자들은 당파를 만들어 권력자에게 영합하거나 또는 동아리 안에서의 부화한 명성을 추구하는 자들뿐이었다. 뛰어난 식견을 가진 사상가는 이 추악한 속세로부터 도피하려고 할 뿐, 진지하게 시대의 현안문제를 해결하려고 하지 않았다. 이리하여 서진(西晋)제국은 한때의 무풍상태에 안심한 나머지 머지않아 불어닥칠 폭풍우에의 대비책을 소홀히 한 탓으로 부지부식간에 파멸에의 길을 걸어갔던 것이다.

2. 호족(豪族)과의 타협

서진(西晋)제국 초기의 정치가들은 위(魏) 나라가 자기 황실의 일족을 학대했기 때문에 황제가 고립무원상태에 빠지게 됐던 일, 좀더 올라가서는 한(漢)대의 지방행정조직인 군현제(郡縣制)가 황실의 고립을 가져오게 했던 사실 등으로부터 교훈을 찾아내어 주대(周代, 西周 B.C. 1122~770)의 공·후·백·자·남작(公·侯·伯·子·男爵)이라는 봉건제후제도를 부활시켜 일족의 왕자들을 왕국에 책봉하는 정책을 취하였다. 그러나 머지않아 이들 여러 왕국의 반란으로 말미암아 서진 왕조가 붕괴되는 원인이 되었다고 비난하는 사학자들도 있다. 이와 같은 결과론적인 비판을 별도로 한다면, 이것은 무제(武帝)가 모든 일에 관용적인 태도를 취했던 하나의 결과라고 볼 수 있을 것이다.

　무제가 행한 정치개혁들 중에서 가장 주목할만한 치적은 농지 소유제와 조세법의 두 가지이다. 한대(漢代)에는 종종 법률로써 대토지 소유를 제한하고자 시도했지만, 주요 대토지 소유자인 황족과 귀족들의 반대에 부딪쳐 그때마다 실현되지 못했다. 한말에 대란(大亂)이 있은 후에는 형세가 일변하였다. 중원(中原)지방의 백성들은 전란 때문에 이산(離散)하여 이르는 곳마다에는 주인 없는 황폐화한 논경지가 많아지게 되었다. 지방의 호족들은 이와 같은 유민(流民)을 수용하여 전객(佃客, 농도)으로 삼아 황폐화한 땅을 개간하여 자기의 장원(莊園)으로 만들었다. 조조(曹操)는 이런 호족들의 세력을 억제하기 위하여 주인 없는 전답을 국유지로 등록하고 둔전(屯田)을 설치하였다. 이로써 국가는 국유노예와 전객을 이용하여 농업을 경영함으로써 상당한 효과를 거둔 바 있다.

　위나라의 이러한 둔전조직이 붕괴된 뒤를 이어받은 서진의 무제는 호조식(戶調式), 즉 국세(國稅)와 농지에 관한 법령을 발표하였다. 이 법령의 목표 중 하나는 귀족과 호족 등 대토지 소유자가 농민을 국가의 호적부에서 빼내어 자기세력하에 둠으로써 황무지를 개간·경작하여 장원을 증대시키는 것을 억제하려는데 있었다. 농경지를 신고제로 하였는바, 그것을 점전(占田)이라고 했는데 1품의 최고관리라 해도 50경(頃, 1頃=100畝=약 16,200평)을 넘을 수 없고, 그 이하의 관리도 차등적으로 적어져 9품 벼슬아치는 10경만을 최대한도로 소유토록 제한한 것이다. 점전(占田)의 넓이 제한도 각자의 신고에 일임했으므로 부정이 없을 수 없었는데, 여기서 중요한 일은 차라리 노역에 종사하는 전객(농도)수를 1품이나 2품의 고관들도 50호를 넘지 못하게 하는 등 엄격한 제한을 설정한 일이라고 말할 수 있다.

　대토지 소유자의 전답과 농도(전객)의 소유를 제한하는 동시에, 다른 한편으로는 국가가 모든 백성들에게 점전의 경작을 인정하여 남자는 70무(畝), 여자는 30무를 신고에 의하여 지분(持分)으로 갖게 하고 그중 성년남자는

50무, 성년여자는 20무를 과전(課田)으로 하여, 이것을 경작할 의무를 부과하였다. 즉, 모든 백성을 공민(公民)으로 신고 등록시킴으로써 대토지소유자 쪽으로 도피하거나 상공업에 종사하는 것을 억제하여 토착케 해서 황폐화한 전답을 개간·경작할 의무를 부과함으로써 농업생산을 강화하려는 것이 이 법률의 목적이었다.

점전법(占田法)

이 법령을 해석함에 있어 학자들 사이에는 이론이 많다. 여기서는 『위진남북조사논총(魏晋南北朝史論叢)』과 동속편(同續編)의 저자인 당장유(唐長孺)의 설에 따랐다. 점전(占田)·과전(課田)의 대상이 된 땅은 황폐화한 주인 없는 농토가 주어졌다고 하지만 그것이 막연하게 국유지 내지 공유지로 간주되었다 하더라도 농민이 등록하고 개간했을 때 그 소유권은 어떻게 되느냐, 본인이 죽은 뒤는 어떻게 되느냐, 양도·매매의 자유는 있었는가 등이 문제가 된다. 역사에는 북위(北魏) 이후 수(隋)·당(唐)대에 이루어진 균전제(均田制)처럼 할당된 공전(公田), 즉 국유지의 경작자가 사망했을 때 이 점전(占田)에 관한 법률에는 이것을 국가에 반환하는 수속이 취해지도록 쓰여있지가 않다. 그러나 이것은 사료(史料)의 불비 때문인 것이 아니라 쟁란(爭亂)이 끝난 뒤에는 공한지가 특히 많았던 이 시대에는 이런 점이란 별로 문제가 되지 않았던 것으로 이해되고 있다.

백성을 가능한 한 빠짐없이 등록시키려던 의도는 상당한 성공을 거두었다. 법령이 발포된 기원 280년에는 전국의 가구수가 245만호였지만, 그로부터 3년째에는 1.5배로 증가하여 377만호에 이르렀다. 그러나 이 법령의 또 다른 중요한 목표였던, 호족의 전객(농노) 포섭을 제한하고 대토지 소유제를 억제하려던 문제에서는 별로 이렇다 할 실효를 거두지 못하였다. 경작에 적합한 빈땅은 유력자의 손에 들어가 광대한 장원으로 되는 한편, 국가가 기대한 일반농민의 과전(課田) 개발사업도 그다지 진전을 보지 못한 것 같다. 왜냐하면 원래 호족의 대토지소유에 대한 이 법령의 금지조항에는 신고를 존중한 관계로 시행이 철저하지 못하고 다분히 타협적이었던 까닭이다.

3. 서진(西晉) 왕조의 내란과 멸망

서진(西晉) 정부가 호족들을 누르고 정권을 공고화시키지 못했을 뿐만 아니라, 황족·귀족이 사리사욕에 눈이 어두운 나머지 국가의 장래마저 잊고 있을 때 국내외에서는 위기가 조성되고 있었다. 위·진대에 서쪽은 감숙성(甘肅省)과 청해성(靑海省)에서 동쪽은 요령(遼寧) 지방에 이르기까지 중국 북방변경은 물론, 남쪽은 하남성(河南省) 내륙에 이르는 넓은 지역에 흉노(匈奴)·오환(烏桓)·선비(鮮卑)·저(氐)·강(羌) 등 많은 이민족(오랑캐)들이 침투하여 잡거(雜居)하고 있었다.

흉노의 집단적인 내륙에의 이주(移住)는 후한(後漢) 시대에 남선우(南單于)가 귀순한 다음 한층 더 현저해졌다. 그들은 산서성(山西省)을 중심으로 섬서성(陝西省) 북부지방으로 침입하여 한족들과 잡거(雜居)하면서 농업에 종사한 바, 그들의 농호수는 점점 더 증가해갔다. 후한 말기에 조조(曹操)가 그들의 세력을 분산시키기 위하여 5부로 나누어서 통제했지만, 진(晉)대에는 10만명에 이르는 대집단의 관내(關內)로의 이주사건이 연이어 일어났다.

관내로 이주해온 흉노는 19개 부족으로 나누어져 있었으나 그 중에서 높은 지위에 오른 것은 도각부족(屠各部族) 출신인데 거기서도 특히 유씨(劉氏)성을 가진 씨족이 가장 존경을 받았다. 흉노는 다른 소수민족들보다 제일 먼저 내륙지역으로 이주하였으므로 한족에의 동화(同化)과정이 일찍 시작되었고, 또 그들 귀족들의 교양수준도 이미 한족 귀족에 결코 뒤지지 않았지만, 일반적으로는 아직 사회적 지위가 한족으로부터 인정받지 못했으므로 불만을 품는 사람들이 나타나기 시작하였다. 흉노출신의 일반백성은 한족지주의 전객(농도)이나 노예가 된 사람도 적지 않았다. 흉노의 한 부족으로서 산서성 서남지방에 살던 갈족(羯族, 터키족)은 코가 높고 눈이 움푹 들어갔으며 턱수염이 많아 이민족과 같은 얼굴모습이었던 때문인지 특히 경멸의 대상이 되어 노예로 팔려가기도 했던 것이다.

후한 말기에 흉노의 원주지(原住地)였던 사막지대를 정복하고, 다시 만리장성 바깥쪽의 요서(遼西)지방으로부터 감숙성·청해성에 이르기까지 광대한 지역에 진출해온 것은 만주족인 퉁구스(東胡)민족에서 분리된 선비족(鮮卑族)이다. 3국(魏·蜀·吳) 정립시대에는 한족의 내란에 참가하여 그 일부는 하북성(河北省)에까지 침입하였다. 그중 우문(宇文)·모용(慕容)·척발(拓跋) 등의 부족이 특히 강성했다. 한족으로의 동화(同化)가 가장 많이 진행되고 있던 흉노족에 비하면 그들은 훨씬 뒤떨어졌으며, 무력으로 침입하여 정복자로서 점령 거주했으므로 원래의 부족조직형태를 그대로 유지하고 있었다. 한편 저(氐)·강(羌)은 원래 감숙성·청해성 지역의 원주민이지만 후한시대부터 대거하여 감숙성의 만리장성안으로 이주해 왔고, 더 나아가 섬서성 내륙지역으로 침입해왔다. 이들 흉노·갈(羯)·선비·저·강의 5개 민족은 5호(五胡)라고 총칭된다.

서진(西晉)의 무제(武帝)때부터 끊임없이 계속된 5호민족의 대규모 내륙으로의 이주가 있었다. 한족과는 인종을 달리하는 이들 오랑캐민족이 한번 궐기하여 반란이라도 일으키면 서북지방은 모두가 오랑캐의 말발굽에 짓밟힐 것이라고 우려하는 한족 출신 지도자들이 있었지만, 그렇다고 이에 호응·개의하는 사람들은 없었다. 유명한 강통(江統)의 사융론(徙戎論)은 299년에 섬서성에 침입했던 저족(氐族)의 반란이 평정된 절호의 기회를 포착하여 주장된 것으로서 그는 동지역내 전체인구 100여만명중 거의 절반을 차지하는 것으로 추정된 저족 등 이민족을 서북지방의 만리장성밖으로 추방하라고 부르짖은 것이었다. 그러나 설사 이런 정책이 실행에 옮겨졌다 해도 그것은 오히려 이민족의 대규모 반란을 불러일으켰을 뿐이고, 또 그런 대책으로서는 이미 그 시기를 놓쳐 버렸던 것이다.

위·진대에 만리장성밖으로부터 내륙지역으로 이주해 온 이민족의 대부분은 이미 선조들의 생업(生業)이던 수렵이나 유목업을 버리고 농업노동에 종사하고 있었다. 그들은 관할지역 주·군(州·郡)의 호적에도 등록되고 한족백성들과 거의 똑같은 조세를 납부하고 있었다. 다만 문제가 되는 것은 그들이 대집단으로 이주해 왔기 때문에 그 일부가 저나 강족들처럼 부족 고유의 조직을 해체하고 일반백성에 편입된 부족들도 있었지만, 흉노들처럼 대부분은 어느 정도 부족조직을 아직 유지하고 있었다는 점이다. 특히 선비족은 무력으로써 중국북부지역에 침입하여 토지를 점령하고 있었으므로 완전히 부족조직을 그대로 유지하고 있었다. 그리고 이민족 중에서는 유괴되어 팔려가거나 또는 한족의 귀족·지주에게 귀순하여 열악한 조건 밑에서 농업노동자나 농노로 전락된 사람도 많아 신분적으로 천시 당했던 까닭에 한족에 대한 반감을 품었던 이민족도 적지 않았다. 평화로운 정상적인 시대였다면 별문제가 없겠지만 만일 이변(異變)이라도 생긴다면 이민족이 집단적으로 반란을 일으킬지도 모른다는 것이 근심의 씨앗으로 되어 있었다.

위·진대는 전란의 시대로서 중국의 인구가 실질적으로 감소했을 뿐만 아니라 백성들 가운데는 국가에 대한 조세·병역·노역의 무거운 부담을 모면하기 위하여 고향에서 도망쳐 유력한 귀족이나 대지주의 농노로 들어가는 등 호적에서 빠지는 사람이 많았으므로 등록호구는 실제수보다 훨씬 적었다.

예비인력 자원이 바닥나자 군인요원을 보충하고 또 노동력을 공급하기 위하여 이민족의 내륙이주를 오히려 진(晋)나라쪽에서 묵시적으로 장려한 셈이었다. 오로지 국가의 안전보장과 치안을 문제시해온 강통(江統)의 『사융론』을 통치층에 채용하지 않았던 것은 차라리 당연했던 것이다. 따라서 이것을 가지고 진나라의 정치가를 신랄하게 책망할 수는 없는 일이다.

300년에 무제(武帝)가 죽자 정신박약아였던 혜제(惠帝)가 즉위하면서 양태후(楊太后)의 아버지인 양준(楊駿)이 외증조부로서 정치의 실권을 장악하였다. 진왕조 창업공신인 가충(賈充)의 딸 가황후는 다음해에 양태후를 폐하고 양준마저 제거했지만, 그녀의 눈에 거슬리는 전횡(專橫)과 음모에 대한 반감으로부터 조왕륜(趙王倫)이 군사를 일으켜 가황후를 죽이고, 뒤이어 혜제를 폐위시킨 다음 스스로 천자의 자리에 올랐다. 이로 말미암아 여러 요충지(要衝地)에 배치되어 장군(將軍)으로서 지방의 병권을 장악하고 있던 사마씨(司馬氏) 일족의 제왕(諸王) 8명이 서로 제휴하여 도당을 만들어 들고 일어나 조왕사마륜에 대항하여 정권을 다투게 되면서 여기에 이른바 「8왕의 난」이 발생하게 된다.

306년에 동해왕 월(越)이 낙양(洛陽)에 입성하여 혜제를 복위(復位)시킴으로써 전후 6년간에 걸친 내란에 종지부를 찍기는 하였지만, 낙양·장안을

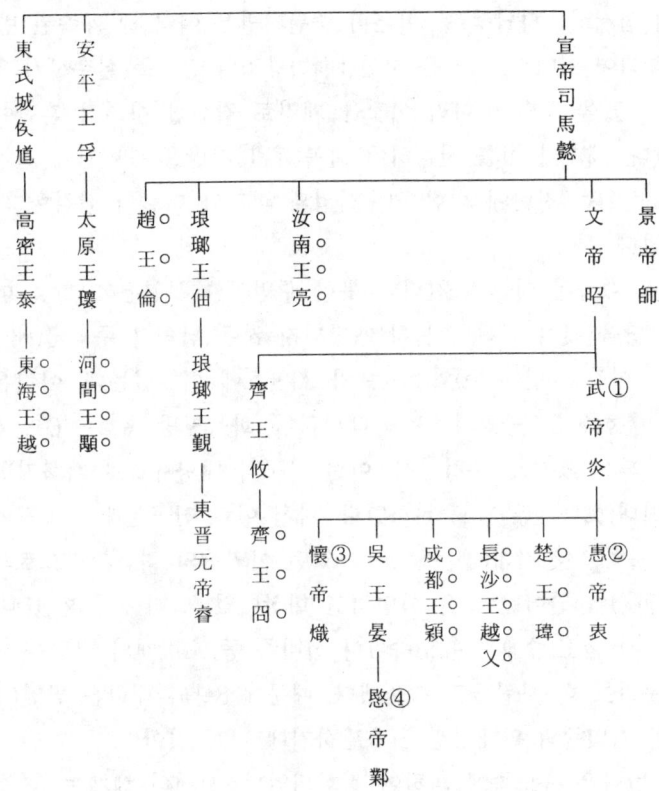

8왕(八王)의 난

 「8왕의 난」이란 여기에 제시한 진(晋)나라 왕실의 계보가운데서 권점(圈点)을 붙인 제왕 8인이 앞서거니 뒤서거니 해서 내란을 일으켜 서로 싸운 것을 말한다.
 A.D. 301년 조왕(趙王) 륜(倫)은 가황후(賈皇后)를 죽였고 뒤이어 혜제(惠帝)를 폐위하고 스스로 황제를 칭했지만 미구에 제왕(齊王)인 경(冏) 등의 연합군에 패배함으로써 제왕이 정권을 잡았다. 그러나 뒤이어 그도 공격을 받고 살해되자 한때 성도왕(成都王)인 영(穎)이 업(鄴)에서 천하의 대권을 장악하였다. 한편 낙양(洛陽)의 근위군을 이끌고 혜제(惠帝)를 옹립하였던 동해왕(東海王) 월(越)이 성도왕 영을 공격했으나 실패함으로써 혜제는 포로로 붙잡히는 몸이 되었다. 그런데 제왕(諸王)들이 황제를 옹립하고 장안(長安)과 낙양(洛陽)의 쟁탈전을 벌이고 있는 사이에 산동성(山東省)에서 또 다시 상경해온 동해왕 월이 306년에 혜제를 맞아들여 제왕을 죽이고 끝내 패권을 장악하더니 그 다음해 306년에는 혜제를 시해하고 그의 동생인 회제(懷帝)를 옹립함으로써 그렇게도 격렬했던 「8왕의 난」도 여기서 종식되었다.

비롯하여 섬서성·하남성 등 이른바 중원지방은 여러 해 계속된 병화(兵禍)로 황폐화되어 있었다. 이것은 서진(西晉)왕조의 권위를 실추시켜 멸망의 길로 몰아 넣었을 뿐만 아니라 이것을 계기로 격심한 사회적 혼란이 전국에 파급되었다. 게다가 이를 전후하여 화북(華北)지방을 수년간에 걸쳐서 엄습한 한재(旱災)는 전란에 의한 치수사업의 파괴와 더불어 심각한 피해를 가져다 주었다.

몇 해씩 계속된 기근에 견디다 못한 주민의 대부분은 고향을 떠나 안주(安住)의 땅을 찾아 아직 충분히 개발되지 않은 남쪽의 주·군(州·郡)으로 향하였다. 이런 유민(流民)의 수는 약 30만호에 이르렀는데, 이것은 서진국(西晉國) 총호수 377만호의 8%에 해당하며, 화북지방 총호수 60만호의 무려 절반이나 되는 것으로 추정된다. 이런 인구의 대량유출로 화북지방에는 일대 진공지대(眞空地帶)가 출현하였다. 마치 이런 진공상태를 메꾸기나 하려는 듯이 북쪽 변경지대(邊境地帶)에 있던 이민족의 화북지방으로의 남하운동(南下運動)이 일어난 것은 자연적인 현상이었다. 더욱이 혼전(混戰)을 거듭하던 제왕(諸王)중에는 흉노족이나 선비족 등 오랑캐의 병력을 빌어서 승리를 거두려고 한 사람들도 속출했다. 때문에 8왕의 내란은 일전(一轉)하여 5호(五胡) 이민족의 일대반란을 유발하기에 이른 것이다.

5호의 반란은 흉노족에 의하여 점화되었다. 서진의 혜제는 흉노 선우(單于)의 자손인 유연(劉淵, ?~310)을 5부의 대도독(大都督)에 임명하였다. 그는 한어(漢語)를 사용했고, 한문화에 동화된 내륙의 흉노족중에서도 한인 스승에게서 유교교육을 받았고, 『손자병법(孫子兵法)』에도 정통하여 문무의 도를 닦음으로써 진나라 조정의 귀족들로부터 그 교양과 재능을 인정받고 있었다. 특히 흉노부족의 신망이 두터웠다. 「8왕의 난」으로 진왕조의 권위가 실추되자 304년, 부족에 추대되어 산서성 분수(汾水)유역에 있는 좌국성(左國城)에서 자립을 선언하고 스스로 한왕(漢王)임을 칭하더니, 308년에는 다시 부족의 추대를 받아 산서성 평양(平陽)에서 한국황제(漢國皇帝)의 자리에 올랐다. 유민(流民)을 흡수 포섭한 유연(劉淵)의 대군단은 몇 번이고 낙양성에 접근했으나 그때마다 부대 내 한족들의 전의(戰意)가 없었으므로 진군(晉軍)이 수비하는 낙양성을 좀처럼 함락시킬 수 없었다.
　310년에 유연이 죽자 유총(劉聰, ?~318)이 황제자리에 올랐다. 유총은 동족인 유요(劉曜, ?~328)와 갈족(羯族)출신 석륵(石勒) 등을 파견하여 먼저 하남성 각지를 약탈케함으로써 낙양을 고립화시키는 작전으로 나갔다. 실력자인 동해왕 월(越)은 내분 때문에 동쪽으로 떠나갔고, 또 재상왕연(王衍)은 왕족명문과 함께 10여만의 군대를 이끌고 황제를 낙양에 남겨둔 채 남쪽으로 도망치려 했으나 도중에 석륵의 군에 포위되어 전멸 당하였다. 유요와 석륵군은 고립무원상태에 놓인 낙양성에 무난히 입성하여 회제(懷帝)를 포로로 잡아 북송시켰다. 유총의 한군(漢軍)은 낙양성내에서 방화한 다음 일대 약탈을 자행한 바, 이때 제왕공(諸王公)·백관·사민(士民)의 3만여명이 학살당했다. 후한말에 동탁(董卓)에 의하여 불타버린뒤, 위·진(魏·晋)2대에 걸쳐 겨우 재건했던 문화도시 낙양이 또다시 회신(灰燼)으로 돌아간 것이다.
　낙양성이 함락되었다는 소식이 전파되자 장안에 포진하고 있던 태자가 제위에 올라 민제(愍帝)가 되었지만, 그로부터 5년뒤에 유요의 군에 의하여 이 장안성마저 공략되자 민제도 붙잡히는 몸이 되었다. 민제나 회제도 그 뒤 얼마 안되어 유총에 의하여 살해되었다. 이로써 서진(西晋) 왕조에 의한 천하통일은 불과 36년으로 붕괴되고 중국역사상 일찍이 전례가 없던 5호 16국의 분열시대가 개막된다.

정략(政略)은 나의 책무가 아니다.
　유총(劉聰)은 포로로 잡힌 진나라의 회·민(懷·愍) 두 황제에게 청색옷을 입혀 연회석상에서 술을 따르게 했고, 수렵에 나갈 때는 창을 들고 앞서 나가게 함으로써 오랑캐 왕조의 권위를 과시하였다. 수도의 시민중에는 이런 것을 보고 듣자 망국의 천자를 위하여 눈물을 흘리는 사람도 있었지만, 회·민 두 황제는 그렇다고 조금도 부끄러운 태도를 보이지 않았다. 석륵(石勒)에게 체포된 명문출신 재상이던 왕연(王衍)은 진나라의 실정(失政)원인을 질문받자, 「정략은 나의 책무가 아니다」, 즉 자기는 세속사인 정치에는 조금도 관여하지 않았다고 대답하였고, 또 석륵에 아첨 아부하여 존칭(尊稱)을 지어드리겠다고 제의하는 것이었다. 그러나 석륵은 말하기를 「당신의 이름은 전국에 알려졌었다. 젊어서 벼슬자리에 올라 그 머리가 허옇게 되기까지 내내 조정에서 일했다. 그런데도 정치에는 관여하지 않았다는 말은 도대체 무엇이란 말인가, 천하를 파괴한 일이야말로 바로 당신의 책임이다」라고 분개했다. 그렇다고 참형에 처할 수도 없고 해서 체포한 모든 명문귀족·고관대작들과 함께 왕연(王衍)도 토담벽에 깔리어 죽게끔 해서 처치해 버렸다. 정치에 대한 진나라 지배층의 무책임·무절조에 비하면 북방의 야만족으로서 얼마간이라도 한족문화에 동화된 지식층이 훨씬 도덕의식이 높았다는 것은 이런 사실로서도 알 수 있다.

4. 민족대이동의 여파 ─ 5호 16국과 동진(東晋)

진왕실의 잔존세력이 남쪽으로 옮아간 뒤에 한(漢)의 유총(劉聰)은 하북(河北)·하내(河內)·산동(山東)·관중(關中) 지방에 걸친 화북(華北)지역의 거의 대부분을 영토로 차지하였다. 유연(劉淵)과 유총의 일족은 흉노출신으로서 한제실(漢帝室)의 유씨를 성으로 가졌고, 젊었을 때는 유교교육을 받았으며, 한민족 문화에 이해력을 가지고 한족을 지배코자 하였지만 정치·군사에 대한 통치력이 결여되어 있었기 때문에 정권이 안정되지 못하고 끝내 화북지방의 분열을 가져오게 되었다. 서기 304년에 유연이 독립하여 한왕(漢王)을 칭함으로써 439년에 북위(北魏)의 태평진군(太平眞君)이 북량(北涼)의 항복을 받아 황하 이북지역을 통일할 때까지 136년 동안, 5호 16국이

제9장 통일제국의 환영 — 서진 왕조의 조기붕괴

五胡十六國簡表

	16	15	14	13	12	11	10	9	8	7	6	5	4	3	2	1	國號
	後秦	後涼	前秦	成(漢)	後趙	夏	北涼	漢	北燕	西涼	前涼	南涼	南燕	西秦	後燕	前燕	始祖
	姚萇	呂光	苻洪	李雄	石勒	赫連勃勃	沮渠蒙遜	劉淵	馮跋	李暠	張重華	禿髮烏孤	慕容德	乞伏乾歸	慕容垂	慕容皝	種名
	羌	氐	氐	氐	羯	匈奴	匈奴	匈奴	漢族			鮮卑	鮮卑	鮮卑	鮮卑	鮮卑	
	V	IV			III	II						I					

| 티벳族 | 터키族 | 퉁구스族 |

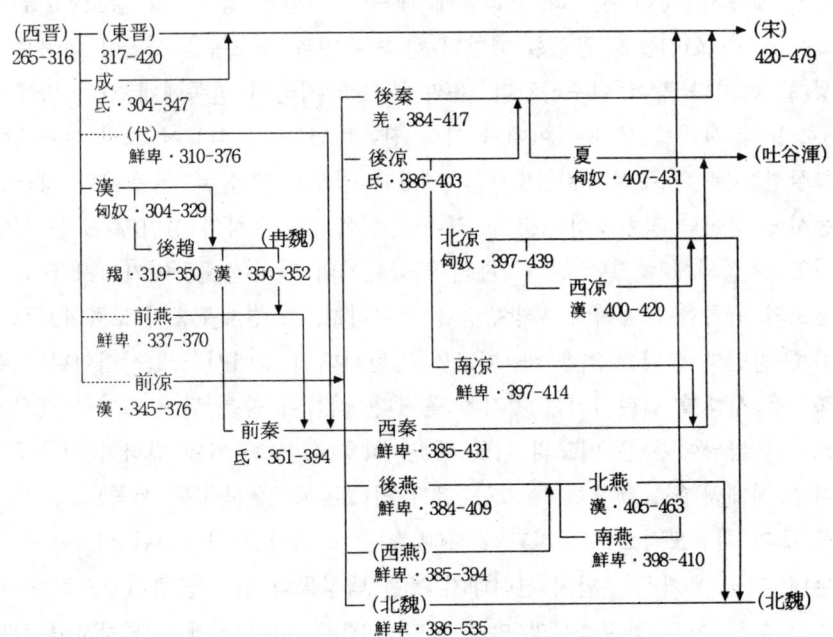

五胡十六國離合表

이 지역에 할거하면서 격전을 거듭하는 과정에 정권의 흥망도 어지럽게 전개되었다.

5호의 이민족 가운데서 먼저 주도권을 잡은 것은 흉노와 갈족(羯族)이었다. 흉노족 출신의 유총(劉聰)은 서진(西晉)이 멸망한 후 얼마 되지 않아서 병사하였는데, 그러자 그의 일족인 유요(劉曜)가 장안(長安)에서 독립을 선언하여 조(趙)나라를 세웠다. 이에 대하여 서역(西域)에서 이주하여 흉노에 속하던 갈족출신의 부장 석륵(石勒, 237~333)이 하북성에 할거하여 역시 조왕(趙王)을 칭하고 나섰다. 여기서 사가(史家)들은 편의상 유씨의 조나라를 전조(前趙), 석씨의 조나라를 후조(後趙)라 불러서 양자를 구별한다. 하북성과 산동성을 영토로 한 석륵의 후조세력이 서쪽의 유씨 전조를 위압하더니 끝내 그것을 격파하여 황하 이북지역을 대략 통일시켰고, 다시 동진국(東晉國)을 쳐서 회수(淮水) · 양자강 사이의 전역을 자기의 세력범위에 편입시켰다.

청년시절에 노예 · 일용노무자의 비참한 환경을 거쳤던 석륵은 흉노와 한인의 지배자, 특히 진나라 관리들에 대하여 격심한 증오심을 품고 있었다. 그는 성시(城市)들을 공략할 때마다 한족 관민과 흉노족을 붙잡아 대량으로 생매장하거나 강제 이주시켰다. 유씨와 석씨 정권이 한족에게 가한 박해는 5호 16국 시대를 통하여 이때가 가장 잔혹하였는 바 석륵이 그의 한평생에 학살한 사람은 무려 100만명에 가까웠던 것으로 추산된다. 용맹한 장군인 동시에 뛰어난 정치가의 소질도 겸비했던 석륵은 유학자 장빈(張賓)을 신임하였고, 실의에 빠졌던 진나라때의 하급관리와 적의(敵意)을 가지지 않았던 흉노의 귀족을 등용하여 지방행정을 정비하고, 또 경제부흥에 노력함으로써 한족 농민의 신뢰를 얻은 바, 이로써 전란시대에 있어서도 일시적이나마 평화로운 시대를 실현시키는 치적을 올렸다. 석륵이 죽은 뒤에 태자를 폐하고 스스로 왕위에 오른 이모의 아들(姨從) 석호(石虎)는 이에 반하여 처음부터 아주 전제군주로 행동했다. 그는 먼저 업(鄴, 河北省臨漳縣 서쪽)으로 도성을 옮겨 대규모적으로 궁전과 불사(佛寺)를 조영하고 사치스런 생활에 빠졌는데, 결국 무거운 부담에 견뎌내지 못한 백성들의 반감을 불러일으켰다. 석호의 뒤를 이은 한족출신의 양자 염민(冉閔)은 이런 정세를 통찰하고 석씨 일문을 비롯하여 갈족계통 백성을 한 사람도 남김없이 학살하였는바, 이때의 희생자가 20여만명이나 되었다(394년). 50년 가까운 오랑캐족의 압제에 대한 한족의 반항심이 여기서 겨우 돌파구를 발견하게 되면서, 그 이후에는 호족(胡族)과 한족(漢族)의 대립의식이 얼마간 완화되었다.

제2기(352~383)는 후조(後趙)가 붕괴된 후, 요서(遼西)·요동(遼東)으로부터 하북성에 진출한 선비족(鮮卑族)의 전연(前燕)과, 관중(關中)지방을 중심으로 하남성·하북성의 산간지방을 장악하고 있던 저족(氐族)의 전진(前秦)과의 대립시대이다. 선비족은 요동지방에서 발흥했을 때부터 농업·양잠을 장려하는 등 한족의 문화적 영향을 가장 많이 받고 있었다. 그런 선비족이 370년에 전진(前秦)에게 정복당한 뒤, 북위(北魏)에 항거하여 끝내 화북지역을 통일함으로써 가장 장기간에 걸쳐 지배 체제를 확립할 수 있었는데 이것은 이 민족의 개화정도가 높았던 까닭이다.

제2기 정치의 주동세력이 된 저족(氐族)도 일찍부터 관내(關內)에 잡거하였기 때문에 한족문화의 수용정도는 선비족에 버금갈 정도로 높았다. 5호의 여러 황제중에서 최고의 개명군주(開明君主)인 전진의 부견(符堅)은 산중에 숨어살던 한족출신 명사 왕맹(王猛)을 초청하여 재상직에 앉히고 그의 지도와 보좌를 받는 한편, 박사(博士)를 모시어 유학을 재흥시켰다. 책모에 뛰어났던 왕맹은 틈을 타서 전진 군을 이끌고 멀리 원정하여 전연(前燕)을 멸하고 화북지역을 대부분 영유하는 대국으로 성장시켰고, 357년부터 370년까지 10여년간을 난세에 보기 드문 평화롭고 풍요로운 시대로 만들었다.

제2기에 겨우 나라의 기초를 굳힌 동진(東晉)이 후조(後趙)가 붕괴되는 혼란한 틈을 타서 중원지방의 회복을 위하여 환온(桓溫)을 도원수로 삼아 북벌군을 일으켰다. 군대는 장안성 교외에 이르러 관중의 백성들로부터 「관군(官軍)을 다시 보리라고는 꿈에도 생각하지 못했다」는 식의 커다란 환영을 받았지만, 전진(前秦)의 부견이 성문을 굳게 닫고 튼튼히 방위하는 한편, 성밖의 곡물과 막 가을걷이하는 곡식을 모조리 불살라 버리는 이름바 청야(淸野)작전으로 나왔기 때문에 식량보급이 이어지지 않아 눈물을 머금고 후퇴하여 전진(轉進)하지 않을 수 없었다.

이(虱)를 잡으면서 시사문제를 논하라.

　환온(桓溫)이 관중지방에 진격했을 때, 전진(前秦)의 재상이었고 은인(隱人)이던 왕맹(王猛)이 굵은베로 만들어 입은 허술한 옷을 걸치고 면회할 것을 요청해왔다. 시사문제를 토론하면서 줄곧 이(虱)를 잡아죽이는 방약무인(旁若無人)한 모습을 유심히 보던 환온이 「본인이 진(東晋)나라 천자의 명을 받들고 지금 10만의 정예군대를 이끌고 천하를 위하여 역적무리를 토벌하고 있지만, 관중(關中)의 호걸이 아직도 협력하여 나서는 사람이 없는데 그 이유가 무엇이요」 하고 물었다. 이 말을 듣자 왕맹은 「각하께서 천리길을 멀다하지 않고 적지 깊숙이 들어오셔서 이제 장안성을 눈앞에 바라보고 멈춰 있을 뿐 군대를 더 진격시키지 않으니 백성들은 각하의 속마음을 알지 못하기 때문입니다.」 라고 대답하니, 환온도 여기에는 잠자코 말문을 열지 못했다. 왕맹은 북벌의 성공을 발판으로 동진(東晋)을 대신하여 스스로 제왕이 되려는 환온의 야심을 간파하고 있었던 것 같다. 탁상공론을 벌리거나 겉치레만 할 뿐 성의가 없는 동진의 귀족·군인에게 정나미를 뗄군, 꾸밈없고 진실한 북방의 학자 왕맹은 이민족의 황제 부견의 부름을 받아 그를 받들어 재상·군사(軍師)로서 온갖 비책(秘策)을 발의·구사했다. 석륵과 부견이 장빈(張賓)·왕맹 등을 등용하여 훌륭한 치적을 올릴 수 있었던 것은 이들 학자들이 백성의 곤궁상을 도저히 좌시할 수 없어 세상의 훼예포폄(毁譽褒貶)을 무시하고, 또 한·호(漢·胡)의 민족감정을 초월하여 자기의 학식과 경륜과 덕망을 다하여 보필했기 때문이다. 왕맹의 이와 같은 태도에 대해서는 후세사가들 사이에 평가의 차이가 있지만 공통적으로 난세에 처신한 학자의 책임감을 높이 평가하고 있다.

　진조(晋朝)의 남천(南遷)과 화북지방에서의 5호 16국의 어지러운 흥망은 서유럽의 민족대이동(Migration)에 비견되는 중국역사상의 민족이동을 야기시켰다. 서진 초기에 몇 년씩 계속된 한해와 내란으로 화북지역의 총인구중 절반 가까운 인구가 이미 유민(流民)이 되어 양자강 유역으로 옮아갔다. 양자강 하류에 위치한 건강(建康, 지금의 南京)에 근거지를 마련한 명문의 왕씨일족과 토착의 남방호족과의 협력으로 성립된 원제(元帝)의 동진 왕조가 어느 정도 안정세를 유지하게 되자 북방에 남았던 귀족들도 일족낭당을 이끌고 이민족 여러 정권의 혼전과 압제를 피하여 양자강 이남으로 이주하기 시작하였다. 이들 이민(移民)의 대부분은 동진때는 물론 송조(宋朝) 무렵까지 이른바 교민(僑民)으로서 강남의 토착 주민과는 별도로 구본적지(舊本籍地 서진시대)와 똑같은 명칭의 현(縣)을 세우고 집단적으로 거주하고 있었다. 그의 총수는 90만으로서 서진 초기의 북방주민수의 1/8, 남조(南朝) 전인구의 1/6에 해당했다.

유럽의 민족대이동이 지중해의 선진 로마문명 지역에 대한 후진 이민족의 유입(流入)이었던데 대하여, 중국에서의 민족대이동은 5호 이민족의 내륙 이주에서 시작되었고, 이들에게 압박된 중국문화의 담당자였던 한족의 엘리트 집단이 강남에 있는 신지역으로 이동한 것이다. 그리스·로마의 고대문명은 지중해 연안지역에만 널리 분포됐을 뿐, 내륙 깊숙이까지 침투하여 그 지방에 확산되지 못했던 까닭에 북방 미개민족의 침입으로 완전히 정권마저 탈취당했고, 끝내는 로마—게르만 두 민족의 문화를 융합시킨 중세문명(中世文明)을 형성케 하였다. 이에 대하여 중국고대의 대륙문명은 개명된 화북의 땅을 북방의 미개한 이민족에게 맡기고 북조(北朝)의 성립을 허용하면서 자기들은 미개한 강남으로 이동하여 신천지에 남조(南朝) 정권을 수립하고 한족고유의 발달된 문명을 계속 유지하게 된다. 여기서 남조는 유럽에서의 동로마제국에 해당되는 것처럼 보이지만, 동로마제국이 중세기 정치사의 중심에서 떨어져 나간데 대하여, 중국에서는 한족의 문화전통이 엄연히 계속 유지된 점이 다르다.

따라서 남쪽으로 이동한 동진왕조는 화북지역의 혼란한 기회를 틈타 오랑캐(夷狄)들의 손아귀에 들어가 침몰해버린 신주(神州)를 회복하고자 자주 북벌군을 일으켰다. 환온(桓溫)의 북벌은 성공에 가장 접근했던 위업의 예이다. 양자강 하류에 위치한 남경(건강)에서 곧장 북상하여 하남성으로 나가려면 양자강—회수사이에 있는 평원지대를 횡단해야 하는데, 이를 위해서는 식량보급에 어려운 점이 있었다. 양자강 중류인 무한(武漢)지방에 거점을 두고 한수(漢水)를 거슬러 올라가 관중지방에 들어가 장안성에 육박하는 과정에서 환온이 취한 진격로는 매우 유효하였다. 이와 반대로 북방의 이민족이 남하하는데도 이 길을 선택하였다. 남조의 공격과 방어의 중점도 여기에 두어졌으므로 따라서 이 지방에 근거지를 둔 호족은 대병력을 지배하면서 하류에 있는 동진왕실에 대항하는 세력으로 되었다. 명문 출신인 왕돈(王敦)이 여기에 의지하여 반기를 들고 반항한 것은 그 한가지 예에 지나지 않는다. 북벌의 강행은 자기정권의 기초를 뒤흔들 우려가 있었으므로 동진왕조 중앙에 있던 왕족과 귀족들은 북벌파에 속하는 지방군 장군들의 요망에 대하여 대체로 경계적이어서 본격적인 지지를 꺼려했기 때문에 동진조는 끝내 실지수복의 최종목적을 달성할 수가 없었다.

신주(神州)의 육침(陸沈)

신주(神州)란 중국을 자칭하는 용어로서 이미 전국시대부터 쓰이던 말이다. 진(晉)나라가 5호의 침략을 받아 장안·낙양이 모두 함락되어 강남지역으로 옮아간 후, 오랑캐들에게 빼앗긴 중원(中原)을 가리키는 말로 자주 쓰이게 되었다. 환온이 강릉(江陵/武漢)으로부터 북상하여, 북쪽경계선에 있는 고루에 올라가 자주 꿈에서 보았던 중원지방을 멀리 바라보았을 때 감개무량하여 「드디어 이 신주를 육침(陸沈)시켜 100년동안 폐허화시킨 것은 그 당시 청담(淸談)에만 열중하고 정치·군사문제를 돌보지 않았던 정치가 왕연(王衍) 등의 책임이 아니고 뭐냐」라고 말했다. 육침이란 함몰(陷沒)한다는 뜻이다.

강남의 동진(東晉)측에서는 중원(中原)을 회복할 힘은 없었지만, 5호 16국의 군주들은 비록 역사적인 문화중심지인 중원인 화북지방을 통일시켜 인구와 면적면에서 우위를 차지하는 지역을 지배한다 해도, 중국의 정통왕조는 뭐니 뭐니해도 강남지역의 한족(漢族) 국가인 동진(東晉)이라는데 대하여 내내 열등감을 씻어버리지 못하고 있었다. 왕맹(王猛)이 부견(符堅)에게 남긴 바 「진(晉)은 변경(邊境)인 강남지방으로 쫓겨났지만 정통왕조이니만치, 선린적인 국교를 맺고 결코 남벌(南伐)의 군사를 일으키면 아니됩니다. 선비족(鮮卑族)이야말로 국가의 강적이니 결코 방심하지 말아야 합니다.」라는 유언은 이와 같은 상황을 잘 표현한 것이다.

화북지방을 완전히 장악한 부견은 지족불욕(知足不辱)을 잊고, 특히 왕맹의 충고를 위반하면서 383년 8월, 보병 60만, 기병 30만의 대군을 3개제대(梯隊)로 나누어 남하시켜 회수(淮水)유역으로부터 단번에 동진(東晉)의 수도 건강(남경)을 공략할 전략하에 전진한 바, 그 세력이 강남일대를 위압하였는데, 그 대열길이가 무려 1,000리에 이르렀다고 한다. 동진의 선봉장 사현(謝玄, 東晋의 명재상 謝安의 조카)은 오합지졸과도 같은 전진의 대군이 아직 집결되기 전에 그 전위군만 격파하면, 대세를 제압할 수 있음을 간파하고, 전진군의 일부를 철수시켜 비수(淝水) 북안에서 결전을 벌일 것을 약속시킨 다음, 전진군의 일부가 철퇴하는 혼란을 틈타 비수를 급히 도하하여 전진군 선봉대를 급습, 대패시킨 다음 연이어 도망치는 적군을 추격하여 그를 크게 무찔렀다. 도망치는 부견군은 새우는 소리만 들어도 적군이 습격온다고 하면서 정신없이 도망치곤 했다(走者聞, 風聲鶴唳, 皆以爲晋兵至」《十八史略 西晋》). 부견이 겨우 낙양에 돌아갔을 때는 80만의 대군은 온데간데 없고 불과 10만이 조금 넘었을 정도의 패잔병만이 돌아왔을 뿐이었다. 이리하여 중국역사상 최대라고 말할 수 있는 비수에서의 결전은 막이 내렸다. 부씨(符氏)의 전진국은 이 전쟁의 타격 때문에 크게 쇠잔하여 결국 선비족 모용씨(慕容氏)의 후진국(後秦國)으로 대체되어 화북지방은 또다시 분열 상태가 되면서 제3기가 여기서 시작된다.

화북지방 고유의 문화는 이민족의 대거침입 결과로 고래(古來)의 한족 왕조가 몰락하면서도 강남에서 남조(南朝)로 살아남아 한족의 문인귀족에 의하여 정통문화로 계승되었기 때문에, 서유럽의 로마·게르만을 융합한 새 중세봉건국가를 형성했던 것과 같은 길은 결코 걷지 않았다.

중국 고대 한족의 근거지, 따라서 중국문화의 중심은 황하유역의 화북지역으로 한정되어 있었다. 한족이 화북(華北)에서 강남(江南)으로 남하했다는 것은 보다 온난한 풍토에 마음이 끌린 민족의 자연발전방향과 일치되는 바, 한족은 이번에는 이곳 화남(華南)지역을 개발하였고 드디어는 화교로서 동남아시아로까지 뻗어 나가게 되었다. 진왕조가 남하했던 당초에는 화북지방의 건조한 기후에 익숙되어 있던 한족인 만큼, 습기차고 무더운 강남의 새로운 풍토에 적응하지 못하여 이민족의 손아귀에 들어간 중원지방을 회복하고 낙양과 장안 등의 고향으로 돌아가는 것이 그들의 비원(悲願)이었다.

동진시대 초기에는 오나라(吳國)이래 소주(蘇州)를 중심으로 장원(莊園)을 경영하던 주(朱)·장(張)·고(顧)·육(陸)씨 등 토착호족과 화북에서 남하하여 교민이 된 왕(王)·사(謝)씨 등 중원의 명문족과의 사이에는 대토지 소유 문제를 둘러싸고 이해가 대립되어 있었다. 여기서 남하해온 왕·사씨 등은 남경·소주를 비롯하여 태호(太湖)주변의 이미 개발된 지방을 회피하고 절강성 동쪽에 진출하여 새 장원을 경영하기로 그동안 타협이 성립되었다.

정치적으로 주도권을 장악한 남하귀족들은 토착호족들과 협조하면서 점차 강남의 풍광명미한 경치, 온난한 기후에 적응하게 되었다. 그리하여 혼전(混戰)으로 황폐화한 중원을 회복하려는 희망을 잊고, 평화로운 생활을 즐겼다. 진(秦)·한(漢)의 고대 왕조문화와는 그 질을 달리하는 남조귀족문화가 여기서 활짝 꽃피게 된 것이다.

동진귀족의 이와 같은 태평성세의 꿈을 깬 것은 절강성 동쪽에서 일어난 손은(孫恩)을 수령으로 하는 농민폭동이다. 남하한 귀족이 경영하는 이곳 장원에서의 농노에 대한 착취가 너무도 혹심했던 것이 원인이었다. 그 무렵에 강남에서는 오두미도(五斗米道)라는 도교(道敎)의 일파가 사대부(士大夫) 사이에서도 널리 신앙되면서 비밀결사를 만들게 하였다. 이것이 중심이 되어 귀족지배에 불평불만을 가졌던 농민이 결속하여 일대반란을 일으킨 것이다. 393년에 시작되어 주로 절강성 동쪽 해안지대에 근거지를 둔 농민군이 401년에는 바다로부터 양자강을 거슬러 올라가 수도인 건강(남경)에 육박하는 대란으로 발전하였다.

동진왕조에 대항하여 양자강 중류 무한(武漢)에서 거의 독립국의 양상을 띠고 있던 전 북벌군 총사령관인 환온(桓溫)의 아들 환현(桓玄)이 이를 전후하여 양자강을 내려와 안제(安帝)를 협박하여 퇴위시킨 다음 스스로 제위에 올랐다.

극도로 혼란에 빠진 강남에서 농민폭등을 진압하고 다시 불평사족(不平士族)을 모아 환현정권을 전복한 것은 하급 선비계급 출신인 유유(劉裕, 356~422, 재위 420~422)이다. 그는 중원의 혼란을 틈타 일전(一戰)하여 북벌(北伐)로 나아가 남연(南燕)을 멸한 다음 다시 북진을 계속하여 드디어 낙양·장안을 점령함으로써 후진(後秦)마저 멸하였다. 북벌의 개선장군 유유는 그

기세를 몰아 420년에는 드디어 156년의 역사를 이어온 동진국의 마지막 황제인 공제(恭帝)를 폐위시키고 송(宋)나라를 세웠다.

황하유역에서는 산서성·하북성을 근거지로 차지하고 있던 선비족 척발부(拓跋部)의 후위국(後魏國, 즉 北魏) 태무제(太武帝)가 서쪽으로 진격하여 하(夏)·북연(北燕)·북량(北凉)을 격파하고 토곡혼(吐谷渾)의 항복을 받음으로써 남쪽을 통일(439년)하게 되자, 남조의 송(宋)과 북조의 후위(後魏)가 대립하게 되면서 여기에 남북조시대가 시작된다.

제 10 장   남북조(南北朝)의 대립

1. 남조 귀족정치의 난숙화(爛熟化)

 서기 420년에 유유(劉裕)가 세운 송(宋)왕조는 479년에 이르러 멸망함으로써 불과 60년밖에 존립하지 못했다. 960년부터 1279년까지 약 300년에 걸쳐 중국을 지배한 훗날의 조씨(趙氏) 송(宋)왕조에 대하여 사가(史家)는 이것을 유송(劉宋, 劉氏宋朝의 뜻)으로 불러서 구별한다. 동진(東晋)을 이어받은 송(유송)은 아주 똑같은 형식으로 다음대인 제왕조(齊王朝, 479~502)에 의하여 대체되고, 뒤이어 양(梁, 502~557), 진(陳, 557~589) 등 3개 왕조가 교체된다. 북조(北朝)인 북위(北魏)의 태무제(太武帝, 439년) 이래 동·서위로 분립(535년)할 때까지 약 100년간, 화북의 통일이 유지된데 대하여 남조의 정권은 어째서 이처럼 불안정했던 것일까.

원컨대 후세(後世)에 다시는 왕가에 태어나지 않기를

 진(晋)의 안제(安帝)를 목 졸라 죽이고 그의 동생 공제(恭帝, 후에 零陵王으로 격하)를 세운 다음, 그 공제로부터 선양(禪讓)받는 형식으로 제위에 올랐던 무제(武帝)는 미구에 공제, 즉 영릉왕마저 암살하였다. 무제 이후의 제제(諸帝)는 시기심을 품었던 나머지 황족제왕을 살해했으므로 유송무제(劉宋武帝)의 아들 9명, 손자 40여명, 증손 67명의 대부분이 그런 황제들에 의하여 비극적인 최후를 마쳤다. 고립된 송의 순제(順帝)로부터 선양을 받은 소도성(蕭道成), 즉 제(齊)의 고제(高帝)는 다시 송나라의 나머지 유씨(劉氏) 황족을 한사람도 남기지 않고 섬멸시켰다. 양위(讓位)할 것을 강요당한 순제는 「설마 잘못되는 일이 있다해도 내세에는 천자의 집안에 태어나는 일이 절대로 없도록」해 달라고 신명에게 빌므로써 황제인 자기의 불운을 한탄했다고 한다. 이 말은 남조(南朝)의 황제에게 공통적이던 불안한 입장을 잘 표현하였다고 하겠다.

동진(東晉)의 고립된 왕실이 귀족들의 압박을 받아 쇠멸한 폐해(弊害)에 교훈을 받은 남조(南朝)에서는 중앙정부의 고관은 명문귀족출신을 물리치고 하급 사대부 출신자, 당시의 표현으로 말한다면 한인(寒人)을 등용하였고, 지방의 요충지에는 황족의 왕을 자사(刺史), 즉 지방장관에 임명하여 군사와 정치를 관장케 하였다. 송(宋)·제(齊)·양(梁)·진(陳)등 제왕조의 시조들인 유유(劉裕)·소도성(蕭道成)·소연(蕭衍)·진패선(陣霸先) 등은 그들 자신이 모두가 한인계급에서 출세한 사람들이었으므로, 종전의 왕씨(王氏)·사씨(謝氏)와 같은 명문귀족에 대한 당연한 대항조치로써 황제권(皇帝權)을 강화하는 동시에 지방에 할거하는 군벌·호족의 세력을 약화시키는 정책을 취했던 것이다. 이것은 당시 북방에서 척발족(拓跋族)이 황하유역을 통일하여 수립한 강대한 북위왕조에 대항하기 위한 필연적인 조치이기도 하였다.

남조(南朝)사회에서 귀족제도는 아직도 흔들리지 않는 권위를 가지고 있었으므로 한인(寒人)과 관료의 정치는 이르는 곳마다에서 눈에 보이지 않는 저항을 받았다. 송의 문제(文帝, 재위 424~452)와 양의 무제(武帝, 재위 502~549)는 남조 전 통치기간을 통하여 명군으로 칭송되는데 이들은 일시적이나마 원가(元嘉, 文帝의 연호) 또는 천감(天監, 武帝의 연호)의 평화롭고 번영된 시대를 출현시켰다. 이 두 제왕의 정치에 대한 노력도 높이 평가되거니와, 한인(寒人)출신 관료를 놓고 귀족출신 문인을 재상 등 높은 자리에 제수하는 등 귀족에 대한 타협적인 정책을 취하는 일도 많았다.

하급관료와 군인출신자의 왕조가 수명이 짧았던 원인의 하나는 이들 벼락출세한 자들의 생활이 낡은 귀족에 비하여 안정된 이상(理想)을 갖지 못했던 까닭도 열거되고 있다.

남조의 귀족과 명사들은 청담(淸談)에만 몰두하고, 감정과 본능이 내키는 대로 방종한 생활로 나날을 보냈던 것처럼 보이지만, 기실 가정내에서는 어릴적부터 효도를 중심으로 하는 가정도덕, 이른바 명교(名敎)의 엄격한 교육을 받으면서 성장하였고, 또 자녀들을 그렇게 교육하였다. 실용성에서 떠난 탁상공론에 열중하면서 마음이 내키는 그대로의 일상생활을 보내던 남조의 귀족들은 그나마 가정교육의 덕분으로 사회질서를 유지하고 있었다. 만일 하급 사대부 출신이 제왕(帝王)이라도 되면 이와 같은 가정교육이 없는 왕족출신 자제가 갑자기 부귀영화를 누리게 되어 청담에 열중하며 명교(名敎)를 무시하고 자연에 복귀하여 궤도를 벗어난 행동을 저질렀다. 송·제의 황제·후비(后妃)·황족들의 난행(亂行)은 역대 왕조중에서도 특히 유명하여 정권을 흔드는 하나의 원인으로 되었다.

그런 환경속에서 무명의 하급사대부에서 출세하여 제위까지 오른 양(梁)의 무제가 제(齊)나라 조정에 충성을 바치고 있었을 때부터 이미 문학자로서 명성을 얻었고, 중국의 수많은 제왕중에서도 학문을 숭상한 굴지의 제왕중 한사람이던 것은 특이한 예에 속한다. 무제의 재위 48(502~549)년간은 국내외도 무사평온하여 백성들은 태평세월을 구가하였다. 법률을 제정하고 학교를 세웠고, 오랫동안 돌보지 않았던 유교를 재흥시키는데 힘썼으므로 남조의 귀족문화는 이때에 최고조에 달했다.

무제의 성공은 구 귀족을 우대하여 그 세력을 이용해서 황제권을 강화시키려는 정책에 의한 것이지만, 그 반면에 귀족들로 하여금 세도를 부리게 하는 경향을 나타내게 하였다. 만년에는 불교에 심취한 나머지 많은 사찰을 조영한 바, 수도 건강(남경)에만도 500여개의 절과 10여만의 승려를 포용하였고, 참회자가 5만명에 이르는 법회를 열곤하였다. 이리하여 직접 역사(役事)에 동원된 농민은 물론이거니와 이와 관련된 낭비는 간접적으로 서민에게 무거운 부담을 주었는데, 이것은 무제의 실정중 한가지로 꼽히고 있다.

무제의 평화로운 치세기간은 마침 북위(北魏)가 동·서위로 분열되는 시기에 해당하며, 그가 대군을 남하시킬 힘이 없었다는 행운의 국제정세에 도움을 무제는 받았으므로 그의 치세는 정치가의 실력에만 의거한 것이 아니었다. 귀족에 대해서는 관용적인데 반하여 일반서민에 대한 통치는 지극히 엄격했으므로 백성들에게는 민심을 잃고 있었다. 특히 농민들 사이에서 불만감이 팽일하게 각지에서 농민폭동이 일어났던 사실을 사학계에서는 최근에야 주목하게 되었다.

불교에 심취하여 얼을 빼앗긴 귀족적 교양인인 무제의 정치가로서의 큰 실책은, 북조의 내란에 편승하여 이를 정복하기 위한 절호의 기회를 놓치자,

늦게나마 선비족(鮮卑族)에 동화된 갈족(羯族) 출신의 야심가인 후경(侯景)을 신임하여 북벌에 손댔다가 군사적으로 실패한 사실이다. 하남왕(河南王)에 통솔된 양(梁)의 주력군은 회수(淮水) 유역에서 동위(東魏)에게 크게 패배하였다. 이때 식량이 떨어져서 퇴각한 별군(別軍)의 후경(侯景)은 무제 계승자들 사이의 불화관계를 틈타서 갑자기 반기를 들고 양자강을 건너 양(梁)의 수도 건강(建康, 남경)성에 육박하였다. 태평성세에 심히 문약(文弱)해진 귀족들은 당황한 나머지 우왕좌왕할뿐 방위 대책을 세우지 못했다. 포위된 궁성에서 무제가 굶어죽자 후경은 간문제(簡文帝)를 제위에 올려놓았으나 미구에 그를 폐하고 스스로 제위에 올라 한제(漢帝)를 칭하였다. 궁전·사원을 불사르면서 대약탈을 자행했을 뿐만 아니라 소주(蘇州)·항주(杭州)등 여러지방을 약탈하며 돌아다녔다. 이 때문에 그렇게도 부유함을 뽐내던 강남지방은 아주 폐허화되고 말았다.

바로 호랑이인데 어째서 말이라고 하는가

후경(侯景)이 양자강을 건널 때 통솔한 병력은 겨우 8천여명에 불과했다. 오랫동안의 평화에 익숙했던 양(梁)의 귀족들은 헐렁한 옷(寬衣)에 큰 관을 쓰며, 굽 높은 신발을 신었고, 외출할 때는 수레를 타거나 가마를 이용하는 등 사람들의 도움 없이는 걷지도 못했다. 건강 성안에서 말을 타는 귀족은 거의 없었다. 말이 「히힝-」하고 울면서 앞발을 높이 들어올린 용감한 자세만 보고서도 질겁을 하여 벌벌 떨던 귀족은 「이것이야말로 바로 호랑이다. 그런데 어째서 말이라고 부르는고」하고 옆사람에게 물었다고 한다. 이처럼 나약해진 귀족들이기에 후경이 통솔한 소수의 북방 군대에도 도저히 대항할 수 없음은 당연하다. 화사하고 나약한 귀족들 중에는 이런 혼란 속에서 길가에 쓰러져 죽어간 사람도 많았다. 28만호나 되던 건강의 대도시도 곧 후경의 말발굽에 완전히 짓밟혀 폐허가 되고만 것이다.

각자의 소재지에서 군사를 일으켜 후경을 정토(征討)하고자한 양의 여러 황족중에서 강릉(江陵, 武漢)에 있던 무제의 아들 소역(蕭繹), 양양(襄陽)에 있던 무제의 손자 소찰(蕭察) 등이 가장 유력했지만, 두사람은 서로 불화상태에 있었으므로 협력하지 못했다. 소찰은 소역의 공격을 받고 쫓기게 되자 구원을 서위(西魏)의 우문태(宇文泰)에게 청했기 때문에 파촉(巴蜀, 사천성)을 서위에게 빼앗겼고, 또 호북성도 위협을 받았다. 소역은 왕승변(王僧弁)과 진패선(陳霸先)의 협력을 얻어서 후경(侯景)을 격파한 다음 강릉에서 제위에 올라 원제(元帝)가 되었지만, 우문태의 뜻을 거역했기 때문에 오히려 살해되었다. 북제(北齊)의 간섭을 배격하고 원제의 아들을 받들어 양(梁)의 황제로 삼았던 진패선은 3년후에 그를 폐위시키고 스스로 제위에 올랐다. 그가 진(陳)의 무제(武帝)다.

송(宋)·제(齊)왕조가 존재할 무렵까지는 그나마 이럭저럭 유지되어 온 남조와 북조의 군사력 균형도 양의 무제말기에는 후경란(侯景亂) 때문에 완전히 무너지고, 남조에 대한 북조의 우위가 확립되었다. 양자강 상류의 사천성과 양양(襄陽) 및 무한(武漢)지방을 서위에게 빼앗긴 진(陳)왕조는 겨우 양자강 하류의 좁은 영토를 지배했을 뿐이고, 그나마 그 생명도 그리 머지 않았다. 이와 같은 우울한 분위기속에서 현정치·사회정세에서 도피하여 현세적(現世的)인 쾌락만을 추구하는 무리가 증가했다.

2. 북조(北朝)의 새 사명

중국의 북조지역은 5호의 장기간에 걸친 동란을 경험한 뒤에야 겨우 부흥의 새로운 기운을 맞이하게 되었다. 이것이 북위(北魏)에 의한 통일이다. 선비족(鮮卑族)의 척발(拓跋)부족은 위나라 때에 최초로 흉노족(匈奴族)의 내륙이주가 있은 후 그들의 옛터로 옮겨왔고, 최종적으로는 대동(大同)의 서쪽지역인 정양(定襄)의 성락(盛樂)지방에 정착하면서 진(晋)나라에 조공을 바쳤다. 유연(劉淵)이 진나라 조정에서 떠나 독립하자 부족의 우두머리인 척발의로(拓跋猗盧)는 내륙의 평성(平城)으로 진출하였다. 십익건(什翼犍)대에 이르러 동쪽으로는 압록강 북쪽지역에 있는 예(濊)·맥(貊) 등 동쪽 오랑캐(東夷)민족을 복속시켰고, 서쪽으로는 중앙아시아의 파미르고원(葱嶺)밑에 있는 펠가나를 격파함으로써 북변의 몽골고원 일대로 영토를 확대시켰다. 진왕조(晋王朝)가 동쪽으로 남하한 후, 화북지방에 남아 있던 한족의 대표적인 유곤(劉琨)과 동맹을 맺고, 화북지방의 주도권을 쥐고 있던 저족(氐族) 출신 부씨(符氏)가 세운 전진(前秦)에 대항했지만, 내란을 틈타 진공해온 부견(符堅) 때문에 정복되고 말았다. 다행스럽게도 미구에 전진국이 붕괴되자 십익건의 손자에 해당하는 척발규(拓跋珪)가 구부족(舊部族)을 결집시켜 지방정권으로 재건하여 나라이름을 위(魏)라고 칭하였는데, 역사가는 이것을 3국(魏·蜀·吳)시대 조씨(曹氏)의 위나라와 구별하기 위하여 북위(北魏) 또는 후위(後魏)라고 부른다. 그는 선비족이 세운 후연(後燕)의 모용씨(慕容氏)에게 대승을 거두자 398년에 옛도성인 평성(平城)으로 돌아가 황제자리에 올랐다. 이것이 후위의 도무제(道武帝)이다.

이 도무제의 말년은 내란 때문에 후위의 국세가 또다시 쇠퇴했지만 그의 후계자로서 무용에 뛰어난 태무제(太武帝)는 당시 관중(關中)지방에 할거하면서 화북의 서쪽지역을 지배하던 후진(後秦)의 요씨(姚氏)가 북벌에 나섰던 동진(東晋)의 유유(劉裕)에게 항복한 틈을 타서 북연(北燕)과 북량(北涼)을 격파하고, 화북 전역을 통일함으로써 동진(東晋)을 물려받은 유유(劉裕)의 송(劉宋朝)에 대항하여 남북의 2대 강국으로 되었다. 즉, 남북조의 대립시대를 출현시킨 것이다.

위(魏)·진(晋)의 민족 대이동 시대에 화북지방에 이주하여 5호 16국으로 불리던 여러 나라 중에서 선비족의 후위국인 척발씨만이 그 후 160년이라는 장기간에 걸쳐 안정된 정권을 유지할 수 있었던 것은 어떤 이유에서 였을까. 한마디로 말하면, 민족대이동이 있은 화북지방에 침입해 들어간 이민족이 토착민이나 한족과의 이해관계를 조절하면서 무질서 속에서도 조화 있는 사회를 만들어 낸 슬기였다. 광범위하게 분포하여 각지에서 한족을 비롯하여 여타 이민족들과도 접촉하면서 제각각의 지방차(地方差) 있는 독자적인 민족문화를 형성했던 선비족에 대하여 공통된 민족성을 발견하기란 곤란했지만, 그들에게는 일찍부터 다른 민족, 특히 한족의 선진문화를 적극적으로 수용하려는 태도가 있었다. 특히 후위의 태무제(太武帝)는 척발씨 정권을 재건했을 무렵부터 농업진흥에 주력하여 하북성으로부터 대량의 농민을 산서성에 있는 수도 평성(平城)부근에 이주시키고, 또 농경지를 주어 농사에 종사

하게 하였다. 유목사회의 유습, 즉 오랑캐 풍습을 많이 가졌던 척발 부족에게 있어 선진 한족의 농경문화를 수용했다는 것은 중대한 변혁이었고, 또 471년에 효문제(孝文帝)는 즉위하자 불교를 믿게되면서 이와 같은 정책을 철저히 추진하였다.

　소위 새외민족(塞外民族)에서 일어난 북위(北魏)는 이보다 앞서 한인(漢人)인 최호(崔浩)에게 명하여 잔혹하던 형벌 제도를 고쳐 새로운 율령(律令)을 발포 시행하게 하였으나 아직은 불충분하였다. 효문제는 선비족의 구습(舊習)으로는 한족이 많이 거주하는 중원을 지배할 수 없음을 깨달았다. 특히 그 자신이 한족 문화의 심취자였으므로 이런 개혁을 선도한 것이다. 예를 들어 유목민족 습관에 익숙되어 있던 척발부족은 중원을 통치하게 되었음에도 관리들에게 적정한 봉급을 줄 필요성이 있음을 모르고 있었다. 봉급이 지급되지 않은 지방관리는 국민들로부터 뇌물을 받음으로써 부정사건을 연속적으로 일으켰다. 이 때문에 효문제는 백성들로부터 매해 호당 명주 3필, 곡물 2섬 9두씩을 징수하여 모든 관리에게 봉급을 주기로 함으로써 관료정치의 기초를 닦기 시작하였다.

 개혁정책을 추진시키기 위하여 효문제는 먼저 제(齊)나라를 정벌한다는 명분아래 호풍(胡風)이 짙은 수도 평성을 떠나 한(漢)문화의 중심지인 낙양에 도착하여 그곳을 둘러 보고 단번에 반하여 이곳으로 도성을 급히 옮겼다. 조정의 의식은 중국의 예법을 따랐고, 선비족이 옛날부터 사용해온 선비어를 폐지하고, 변발(辮髮)이라하여 머리를 따내리는 풍습을 금지하였고, 또 선비족식의 이름을 한족식 이름으로 바꾸게 하는 등 전면적으로 한족문화를 채택하였다.

 효문제의 정책중에서 중국사회에 장기간에 걸쳐 깊은 영향을 준 것은 485년에 제정한 균전제(均田制)라는 국유토지제이다. 국민은 15세에 이르면 국가로부터 남자는 밭 40무(畝), 여자는 20무를 받으며, 이런 밭을 받은 사람이 사망하던가 70세가 넘으면 국가에 땅을 반납한다는 것이 이 균전법의 기본 규정이다. 균전제라는 명칭과 그 규정이 말하듯이 일반농민에게 농경지를 평균적으로 할당한다는 농지법이 관연 문자 그대로 북위의 모든 영토 위에서 실시되었던가 하는데 대해서는 오늘날 학계에서도 커다란 연구과제로 되어 있다.

 균전법에는 그 당시 상당히 넓은 면적을 차지하고 있던 호족(豪族)들의 농지에 대하여 그것을 국가수중에 집중시킨 다음 농민들에게 재분배하는 흔적이 없으므로, 이것만은 그대로 남겨두고, 황폐화하고 주인 없는 땅을 국유화하여 그것을 농경지가 적은 하층농민에게 분배하여 지조(地租)의 증수를 도모코자 한 재정상의 목적에서 나온 것이라는 해석도 내려지고 있다. 그러나 효문제가 한화(漢化)정책의 일환으로 채택한 이 제도의 입안에는 한족출신 유학자들의 의견을 받아들였음이 틀림없는 것 같다. 『맹자(孟子)』와 『주례(周禮)』에 쓰여 있는 정전법(井田法)이라는 토지공유제가 균전제의 전형이었음은 의심의 여지가 없다. 그리고 그것의 실시도 도성부근과 특정적인 공한지에만 한정되었던 것이 아니라 화북지방의 상당히 넓은 범위에서 실시되었다는 사실이 점차 밝혀지고 있다.

 강남에 있는 남조(南朝)에서는 귀족들이 장원(莊園)을 사유화하는 등 대

제10장 남북조의 대립 **229**

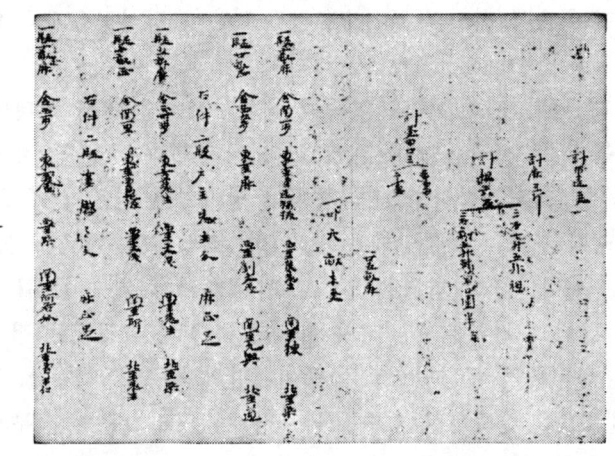

돈황(敦煌)에서 발견된 서위(西魏)의 균전제에 관한 문서

1907년, 영국의 스타인(Sir Mark Aurel Stein, 1862~1943) 탐험대가 돈황(敦煌)의 석굴에서 발견한 고문서 가운데, 정(丁, 성년남녀)에게 할당하여야 할 마전(麻田)·정전(正田)·원택(園宅)이 충분히 충족되었는지의 여부 등을 기록한 문언(文言)이 있었다. 학자들의 연구결과로 이 고문서는 서위(西魏)의 대통(大統) 13년(서기 547년)에 쓰여진 것으로 추정되었다. 북조(北朝)의 균전제에 대해서는 위서(魏書)와 기타에 간단히 조문이 실려있을 뿐, 그것의 실시상태에 대해서는 거의 알려지지 않았다. 이 문서들에 대한 일련의 연구에 의하면, 이런 조문이 결코 공문(空文)이 아니며, 또 이처럼 변방지방에서도 균전제가 실시되었다는 사실이 밝혀진 것이다.

토지소유제가 일반적이었는데 대하여, 북조에서는 국가에 의하여 균전제가 제정, 실시되었다는 것이 좀 이상하게 보이지만, 이것은 남북의 정치·사회의 역사적 조건의 차이가 탄생시킨 당연한 결과였다. 화북지방의 농촌사회는 3세기 이래, 5호 16국의 장기간에 걸친 전쟁과 이민족의 내륙 이주로 철저하게 파괴되었다. 주민의 유동으로 말미암아 토지소유제가 확정될 수 없었다. 백성은 생명재산의 안전을 도모하기 위하여 호족들의 지도하에 종족과 지역단체의 조직에 의지하지 않을 수 없었다. 화북지방의 농업생산을 회복시키려면 이와 같은 공동체의 힘을 빌릴 필요가 있었다. 삼장제(三長制)에 의하여 그들의 협력을 확보하고, 호족들을 국가통제하에 놓은 기초위에 균전제에 의하여 국가를 최고의 토지소유자로 하는 농경지공유제를 확립한 것이다.

효문제는 더 나아가 척발족과 한족을 융화시키려면 먼저 북위의 황실과 한족 명문가를 서로 통혼(通婚)시켜야 한다고 생각하여 일반적으로 호·한(胡·漢)양족의 결혼을 장려하였다. 북쪽에 남아있던 한족의 사대부출신은 남쪽으로 내려간 한족 사대부만큼은 명문족이 적었지만, 이들은 오랑캐족의 압박하에서도 한족민중의 협력을 얻어 자주적으로 대가족제도를 결성하면서 실력으로 한족의 권위를 유지코자 하였다. 북위의 효문제는 점차 쇠망징조를 보이던 선비족의 무력만으로는 중원지방의 한족을 억압할 수 없음을 통찰하고, 실력자인 한족출신 호족들을 포섭했고, 또 그들의 신분제도를 빌어서 선비족의 지위를 옹호하고자 하였다.

척발씨 가운데서도 일찍부터 한족 농민을 고용하여 농업을 경영하던 대지주와 관료·귀족은 이런 개혁에 찬성하였지만, 공신(功臣)·구족(舊族)의 대부분은 선비족 고유의 풍습을 찬양하고 그리워하는 사람도 적지 않았다. 특히 한족풍습의 유행으로 중앙의 선비족은 고유의 꾸밈없고 진지했던 생활을 잊고, 점차 화려 유약한 기풍에 빠져들어 감으로써 국세는 점차 내리막길을 걷기 시작하였다. 특히 북위의 수도가 평성(平城)에 있었을 때는 그 주변 6진에 수비대가 배치되어 있었는데, 당시 이곳의 군인은 경고(警固)의 임무를 맡았다하여 근위군(近衛軍)으로 우대되었으나, 수도가 낙양(洛陽)으로 옮아간 이후로는 대우가 그전과 같지 않았기 때문에 그들 사이에도 불만이 확산되고 있었다.

효문제가 499년에 죽은 다음, 선무제(宣武帝)를 거쳐 효명제(孝明帝)가 어린나이로 즉위하자, 호(胡)태후가 섭정으로 있었다. 그러나 그녀의 품행이 더욱 나빠지면서 그녀가 신임하던 근신(近臣)이 권력을 휘둘렀으므로 정치가 혼란에 빠져 사회불안이 증대되었다. 불평불만에 가득 찼던 평성주변 6진의 군사들이 이런 기회를 틈타서 반란을 일으킨 바, 이것이 도화선이 되어 오랑캐족에 압박 받았던 한족농민이 들고일어나 이에 호응하였다. 이리하여 반란은 만리장성밖 북위의 북방일대로 확산되었고, 그것은 관중(關中)의 중앙부에도 파급되었다.

 이 반란을 평정한 이주영(爾朱榮)이 그 무공으로 북변의 군사를 통할하게 됨으로써 갑자기 큰 세력을 형성하게 되었다. 성인이 되면서 섭정인 호태후의 전단(專斷)에 불만을 품게된 효명제는 이주영과 결탁하여 호태후를 제거하려 했지만, 이런 기도를 사전에 탐지한 호태후에 의하여 오히려 독살되고 말았다. 이런 비보를 들은 이주영이 군대를 이끌고 낙양에 입성하여 호태후를 죽인다음 효장제(孝莊帝)를 옹립했지만, 이주영 자신이 황제자리에 오르려는 야망을 품고 있었기 때문에 오히려 황제손에 걸려들어가 최후를 마치고 말았다. 분개한 이주씨 일족이 황제를 살해하고 새로 민제(閔帝)를 세웠지만 이주씨 일족에게 속해있던 한족계 6진(六鎭)의 부장(部將)인 고환(高歡)이 다시 그들이 민심을 잃은 기회를 틈타 이주씨 일족세력을 격파하고 민제를 폐위시킨 다음 새로 효무제(孝武帝)를 세웠다. 고환의 세위(勢威)를 겁낸 효무제가 그를 제거하려고 도모했으나 실패하자 관중지방 서쪽으로 도망쳐 선비족 출신인 우문태(宇文泰)에게 보호를 요청하였다. 이리하여 낙양에 세력기반을 둔 고환과 관중서쪽 지방의 우문태는 각각 동서에 위제(魏帝)를 옹립하고 대립함으로써 북위는 534년에 다시 동위(東魏)와 서위(西魏)로 나뉘게 되었다. 이들은 모두 「위」라는 국호를 칭하고 있었으나 기실 고·우문 양씨가 실권자였다. 550년에 동위의 고징(高澄)이 효정제(孝靜帝)의 선양을 받아 북주(北齊)의 선문제(宣文帝)가 되었고, 557년에는 서위의 우문각(宇文覺)도 제위에 올라 북주(北周)의 효민제(孝閔帝)가 되었다. 북주는 화북지방의 서부, 북제는 화북지방의 동부지역을 차지함으로써 강남지방의 진(陳)과 더불어 천하는 3분되기에 이르렀다.

 그러나 이런 형세는 오래가지 않았다. 북제의 국세는 그 후 진나라의 북벌을 받아 크게 쇠약해지더니 불과 28년만에 북주의 무제(武帝)에 의하여 멸망되고 말았다. 그 다음해에 무제가 죽고 선제(宣帝)를 거쳐 손자인 정제(靜帝)가 어린 나이로 즉위하자, 황태후의 아버지인 실력자 양견(楊堅)이 한 때 섭정으로 있었으나, 581년에 선양을 받아 수(隋)의 문제(文帝)가 되었다. 한편 강남의 진(陳)나라 후주(後主) 숙보(叔寶)는 음란 사치한 생활에 빠져

나날을 보내니 민심이 그를 버렸다. 그러자 수의 문제가 대군을 몰아 남하한 바, 별다른 저항 없이 589년에 그는 단번에 건강(남경)에 입성하여 후주를 포로로 잡았다. 이리하여 동진(東晋)의 원제(元帝)가 제위에 오른지 273년만에 오랫동안 분열되었던 중국은 수나라에 의하여 일단 통일제국으로 되돌아갔다.

3. 암흑시대에서의 문화개화

동진(東晋)이 남하한 후, 수(隋)의 천하통일까지 273년간의 남·북조로의 분열은 실질적으로는 후한(後漢)말 헌제(獻帝) 초년(190년)경부터의 연속이었다고 간주되는 만큼, 이 기간은 중국역사상 가장 긴, 실로 4세기에 걸친 암흑시대(暗黑時代)였다고 볼 수 있다. 이 시기가 정치적으로는 암흑시대라 해도 그것이 반드시 문화적으로도 공백시기였다고는 말할 수 없다. 이 시대는 정치와 사회의 혼란에도 불구하고 종교·사상·예술분야에서는 중국사상 보기 드문 다산(多産)시대를 기록하고 있다. 특히 서예·회화·조각 등의 조형미술에서 각각 정상을 이루는 많은 걸작품을 남겼다. 이것은 도대체 어떤 이유에서일까. 위(魏)·진(晋) 및 남북조 시대는 진(秦)·한(漢)의 통일제국 붕괴의 뒤를 이어 화북평원(華北平原)의 이른바 중원지방(中原地方)이 집단적으로 침입해온 북방 이민족에게 빼앗기자, 한족은 역사가 시작된 이래 처음으로 화북 중원에서 이민족(오랑캐라고 천시하던 민족)에 의하여 정복당하는 쓰라린 운명을 맛보았다. 이민족에게 정복당한 경험은 그때까지 중국사회에 헤아릴 수 없을 정도로 극심한 충격을 가져다주었다. 중국은 그 후 요(遼)·금(金)·원(元)·청(淸) 등 다시 4회에 걸쳐 똑같은 경험을 반복했지만 그때마다 이민족 침입의 정면에 놓였던 화북지방의 주민들은 이미 거기에 익숙해져 표면상으로는 심각한 표정을 지어 보이지 않았다. 때문에 학자들중에는 이처럼 맨처음에 받은 타격의 심각성을 과소평가하는 경향도 있지만, 그것은 잘못이다. 한족은 이러한 깊은 상처를 치유하고 일어나 많은 이민족을 융합시켜 안정된 사회를 만들기 위하여 5호 16국으로부터 남북조

3세기에 걸친 중국 역사상 가장 오래 끌은 격렬한 과도기를 거쳐야만 하였다. 이러한 중대한 의의를 간과해서는 안된다.

　중국사회는 이 기간을 통하여 문벌귀족(門閥貴族)이 지배하는 엄격한 신분제로 조직되었는데, 그 구조는 남·북간에 얼마간의 차이가 있었다. 북쪽은 이민족에게 정복되고, 그 부족제 국가는 중국적인 왕조국가로 전환되는 과정에서 중국의 토착귀족제와의 유착(癒着)으로 신분사회를 재편성했던 것이다.

　이에 대하여 남조에서는 중원지방에서 쫓겨난 후 강남지역에 정착한 문벌귀족제하에 한족의 독자적인 문화를 순수하게 보존하기는 했지만, 군벌출신의 왕조는 송(宋)·제(齊)·양(梁)·진(陳)으로 교체되면서 안정되지 못했고, 특히 유송(劉宋)의 유유(劉裕)가 북벌군을 일으킨 이후 줄곧 이민족 국가인 북조(北朝)의 압박하에 쇠퇴의 길을 걸어야만 하였다. 양자강 남쪽지역의 경제는 3국(위·촉·오)이 정립하던 오나라 시대부터 발전하기 시작했지만, 그러나 화북지방하고는 그 발전수준이 비교가 되지 않았다. 진조(晉朝)의 남하로 중원지방에서 귀족 이외에 다수의 유민(流民)이 화북의 고도의 농업기술을 전달했으므로 이 지방 특히 호북·호남·강소·절강성 등의 개발은 남조시대에 급속히 진척되어 후일 중국에서 가장 풍요한 지방으로 되는 기초가 닦여졌다.

　위(曹氏의 魏)의 뒤를 이은 진(司馬氏의 晋)대의 사상계에서는 죽림 7현으로 일컬어지는 바, 노자(老子)·장자(莊子)의 무(無)의 사상에 입각한 은둔생활자(隱遁生活者)들의 사회의 구속을 떠난 자유로운 토론, 즉 청담(淸談)이 유행했는데, 그런 풍조는 동진(東晉)을 거쳐 남조시대 말기까지 계승되었다. 청담은 원래 관리등용시험의 후보자인 선비들에 대한 고향사람들의 인물평론, 이른바 청의(淸議)에서 발생한 것으로서, 시대와 더불어 변화하여 복잡한 내용을 가지게 되었고 또 여러가지 유파(流派)가 생겨났다. 노장(老莊)의 「무(無)」의 사상의 영향하에 주관과 객관의 관계에 대하여 깊이 사색한 사상가들 가운데 배외(裵頠, 267~300)의 숭유론(崇有論)과 같이 세계 만물의 근원을 유(有)로 보는 유물론적 경향을 띄는 것도 있다. 또한 포경언

(鮑敬言)처럼 무정부주의를 제창한 사람, 범진(范縝)의 신멸론(神滅論)과 같이 당시 유력하던 불교의 신불멸론(神不滅論), 즉 영혼불멸론에 대하여 유물론적인 견지에서 용감하게 논쟁을 벌인 사람들도 나타났다.

신멸론(神滅論)

범진(范縝, 450~515?)은 양(梁) 무제(武帝)시대의 사상가이다. 이름없는 빈한한 가정에서 태어나 유학(儒學)을 연구하였다. 미신을 크게 배격하였는데, 그중에서도 특히 남조불교도(南朝佛敎徒)의 신불멸론(神不滅論)과 영혼(靈魂)불멸론에 반대하여, 형(形, 즉 육체)과 신(神, 즉 정신)은 서로 불가분의 형태로 결합되어 있다. 형체는 정신의 기초이고 정신은 형체의 작용(作俑)인 바, 형체가 소멸하면 정신도 사멸한다는 취지에서 신불멸론과 격렬한 논쟁을 벌렸다. 당연한 일이지만 새중국이 수립된 후의 중국사상가들로부터 그는 한(漢)대의 왕충(王充, 27~100)의 뒤를 이어받은 뛰어난 유물론자로 평가받고 있다.

요컨대 위(魏)·진(晋)·남북조의 다양한 청담(淸談)의 밑바닥에 깔린 것은 유교의 가족·국가를 기본으로 한 공동체적 윤리를 파괴하고, 일체의 권위를 의심하는 회의주의(懷疑主義)와 개인주의적인 사상이었다. 한 대(漢代)의 유교에 남아있던 신비주의(神秘主義)사상도 이 논쟁과정에서 청산되고 그것의 합리화가 추진되었다.

남조의 문벌귀족제도 밑에서도 청담의 담론이 지배한데 대하여, 북조에서는 잔류하던 한족 유학자들이 후한(後漢) 이래의 주석학(註釋學)을 그대로 유지하고 있었다. 북조에서는 회의주의와 개인주의가 별로 유력하지가 않았다. 5호 16국의 어지러울 정도의 정권교체가 있은 후에 성립된 북위(北魏)에서는 효문제(孝文帝)가 불교를 국교(國敎)로 정하여 종교국가를 세웠고, 동시에 균전제(均田制)를 시행하여 화북지방을 정치·사회적으로 안정시키는 데 공헌하였다. 북위제국이 동서로 분열되면서 화북지방이 또다시 분열상태에 빠지는 형세하에 한족문화를 수용하여, 화북지방에 질서있는 정치를 확립하려고 했던 실력자 우문태(宇文泰)는 소작(蘇綽)의 의견을 받아들여 유교가 전하는 주대(周代)의 예절을 근본으로 삼고 또 법가(法家)의 주장인 부국강병책을 시행하였다. 이 제도는 우문(宇文)씨족이 세운 북주(北周)에 계승되었고, 또 이 북주의 개혁정신은 수(隋)나라의 법제로서 계승되었다. 수왕조의 천하통일을 정치사상면에서 보면 서위(西魏)의 소작(蘇綽)으로 대표되는 그런 지방 행정을 정비한 중앙집권 국가가 남조 귀족들의 무질서한 연립정권적인 정치에 대한 승리를 의미하였다.

종교계를 말한다면, 한나라 무제 때 서역지배와 더불어 인도의 불교가 중앙아시아를 거쳐 중국에 전래된 바 있다. 후한말의 2세기 후반에는 파르치아(安息, 지금의 페르시아)의 승려 안세고(安世高) 등이 낙양에 와서 불교경전 번역에 착수한 바 있다. 그 이전까지는 유교와 또 노자(老子)나 장자(莊子)의 현세생활문제를 다룬 도교 사상을 발전시켰다. 한족은 비로소 중국에 대립하는 아시아의 문명국인 인도가 창조한 바, 과거—현세—미래를 통한 윤회(輪廻)로부터의 해탈을 추구하는 고차원의 교의종교(敎義宗敎)에 직면한 것이다. 중국이 세계 문화의 중심이며, 무엇이나 부족함이 없다고 믿어왔던 한족(漢族)으로서는 이것이야말로 일찍이 없었던 새로운 경험이었다. 불교를 수용하고, 소화하여 민족의 종교로 만들려면 상당히 오랜 시간이 필요했다. 남북조시대는 정신사적으로는 한족이 이민족의 이질적인 종교인 불교를 섭취 수용하는 일대 과도기였다.

처음에 불교가 중국에 수입됐던 후한시대에는 신선사상(神仙思想)의 영향 밑에 황제(黃帝)·노자(老子)를 신선으로 모시는 원시적인 도교가 전파되고 있었다. 불교는 중국에 들어오자 먼저 이 도교와 결합되어 신선도적인 불교로서 주술(呪術)의 일종으로 신앙되었다. 그 후 점차 불교경전들이 번역됨에 따라 중국의 지도계급에 있는 사대부사이에 교의불교(敎義佛敎)가 신봉되기 시작하였다.

바로 그 무렵인 위·진(魏·晉)시대의 사상계에서는 유교의 권위가 쇠퇴하고 노자·장자의 무(無)의 사상을 근본으로 한 형이상학, 이른바 현학(玄學)의 청담이 유행되고 있었다. 교의 불교는 처음에 도가의 현학과 결부되어 불교를 중국의 유(儒)·노장(老莊) 등의 고전(古典)속에 있는 유사한 사상을 통하여 이해하려는 격의불교(格義佛敎)로 되었다. 5세기초에 이르러 후진(後秦)

의 수도 장안(長安)에 구마라십(鳩摩羅什)이 들어온 이래, 화북지방의 불교는 격의불교에서 탈피하여, 불교사상 그 자체를 이해하려는 경향이 일어났다. 진(晋)이 남쪽으로 옮겨갔을 때, 귀족들이 강남에 가지고 간 것은 새로운 참된 불교가 아니라 낡은 격의불교였다. 동진(東晋)과 남조(南朝)에서는 불교가 귀족의 하나의 교양으로서 인기가 있었으므로 청담속에도 도입되었다.

불교가 사상계에 미친 영향이 대단하고 또 심각하기도 했지만, 미술 특히 조형미술에 대한 영향은 더욱 또렷하였다. 북위의 불교국가는 최초의 수도였던 산서성 평성(平城)부근에 운강(雲崗)석굴을 만들었다. 소박한 북방민족 스타일의 생동감 있는 운강초기의 불상들은 점차 중국식 의관을 차려입은 용문(龍門)의 형식화된 불상으로 변화했고, 또 중국각지에서 근래에 발견된 석굴 등과 더불어 각각 시대적·지방적인 특징을 살린 미술을 만들어냈다. 불교미술이 중국에 미친 바, 눈에 보이는 직접적인 영향외에도 이민족이 만들어낸 이질적인 불교문화가 중국문화 전체게 준 간접적인 영향도 결코 경시(輕視)할 수 없다. 한(漢)나라 유교체제하에서 도덕에 종속됐던 미술도 이와 같은 자극하에 남북조시대의 새로운 유미주의(唯美主義) 미술로서 독자적인 발전을 이룩하게 된 것이다.

격심한 내란, 중원(中原)지방으로부터의 고통스러운 망명, 정신이 어지러울 정도의 정권교체 등으로 말미암은 생명·재산의 위험성, 지위의 불안정을 경험한 남조의 귀족과 인텔리겐차는 이런 동란의 와중에서도 얼마간씩 이어지는 소강상태의 틈을 이용하여 벌린 바, 기지(機智)에 찬 잡담, 즉 청담을 주고받았고, 또 붓을 들어 시를 지었으며 그림을 그렸고, 한편으로는 거문고를 타면서 즐겁게 지냈다.

가혹한 운명에 대한 체관(諦觀)위에서 생겨난 바, 우수(憂愁)에 가득찬 유미주의적인 남조의 서화는 비록 이상을 실현시키려는 기력은 결여되어 있었지만, 어두운 현실과 정면으로 대결하면서 이 세상의 것이라고는 좀처럼 생각하기 어려운 미적(美的)인 지상세계(至上世界)를 만들어 냈음을 알 수 있다. 예컨대 서예의 왕희지(王羲之), 그림에 고개지(顧愷之)같은 사람들은 비단 남조뿐만 아니라, 중국을 대표하는 서성(書聖)·화성(畫聖)으로 추앙되고 있다. 문화는 암흑시대에 꽃피기 힘들다지만 흙탕물속의 연꽃처럼, 만일 피어난다면 이 남조의 미술과 같은 것이 나오는 모양이다.

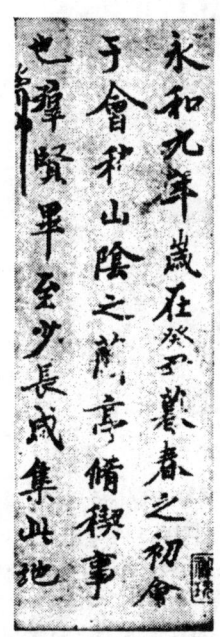

왕희지(王羲之)의 난정첩(蘭亭帖)

왕희지(王羲之, 321~379)는 동진(東晉)의 최고문벌인 왕씨가문의 출신으로서 시문(詩文)에 능한 작가인 동시에, 고금을 통하여 서성(書聖)이라고 일컬어지는 유명한 서예가이다. 난정(蘭亭, 절강성 紹興부근에 위치)에서 서기 353년(永和 9년)에 사안(謝安)·손작(孫綽) 등 일류명사 41인을 초대하여 그가 개최한 시회는 동진시대 최대의 청담회합이었다. 이때 이 풍류모임에 대하여 그가 손수 쓴 서문이 「난정서(蘭亭序)」인데, 이것은 중국서예의 최고걸작품으로 평가되어 『난정첩(蘭亭帖)』이라는 서예의 교본으로 되고 있었다. 당(唐) 태종(太宗)이 이것을 지극히 사랑하여 소장하던 중 죽을때에 유언하여 자기가 죽으면 소릉(昭陵)의 묘에 함께 묻게 했으므로, 그 원본은 없어지고 다만 여러가지의 모사본이 남았을 뿐이다. 글씨는 원래가 명필이지만, 인생의 무상함을 한탄하면서 노자·장자의 현실도피적인 허무주의를 반대하면서 이제 이 현실의 한 순간마다를 마음껏 즐기지 않으려나 고 한 그의 「난정첩」의 서문자체도 일대

명문이다. 왕희지의 이 글씨는 행서체(行書體)이지만 이와 나란히 초서체(草書體)로 쓴 서간인 이른바 「십칠첩(十七帖)」등의 모사본도 남아있다. 남조의 귀족사회에서는 청담과 같은 기지에 넘치는 회화와 더불어 서간(書簡)의 주고받음도 활발하여 서간문이 하나의 새로운 문학쟝르가 되었다. 행서(行書)·초서(草書)는 이와 같은 새로운 문학쟝르에 부응하여 나타난 조형적(造形的)인 표현법인데, 천재인 왕희지가 이것의 발전에 기여한 공로도 크다.

진(晉)과 남북조시대의 귀족문학은 5언시(五言詩, 5자를 한구로 하는 시의 총칭, 구수(句數)에 제한이 없는 것을 五言古詩, 8구 40자의 것을 五言律詩, 4구 20자의 시를 五言絶句라고 한다.)와 4자 6자의 대구(對句)로 된 변체 산문(散文)의 두 가지인데 후자는 상쾌하게 들리는 형식적인 아름다움을 추구

고개지(顧愷之)의 여사잠도(女史箴圖)

동진(東晉)시대의 고개지(顧愷之, 344?~406?)는 중국의 회화론에서는 고금에 둘도 없는 화성(畵聖)이라고 일컬어지는 사람으로서 그의 작품은 런던의 대영박물관이 소장하고 있는 「여사잠도(女史箴圖)」가 대표작이다. 이 그림도 원화가 아니라 당대(唐代) 초기의 모사도라고 추정되지만, 그 부드럽고 가는 선은 남조시대의 우아한 취미를 전해주고 있다. 이것은 궁중의 기록을 관장하는 여관(女官)의 여사(女史, 후궁의 기록을 관장하던 여관)가 여자로서 가져야 할 마음가짐, 즉 잠(箴, 경계할 일)을 써서 궁녀들에게 가르치고 있는 모습을 그린 이 두루마리 그림 마지막 부분이다. 인물화는 산수화와 더불어 그가 가장 장기로 하던 테마이다. 그는 인물의 겉모양뿐만 아니라 그 사람이 가진 정신(精神), 독특한 생명력을 생동감 넘치게 묘사하는 것이 중요하다고 회화론안에 기술하고 있다. 이 그림도 그런 관점에서 감상해야 할 것이다.

한 것이었다. 내용은 어느 편인가 하면, 틀에 박혔고, 현실과 유리된 유미적(唯美的)인 섬세한 작품이 많았다. 그러나 이런 것과는 달리 도잠(陶潛, 자는 淵明 또는 元亮, 365~427)은 난세를 구하려는 경세적(經世的)인 열정과 은자적(隱者的)인 생활, 현세적인 부(富)를 추구하는 욕망과 빈곤한 생활이라는 모순속에서 그 시대의 시와는 취향이 다른 탈 세속적인 경지를 개척함으로써 고금의 대시인으로서의 지위를 확보하였다. 청담으로 발후된 비평적인 정신은 또한 문학작품에도 행해져 양(梁)의 종영(鐘嶸)의 「시품(詩品)」, 유협(劉勰)의 『문심조룡(文心雕龍)』의 문학비평서를 산생시켜 세계문학사상 이색(異色)을 띄게 되었다. 남조귀족이 입을 모아 칭찬했던 문학의 대표작품은 양(梁)의 소명태자(昭明太子) 소통(蕭統)이 당시 문학가들로 하여금 편집케 한 『문선(文選)』속에 남아 있다.

남북조의 암흑시대에도 불구하고 자연과학은 착실한 진보를 이룩하였다. 화북지방의 독특한 농업기술을 기술한 가사협(賈思勰)의 「제민요술(齊民要術)」, 남조에서 발달한 약학지식(藥學知識)을 모은 도홍경(陶弘景)의 「본초경(本草經)」 등이 그것이다.

중국과 서방측과의 교통은 후한이 멸망한 뒤에는 쇠퇴했지만 북위(北魏)의 태무제(太武帝)가 양자강 이북지역을 통일한 이후에는 서역(西域)지방에 사자(使者)를 파견하여 여러 나라를 복속시켰으므로 또다시 교류의 길이 열렸다. 중국의 불교도 중에는 석가모니의 탄생지인 인도(당시는 천축(天竺)이라고 하였다.)에 직접 들어가서 법을 구하려는 승려도 나타났다. 법현(法顯, 337~422)이 399년에 장안을 출발하여 중앙아시아를 거쳐 인도에 들어가 30여개국을 순례한 다음 지금의 스리랑카로부터 배를 타고 남양을 거쳐 12년 후에 돌아온 것은 세계탐험사에 그 이름을 남긴 장거(壯擧)였다.

제 11 장 통일제국 수(隋)의 운명

1. 율령국가(律令國家)의 완성

　남북통일을 완수한 수(隋)왕조는 겨우 문제(文帝)·양제(煬帝)·공제(恭帝)의 3대, 37년으로 농민들의 전국적인 반란 때문에 붕괴되고, 이것을 평정한 당나라의 천하는 그 후 약 300년 동안이나 계속된다. 수·당의 두 왕조관계는 불과 16년만에 멸망한 진(秦)을 이어받아 전한(前漢)·후한(後漢)의 400년에 걸친 안정된 제국이 나타났던 일과 유사한 점이 있다.
　한(漢)의 행정조직이 진(秦)의 그것을 복사한 것이었음에도 불구하고 한나라의 확고한 통치의 그늘에 가려서 중국최초의 중앙집권적인 관료국가를 창건했던 진시황(秦始皇)의 위업은 오랫동안 잊혀져 있었다. 후한 말기이후 내란과 이민족의 내륙이동으로 생긴 중국사회의 대변동을 수습하여 확립한 수나라의 중앙 집권적인 세계제국의 조직은 그 뒤에 수립된 당나라의 모형(母型)이 되었으니 그 공적도 역시 높이 평가해야 할 것이다.
　수왕조의 개조(開祖)인 문제(文帝), 즉 양견(楊堅)의 아버지인 양충(楊忠)은 북주(北周)의 개국공신중 한사람이고, 그의 부인은 선비족의 귀족인 독고(獨孤)가문 출신이다. 북조의 한족관리와 이민족녀와의 혼혈아로 태어난 양견이 화북지역에서 한족과 이민족과의 융합정책의 결과로 탄생한 통일왕조의 군주가 된 것은 결코 우연한 일이 아니다.
　남북을 통일시킨 수의 문제(文帝)는 이민족인 선비족이 세웠던 북주(北周)왕조의 관제(官制)를 폐지하고, 한족의 요망에 따라 한(漢)·위(魏)의 관제로 되돌아감으로써 한족정권임을 과시하려고 하였다. 그는 스스로 검소한 생활의 모범을 보였고, 부정·불법행위를 저지르는 관리를 엄하게 단속하면서 율령(律令)이라는 법제를 기본으로 한 중앙집권적인 국가체제, 즉 율령국가 제도를 정비하였다. 한·위의 법제에서는 아직 명확히 분화되어 있지 않았던 형법적(刑法的)인 율(律)과 관제적(官制的)인 령(令)과의 구별을 뚜렷이 밝히고 율령을 기본법으로 하는 국가조직을 확정한 것이다.

수나라는 주로 북주(北周)의 구귀족을 임용했으나 중원의 한족문화의 전통을 이어받아, 사회로부터 존경받고 있던 북제계(北齊系) 산동성출신 귀족과 남조계의 강남출신 귀족의 참가를 요망하여 과거(科擧)라는 몇가지 과목별 고급관리 시험제도를 채택하였다. 특히 제2대 군주 양제가 창설한 진사시험(進士試驗)과목은 시작(詩作)과 작문(作文)시험이 있으므로 문학적 교양이 높았던 산동성과 강남지역의 귀족과 사대부에게 관계진출의 길을 크게 열어준 것이 되었다.

율령이라는 성문법을 기초로 한 중앙집권적인 국가는 국가시험인 과거제도에 의하여 임용된 유교적·문학적 교양을 갖춘 고급관리의 손에 의하여 운영되었다. 이 조직은 당조(唐朝)에 계승되었고, 또 청조(淸朝)에 이르기까지 역대 왕조국가의 정치체제로서 계속 살아 남았다.

이 율령국가의 원수(元首)인 황제는 유교이념에 의하면, 하늘의 뜻을 받들어 하늘의 대표로서 천하의 백성을 적자(赤子)처럼 사랑하는 군주인 동시에 어버이여야만 하였다. 왕조국가의 원수는 이와 같은 중국세계의 대가장(大家長)으로서의 도덕적 성격을 가지는 동시에 율령국가의 최고권력자로서의 법적 성격을 가지고 있었다. 이것을 유럽 중세기의 실정과 대비한다면, 신성로마제국의 황제인 독일국왕에 비유된다. 그는 현실적으로 로마제국과 마찬가지로 유럽전역을 지배한 것이 아니였을 뿐만 아니라 그의 제위(帝位)는 로마교황으로부터 부여되었다. 한편 중국왕조의 제왕은 중국 전토를 스스로 통일하고, 그런 자격에서 전국민의 가부장(家父長)이 된 까닭에, 현실적으로 살아있는 교황으로부터 제위를 수여 받은 것이 아니었다.

문제(文帝)는 그렇게 정비된 국가행정조직을 발동하여 남·북조의 대란(大亂) 때문에 황폐해진 경제부흥에 주력하였다. 그는 북조가 취해온 국가적 토지소유제인 균전제(均田制)를 전국에 확대 실시하려고 했다. 특히 호적부를 총점검하고, 유망(流亡)하여 지방호족의 보호하에 몸을 의탁하고 있던 농민을 공민(公民)으로 등록하도록 강제하였다. 천하를 통일했을 초기에는 총 호구수가 360여만호였으나 문제치세 말기에는 890만호에 인구가 4,601만인 으로 급격히 증가하였는데, 이것은 후한시대의 인구로 회복된 것을 의미하였다.

문제는 간소한 생활을 보내면서 사치로 말미암아 백성에게 쓸데없는 부담을 주려고 하지 않았다. 황족·귀족·관리·장군에 대해서는 잘못을 엄벌로써 단속하였을 뿐만 아니라, 음험(陰險)하고 인정미가 없었다. 만년에는 장자인 용(勇)을 폐하고 둘째아들 광(廣)을 태자로 책봉하였으나 오히려 그에게 배신당한 감정을 품고 죽었다(604년). 이리하여 광이 제위에 올랐는데 바로 그가 우리나라 역사상 살수대첩으로 알려진 고구려침공에서 을지문덕 장군에게 대패(613년)하여 스스로 자기무덤을 팠던 양제(煬帝)이다.

2. 양제(煬帝)의 호화생활

수나라의 문제(文帝)가 축적한 거대한 부(富)는 후계자에 의하여 미구에 탕진되고 말았다. 검소하게 생활하던 부왕의 재세중에만 검박하고 질소한 인간처럼 가장하던 양제는 제위에 오르자마자 그의 본성을 드러낸 것이다. 그는 588년에 남조의 진(陳)을 멸한 다음 총사령관(行軍元師)으로서 양자강 하류의 번화한 항구도시 양주(揚州)에 주둔하고 있는 동안에 강남지방 상류계급의 화려하고 아름다운 문화생활에 젖게 되었고, 남조에서 발달된 부화한 문학적 분위기에 휩싸였던 것이다.

즉위하자 그는 곧 우아한 궁정생활을 북쪽의 수도에서 재현시키기 위하여 장안(長安)을 버리고 낙양(洛陽)으로 천도하여 그곳을 동도(東都)로 정한 다음, 전국의 부호들을 여기에 이주시켰고, 200만의 백성을 징용하여 장려한 궁전과 정원을 새로 조영하였다. 그리고 강남땅에 있는 기암진목(奇岩珍木)을 선박으로 운송해오기 위하여 또다시 100만명의 노역자를 징용하여 낙양에서 양주에 이르는 대운하를 팠고, 그 연로(沿路)에는 이르는 곳마다에 행궁(行宮)을 건설하였다.

605년에 이런 대토목공사가 완성되자 양제 자신은 4층으로 된 용주(龍舟)에 올라타고, 문무백관 10여만명은 수천척의 배에 태워 수행케 하면서 양주로 행행(行幸)하였다. 여기서 반년동안 체재한 다음 동도(낙양)로 되돌아갔지만, 그 뒤는 변방지방으로의 순수(巡狩)와 외정(外征)기간을 제외하고, 동도에 머무는 일은 적었고 양주를 두 번이나 방문하여 거기에 오랫동안 머물었고 또 최후를 마친 곳도 바로 이 양주가 되었다.

낙양—양주간 대운하의 건설은 양제의 향락을 추구하는 개인적 동기에서 이루어진 것처럼 보이지만, 기실 이것은 강남의 곡창지대를 중원과 결부시키는 남북교통과 식량수송의 일대간선으로서 중대한 의의를 가지는 것이었다. 수왕조는 중국역대 왕조 가운데서 드물게 보는 풍요한 시대였다고 한다. 남북조의 통일로 지금까지 황하·양자강의 2대 하천유역으로 나누어졌던 경제가 일체화되어 물물 교류가 이루어진 것이 이런 번영의 근본원인이었다.

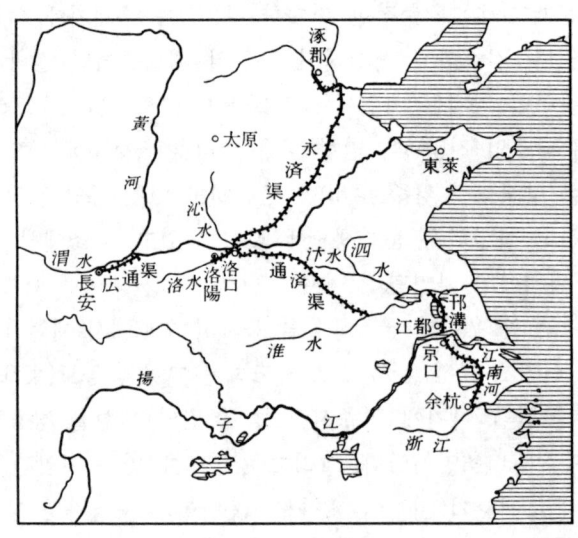

대운하(大運河)

토목사업에서의 중국사람들의 천재성을 보여준 것으로서는 만리장성과 나란히 대운하를 들 수 있다. 대운하는 다음의 4부로 구성된다. (1) 통제거(通濟渠) : 낙양에서 황하에 이르고, 황하에서 회수(淮水)에 들어가는 부분. (2) 산양독(山陽瀆)(한구<邗溝>) : 회수로부터 양자강으로 통하는 부분. (3) 강남하(江南河) : 양자강에서 동남방, 여항(余杭, 즉 杭州)으로 통하는 부분. (4) 영제거(永濟渠) : 황하에서 북상하여 하북성 탁군(琢郡)에 이르는 부분. 그중 (1), (2)의 황하와 양자강과의 연락물길이 가장 중요한 바, 이것은 이미 춘추시대에 시작하여 한대(漢代)에 이르러 부분적으로 개척되었던 것인데, 약 절반은 자연적이고 나머지 약 절반이 인공적인 수로이다. 양제는 그 일부의 수로를 바꾸었고 또 전체적으로 물길을 확대시킨데 지나지 않았다. 통일제국 천자의 명령으로 준공된 것이니만치 훌륭하게 정비됐던 것이다. 지금의 대운하는 원·명(元·明)시대에 회수(淮水)로부터 북쪽으로 직진(直進)하여 산동성·천진(天津)을 거쳐 북경(北京)에 이르는 전길이 1,800km로서 세계에서 가장 긴 운하라고 한다.

3. 고구려원정의 실패와 농민폭동

양제의 궁전과 운하건설 중 대토목 공사에 징발되어 나온 백성들 사이에서는 가혹한 노동에 견디지 못하여 쓰러지는 사람이 속출하게 되면서 불만을 품는 사람이 많아졌다. 여기에 더욱 박차를 가한 것이 무모한 외정(外征)이었다. 중국의 통일을 완성시킨 왕조의 창업주로서 자기의 국위를 동아시아 여러나라를 향하여 과시하려는 유혹을 느끼지 않았던 제왕은 적었겠지만, 그중에서도 화려한 것을 너무나 좋아한 양제는 완전히 이런 유혹의 포로가 되었다.

그 무렵에 동쪽은 만주지방의 흥안령(興安嶺)으로부터 서쪽 중앙아시아의 암강 유역에 이르는 대유목제국을 형성하고 중국의 공포의 강적으로 되어 있던 것은 터키족인 돌궐(突厥)이다. 당시 돌궐족은 내분으로 말미암아 동서로 분열되는 징조를 보였으므로 수나라는 동돌궐왕을 입조(入朝)시킴으로써 그들의 중국화를 촉진시켰다. 중국 서북부의 청해지방에는 선비족(鮮卑族)이 침입하여 토착민족인 티벳족을 정복하고 토곡혼국(吐谷渾國)을 세워 그 세력을 신강성(新疆省)에까지 뻗치고 있었다. 양제는 그들의 내란을 틈타서 무력을 보내어 그것을 완전히 정복한 바 있다.

양제는 육상뿐만 아니라 해상에도 세력을 확장하여 지금의 대만(臺灣)인 유구국(流求國)을 정복하였고 멀리 말레이반도에까지 사신을 파견하여 남방 제국으로 하여금 입조하게 하였다. 이 무렵에 수나라는 왜국(倭國), 즉 일본과도 사절을 서로 교환하여 정치적·문화적 영향력을 일본에 미쳤는데, 이것은 한반도와 수나라와의 국제적 긴장이 수·왜의 교류를 촉진시킨 것으로 보고 있다.

　당시 중국을 통일하여 동아시아 대륙에서 패권을 확립한 중국의 지배세력은 더 나아가 남쪽에서는 인도차이나 반도에, 동북지방에서는 만주로부터 한반도에까지 그 세력을 뻗치려고 염원하였다. 그런데 한반도에는 남쪽에 신라·백제가 북쪽에는 고구려가 있어서 서로 대립하고 있었다. 고구려는 모용씨족(慕容氏族)이 중국내륙지방으로 이주한 그틈에 북진하여 요동지방을 영유했고, 남쪽으로는 백제국을 압박하는 등 그 영토와 세력이 한반도에서는 최강을 자랑하고 있었다.

　일찍이 남조의 진(陳)나라와 손잡고, 북조인 수나라에 대항하고 있던 고구려는 다시 요서(遼西)지방으로까지 진출하려 했으나, 수나라 문제(文帝)와 싸워서 패배한바 있었다. 동아시아 대륙을 지배하는 초대국의 권위를 위해서도 양제가 고구려 원정을 계획했다는 것은 단순히 그의 개인적인 야망에서만 나온 것이 아니었다. 그러나 양제가 612년에 113만의 대병력을 동원하여 단번에 고구려의 본거지를 무찌르고자 수륙 양면으로 고구려를 정복하려던 야망은 청천강에서 을지문덕 장군의 수공(水攻)과 포위작전으로 완전 섬멸됨으로써 수포화되었다.(압록강 이남지역 침입자 30만중 생존자는 겨우 2,700명이었다. 4만의 수나라 수군(水軍)도 평양부근에서 화공(火攻)과 포위작전으로 괴멸적 타격을 받고 참패하였다). 그럼에도 불구하고 양제는 613년과 614년에도 고구려를 정벌하는 군사를 일으켰으나 모두 실패하였다.

망신주고 돌려보낸 살수대첩

　수나라의 고구려 침략은 수의 2대황제 양제(煬帝)의 것이 유명하지만 기실 수의 창업주 문제(文帝)때부터 시작됐었다. 즉, 고구려가 598년, 요하(遼河)를 넘어 요지방을 먼저 공격하자, 수의 문제는 돌궐 - 고구려 - 백제 - 왜국의 대연합전선세력의 중심인 고구려를 토벌하고자 30만의 대군을 보내어 육로로 요서(遼西)지방과 고구려를 치게 했고, 평양에는 수군을 보내어 공략하게 했으나 실패했던 것이다.

부왕의 복수전을 위하여 문제의 아들 양제는 612년에 113만의 군대를 거느리고 고구려를 친정(親征)하였으나 요서·요동지방에서의 전투에 성공하지 못하였으므로, 30만의 별동대로 하여금 고구려 수도인 평양을 직접 치게 하였고, 한편 수군으로 하여금 직접 대동강을 올라가 육군과 호응하여 역시 평양성을 공격하게 하였다. 당시 거짓 패하여 침략군의 허실을 살피고 돌아온 을지문덕 장군은 능히 승산이 있음을 확신하고 수군(水軍)총사령관의 항복종용에 다음과 같은 비아냥거리는 시 한 수를 써보냈다.

神策究天文(그대의 신책은 천문을 꿰뚫었고)
妙算窮地理(묘산은 지리를 궁구하였네)
戰勝功旣高(전승한 공이 이미 높았으니)
知足願云止(그만하면 중지함이 어떠리)

주지된 바와 같이 수의 육군은 압록강에서 을지문덕 장군을 격파하자 하루에 7회나 승리한 전투성과에 도취한 나머지 평양성을 향하여 추격전을 벌였다. 그들의 부대가 대부분 살수(청천강)를 건넜다. 여기서부터 을지문덕군의 반격이 시작되었다. 수군(隋軍)은 지칠대로 지쳐있었다. 그들은 살수를 건너가다가 대부분이 패망하여 30만 대군중 살아나 겨우 탈출한 자가 2,700여명에 지나지 않으리만치 철저히 괴멸되었다. 한편 평양부근까지 침입했던 수군도 화공전(火攻戰)에 걸려 역시 전멸되고 말았다.

후일 조준(趙浚, 1346~1405)은 다음과 같은 시를 지었다.

薩水湯湯樣碧虛(살수의 물 푸르게 흐르는 곳에)
隋兵百萬化爲魚(수나라 백만군사가 고기밥이 되었네)
至今留得漁夫話(지금도 어부들 입에 오르는 옛이야기는)
未滿征夫一笑余(정벌군의 웃음거리밖에 안되네)

대군을 동원한 고구려 원정과 패배는 무력동원을 제외하고 군수품 수송

(그 대열의 길이가 무려 960리나 되었다)에만도 다수의 백성을 징발했으므로, 문제(文帝)이래의 급진적인 성장책에 고통받고 있던 중국농민의 불만을 크게 높이었고, 동원된 군인의 사기를 극도로 저하시켜 집단적인 도망사건을 유발하였다. 한반도에서의 두 번에 걸친 대패소식이 전해지자 이것을 계기로 수나라 각지에서 대규모적인 폭동이 일어났다. 농민은 이르는 곳마다에서 증오의 표적이던 수나라의 지방관리를 학살하였다. 반란은 전국에 확산되어 정부로서는 도저히 손을 쓸 수가 없게 되었다. 이 농민폭동의 규모와 그 격렬성은 진말(秦末)의 대란을 상회하는 것이었다. 난을 양주에서 피하고 있던 양제는 농민폭동을 이용하여 지방에서 세력을 휘두르던 군인의 손에 의하여 살해되었다.

전국이 이와 같은 농민폭동을 이용한 군벌에 의하여 할거 점령되어 내전이 계속되고 있을 때 산서성 태원(太原)에서 봉기한 이연(李淵)은 그의 차남 이세민(李世民)의 무용으로 장안성을 함락시키고 양제의 대왕(代王)으로 있던 유(侑)를 옹립하여 공제(恭帝)로 칭하게 했으나 양제가 살해되자 미구에 선양받아 당조(唐朝)를 창건하였다. 그가 당의 고조(高祖)이다. 이리하여 수나라는 건국 후 37년으로 멸망하였다.

제 12 장 대당제국의 최성기(最盛期)

1. 정관(貞觀)의 치(治)

　수대(隋代)말기의 농민폭동은 처음에는 양제(煬帝)의 고구려정벌을 위한 군역(軍役)부담에 도저히 견뎌내지 못한 농민의 무질서한 반란이었지만, 점차 각지의 호족과 관리가 참가하여 제각기 국가를 세움으로써 전국은 또 다시 군웅할거한 지방 정권으로 성장되어 갔다. 양제가 살해된 뒤, 중국 전국에 걸쳐 할거한 정권들 사이에는 격렬한 전투가 계속되었다. 611년에 시작된 대내란은 산서성 태원(太原)에서 기병한 당(唐)의 고조(高祖) 이연(李淵)에 의하여 620년에 수습되었고 다음대인 태종(太宗, 李世民)에 의하여 정관(貞觀) 2년(628년)에 완전히 통일이 회복되었다.

　남북조로부터 당대(唐代)에 거쳐서는 귀족제도가 가장 권위를 떨치던 시대로서 어느 지방, 어느 씨족의 출신이냐에 따라서 사회적 신분의 높낮음이 결정되었다. 당조의 이씨는 제3급격인 농서(隴西, 감숙성의 동남부)의 이씨(李氏)자손이라고 자칭하고 있었으나 확실치가 않다. 이연(李淵)의 선조는 중국내륙에 이주한 이후에도 북방민족의 풍속습관을 계속 유지한 몽골계 선비족이 많이 살고있는 무천(武川, 내몽골 固陽縣)의 군벌로서 서위(西魏)의 팔주국(八柱國)이라는 명문의 하나였다. 증조부로부터 고조(이연)의 아들 이세민까지 4대가 계속해서 북방민족 출신의 여인을 아내로 맞이했으므로 혈통적으로는 북방계의 요소가 강하지만 문학적으로는 이미 상당한 정도로 한족화(漢族化)되어 있었다.

　후위(後魏)말기에 알타이 산밑에서 일어나 내몽골에서 외몽골지방을 정복한 강대한 터키족의 하나인 돌궐족은 수(隋)의 불신(不信)을 원망한 나머지 가끔 그 북방국경지방에 침입하곤 하였다. 수의 양제(煬帝)는 이연(당고조을 산서성 태원(太原)의 수호(守護)로 임명하여 그곳 방위 임무를 맡겼던 것이나 그는 임무를 완수하지 못하게 되자 수왕조의 처벌을 겁내어 내심 전전긍긍하고 있었다. 무용에 출중하였던 이연의 차남 이세민은 양제를 반대하여 각지에 있는 군벌의 독립할거(獨立割據)가 시작되고 있음에도 불구하고 신중한 태도만 취하고 있던 아버지를 설득하여 태원에서 반기를 올렸다.

눈부신 활약으로 각지방의 군벌들과 싸워서 격파하고 전국을 통일한 이세민의 인기는 더욱더 높아져 수많은 명사와 투장(鬪將)들을 자기 휘하에 포용하였다. 이것을 질투한 형인 태자 건성(建成)은 동생인 이원길(李元吉)과 비밀리에 공모하여 이세민의 실각을 도모하였다. 이런 음모를 탐지한 이세민은 장안성 궁성의 현무문(玄武門)에 군대를 매복시켰다가 두 형제를 살해하였다. 고조(이연)는 부득이하게 세민을 태자로 책봉한 다음 미구에 퇴위하여 태상황(太上皇)이 되자, 세민이 등극하여 연호를 정관(貞觀)으로 개원하였다. 이것이 당 태종(唐太宗)이다.

현무문(玄武門)의 변란

현무문은 당나라 수도인 장안성의 북쪽 궁성문으로서 당 태종이 여기에 복병을 감추었다가 스스로 맏형이며 태자인 건성(建成)을 참살한 곳이다. 일반적으로는 태자 건성의 음모를 알게 된 태종(이세민)이 모신(謀臣)의 권고에 따라 부득이하게 정당방위로서 일으킨 사건으로 기록되어 있다. 이로써 정권을 확보한 태종측은 자기변명을 크게 내세웠지만, 사정은 복잡하여 일방적으로 태자 건성만을 나쁘다고 비난할 수는 없다. 사정이야 어쨌든 결과적으로 보아 형인 태자에게 선제공격을 가하여 쿠데타를 일으킨 것이므로 태종에게는 도덕적으로 중대한 오점(汚點)이 남은 것이다. 이런 원죄(原罪, original sin)를 짊어지게 된 태종은 깊이 반성하고, 도덕적으로 정관의 치적을 올림으로써 명예를 회복하려고 했다. 태종의 위대성은 이런 오점에도 불구하고 이것을 초월한 점에서 찾아볼 수 있을 것이다.

정관 원년에서부터 23년(627~649)까지 태종의 치세를 「정관의 치(治)」로 칭송하는 연대로서 이것이 중국의 오랜 왕조사(王朝史)중에서도 황금시대를 이루는 것이다. 그러나 수말(隋末)을 전후한 18년에 걸친 대란의 뒤를 이어받아, 아주 황폐화한 화북(華北)지방의 경제를 재건한다는 것은 그리 쉬운 일이 아니었다. 인구는 유망(流亡)으로 말미암아 정관시대에는 수대(隋代) 최성기에 비하면 겨우 4분의 1에 지나지 않았다. 통일 후 125년이 지난 현종(玄宗) 천보(天寶) 17년(754년)에 이르러서야 겨우 수대의 호구수에 도달하였다. 국민의 경제생활을 기준으로 해서 말한다면 정관의 치는 수의 개황(開皇) 연간에도, 또 당의 천보(天寶)연간에도 멀리 미치지 못한다.

태종은 학자들을 모아놓고 경제부흥 문제에 대하여 자문을 받았다. 장기간의 내란을 겪은 가난한 백성들은 평화롭고 풍요한 생활에 익숙한 백성들에 비하면 욕망이 적고 고난의 생활에 익숙해져 있었으므로 오히려 다스려나가기가 쉽다는 위징(魏徵)의 학설에 용기를 얻게 되자, 수나라처럼 강제로써 급속히 일을 추진시키지 않고 느린 속도로 재건할 계획을 수립하였다. 무엇보다 중요시한 것은 국민의 도덕성 정립에 두었는바, 그 결과로 「백성들은 길에 떨어진 물건을 줍지 않고 바깥문을 잠그지 않는다.」는 상황이 실현된 것이다. 정관시대는 뭐니뭐니해도 유교적인 도덕정치면에서 이상적인 시대였다.

우수한 군인이기도 했던 태종은 즉위하자 교양 있는 정치가가 되고자 노력했다. 그리하여 궁중의 홍문전(弘文殿)에 20여만권의 서적을 모아놓았고 우세남(虞世南, 558~638)을 비롯하여 주로 남조의 문화인을 홍문관 학사로 겸임시켜 순번으로 숙직케 하면서 역사상의 인물과 현대정치에 관하여 강론케 했고 또 의견을 교환하였다.

당 태종은 문화적으로는 남조 한족의 세련된 문화를 동경하였고 특히 우아한 진(晋)의 왕희지(王羲之)의 글씨에 심취하여 그의 대표작인 「난정서(蘭亭序)를 자기무덤에 같이 묻도록 유언했을 정도이며, 그 서법의 정통을 이어받은 우세남·구양순(歐陽詢)을 중용하였다. 그러나 북조계 군벌의 실용주의 환경속에서 성장한 태종은 유교를 경시했던 수의 문제(文帝), 강남의 사치스런 생활에 빠진 나머지 농민의 반란을 불러일으킨 양제(煬帝)의 실패에 비추어 정치 이념의 기초를 유교 도덕위에 놓고, 자기 자신을 엄격히 규율하여 검소한 생활을 보냈다. 정치가로서의 태종의 첫 번째 장점은 천재를 발견하여 적재(適材)를 적소에 배치하여 그들의 재능을 충분히 발휘시킨 점이다. 재상에는 두여회(杜如晦, 585~630)·방현령(房玄齡, 578~648), 고문에 위징(魏徵, 580~643)·왕규(王珪), 장군에 이적(李勣)·이정(李靖, 571~649) 등을 등용하였다. 두 번째 장점은 이들 명신들의 충고를 잘 받아들인 일이다.

수대(隋代)의 율령국가(律令國家)제도를 이어받은 당나라를 법제의 가장 완비된 시대로 출현시켰다. 율·령·격(格)·식(式)의 4부로 구성된 법제는 동아시아에서 점차 민족주의에 눈뜨게 되었고 따라서 독립국가를 지향하는 여러나라의 모범으로 되었다. 일본 나라(奈良)시대의 대보(大寶)와 양로율령(養老律令)은 기실 당의 이 율령을 모범으로 한 것이었다.

당조 중앙정부의 최고기관은 3개성(省)이었다. 중서성(中書省)은 국가의 최고결정인 조칙(詔勅)초안을 기초하는 것을 임무로 하는 관서로서 장관을 중서령(中書令)이라고 했다. 문하성(門下省)은 중서성이 기초한 조칙에 부적당한 점이 있으면 「봉박(封駁)」이라는 수단으로 반대의견을 진술하여 철회시키는 권리를 가졌던 곳으로서 장관을 시중(侍中)이라고 했다. 상서성(尙書省)은 중서성·문하성의 결정을 접수하여 그것을 시행하는 행정의 최고기관이며, 장관을 상서성(尙書令)이라고 했다. 그러나 차관격인 좌복야(左僕射)와 우복야(右僕射)가 사실상 장관의 직무를 분장(分掌)하였다. 이 3개성의 장관들은 왕명에 따라 중서성·문하성과 기타 고관들중에서 특히 참가자격을 부여하여 문하성 회의실, 즉 정사당(政事堂)에 모여서 국사를 논하는 권한을 주었다. 전한(前漢)시대에는 재상이 황제를 보필하여 정책을 결정하였고 또 상당히 독자성을 가졌었다. 그 후 황제의 비서장(都承旨)격인 상서령에게 그 권한이 빼앗겼던 것이다. 태종은 수대의 3성을 개조하여 가능한 한 많은 고급관리의 의견을 받아들여 국무를 처리하는 제도를 확립하였던 것이다.

태종은 이 정사당 회의에 천자에게 천자의 결점과 정치상의 실패에 대하여 간언(諫言)하는 간관들도 참석시켰다. 이런 간관의 우두머리가 일찍이 태자 건성(建成)의 모신(謀臣)이요, 따라서 태종에게는 적대적 인물이던 위징

제12장 대당제국의 최성기　253

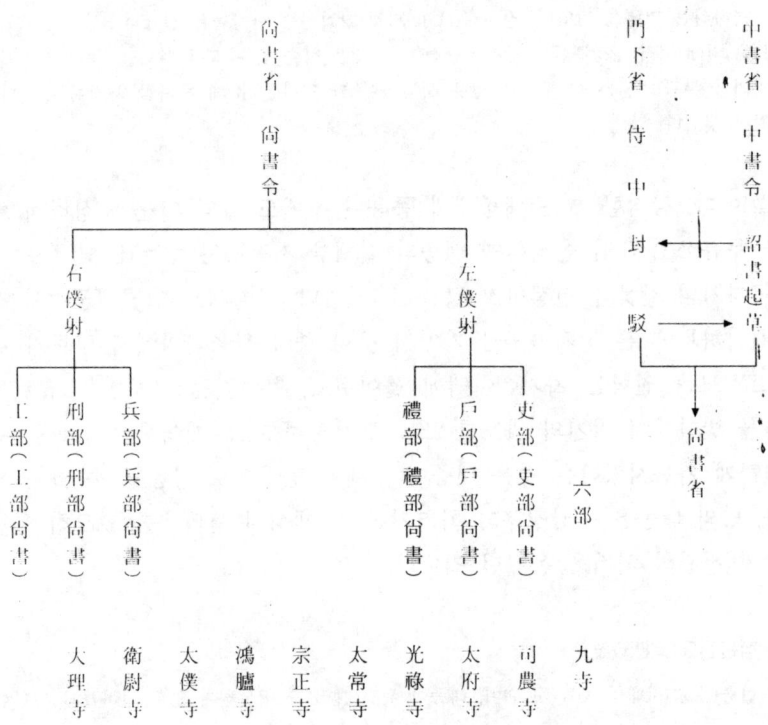

3성(三省)·6부(六部)·9사제(九寺制)

　당대(唐代)의 중앙관청은 3성(三省) 6부(六部) 상서제(尙書制)외에도 한대(漢代)의 9경(九卿), 즉 지금의 정부 각 부처에 해당하는 제도로부터 계통을 이어온 9사(九寺＝九시)라는 부속관청이 또 있었다. 이 9사는 각각 특정의 소관업무를 가졌던 6부 상서와는 독립된 관청을 형성하고 있었다. 이것은 역사발전의 필요에 따라 새로운 관직을 만들었을 때, 낡은 관직을 정리통합하지 않았던데서 그때까지 남게된 것이다. 일반적으로 관리가 합리적인 행정처리를 태만하는 경향은 보수적인 중국의 왕조제도에서는 특히 강했던 것이다.

　태종은 정관 2년에 「중서(中書)와 문하(門下)양성은 중추기관이므로 조칙에 부당한 점이 있으면 이의(異義)를 제기하여야 한다. 그럼에도 근래에는 그런 이론을 제기하는 일이 없다」고 하면서 중서령인 방현령(房玄齡)에게 불만을 털어놓았다. 여기서 중서령의 보좌관인 6명의 중서사인(中書舍人)이 소관업무에 대하여 각자 서명하여 자기의 의견을 상주하는 제도가 생긴 바, 이것을 5화판사(五花判事)라고 하였다. 또한 문하성의 하급관리인 급사중(給事中)과 황문시랑(黃門侍郞)은 조칙의 결점수정(缺點修正)에 노력하라는 명령을 받았다. 정사당(政事堂)에 참집하는 사람들은 정규의 3성장관(三省長官)외에 여러 당상관들인 중서성문하(門下) 3품 벼슬 및 평장사(平章事) 등 여러가지 명의가 본관(本官)위에 붙어져 많은 사람들이 그 의사(議事)에 참가할 자격이 부여되었던 것이다.

(魏徵)이다. 강직한 그는 태종에게 등용된 후에도 그의 기분을 상하게 하는 것을 무릅쓰고 대담 솔직하게 태종의 실책을 지적하곤 했는데, 태종도 그때마다 자기의 잘못을 인정하지 않을 수 없었다. 본질적으로 전제군주의 잘못을 제약하는 다른 정치기구를 가지지 못한 중국 왕조국가에서 군주가 결정적으로 모든 권력을 자기손아귀에 틀어쥐고, 학덕갖춘 유능한 고급관리의 의견을 받아들여 자기의 과오를 스스로 보정하고 또 제어하는 기관을 유효적절하게 가동시켰다는 것은 태종이 후세에 명군으로 칭송될 수 있는 요건이다. 당의 태종은 중앙정부의 최고기관인 3개성의 합의제를 교묘히 운용함으로써 정관의 치적을 올렸던 것이다.

정관정요(貞觀政要)

현종(玄宗)시대의 오긍(吳兢)이, 태종이 위징(魏徵)을 비롯하여 많은 신하들과 교환한 정치문답을 수집하여 유교의 정치철학적인 관점에서 군주에게 교훈될 만한 내용을 한권의 책으로 엮어 내었다. 이것이 유명한 『정관정요(貞觀政要)』로서 옛날부터 제왕학(帝王學)의 교과서였다. 따라서 우리나라의 왕조는 물론 일본의 도꾸가와 막부(德川幕府) 위정자들도 이것을 치자(治者)의 서(書)로 삼았던 것이다. 이것의 주된 내용은, 권력기구의 최고 책임자는 마땅히 인재등용에 힘쓸 것이고, 그들의 의견에 귀를 기울여야 하며, 자신의 자세를 바르게 하고, 사치를 경계하여 민생안정에 힘써야 한다는 등의 마음가짐이다. 봉건시대의 위정자들은 당태종이야말로 이상적인 군주의 전형으로 생각했던 것이다.

태종은 백성들과 직접 접촉하는 지방관리를 중요시하였다. 주(州)에는 자사(刺史)를 두어 각 현의 현령(縣令)을 통솔케 하였는데, 전국에 자사명단을 좌우(座右)에 세운 병풍에 기입해 놓고 항상 그들의 치적에 주의를 돌렸다. 또한 지리적 형세에 따라 전국을 10개도(道)로 나누어 순찰사(巡察使)를 두고 지방행정관을 감독케 하였다.

이와 같은 정비된 중앙과 지방의 관리를 어떤 사람들로 임명할 것이냐가 중요한 문제이다. 중국 왕조국가에서는 관리의 임용을 선거(選擧)라고 부르고 있었다. 모든 직책에 재능 있는 적재(適材)를 발견하여 임명한다면 이상적인 통치가 실현될 터였다. 유교를 국교(國敎)와 같은 위치에 올려놓았던 한조(漢朝)는 주(州)·군(郡)에서 품덕(品德)이 높은, 이른바 현량방정(賢良方正)한 사람을 추천 받아 황제가 그들에게 문제를 주어 답안을 쓰게한 다음 그것에 의하여 관리로 임명하였다. 후한 말기부터 지방에 군벌이 할거하면서 서로가 교전상태를 계속하게 되자, 이 시문제(試問題)는 중지되고, 그 대신 3국시대부터 주(州)와 군(郡)에 중정(中正)을 두고 향리의 평판에 입각하여 인물을 9품(九品)으로 나누어서 중앙에 추천케 하였다. 위(魏)·진(晉)·남북조를 거쳐 지방 귀족계급의 문벌이 고정화되면서부터 출신문벌이 좋지 않은 사람은 추천을 받지 못하게 되었다. 수(隋)나라는 귀족출신 고위관직의 세습제를 허물기 위하여 9품 중정의 추천제를 폐지하고 선거제도(選擧制度)를 부활시켰다. 당(唐)나라도 이 제도를 이어받았다. 중앙과 지방학교의 출신자, 즉 대학생과 각주에서 추천한 향공(鄕貢)을 해마다 상서성에 모아놓고 시험을 본 다음 합격자를 관리로 임명하였다. 이 시험은 여러가지 과목으로 나누어져 있었으므로 과거(科擧)라고 불리었다. 그 중에서 명경과(明經科)와 진사과(進士科), 특히 진사과에 지원자가 집중하였다. 명경과는 5경, 즉 역(易)·시(詩)·서(書)·3례(三禮, 周禮·儀禮·禮記)·3전(三傳, 左氏·公羊·穀梁)에 대한 기억시험(記憶試驗)이고, 진사과는 시사문제에 관한 작문시험(作文試驗)이었다. 용모·풍채가 수려하냐, 언어는 명석하며, 답안은 깨끗이 쓰여졌는가, 논리가 정연하냐 등을 기준으로 채점되었다. 이 제도는 귀족적인 교양이 상당히 중시되기는 했지만, 구귀족에 의한 전제정치를 타파하면서 중소지주의 자제들에게 진출의 기회를 많이 주었다. 천부적으로 문학적 재능이 있는 진사시험 등과자들은 다음의 고종(高宗)대 이후에 점차 정계에서 중요한 세력을 형성하게 되었다. 고급관리와 귀족은 이 시험제도에 의거하지 않고 자제를 관리에 추천할 수 있는 특권을 보유하고 있었지만, 과거(科擧)출신자에 대해서는 점차 열등감을 느끼게 되었다. 유럽에서는 게르만민족의 이동운동이 겨우 가라앉고 중세기적인 봉건제후의 할거가 시작되어 가는 제6세기에, 중국에서는 귀족의 세습통치제도로 바뀌는데 유교정신의 배경 위에서 선발하지만, 오늘날 국가공무원의 공채시험이나 고등문관시험처럼 시험에 의한 관리임명제도가 이미 생겼다는 것은 실로 놀라운 진보라고 말하지 않을 수 없다.

천하의 영웅(英雄)이 나의 구중(彀中)에 들어오다.

과거시험의 경서(經書)로는 한(漢)·위(魏)대의 주석을 기본으로 한 국가공인의 주석서(註釋書)가 사용되었는데, 이것이 5경정의(五經正義)로 출판되면서 한편 유교사상의 창조적인 발전은 이로써 정지되고 말았다. 당의 태종은 궁전의 정문앞에서 의기양양하여 황제에게 인사를 드리기 위하여 줄지어 입조(入朝)하는 새 진사합격자들을 보고 「천하의 영웅·호걸은 이로써 모두 나의 손아귀에 들어왔도다」(天下英雄入吾彀中矣)라고 하면서 득의의 미소를 지었다는 일화가 전해져 오고 있다.

화북(華北)지방의 파괴된 백성들의 생활을 안정시키려면 먼저 유망(流亡)한 농민을 농촌에 정착시킬 필요가 있었다. 전란이 있은 뒤에 황폐화된 주인 없는 농경지가 그대로 방치되어 있었다. 그런 황무지를 농민들에게 분배하여 농업생산을 높이는 동시에, 그들에게 세금을 부과하여 국가재정을 튼튼히 할 의도하에 후위(後魏)가 창설하여 북조의 전통으로 되어 있던 균전제(均田制)를 실시하였다. 규정은 18세이상의 남자 1명에게는 농토 100무(畝)씩을 배분한다. 그중 80무는 구분전(口分田)농토로서 노년이 되거나 사망하면 정부에 반환하고, 나머지 20무는 뽕나무 따위를 심는 원예농지로서 영업전(永業田), 즉 자손에게 상속되는 농민의 사유지로 했다.

이와 같이 농지를 분배받은 성년 농민들은 해마다 일정한 곡물을 세금으로 정부에 바치는 외에도 매호가 일정한 양의 비단이나 명주나 솜 등을 납부하여야 했다. 이외에 성년농민은 해마다 20일간 노무 봉사할 의무가 있었는데 만일 이에 참가하지 못할 경우에는 일정한 비율의 명주천을 납부하였다. 그런데 세율은 수대(隋代)에 비하여 퍽 가벼워지고 있다.
　북위(北魏)이래의 균전제 목적은 농지를 국유화하여 귀족·호족의 대토지소유를 제한함으로써 농민들에게 공평하게 분배하고, 거기서 생기는 조세 등으로 정부수입을 확보하려는 것이었다. 그러나 북조의 균전제에서는 노비, 즉 남녀노비 1인당 밭 60무씩을 분배하였으므로 북제(北齊)등에서는 노비소유가 황족에게는 최고 300명이 허용되었고 또 귀족들도 많은 노예를 소유하였으므로 그들은 기실 광대한 농토를 배당받았다. 게다가 경작용 소(牛)의 소유자에게도 노예와 같은 양의 토지가 주어졌으므로 대토지 소유제를 실질적으로 인정하는 것이 되었던 것이다.
　당나라의 균전제가 노비에 대하여 토지분배제를 폐지한 것은 실로 대단한 발전이었다. 이때는 황족·고관을 비롯하여 최말단 관리에게도 최고 100경(頃, 1경은 100畝)에서 최고 60무까지의 농토가 주어졌을 뿐인데, 다만 그것은 자손에게 상속하는 것이 인정되었다. 이와 같은 수단으로 절대적인 실력을 가졌던 북조의 귀족들까지도 당왕조의 관리로서 협력케 함으로써 당 정권의 강화를 도모하였다. 새로 임명된 관리들의 모두가 이런 은전(恩典)을 입은 것은 아니다. 이 논밭은 매매의 자유가 인정되어 있었으므로 신구(新舊)귀족의 대토지소유를 사실상 용인하게 되었다. 이들 귀족의 토지가 수도 장안(長安)과 낙양(洛陽) 등 중심지구, 특히 수리사업(水利事業)이 잘된 기름진 농경지에 집중되어 있었으므로 이 지방의 농민들은 규정된 수량의 농지를 훨씬 밑도는 적은 토지밖에 배정 받지 못하였다. 분배된 농경지의 수익력은 토질의 비옥도에 따라 한결같지가 않았지만, 그것의 분배는 노역(勞役)의 부담과 더불어 말단 지방단체에 위임되어 있었다. 때문에 실력자는 자연적으로 비옥한 땅을 차지하여 유리한 경영을 할 수가 있었다. 또한 노역의 부담도 무력한 농민에게 무겁게 부과되는 경향이 있었다.
　귀족과 고급관리의 영향하에 있던 지방행정에서는 유력자들의 법망(法網)을 빠져나온 토지점유의 묵인이 정관시대의 균전제 발족당초부터 이미 시작되고 있었다. 이와 같은 농경지 국유화제도하에 농민에게 균등하게 농경지를 할당하였던 입법정신은 세목(細目)까지 침투되지 못했고, 또 지역적으로 대당제국의 구석구석까지 침투된 것도 아니었다. 그러나 어쨌든 당이 중반기에 시행한 양세법(兩稅法)까지 합쳐 원칙적으로 중국 사회경제의 골격을 국가의 법령으로 확립했다는데 중대한 의의가 있다고 하겠다.

수대말 이후 18년간에 걸친 내란으로 유민생활(流民生活)을 하고 있던 화북의 농민들은 이 균전제의 실시로 안심하고 고향에 돌아가 황폐해진 농지 복구에 노력할 수 있게 되었다. 선행된 북조의 균전제에 비하여 일반농민에 대하여 상당한 우대조치가 취해진 것은 당조(唐朝)의 귀족과 관리들이 농민 대폭동의 교훈을 살린 결과라고 오늘날의 대륙내 역사가들은 해석하고 있다.

돈황(敦煌)의 호적(戶籍)

토지 국유제 밑에서 농민에게 농토를 공평하게 나누어 준다는 균전제가, 귀족제도가 아직 정착되지 않았던 당왕조 밑에서 어디까지 시행되었는가에 대하여 일부 학자들간에는 회의적인 견해가 있었다. 1907~08년간에 영국의 스타인(Sir Mark Aurel Stein, 1862~1943)과 프랑스의 펠리오(Paul Pelliat) 등에 의하여 당대(唐代) 서역경영의 기지였던 감숙성 돈황(敦煌)의 한 사찰 석굴암에서 발견된 돈황문서(敦煌文書)속에서 반전제(班田制)가 실제로 당대(唐代) 식민지이던 이곳에서까지도 시행되었음을 보여주는 호적(戶籍) 등의 고문서가 많이 발굴되어 학계의 주목을 끌었다. 이런 호적에 관한 기록은 서기 701년까지 당의 현종(玄宗) 대인 개원(開元)·천보(天寶)시대의 것이 많고, 당의 균전제가 처음으로 시행된 624년부터는 75년 내지 123년 정도의 시간적 간격을 두고 있었다. 이런 호적에 공통된 현상은 각 농가가 보유한 밭이란 법령으로 받을 권리있는 밭보다 그 수량이 훨씬 적고, 특히 구분전(口分田)쪽이 매우 적었는데 이것은 자손에게 상속되었고 또 일정한 조건하에서는 매매가 인정되는 사유지에 가까운 영업전(永業田)쪽이 대부분을 차지하고 있었음을 보여준다. 국유화된 농지와 미개간지를 농민에게 공평하게 할당하려고 한 균전제에서 사회주의적인 면은 후퇴하였다. 이것은 정관(貞觀)연대 이후 개원(開元)·천보(天寶)연간에 이르는 사이에 농촌인구가 3배 이상으로 증대한데다가 귀족·관리·대지주 등의 토지 겸병(兼倂)이 이에 박차를 가하여 끝내는 농경지가 부족하게 된 결과라고 설명하고 있다. 이것은 균전제 그 자체가 원래 토지공유와 함께 대토지 사유를 용인하는 모순된 면도 가지고 있었던 까닭이다.

당나라 초기의 군사제도는 균전제와 병행하여 부병제(府兵制)라고 불리우는 특이한 조직을 취했다. 전국의 요소 요소에는 절충부(折衝府)를 두었는데 각부는 그 주(州)의 농민가운데서 선발된 병사 1,200명 내지 800명을 배치하였다. 그들은 평상시는 주둔지에서 농업에 종사하고 그 여가에 군사훈련을 받았다. 윤번제로 수도장안에 올라가 궁성에 숙위(宿衛)하면서 궁성을 경비하였다. 전시에는 중앙에서 파견된 장군에게 통솔되어 전투에 참가하지만 전쟁이 끝나면 부대를 해산하고 병사는 향리의 절충부로 되돌아간다. 군대는 10인을 화(火)(인솔자는 1명이고 火長이라고 했다.)로 하고 5개화 50명을 대(隊, 책임자는 1명이고 隊正)라고 했으며, 300명을 단(團, 6개隊, 통솔자를 校尉라고 했다.)이라고 했는데, 이것이 전투단위였다. 무기는 평시에 무기고에 보관하고 일단 유사시는 지급되나 부족분과 군량 등은 자급자족하여야만 했다.

이 부병제(府兵制)는 원래 서위(西魏)에서 기원을 찾을 수 있는데, 이것은 선비족의 부족제를 기초로 선비족과 한족출신 관리 및 부호의 자제들만으로 편성된 서위의 특수부대였다. 당의 부병제 군대는 이와 달라서 농민속에서 선발된 국민군이고 병·농(兵·農)의 완전한 일원화를 목적으로 한 것이었다. 농민이 농사를 짓는 여가에 군대로서 훈련을 받았고, 지방과 중앙의 정권을 수호하며, 사건이 없을 때는 농촌에 돌아가 농사일을 하였다. 중국의 유교적 정치사상에서 볼 때, 이 특수한 직업군인의 군대가 아닌 병·농일치의 군사제도야말로 하나의 이상적인 체제로 생각되었다. 이 체제는 전체 토지를 국유화하여 모든 농민에게 평등하게 분배한다는 균전제와 결부됨으로써 비로소 실현될 수 있었다.

농민중의 자산층에서 선발된 직업군인이 아니라, 국민의 손으로 향토와 국가를 수호한다는 부병(府兵)의 이념은 참으로 훌륭했다. 지방은 군사훈련의 책임만 지고 그 군대의 지휘는 중앙에서 파견된 장교에게 맡겨지기 때문에 이 2원제도는 지방군벌의 발호를 방지하는 점에서도 매우 우수한 제도였다. 그러나 부병제는 전국 634개의 절충부 중 261개 부가 중앙인 장안성 부근에 집중해 있었고, 또 90개의 중요주(州)에만 설치되어 있었으므로 군비부담이 이들 주둔지역 농민에게 무겁게 부과된다는 점에서 커다란 문제를 내포하고 있었다. 그러나 6세기라는 아직 중세기 초기에 서양국가들에서 봉건적인 기사(騎士)가 군의 중심을 형성하던 시기에 이미 근세 국민군대에 해당하는 체제를 만들어낸 당나라 정치가의 구상은 가히 세계사적 의의를 가지는 것으로 높이 평가된다.

과거라는 시험제도를 통하여 선발된 학식있는 사람들을 3성 6부 9사 등 중앙정부와 각 도주현(道州縣) 등 지방정부의 관리로 임용하고 정사당(政事堂) 회의를 통하여 가능한 한 유능한 관리들의 의견을 받아들인 정부, 그것은 균전제에 의하여 기본적으로 생활이 보장된 농민의 세금으로 꾸려가며, 이런 농민을 기반으로 하는 국민군대에 의하여 수호된 당조(唐朝)초기의 정치조직은 유교사상에서 볼 때, 하나의 이상적인 체계로 생각된다. 이와같이 과거제(科擧制)·3성 6부 9사제(三省六部九寺制)·균전제(均田制)·부병제(府兵制)라는 네 기둥 위에 정관(貞觀)의 치(治)가 실현되었던 것이다.

2. 여제(女帝) 측천무후(則天武后)의 공(功)과 죄(罪)

당 태종의 정관(貞觀)의 치는 그의 셋째 아들이며 제3대 황제인 고종(高宗, 李治)에 의하여 계승되었지만, 허약체질의 고종이 정무(政務)의 재가를 재색을 겸비한 무후(武后)에게 위임한데서 그녀의 전제체제를 만들게 하였고 심지어는 일시적이나마 당왕조는 무씨의 주조(周朝)로 바뀌는 사태를 가져오게 하였다. 무후의 아버지 무사확(武士彠)은 산서성 문수현(文水縣)에서 목재업으로 일대의 부(富)를 쌓은 입지전적인 인물이다. 그는 당의 고조(高祖, 李淵)가 산서성 태원에서 반수(反隋)의 깃발을 들고 일어났을 때, 그에게 종군하여 장안성으로 올라온 후, 당조가 창건되자 태종대에 공부상서(工部尙書)까지 승진하였다. 관중(關中) 또는 산동성이나 강남지역출신 명문가에 속하지 못하는 무사확의 딸 무소(武昭)는, 나이 14세로 궁중에 불려 들어가 태종(太宗, 二世民)의 첩실로서 그의 한 후궁을 섬기었다. 태종이 사망하자 많은 궁인들과 함께 그녀도 후궁을 나와 감업사(感業寺)라는 비구니의 절간으로 들어가 은둔생활을 하였다. 이 절간에서 고종의 눈에 들게 된 무소 비구니는 환속하여 궁중에 불러들여져 끝내 황후의 지위에까지 오르게 되었다. 이것이 무후(武后)이다.

　병적으로 빈혈증(風病<정신병> 또는 風<간질병>이라고도 한다)에 걸렸던 고종은 일일이 문서를 검토하고 재가할 수 없게되자 이일을 무후에게 맡겼던 것이다. 두뇌명석한 무후는 훌륭하게 문서를 처리함으로써 고종의 완전한 신임을 얻었다. 이리하여 무후의 전제(專制)는 현경(顯慶) 연간(656~660)에 시작되더니 664년 이후는 섭정처럼 정식으로 정무를 보게 되었고, 끝내는 천후(天后)로 칭송되어 고종과 나란히 이성(二聖)으로 불리게 되었다. 683년에 고종이 사망하자 무후는 고종과의 사이에서 낳은 아들 중종(中宗)을 황제로 세웠으나 미구에 그 아들을 제위에서 내리고 690년 스스로 황제를 칭하여 제위에 오르면서 당(唐)을 폐지하고 주(周)라는 국호를 세웠다. 중국 역사상 최초이면서 최후의 유일한 여제(女帝)가 출현한 것이다. 무후의 실질적인 치세는 고종을 대신하여 국정을 완전히 보살피게 된 664년에서 외부압력으로 평화적으로 제위를 중종에게 선양하여 당조로 되돌아가게 된 705년까지 40여년간이나 되었다.

　어째서 이와 같은 여제제도가 변칙적으로 생겨났을까, 당시 화북지방에서는 북방민족인 선비족의 토속적인 풍습을 이어받아 호족의 많은 가정에서는 부인네가 가사를 도맡아 처리하는 관습이 있었는데, 당나라 왕조의 가정도 이것이 예외가 아니어서 부인의 발언권이 강대했던 일도 하나의 원인으로 되었다. 당조(唐朝)를 지지하는 가장 유력한 관중(關中)의 가문 출신인 무후(武后)는 당시 점차 대두되기 시작한 바, 진사시험(進士試驗)에 합격한 신흥 관료계급을 자기편에 끌어들여서 대항하였고, 끝내는 관중지방의 구귀족세력을 타도하고 정권을 장악했다. 그녀의 치세는 낡은 귀족지배체제에 종지부를 찍고 과거출신(科擧出身) 새 관료지배체제로 바뀌는 과도기를 대표하는 것으로 해석된다.

　무후는 정권을 확보하기 위하여 비밀경찰을 사용했고「고밀(告密)의 문」을 통하여 밀고(密告)를 장려함으로써 반대파를 탄압 및 제거했다. 그녀는 조금도 용서할 줄 모르는 잔혹성 때문에 여제 무후의 통치는 후세에 유교역사가들에 의하여 비난을 받았다.

　오늘날의 중국 사학자들은 이런 전통적인 역사가의 무후관에 반대하면서 무후가 인재를 등용하여 그들의 수완을 발휘케 함으로써 새시대를 만든 공적을 재평가하는 경향을 보이고 있다.

무후(武后)의 문화적 유산

　무후(武后)는 문화적인 교양인으로 자처하고 있었다. 무씨의 일족이 당조의 이씨(李氏)를 누르고 조직의 요직에 취임했을 때 (683년) 이씨일족인 이경업(李敬業) 등이 기병하여 모반을 도모했으나 실패하였다. 이 반항때의 선언문, 즉 격문을 쓴 것이 당대초기의 4대시인중 한사람인 낙빈왕(駱賓王)인데, 여기서 그는 맹렬히 무후를 비난하였다. 이 격문을 입수한 무후는 그의 명문장에 감복한 나머지 그의 시문을 모아서 출판했다는 일화가 있다. 측천무후는 자기의 치적을 만세에 남기기 위하여 새로운 글자 17자를 창제(예컨대 國자를 圀자로 쓰게 한 것)하여 비석 등에 사용하였다.

　여기에 실린 그림은 1960년에 발굴된 중종(中宗)의 황녀 영태(永泰) 공주의 묘에 그려져 있는 벽화이다. 무후의 손에 살해되었고, 705년에 중종의 복위와 함께 조영된 묘소인만큼 이 그림을 무후시대를 대표하는 그림으로 보아도 무방할 것이다. 궁녀의 긴장된 얼굴표정과 모습은 무후시대의 인기있던 미녀의 전형임을 나타내고 있다. 이 그림은 현존하는 당대회화의 최고걸작으로서 늠름하고도 힘찬 필치로 인물의 개성을 잘 표현한 것이라 하겠다.

　705년에 한때 폐위됐던 중종(中宗)이 제위에 복위함으로써 무씨의 주조(周朝)는 폐지되고 이씨의 당조(唐朝)가 부활되었다. 또한 중종이 폐위되어 용상에서 내려앉았을 때, 황후 위씨(韋氏)가 끊임없이 어려운 환경하에 놓였던 중종을 격려했던 덕택으로 당조 재건의 날을 맞이할 수 있었다. 이런 공적을 등에 업고 일어난 황후 위씨는 복위된 중종을 시해하고, 스스로 정권을 잡고 무씨의 잔당들과 결탁하여 또다시 여제(女帝)시대를 출현시키려는 음모를 꾸몄다. 그러자 예종(睿宗)의 아들 이융기(李隆基)가 몸소 근위군단을 동원인솔하여 궁중에 쳐들어가 위황후와 그의 일당을 완전히 소탕하고 예종을 일단 제위에 오르게 했다가 얼마 후에 양위 받아 스스로 제위에 올랐다(712년). 이것이 말도 많은 현종(玄宗)이다.

3. 개원(開元)·천보(天寶)시대—세계제국 당(唐)

44년이라는 현종(玄宗)의 긴 통치기간의 연호는 개원(開元, 713~741)과 천보(天寶, 742~756)의 전후기로 나누인다. 전기의 통치는 「개원의 치(治)」라 하여 태종의 「정관의 치」와 나란히 대당제국의 최성기를 이루는 것으로 평가되고 있다. 중국처럼 농업을 기초로 하는 왕조국가의 번영의 지표는 농민을 주체로 하는 전인구가 등록된 호구수에서 구할 수 있다. 태종 정관초년(626년)에는 호구수가 수대(隋代) 890만호의 3분의 1에도 미치지 못한 300만호 미만이었다. 고종시대 초기에는 380만호(652년), 중종시대에 615만호(705년)이던 것이 개원 말기(740년)에는 841만호에 인구가 4,814만이었고, 천보 인구가 5,288만명이나 되면서 약 반세기 후에야 수대의 전성기의 국력을 넘으면서 정관시대의 3배에 이른 것이다.

천리길을 가도 촌철(寸鐵)을 지니지 않는다.

정관 4년(630년)에 쌀값은 두당 5전 5리로 싸고, 민가에서는 대문의 빗장을 몇 달씩 잠그지 않고 열어놓아 두었으며, 소와 말은 번식하여 들판에 가득 찼는가하면 수천 리의 먼 여행을 하는 여행자도 전혀 식량을 휴대할 필요가 없을 정도로 인심이 좋았다고 역사책에는 쓰여있다. 다시 현종의 개원연간에는 국내경제가 더욱 충실해져 쌀값이 더 싸졌고, 도로 연변에는 여행자에게 술과 밥을 제공하는 음식점이 늘어섰고, 역참(驛站)에는 역마가 준비되어 있어서 천리의 여행에도 호신용 단검조차 휴대할 필요가 없을만치 평화롭고 안정된 사회가 실현되었다고 쓰여 있다(唐書『食貨志』). 치안상태가 좋지 않았던 종전의 장도(長途)여행자에게는 호신용 무기가 불가결의 휴대품이었는데, 이것이 불필요하게 됐다는 것은 치안이 잘 유지되었음을 말하는 것이다.

「개원통보(開元通寶)」로 명명된 엽전의 유통이 증대되어 있었음에도 불구하고, 농업생산의 향상으로 쌀값은 비교적 낮았다. 국내질서가 훌륭하게 유지되어 천리의 먼길을 여행하는데도 전혀 호신용 무기를 휴대할 필요가 없었다. 경제생활의 안정과 치안확보에 의하여 외면적으로 「개원의 치」는 「정관의 치」를 훨씬 웃도는 것으로 보였다. 그러나 외견상의 평화와 번영에도 불구하고 개원시대의 정치와 사회는 가공할 위기를 잉태하고 있었다. 정치가나 백성, 그리고 그들의 목소리를 대표하는 학자와 시인들도, 이런 평화와 번영에 도취한 나머지 위기의 잠재성을 느끼지 못한 바로 거기에 위기가 도사리고 있었다. 평화시대에 스스로 쿠데타의 선두에 서서 위황후(韋皇后) 일파를 타도한 용기있는 현종, 요숭(姚崇, 자는 元之, 650~721)·송경(宋璟, 663~737)·한휴(韓休) 등 명재상의 의견을 받아들여 끊임없이 자기반성해온 전반생(前半生)의 명군인 그런 현종이 후반생인 천보시대에 들어서면서 갑자기 정치에 대한 의욕을 잃고 암군(暗君)으로 타락한 것도 이와 같은 외면적인 평화와 습관화된 안심감에서였다. 100년간 이어온 당제국의 통치를 계승한 현종에게는 당태종이 말한 바「나라가 잘 다스려지면 교만하고 사치해지기 쉽고, 교만과 사치한 마음이 생기면 위망(危亡)의 날이 곧장 찾아올 것이니라」라고 한 엄한 마음가짐이 결여되어 있었다.

짐은 여위었지만 천하의 백성은 살찔 것이다.

현종 치세 전반기에 재상으로 중용된 사람에 요숭(姚崇)과 송경(宋璟) 두 사람이 있었다. 특히 송경은 사심(私心)이 없고 황제의 과오를 직선적으로 간하여 태종 시대의 명재상인 방현령(房玄齡)·두여회(杜如晦)와 나란히 높이 칭송되었다. 송경이 은퇴한 뒤에는 한휴(韓休)와 장구령(張九齡)의 두 사람만이 간언으로써 황제를 보필하였다. 현종은 연유(宴遊)등에서 조금 도가 지나치기라도 하면「혹시 한휴가 알지 않았을까」하고 걱정하곤 하였다. 근신이 보다 못하여「한휴가 재상이 된 이후부터 폐하께서는 얼마간 여위신 것 같습니다」라고 하면서 은근히 부추기자 「짐이 여위어도 천하의 백성이 그 덕분으로 살찌게 된다면 그것으로 족하지 않은고」라고 말하였다. 이것이 「정관」 및 「개원」대의 이상적인 군주의 마음가짐이었다.

정치가로서의 현종을 평가함에 있어 유교적 역사가의 비판은 현종을 둘러싸고 있던 역사적 상황에 대한 이해가 결여되어 있었음을 보여준다. 먼저 중국을 둘러싸고 있던 국제적 환경에 눈을 돌려보자.

황하·양자강의 유역을 중심으로 한 농업국인 중국에 대하여 동쪽은 만주(滿洲), 서쪽은 신강성(新疆省)과 티벳에 걸쳐 중국의 외곽을 둘러싼 초원과 사막지대로부터 수렵과 유목을 생업으로 하는 전투적인 기마민족들이 중원을 끊임없이 침략하거나 위협하고 있었다. 앞서는 서진(西晋)왕조를 전복하였고, 양자강 유역으로 도피하여 남조를 세우게 한 5호 16국의 난(亂)의 영향은 특히 심각하였다. 그러나 2세기반에 걸친 남북조의 대립시대를 통하여 화북(華北)지방에 이주해온 선비족(鮮卑族)과 흉노족(匈奴族)은 북조의 왕조 밑에서 한족(漢族)과 어느 정도 뒤섞여 생활함으로써 점차 한족문화에 동화되어 한족풍의 왕조국가를 형성하였다. 이리하여 원래의 호전적인 북방민족의 기풍을 어느 정도까지 잃은 오랑캐족과 한족과의 혼혈사회를 대표한 것이 북조에서 나와 남북조를 통일시킨 수(隋)와 당(唐)제국이다.

수·당대에 걸쳐 북변(北邊)에 새로운 북방민족의 파도가 몰아쳐 왔다. 알타이산맥 일대에 원주(原住)하던 터키계 돌궐부족(突厥部族)이 후위(後魏)시대에는 유연(柔然)이라는 부족에 속하여 철(鐵)의 단야를 업으로 하고 있었다. 동·서위의 대립시대에는 서위(西魏)와 내통하고 있었으나 목간칸(木杆可汗)대에 유연부족을 격파하고 드디어 독립하였다. 서쪽으로는 압달(壓達)에게 승리했고, 남쪽으로는 토곡혼(吐谷渾)을 항복시켰는가 하면 동쪽으로는 거란(契丹)을 구축하고 북쪽으로는 키르기스(結骨)를 병합함으로써 동은 만주로부터 서는 아랄해, 북은 바이칼호, 남은 청해(靑海)에 이르는 광대한 지역을 지배하기에 이르렀다. 목간(木杆)은 이 광대한 국토를 양분하여 자기 자신은 외몽골의 도근산(都斤山)을 본거지로 그것의 동반부(東半部)를 통치하고, 사촌동생 달두칸(達頭可汗)에게는 러시아·투르키스탄의 탈라스강 연안천천(千泉)을 근거지로 해서 서쪽제국을 통치케 하였다. 이것이 동·서 돌궐족이다.

서돌궐은 동로마와 동맹을 맺고 페르시아국에 침입한데 대하여 동돌궐은 북주(北周)왕조시대에 자주 중국 서북변경에 침입하여 약탈을 자행하였다.

돌궐비문(突厥碑文)

주로 외몽골에 세워졌고 돌궐문자로 새겨진 비문이 19세기말부터 서유럽학자들에 의하여 북방민족이 남긴 최초의 기록으로 주목되면서 그것에 대한 조사연구가 추진되었다. 돌궐문자는 원래 서방측 셈어(Semitic)계통의 아람(Aram)자모에서 변화된 것으로서 돌궐이 세력을 넓힌 6세기경부터 사용되기 시작한 것으로 생각된다. 여기에 게시한 사진은 외몽골의 오르콘강 유역에서 발견된 바, 돌궐의 재상 퀼터긴의 공적을 찬양한 비문, 즉 궐특근비문(闕特勤碑文, 732년)이다. 앞면에는 한자로 비문을 새긴데 대하여 나머지 3면에는 같은 내용이 돌궐문자로 새겨져 있다. 이것을 기본으로 해서 위구르(回鶻)문자가 창제되었는데, 위구르족은 9세기초에 영무위칸(英武威可汗)을 위하여 구성구르칸(九姓回鶻可汗碑) 등을 세웠다. 이쪽은 터키문자외에 소그드문자과 한문으로 새겨져 있다. 북방민족의 언어·문화연구를 위해 중요한 사료(史料)로 되고 있다.

수와 당나라는 이 북방민족에 대해서는 군사적인 방어와 병행하여 상대방을 분열하고 제어하는 중국 전통의 외교정책을 취하여 회유하였다. 수의 문제(文帝)는 도람칸(都藍可汗)의 사촌동생에게 황녀를 출가시켜 그를 후원하는 동시에 계민칸(啓民可汗)이라는 칭호를 내려 동돌궐지역을 통치케 하였다. 계민칸이 죽자 그의 아들이 또다시 중국에 침입하였다. 수조 말기의 내란으로 각지에 할거하던 군벌은 그에게 신하의 예를 취하여 많은 조공품을 바침으로써 그의 후원을 얻고자 하였다. 당의 고조(이연) 역시 그런 사람중의 하나이다. 여기서 교만해진 동돌궐은 수나라가 멸망하자 당나라에 또다시 침입하였다. 고조는 이것을 방어하지 못하여 한때 수도 장안을 버림으로써 그들의 예봉(銳鋒)을 피하려고 했으나 태자였던 태종(이세민)의 반대에 부딪쳐 그만두었을 정도이다.

당 태종이 즉위하자 갈리칸(頡利可汗)과 그의 사촌 동생 돌리칸(突利可汗)은 대군을 이끌고 장안성의 북쪽교외까지 침입해 왔으나 태종이 몸소 위수(渭水)의 편교(便橋)에서 그들과 만나 동맹을 맺고 많은 황금과 비단을 주어서 물러가게 하였다.

편교(便橋)의 회맹(會盟)

동서 돌궐(突厥)의 두 칸(可汗)이 회동한 군사는 기병만도 10수만이고 총병력이 100만이라고 칭하면서 당을 위압하였다. 태종은 이때 불과 6명의 호위 기병만을 이끌고 편교(便橋)에 이르러 위수(渭水)를 사이에 두고 갈리칸(頡利可汗)과 문답을 교환했다. 이때 당나라의 여러 부대가 육속하여 현지에 도착했으므로 오히려 갈리칸이 겁을 먹기 시작하여 급히 금품을 얻고 군대를 철수시킬 약속을 하였다. 이것을 「편교의 회맹」이라고 한다. 태종은 이 화의가 매듭지어지자, 한쪽으로는 근위군을 궁성안에서 훈련시키는 동시에, 다른 한쪽으로는 돌리칸(突利可汗)과 의형제를 맺음으로써 두 칸을 이간시키는 정치공작을 전개하여 동돌궐의 붕괴를 촉진시켰다. 이 회맹은 태종의 군사·외교상의 재능을 잘 말해주는 일화이다.

갈리칸은 중앙아시아에서 동서무역의 중계역할을 하는 상인으로서 소재지에 식민지를 만들고 있던 소그드인을 신임하여 사치품과 전비(戰費)를 조달했으므로 그들에게 소속되었던 터키족 계통인 철륵(鐵勒) 여러부족의 배반과 독립을 가져오게 하였다. 그들중에서 가장 유력한 설연타(薛延陀)의 족장이 사신을 당나라에 보내어 동돌궐을 남북에서 협공하자고 제의하였다. 당이 이에 호응하여 명장 이적(李勣)과 이정(李靖)을 사령관으로 해서 대군을 파견하였다. 돌궐소속 제부족의 모두가 남김없이 당나라에 귀순복종함으로써 갈리칸은 크게 패했다. 이리하여 630년에 동돌궐은 아주 분열되어 그의 영역은 철륵 여러부족의 손에 돌아갔다. 설연타는 당 태종말년에 내란 때문에 세력이 쇠약해졌는데 이에 대신하여 위구르(回紇 또는 回鶻) 부족이 철륵 여러부족의 지도자가 되었다.

북방의 강대국이던 돌궐을 토벌함으로써 당나라는 중국을 둘러싼 변방 이민족들 사이에서 절대적인 권위를 확립하게 되었다. 이리하여 사방의 부족장들이 장안의 궁성문전에 참집하게 된 바, 그 이후 태종에게는 북방민족의 족장(族長)칭호인 칸(可汗)들 위에 군림한다는 뜻에서 천가한(天可汗)이라는 칭호가 붙여졌다.

당은 여세를 몰아 서돌궐도 정복코자 우선 중앙아시아 투르판(吐魯番)분지에 있는 고창국(高昌國)을 주목하였다. 이곳은 북아시아의 유목민에게는 물론 중국에게도 중앙아시아를 제압하는 근거지로서 중요한 곳이었다. 국왕인 국씨(麴氏)가 서돌궐과 동맹관계를 맺고 중앙아시아의 여러나라가 당에 파견하는 사절의 내왕을 방해했으므로 태종은 641년에 군대를 보내어 이곳을 토벌했다. 이리하여 당은 서돌궐과도 국경을 맞대게 된 것이다.

서돌궐에서는 통섭호칸(統葉護可汗)이 페르시아를 격파하고 그곳을 속국으로 삼는 등, 자못 전성기를 맞이하였으나 이들은 그가 숙부에게 피살되자, 이리강을 사이에 두고 동·서 양 부족으로 갈라져 서로 싸웠다. 그러자 아사나하로(阿史那賀魯)가 당나라에 귀순하면서 당의 원조로 서돌궐을 통일했고 또 강국으로 되었다. 서돌궐은 그 후에도 번번히 배신과 귀순을 거듭한 끝에 고종(高宗)말년인 679년에 대식국(大食國, 아라비아)에 의해 정벌 당하여 당나라는 부득이 당나라에 망명했던 페르시아왕을 육로 송환시킨다는 명분하에 출병하여 서돌궐의 전토를 평정해 버렸다.

동·서돌궐을 완전히 정복한 다음의 당나라의 진로는 서북방면으로부터 얼마간 남방으로 전환하였다. 감숙성(甘肅省)서쪽에 위치한 청해(靑海)지방에는 4세기말인 진말(晋末)당시, 5호 16국의 민족이동기에 선비족(鮮卑族)이 이주하여 토착민족인 티벳족을 지배하면서 토곡혼국(吐谷渾國)을 세우고, 수말(隋末) 당초(唐初)의 혼란기에는 번번히 서쪽변강지대에 침입해왔다. 당 태종은 이정(李靖)장군을 파견하여 이들을 격파하고 당왕조에 복속시켰다. 이곳 남쪽의 티벳족인 탕구트(黨項)도 토곡혼국에 속해 있었는데, 당나라는 이것마저 병합함으로써 청해지방을 모두 영유하게 된 바, 이로써 당은 토번(吐蕃, 티벳)과 직접 국경을 맞대게 되었다.

현재 티벳고원지대에 살고있는 티벳민족의 선조는 고대중국에서는 서강(西羌)이라고 불리었는데 감숙·신강·청해로부터 중국 서쪽 변경지대에 널리 분산되어 살고 있었다. 당 태종대에 기종농찬(棄宗弄贊, 수롱 첸간보)이 국왕으로 있을 때, 불교에 귀의하여 중신(重臣)을 인도에 유학시키고 또 불경을 구해다가 불법을 기초로 국법을 개정하였다. 한편 영토를 넓혀 속국인 토곡혼까지 침략한데서 당나라 군대와 전투를 벌렸지만, 641년에 드디어 화평조약을 맺고 당태종의 황녀를 받아 결혼했다. 이후 당의 문명을 동경하게 되면서 자제들을 장안에 보내어 한문화를 배우게 하였다.

토번(土蕃)은 앗삼과 네팔 두나라를 속국으로 삼고 있었으므로 이것을 통하여 당과 인도와의 교류가 트이게 되었다. 태종대가 인도에서는 마침 중부 인도의 계일왕(戒日王), 즉 시라지챠왕(尸羅迭多王) 시대에 해당한 바, 그의 보호밑에서 불교와 문학이 최성기를 맞이하고 있었다. 계일왕은 당태종의 명성을 듣자, 641년에 장안으로 사신을 보냈다. 이것을 계기로 두 나라사이에 국교가 열렸다. 태종이 보낸 사신 왕현책(王玄策)이 인도에 도착했을 때는 계일왕이 죽고 난 다음으로서 내란이 일어나고 있었다. 이것을 본 왕현책은 토번의 군대를 동원하여 그 난을 평정했으므로 당의 위신이 더욱 높아져 인도의 제후(諸侯)가 사자(使者)를 당에 보내어 조공(朝貢)을 바쳤다. 아시아의 대국인 인도가 중국에 대하여 겸손한 태도를 취하여 조공관계를 맺은 것은 역사상 이때만의 현상인데, 이로써 대당제국은 실질적으로 아시아대륙에서 최대최강의 세계적인 제국이 된 것이다.

태종·고종대에 동·서돌궐을 토벌한 당나라의 세력은 신강성으로부터 파미르(葱嶺)고원을 넘어 서돌궐의 구영토와 중앙아시아의 투르키스탄까지 뻗쳐 페르시아와 국경을 접하게 되었다.

서남아시아에서는 서기 622년에 마호멧(Mahomet, 570~632)이 이슬람교를 창설하고 아라비아반도를 제패하였다. 중국에서는 이 아라비아를 따지국(大食國)이라고 부른다. 마호멧의 뒤를 이은 오마르 왕조는 동진하여 페르시아에 침입하였다. 페르시아왕 필스는 쫓기어 당에 이르러 귀순하였다. 서남아시아의 대부분을 정복한 따지국은 동아시아의 당과 동서로 대립하는 세계제국이 되었으나, 당나라가 페르시아를 후원할 것을 걱정하여 고종초기에 사절을 파견하여 당과 국교를 맺었다.

페르시아를 정복한 후에 따지국은 북진을 계속하여 구소련령인 중앙아시아를 정복하고, 713년에는 쿠타이바가 당의 측천무후가 물러난 뒤에 내정(內政)이 아직 정비되지 않았던 그 틈을 타서 드디어 파미르(葱嶺)를 넘어 우기(于闐)를 함락시키고 다시 중국내륙으로 침입하려고 했으나 수초(水草)의 결핍으로 부득이 포기하고 도중에 회군하였다.

연기되었던 동·서 양대 세계대국의 대결은 드디어 751년에 이르러 실현되었다. 현종이 즉위한 후 당나라 세력은 또다시 파미르고원 이서(以西)에 까지 뻗쳐 따지국이 가혹한 세금징수에 고통받고 있던 토카라국(吐火羅國)과 석국(石國, 타시켄트)을 후원하였다. 당나라의 안서절도사(安西節度使) 고선지(高仙芝, ?~755, 고구려의 유민출신, 당군의 장군으로서 740년에는 천산산맥서부의 달계부를 747년은 티벳을 정벌하여 공을 세웠으나 751년의 3차원정에서는 동맹국의 배신으로 실패했다.)는 750년에 압바스 왕조하의 따지군(아라비아군)과 탈라스성(怛邏斯城)에서 일대결전을 전개하였으나, 마침 내응한 부족에게 협공을 당하여 크게 패하여 후퇴함으로써 이후 파미르고원 이서지역인 중앙아시아의 투르키스탄은 아라비아의 지배하에 들어가고 말았다.

탈라스(怛邏斯城)패전의 부산물

751년의 탈라스성 전투에서의 패전으로 포로가 되어 10여년을 아라비아(大食國)에서 보냈던 두환(杜環)이라는 사람이 남해(南海)의 선편으로 광주(廣州)로 귀환하였다. 서방 사정을 전한 그의 여행기 속에서 그와 함께 당나라 화가 2명과 직물공 2명도 포로가 되어 우대 받았던 내용이 보고된 것이다. 포로 중에는 이외에도 기술자로서 제지공(製紙工)도 있었던 모양으로, 이들에 의하여 중국의 종이 제조법이 이슬람국가에 전해졌는데, 이것이 다시 서유럽에 전파된 것으로 생각된다. 아라비아 상인은 이런 일이 있은 후, 동서문명교류에 커다란 역할을 수행하게 된 바, 이런 교류의 실마리는 기실 탈라스의 패전으로 풀리게 된 것이다.

당나라의 세력은 태종 – 고종시대에 절정에 이르렀다. 서북방면 이외에도 남방에서는 점파(占婆, 코친챠이나)·진랍(眞臘)·부남(夫南, 캄보디아)·도파(闍婆, 자바)·실리불서(室利佛逝, 스마트라)의 여러 작은 나라들이 사신을 보냈다. 동북지방과 한반도에서의 수나라 양제의 대실패의 뒤를 이어받은 만큼 세계제국의 체면을 회복코자 당의 태종은 645년에 대군을 이끌고 고구려를 친정(親征)했으나, 요동지방의 안시성에서 눈에 화살을 맞고 병들게 됨으로써 역시 실패로 끝났다. 함대를 건조하여 재차 고구려를 함락시키고자 준비중에 태종이 죽었다. 뒤이은 고종이 부황의 유지를 이어받아 해상으로부터 진군시켜, 우선 신라와 동맹을 맺고 백제국을 정복한 다음 663년에는 백제국을 후원하던 일본의 지원해군인 400여척의 함정을 백촌강(白村江)에서 격파함으로써 비로소 당나라는 한반도 지역의 일부를 지배하게 되었다. 이어서 668년에 이적(李勣)이 대군을 이끌고 고구려를 공격하여 평양성을 함락시키고 소위 안동도호부(安東都護府)를 두고 한반도 전토를 통치하려고 하였다.

동북지방에서는 고구려가 내분과 나·당 연합군(羅·唐 聯合軍)의 공격으로 멸망하자 거란(契丹)·해(奚)·실위(室韋)의 여러부족과 고구려에 속했던 말갈족(靺鞨族)이 독립하여 발해국(渤海國)을 세웠는데 그도 당에게 조공을 바쳤다.

당대초기의 당나라의 세력범위는 동쪽으로는 고구려·만주로부터 북쪽은 내·외몽골, 서쪽은 중앙아시아, 남쪽은 동남아에서 인도에 이르는 광대한 지역이다. 태종은 고유의 중국본토를 10개도(道)로 나누어서 통치했는데, 본국이외의 외국에 대해서는 두 종류의 관계를 두고서 지배하는 정책을 썼다. 즉, 1종은 속국관계로서 귀속된 나라를 도독부(都督府) 또는 주(州)로 개칭하고 국왕을 도독·자사(刺史) 등으로 임명하여 그 지위를 자손에게 세습시키는 정책이었다. 그 영역내에서는 자치를 허용했지만, 당조(唐朝)에 정기적으로 조공을 바치며, 전시에는 출병하여 당군을 돕는 의무를 부과했다. 이들 부주(府州)는 기미주(羈縻州)로 총칭되었고, 물론 제도(諸道)의 도독부나 도호부에 의하여 통솔되었다. 당나라 최성기의 기미주는 돌궐(突厥)·위구르(回紇)·탄쿠트(黨項)·토곡혼(吐谷渾)·해(奚)·거란(契丹)·말갈(靺鞨)·고구려·구자(龜玆)·우기(于闐)를 비롯하여 총수 856주에 이르렀다.

제2종은 조공(朝貢)관계이다. 위에 말한 여러나라와 당은 사절을 교환하여 명목상 당의 봉건(封建)을 받아 국호를 가졌으나 그것은 명의뿐이고 실질적으로 지배권이 미친 것은 아니었다. 귀족된 부주(府州)의 감독을 위하여 변경지역에는 아래의 6호 도호부(都護府)가 설치되었다.

도 호 부	소 재 지	관할지역
安東 도호부	처음에 한반도 평양에, 후에 遼河연안의 遼東城으로 옮김	滿州와 한반도 북부 (平壤이북)
安北 도호부	처음에 都斤山 남쪽 狼山府, 뒤에 陰山밑 中受降城으로 옮김	외몽골
單于 도호부	산서성 大同府의 서북방, 雲中城	내몽골
北庭 도호부	天山北路의 庭州, 지금의 우루무치	天山北路
安西 도호부	天山南路의 焉耆(카라샤르)	天山北路·중앙 아시아
安南 도호부	嶺南의 交州, 즉 통킹의 首都 하노이	南海諸國

외국 및 속령 통치에 대한 당나라의 2중 조직은 중국이 천하에 군림하는 유일한 「세계제국」이라는 이념에서 나온 것이고, 현실적인 지배가 미치는 기타 외국에 대한 지배는 교통의 제약으로 말미암아 그의 자주성을 인정하고 조공이라는 형태로 형식상 중국의 주권을 인정시키는 것으로 그쳤다. 이리하여 동아시아에서는 유일한 세계제국으로 많은 외국들과 풍부한 교류를 가진 당제국밑에서 고대이래의 대외관계가 법제화된 것이다.

제 12 장 대당제국의 최성기 **273**

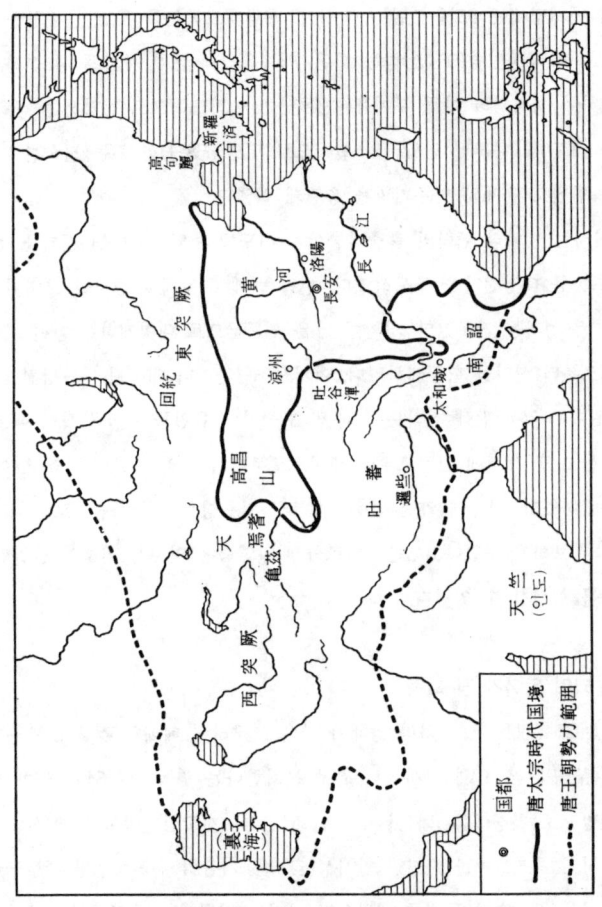

당 태종시대의 영토와 세력범위

지도의 검은선안이 당 태종대에 직접 통치하던 영토이고, 점선안은 당과 속국관계로 맺어진 당 왕조의 세력범위를 표시한 것이다.

신라의 당세력 구축

당나라 고종이 수 양제와 부왕 태종의 복수전을 위해 신라와 더불어 고구려를 협공코자 한반도에 출병(660년)할 때의 조건은 백제와 고구려를 정복한 후는 「평양이남지역은 신라에게 넘긴다」는 것이었다. 그러나 백제를 멸한후의 당은 한반도 전체를 지배하에 두려는 야망하에 옛 백제땅에는 5도독부를, 신라에도 계림대도독부를 두고 문무왕을 소위 계림주(鷄林州)대도독에 강등임명(663년)하는 한편, 백제유민에 대한 무마책 겸 신라의 백제땅 병합방지를 위하여 의자왕의 아들 부여융(扶余隆)을 웅진도독으로 임명하는 정책을 시행하더니 고구려가 내분 및 나·당 연합군의 협공으로 멸망(668년)한 후는 전술한 평양에 안동도호부를 두고 한반도 전체와 만주지방을 총관케 하였다.

여기서 신라는 당나라 세력의 축출가능성을 시도해 보았고, 안승(安勝)을 초빙하여 고구려왕에 봉하는 등 대당전쟁을 불사하였다. 한편 백제 고토에도 군사를 보내어 당나라 군사에 도전하여 큰 성과를 거두었다. 당황한 당은 주둔군으로 대항케하는 한편 거란·말갈군을 청하여 북으로부터 신라를 협공케하였다. 여기서 8년간이나 계속된 나-당전쟁이 벌어진 것이다. 많은 위기를 겪은 끝에 신라는 백제 및 고구려의 유민들과 힘을 모아 매초성 등지에서 당군을 격파했고 또 해전에 이김으로써 해상으로부터의 당의 침입도 막았다. 이리하여 웅진도독부를 축출하였고, 평양에 있던 안동도호부도 만주땅으로 몰아냄으로써 대동강-원산계선 이남땅을 확보하게 되었다(676년). 이로써 배달민족은 역사상 최초의 단일민족으로 합쳐져 통일국가를 형성할 수 있었다.

애꾸눈이 되어 돌아간 당 태종

당 태종(太宗, 二世民)은 수나라 양제가 작은 고구려에 패배한 것을 보복하고, 다시 연개소문이 전왕(榮留王, ?~642)을 사살한 죄를 문죄한다는 명목하에 645년, 30만의 대군을 이끌고 요동지방으로 친정(親征)해 왔다. 그는 건안성·개모성·비사성·신성·요동성 등 여러성을 함락시키고 조그마한 산성인 안시성(安市城 지금의 海城동남방 榮城子)만을 남겼다. 당군은 안시성을 공략코자 돈대를 세웠으나 이것도 번번히 고구려군의 기습을 받아서 파괴되자, 이번에는 60일을 두고 연인원 50만의 병력을 동원하여 토산을 쌓아 그 꼭대기에서 성안을 드려다 보면서 전투를 계속하였다. 그래도 성은 함락되지 않았다. 당시의 고려군 수비성주는 양만춘(楊萬春)으로 알려졌다. 양만춘은 심지어 이 토산까지 폭파하고 또 점령하였다. 그러자 겨울이 되었다. 춥고, 군량미도 떨어졌을 뿐만 아니라 혼전속에 양만춘이 쏜 강궁(强弓)의 화살이 독전하던 태종의 한쪽 눈을 쏘아 맞혔다. 애꾸눈이 된 태종은 하는 수없이 철군령을 내리고 회군하지 않을 수 없었다. 불세출의 영웅이요, 정관의 치적을 남겨 명군이라고 칭송되던 태종도, 우리 배달민족에 대패함으로써 전날 수양제 실패를 되풀이하고 말았다. 성루에 올라 작별의 인사를 보내는 양만춘에 탄복하여 태종은 비단 100필을 보냈다고 한다.

세계제국 당의 번영은 수도인 장안과 낙양을 비롯하여 양주(揚州)·광주(廣州) 등 대도시에서 집중적으로 표현되었다. 장안은 중앙정부가 소재하는 정치도시일뿐만 아니라 대상업도시이기도 하였다. 상업구역인 동·서 양시장(兩市場) 동업조합인 행(行)으로 나뉘었는데, 그것이 모두 220행이었고, 각 행에는 다수의 상점과 창고가 모여있었다. 장안은 국내상인의 중심인 동시에 세계상업의 중심이었으므로 중앙아시아·페르시아·아라비아 상인들도 이곳으로 모여들었다.

동서 육상 교통로로서는 당나라 정치권의 확대로 중앙아시아·천산남로(天山南路)의 길이 개척되었기 때문에 서방 여러나라의 상인이 동방의 장안에 오는 한편, 중국의 상인들도 서방세계로 진출하였다. 당에 온 상인은 중앙아시아의 상권을 쥐고있던 소그드인이 많았고, 다시 서방측 페르시아와 아라비아인도 있었는데, 이들은 호인(胡人)의 상인, 즉 호상(胡商)이라고 불리웠다. 호상은 장안을 내왕한 외국인의 일부로서 당에 귀순하여 내륙으로의 이주가 허용된 돌궐(突厥) 등 터키계 민족이 다수를 차지하고 있었다. 당의 경조부(京兆府)인 장안(長安, 지금의 西安)의 호구수는 현종(玄宗)대 최성기(742년)에 36만호(인구 196만)였는데 그중 당초(唐初)에 귀순복속했던 돌궐족(突厥族)중 9만호가 장안에 이주하고 있었다. 사실 장안성의 주민중 호인(오랑캐)이 차지하는 비율은 상당히 높았었다. 호인은 상인이외에도 서방세계의 음악·무용·기술 등에 능통한 사람이 많았다. 이리하여 페르시아·아라비아와 같은 원서(遠西)지역의 진기한 예술이 소개되었고, 그들의 상이한 생활양식, 소위 호풍(胡風)도 장안 시민속에 전파되었다. 호인은 중국에 영주하면서 중국여성과 결혼하고 또 중국의 생활과 문화에 동화된 사람이 적지 않았으므로 장안은 국제도시의 양상을 짙게 띠어갔다.

동서해상교통의 중요한 위치를 차지하는 인도양의 항해는 한대로부터 남북조에 걸쳐 로마상선에 의하여 독점되어 있었다. 불교가 널리 전파되면서

스리랑카 및 동남아 여러나라와 중국과의 해상교통이 열려, 자바·스마트라를 거쳐 스리랑카에 이르는 항로는 중국상선에 의하여 운영되었다. 수·당대에는 스리랑카로부터 다시 페르시아만에 들어간 다음, 다시 아라비아 해안을 따라 남예멘의 아덴(Aden)에 까지 뻗었다. 아라비아(따지국, 大食國)가 발흥하자, 중국인을 대신하여 인도양과 남양을 거쳐 중국연안까지의 항해권을 장악한 아라비아인은 광주(廣州)·천주(泉州, 복건성)·항주(杭州) 등 여러 항구에 거류한 사람이 수만명에 이르렀다. 이들 개항도시도 장안과 마찬가지로 국제도시화했던 것이다.

제 13 장 대당제국의 종말징후

1. 당나라를 뒤흔든 안사(安史) 대란

치세(治世)전반기인 개원(開元)시대에는 태종(太宗, 이세민)에 못지 않는, 밝은 천자라는 칭송이 자자했던 현종(玄宗)이, 후반인 천보(天寶)연대에 이르러 정치에 대한 관심과 흥미를 잃자, 현신(賢臣)인 장구령(張九齡, 672~740)을 내쫓고 「입에는 꿀이 있지만 뱃속에는 검이 있다.」고 평가되는 간재(奸才)·교지(狡智)로 악명높은 이림보(李林甫, ?~752)를 재상으로 제수하여 신임하였다. 그런데 이림보는 유능한 정치가와 군인을 배척하고 현종의 뜻에 영합할 줄만 알았지 정치의 실태를 알지 못했으므로 정계는 급속히 부패해 갔다.

당대초기의 균전제(均田制)는 국가가 보유한 많은 국유농지를 땅없는 농민에게 분배하여 경작시키는 제도였다. 수말(隋末)의 내란영향으로 인구가 감소되고 황폐화한 넓은 농경지가 존재했을 때는 이 균전제도 상당히 쉽게 실시했고 따라서 농민생활을 안정시키는데 이바지하였다. 관리들은 직전(職田)·사전(賜田)의 명목으로 상당히 넓은 농지의 소유가 인정되어 있었음에도 불구하고 호족과 결탁하면서 법망(法網)을 빠지고 제한선을 넘으면서 비옥한 농지를 손에 넣었다. 이러한 경향은 정관(貞觀) 초기부터 이미 나타나고 있었는데, 그것이 개원·천보시대에는 한층 심해진 것이다.

균전을 분배받은 농민은 조(租, 농업현물세)·용(庸, 부역 대신에 내는 직물류)·조(調, 토지의 산물로서 布帛을 바치는 공물) 등의 세금을 바칠 의무가 있었는데, 생활이 곤란한 사람은 토지를 팔고 야간도주하여 사찰이나 관리들 밑에서 전호(佃戶), 즉 소작인으로서 그의 장원(莊園)경작에 종사하거나 아니면 산속으로 도망쳐 도적의 무리에 가담하였다. 정부에 대한 반항운동의 일종인 농민도망자의 증가에 고민하게 된 당나라 조정은, 721년에 호적을 총점검하여 80만호의 도피농가와 그들이 경작하던 넓은 농경지를 발견하게 되었으나, 그렇다고 이런 추세를 방지할 묘책은 강구하지도 못했다.

감소되는 국유농지의 할당량은 정량에는 미치지 못했지만, 어쨌든 등록된 농민에게 소요되는 만큼의 세금을 부과했으므로 재정적으로는 어떻게든 꾸려나갈 수 있었지만, 도망친 농호의 급증은 병농일치(兵農一致)의 원칙 위에 수립된 부병제(府兵制)를 밑바닥으로부터 뒤흔들었다.

의량장비(衣糧裝備)의 일부를 자체 조달하는 부병(府兵)은 원래 중농층에서 선발된다고 생각되었지만, 농민생활의 저하로 이 의무도 이행할 수 없게 되었다. 군대에 복무하게 되면 해마다 중앙과 지방으로 근무교대키로 된 제도가 일단 북쪽 변방지역이나 중앙아시아 등의 벽지에 배치되면 3년·6년씩 장기간에 걸쳐 주둔하게 되는데 그런 사람들은 이런 변방국경선상에서 늙어 죽는 사람조차 나타났다. 이런 의무에 견디다 못한 농민의 도망사건이 늘어남으로써 부병제의 유지가 불가능하게 된 것이다.

전쟁기피(戰爭忌避)의 시

중국의 시(詩) 가운데서 옛날 주대(周代)의 시경(詩經)안에는 병역(兵役)의 고통을 노래한 것이 많고, 만리장성 밖에서 전쟁이 많았던 당대(唐代)에는 특히 사막 속에서의 정전(征戰)의 고통을 술회한 시들이 증가하고 있음을 알게된다. 당의 백낙천(白樂天, 이름은 居易, 772~846)시에 「신풍(新豊)의 팔을 부러뜨린 늙은이」라는 제목의 장시가 있다. 24세 당시에 운남정벌(雲南征伐)에 징집되는 것을 기피하여 스스로 오른쪽 팔을 부러뜨려 불구자가 됨으로써 병역을 면제당한 한 늙은이의 일생을 묘사한 것이다. 이미 80의 노령에 이르러서도 「오늘날까지도 비바람이 불거나 음산하게 추운날 밤에는 새벽녘이 될 때까지 상처가 쑤시고 아파서 한잠도 자지 못해요. 이렇게 아파서 잠자지 못한다 해도 별로 후회는 하지 않아요. 무엇보다도 오래 부지하여 이처럼 오늘날까지 살고 있으면서 행복을 누리고 있으니까요」라고 말하고 있다.

이와 같은 정세 하에서 현종은 돌궐(突厥)·토번(吐蕃)·따지(大食) 등의 침입을 막기 위하여 서북지방에 대량의 군대를 출병시키려고 한 것이다. 세계제국의 꿈을 추구한 것이 그 실패의 원인으로 되었다.

부병제(府兵制)가 붕괴된 다음, 현종을 충동하여 외정(外征)을 강행케 한 재상 이림부(李林甫)는 의용군을 모집하는 정책을 취하였다. 모집에 응모하여 모인 병사들이란 주로 생계의 길이 막혔던 무뢰한과, 당왕조에 귀순했던 이민족출신도 많이 포함되어 있었다. 생명의 위험을 무릅쓰고 은상(恩賞)을 바라는 병사들은 현종이 변방의 요지에 둔 지방의 정치·군사상의 지휘권을 거머쥔 10명의 절도사 밑으로 행하였다.

내몽골 동부의 평로(平盧)에서 실위(室韋)와 말갈(靺鞨) 등 흑룡강 유역의 부족들을 감시하는 평로절도사, 북경(北京)에 본부를 두고 해(奚)·거란(契丹) 등 퉁구스부족을 제압하는 범양(范陽, 幽州)의 절도사, 산서성 태원(太原)에서 위구르(回紇)부족을 방위하는 하동(河東)의 절도사는 하북(河北)의 3진(三鎭)으로서 중요한 직책이었다. 이 세 절도사직을 겸임하고 있던 사람이 바로 안록산(安祿山, ?~757)이다.

그는 영주(營州, 요녕성 朝陽縣)에서 강국(康國, Samar kand)계의 아버지와 돌궐계 어머니 사이에서 태어난 혼혈의 오랑캐 출신이다. 젊었을 때부터 용맹하였고 6개국어를 구사했으며, 해·거란족을 비롯하여 여러 오랑캐족들이 잡거(雜居)하는 동북지방(만주)에서 세력기반을 굳혀나갔다. 현종이 총애하는 양귀비(楊貴妃)에 빌붙어서 황제의 신임을 얻어 3개진(鎭)의 절도사에 임명되었다. 이림보에 이어서 재상자리에 오른 양귀비의 6촌오라버니 양국충(陽國忠, ?~756, 본 이름은 釗, 國忠은 황제로부터 하사 받은 이름)은 안록산이 모반심을 품고 있다는 정보를 황제에게 보고했으나 현종은 그것을 믿지 않았다. 755년에 안록산은 간신 양국충을 제거하겠다는 슬로건을 내걸고 15만의 대군을 이끌고 북경을 출발, 장안을 향하여 진군을 개시하였다. 당초(唐初)이래 130여년의 평화롭고 대규모적인 내란의 경험을 가지지 못한 당나라 조정에서는 장안에 훈련되지 않은 얼마간의 근위군을 주둔시키고 있었을 뿐이었다. 안록산군은 거의 저항을 받지 않고 동도(東都)인 낙양을 함락시켰다. 선봉부대는 동관(潼關)을 돌파하고 관중(關中)지방으로 침입하였다. 현종은 당황망조하여 사천(蜀)쪽으로 도망치던 중, 군인들의 강요에 굴복하여 책임자인 재상 양국충과 애첩(愛妾) 양귀비를 마외파(馬嵬坡)에서 처형한 다음, 겨우 사천성 성도(成都)에 도달하였다. 거기서 현종은 퇴위를 선언했는데, 잔류하여 안록산 역적의 토벌을 명령받았던 태자는 삭방절도사(朔方節度使)의 본거지인 영무(靈武, 寧夏省 靈武縣)로 향하여 제위에 올랐다. 이 사람이 숙종(肅宗)이다.

안록산군은 하북지방에 있는 동북지역 이민족출신 강병(强兵)들로써 소기 이상의 큰 성공을 거두었으나 정치적으로는 무책(無策)이어서 선발군이 장안을 함락시킨 다음에도 숙종을 추격하여 당왕조를 최종적으로 멸할 작전을 추진시키지 않았다. 그를 따르던 장병은 동북지방의 이민족출신이 많았는데, 무용은 뛰어났지만 점령지 행정을 운영하는 능력은 결여되어 있었다. 관리와 호족을 압박하고, 지방민으로부터 군량미를 징벌하여 군자금을 엄히 걷어들였을 뿐만 아니라, 약탈을 제마음대로 했기 때문에 민심을 잃어 고립되고 말았다.

전황의 뜻대로 전개되지 않아서 공연히 측근참모들만 들볶던 안록산이 북방오랑캐의 말자상속제(末子相續制)에 따라 나이 어린 아들을 후계자로 삼으려 한다고 해서 장남인 안경서(安慶緒, 그는 부장인 史思明에게 죽음을 당했다.)와 근신의 손에 의하여 살해되었다.

그러는 사이에 숙종밑에 참획한 절도사 곽자의(郭子儀)는 동돌궐(東突厥)을 대신하여 몽골지방에서 패권을 잡았던 위구르(回紇)족과 서역(西域)제국의 원군을 얻어 장안성을 회복하였다. 안록산의 오른팔격인 호장(胡將) 사사명(史思明)도 나이어린 자식을 사랑하다가 역시 장남인 사조의(史朝義)에게 살해됨으로써 8년간이나 계속된 대란도 762년에 드디어 평정되었다. 현종·숙종대가 지나고 손자인 대종(代宗)시대가 시작되고 있었다.

장한가(長恨歌)

백거이(白居易, 白樂天)는 현종이 사망한 후 10년이 지났을 때에 태어나, 개원·천보의 이른바 성당(盛唐)시대에 다음가는 중당(中唐)시대의 대표적인 시인이다. 그는 그토록 사랑하여 마지않았던 양귀비를 본의 아니게 죽이지 않으면 안되었던 현종의 비극을 노래한, 장편시 「장한가(長恨歌)」를 지었다. 민간에서 이야기되는 전설을 각색한 이 시에 의하여 황제와 애첩의 박복한 운명이 중국 최대의 로맨스가 되어 후세에 크게 애송되었고 또 왕조문학(王朝文學)에 커다란 영향을 주었다. 주모자인 안록산과 사사명의 성을 따서 통상 「안사(安史)의 난」이라고 일컬어지는 이 내란은, 정사(正史)의 기록보다도 오히려 이 백낙천의 문학에 의하여, 중국사람들의 기억에 남았던 것이다.

2. 번진(藩鎭) = 지방군벌의 할거 ― 분열되는 제국

안사(安史 = 安祿山·史思明)의 난은 당제국이 최성기로부터 쇠망기에 접어드는 전환점을 이룬다. 이 대란에 의하여 황하유역은 잔혹한 전화(戰禍)를 입어 백성들은 유망(流亡)하고 생산력은 크게 저하하였다. 회수(淮水)이남의 양자강 하류는 전란의 영향은 받지 않았으므로 당나라의 재정은 강남지역의 지지에 의하여 겨우 명맥을 유지하였다. 화북(華北)에서 화중(華中)지방으로 경제의 중심이 이전한 것도, 이 사건에 의하여 더욱 결정적인 사실로 되었다.

그러나 국내 정세는 이정도로 끝나지 않았다. 이것의 직접적인 영향은 당제국의 중앙집권이 약화되어 지방의 군벌, 즉 번진(藩鎭)의 세력을 강화시킨 점이다. 당조초기의 군사제도인 부병제(府兵制)에서는 전국의 군대가 중앙의 관할하에 매년 중앙의 경비교대차 상경하였다. 그런데 외국에서 전쟁이 확대되면 변경지방방비를 위하여 장기간에 걸쳐 군대를 현지에 주둔시킬 필요성이 생겼다. 이러한 병사들은 부병제의 쇠퇴와 더불어 일반 농민속에서 징집된 것이 아니라, 본적지에서 도망친 도망자라든가 외국의 귀화인들 가운데서 모집하는 용병제로 바뀌어 갔다. 이런 주둔부대의 진병(鎭兵)이 그들의 수령인 절도사 밑에서 고정화된 것이 번진(藩鎭)이다. 절도사는 현종시대부터 제도화되었고, 중앙에서 파견되어 지구군대의 지휘권이 위임된 장군을 가리키는 것이었지만, 점차 행정권과 재정권도 장악하게 되었고 지방관의 임명권과 징세권을 제마음대로 행사하게 되었다.

평로(平盧)·범양(范陽)·하동(河東) 등 3개진(鎭)의 절도사직을 겸했던 안록산의 반란은 평정되기는 했지만 당조는 이들 반란군사를 철저히 처벌할 힘이 없었다. 오히려 투항한 장사(將士)를 하북(河北)지방의 절도사로 임명하여 지방질서를 유지케하는 졸렬한 타협책을 취하였다. 이리하여 전승사(田承嗣)가 위박(魏博, 하북성 大名縣), 이보신(李寶信), 張忠志)이 성덕(成德, 하북성 正定縣), 이회선(李懷仙)이 노룡(盧龍, 北京)의 절도사로 제수되었다. 이것을 하북 3진(河北三鎭)이라고 한다. 3진은 밀접한 연계를 유지하면서 서로 혼인을 맺었고, 중앙의 명령도 무시하는가 하면, 제멋대로 지방관리를 임명하고, 징수한 조세를 중앙에 올려보내지 않았다. 아버지가 죽으면 그 아들이 절도사를 세습하는 등 거의 독립왕국과 같이 행동했는데, 그러던 중에 왕을 호칭하거나 황제를 참칭하면서 국호까지 만들어 당조정에 반항하고 나선 자들이 생겼다. 대종(代宗)시대(763~779)에는 외부로부터 또 위구르(回紇)·토번(吐蕃)·남조(南詔) 등도 침입해 왔다.

현종시대는 동돌궐(東突厥)을 대신하여 몽골을 제압하고 동쪽으로는 흑룡강 유역에서부터 서쪽은 알타이 산기슭까지 지배한 위구르(回紇)족의 최성기였다. 숙종(肅宗)때에 곽자의(郭子儀)가 위구르족의 도움을 받아 안사(安史)의 반란군을 격파하고, 동서 두 수도를 회복했다는 것은 이미 기술하였다. 숙종은 이런 공로를 치하하여 황녀를 위구르의 갈륵칸(葛勒可汗)에게 시집보내고 해마다 비단 20,000필씩을 보내어 그의 환심을 샀다. 위구르족은 낙양성에 입성했을 때 방화하고 또 대약탈을 강행하였고 그후에도 당나라를 얕보아 각지에서 침략행위를 계속 자행하였다.

토번(吐蕃)은 태종대에 당조와 국교를 맺었지만, 고종시대에 당나라의 원정군을 격파하고 토곡혼(吐谷渾)을 정복한 다음, 다시 서역으로 진출하여 소륵(疏勒)·우기(于闐)·언기(焉耆)·구자(龜慈)를 함락시켰다. 측천무후는 서역을 회복하고 토번과 강화를 맺었지만, 「안사의 난」으로 말미암아 당조가 서북지방의 변방방비문제를 돌볼만한 여유가 전혀 없는 틈을 타서 763년에 하서(河西)지방인 농우(隴右, 隴은 甘肅省지방을 가르킨다.) 지역을 공략하고 끝내는 장안성을 함락시키자, 대종(代宗)은 동쪽의 섬주(陝州)로 피난하였다. 당은 「오랑캐로써 오랑캐를 제압한다(以夷制夷)」는 전통적인 외교정책을 취하여 북의 위구르(回紇), 남의 남조(南詔)와 결탁하여 이에 대항하려고 하였다. 남조란 운남(雲南)지역내 6부의 야만족, 즉 육조(六詔)가운데서 남부의 조(詔)를 가리키는데 그는 현종무렵에 가장 유력하여 나머지 5조를 통일하자 태화성(太和城, 운남성 大理縣) 남쪽에 본거지를 두고 남조국(南詔國)을 세웠다. 그는 「안사의 난」이후에 토번과 협력하여 사천지방에 또다시 침입하였다. 당조는 남조족이 토번족에 의하여 무거운 공납에 고통받고 있는 사정을 알고 이들과 결탁 및 후원하여 토번을 공격하였다. 이것이 주효하여 토번은 당과 화해하게 되었다.

　이런 외환(外患)이 얼마간 소강상태에 접어들었을 때, 제위에 오른 덕종(德宗)은 부흥 제1보로서 세제개혁을 단행하였다. 「안사의 난」에 뒤이은 내란으로 백성의 유망현상(流亡現狀)이 극심하여 정부의 호적은 현실과 맞지가 않았다. 이런 호적을 기초로 조용조(組庸調)의 세금을 징수하기란 어려웠고 국가의 재원은 바닥을 들어내고 있었다. 제상인 양염(陽炎)은 조용조라는 낡은 세법을 폐지하고 양세법(兩稅法)이라는 새 세법을 발표하였다. 낡은 호적을 정리하여 현재거주자의 호적을 작성하고, 해마다 주·현(州·縣)의 필요경비와 중앙에 보내는 세금을 합한 총액을 백성이 소유한 땅의 넓이, 자산정도에 따라서 할당하여 전세(田稅)·호세(戶稅)로서 징수했다. 그리고 일정한 주소를 갖고 있지 않은 행상인은 소재지의 주·현세의 30분지 1을 납부케 하였다. 새 세법은 구법의 명주와 같은 현물이 아니라 돈으로 납부토록 하였다.

　낡은 조용조 세법에서는 이미 분배해줄 논밭이 없는데도 호적부에 올라있는 명의(名義)에 따라 현실적인 소유재산과는 관계없이 징세했으므로 그런 부담에 견딜 수 없었던 사람으로서 도망친 백성이 많았다. 새 세법은 현재 살고 있는 사람의 자산청도에 따라서 과세되므로 불공평한 점이 적은 합리적인 세법이었다. 이로써 모든 백성에게 평등하게 땅을 분배해준다는 취지를 가졌던 균전제는 흔적도 없이 사라지고 말았다.

　이리하여·국고가 얼마간 풍부해졌으므로 덕종은 독립국과도 같은 상태로 변모한 번진(藩鎭)을 정리하기 시작하였다. 번진에서는 절도사가 죽으면 그의 아들이나 친척 등을 「유후(留後)」, 즉 후계자 후보로 조정을 추천하고 정부는 이것을 그대로 승인하는 것이 관례로 되어 있었다. 그러자 성덕(成德)의 절도사가 죽었으므로 그의 아들이 「유후」로서 추천됐는데도 정부가 이것을 승인하지 않았다. 여기서 여타의 2개진, 즉 위박(魏博)과 노룡(盧龍)이 성덕과 결탁했을 뿐만 아니라 노룡의 절도사 주도(朱滔)를 맹주(盟主)로 당조에 대하여 반란을 일으켰다. 회서(淮西)의 절도사 등도 그들에게 호응하여 정부군과의 사이에서 격전을 벌렸다.

　증대되는 전비를 염출하기 위하여 재상 노기(盧杞)는 민가(民家)의 면적을 재서 과세하는 일종의 가옥세인 간가세(間架稅), 공사적(公私的)인 매매거래액의 5%를 부과하는 제맥전(除陌錢)이라는 새 세제를 강행하려했으나, 장안성의 시민을 비롯하여 백성들의 불만을 초래하였다. 하북지방 3개진을 토벌하기 위하여 경원도(涇原道)의 군대가 장안성을 통과했지만, 정부로부터 냉대 받은데 대하여 분통을 터뜨린 군대가, 주자(朱泚)를 받들고 간가·제맥의 악세를 제거할 것을 슬로건으로 내세워 반란을 일으켰다. 이 반란으로 덕종이 도성에서 봉천(奉天, 섬서성 乾縣)으로 피난가는 사태가 일어났다. 황제는 명신 육지(陸贄)가 기초(起草)한 「자신을 죄준다」는 조서(詔書)를 내려 하북 3진의 반역죄를 용서함으로써 겨우 당왕조의 체면을 세웠지만, 번진의 세력을 꺾으려던 모처럼의 정책은 실패하고 말았다.

　하북내 번진의 절도사 57명중, 조정으로부터 정식으로 임명된 사람은 불과 4명뿐이고 나머지는 지방에서 자립한 사람들이었다. 그들은 번진의 용병력을 배경으로 독립국처럼 행동했지만, 그러는 사이에 군사(軍士)가 세력을 얻으면 인기없는 절도사를 내쫓고, 마음에 드는 군장(軍將)을 세워 절도사로 받들게 되었다. 57명의 절도사중 22명의 부하들에게 살해되는 형편이었다.

　덕종 다음에 순종(順宗)을 거쳐 영명한 헌종(憲宗, 재위 805~820)시대가 되자, 먼저 회서(淮西)의 번진을 시작으로 드디어 하북지방 3진을 정복함으로써 원화(元和)중흥이라고 불리우는 중앙집권제가 실현되었다. 그러나 천하의 번진중 약 절반인 48개진은 그들의 손아귀에 장악되어 호구(戶口)도 신고하지 않거니와 세금도 상납하지 않는 상태였다. 황제는 만년에 이르러 환관(宦官)을 신임하고 호화사치생활로 나날을 보냈으므로 국정이 또다시 문란해져, 번진의 반란을 초래하더니 끝내 환관들의 손에 의하여 최후를 마쳐야만 했다.

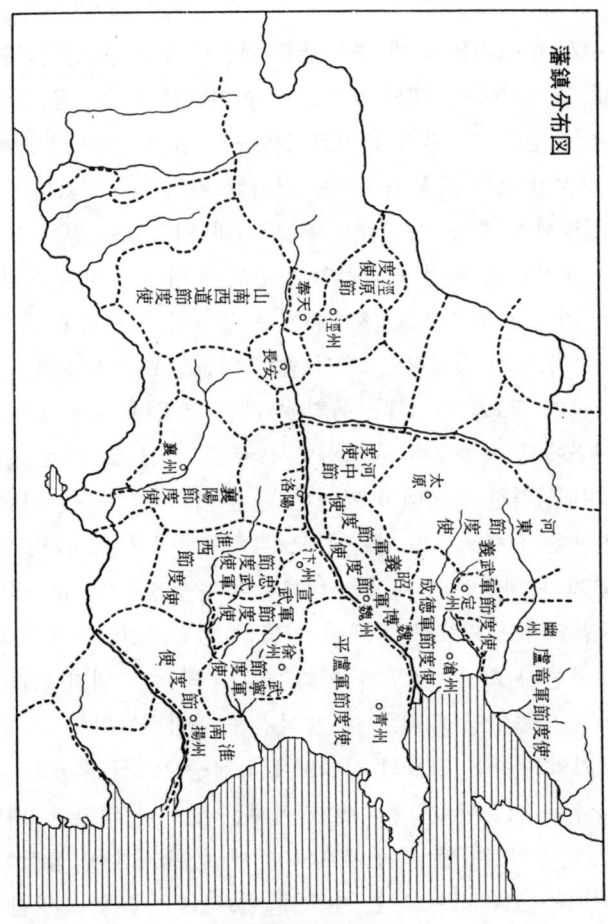

번진의 분포도

이민족의 침입에 대비하여 군사·재정 등의 전권(全權)을 위임받은 절도사는 현종 시대 전후부터 북방변경(北方邊境)에 설치되었는데, 황하이북지역에 있는 3개 진(鎭)이 먼저 독립하기에 이르렀다. 양자강 이남지역에는 절도사가 설치되지 않았지만 지방행정을 감독하는 관찰사(觀察使)가 점차 절도사와 똑같이 독립성을 유지하게 되었다. 이 지도는 당대 말기의 번진의 분포상태를 나타낸 것이다.

3. 환관의 전횡과 당쟁

　원래 한·당(漢·唐)은 역대 중국왕조 가운데서 중앙 집권적인 정부기구를 완비하고, 그 법제는 후대의 모범으로 여겨지고 있을만큼 정비되어 있었다. 그러나 한·당은 그 말기에 이르러서는 환관(宦官)의 횡포에 고민해야 하였고, 또 그것이 정권을 붕괴시키는 커다란 원인으로 되었다. 절대적인 권한을 가진 현명한 군주는, 재상과 같은 학식과 덕망높은 정치가의 도움으로 국정을 친히 재가한다. 이런 공식적인 보필자는 원래 천자의 사부(師父)로서 높은 권위를 가지고 있으므로, 황제에게는 언제나 거북하고도 마음놓을 수 없는 경쟁자이기도 한 것이다. 그래서 좀더 마음놓고 자유로이 부릴 수 있는 측근의 비서관이 필요하게 된다. 특히 수많은 후궁이 살고 있고 또 천자가 기거하는 내전에도 자유로이 출입하면서 부릴 측근으로서는, 법도에 따라 남녀의 구별이 엄격한 중국에서 거세된 환관 이외에는 구할 사람이 없었다. 중국에서 환관은 전제군주를 받들어 모시는 궁정에서는 불가결의 필요악적 존재였다. 천자가 영명하고 재상을 비롯하여 중앙정부의 조직이 견실할 때라면, 이런 필요악도 필요한 한계에 머물러 있었지만, 왕조가 쇠퇴해지면, 환관은 조그마한 사회악으로부터 커다란 사회악으로 된다. 역대의 왕조는 정도의 차이는 있을망정 대체로 이런 과정을 반복하였다.

　당나라 초기의 환관은 황제의 집안노예나 몸종으로서 후궁의 사소한 일을 처리하고, 황후에 시종할 뿐 정치에 관여하는 일이란 없었다. 태종시태에는 그수도 100명미만이었지만, 측천무후의 여제(女帝)시대에 급격히 증가하였고, 현종시대에는 3,000명이 넘는 다수에 이르렀다. 현종이 만년에 주로 후원에서 생활하면서 정전(正殿)에 나타나지 않게 되고, 상주문서(上奏文書)등이 환관인 고역사(高力士)의 손에 거쳐 황제에게 전달되면서부터 그는 점차 권력을 장악하게 되었지만, 아직은 황제측근의 비서라는 직책에 지나지 않았다. 「안사의 난」이 일어났을 무렵부터, 환관은 궁중에서 나와 사절(使節)이나 감찰관 자격으로 정치분야에서 활동하게 되었다. 특히 덕종대에 경원도(涇原道)의 군대가 반란을 일으킨 이후, 금군(禁軍), 즉 천자의 근위병 지휘권이 환관에게 위임되면서부터 그 성격을 일변시켜 정무의 기밀을 장악하게 되었다. 특히 천자의 후계자 결정이 환관의 손에 넘어가고 헌종이 환관에 의하여 살해된 이후, 당대 말기에 목종(穆宗)·경종(敬宗)·문종(文宗)·무종(武宗)·선종(宣宗)·의종(懿宗)·희종(僖宗)·소종(昭宗)의 여덟 황제 중에서 경종만을 예외로 하고 나머지 일곱 황제는 모두 환관에 의하여 옹립되었다.

당나라 조정에게 더욱 불행했던 것은 고급관리들 사이의 당쟁이 여기에 뒤얽힌 사실이다. 수·당은 남북조의 귀족 정치를 이어받아 공경(公卿) 등의 명문가는 자제를 관리로 추천할 수 있는 소위 배후(배경)라는 특권을 보유하고 있었다. 측천무후 시대이래 점차 문장에 의한 시험으로 진사(進士)로 뽑혀 관리가 된 사람들이 중용되어, 비로소 중요 직책에 앉게 되었다. 그들은 자기를 급제시킨 시험관을 스승으로 받들고 그의 제자로 자처했고, 이리하여 동지로서 또 동문으로서의 교분을 맺고 서로 단결을 강화하였다. 당대 말기의 조신(朝臣)은 같은해의 진사출신인 우승유(牛僧孺)와 이종민(李宗閔)을 두령으로 하는 우당(牛黨)과, 공경의 자제로서 특권으로 추천되어 승진해 온 이덕유(李德裕)를 수령으로 하는 이당(李黨)으로 나뉘어져 환관의 파벌과 결부되어 서로 상대방을 심히 공격하곤 하였다.

우·이당(牛·李黨)의 당쟁

우·이(牛·李)당의 당쟁은 진사출신과 특권층의 양대계파간의 반목에서 일어난 것이라고 한다. 환관들과의 이해관계와도 뒤얽히고 파벌로 갈라져 간단하게 설명할 수 없지만, 정치적으로 이당이 번진(藩鎭)에 대하여, 강경책을 취하려는데 대하여 우당은 타협책을 취하려는 것이었다. 부조(父祖)로부터 정치적인 감각을 이어받았고 현실에 밝은 이파(李派)에 대하여, 문학적인 재능으로 과거에 등과하여 진사가 되었고, 따라서 엘리트 의식에 가득찬 우파의 정책은 현실에는 무력했고 또 과거에 떨어진 일반지식인의 반감을 샀다. 과거에 낙방한 사람들은 번진 진영에 접근하여, 절도사의 모사(謀士)로서 수완을 발휘하게 되었다. 우·이의 당쟁은 40년간이나 계속되었는데, 무종시대에는 일반적으로 이당이, 다음대인 선종시대에는 우당이 권력을 장악하였다. 당대말기의 역사는 당쟁의 영향을 받아 파벌적인 입장에서 쓰여졌으므로, 진상을 알아보기가 어렵다. 환관은 중국 지식인의 눈으로 볼 때, 추악하기 그지없는 존재지만, 정치적으로 그의 세력은 절대적이어서 이들과 결탁하지 않으면 정권을 잡지 못하였다. 유명한 시인인 원진(元稹, 779~831, 상서좌승, 무창군 절도사 등 역임, 白居易와 병칭된 시인으로서 장편서사시「連昌宮詞」와 연애소설「앵앵전」이 유명하다.)은 환관과 논쟁을 벌일 끝에 구타당하여 안면에 상처를 입고도 항의조차 하지 못하고 별수없이 참다가, 결국은 환관에게 아첨아부 함으로써 그들의 지지로 재상지위에 올랐다. 우당·이당도 서로가 서로의 상대 환관과의 특수관계를 비난하였다. 환관에 대한 지식인의 지나칠 정도의 감정적인 반감은, 당대뿐만 아니라 역대왕조에서도 볼 수 있는 현상으로서, 그 후 특히 명조(明朝)에 이르러 절정에 달했었다.

「안사의 난」이 있은 후 당나라 왕조의 번영은 이미 과거의 추억으로 되었고, 번진의 할거로 말미암아 통일국가로서의 내실을 잃고 말았다. 중앙에서는 환관의 횡포와 고급관료간의 당쟁속에서, 당왕조의 부흥을 위하여 진심으로 개혁문제를 생각하는 정치가는 없었다. 관리·군대의 수가 증가하여 국가재정이 위기에 직면하였다. 무거운 조세부담에 견디지 못하여 야반도주하는 농민이 속출하였으니, 남은 농민들의 부담이 더 무거워지게 된 것은 오히려 나머지 사람들까지 도망을 촉진하는 결과가 되었다. 도망친 농민들은 호족의 장원에 들어가 소작인이 되는 것이 태반이었지만, 산림속에 숨어서 군도(群盜)가 되는 사람도 적지 않았다. 당조의 통치력이 약한 지방에서 이런 도적떼를 조직화된 대규모적인 농민폭동이 폭발하였다.

당말(唐末)인 문종(文宗, 재위 827~840)·무종(武宗, 재위 841~846)·선종(宣宗, 재위 847~859)의 여러 황제는 환관의 추천으로 제위에 올랐지만, 환관의 횡포에 넌덜이가 나자, 남몰래 그 세력을 일소할 기회를 노렸지만 끝내 성공하지 못했다. 선종의 뒤를 이은 의종(懿宗, 재위 860~873)을 거쳐, 나이어린 희종(僖宗)때는 환관이 아주 정치를 제멋대로 행하게 되었다. 874

년에 희종이 즉위하자마자 해마다의 흉작으로 고통받아온 산동지방에서 왕선지(王仙芝)의 반란이 일어났고, 황소(黃巢, ?~884)가 이에 호응하였다. 왕선지는 정부의 꼬임으로 관리로 임용되려 했으나 이로 말미암아 황소와 불화관계에 빠지더니 결국 관군에 잡혀 처형되었다. 황소는 한 지방에 근거지를 설치하고 정착하면, 정부군과 번진(藩鎭)의 포위공격을 받을 우려가 있으므로 이곳저곳으로 거처를 옮기면서 활동하는 전술을 썼다. 그들은 하남에서 호북지방에 들어갔다가, 양자강을 내려가 절강성 동쪽에서 복건성을 거쳐 광동성에 이르렀다. 거기서 또다시 북상하여 호남—강서—안휘성을 지나 하남성으로 돌아오자, 동도 낙양(東都洛陽)을 함락시키고, 동관(潼關)을 격파했으므로, 880년에 희종은 환관들의 경호를 받으면서 사천성(蜀)으로 피난했지만, 황소의 대군은 문무백관의 환영을 받으면서 장안성에 입성하였다. 그는 스스로 황제자리에 올라 국호를 대제(大齊)로 정하고 연호를 금통(金統)으로 바꾸었다.

희종은 사방의 번진들에게 출병을 요청하는 조칙을 내렸지만 이에 호응한 사람이 없었다. 이보다 얼마전에, 서돌궐에 속해있던 사타부족(沙陀部族)이 강성해지면서 위구르・토번족의 협공을 받자 추장이 내륙으로 이주하여 산서성에서 활동기반을 구축하고 또 조정으로부터 이국창(李國昌)이라는 이름까지 하사 받았음에도 불구하고 반란을 기도한 죄로 새외(塞外)지역으로 추방되어 있었다. 희종은 이국창의 아들 이극용(李克用)의 죄를 용서하고, 그의 무력을 빌려서 황소군을 격파한 끝에 2년 4개월만에 장안성을 회복하고 수도에 돌아오게 되었다. 이극용은 이 공적으로 산서성 남부에 정착하게 되었다. 그러나 이민족의 근거지를 중앙에 설치케 한 것은 후일 화근을 남기는 결과를 초래하였다.

장안에서 추방당한 황소는 산동성으로 도망쳤다가 884년에 끝내 자살함으로써, 10년간에 걸친 대란이 겨우 수습되었다.

황소(黃巢)의 난

황소(黃巢)는 사제(私製)소금상인 출신이다. 소금은 국민의 필수품으로서 재원확보에 고민하던 당말(唐末)의 조정이 소금을 전매품으로 하여 높은 세금을 부과함으로써 정부는 세수의 약 절반을 이에 의존하는 형편이었다. 관염(官鹽)이 비싸지자 민간에서 사염(私鹽)을 제조 판매하는 사람이 나타났는데, 정부는 이것을 사형으로 엄히 단속하였다. 황소는 말 타고 활 쏘는 무술에 능하고, 의협심이 강하여 많은 졸개를 양성하였다. 게다가 많은 책도 읽어서 몇 번이나 진사시험에 응했지만 그때마다 낙방했다. 몰락한 지식인 출신의 망나니 상인인 그는 환관과 결탁하고 있는 조정의 고급관리들에게 격렬한 증오심을 품고 있었다. 그가 중앙으로 진군할 때 격문을 띄워 「지방 관리들은 성안에 틀어박혀서 본인에게 저항하지 말라. 본인은 도성에 올라가 정부를 문책하려는 것이다.」라고 큰소리쳤다. 도성에 입성하자 그는 3품이상의 벼슬아치들을 전원 파멸시켰지만, 4품 이하의 하급관리는 본직에 머물러 있게 하였다. 군기(軍紀)는 비교적 엄정하였는 바, 백성들을 무차별적으로 약탈했다는 말은 당나라 조정의 허위선전이 많이 가미된 것이다. 아라비아인의 기록에 의하면, 황소군이 광동(廣東)에 입성했을 때, 지류 따지인, 즉 아라비아와 유태인 상인이 12만에서 근 20만명이 학살되었다고 하지만, 이것을 과장된 정부의 선전이다. 반란군보다도 추격한 관군쪽이 훨씬 더 소행이 잔인했거니와 약탈이 공인되어 있었다. 특히 이극용이 통솔하던 사타족군(沙陀族軍)이 장안성에 입성했을 때는 궁성에 방화하였고, 시민에 대한 무차별적인 대약탈과 학살을 강행한 바 있다. 이 때문에 장안은 아주 폐허가 되었다. 한창때는 그 병력이 50만이 넘었고, 10년간에 12개성을 횡행하였고 또 2년 4월간이나 도성을 점령할 수 있었던 황소군의 반란성공에는, 국민의 지지를 받을만한 이유가 있었던 것이다. 이 황소의 난은 청말(淸末)의 태평천국의 난에 비견되는, 중국역사상 2대 농민반란이라고 일컬어진다.

황소의 난이 평정된 후에는 번진의 세력이 더욱 강대해져, 당나라 조정이 지배하는 영역은 다소 축소되었다. 가장 강력한 번진은 황소의 잔당으로서 당조에 투항한 공로로 선무(宣武)절도사에 임명되어 변(汴, 지금의 開封)에 본거지를 두었던 주전충(朱全忠)과, 마찬가지로 조정에 협력하여 산서성 진양(晋陽)을 본거지로 하는 사타족의 이극용(李克用)이다. 그런데 이 두 사람은 서로 적대시하고 있었다.

희종에 뒤이어 제위를 계승한 소종(昭宗, 재위 889~903)은 용기있는 사람으로서 조정의 권위를 회복하기 위하여 903년 주전충(朱全忠)을 도성으로 불러들여, 그 무력으로 환관의 무리를 모두 도살해 버렸다. 환관은 당의 조정에 기생하면서 군주의 위신을 빌어 권력을 휘두른 호가호위(狐假虎威)의 무리였으나, 이 기생충무리가 제거되자 황실자체는 오히려 고립되어 더욱 약체화 되었다. 주전충은 이 공에 의하여 양왕(梁王)에 봉해졌다. 그러자 주전충은 당조(唐朝)로부터 선양받아 정권을 잡고, 제위에 오를 음모를 남몰래 추진시켜, 904년 소종을 황소의 난이 있은 후 황폐해진 장안성으로부터 자기의 근거지인 변(開封)에 좀더 가깝게 위치한 동도 낙양으로 옮긴 다음, 끝내 전각안에서 황제를 시해한 다음 태자를 제위에 앉혔다. 이것이 소선제(昭宣帝)이다.

환관과 나란히 유력한 정치집단이던 귀족과 고급관료는 양위계획을 실현시키는데 커다란 장애요소였다. 여기서 주전충은 나이 어린 황제를 사주하여, 30여명의 공경(公卿)을 황하의 나루터에 모이게 하여 모두 강에 던져서 수장해 버렸다. 주전충은 이런 사건으로 더욱 고립무원상태에 빠진 황제로부터 907년 선양받아, 스스로 제위에 올랐다. 이것이 양(梁)의 태조(太祖)이다. 고조(高祖, 李淵)로부터 20대 289년이나 계속되어온 당조(唐朝)는 여기서 멸망하고 5대(五代)시대에 들어간다.

청류(淸流)를 탁류(濁流)로 한다.

주전충(朱全忠)의 고문인 이진(李振)은 번번히 진사시험에 낙방하자 진사출신과 문벌귀족인 공경(公卿) 그리고 모든 고급관리에 대하여 반감을 품고 있었으므로, 주전충에 건의하기를 그들을 백마역(白馬驛)에 집결시켜 황하에 빠뜨려 수장하도록 이렇게 말했다. 「이 자들은 평소에 스스로 청류(淸流)라고 말하고 있지요. 놈들의 시체를 황하에 던져서 탁류(濁流)로 만듦이 가합이다.」 주전충은 이 말을 듣고 처음에는 웃었지만, 그러나 그의 말대로 행동했다. 청류란 진사과 출신자가 일반적인 관리와 자기들을 구별하기 위해 긍지감을 내포시킨 자칭으로서 엘리트라는 말에 해당한다. 이 일화는 고급관리와 일반지식인과의 대립이 그 얼마나 극심했는가를 말하는 것이다. 주전충도 고급관리들로부터 소외시되던 가난한 집안의 출신이었다. 이 조신도살(朝臣屠殺)사건은 남북조에서 수·당조에까지 계승된 문벌귀족과 진사출신 고급관리가 형성한 신분사회에 대한 개혁의 봉화였다.

제 14 장 대과도기 시대 — 5대 10국

1. 5대의 혼란

　5대(五代)란 후양(後梁)의 태조 주전충(朱全忠, 1177~1224, 재위 907~912, 강소성 碭山縣 출신, 본래는 황소적 출신이나 당에 귀순하여 宣武 절도사로 있었다.)이 당의 소선제(昭宣帝)로부터 선양 받아 제위에 오른 907년부터, 송태조(宋太祖) 조광윤(趙匡胤)이 후주(後周)군사들의 추대를 받아, 959년에 황제자리에 오를 때까지 불과 54년간에, 중원에서 다섯 개의 왕조가 흥망한 시대를 말한다. 또한 이 때는 변경지대(邊境地帶)와 중원이남에서는, 10개국의 지방정권이 할거하고 있었으므로, 5대 10국 시대라고도 한다.

　당조(唐朝)의 선양을 받은 양태조 주전충은, 일찍이 환관과 고급관료군을 일소함으로써 말기당조(末期唐朝) 심층부에 기생하고 있던 2대 정치악당을 제거한 것으로 자부했다. 그는 관중(關中)과 관동(關東)지구에 대부분을 세력권범위에 넣고, 황하유역의 통일기반을 만든 다음 도성을 변경(汴京), 즉 지금의 개봉(開封)으로 정하였다. 개봉은 강남(江南)과 화북(華北)을 연결하는 대운하가, 황하와 합류하는 요충지에 위치한다. 이미 크게 발달한 화북지방 황하유역 경제에 대하여, 화중인 양자강 유역의 경제는 남북조시대부터 점차 개발의 기초가 닦이었고 수·당대, 특히 당나라 중반기인 현종 이후에 이르러 화북지방을 추월했으며, 당대말기에는 완전히 우위에 올라서 있었다. 장안을 도성으로 하였던 당조는 이미 그의 건국초기부터 대운하에 의하여 수송되는 바 양자강 유역에서 생산되는 쌀을 주요 식량원으로 삼았었다. 당말에 이르러 하북 3진(河北三鎭)을 비롯하여 북방중국에는 군벌이 할거하였기 때문에 당나라 조정의 재정도 완전히 양자강 유역에 의존하고 있었다. 이런 경제 전환에 적응하기 위하여 이미 개발 완료됐으나 토번·위구르족 등 오랑캐와 황소(黃巢)에 의하여 황폐화된 관중지구로부터 남북의 교통요충지인 개봉으로 도성을 옮긴 정책은, 중국역사에 새로운 국면을 연 것이었다.

이런 양조(梁朝)에 대하여, 산서성 태원지방에서 북방민족인 사타족(沙陀族)을 주력으로 하는 진왕(晋王) 이극용(李克用)이 대립하여, 서로 격렬하게 전쟁을 벌렸으므로 형세는 불안정하였다. 이윽고 이극용이 죽자 천재적인 군인인 이존욱(李存勗)이 진왕으로 되었다.

하북(河北)의 3진으로 일컬어지는 군벌은 「(安史)의 난」이후 약 150년에 걸쳐 하북성에 할거하면서, 독립적인 지방정권을 형성하고 있었다. 5대에 접어들면서 이 3진도 양·진의 교전에 휘말려 들었다. 양의 태조(주전충)는 하북3진을 구하기 위하여 출병한 이존욱에게 크게 패배하여 실의에 빠져 있던 중 후계자 자리를 두고 서로 싸우던 아들중 하나에게, 제위에 오른지 불과 6년만에 살해되고 말았다. 그의 뒤를 이어 말제(末帝)가 제위에 올랐다. 하북성으로 진출하여 자립한 태원의 이존욱은, 양의 말제를 살해하고 그 자리를 이어 받았다. 그가 후당(後唐)의 장종(莊宗)인데, 그는 제위에 오르자 도성을 낙양으로 옮겼다. 이리하여 양(梁)은 불과 2대(907~923) 16년으로 멸망한 것이다.

후당의 장종은 하북 3진을 완전히 손아귀에 넣었다. 후당의 장종 지배지역은 양나라 때보다 더욱 확대되어 대략 황하유역을 통일함으로써 이제 만주에서 일어나 남하할 기세를 보이던 거란족과 직접 충돌하게 되었다.

거란(契丹)은 해(奚)·실위(室韋)부족 등으로 갈라졌지만, 원래 동몽골의 중부, 흥안령(興安嶺) 밑에 살던 퉁구스민족으로서, 서요하(西遼河)의 수원지에 해당하는 시람렌강과 료허강의 합류지점이 이들 민족의 발상지로 되어 있다. 중국에는 북위(北魏)시대부터 이름이 알려졌지만, 동북지방에서 일어난 말갈(靺鞨)부족은 당나라 초기에 일어난 발해국(渤海國)의 그늘에 가리어 별로 알려지지 않았다. 발해는 고구려의 후신(後身)이라고도 하며 그 영토는 동쪽은 고려국 동해안에 면해있을 만큼 넓었고, 또 일본과도 교류하고 있었다.

이 발해국과 당나라와의 중간에서 거란족이 세력을 확장하기 시작하여,

당의 중반기부터는 양국의 교류를 방해하기 시작하였다.

거란은 8개 부락으로 나누어지고, 각 부락의 추장들로 구성된 추장회의에서 호선(互選)되어 교대로 칸(可汗)자리에 올라 전체 거란민족을 지배하는 씨족연맹형태를 취하였다. 당나라 말엽에 8부의 한 추장이던 야율아보기(耶律阿保機)가 칸이 되자, 나머지 7개부락의 추장들을 감쪽같이 속여서 없애버리고 8개부락을 통일한 다음 917년에 황제를 칭하고 나라를 세웠다. 이것이 요(遼)의 태조(太祖)이다.

당대 말기 하북 지역 번진(藩鎭)의 혼전, 양(梁)과 후당(後唐)과의 교전으로 곤궁에 빠진 백성은 동북지방의 신천지를 향하여 거란지역으로 이주하였다. 거란족은 이들 한족이주민을 받아들여 그들의 우수한 농업·방적·제철 기술을 배워서 국력의 충실화를 도모하였다. 요의 태조(야율아보기)는 이극용(李克用)과도 친교를 맺었고, 한족(漢族)의 고문도 두었었는데, 이 고문의 암시에 따라 앞서 말한 것처럼 쿠데타를 일으킴으로써 부족 연맹체로부터 민족국가로 비약시켰던 것이다.

후당의 장종(李存勖)은, 원래 신강성(新疆省)의 만족(蠻族)출신이다. 그 후 후진(後晋)과 후한(後漢) 등 이민족 왕조가 연이어 화북지방에 왕국을 세우게 되자, 그의 아버지인 이극용이 당나라 조정에 귀순하여 황제로부터 이씨(李氏)성을 하사 받은 관계도 있어서 그는 멸망한 당조(唐朝)를 이어받는다는 뜻으로 국호를 후당(後唐)으로 부른 것이다. 즉위후에 왕건(王建)이 사천성에서 독립국임을 자부하고 있던 촉국(蜀國)을 멸하였고, 또 화북지방을 통일하여, 5대중에서 최대최강의 나라로 되었다. 전술의 천재였지만 문맹자였던 장종은, 음악을 이해했으므로 그 무렵에 유행하던 악극을 즐겼고, 스스로 연극을 연출하면서 배우와 환관을 우대했다. 그러나 그런 사람들이 정치에 개입하는 것을 묵인한데서 정치의 부패를 가져오게 한 결과로, 불평불만을 품은 장병들이 하북성 업(鄴)에서 반기를 들었다. 이들을 토벌하기 위하여 파견했던 양자 이사원(李嗣源)이 오히려 반란군에 휘말려 들어 가담하게 되자, 이들을 친정(親征)하려던 장종은, 연극배우에서 일약 장군으로 파격승진시킨 자의 손에 살해되었다. 이리하여 장종이 제위 3년으로 실각하자 그의 양자 이사원이 낙양성에서 즉위하여, 그의 자리를 승계함으로써 후당의 명종(明宗)이 되었다.

하동(河東)의 절도사로서 산서성 태원에 세력기반을 가졌던 석경당(石敬瑭)은 후당의 명종의 죽자 그의 아들들이 상속싸움을 벌이고 있는 기회를 틈타 만주지방에서 남하기회만 노리고 있던 거란족(遼) 태조의 아들 태종(太宗)의 지원을 받아 낙양을 함락시킨 다음, 제위에 올랐다. 이로서 후당은 불과 13년으로 멸망했는데 새로 제위에 오른 석경당이 곧 후진(後晉)의 고조(高祖)다.

후진(後晉)의 고조는 거란족의 도움을 받을때는 요(遼)의 태종을 아버지로 부르면서, 산서성·하북성의 2개성 북부의 연운(燕雲) 16주를 할양하는 동시에 해마다 30만량 상당의 금과 비단을 조공으로 바칠 것을 약속한 바 있다. 이 고조(後晉)의가 죽은 뒤에 등극한 고조의 조카 출제(出帝)는, 위의 약속을 굴욕으로 생각하고, 그것을 실행에 옮기지 않았다. 거란(요)의 태종은 격노하여 대군을 이끌고 관내로 침입하여 도성인 대량(大梁, 汴, 지금의 開封)에 입성하여 출제를 포로로 잡아 북송해 버렸다. 이로써 후진도 불과 2대 10년만에 멸망하고 말았다.

태종은 계속 대량성(開封)에 머물면서 중원을 통치하려 했으나, 원래가 유목민인 거란인으로서는 조세를 징수하는 제도를 이해하지 못하여, 병사들을 풀어 약탈행위로써 군비를 조달하는 방법을 계속했기 때문에, 도처에서 백성들의 저항을 받았다. 태종은 이에 애먹은 끝에 수비병만 남기고 북으로 돌아가는 도중에 급사하였다. 여기서 조카인 세종(世宗)이 임황(臨潢)에서 즉위하였다.

산서성 태원(太原)에 근거지를 두고 있던 사타족(沙陀族)출신인 후진(後晉)의 장수 유지원(劉知遠)은 거란족이 북으로 돌아간다는 소식을 듣자 곧 기병(起兵)하여 이 세종의 요군(遼軍)을 추격해서 대량(汴, 開封)에 입성한 다음, 역시 제위에 올랐다. 그가 바로 후한(後漢)의 태조(太祖)다. 그러나 그는 불과 1년만에 죽고 뒤이어 제위를 계승했던 은제(隱帝)는, 대장 곽위(郭威)에게 살해당함으로써 후한은 불과 4년만에 멸망하고 말았다(950년).

주(周)의 태조(太祖)로 즉위한 곽위는, 3대째 이어온 외래민족의 왕조를 대신하여, 한족(漢族)왕조를 창건하였다. 그는 원래 하급군인 출신으로, 전란 속에서 신음하는 일반 백성의 고통스런 생활을 몸소 체험했던 만큼 거란족의 침입을 방지하면서 내정개혁에 착수하였다. 그러나 재위 불과 3년으로 죽자 양자인 세종(世宗)이 즉위하였다. 그는 산서성에 후한(後漢)의 일족이 세운 북한국(北漢國)이 거란, 즉 요(遼)의 후원을 얻어 진공해온데 대해 반격을 가하여, 태원성을 포위공격해서 북한국을 토벌하였다. 그는 양부인 태조(곽위)의 정책을 더욱 강력히 추진시켜, 백성들의 조세를 가볍게 하며, 황하의 수해를 방지하기 위한 치수사업을 벌였고, 황폐화한 농경지의 개간을 장려하는 한편, 세금을 모면하기 의해 제멋대로 승니(僧尼)가 되는 것을 제한하였고, 또 사찰의 신축을 억제하는 동시에, 3만여개나 되는 사찰을 정리하였다. 이것이 주(周)나라 세종의 폐불(廢佛)정책으로서, 중국의 불교가 받은 법란(法亂)의 하나로 손꼽히는 사건이다.

당시 정치정세를 더욱 불안하게 한 것은, 당말(唐末)의 번진(藩鎭)에서 인계되어 내려온 부랑자 같은 용병의 난폭한 행동이었다. 세종은 군기를 엄정히 하여 이런 버릇없는 군인들의 행동을 엄히 다스리는 동시에 새로 금군(禁軍), 즉 근위군을 편성하여 이런 군대를 제압하였다.

황하유역에서는, 후양(後梁)의 태조(朱全忠)가 당의 소선제(昭宣帝)로부터 제위를 선양받은 이래 5개 왕조가 흥망했지만, 변방지역과 특히 회수(淮水) 이남지역에서는 번진(藩鎭)에서 나온 지방군벌이 할거하면서 모두 합하여 14개국(燕·晉·岐·蜀·後蜀·荊南·楚·湖南·南唐·吳·越·閩·南漢·北漢)이 분립하고 있었다. 그중 연(燕)과 기(岐)는 겨우 당대로 멸망했으므로 생략하고, 진(晉)은 후에 북방지역을 통일하고 후당(後唐)이 되었으므로 이 숫자에 넣지 않으며, 또 초(楚)와 호남(湖南)은 같은 지역에 세워진 나라이므로 한나라로 간주한다면, 5대의 10국이 된다.

주(周)의 세종연대에는 북에 북한(北漢), 서에 후촉(後蜀), 남쪽에 형남(荊南)·호남·남당(南唐)·오월(吳越)의 제국이 남아 있었다. 그 중에서 당대 말기에 번진출신인 양행밀(楊行密)은 번화(繁華)한 도성인 양주(揚州)에서 건국했다. 그리고 46년간이나 번영한 오나라의 제위를 빼앗은 이변(李昪)이, 금릉(金陵, 지금의 南京)에서 건국한 남당(南唐)은, 그의 아들 이경(李璟)대에 이르러 당조 말기에 왕심지(王審知)가 세운 민국(閩國, 복건성)을 멸했을 뿐 아니라 다시 서쪽으로 향하여 호남성에 본거지를 두었던 초(楚)나라를 병합함으로써 그 세력 범위가 가장 부유한 회수(淮水)이남 양자강 유역을

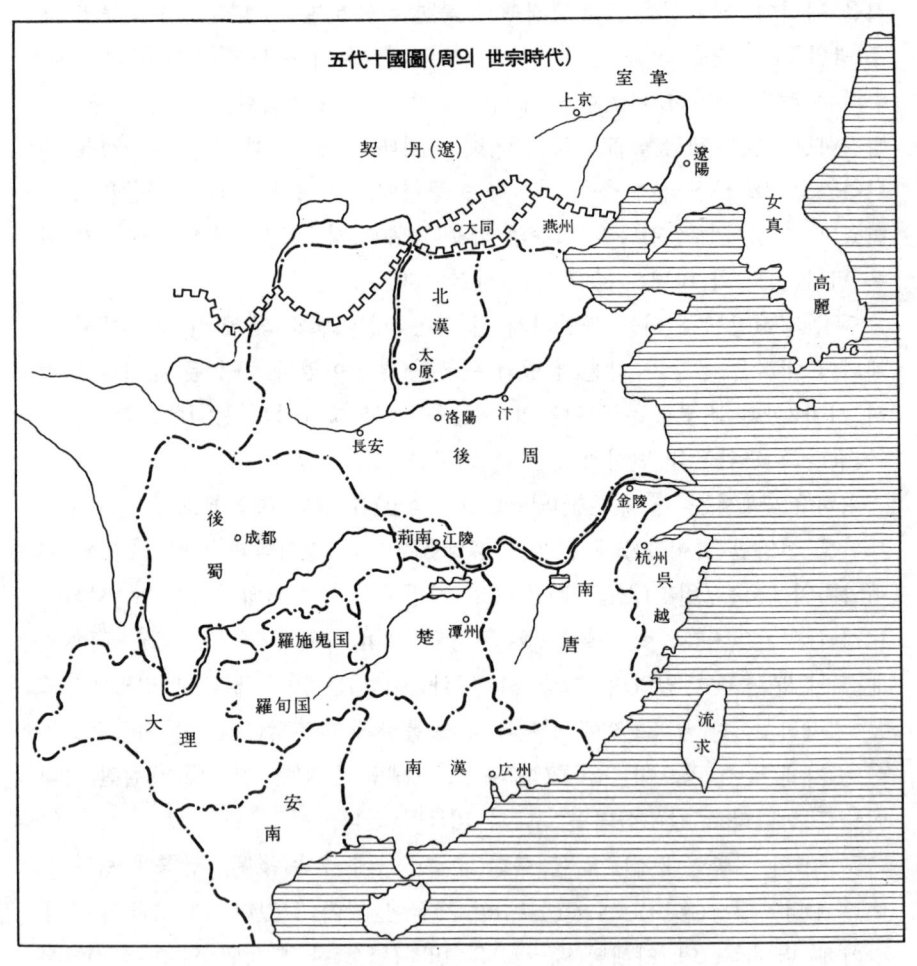

통일한 것이므로, 매우 부유하고 또 강력한 나라로 성장하였다. 그는 요(遼)·북한(北漢)·촉(蜀)과 동맹을 맺고 후주(後周)를 공격코자 기도하였다. 그러나 후주의 세종은 이것을 미리 알아차리고, 오히려 선제공격을 가하였으므로 남당군은 번번히 패한 끝에 양자강 이북지역을 후주에서 할양하고 강화를 맺어야만 하였다.

이미 촉을 공격하여 감숙성 북부지역을 빼앗고, 점차 양자강 이북지역을 지배하게 된 후주의 세종은, 일찍이 후진(後晋)의 석경당(石敬瑭, 고조)이 거란(요)에게 할양했던 하북(黃河以北)의 북변 지역인 연운(燕雲) 16주의 실지 회복작전에 착수하였다.

거란족의 요나라는 2대왕 태종이 죽은 후 끊임없이 내분이 계속되다가, 세종(世宗)을 거쳐 4대 목종(穆宗)시대에 들어와 있었다. 목종은 음주·수렵에 열중한 나머지 정치는 별로 돌보지 않았으므로, 국위를 떨치지 못하고 있었다. 후주의 세종은 이런 정세에 편승하여 스스로 북벌군을 지휘하여 와교관(瓦橋關, 하북성 保定) 이남지역을 회복하였지만, 병환으로 중도에 쓰러지자, 960년에 그의 아들 공제(恭帝)가 나이 겨우 7세에 즉위하였다. 요나라가 이런 북새통에 북한(北漢)과 동맹을 맺고 보복의 군사를 일으킨다는 말이 전해지자, 방위전에 동원된 금군(근위군) 장병은 나이 어린 황제에 불안을 느낀 나머지 일찍이 무공이 많았고, 또 군인들 사이에서 인망이 높았던 근위군의 장군 조광윤(趙匡胤)을 황제로 추대하였다(960년). 그가 송(宋)의 태조(太祖)인 바, 이로써 후주국도 3대 10년으로 멸망하였다.

54년간에 일어났다가는 망한 화북(華北)지방의 5개 왕조중 이극용(李克用)이 세운 후당(後唐)과 유지원(劉知遠)이 세운 후한(後漢)의 2개 왕조는, 서돌궐족에서 갈라진 사타족(沙陀族) 출신, 즉 터키민족계에 속한다. 사타족의 원래 거주지는 알타이산맥 밑으로서, 그곳은 동돌궐이 지배하는 몽골고원과 서돌궐이 의거하는 동투르키스탄을 연결하는 교통선상에 위치하는데, 사타족이란 사막에 사는 사람이라는 뜻이라고 한다. 당대초기의 7세기 중반기에는 당왕조에 속했지만, 9세기초에 토번족(土蕃族)에 패하여 당나라 서쪽 변방지대로 옮겨가 거기서 당나라 기병대로서 서북방면 토벌전에 가끔 종사

五代列國興亡의 表 (고딕체는 수도)

南					西		中原	北	
南漢主劉䶮 **廣州**	吳越王錢鏐 **杭州**	閩王王審知 **侯官**	吳王楊行密 少子楊溥 南唐에게 讓位 **廣陵—金陵**	楚王馬殷 少子馬希崇 南唐에게 降伏	荊南節度使高季興	蜀主王建 子王衍, 唐莊宗에게 滅亡 **成都**	岐王李茂貞 唐의 莊宗에게 항복 **鳳翔**	梁 **汴** 十七年 後唐 **洛陽** 十四年 晋 **汴** 十一年 漢 **汴** 四年 周 **汴** 九年	晉王李克用
			南唐主李昇			後蜀主孟知祥			燕主劉守光 晋에게 滅亡
				長沙					
			金陵		湖南周行逢	**江陵(武漢)**	**成都**		燕雲十六州 契丹에게 編入 北漢主劉旻
孫劉鋹、宋에게 降伏	孫錢俶、宋에게 降伏	孫李煜、宋에게 降伏		子周保權、宋에게 멸망	曾孫高繼沖、宋에게 降伏	子孟翅、宋에게 降伏			孫劉繼元、宋에게 降伏

하였다. 당대말에 황소(黃巢)의 난이 일어났을 때는 이 부족의 이극용(李克

用)이 당나라 조정의 부름에 호응 궐기하여 황소군을 격파하고 장안성을 회복하였다. 그런 공로로 그는 산서성 남쪽에 근거지를 새로 설치하고 번진(藩鎭)이 되었다. 후진(後晋)의 석경당(石敬瑭)은 이런 이극용의 사타족을 따라 중국내륙으로 이주해 온 서방 이란계의 오랑캐가 아닐까 추정되고 있다. 사타족도 중국문화에 동화되어 자기들이 이민족이라는 사실을 거의 잊고 있었으므로, 당대말기의 다른 번진군인들하고 별로 구별이 가지 않았다. 이들 3개 왕조 외에, 원래가 번진 출신인 양(梁)과 주(周)의 두 왕조를 비롯하여 강남지역의 다른 9개국을 포함하여 5대라는 시대는, 당말(唐末)의 군벌할거(軍閥割據) 형세를 이어받은 것이지만, 약체나마 형식상으로는 중국을 통할하던 중앙정부인 당조가 소멸되었으므로, 이들 지방의 정권군(政權群)이 독립국임을 선언한 것이다.

번진의 용병들은 당대말기에는 거만해져서 조금이라도 자기들 뜻대로 되지 않으면, 절도사를 내쫓고 적당한 사람을 추천하여 후임자로 앉혔다. 이와 같은 교만한 장병의 기세가 눈알이 핑핑 돌 정도로 5대 10국이나 황제를 바꾸게 하였다. 이러한 정세속에는 군인이나 고급관리 할 것 없이 누구 한사람 구 왕조(舊王朝)에 대하여 절개를 지키려는 사람이 없이, 태연한 태도로 새 왕조를 맞이하였고, 또 새 황제를 섬기었다. 후당・진・요・한・주 등 5개 조정을 섬기어, 두터운 신임을 받아 세 번씩이나 재상이라는 중책을 맡았던 풍도(馮道)는, 이런 사람의 전형이지만, 그러나 그 시대에는 불가피했던 일이라 하여 원래 송나라의 구양수(歐陽修, 1007~72)처럼 명분을 중히 여겼던 유교 사학자조차 관후한 인물로서 그를 칭찬하고 있다. 그는 떳떳하지 못한 왕조의 존재를 초월하여 무엇보다 가열한 전화(戰禍)에 시달리는 백성의 고통을 조금이라도 덜고자 염원하여, 훌륭하게 그의 책임을 완수했기 때문이다. 풍도의 생활철학을 한층 더 깊이 고찰한다면, 그것은 천하의 중책을 맡아 민생문제를 해결하겠다던 송대의 유교적인 정치가・사상가의 도덕의식과 상통되는 것이라 하겠다.

사타족 출신이기 때문에 한문자를 잘 해독하지 못하던 후당(後唐)의 장종(莊宗, 李存勗)처럼, 서민 사이에 유행하는 민속극에 심취한 나머지, 측근의 배우를 너무 신임했던 결과, 끝내 그런 배우 출신에게 멸망을 자초한 제왕도 나왔다. 이민족 출신도 섞이어서 5대 10국이 어지럽게 바뀌는 사이에, 이민족도 섞인 군벌의 손에 의하여 귀족·문인·고급관리·환관으로 구성됐던 당조(唐朝)의 정치·사회체제는 철저하게 파괴되어 갔다. 남북조에서부터 당대 중반기의 귀족제도 전성기에는, 가문의 귀천과 고하를 결정하는 계보학(系譜學)에 관한 저서가 많이 저술되었지만, 5대의 동란으로 귀족제의 몰락과 더불어 무용지물이 되면서, 이런 책들은 잊혀졌고 또 거의 소멸되었다.

2. 귀족문화의 몰락

5대시대에 귀족제도가 붕괴된 원인은 당조체제(唐朝體制) 깊숙이 숨어있었으므로, 이것을 규명하려면 당조가 성립된 그 날로 소급하여 생각해 보아야 한다. 남북조를 통일한 수나라의 뒤를 이어받은 당나라는 정치적으로는 북조의 유산을 세습하였다. 행정·군사·법률의 제제도는, 황하유역에 많이 분포된 북방 이민족과 그들과의 혼혈아로 구성된 북조의 전통을 이어받았지만, 문화적으로는 북방민족에게 쫓기어 양자강 유역으로 이동했던 남조인 한민족 전통을 승계했던 것이다. 당의 태종(이세민)이 우세남(虞世南, 558~638)을 중용하였고 구양순(歐陽詢. 6C말~7C초) 등을 보호한 것은 그들이 남조의 서성(書聖) 왕희지(王羲之)의 정통서예를 전했기 때문이다. 태종이 왕희지의 대표작인 『난정첩(蘭亭帖)』을 강남지방에서 찾아내어 소중히 간직했을 뿐만 아니라, 자기무덤에 같이 묻어주도록 유언한 일화는 당대초기에 남조문화에 대한 북조계 사람들의 동경의 정이 그 얼마나 깊었는지를 표현한 것이라 하겠다.

문학분야중 시(詩)에서는 남조말기인 양(梁)·진(陳) 두 왕조당시의 아름다우나 얼마간 감상적이며 또 약간 매너리즘에 빠진 5언·7언이던 정형시(定型詩)가, 당대에 들어와서는 다시 짧아져 5언절구·7언절구라는 단시형(短詩型)으로 바뀌어서 유행하기 시작하였다. 강남의 영향을 받은 시는 무력으로 남북을 통일하고 명실 공히 세계제국으로 된 당나라의 번영을 상징하여 웅장한 격조를 가졌고, 현종(玄宗)의 개원·천보의 이른바 성당대(盛唐代)에 이르러서는, 두보(杜甫, 자는 子美, 712~770)·이백(李白, 자는 太白, 701~762)을 비롯하여, 수많은 시인이 배출하여 실로 중국시의 황금시대를 출현시켰다. 이윽고 안녹산-사사명의 난(安史의 亂)이 일어나 장안성이 폐허가 되니, 백낙천(白樂天, 白居易, 772~846)처럼 동란의 근원을 찾아 정치적 모순과 사회악을 풍자한 형실적인 장편의 시(예컨대 長恨歌)가 만들어진다. 당대말기에 이르러 환관과 고급관리간의 당쟁, 번진(藩鎭)의 분립현상이 진행되자 이른바 만당(晚唐)의 시인들은 비가(悲歌), 강개의 애시(哀詩)로서 자기감정의 배출구를 찾았던 것이다. 시는 시대구분상 통상 초당(初唐)·성당(盛唐)·중당(中唐)·만당(晚唐)의 4기로 분류되는 바, 그것은 시대별로 각각 독특한 격조를 가지는데 중국은 더말할 나위도 없거니와 동북아시아 제국의 한시인(漢詩人)들에게 널리 애송된 명시가 많이 창작되었다. 그리고 당대말에는 시여(詩余), 즉 사(詞)라고 불리는 5언·7언형식을 깨고, 평화(平話)라는 구어(口語)로 쓴 소설의 출현과 더불어 귀족문학 형식을 탈피하고 보다 서민적인 문학이 태어난 것이다.

산문분야에서는 남북조, 특히 남조에서 발달한 사륙문(四六文) 또는 변체문(騈體文)이라고 불리우는 4자·6자구를 대구(對句)로 하면서 낭송에 적합한 격조를 가졌고, 수사적(修辭的)이고도 화려한 문장이 당대에 들어오면서 더욱더 형식적인 문체로 되었다. 사륙문(변체문)은 산문이면서도 기실 운문에 가까운 성질을 가지고 있었다. 이런 수사성(修辭性)과 사륙문의 형식을 타파하려는 기운이 나타났다. 당조 중기에 한유(韓愈, 자는 浪之, 唐宋 8대가의 제 1인자, 768~824)·유종원(柳宗元, 자는 子厚, 唐宋 8대가의 한사람, 773~819)이 앞장서서, 진(秦) 이전의 구형(句形)인 길고 짧음이 일정치 않으면서도 허식이 없고, 간결할뿐만 아니라 현실주의적인 고문(古文)형식으로 돌아가자는 개혁운동을 제창한 바, 이 고문운동의 모델로 삼은 것은, 특히 전국시대에 묵자(墨子, 이름은 翟, 蜀나라 철학자, B.C. 470~390)를 이단으로 배격했던 맹자(孟子, 이름은 軻, 자는 子車, 子興, 산동성 鄒縣출신, B.C. 372~289)의 문장이다.

조형미술분야에서는 인도・중앙아시아의 석굴사원을 모범으로 한 북조의 운강(雲崗)・용문(龍門)의 석굴전통을 계승하여, 석불을 주체로 한 불교미술이 다시 중국적으로 동화발전하여 엄격한 격조를 가진 당대(唐代)의 석조(石彫)가 만들어졌다. 그러나 당대의 불교사원은 석불보다는 차라리 탑과 불전(佛殿)건축으로 중점을 옮아갔다고 보아야 한다. 일찍이 중앙아시아의 석굴벽면을 장식했던 벽화가, 불전・궁전벽화로 옮아가면서 회화의 주류를 이루게 되었다. 이것들은 오래전부터 전래된 도교적・불교적인 인물화・설화 그림과 나란히 금벽산수(金碧山水)라는 장식적・형식적・전통적인 풍경화가 주류를 이루었다. 이에 대하여 현종시대부터 표정을 가진 묘선법(描線法)을 사용하여 그린 오도현(吳道玄, 8C하남성 출신, 玄宗대의 궁중화가)가 인물화, 단색인 먹물만을 이용하여 풍경을 그린 왕유(王維, 701~761)의 수묵화풍이 나타났다. 크고 웅장한 건축물에 대한 장식적인 회화로부터 탈피하여 자유로이 감정을 표현하는 개성적인 수묵화가 하나의 장르로서 독립한 것이다. 이런 수묵화 중 큰폭의 족자는 처음에는 벽면의 장식으로 사용되었지만, 특히 두루마리로 된 그림은, 평민출신에서 과거에 급제하여 관리가 된 사람이, 여러 곳에 부임하여 생활하는 과정에 몸소 휴대하여, 언제나 감상하는 습관이 생겼다. 이런 측면에서도 그림이 왕조・귀족・사원에서 떠나 보다 광범한 계층에 보급되면서 새로운 형태를 취하게 되었다.

음악도 무악(舞樂)을 위주로 넓은 궁중의 뜰이나 사원에서 거행되는 귀족적인 의식에 걸맞는 형태의 것이 전에 없이 발전하였다. 그리고 내륙에서는 당대이래 외국에서 받아들인 음악에 의하여, 보다 간단한 형식의 것이 생겨나기 시작하였다. 당대말기와 5대에는 잡극(雜劇)이라는 형식의 연극이 만들어졌다. 음악은 더욱 간단해졌고, 백화(白話)라는 일상회화체가 도입되면서 대중의 사랑받는 문학으로 자리잡기 시작하였다.

당나라 때의 유교는 한조(漢朝)이래의 주석(註釋)을 기본으로 한 주소학(註疏學)이 성행하여, 국가시험을 위한 국정교과서로 되었다. 그러나 그것들은 형해화(形骸化)되면서, 사상계의 지도권을 빼앗기고 말았다.

한나라 때 중국에 전도된 불교는, 남북의 왕조와 귀족에 의하여 보호되어 널리 민중의 실생활에까지 침투하는 동시에 점차 중국화된 바, 수나라 때는 천태종(天台宗)・삼륜종(三輪宗) 등 철학적인 교리를 해설하는 새로운 종파가 탄생하였다. 당나라 초기에는 현장(玄奬, 600~664)이 중앙아시아를 거쳐 멀리 인도에서 17년간이나 유학하였고, 범어로 된 657부의 많은 불교경전을 가지고 돌아왔다. 그는 태종・고종의 보호아래 이런 불전을 번역하였다. 종전의 번역불경에 비하여 현장의 새 번역은 정확한 축어역(逐語譯)으로서, 불교경전의 참된 모습이 한문으로 옮겨진 것이다. 현장이 인명(因明)이라는 인도의 논리학을 중국에 소개함으로써, 그 영향하에 법상종(法相宗)・화엄종(華嚴宗)이 생겨났다. 또한 중당(中唐)대에 인도인 선무외(善無畏, Subhakara Simha, 673~735)・금강지(金剛智, 671~741)는 인도의 의례적인 예배종교(禮拜宗敎)인 진언밀교(眞言密敎)를 들여다가 중국에 진언종(眞言宗)으로서 퍼뜨렸다. 진언(眞言)에서 부처님에 대한 타력적(他力的)인 절대귀의와 엄격한 자기수행의 교리가 분리되면서, 전자가 정토종(淨土宗), 후자가 선종(禪宗)으로 분화되었다. 염불의 공덕을 설교하는 정토종은 선도대사(善導大師, 613~741)에 의하여 대성되어 당중기 이후는 주로 일반서민층에 퍼져 나갔다. 이에 대하여 불타의 입에서 제자에게 다시 제자로부터 제자들에게 전승되었으며, 깨달음을 중시하는 중국적인 선종은, 상류사회 사대부 계급에서 신앙되어 송대 이후의 사상계에 많은 영향을 미쳤다.

　한유(韓愈)는 당나라 헌종(憲宗)이 사신을 인도에 파견하여 불타의 유골을 중국에 모셔오고자 한 구도에 맹렬히 반대하였다. 이것은 다른 나라사람인 불타의 유골을 성체(聖體)로 모셔다 예배하고 제사지내는 일에 대한 내셔널리즘, 즉 중화사상적 발상에서 나온 것으로서 불교의 교의(敎義)가 유교도덕인 인의(仁義)를 근본으로 하는 것과는 달리, 가족주의적 효도와 위배된다는 도덕적 비난으로까지 발전시켰다. 한유는 유교의 길이 불교・도교의 길과 다른 점을 명확히 밝히기 위하여, 유교의 길의 본질을 탐구하는 일련의 논문을 공개하였다. 이것은 당시의 사상계를 지배하던 불교사상을 이단이라 하여 배격하고, 유교사상의 정통을 회복하려는 것이었다. 준거할 전거(典據)로는 자사(子思, 孔子의 손자, 이름은 汲, B.C. 492?~432?)와 맹자(孟子)를 비롯하여, 전국시대의 유가사상이라고 하였다. 이 유교도덕원리의 성찰(省察)은 주석학(註釋學)으로 멈춰있던 당대유교에 새로운 생명을 불어넣는 것이었다. 한유의 영향하에 고문운동(古文運動)은 송대에 들어와서 신유교, 다시 말해서 송학(宋學)을 정립시켰다.

고문운동은 단순히 문학형식의 개혁운동에 그치지 않고, 측천무후 이후에 싹트기 시작한 사상·문화사회 현상에 대한 광범한 개혁운동의 표현이었다. 측천무후시대의 역사학자 유지기(劉知幾, 661~721)는, 측천무후와 그녀에 뒤이은 시대의 격렬한 정변속에 정치권력에 좌우된 관료적인 수사(修史)기구에 만족치 못하여, 역사가 개인의 사관(史觀)으로 비판적·객관적인 역사서를 이론적으로 기술한 『통사(通史)』를 저술하였다. 이에 대하여 두우(杜佑, 735~812)는 유교의 「현재를 비(非)로 하고, 고대를 시(是)」로 하는 보수적 역사관에 반대하여 현실적인 정치·사회·경제제도의 변천발달과정을 기술한 『통전(通典)』을 썼다. 그의 객관적인 합리주의는 한유와 같은 시대의 고문운동가인 시인 유종원(柳宗元, 772~819)·유우석(柳禹錫, 772~842)에 의하여 더욱 발전되었다. 그들은 또한 당말(唐末)의 환관·번진·호족·지주 정권에 대해서도 비판적인, 입장을 취했던 것으로 알려졌다.

과학기술분야에서는 수·당조의 성립에 따라 지리지식이 확대됨으로써, 가탐(賈眈, 730~805)은 100리 1촌의 축척을 써서 「해내화이도(海內華夷圖)」와 같은 중국뿐아니라 새외(塞外)지역까지 포함시킨 통일지도를 작성하였고, 현장 『대당서역기(大唐西域記)』(646년)과 같은 중앙아시아와 인도 여행기도 나왔다. 천문학에서는 성좌(星座)와 천체운행에 관한 지식도 밀교학자이며 승려인 일행(一行, 683~727)의 천체의(天體儀) 등의 제작으로 한층 더 정확해졌고, 수학의 진보에 따라 이순풍(李淳風)의 역법(曆法)도 개량되었다. 의약학에서는 손사막(孫思邈, ?~682)의 『천금방(千金方)』 등에 의하여 약학의 일대집성이 완성되었다.

공업에서는 방직기술과 염색기술이 개량되어 호화로운 직물이 생산되었고, 도자기도 3채(三彩), 또는 청자(靑磁)의 정교한 것이 만들어졌다.

당대에서 가장 주목할만한 가치가 있는 것은 인쇄술의 발달이다. 목판인쇄기술은 수·당시대에 개발되어 처음에는 불교의 전파와 더불어 불경이 많이 인쇄되었지만 5대 때에 유교 9경(九經 ; 성인(聖人)이 하신 말씀을 엮은 經及之에 관한 것에 아홉가지 종류가 있다고 「초학기(初學記)에 다음과 같이 쓰여 있다. 즉, 예(禮)에 周禮·儀禮·禮記가 있는데, 이것은 3례(三禮)라 하고 춘추(春秋)에는 左氏·公羊·穀梁의 3전(三傳)이 있으며, 또 易·書·詩가 있나니 이의 통수(通數)를 「9경」이라고 한다.)에 대한 인쇄가 시작되었다. 종전에는 필사본에 의하여 소수의 귀족과 고급 지식인에게만 점유되었던 지식이 인쇄술의 발달로 개방되어, 사대부라고 일컬어지는 보다 광범한 지식인층에의 확대를 촉진시켰다.

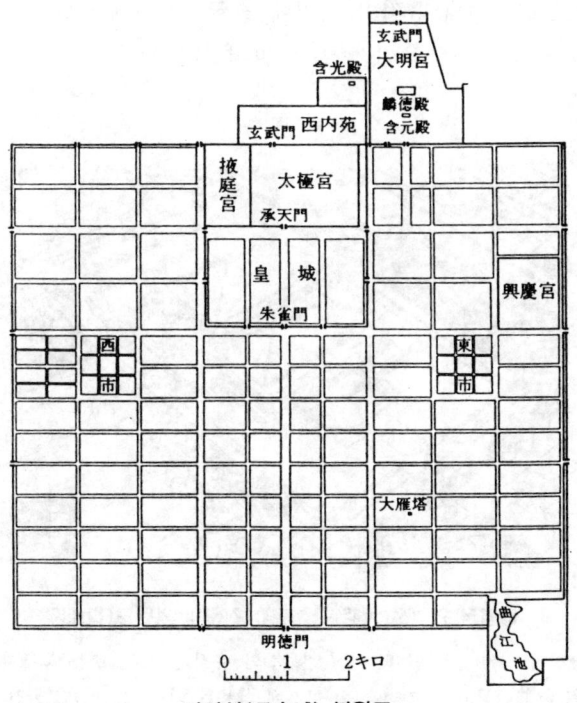

장안성(長安城) 복원도

장안성(長安城)

당의 수도 장안성은 실측된 바에 의하면, 남북이 8,470미터 동서가 9,550미터로 되는 약간 장방형으로서 면적이 현재의 중국수도 북경성(北京城)의 5배나 되는, 당시로서는 세계최대의 도시였다. 장안성은 성시 북쪽에 위치한 궁성의 남쪽정문인 주작문(朱雀門)에서 남쪽성의 정문인 명덕문(明德門)으로 통하는 중앙대로인 주작대가(主雀大街)를 사이에 두고, 동서 2개구로 나뉘였다. 남북으로 통하는 11개 대가(大街)와 동서 14개 대가를 기본으로 106개 방(坊)의 거주지로 나누이고, 동서에 2개 시장이 설치되는 등, 장안성은 완전한 도시계획에 의하여 건설된 도시였다. 폭 150미터의 주작대가를 비롯하여 모든 대가가 60미터 이상의 폭을 가졌고, 도로 옆에는 폭 3미터의 배수구(排水溝)가 건설되어 있었다.

세계제국인 당의 수도 장안(長安)은, 이처럼 전에 없는 진보를 이룩한 중국의 문화뿐만 아니라 서아시아까지 포함한 세계적인 문화의 중심지가 되었다. 당의 수도 장안성의 유적이 근자에 발굴되었는데, 그것은 약 10km 4방의 규모를 가진 대도시였음이 얼마간 밝혀졌다.

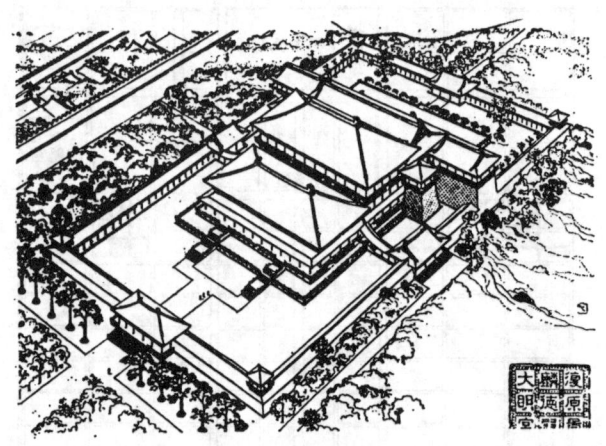

대명궁 인덕전(大明宮麟德殿) 건축의 복원도(復原圖)

당조 궁성의 정전(正殿)인 태극궁(太極宮)의 유적은, 아직 충분히 조사되지 않았지만, 그 동북부에 건설되어 고종(高宗) 이후에 상용된 대명궁(大明宮) 궁전 건축의 유적 구조가 발굴되었다. 여기에 게시한 것은 인덕전(麟德殿)의 복원도이다. 폭 60미터, 안 길이 80미터, 높이 30미터의 3개 전각으로 된 2층 건축물은 3,500명의 장병이 참례하는 대연회장으로 쓰였다. 매우 웅대한 규모의 대궁전이었다.

장안성에는 당조(唐朝)와 국교를 맺은 외국의 사절들이 끊임없이 내왕했고, 또 많이 외국의 왕후(王侯)·유학생·무역상인 등이 상주했다. 그들 거류외국인간에는 서방 박트리아(Bactria, 지금의 아프가니스탄에 있던 옛왕국)에서 일어난 선악(善惡) 두 신의 대립을 기본으로 하는 배화교(拜火敎, Zoroastism), 중국에서 말하는 소위 천교(祆敎), 페르시아에서 배화교를 기본으로 불교·기독교를 참고해서 조직한 마니교(麻尼敎), 기독교의 일파인 경교(景敎) 등이 신앙되어 파사사(波斯寺, 페르시아절)·대진사(大秦寺) 등으로 호칭되는 이교(異敎)의 사원도 세워졌다. 또한 아라비아에서 일어난 일신교(一神敎)인 회교(回敎, 이슬람교)도 수입되어, 당조말기에는 장안뿐만 아니라 개항장이던 광동지방에도 유포되었다. 이들 이교는 당대말에 도교의 신자였던 무종(武宗, 재위 841~846)이 즉위하자, 불교를 비롯하여 도교 이외의 여러가지 종교를 엄금했기 때문에 급격히 쇠잔해갔다. 귀족문화인 당의 문화는 지방군벌, 즉 번진의 지지층인 하급관리(서리<胥吏>) 등에 의하여 보급되어 서민문화로 확산되었다.

당조 중반기인 「안사의 난」이 있은 뒤에 당의 문화가 몰락의 길을 걷기 시작하자, 한편 세계제국으로서의 당나라 조정의 위신이 떨어지면서 일찍이 서쪽의 이란이나 남방의 인도문화 세계에서 수입됐고, 신기한 요소가 내포됐던 국제적 문화도 쇠퇴하기 시작하였다. 안녹산의 대란이 있은 후 5대에 이르기까지, 토번·위구르(回紇) 등 서북지역 이민족의 침입, 계속된 군벌의 내전 등으로 섬서성(陝西省) 특히 수도 장안성 안팎은 완전히 폐허화되었다. 여기서 찬란히 꽃피었던 국제적인 문화가 시들어진 것은 당연한 운명이었다. 중국의 개화지구였던 황하유역의 화북지방 경제는 파괴되었지만 다행히도 별로 큰 내란을 겪지 않았고, 군벌의 지방정권 지도하에 순조로운 발전을 거듭해온 양자강 하류의 강남 경제가 지도적 위치로 부상하였다. 이리하여 당조 말기의 존립은 쌀을 비롯한 강남물자의 대운하를 통한 관중지역으로의 수송에 의존하였다. 대운하와 황하의 합류점에 위치한 변경(汴京), 즉 하남성의 개봉(開封)이 5대 시대에 들어오자 장안·낙양에 대체되는 수도로 선정된 것은 주로 경제적인 이유에 의한 것이었다.

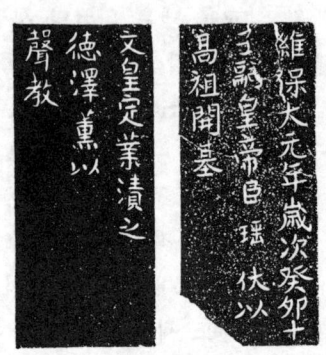

남당(南唐) 창업주의 관(棺)과 추도문

5대 10국중 양자강 하류인 남경(南京)에 수도를 두었던 남당(南唐)은, 5대의 전란에 휩쓸리지 않았기 때문에 백성의 생활이 안정되고 산업도 발전하여, 가장 번영된 국가가 되었다. 창업주 이변(李昪), 2대왕 이경(李璟), 마지막왕 이욱(李煜)등 3대에 걸친 제왕들은 모두 당조의 계승자라는 자부심을 가지고 제도·문물을 거의 당조의 것을 모범으로 하였다. 당대문화의 정화(精華)는 남당조를 거쳐 송왕조에 전승된 것이 적지 않다. 강남의 아름다운 풍경과 마음씨 고운 인심으로 키워진 남당의 문화는 화북지방의 장안·낙양을 도성으로 한 당의 문화에 비교하면 짜임새가 크고 호화로운 기풍에는, 결여되어 있지만, 우미(優美)·섬세성이 뛰어났다. 이경(李璟)·이욱(李煜)은 사(詞, 韻文의 일종)를 잘하여 그의 절묘한 작품은 남당의 두 주사(主詞)로서 지금도 애창되고 있다. 1950년 남경(南京) 남쪽교외에 있던 이변과 이경의 두 왕릉이 발굴되었는데, 이때 화려한 현실(玄室)건축·벽화·도자기가 나왔다. 아래에 게시한 이변의 관뚜껑에 새겨진 용의 돋을 새김(浮彫)은 그 웅장함이 그대로 남아있는 것이고, 위에 게시한 2대왕 이경(李璟, 여기서는 본래 이름인 瑤로 쓰여있다)에게 바쳤던 바, 온화하고 우아한 글씨에는 남당의 우미한 문화의 일면이 잘 나타나 있다.

제 15 장 국민국가의 형성

1. 군주독재제

주(周)의 근위군 지휘관이던 송(宋)의 태조(太祖, 조광윤)가 공제(恭帝)의 명령으로 요국(遼國)의 남하(南下)에 대항하여 출정(出征)한 바로 그날밤, 갑자기 장병들의 추대를 받아 억지로 천자의 자리에 올려졌다. 이 이야기에는 이렇게 성립된 송나라의 그후 운명의 예언이 포함되어 있다.

관내(關內)에 진출하여 북경(北京)·대동(大同)을 중심으로 한 하북성과 산서성 북부에 있는 연운(燕雲) 16주를 진(晉)으로부터 할양받은 요(遼)나라는 송나라에게는 무서운 강적이었다. 즉, 화북평원의 중앙, 지금의 하남성 개봉시(開封市)인 송의 수도 변경(汴京)과 요나라의 국경사이는 끝없는 평야로서 요나라의 기마병을 막아낼 수 있는 요해지점(要害地點)이란 거의 없었기 때문이다. 동북지방의 강대한 오랑캐에 여하히 대처할 것이냐 하는 문제가 송나라의 가장 중요한 과제였지만, 송의 태조가 외환(外患)보다 훨씬 더 중시한 문제는 내우(內憂), 즉 국내문제였다. 태조처럼 부하들의 추대로 제위에 오른 것은, 5대 시기에는 당(唐)의 명종(明宗)·폐제(廢帝)·주태조(周太祖) 등 선례가 있었고, 그 기원은 다시 당 말기 번진(藩鎭)이 절도사가 장병에 의하여 옹립됐던 풍조로 거슬러 올라갈 수 있다. 송왕조의 안정을 위해서는 군에 대한 황제의 지배가 절대 필요하다고 생각한 태조는, 종전과 같은 악순환을 단절시키는데 주력해야만 하였다.

황포(黃袍)가 입혀져서 천자가 되다.

조광윤(趙匡胤)이 출진한 첫날밤에 한 잔 술에 취하여 수도 개봉성 북쪽에 있는 진교역(陳橋驛)에서 잠들었던 새벽녘에, 동생인 조광의(趙匡義)를 비롯하여 장병의 일단이 갑자기

손에 칼을 뽑아들고 침소에 몰려와, 반강제로 천자의 상징인 누런색 용포를 입히면서 황제가 되어줄 것을 간청하는 것이었다. 이로써 그는 하룻밤 사이에 황제가 된 것이다. 이것이 송의 태조다. 태조의 생모와 동생 조광의, 그리고 모사 조보(趙普) 등이 일찍부터 태조가 품고 있던 야망을 알아차리고 꾸며낸 음모였다. 그러나 태조는 「여러분은 자기의 부귀영화를 위하여 나를 천자로 세우려는 것이 아니냐. 만일 나의 명령을 들으려 하지 않는다면, 나는 결코 임금이 되지 않겠다.」 하고 일단 거절한 다음 「주(周)의 황태후와 나이 어린 황제, 그리고 고관원로들의 생명을 절대로 위협하지 않을 것이며, 또 조정이나 시중의 창고 등을 약탈하는 자는 엄벌에 처하는 데 동의하느냐」고 물어, 그렇게 하겠다는 단단한 약속을 받음으로써 비로소 제위에 올랐다. 그러나 정변에 성공한 다음의 태조는 시중에서 일부 장병들의 약탈을 묵인한 예도 있었던 것 같지만, 여하튼 이렇게 금지한 것은 그가 당대말기에 살았던 군벌 5대의 제왕들보다 출중한 인물이었음을 말해주는 것이다.

태조는 즉위한 다음해에 명재상으로 이름 높은 조보(趙普)의 「원래 5대의 쟁란(爭亂)원인은 번진(藩鎭)의 세력이 너무 강했던 결과인 만큼, 번진의 권력을 삭탈하고, 재정처분권을 제한하여, 우수한 병사를 중앙에 소환하여 천하를 안정시켜야 한다.」는 의견을 받아들여 황제에의 군사권의 집중을 도모하였다. 우선 5대의 쿠데타 온상으로 되어 있던 금군(禁軍, 근위군)의 총지휘관 제도를 폐지하고, 별도로 추밀원(樞密院)이라는 참모본부를 설치하고, 황제가 이를 통하여 군을 통수하기로 하였다. 지방에서는 5대시절에 군인으로 임명되었던 절도사를 점차 문관으로 교체시키되, 급격히 교체시킬 수 없는 곳은 문관인 통판(通判)이라는 감독관을 붙여서 군사상의 지방분권제를 타파하는 동시에 지방의 재정권을 중앙에 환원시키기 위하여 전운사(轉運使)제도를 신설하고 문관에 의하여 관리토록 하였다. 이로써 군인의 군사지휘권과 문관의 정치·재정권을 분리시켜, 당말(唐末)이래 군벌에 의한 지방정권의 독립경향을 정상적인 상태로 복귀시켰다. 이런 정책은 모두가 재상 조보에 의하여 수립된 것이지만, 태조 사망 후에는 태종(太宗)에 의하여 계승되었다.

당대 중앙관청의 최고집행기관이던 상서(尙書)·중서(中書)·문하(門下)

의 3성 제도가 폐지되면서, 군사통수권이 추밀원에 돌아가고, 재정권은 호부사(戶部司)·염철사(鹽鐵司) 및 탁지사(度支司)의 3사로 넘어가고, 관리의 추천권도 대폭적으로 제한되었다. 당조(唐朝)의 재상은 이른 아침에 전상(殿上)에 올라 천자앞에 마련된 자리에 앉아서 국사를 논의하고, 그것이 끝나면 차를 하사받는 것이 관례였다. 송대에 들어와서는 이런 예법도 쇠퇴하여, 재상도 일어선채 회의에 참가하게 되었다. 신하들 중에서 특별대우를 받으면서 천자를 보필하고 독립적인 발언권을 가졌던 1인 지하 만인의 지상인 재상의 신분상의 특권도 박탈되고, 그 대신 황제의 독재권이 강화되었다. 재상 밑에서 천자의 실책을 바로잡아 드리는 간관(諫官)들의 간원(諫院)이 독립기구로 설치됨으로써 재상의 권력이 더 한층 약화된 반면, 간원을 중심으로 문관들이 조정에 모여 앉아, 관념적인 토론에만 열중하는 현상이 나타났다. 이것은 민주적인 경향이라고도 볼 수 있지만, 한편 조정에 당파가 생겨나 후일 신법당(新法黨)·구법당(舊法黨)이 대립하는 원인이 되었고, 따라서 국정의 능률적인 운영을 방해하는 결과를 초래하였다.

당·5대의 번진(藩鎭)의 독립경향에 진절머리가 났던 송조는 군인을 누르고 문관우위의 원칙을 세웠고, 또 천하에서 가장 정예부대, 즉 금군을 수도(汴京)에 상주시키는 등 중앙집권제를 확립하였다. 하나의 폐해(弊害)가 쌓이면 반드시 그의 지나침으로 말미암아 또 다른 폐해가 생기게 마련이다. 전국에 근위군을 교대로 분주(分駐)시킴으로써 병권의 사유(私有)와 지방화를 방지할 수는 있었지만, 한편 지방·변경지역에 사변이 일어났을 때, 중앙에서 그곳으로 군대를 파견하려면 즉각적인 조치를 취할 수가 없었다. 특히 통수권이 추밀원에 속하므로 문관인 재상은 군사적으로 이민족인 거란(契丹)이 세운 요(遼)나 여진족(女眞族)의 금(金), 북방의 몽골민족, 서남지방의 탕구트(黨項)부족의 서하국(西夏國) 등이 내륙으로 침공했을 때, 임기응변의 방위적 조치를 취하지 못하고 끝내 멸망하는 원인이 되었다.

송의 창업주인 태조는 온후한 성격의 소유자로서 진교(陳橋)의 정변으로 군사 쿠데타에 의거하지 않고 평화적으로 주(周)나라로부터 정권을 양수하였다. 그런 관계로 만사에 대응조치가 미온적이고, 합리적이고도 엄격한 개혁을 신속하게 단행할 수가 없었다. 절도사도 단번에 폐지하지 못하고 관직을 그대로 남겨놓은 채, 실권을 통판(通判)에게 넘기는 그런 방식으로 일을 처리한 것이다. 혼란사태가 지나가고 불필요하게 된 많은 잉여병력의 감축정리도 신속하게 추진되지 못하였다. 관제(官制)에서도 마찬가지였다. 행정정리를 단행한 기초위에 문관우위제로 넘어갔어야 했음에도, 그런 조치는 취하지 않고 관원만을 대량적으로 모집하였다. 예컨대 진사시험제에서의 응시자가 991년에는 17,300명이나 되고, 그중 해마다의 합격자도 500명에서 700명에 달하자 그 전원을 배치할 자리가 없게 됨으로써, 시험을 3년 간격으로 시행하도록 개정하여야만 하였다.

관리의 수는 끝없이 증가하여 영종(英宗)시대에는 정원보다 24,000명이 넘었고, 문관에 대한 여러가지 우대조치가 취해졌으므로 황족·관리·군인에 대한 봉급액이 막대한 금액에 이르자 재정팽창을 가져오게 되었다.

2. 요(遼)·서하(西夏)의 침공

행정정리의 태만으로 초래된 송조의 재정난은 요(遼)와 서하(西夏)의 내륙 침공으로 더욱 가중되었다. 송의 태조는 요나라와는 우호관계를 유지하고 있었지만, 동생인 태종(太宗)시대에는 국내통일이 대략 완성되어 있었으므로, 아직 남아있던 북한국(北漢國)을 토벌하기 위한 전쟁이 일어났다. 북한은 요나라의 후원을 받고 있었으므로 이것이 송·요 두나라 전쟁의 계기가 되었다. 송 태종은 북한국 수도 태원(太原)을 함락시킨 다음 여세를 몰아 요가 점령하고 있던 연운(燕雲) 16주의 중심인 북경(北京)을 향하여 진격을 개시하였다. 보병이 주력군인 송군은 산서성 산악지대에서는 요군을 능히 제압하였으나, 화북평원지대에 내려오니 요군이 자랑하는 기병의 기동력을 당해낼 수가 없었다. 일단 북경성을 포위하여 손에 넣었지만, 고량하(高梁河)의 일전에서 요의 원군 기병대에 포위되어 크게 패하면서, 태종도 겨우 몸을 피하여 탈출했을 정도였다. 이번 패전은 장병뿐 아니라 송나라 조정에 심각한 충격을 안겨주었다. 송조는 요와 그를 뒤이은 금(金)·몽골 등 북방민족 무력에 대하여 공포심을 갖게 됨으로써, 소극적인 외교정책을 취하게 되었다.

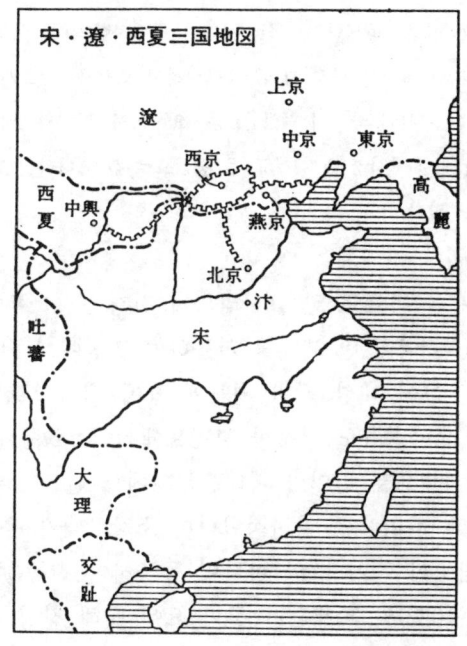

연운(燕雲) 16주

연운(燕雲) 16주는 원래 요(遼)가 5대 시대 후진(後晉)의 석경당(石敬瑭, 고조)으로부터 할양된 유(幽)·계(薊)·영(瀛)·막(莫)·탁(涿)·단(檀)·순(順)·신(新)·규(嬀)·유(儒)·무(武)·응(應)·환(寰)·울(蔚)의 각주와 운주 대동군(雲州大同郡)·삭주진무군(朔州振武郡)을 가리켰다. 대략 하북성 북부 지대와 산서성의 만리장성 이북지역 일대를 가리킨다. 주(周)나라 세종(世宗)의 북벌로, 하북성의 일부인 영주(瀛州)와 막주(莫州)는 수복했지만, 후에 평주(平州)·영주(營州)·역주(易州)가 요나라에 함락되어 4주로 나누어지면서 연운 16주라고 불렸는데 이런 총칭은 실체와는 부합되지 않는다. 세종이 수복했다는 발해만 연안의 2개주는 소택지로서 요군도 서쪽 태행산맥(太行山脈)구릉지의 와교관(瓦橋關) 등을 통하는 이외에는, 기실 남하할 수가 없었다. 송은 북경을 빼앗겼지만, 이 와교관 등의 방비를 강화하여 요의 기병대를 방어할 대항책을 강구하였다. 연운 16주의 실함(失陷)은 송의 정론가(政論家)에게는 그것이 근대의 만주국, 즉 일본에 의한 중국 동북지방의 실함과 마찬가지로 참을 수 없는 굴욕이었는데, 이것이 송나라 유학자들의 내셔널리즘적 의식을 높이게 되었다. 송은 자기나라의 무력으로는 수복할 수 없었으므로, 후에 전통적인 이이제이(以夷制夷)의 외교정책으로 동북의 신흥민족세력인 금(金)나라와 결탁하여 요를 협공코자 했다. 이로서 요를 제압하기는 했지만 결국은 바로 그 금군에 의하여 오히려 수도 개봉을 비롯하여 화북지방 전역을 빼앗기는 처지에 놓이게 되었다. 송·요·서하(西夏)의 3국 지도를 볼 때 만리장성안의 연경(燕京, 北京)·서경(西京, 大同)을 중심으로 한 요나라의 영토는 바로 연운 16주에 해당함을 알 수 있다.

연운 16주의 회복을 목표로 한 요나라와의 전쟁은, 그 후에도 10여년이나 계속되었지만, 송군이 여러 번 패배를 거듭하는 과정에서 서하(西夏)가 건국했으므로 송나라는 그에 대한 방위 때문에 요에 대한 도전에 소극화(消極化)되었는가 하면, 요나라쪽도 이웃한 한반도에서 국토 통일을 이룩한 고려국(高麗國)에의 방어책으로 말미암아 대송투쟁에서 별로 적극적으로 나가지 못한 까닭에, 송·요 사이에는 일시적이나마 소강상태가 유지되었다.

송나라에서는 태종이 죽자 그의 아들이 등극하여 진종(眞宗)이라고 하였다. 진종시대(997~1022)의 과제는 태종이 요에 대해 전쟁을 일으킨 결과로 생긴 북변지역의 불안상태에 어떻게 대처하느냐 하는 것이었다. 그러나 결정적인 위기는 뜻밖에도 빨리 찾아왔다. 요에서는 이보다 앞서 경제(景帝)가 죽고 성종(聖宗)이 즉위함으로써 비록 여자지만 영명한 숙태후(肅太后)의 섭정시대를 맞고 있었다. 서기 1004년이 되자, 숙태후는 대병을 이끌고 몸소 침략을 개시하여 하북성에 들어서자, 송이 고생하여 설치한 소택지내 방어시설을 먼저 격파하고 황하 북안에 가까운 전주(澶州)까지 진격하였다. 송조는 이 보고에 충격을 받고 크게 동요하기 시작하였다. 수도 변경(汴京, 開封)을 버리고 강남으로 천도하자는 안까지 나왔지만, 재상 구준(寇準)의 의견에 따라 황제를 모시고 오히려 황하를 건너 적이 점령한 전주로 진격함으로써 땅에 떨어진 장병과 백성들의 사기를 고무시키기로 하였다. 그는 한편으로는 요군에 대해 저항자세를 과시하는 동시에, 다른 한편으로는 사신을 요군에 보내어 교섭하기 시작했다. 그 결과로 송이 매년 요에게 비단 20만필과

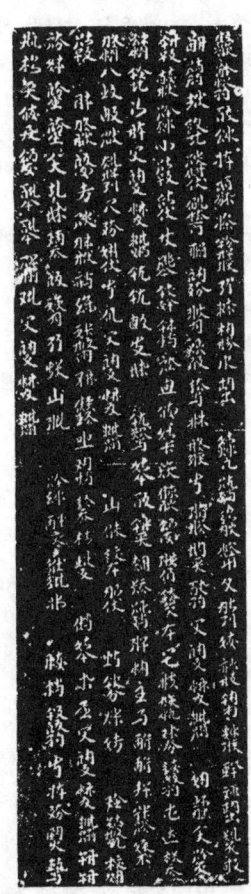

요(遼) 경릉(慶陵)의 벽화와 거란문자가 쓰인 애책(哀冊)

거란민족은 원래 남흥안령(南興安嶺)에서 시작되는 사람렌강 유역에서, 유목·수렵을 생활수단으로 하던 민족이다. 남진하여 요국(遼國)을 세운 다음, 요의 여러 황제는 이 땅에 상경(上京)을 건설하여 여름의 피서지로 정하고 자주 여기에 와서 사냥따위를 즐겼다. 이 부근에 경릉(慶陵)이라고 총칭되는 성종(聖宗)·흥종(興宗)·도종(道宗)의 능침이 1921년에 발견되어, 일본학자들에 의하여 발굴 조사되었다. 이들 능침중 성종이 묻힌 동릉(東陵) 현실에 장려한 벽화가 그려져 있음이 발견되었다. 거란민족의 풍습을 그린 인물화도 재미있는 구도지만, 4계절의 산수화는 특히 주목할만한 가치가 있는 것이었다. 그중 대표적인 것으로서 가을산에 사슴을 배치한 부분을 여기에 게재한다. 사냥을 즐긴 거란민족의 생활감정이 넘쳐있는데, 그 화풍은 중원에 있는 당나라 시대 벽화기법의 전통을 이어받으면서도, 뒤의 5대 시대 산수화 양식의 영향을 받고 있음을 알 수 있다. 이 요대(遼代)의 능묘를 더욱 유명하게 한 것은, 여기에 안장된 황제·황후에 대한 애책(哀冊), 즉 추도문을 돌에 새긴 명문(銘文)이다. 한문으로 된 추도문과 나란히 거란문자로 쓴 4장이 특히 주목의 대상이 되었다. 920년에 요나라 태조(애리차호키)가 거란대자(契丹大字)를 제정했고, 얼마후에 그의 동생인 질자(迭剌)가 거란소자(契丹小字)를 만들었다고 한다. 앞의 그림에서 긴 비석에 한문자를 새긴 것처럼 보이는 글자체가 거란소자로서, 도종(道宗)에 대한 애도문(哀冊)이고, 네모진 돌에 전자(篆字)처럼 새겨진 글자가 선의황후(宣懿皇后)에 대한 애책인데, 이 글자가 거란대자로 추정되고 있다. 이런 문자는 돌궐문자(突厥文字)의 알파벳을 요소로 했다는 설이 있지만, 확실치가 않고 이 문자들은 아직 해독되지 않고 있다. 이런 것을 요소로 한 표음문자적인 면이 있는 동시에 한자의 해서(楷書)와 전서(篆書)를 모방한 서체를 이루고 있는 것이 특징이다.

은 10만량씩을 보내는 대신, 외교문서에서는 연소한 요나라 임금이 연상의 진종을 형으로 부르기로 결정하고 여기에 화의가 성립되었다.

전연(澶淵)의 맹약

전주(澶州)의 송-요 화의를 「전연(澶淵)의 맹약」이라고도 한다. 요나라 무력에 대해 선척적이라고 말할 수 있을만치 공포심을 품고 있던 송나라의 조야(朝野), 특히 나약한 진종조차 요의 전주(澶州)·막주(莫州)의 영토할양 요구에는 절대로 응할 수 없지만, 그대신 어떠한 거액의 세폐(歲幣)를 지불한다 해도, 거기에는 응하겠다는 방침하에 교섭을 타결하기로 하였다. 강화사절인 조이용(曹利用)이 출발할 때, 진종은 100만량을 지불해도 좋다는 언질을 주었다. 송의 재상 구준은 슬그머니 조이용을 불러놓고, 비록 천자의 뜻이야 어떻든간에, 세폐 30만량을 초과하는 약속을 한다면 목숨이 없어질걸로 생각하라고 압력을 가했다. 교섭에서 돌아온 조이용에게 황제가 어떻게 됐느냐고 묻자 조이용이 손가락 세개를 펴보이자 황제가 틀림없이 300만량일 것으로 생각하여 너무 많다고 놀래는 태도를 나타내자, 그것이 비단 20만필에 은 10만량임을 알게 되자 적이 안심했다는 태도를 보였다는 일화가 남아 있다. 이런 국내정세하에 실지(失地)를 막은 것은 어쨌든 구준 재상이 최선의 노력을 다한 것이라고 하겠다. 그럼에도 불구하고 후일 송나라의 정론가들은 이 회의가 굴욕적이었다고 비난하고 나섰던 것이다. 근대 중국의 역사가에는, 요군의 남하기세가 맹렬하기는 하지만, 기병을 주력으로 하기 때문에 송나라쪽에서는, 성안에 틀어박혀 전야의 곡식을 걷어들여 식량공급의 차단 전술을 썼더라면 요군은 장기간에 걸쳐 군대를 주둔시킬 수 없는 형편에 있었음을 지적하면서, 이 회의가 연약한 외교정책의 결과였다고 비판한 사람도 있었다. 그러나 요군의 내부사정에 정통하지 못했던 송의 정치가에게 이런 통찰력을 기대한다는 것은 무리일 것이다. 연운 16주를 잃은 굴욕을 회복한다는 사상가들의 주관적인 염원에 입각한 외교정책이, 결국은 금(金)나라에 의한 수도 개봉의 실함과 나아가서는 북송조의 멸망을 가져오게 했음을 잊어서는 안될 것이다.

전주(澶州)의 맹약에 대한 평가는 다양하여 현재도 정설로 평가할만한 학설은 없는 것 같다. 인종(仁宗)이 서하(西夏)의 호수천(好水川)에서 패배한 다음 다음해(1043년)에, 세폐를 다시 비단 10만필과 은 10만량을 증가케한 사건은 있었지만, 이 1004년의 「전연의 맹약」이 있은 후, 송의 휘종(徽宗) 선화 4년(1122년)까지 119년간에 걸친 송-요의 국교는, 평화적으로 시종되었고 따라서 소강상태가 유지되었다.

남진했던 요나라가 송과 더불어 전주에서 평화협정을 맺고 북쪽으로 돌아간데는 깊은 사연이 있었다. 거란민족은 태조가 7개 부족을 통일하여 건국한 이래, 한족을 내륙으로부터 초청하였고, 자기들도 성곽을 구축하여 농사에 종사하면서 유목생활에서 점차 정착생활에 익숙해져 갔다. 태종은 한족 출신 망명자인 노문진(盧文進) 등을 맞이하여, 한쪽으로는 중원지방 한족왕조의 제도를 모범으로 삼아 3성 6부의 중앙행정기구를 만들었고, 거란-한 두 민족의 고유의 독자성을 유지케하기 위하여, 남북양면(南北兩面)이 2중관제(二重官制)를 만들었다. 즉, 한족을 남면관(南面官), 거란민족을 북면관(北面官)으로 해서, 제각기 자기 민족을 통치케 하고, 황제는 이 두 조직의 꼭지점에 앉아서 거란족의 칸(可汗)인 동시에, 중국의 천자지위를 겸하여 보유하는 것이었다. 이것은 그 뒤를 이어서 일어난 금(金)·원(元)·청(淸) 등의 이민족이 중국을 점령하고 지배한, 이른바 정복왕조의 원형이 되었다. 거란이라는 북방민족을 한문화에 동화시키지 않고, 독자적인 유목문화를 유지케

하기 위하여, 거란문자까지 제정했지만 이것은 공식문자로서만 어느 정도 사용되었을 뿐 일반화되어 실용되지는 않았던 것 같다.

언어의 독립성을 유지코자 노력했음에도 불구하고 점차 한인적인 생활에 익숙해진 거란민족의 한화(漢化)가 진척되었는데, 특히 귀족들은 한인들과 똑같은 문화생활을 계속했기 때문에, 여러가지 물자를 송으로부터 수입할 필요성이 있었다. 태종은 국경에 교역장소를 지정하고 엄격한 무역통제로서 요나라의 생사를 좌우하는 급소를 자기 손에 틀어쥐었다. 송나라는 차·비단·향료·약초·잡화 등을 수출했지만, 중국의 역사지리책만은 송나라의 정보가 누설될 우려성이 있다하여 엽전과 함께 수출을 금지하였다. 요로부터 송의 수입품은 소·양·모피·인삼 등이고, 요는 좋은 군마의 유출을 막기 위하여 역시 그것의 수출을 금지하였다. 특히 중요상품은 소금으로서 소금은 그것을 통제하고 있는 송보다 훨씬 염가였기 때문에 다량의 소금이 요에서 송나라로 흘러 들어갔다. 점차 문화화 되어 가던 요나라는 송의 경제봉쇄에 곤란성을 느끼게 되자, 금·은 광산을 개발하여 송으로부터의 수입초과를 메꾸려고 했다. 또한 요는 해마다 송나라 영토에 침입했는데 그것은 송을 위협하여 무역량을 확대시키기 위해서였다.

진종은 왕흠약(王欽若, 10C~11C)의 참소를 믿고 요와 화의를 맺음에 있어 큰 공을 세웠던 전 재상 구준(寇準)을 소외시켰다. 왕흠약의 진언을 받아들여 하늘에서 내려온 상서로운 징조에 따라 봉선(封禪, 하늘과 산천에 제사지내는 의식)의 성대한 제사를 지냄으로써 진종은 천하, 특히 요에 대한 송나라의 국위를 과시하려고 하였다. 이것은 송나라에 큰 재정적 부담을 주는 동시에 다음시대 조신(朝臣)간의 파벌형성, 이른바 붕당(朋黨)의 싸움을 일으키게 하는 원인을 만들었다.

진종이 죽고 인종(仁宗)시대(1022~63)에 들어오자 밖에서는 서하(西夏)의 서북변방 침략이 빈번해졌다.

사천성 서북부에서 청해성에 걸쳐 살고있던 티벳계 유목민족인 탕구트족(黨項族)은, 당대(唐代)말기에 동북방향으로 이동하기 시작하였다. 그들은 황하가 몽골고원으로 굽어 들어가서 만든 오르도스의 비옥한 땅으로부터 영하성(寧夏省)에 걸친 광대한 지역에 세력을 뻗쳤다. 중국본토에 군마를 공급하고, 서역 여러 나라와의 교통안내인으로서 우대를 받았다. 거란민족은 요나라를 건설하자 서역과의 요충지를 바싹 죄기 위하여 탕구트족을 회유하여야만 하였다. 이리하여 요-송 대립 속에 캐스팅보트를 쥐게 되면서 탕구트민족의 국제적 지위는 한층 높아졌다.

요·송 양쪽으로부터의 경쟁적인 공작으로 말미암아 탕구트민족의 유력자 사이에 내분이 생겨나, 그 일부는 송나라 안으로 들어가 살게된 반면, 다른 주력은 요를 후원함으로써 요조정으로부터 국왕칭호를 받았고, 또 요의 황녀를 왕후로 맞아들였다. 이 때문에 송나라와의 국교는 더욱 악화되어 갔다. 1004년에 이원호(李元昊)는 오르도스의 초원으로부터 하서지방(河西地

서하문자(西夏文字)

서하(西夏) 왕실의 이씨(李氏)는 선비족의 척발씨(拓跋氏) 계통이라고 칭하였으나 민족상으로는 티벳계의 탕구트족에 속한다. 송나라와 접촉함으로써 유교문화에 감화되는 한편, 불교를 기조로 하는 독자적인 민족문화를 창조하려고 하였다. 경종(景宗, 1032~48) 시대에 서하문자를 제정한 것도 그런 정책의 표현이었다. 서하문자는 비석에 새겨진 것 이외에도 불교경전과 자전(字典) 등에서 많이 발견되었다. 아직 충분히 해독되지는 않았지만 최근 일본 언어학자의 연구로 6,000여자 중 약 절반까지의 발음이 추정되는 동시에 추정되는 발음 글자중 3분의 1정도의 글자에 대해서는 그 뜻도 밝혀졌다. 그 연구에 의하면, 서하 문자는 요소(要素)의 글자를 상하·좌우로 짝맞추어서 만든 표의문자가 주체이고, 여기에는 표음적인 글자도 혼입되어 있다. 복원된 발음 등에 의하면 서하문자는 티벳·미얀마어 계통이며, 현재 서남 변경에 사는 소수민족인 로소·못소어계통으로 추정되고 있다. 표의 겸 표음문자인 한문자의 구조를 본받고 있는 점은 거란문자와 공통적인 바 이것은 이 두 민족이 모두 중국문화의 영향을 받았음을 말해주고 있다.

方)의 오아시스지대를 거쳐 중국 서역으로 빠지는 통로인 감숙회랑(甘肅回廊)지대까지의 넓은 영역을 차지하고 1038년에 서하(西夏)제국의 황제가 되는 동시에, 영하성 홍경부(興慶府, 銀川市)를 수도로 삼았다.

송왕조는 태조이래 문치정책(文治政策)을 취하여 인텔리겐챠중에서도 엘리트인 이른바 사대부를 존중해 왔지만, 태종·진종시대를 거쳐 인종(仁宗)시대에 들어와서는 사대부속에서 천하의 정치를 담당해야할 책임에 대한 자각이 싹트기 시작하였다. 이것을 상징하는 것이 일대의 대사상가이며, 명정치가였던 범중엄(范仲淹, 989~1051)의 말이 있는데, 그것은 사대부란 마땅히 「천하의 근심에 앞서서 근심하고, 천하의 즐거움에 뒤져서 기쁨을 즐긴다」는 것이어야 한다는 명언이다.

천하의 근심에 앞서서 근심하고, 천하의 즐거움에 뒤져서 그것을 즐긴다.

이 말은 범중엄(范仲淹, 자는 布文, 蘇州五縣사람)이 58세 때, 동정호(洞庭湖) 북단에 위치하여, 호수와 양자강을 한눈에 조망할 수 있는 악주(岳州) 명승지에 재건된 악양루(岳陽樓)의 유래를 쓴 문장속에서이다. 이 말은 그전부터 그가 자주 입에 담아온 것으로서 인생에 대한 그의 신조였던 모양이다. 이 말은 정치적으로 그다지 책임감을 느끼지 않았던 당나라 이전의 귀족정치하의 관리들과는 달리, 송나라의 독재군주제 밑에서 천하의 정치에 대해 강한 책임감을 품고 있던 진사(進士)출신의 새 관리, 이른바 사대부 계급의 의식을 명확히 표현한 명언이다. 이와 같은 도덕적인 정치의식은, 그 후에 일어난 도학(道學)이라고 일컬어지는 송대 유학자들의 생활신조로 되었다. 도학자의 근본태도는 바로 이 두 문구에 여실히 표명되어 있다. 범중엄은 소주(蘇州)지방 명문가 출신이지만, 어렸을 때 아버지를 여의고 편모슬하에서 자라는 역경에서 수학하였다. 당시는 아직도 뒤에 나타난 서원(書院)이라는 지방의 유교교육기관이 없는 공백시대로서, 송학(宋學)의 다른 선구자들과 마찬가지로 그도 절간에서 유학(儒學)을 공부하였다. 그도 말년에 가난한 문중사람들의 장학을 위하여 장원(莊園)을 기부하여 이것을 의장(義莊)이라고 이름지었다. 그는 몇 번씩이나 정치개혁안을 상주하였으나 오히려 태종의 기휘(忌諱)를 산 나머지 지방으로 좌천되었다. 한몸의 이해득실을 돌보지 않고 오로지 천하백성들을 위하여 발언한 그는 송대 사대부의 모범인물로 추앙되었다.

범중엄은 정치에 대한 사대부의 책임감을 강조하는 동시에 송대 정치에 대한 개혁안을 세워서 인종(仁宗)에게 제출하였다. 그가 목표한 것은 관리의 복무기강을 엄히 다스리고, 백성을 안정시키며 부국강병책을 도모하여 요·서하에 대항하려는 것이었다. 고관이 자손을 관리로 추천할 수 있는 특권을 폐지하고, 실용적이 아닌 진사 시험제도를 개혁하며, 지방에 학교를 세우고, 인재등용에는 시험성적뿐만 아니라, 평소의 학행(學行)도 참고할 것 등을 역설하였다. 이것은 후일 왕안석(王安石, 1021~86)이 개혁운동을 일으키는 계기가 되지만, 현상유지를 바라는 일반관료들의 반감을 샀다.

범중엄의 개혁안이 실현될 전망이 서지 않는 사이에 그를 중심으로 한 사대부 일파는 그들에 대한 반감이 원인이 되어 탄압을 받게 되었다.

진종(眞宗)시대에 구준(寇準)과 왕흠약(王欽若)의 대립연장선상에서 인종(仁宗)시대에는 하송(夏竦)이 군사통수권의 최고직책인 추밀사(樞密使)로 취임하자 간관(諫官)인 문학가 구양수(歐陽修, 1007~72)가 그를 간사한 소인배라고 불러 비난을 퍼부으므로써 하송은 관직에서 물러나지 않을 수 없었다. 하송을 대신하여 두연(杜衍)이 재상이 되었지만, 하송 일파와 두연 일파는 서로 대립하여 심한 당파싸움을 계속했다. 구양수의 붕당론은 이런 당쟁을 대표한 명문장으로 평가되고 있다.

붕당론(朋黨論)

범중엄(范仲淹)은 재상 여이간(呂夷簡)이 권력을 휘두르면서 요직에는 모두 지기일파에 속하는 사람으로 보직한데 반대하여 「백관도(百官圖)」를 인종에게 바침으로써 그의 파벌적인 인사행정의 진상을 폭로하였다. 여간이는 이에 대하여 범중엄이 자기직무 이외의 일을 논했다 하여, 중앙에서 지방관으로 몰아냈다. 이때 인종은 여간이의 말만 믿고 범중엄 일파가 붕당을 만드는 일을 훈계하는 조칙(詔勅)을 내렸다. 이에 대하여 구양수(歐陽修)는 군자는 길을 같이하는 동지가 붕당이 됨으로써 비로소 참된 붕당이 된다. 소인배는 이익을 같이 하는 것들까지 붕당이 되지만, 막상 이익을 앞에 놓으면 서로 싸우고, 그 이익이 끝나버리면 흩어진다. 소인배의 붕당은 가짜 붕당이다. 천자는 군자의 붕당과 소인배의 붕당을 마땅히 판별하여야 한다는 상소문을 올렸다. 이 상소문이 대단한 명문이었으므로 인종도 감동되어 드디어 하송(夏竦)·여이간(呂夷簡)의 일당을 물리치고 두연(杜衍)을 비롯하여 범중엄·부필(富弼)일당을 복귀시켰다. 역사상 이것을 「경력지치(慶曆之治)」라고 부르는데, 이때에 이상적인 치세가 실현된 것이라고 평가한다. 중국에서는 이 붕당론의 영향으로 유교사상가는 정치상의 모든 당파가 공적인 정치의 장(場)에서 사적인 파벌을 세운다하여 배척한다. 전통적인 정치사상에서는 국민당이건 공산당이건, 무릇 당이라고 이름 붙인 것은 모두가 사적(私的)인 것이므로 도덕적으로 악(惡)이라는 사고방식에서 평가한다.

이러한 당쟁의 와중에 마침내 송의 서북변경지대에 서하(西夏)가 침공해왔다. 전후 6년 간에 걸친 이번 전쟁에서 소인당(小人黨)의 범옹(范雍)·하송(夏竦)과 군자당(君子黨)의 범중엄·한기(韓琦)가 이에 대한 방어전에 나섰다. 범중엄과 한기는 군율을 엄정히 하고 게다가 사졸들을 애호했고, 투항한 서하병을 잘 교육시켜 회유했다하여 그 명성이 역사에 크게 기록되었지만, 실전에서는 군자당의 범중엄·한기나, 소인당의 범옹·하송할 것 없이, 모두 서하의 정예군을 이끈 이원호(李元昊)에게 크게 패했다. 결과적으로 매년 은 5만량, 비단 13만필, 차 2만근을 송국에서 서하국에 공납한다는 조건으로 화의가 성립됨으로써 그 후 서북방면의 변방지역은 겨우 평화를 회복하였다. 이것을 계기로 송나라 학자들의 실력이 수반되지 않는 유교적인 체면론도 공론(空論)으로 깨지면서 송의 대외적인 콤플렉스는 더욱 심화되었다.

송나라 조정에서 붕당대립 격화에 박차를 가한 것은 황실의 내분이었다. 인종대에 소인당은 환관(宦官)들과 짜고 군자당을 지지하는 현명한 곽황후(郭皇后)를 폐출시키는 사건을 일으켰다. 인종이 죽자 아들이 없었으므로 태종의 증손인 영종(英宗)이 제위에 올랐다. 영종이 등극하자 역대 송조 종묘에 조상을 제사 지냄에 있어, 영종이 인종을 아버지로 삼아 묘당을 세울 것이냐, 아니면 실부인 복왕(濮王)의 묘당을 세울 것이냐에 대하여 일대논쟁이 벌어졌다. 유교로서는 가족제도야말로 인륜의 근본이며 국가의 기초이므로, 피계승자의 아버지냐, 사실상의 아버지냐, 다시 말해서 어느 조상을 제사지내야 하느냐 하는 문제는, 효도상 결코 소홀히 할 수 없는 것이었다. 이 논쟁이 조신(朝臣)들간의 대립을 더욱 격화시키는 계기가 되었다.

3. 왕안석(王安石)의 개혁과 좌절 — 신법당과 구법당

병약(病弱)하던 영종(英宗)이 제위에 오른지 겨우 4년으로 세상을 하직하자 신종(神宗)이 즉위하였다. 태조(李匡胤)가 송조를 창건한지 100여년이 지났으니 이제 송나라의 기초는 확고하게 다져진 것처럼 보였다. 수도 변경(汴京, 지금의 開封)을 비롯하여 여러 도시가 눈부시게 번영하였다. 일찍이 당대(唐代)의 수도인 장안과 낙양에서 주민은 방(坊)이라는 일정한 지역단체에, 조직화되어 거주하면서 지정된 상설시장을 이용하였으며, 한편 수공업자와 상인은 행(行)이라는 동업조합을 형성하고 지정된 상설 시장이외의 장소에서 장사하는 것을 금지 당하고 있었다. 북송 중반기 이후까지도 행(行)이라는 동업조합은 계속 존속하였지만, 그것은 지배력이 약화되어 상점설치가 시내로 제한되는 제도가 이미 붕괴되었으므로 변경 도성내는 이르는 곳마다에 상점이 설치되기에 이르렀다. 또한 당나라 때는 시장영업시간이 낮으로만 제한되어 있었으나, 송대에 들어와서는 이런 제한이 없어지면서 야시장이 붐볐으며, 번화한 여러 상점가에 섞이어 오락연예단도 많이 모여들어, 상업지구와 시장이 크게 번창하였다. 여기서는 야담·연극 등이 상연되었는데 반하여 송대에는 일반시민의 문화가 발전하게 된 것이다.

송도(宋都) 변경(汴京)의 번화가

도시시민의 발흥과 더불어 도시시민의 생활을 중심으로 기록하는 지지(地誌)가 생겨났다. 북송의 수도 변경(개봉)의 번영상을 회고한 『동경몽화록(東京夢華錄)』이나 남송시대의 수도 임안(臨安, 杭州)의 번영상을 기술한 『무림구사(武林舊事)』·『몽양록(夢梁錄)』 등이 저술된 것이다. 변경의 시민생활상을 한권의 두루마리에 그린 것이 장택단(張擇端)의 「청명상하도(淸明上河圖)」이다. 당시는 청명, 즉 음력 3월 3일에 조상, 특히 새 무덤에 성묘함으로써 새삼스레 새해를 다시 경축하는 풍습이 있었는데, 변경에서 부유한 시민들은 이날 교외의 원림(園林) 등지에 가희(歌姬)등을 데리고 나가 야외연회를 베풀었다. 이런 성대한 행사를 묘사한 이 두루마리의 전반부에는 성안팎의 변하(汴河)운하를 따라 늘어선 거리와 성문안의 모습이 상세히 그려져 있다. 여기에 게재한 그림은 이 두루마리 후반부에 있는 성문안 번화가이 한부분을 묘사한 것이다.

이와 같은 도시의 발달은 당대 중기 이후의 경제변화가 기초로 되어 있었다. 당대에는 개원통보(開元通寶)를 비롯하여, 여러번 화폐주조가 이루어졌지만 유통량은 비교적 적었고, 물건의 가치는 비단 따위의 물건으로 표시되는 실물경제적인 측면이 남아 있었다. 송대에 이르러 엽전의 주조 및 유통이 증가하고, 은전의 사용과 더불어 세상은 완전히 화폐경제시대가 되었다. 당대에는 비전(飛錢)이라는 어음이 쓰이기 시작했는데, 송대에 들어와서는 교자(交子, 중국최초의 지폐명. 楮幣라고도 한다)·회자(會子)라는 지폐도 널리 쓰이게 되었다.

　당대말기와 5대 때의 군벌의 할거는 경제적으로는 지방, 특히 양자강 이남 유역의 개발을 촉진시켰다. 그 중에서도 양자강 하류에 위치한 소주·항주를 중심으로 한 지방 미작(米作)의 발전은, 「소주지방에 매년 풍년이 들면 천하의 식량은 충분하다」는 속담까지 나오게 됐을 정도이다. 이것은 좁쌀을 위주로 한 화북경제에 대하여 미작을 중심으로 한 화중경제(華中經濟)가 우월하게 되었음을 뜻한다. 각지에서의 금·은·동광 등 광산의 개발, 지방에서의 원예특산물·도자기·견직물 등 공업의 발흥과 더불어, 전국적인 상품거래가 이루어지게 됨으로써, 이런 것이 도시의 발달을 더욱 촉진시켰다.

　중앙도시의 번영과는 대조적으로 지방에 사는 일반농민의 생활에는 어두운 면이 있었다. 경제성장의 지표인 인구관계를 본다면, 송 태조 시대의 전국의 호수는 410여만 호였지만, 신종(神宗)시대에는 1,500만호에 달했다. 당대 「안사의 난」이 있은 후, 균전제가 붕괴되고 백성의 유망(流亡)이 증가하면서, 종래의 본적주의(本籍主義)를 취하여 일반주민의 이주를 인정하지 않았던 정책을 개정하여 본적인, 즉 주호(主戶)이외의 기류인, 다시 말하면 객호(客戶)를 인정하게 되었다. 이리하여 송대에는 객호가 주호(主戶)의 무려 3분의 1에 이르렀다. 그들은 지주의 토지를 경작하는 소작농·머슴꾼이었다. 주호는 자산에 따라 5등급으로 나누어서 세금을 부담하였고, 객호는 인두세(人頭稅)를 납부하였다. 주호위에 관리로서 여러가지 특권을 가진 관호(官戶)가 있었는데, 이들중 1등·2등호는 전 인구중 10분의 1 이하밖에 안되는 대지주층과 함께 전경작면적의 약 9할을 차지하고 있었다. 3등호 이하의 자작농, 소작농 또는 자작겸 소작농과 특히 전객(佃客, 농노나 소작농)도 포함한 5등호 이하의 빈농과 소작농의 생활은 별로 넉넉하지가 못했다. 대지주는 장원(莊園)을 단위로 전호(佃戶)를 소작인으로 해서 경영하기 시작하였다. 당대(唐代)의 장원에서 노복만으로 경영되던 부분이 점차 소작경영으로 전환된 것이다.

　타향에서 흘러 들어온 전객(佃客)은 지주의 오막살이집을 빌리고, 농기구와 소를 대여받았으므로 그 높은 이자와 소작료를 지불하여야 하기 때문에 이들 전호의 생활은 매우 가난하였다. 이미 태종시대(993년)에 사천성에서 왕소파(王小波)의 농민폭동이 일어났고, 왕소파가 죽은 뒤는, 이순(李順)이 그의 뒤를 이어 2년째 되는 해에 성도(成都)를 점령하는 사태가 일어났다. 북송왕조는 겨우 이것을 평정했지만, 그 후 요·서하에 대한 세폐(歲幣)의 증가, 관리·군대수의 증가에 따른 재정지출의 증대는 중·소지주와 자작농에게 몹시 무거운 부담이 되었다. 그리하여 인종(仁宗) 이후에는 이런 무거운 부담에 견디지 못한 농민이 각지에서 폭동을 일으켰던 것이다.

국내의 사회불안을 가중시킨 것은, 요나 서하 등 외적과의 장기간에 걸친 전쟁이었다. 요나라와의 적대관계는 점차 약화되어 갔지만, 서하와의 전투는 쉽게 종식되지 않았다. 게다가 송은 번번히 패배했는데, 모두 60만명 이상의 전사자를 낸 다음에야 겨우 평화를 되찾았다. 그러나 이런 평화회복의 댓가로 송은 서하에 대하여 매년 은 45만량과 비단 55만필, 그리고 요나라에도 은 20만량과 비단 30만필씩을 세공(歲貢)으로 바치기로 했기 때문에, 막대한 재정적 부담을 백성들에게 짊어지웠던 것이다.

인종·영종의 치세는 서하와의 전쟁을 빼고는 일반적으로 평온한 편이었다. 요·서하 두 나라에 대한 방비를 위한 병력은, 건국당초의 약 6배인 116만에 이르렀지만 실전경험이 부족하고 훈련이 불충분하여, 그나마 보유하는 전력도 충분히 발휘할 수 없었다. 무관보다 문관을 우대하는 정책을 취한 송나라 조정에서는, 문관수가 끊임없이 증가하여 이때는 건국당시의 1.5배인 15,000명을 웃돌았는바, 문·무관 봉급의 증가는 국민, 특히 농민들의 생활을 한층 더 압박하는 결과가 되었다.

나이 어려서 즉위한 신종(神宗)은 영명하여 궁핍한 재정을 정리하고 국고를 충실히 하여 요·서하에 대한 굴욕을 씻을 것을 염원하였다. 젊어서 진사시험에 합격하고, 그의 학력이 인정되어 몇 번이고 정부로부터 중요관직에 앉아달라는 요청을 받았으나, 그때마다 거절했기 때문에 지식인 사회에서 대단히 인기가 높았던 왕안석(王安石, 1021~86)을 황제가 또 한번 불렀다. 그를 만나본 황제는 그의 재능과 포부에 반하여 그 자리에서 재상으로 제수하였다.

만언서(萬言書)

　　왕안석(王安石)이 소장파 관리로 있을 때 장문의 개혁안을 작성하여 인종(仁宗)에게 바친 바 있었다. 8893자로 된 이 개혁안을 세상 사람들은 「만언서」라고 불렀다. 거기서 그는 이렇게 썼다. 「천하의 재력(財力)은 날로 궁핍해지고, 미풍양속(美風良俗)은 날로 붕괴되고 있지만, 그 원인은 법제를 이해(理解)하지 못하기 때문입니다. 선제(先帝)의 정치를 따르려는 사람은 그의 참뜻에 준거해야 합니다. 그런 참뜻에 준거하는 것이므로 소신의 본 개혁안은 천하의 이목을 놀라게 하거나 천하를 떠들썩하게 하려는 것이 아닙니다. 왜냐하면 이것이 원래 선제의 정치에 합치되어 있는 까닭입니다.」 이 개혁안은 재정위기를 구제하려는 것이었으므로 그는 이렇게 썼다. 「천하의 힘에 의하여 재화가 생겨나고, 그 천하의 재화를 거두어서 비용에 충당하게 됩니다. 옛날부터 잘 다스려진 시대에는, 일찍이 재화가 부족하여 나라가 근심 걱정한 예가 없습니다. 그러한 근심은 원래 치재(治財)의 기술이 결여된 까닭에서 생기는 것입니다.」 이 말은 국가의 재물생산은 충분하지만, 다만 그것을 세금으로 징수하는 재정정책의 결여 때문에 국고(國庫)가 바닥날 뿐이라는 매우 낙관적인 생각인데, 이로부터 말하기를, 자기의 조세정책은 백성들의 부담을 조금도 무겁게 하는 것이 아니라고 아주 자신만만하게 말했다. 그러나 선제의 법제를 그대로 고수하여, 송 왕조 창업주가 만든 법제를 조금이라도 개혁하는 문제를 극도로 싫어하는 보수적인 왕조정치 밑에서의 그의 개혁안은, 선제제도(先帝制度)의 본질을 제아무리 고수한다 하더라도 그 개혁은 천하의 민심에 대단한 충격을 줄 것이라 하여, 지식층 전체를 적대진영으로 돌리는 결과를 가져왔다. 그래도 왕안석은 그들의 반대에 개의치 않는다는 기세를 보였다. 이 「만언서」는 중국 왕조 정치하에서는 실로 미증유의 대단한 개혁안이었던 바, 이것이 기본으로 된 왕안석의 신법(新法)은 천하의 반대를 받았던 것이다. 그런데 후일 청조(淸朝) 말기에 일어난 변법운동(變法運動)에서 이 왕안석의 개혁정신은 당시 변법운동자들에게는 하나의 모범으로 되었다. 그때 아담 스미스(Adam smith, 1723~90)나 헉슬리(Thomas Henry Huxley, 1825~95)의 저서를 번역했던 엄복(嚴復)은 청나라 광서제(光緖帝)에게 변법에 관한 「만언서」를 바친 바 있었다.

　　왕안석은 신종(神宗)의 신임에 보답하여 부국강병을 위하여 근본적이며 철두철미한 개혁을 단행하였다. 이 왕안석의 신법은 우선 농민의 생산력을 높이기 위하여 「청묘법(靑苗法)」을 실시하였다. 청묘법이란 봄에 파종할 때 정부가 농민에게 농자금을 대부했다가 가을의 수확기에 2할 또는 3할의 이자를 붙여서 원금을 정부에 반환시키는 제도이다. 농업생산의 증강과 더불어 정부의 재원으로도 된다는 생각에서 였다.

다음은 「균수법(均輸法)」이다. 백성이 토산품을 세금으로 바치게 한 종전의 제도에서는 그것을 중앙에까지 수송하는 운송비까지 납세자가 부담했는 바, 그런 운송비 부담을 없애기 위하여 균수법은 현품을 현지에서 값이 비쌀 때 팔고, 값이 쌀 때 수매하는 제도였다.

조세에서는 「면역법(免役法)」을 신설하였다. 이것은 국가에 대한 부역동원에서 면제되는 대신, 백성들의 빈부정도에 따라 5등급으로 나누어 부역면제를 원하는 자에게 면역전(免役錢)을 납부케 하는 제도이다. 다시 말하면 백성이 농토의 최고소유권자인 황제에게 지불하는 노동지대(勞動地代)의 잔존제도인 부역제도를 폐지하고, 화폐지대(貨幣地代)로 바꾼 것으로서 조세제도의 근대화를 의미하는 것이었다.

「시역법(市易法)」도 만들었다. 이것은 수도 변경을 비롯하여 대도시에 시역무(市易務)라는 관청을 두고, 정부의 자본을 일정한 이자를 붙여 상인들에게 비싸게 대부하여 체화(滯貨)를 구입케 한 다음, 그것을 수요에 따라 매각해서 원리금을 갚게 하는 제도이다. 시세변동을 방지할 목적도 있었지만, 이것은 종래의 시가변동에 따른 이익을 독점하던 대자본 상인을 견제하고, 소상인의 이익을 옹호하려는 것이 주된 목적이었다.

이상과 같은 조치로 송나라의 재정을 재건한 다음 이번에는 강병책을 추진시켰다. 당나라 중반기에는 병농일치(兵農一致)의 부병제(府兵制)가 쇠퇴하면서 모병제(募兵制), 즉 용병제를 시행했었다. 송나라는 건국하면서부터 이 용병제를 받아들였다. 그러자, 요·서하 등의 침입에 대비하기 위한 병력증강의 필요성이 제기되었고 또 실제로 증강되자, 정부는 이들 용병에게 지출하는 비용부족에 크게 고민하게 되었다. 게다가 서하와의 오랜 전쟁은, 이런 군사비 팽창에 의한 재정핍박을 가중시켰다. 왕안석은 이런 용병제를 민병제(民兵制)로 바꾸어, 10호를 1보(保), 50호(5保)를 대보(大保), 500호(10人保)를 도보(都保)로 조직하되, 매호에서 성년남자의 보정(保丁)을 뽑아 이들이 공동 책임하에 치안을 유지케 하는 한편, 농한기에는 군사훈련을 받게 하였다. 이와 함께 「보마법(保馬法)」에 의하여 보정(保丁)들에게는 정부소유의 마필도 빌려주었다.

교육분야에서는 종래의 과거제도가 경서(經書)의 암기와 귀족의 교양인 작시문(作詩文)에 중점을 두었던 것을 바꾸어, 정책개발에 관한 논문을 추가시켰다. 한번의 시험만으로는 그 인물의 됨됨을 알아보는 것이 곤란하므로 중앙에 대학을 세우고 기숙사를 만들어 대부분의 학생을 거기에 수용 교육함으로써, 전인교육의 인성테스트를 실시하였다.

왕안석의 신법은 송조 재정의 위기를 극복하고 부국강병책을 실현시킨 위에, 요와 서하에 대해 실추된 송의 국위를 회복시키려고 한 것으로서, 그 목적에 대해서는 반대할 사람이 없었다. 특히 문제가 됐던 청묘법만 보더라도 백성이 노력을 아끼지 않고 정부정책에 적극 호응하여 노동을 강화할 생각만 가진다면, 농업생산은 증가하고 농가수입도 많아지며 따라서 정부재정도 풍족해질 것이었다. 문제는 이런 일에 관계하고 집행하는 관리가 청렴결백하고, 진실로 백성을 위해 봉사한다는 마음가짐이 없이 공명심과 실적주의로 무리하게 농민에게 농자금을 대부해줌으로써 정부의 수입을 도모한다면, 그것은 오히려 백성들에게 폐를 끼치고 그들을 괴롭히는 일이 될런지도 모른다.

신법에 대한 반대의 목소리는 선배 대정치가인 한기(韓琦, 1004~83)·부필(富弼, 1008~75)을 위시하여, 당시 학식이 뛰어나고 덕망이 높았던 사마광(司馬光, 1018~86) 등으로부터 나왔다. 정부가 영리적인 사업에 손대어 백성들과 이익을 다툰다는 것은 좋지 않다는 것이 근본적인 반대이유였다. 소식(蘇軾, 1036~1101, 호가 東坡)과 같은 후배 문학가도 이에 반대하였다. 인종이래의 붕당싸움이 이와 얽혀서, 조정에서는 신법당(新法黨)과 구법당(舊法黨)으로 양분되어 격렬한 당쟁을 벌렸다.

왕안석의 신법은 북송 정치사회의 병폐를 직시하고, 국민경제를 발전시켜 국가재정을 충실화하며, 군사력의 강화를 목적으로 한 것이었다. 정치제도를 개혁하고 사회발전에 따른 일종의 근대화시도였다. 그 효과는 상당히 올랐으나, 워낙 뿌리깊게 침투된 인습 때문에, 낡은 관료와 학자들은 일제히 들고 일어나 왕안석을 태조 이래의 송나라 전통, 이른바 조종(祖宗)의 성법(成法)을 변개시키려는 사람이라고 공격한 것이다.

천변(天變) 두려워 할 것 못 되고, 조종(祖宗)의 법 준거할 것 못되며, 사람들의 비판 개의(介意)할 것 없다.

왕안석(王安石)은 어렸을 때부터 독서를 즐겼는데 한번 읽은 것은 일생을 두고 잊지 않았으며, 나는 듯이 붓대를 빨리 놀려도 그 문장이 매우 정묘했다고 한다. 젊었을 때 선배문호인 구양수(歐陽修)에게 문장이 인정되었고, 인종(仁宗)대에는 번번히 부름을 받았으나, 좀처럼 관직을 맡는 일을 응낙하지 않았고, 몸을 간수하는 일이 매우 청렴결백하였다. 자기 이해관계에 담백했고 국가를 근심하는 태도가 애국적이어서 평판이 좋았다. 「만언서(萬言書)」를 올렸지만, 신중한 태도를 취하는 인종에게 받아들여지지 않다가, 19세의 젊은 나이로 등극하여 정치를 쇄신하려는 적극적인 의욕에 넘치는 신종의 신임을 얻어, 비로소 신법을 입안하게 된 것이다.

그러나 자기재능만 믿고 선배·동료의 충고를 전혀 받아들이지 않은 채, 외고집으로 개혁을 밀어붙였기 때문에 일반 지식인들의 지지를 받지 못했다. 재상자리에 오른 그는 신법 비판자에 대하여 언론통제의 강경책을 썼기 때문에, 한층 더 인기를 잃었다. 그에 대한 비난은 표제에 든 세가지 구절로 요약된다.

재상(왕안석)은 자연(自然)과 인사(人事)의 운영을 원활하게 할 책임이 있다. 그런데 근년간의 연이은 천재(天災)는 재상에 대한 하늘의 비난의 표현이라는 것이 유교정치학의 통념이었다. 한편 신법시행이래 불행하게도 연이은 천재에 대한 비난에 맞서 왕안석은 요(堯)·순(舜)의 성대(聖代)에도 홍수의 피해는 있었다고 응수했던 것이다. 왕안석의 이처럼 불손한 발언을 비양거려서 헐뜯는 말이 바로 「천변을 두려워 할 것이 못된다.」는 역설이었다. 조종(祖宗)의 성법(成法), 즉 송 태조(조광윤)이래의 법제를 변혁시킨데 대한 비양거림이 「조종의 법 준거할만한 것이 못된다」는 문구이고, 당시 사람들의 비판을 묵살·탄압한 것을 꼬집어 헐뜯는 말이 「사람들의 비판따위는 개의할 것이 못된다.」는 것이다. 왕안석은 한조이래 2,000여년에 걸친 역대왕조의 정치가들 중에서, 합리주의 사상에 바탕을 두고 가장 급진주의적인 개혁을 시도한 인물이다. 같은 시대 사람들보다 월등하게 뛰어났던 그의 식견과 정치감각은 그만큼 더 큰 반발을 샀던 것이다.

사대부, 즉 군자(君子)들로부터 총반격을 받은 왕안석은 그런 사대부들로 부터 소외시 당하던 하급지식층(관료), 즉 소인(小人)에게 이 개혁운동에의 참여를 희망하였다. 이에 호응한 사람들로서 등용된 것이 여혜경(呂惠卿, 11C중~12C초, 간신배로 규정된 자)을 비롯하여, 대개가 재능은 있었지만 출세주의자들로서, 지조가 굳지 못한 작은 인물들이었다. 왕안석은 신법에 반대하던 신종(神宗)의 생모 고태후(高太后)의 반대로 일시 밀려나고, 여혜경이 재상자리에 앉았다. 그는 왕안석까지 배척하는 동시에, 수실법(手實法)이라는 재산세를 신설함으로써, 한층 더 백성들의 반감을 샀다. 북송조정에는 건국이래 양자강 이남 출신 즉 남인은 재상에 등용하지 않는다는 구전(口傳)이 있었다. 남방개발로 유위(有爲)인 인재가 점차 나타났다는 것은 당연한 일이지만, 강서성 남부 태생의 왕안석이나, 복건성 천주(泉州)태생의 여혜경이 나란히 남인출신 재상으로서 정권을 휘둘렀다는 것은 북방의 관료·지식인들에게 충격을 주었다. 남방의 신흥지식인의 합리주의적인 혁신이 북쪽의 전통적으로 온건한 기질과 맞지 않았던 면도 있었다.

왕안석의 신법시행으로 정부의 재정은 급속히 개선되었다. 재정적 뒷받침으로 강화된 군대를 동원한 신종의 서하정벌도 한때는 성공되는 것처럼 보였지만, 영주(靈州)·영락(永樂)의 두 전투에서 송군이 전멸되자, 모처럼의 고심(苦心)도 수포로 돌아갔다. 신종이 죽고 철종(哲宗)이 즉위하면서, 할머니인 고태후가 낙양에서 은퇴생활을 하고 있던 구법당(舊法黨)의 영수 사마광(司馬光)이, 백성들의 여망을 한몸에 받으면서 상경하여 재상자리에 올랐다. 그는 입경하자 곧 왕안석 일파를 추방하고 신법을 뿌리채 뽑아버렸다.

신법당·구법당의 정권 교대표

황 제		당 파	수 령	기 간
신종		신 법 당	王 安 石	1085 이전
철종	고태후 섭정시대	구 법 당	司 馬 光	1085~1094
	친정시대	신 법 당	章 惇	1094~1100
휘종	向太后 섭정시대	구 법 당	韓 忠 彦	1100~1101
	친정시대	신 법 당	察 京	1101 이후

그는 구법당원 가운데서도 좋은 법으로 인정한 사람이 많았던 면역법조차 폐지하고 완전히 구법으로 되돌아갔다.

왕안석의 개혁은 송조내부뿐 아니라 일반적인 사대부들까지 찬반을 둘러 싸고 신·구 양당으로 분열시켰다. 범중엄(范仲淹)에 의하여 천하의 정치를 담당하는 사람들의 책임에 대한 자각이 확인되고, 또 구양수(歐陽修)에 의하여 군자(君子)·소인(小人)의 정당에 관한 대립관이 심어진 사대부들은, 신법·구법 중 어느 것을 지지할 것이냐 하는 것은, 단순한 정책문제인 것이 아니라 선악(善惡)·정사(正邪)에 관한 도덕과 이데올로기 문제로 생각하였다. 그 결과로 심각한 당쟁이 반복되면서 정치가 동요되고 사회가 불안해졌는데, 이것이 북송조가 멸망하는 원인(遠因)이 되었다.

미구에 왕안석·사마광이 연이어 사망함으로써 구법당은 당수를 잃자, 문학가 소식(蘇軾), 도학자 정이(程頤), 사학자 유지(劉摯) 등을 중심으로 각각 촉당(蜀黨)·낙당(洛黨)·삭당(朔黨)으로 3분되었다. 고태후가 승하하자 구법당을 싫어하던 철종은 친정(親政)하면서, 장돈(章惇)·채경(蔡京) 등을 연이어 등용하자, 또다시 신법이 부활되었다. 철종이 재위 16년에 승하하고 휘종(徽宗)이 즉위하면서 향태후(向太后)의 섭정이 되자, 신법당이 물러나고 구법당이 부활하지만, 미구에 휘종의 친정시대에 들어가니, 신법당의 천하로 또한번 바뀌었다. 이의 지도자인 채경(蔡京)은 개혁에 대하여 왕안석과 같은 이상을 전혀 가지지 않은 소인배로서, 다만 휘종의 뜻에 영합 아첨할 따름이었는데 환관인 동관(童貫)과 결탁한 다음은 반대파 탄압에 나섰다. 그는 구법당 120명을 이른바 간당(姦黨)으로 규정하여 추방한 다음, 그들의 성명과 죄상을 새긴 비석을 궁문밖에 세워 본보기로 했는데 여기서 당쟁은 드디어 최악의 국면을 맞이하게 된다.

제 16 장 파국의 도래 — 남송과 금국의 남북대립

1. 금(金)의 중원 점령과 북송의 패멸(敗滅)

송(宋)과 요(遼) 두 나라의 장기적인 평화관계에 안이해진 풍류재사(風流才士) 휘종(徽宗)황제가, 재상 채경(蔡京)이 화석강(花石綱)이라는 공납제도(貢納制度)로 전국에서 모아들인 기암괴석(奇岩怪石)으로 정원을 꾸민 명원(名園)에서 궁정시인과 화가·서예가에 둘러싸여 전문가와도 같은 화필을 휘두르고 있던 그 환경이 화북지방으로부터의 대송침략위기를 이미 잉태하고 있었다.

만주지방의 서부인 홍안령(興安嶺) 동쪽 산기슭에 전개된 초원지대를 본거지로 하는 거란의 유목민족은, 남하하여 중국의 만리장성을 넘어 관내로 진출해서 요나라를 세우고, 서경(西京, 山西省 大同)과 남경(南京, 지금의 北京) 등에 정주하게 되고 또 점차 중국문화에 동화되면서부터, 북방민족의 상무기풍(尙武氣風)을 잃어가고 있었다. 그 뒤를 뒤쫓아 만주 동부의 산림지대에 살면서, 수렵을 주된 생업으로 하던 통구스계의 여진족(女眞族)이 또 진출해 왔다. 요나라에 직접 속해 있던 일부의 숙여진족(熟女眞族)이 아니라, 보다 독립성을 유지하고 있던 동부의 생여진족(生女眞族)중 왕안씨(王安氏) 부족의 오고내(烏古迺, 우그나이)가 추장이 되면서, 여진족은 급격히 강대해졌다. 이들은 12세기초에 다른 부족을 통일하고, 혼동강(混同江, 松花江)지류인 안출호수(按出虎水, 알츄호강)변(하얼삔 남쪽)으로 이동하였다. 이곳에 후일 상경(上京, 會寧府)이 되었는데, 그는 요조(遼朝)로부터 이곳의 절도사로 임명되었다. 그의 손자인 아골타(阿骨打, A-Ku-Ta, 1067~1123)는 요나라의 압박에 반발하여 생·숙(生·熟) 두 여진족을 통합하여 요로부터 완전히 독립하여, 대금(大金)이라는 나라를 세우고 황제가 되었다(1115년). 이것이 금의 태조(太祖)이다.

태조는 여진족의 군사조직을 기초로 300호를 모극(謀克)이라는 기본단위로 하고, 10모극(3,000호)을 맹안(猛安)으로 하여 모극을 통솔케 하되, 평상시에는 사냥과 농사일에 종사하지만, 전시에는 모든 장정이 군인으로 종군하는 제도를 만들었다. 맹안·모극은 군사조직에서 행정조직으로 확대된 특유의 제도로서 이것이 금나라 발전의 기초가 되었다.

요나라에서는 최성기였던 성종(聖宗, 재위 983~1031)으로부터, 그의 아들 흥종(興宗, 1031~1055)·도종(道宗, 재위 1055~1100)을 거쳐, 귀족들의 내분 때문에 국위가 내리막길로 접어들더니, 시대는 황음(荒淫)으로 민심을 잃은 천조(天祚) 황제(재위 1100~1125) 치세에 접어들었다. 금나라의 태조(阿骨打)는 이때 정토(征討)의 깃발을 휘날리며, 친정(親征)나온 요의 천조황제의 대군을 송화강변에서 대파하였다. 이 전투에서의 대패로 요나라의 국위는 급격히 실추되고, 또 이에 관한 소문은 송나라 조정에도 전해졌다. 송은 이때를 이이제이(以夷制夷), 즉 이민족끼리 싸우게 함으로써 어부지리를 얻는, 중화민족 고유의 외교정책 내지 원교근공(遠交近攻) 정책으로, 연운(燕雲) 16주를 수복하는 절호의 기회라고 판단하였다. 그리하여 사절을 해상길을 통하여 금나라 태조에게 파견하여, 다음과 같은 조건으로 금—송이 협력하여 요를 남북으로 협공하자고 제의하였다. 즉, 금나라가 북으로부터 요의 중경(中京)을 공격하는데 호응하여, 송은 남으로부터 요의 남경(南京, 北京)을 함락시킬 것, 이런 협공(挾攻)이 성공했을 때 금은 후진(後晉)시대에 거란(契丹), 즉 요에게 할양했던 중국본토지역을 송에게 구속시키는데 동의하고, 그 이외의 요의 구영토는 모두 금나라에 할양한다. 송은 종전에 요나라에 해마다 바쳤던 은·비단의 세폐(歲幣)를 금나라에 제공한다. 이상이 주된 조건이었다.

금의 태조는 이 조건을 수락하고 또 이것에 따라 군대를 진격시켜 요의 상경(上京)·중경(中京)을 함락시킨 다음, 천조제가 도망치는 것을 추격하여 서경(西京), 즉 산서성의 대동(大同)을 빼앗고, 남경(즉 北京)에 도망쳐 있던 천조제가 그의 동맹국인 서하(西夏)로 도망치는 길을 막아버렸다.

송나라는 농민운동 대책 때문에 얼마간 뒤떨어져 환관 동관(童貫, ?~1126, 北宋朝를 멸망케한 장본인) 등을 도원수로 삼아, 요의 남경을 포위공격했으나 요군의 필사적인 저항에 부딪쳐 성을 함락시킬 수 없었다. 결국 송의 도원수 동관은 산서성에 전전(轉戰) 중인 금의 태조에게 밀사를 보내어 금군을 청해다가 그 무력으로 북경(北京)을 공략하는데 성공하였다. 천조제는 혈로를 뚫고 서하국에 도망치려 했으나, 입국이 허용되지 않아 우왕좌왕하고 있을 때, 금군의 추격을 받아 포로가 된 후 1125년, 요나라 개국이래 9대 219년만에 나라를 멸망시킨 마지막 황제가 되었다.

전쟁이 일단락되자 송은 금군이 점령하고 있는 북경부근의 영토할양을 요구하였다. 금의 태조는 송이 지금까지 요에게 바친 양의 세폐 이외에, 북경부근에서 징수하는 조세와 맞먹는 전백만(錢百万)을 금나라에 지불할 것, 북경공략의 보상으로서 식량 20만석을 금에게 보낼 것 등의 새 조건을 수락케 한 다음에야 금군을 철병시키고 북경과 그 주위 6주를 송나라에 넘겨주었다.

이리하여 금은 만주·몽골로부터 화북지방 일부에 이르는 요국 영토의 대부분을 손아귀에 넣었다. 그러나 그는 이 지역에 살며 그때까지 지배민족이던 거란인을 비롯하여 발해인과 만주내 여러부족, 화북지방에 사는 한족 등을 어떤 방식으로 지배할 것이냐 하는 문제에 부딪혔다. 가장 큰 문제는 거란인에 대한 조치였는데 때마침 귀찮은 사건이 한가지 일어났다. 요가 멸망하기 3년전인 1122년에 요의 황족 야율대석(耶律大石)이 일부 거란인을 인솔하고 외몽골 지방으로 탈출하여 산서성 북쪽변방지역의 회복을 도모하고 있었다. 이 회복운동이 성공하지 못하자, 그들은 서쪽으로 전진(轉進)하여 중앙 아시아에 침입하여 위구르(回紇族)을 복속시켰고, 이슬람교국인 호라즘을 사마르칸드에서 격파한 다음, 취하(吹河, 츄이) 강변에 있는 베라사군을 수도로 정하고 서료국(西遼國)을 세웠다. 한문화의 영향을 받은 이 거란인이 중앙아시아에 건설한 왕국은 원(元)나라에 의해 멸망당할 때까지 80년간이나 유지되었다.

서료국의 존재는 멀리 떨어져 있기는 했지만, 이민족인 여진족이 세운 왕조밑에 놓이게 된 거란인에게, 독립의 희망을 안겨준 것이다. 이리하여 금나라는 자기 지배하에 들어있는 거란인이 서료국과 연락을 취하여 반란을 일으킬 것을 염려하여, 한쪽으로는 관용한 태도를 취하면서도 다른 한편으로는 엄한 감시를 계속하였다.

금의 태조는 화북지방의 요의 영토이던 연운 16주로부터 한족출신 관리·부호·장인(匠人) 등을 만주지방으로 이주시켜 만주지방의 문화를 향상시키고 농공업 생산을 확대 발전시키게 된 데 만족하고, 영토 그 자체에 대해서는 별로 관심을 표시하지 않았다. 6개주의 반환약속을 이행한 후, 금의 태조가 죽고 그의 동생인 태종(太宗)이 즉위하자 송은 손바닥을 뒤집듯이 약속을 어기고 은·비단의 세폐와 전비배상(戰費賠償)으로서의 식량을 보내지 않았을 뿐만 아니라, 금나라의 반군을 원조하였고, 도망쳐 나온 금군의 장군을 감추어 두고 보호하였다. 분노한 금의 태종은, 1125년말에 알리불(斡離不), 오리브, 중국이름은 宗望)과 점몰갈(粘沒喝, 네무호, 중국이름은 宗翰)의 두 장군에게 명하여, 각각 하북성과 산서성의 두 길로 남하하여 송나라를 정벌케하였다. 종망(오리브)이 연경(燕京, 北京)에 이르니, 실력으로 이곳을 지배하고 있던 한족과 발해인의 혼합부대인 옛 요군, 소위 상승군(常勝軍)이 성문을 크게 열고 금군을 맞아들였을 뿐만 아니라 금군을 안내하여 토송남진(討宋南進)의 선봉에 설 것을 지원했다. 이것은 송나라의 관리와 군인이 너무나 부패하여, 반환된 이 지방의 행정관리에 대하여 변경(汴京) 당국이 유효적절한 조치를 전혀 취하지 않았던 결과로 초래된 현상이었다.

연운 6개주 수복의 주동자였던 송나라의 태원수장(太原守將) 동관(童貫)은, 종한(네무호)의 금군이 접근하자 싸우지도 않고 도망쳤다. 그러자 태원부 지사(太原府知事) 장효순(張孝純)의 생명을 건 방위전으로 태원성은 얼마동안 유지되었다. 한편 종망(宗望, 오리브)의 군은 승승장구하여 다음해 정월, 수도인 변경(汴京, 開封)성 밑에 도달하였다. 태평성세의 잠에서 깨어난 송의 휘종(徽宗)은 천하에 조칙을 내려 근왕(勤王)의 군대를 모집하는 한편 책임을 지고 제위에서 물러나 태자에게 양위하였다. 이것이 흠종(欽宗)이다.

자신을 죄주고 직언을 바라는 조칙(詔勅)

휘종(徽宗)은 젊었을 때, 경솔한 사람이라고 일컬어졌다. 감각적인 인간으로서, 서예가·화가로서도 일가를 이루는 한편 예술가의 보호자로서 뿐만 아니라 중국 역대의 제왕 가운데서 최고의 문화군주였다. 예술을 애호한 나머지 채경(蔡京)·동관(童貫)과 같은 간악한 정치가에게 국정을 맡긴 것이 실패의 원인이 되었다. 점차 악화된 송나라의 군사력을 가지고, 그 용맹스런 북방이민족의 압력에 대항하지 않으면 안될 시국의 긴박성에 대처함에 있어, 휘종은 전혀 장님으로 만들어져 있었다. 금나라 군대에 의하여 수도 변경이 포위되는 국면에 이르러서야 비로소 시국에 대하여 눈을 떴다. 간신배(奸臣輩)들에 의한 언론의 억압과 구법당(舊法黨) 정치가들에 대한 자기의 불명(不明)을 백성들에게 깊이 사죄하는 조칙을 내렸다 이런 조치에 뒤이어 언로(言路)를 터 지용(智勇)있는 인사들이 대담하게 발언하며, 천하의 충의 용사들이 근왕(勤王)의 군을 조직하여 국가의 위기를 구해줄 것을 호소하였다. 이것은 당나라 덕종(德宗)이 했던 고사를 본받은 것이지만, 엄격한 자기반성위에서 서서, 보다 광범한 지식인을 주체로한 계층에 호소한 점이, 송의 새로운 정치상의 사고방식으로 나타났다.

휘종의 양위(讓位)로 흠종(欽宗)이 즉위하자 조정에서는 수도를 남쪽으로 옮겨서 금군의 공격을 피하자는 의견이 우세해졌다. 이에 대하여 특별히 요청되어 정승이 된 이강(李綱)은 변경(개봉)을 사수하면서 몇 번이고 금군의 공격을 격퇴하였다. 근왕의 원군이 사방에서 모여들었는데, 그 수가 20만에 이르렀으므로, 이들로써 게릴라전을 전개하여 60만 금군의 보급선을 차단하여 고립시키면, 능히 승리할 수 있다고 그는 주장하였다. 그러나 흠종은 이를 물리치고 사신을 금군에 파견하여 강화를 제의하였다. 금은 송에 대하여 금 500만량과 은 5,000만량 등의 지불과 중산(中山, 하북성 定縣)·하간(河間, 하북성)·태원(太原, 산서성) 등 3진(鎭) 20주(州)의 할양을 요구하였다. 송조에는 이런 막대한 전쟁배상금을 지불할 재력도 그리고 3진을 포기할 결심도 없이, 다만 당면한 위기에서 벗어나기 위해서는 이 요구를 수락하였다.

금군이 북쪽으로 철군하자 송은 맹약을 위반하여 3진을 수호하고 금에게 넘겨주지 않으면서, 금나라 경내에 밀정을 침투시켜 내란을 일으키도록 획책하였다. 금이 태종은 격로하여 대군을 이끌고 하북(河北)에서 또다시 남하하여 태원(太原)을 함락시킨 종한(宗翰, 네무호)까지 공격에 가담시켜 변경을 포위하였다. 이때 송국에게 더욱 불행했던 것은, 이런 위기를 맞이하여 조정에서는 주전론과 화평론의 대립으로 끊임없이 방침이 동요하였으며, 특히 최종단계에서는 감정적인 일부학자와 대학생 주전론의 압력을 받아 무모하게도 변경사수를 결의한 일이다. 전쟁준비를 게을리하고 있던 변경성은 미구에 함락되어 금군은 흠종·휘종과 황후·황족·궁녀 등을 포로로 하였고, 변경성안의 금·은·보화를 모두 약탈한 다음, 만주의 상경(上京, 會寧府)으로 철수하였다. 1127년, 이리하여 북송은 태조이래 168년으로 일단 멸망하였다. 이것을 정강(靖康)의 난이라고 한다.

2. 남송(南宋)과 금(金)의 대립

금은 변경을 공략했지만 사방에서 봉기한 송의 근왕군에 의하여 퇴로를 차단당할 우려가 있었다. 북쪽으로 군을 철수시킴에 있어, 금은 변경에 대한 제1차 포위공격시 인질로 잡았던 송의 대신인 장방창(張邦昌)으로 하여 금 황하이남의 땅을 주면서 초(楚)나라를 세워, 한족의 괴뢰정권으로 중원지방을 지배케하려고 획책하였다. 금군이 물러가자 장방창은 곧 퇴위하고, 북쪽으로 잡혀가는 것을 모면한 휘종의 아들을 응천부(應天府, 하남성 商丘)에서 황제로 옹립하였다. 그가 고종(高宗)황제로 불리우는 휘종의 유일하게 남은 황자였다.

고종은 이윽고 양자강 북안에 위치한 남주(南州, 강소성 揚州府)로 천도했으나, 괴뢰정권 수립정책에 실패한 금나라의 태종은 또다시 대로하여 남정군(南征軍)을 보냈다. 송나라의 명신 송택(宋澤)이 수비책임을 맡고 있던 변경은 일찌감치 격파 함락되고, 이들을 추격한 금군이 다시 양주(揚州)에 육박하였다. 여기서 고종은 하는 수 없이 양자강을 건너 항주(杭州)에서 온주(溫州)로 도망쳤다. 영파(寧波)까지 추격한 금군은 이르는 곳마다에서 한세충(韓世忠)·장준(張俊) 등 송나라 의용군의 저항에 부딪히자, 하는 수 없이 양자강을 건너 북쪽으로 되돌아갔다. 이리하여 1138년, 고종은 임안(臨安,

杭州)으로 돌아가 남송왕조의 기초를 세움으로써, 여기에 만주지방에 여진족이 세운 금왕조와의 남북대립 형세를 출현시켰다.

중국의 역대 왕조중에서 이런 이민족이, 중국내륙에 제1차적으로 침입하여 세운 정복왕조로서는, 척발족(拓跋族)이 북위(北魏)왕조(386~535년)를 세운 것을 시작으로, 후에 제3차로 만주족이 세운 청조(淸朝, 1616~1911)가 있다. 제2차적인 정복왕조는 요(遼)·금(金)왕조이고 이것은 다음의 몽골족의 원조(元朝)로 이어졌다. 북위왕조는 5호 16국과 같은 이민족이, 중국의 한부분을 영유한 「변경왕국(邊境王國)」에서 화북(華北)을 지배한 북조(北朝)로 이행하였다. 거란족(契丹族)의 요왕조는 만주지방을 주된 영토로 삼고, 중국대륙은 겨우 하북성·산서성이라는 일부만을 영유한데 불과했으므로 관중(關中)지방을 중심으로 하는 중국내륙이라는 관점에서 보면 변경 왕국적인 성격의 국가였다. 그러던 것이 금조(金朝)가 되면서 바야흐로 북방의 정복왕조가 되려고 하였다.

요국은 관제(官制)운용에서 남·북 양면으로 나누어서 행하되, 중국적인 제도는 한족에게만 적용하고, 부족제의 거란족에게는 적용하지 않았다. 금나라는 처음으로 요나라의 위와 같은 2중 제도를 답습했지만, 태종 후기에는 중국의 3성제(三省制)로 일원화시켜 군주권의 강화를 기도하였다.

금은 괴뢰 초(楚)나라를 조작하여 실패한 경험에 상처를 받았음에도 불구하고, 한인(漢人) 괴뢰정권에 의한 한족의 간접지배정책을 취하였다. 송나라의 진사(進士) 출신이며, 산동성 제남부(濟南府)의 지사(知事)인 유예(劉予)를 제(齊)나라 황제로 내세워, 황하이남, 회수(淮水) 이북의 산동성·하남성·강소성·안휘성 등 구 송나라 영토의 일부를 통치케 하였다. 유예를 보호하던 금나라 산서군(山西軍) 장관인 송한(宋翰, 네무호)이 실각하자, 제나라는 불과 8년(1129~1137)으로 폐지되고 말았다. 이처럼 금군의 압력하에 송의 구(舊) 관료·군인을 임용하여 한인을 통치케한 경험이, 그 후 금조(金朝)의 북방지배에 충분히 활용되었다.

남북조의 대립과 송·요·금사이의 본질적인 차이는 민족의식의 유무에 있었다. 남조의 한인귀족들은 귀족적인 문화교양이 없는 북조인들을 경멸하였다. 남조에서는 귀족의 신분의식 속에서만 민족의식이 있었을 뿐, 그 자체로서의 멸시는 존재하지 않았다. 그런데 송의 정치담당세력인 사대부(士人夫)를 중심으로 한 광대한 지식층은 송학(宋學)이라고 불리운 신유교의 학습으로 화·이(華·夷)의 차별에 입각한 민족의식을 키워 나갔던 것이다. 「정강(靖康)의 난」이라는 민족적인 일대 비극으로 유발된 북방 오랑캐에 대한 한민족의 의식은 최고조에 달하였다. 감정에 사로잡혀 군사력이 열세하다는 현실을 무시하고 연운(燕雲) 16주의 실지를 회복하겠다는 희망은 이이제이(以夷制夷)의 안이한 길을 선택하여, 신흥 여진 민족의 힘을 빌어 거란민족을 억제함으로써 실현시키려 했으나, 그 결과는 오히려 여진족에게 화북지방 전체를 빼앗겼을 뿐만 아니라, 북송조가 양자강 유역으로 추방당하는 대실패를 범하였다. 그러나 이들은 이에 관한 반성을 하지 않았던 것이다.

  신법당과 구법당의 싸움은 북송말기에는 금에 대한 주전론(主戰論)과 화평론(和平論)으로 바뀌었지만, 남송조에 이르러 주전론과 화평론의 대립은 금나라 포위하에서의 대립때보다 더욱 발전하여 한층 더 격화되었다.

  남송의 고종이 임안, 즉 항주(杭州)로 서울을 옮긴 초기에, 송나라에서는 백성들 사이에 금나라에 대한 민족의식이 높아져, 북송시대의 관료적인 군인과는 달리 악비(岳飛, 1103~41)·한세충(韓世忠, 1080~1151)과 같이, 사병출신의 실전파 장군이 나타나, 금을 반대하여 반격전을 전개하였다. 특히 악비는 하남성으로 진격했는데 바로 그 무렵에 금에서는 태종이 죽고 희종(熙宗)시대에 접어들어 있었다. 그런데 희종은 전선을 축소시켜 회수(淮水) 이북지역만을 확보하는데 만족하는 평화적인 분위기를 조성하고 있었다. 남송에서는 금에 포로가 되어 있다가, 희종의 이러한 화평정책에 부응하여, 금나라 화평파의 양해하에 진회(秦檜, 1090~1155)가 송환된 것을 임안에서 맞이하였다. 일찍이 요동땅 벽지에서 고통스러운 생활을 보내고 있는 생모 위씨(韋氏)와 휘종·흠종의 송환을 간절히 바라던 고종은 송환된 진회를 요직에 앉힌 다음, 그를 금나라와의 화평교섭 책임자로 임명하였다.

  진회는 전공을 세우고자 날뛰는 남송의 장군들인 한세충·악비·장준(張俊)의 군대를 전선에서 후방으로 철수시킨 다음, 금과 화평조약을 맺었다. 두

제16장 파국의 도래 — 남송과 금국의 남북대립

나라는 회수를 국경선으로 할 것, 남송은 해마다 은 25만량·비단 25만필을 금에게 바칠 것, 송의 황제는 금의 황제에게 신종(臣從)의 예를 취할 것 등을 약속하고, 이미 죽은 휘종의 유골과 함께 생모인 위씨의 송환을 받았다.

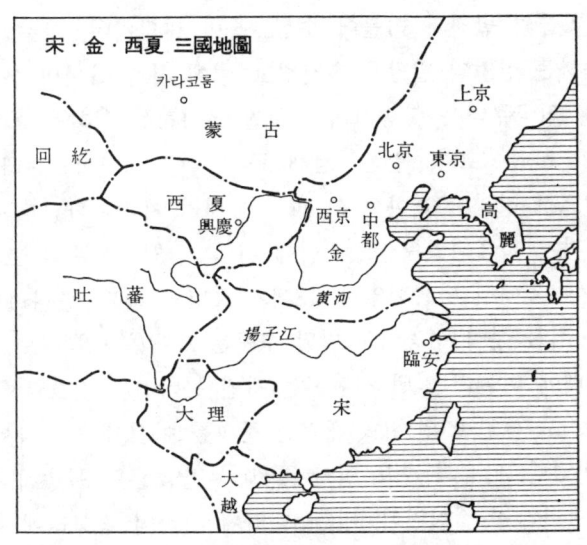

宋·金·西夏 三國地圖

양국의 화평은 실현되었지만, 하북지방을 실력으로 회복할 수 있다고 확신하고 군인과, 송학(宋學)의 엄격한 윤리관념에 따라 군부(君父)의 원수인 금나라와의 화평을 치욕으로 생각한 학자·대학생들은 이 강화조약에 맹렬히 반대하였다. 여기서 진회는 언론을 탄압하고, 악비 이하의 주전파 장군들의 병권을 박탈했는데, 특히 악비를 무실(無實)의 죄로 고발하여 끝내 옥사케 하였다. 악비는 후세에 오랫동안 중국의 첫째가는 구국의 영웅으로 추앙되었다.

기실 남송에서는 오랫동안 전란이 계속되었기 때문에 백성과 병사들 사이에는, 상당히 염전(厭戰)기분이 감돌고 있었다. 이런 점을 고려한다면 진회에 대한 학자들의 비난도 무조건적으로 찬성할 수는 없는 점이 있었다.

그 후 약 20년에 걸쳐 평화가 계속되는 사이에, 남송조는 잃어버린 황하

유역에 대신하여, 양자강 유역개발에 힘썼다. 수리·관개사업에 힘쓴 결과 쌀·차·고구마 등의 농업생산이 증가했고, 한편으로는 절강성의 용천(龍泉), 강서성의 경덕진(景德鎭) 등의 도자기를 비롯하여, 견직물·제지·목판인쇄업 등이 각지에서 발전하였다. 수운(水運)의 편이 좋은 이 지역에서는, 조선(造船) 기술의 발전과 더불어 수상교통이 발달하여, 대량의 화물을 먼 지방에 수송하는 상업의 발달을 촉진했고, 이에 따라 화폐의 사용이 활발해졌다. 남송의 외국무역은 북송시대를 훨씬 초과하는 성황을 가져와 직물·서적·도자기가 금·고려·일본·남해 등 각국에 수출되었는데, 특히 도자기는 세계적으로 명성이 높아서 그 판로가 멀리 자바·이집트·아프리카의 소말리 해안까지 확대되었는 바, 최근에 이런 지역에서 송의 도자기와 엽전의 유품이 여러곳에서 발굴되었다. 13세기 초엽만 해도, 송나라의 제지·인쇄·도자기·직물 분야 수공업의 발달 수준은 그때까지만 해도 아직 중세기적인 정체상태에 머물러 있던 서유럽을 훨씬 능가하는 것으로서, 이것은 서양의 르네상스보다 한발 앞서, 근대적인 문화를 아시아 지역에서 먼저 꽃피우게 한 것이었다. 남송의 수도 임안(臨安)의 번영상은, 북송시대의 변경(汴京)을 훨씬 능가하는 것이었다. 원(元)나라에 의하여 평화리에 접수된 임안의 도시생활은 이곳을 13세기말에 방문했던 이탈리아 베네치아로부터의 여행자 마르코 폴로(Marco Polo, 1254~1324, 1275~92년간 원나라 조정에 봉사)를 경탄시켜 「지상의 낙원」이라고 절규케 하였다. 이 발달된 도시 임안(항주)은 르네상스 시대 이탈리아의 대표적 도시였던 베네치아와는 비교가 안될 정도로 대규모였던 것이다.

지상의 낙원 — 임안(臨安)

마르코 폴로는 주위 150km에 걸쳐 1,200개의 다리가 놓여진 마치 물위에 떠 있는 거대한 도시와 같은 임안(臨安, 杭州)을 보고 경탄한 나머지, 『동방견문록』에 많은 지면을 할애하여 상세히 소개하고 있다. 마르코 폴로가 이 도시를 지상의 낙원이라고 표현한 것은 아주 유명하지만, 이 표현은 기실 임안시의 가희(歌姬)들이 모여사는 유곽(遊廓)에 관한 대목의 서술에서 나온 것이다. 이 호화롭고도 무엇이라 표현할 수 없는 야릇한 향기에 가득찬 유곽지대에 모여사는 미녀들의 매력에 포로가 된 이방인인 마르코 폴로 자신은, 이 도시에서의 체재 경험을 마치 파라다이스에 있었던 것처럼 회고하고, 언젠가는 다시 한번 임안을 찾고 싶다고 생각하여 이렇게 썼던 것이다. 당시 세계최대의 도시 임안에서의 극도로 발달한 도시생활의 일면을 이로써 엿볼 수 있다.

남쪽으로 옮겨간 북송의 귀족과 왕족 그리고 지주출신 고급관리 및 무장(武將)들은, 정치권력을 이용하여 농민의 토지를 약탈하여 대지주가 되었다. 특히 무장들은 금군(金軍)에 저항하였다는 명분을 내세워 농지를 대량적으로 차지하였다. 금나라에 대한 구국의 영웅과 후세에 역시 추앙된 무장들은 농지 겸병(農地兼倂)에 저항하는 농민반란을 토벌했던 군대에서 입신양명한 사람들이 많았다. 이에 대하여 왕족·고관들은 토착 지주들과 함께 양자강 하류의 수전개발사업을 독점하여 광대한 농지를 점유하게 되었다. 화평파의 재상 진회(秦檜)와 한탁주(韓侂冑, ?~1207)는 정치권력을 배경으로 대지주가 되었다. 남송 정부는 이들에게 토지집중에 대하여 법제로써 금지하는 정책을 취하지 않았고, 다만 군량미를 확보하고 재정궁핍을 타개하기 위하여 가사도(賈似道, ?~1276)는 공전법(公田法)을 시행하였다. 절강성·강소성의 일부 한도를 넘는 관민의 농지중 3분의 1을 정부가 몰수하여 농민에게 경작시키므로써, 거기서 일정한 조세를 납부케 하였다. 이것은 지방주민의 반감을 불러 일으켰으므로 미구에 폐지되었지만, 결국 남송사람들을 불안에 빠뜨렸고 또 남송조가 멸망하는 간접적인 원인으로도 되었다.

남송조는 남쪽으로 옮아간 당초부터 금나라에 대한 세공(歲貢)에 충당한다는 명목으로, 백성들에게 각종 세금을 부과했으므로 백성들의 부담은 무거워져 가기만 하였다. 이에 반대하여 남송 각지에서 농민폭동이 일어났지만, 북방 이민족에 대비하여 증강된 남송조 군사력에 의하여 이런 반란은 비교적 손쉽게 평정되었다. 남송 사회에서는 농민과 지주와의 대립은 근본적으로 해결됨이 없이 몽골족에 의한 멸망의 날을 맞이하게 된다.

남북간의 화평상태는 금나라에도 커다란 영향을 미쳤다. 평화조약이 성립되자 금은 국경선상에 시장을 개설하고 국외무역을 시작하였다. 금국의 주된 수입품은 차(茶)였는데, 처음에는 화북에 사는 한인이 소비했으나 금의 상류층으로부터 점차 일반인도 그것을 소비하기 시작하였고, 후에는 거의 일용 필수품화 되어 대량적으로 수입하게 됨으로써, 무역고는 금나라측의 수입초과 현상으로 나타났다. 송은 금에게 해마다 은 25만량, 비단 25만필을 바쳤지만, 이것은 무역흑자로 거의 상쇄(相殺)되었다. 송은 금에 대하여 세폐 납부를 굴욕적인 평화조약을 맺은 것으로 생각하였지만, 전체적으로 보면, 송나라 경제에 있어 별로 마이너스된 점이 없고 오히려 경제발전을 촉진시키는 작용을 하였다.

무역확대는 여진족의 중국화 원인이라기 보다는 차라리 그 결과였다. 금나라에서는 희종(熙宗)이 여진족 고유의 제도를 버리고 중국적인 지배제도를 시행하는 정책을 취했는데, 태조의 서자로서 희종을 살해하고 스스로 제위에 오른 해릉왕(海陵王) 양(亮)은, 이 정책을 더욱 추진시켰다. 그는 만주의 근거지인 상경(上京, 會寧府)을 폐쇄하고 도성을 연경(燕京, 지금의 北京)으로 옮기는 동시에, 금나라의 기초단위이며 직속부하에 해당하는 맹안(猛安)과 모극(謨克)에게 화북지방의 땅을 나누어주고 그곳으로 이주시켰다. 이주한 여진족은 거기에 성곽을 쌓아 정착하면서 주·현정부의 관할밖에 놓여져 일반 한족과는 다른 특권적·치외법권적인 대지주가 되었다. 해릉왕은 여진족의 부족제 국가를 폐지하면서 중국적인 독제군주제 국가로 재편하고, 그에 의하여 중원에 대한 지배체제를 확립코자 하였다.

금나라는 일찍이 개국초부터 요(遼)문화, 즉 거란문화의 영향을 받아, 거란문자의 자모(字母)를 모델로 여진대자(女眞大字)를 창제했는데, 희종은 복잡한 형태의 여진대자를 분해하여 실용에 가까운 여진소자(女眞小字)를 다시 제정한 바 있다. 해릉왕은 야만인으로서 본능적인 충동을 받는 그대로 행동에 옮겼으므로, 성관계가 아주 무궤도·무절제했던 인물인데, 아마도 중국 역대왕조 가운데서도 가장 포악한 전제군주의 하나였을 것이다. 그런 미개한 해릉왕이었지만, 다만 중국(한족)문화에 심취하여 스스로 한문·한시를 짓는 문학적 재능을 과시했다. 남송의 서울 임안의 서호(西湖)를 그린 승경도(勝景圖)에 그가 스스로 제목 달아 지어서 써넣은 시는 유명하다.

제16장 파국의 도래 — 남송과 금국의 남북대립

말을 세우리, 오산(吳山)의 제1봉에

해릉왕(海陵王)은 송-금나라 사이에 왕래하는 사신들로부터 남송의 수도 임안(臨安)의 번창과 서호(西湖)의 절경(絶景)에 관한 이야기를 듣고, 비공개적으로 화공을 보내어 서호의 풍경을 그려 오게 한 다음, 거기에 「백만의 군사를 이끌고 서호 호반에 서게 되면, 말을 세우리라. 오산(吳山)이 제1봉에」라는 시를 써넣었다. 오산의 제1봉이란 서호와 전당강(錢塘江) 중간에 있는 언덕으로서, 그곳은 서호와 전당강 양쪽의 경치를 모두 살필 수 있는 곳이다. 한족의 문화를 동경하였으나, 야만인으로서 스스로 소외감을 느꼈던 그는 그후 시에서 쓴 그대로 100만의 대군을 이끌고 임안에 쳐들어가 그곳을 차지하고자 무모한 원정을 실제로 시도했던 것이다.

해릉왕은 아름다운 임안을 점령하고 거기서 노닐겠다는 일념에서, 군선을 건조하고 북쪽변방의 거란인을 징집하는 등 준비를 갖춘 다음 1161년, 스스로 100만을 칭하는 대군을 이끌고 회수(淮水)를 남하하여 채석진(采石鎭, 안휘성 當塗縣)에서 양자강을 도하하려 했으나 실패했다. 금의 국내에서는 원정을 위한 전비조달과 징병에 대한 반감이 고조되었고, 거란인이 일으킨 반란은 좀처럼 진압되지 않았다. 동경(東京), 즉 요양(遼陽)을 수비하고 있던 4촌 동생 오록(烏祿)이 이 난을 평정하여 인망을 얻자 추대되어 제위에 올랐다. 이것이 금나라의 세종(世宗)인데, 그는 해릉왕의 포학성을 문책 단죄하는 선언문을 발표하였다. 이 소식을 전해들은 해릉왕은 그대로 또 한번 도하작전을 강행하고자 했으나 부하에게 살해되었다.

채석(采石)의 싸움

해릉왕(海陵王)은 동으로는 산동성 해안으로부터 임안을 향해 수군을 남하시켰고, 서쪽으로는 사천성·호북성에서 군대를 진격시켰으며, 자기자신은 주력군을 이끌고 양주(揚州)와 채석(采石)으로부터 양자강을 도하하여 임안을 공략하려고 했다. 남송으로서는 대단한 위기에 처했던 것이다. 채석 나룻터의 수비병은 회수(淮水)에서 후퇴하면서 주장(主將)을 잃었지만, 이때 마침 순시차 파견됐던 문관출신의 우윤문(虞允文, ?~1174)이 패잔병을 수습 지휘하여, 절반쯤 도하한 금군선단을 포착하여 격멸시킴으로써 금군의 도하기도를 완전히 분쇄하였다. 이것은 민족을 구출한 일전으로서 일찍이 동진(東晋)의 사현(謝玄)이 전진군(前秦軍)의 남하를 비수(淝水, 안휘성 合肥縣 발원)에서 격파한 고사와 병칭(並稱)되고 있다. 옛날부터 중국에는 남선북마(南船北馬)라는 말이 있지만 이번에도 수군을 주력으로 하는 남송군이 기마병을 주력으로 하는 금군에 대하여 자기의 장점을 십분 발휘한 전투로 평가되고 있다.

남송에서는 고종으로부터 양위받은 효종(孝宗)이 유교의 권위자인 주자(朱子, 본 이름은 朱熹, 안휘성 務景縣생, 1130~1200)등 주전론자들의 뒷받침으로, 이런 기회를 실지회복의 계기로 삼고 출병시켰지만, 육전에서 곧 패배함으로써 결국 송·금간에 화평관계를 재건하려는 금의 세종과의 사이에, 평화조약을 성립시키지 않을 수 없었다. 이번 평화조약에서는 남송의 군주가 종전의 금의 황제를 군주로 하여 신하의 예를 취하던 것을 바꾸어 숙질(叔姪)관계로 고쳐 남송황제가 금제(金帝)를 숙부로 부르게 했고, 매년의 세공(歲貢)을 세폐(歲幣)로 개칭하여 은 25만량·비단 25만필을 각각 20만량과 20만필로 감액시키기로 하였다. 남송조정에서는 이로서 이민족에게 복종해오던 굴욕감과 중원지방을 수복하려는 학자와 대학생의 주전론에 대하여 겨우 체면을 세웠다.

금나라의 세종이 이렇게 양보한데는, 송과의 전쟁, 거란인의 반란 등으로 군사비가 과다하게 지출된 재정적인 궁핍상이 원인이었다. 중원지역으로 이주한 여진족은 불과 20여년 사이에 국가의 보호정책에 습관화 되고, 또 중국의 관료계급을 모방하여 사치·나태해진 생활을 보내게 되면서 파산상태에 빠지게 되자, 하사 받았던 농토를 내놓은 사람이 속출하게 되었다.

여기서 세종은 북위(北魏)의 효문제(孝文帝)가 척발족(拓跋族)의 풍습을 고쳐 한화(漢化)를 촉진시킨 결과 국세가 기울어졌던 교훈에 비추어, 여진족 고유의 풍습으로 되돌아가는 정책을 취하여, 여진 사람이 한인의 성으로 고치거나 중화인식의 의복 입는 것을 금지하였다. 또한 중국고전을 여진문자로 번역시켜서 읽히고, 여진어 교육에 중점을 두기 위하여 여진어 대학을 설립했고, 나아가 여진어에 의한 과거시험(科學試驗, 즉 進士시험)을 실시했다.

금의 세종은 서하(西夏)가 자기네 내란을 평정하는 일을 원조함으로써 깊은 감사를 받았고, 또 금나라에 복속시켰다. 금의 세력범위는 동은 동해(일본해)로부터 서는 몽골 서쪽까지 중국의 남으로는 회수(淮水)·한수(漢水)선에 이르러, 당시로서는 동북아시아의 최대강국이었다. 금왕조 재흥의 명군이요, 금의 작은 요·순(堯·舜)으로 불리던 세종의 뒤를 이은 장종(章宗)은, 한족적 문예 교양이 깊어서 한문·한시·서예에 능하였고, 중국 역대의 천자중에서도 드물게 보는 문학적 재능을 가진 임금이었다. 원래 남송 망명자들에 의하여 기초가 두어진 금조(金朝)의 문학은, 이 무렵에 강남의 남송문학에 대하여 중주(中州)의 문학전통을 이었다는 자부심 가진 원호문(元好問, 1190~1257, 太勇 출신, 호가 遺山)과 같은 대시인을 배출시켰다. 종교계에서도 유·불·도의 3교를 통합한 전진교(全眞敎)라는 새 도교가 생겨나 여진 체제에 불만을 품는 화북지방의 한인들 사이에서 신봉되었다. 금나라 서북지방에 분포된 몽골 유목민족에 대해서는, 국경지대에 계호(界濠)라고 일컫는 방위시설을 갖추어 놓았고, 또 가끔 출병하여 「몽골인잡이」를 실시함으로써 몽골족의 인구증가를 억제하는 등의 정책을 취하였다. 그럼에도 불구하고 몽골족의 세력은 점차 강대해져 북쪽으로부터 금나라에 위협을 가하고 있었다. 중원지방에 이주하여 대지주화한 여진인은 점점 더 한인화되면서, 무력이 쇠약해졌는가 하면, 게다가 장종(章宗)측근의 전횡(專橫)으로 국위는 날로 쇠퇴해갔다.

남송에서 영종(寧宗)은 조여우(趙汝愚)를 재상으로 하고, 송학(宋學)을 대성시킨 주자(朱子)를 중용하였다. 조여우와 협력하여 영종을 황제로 옹립하는데 공이 많았던 한탁주(韓侂冑)는 자기에 대한 처우에 불만을 느끼자, 외척(外戚)으로서 영종에게 아부하여 우선 주자를 배척하여 물리치고, 뒤이어 조여우도 축출한 다음 자기 수중에 정권을 틀어쥐었다. 그러나 주자를 스승으로 하는 제자들이 전국적으로 들고일어나 한탁주를 탄핵 비난하고 나서자, 한탁주는 주자의 문하생을 위학도(僞學徒)로 엄히 꾸짖으면서, 그들의 관리등용과 저서의 유포를 엄금하는 조치를 취했다.

한탁주는 금나라 내분에 편승하여 외정군을 일으켜 무공을 세우고 또 실지를 회복함으로써 자기의 권위를 견고하게 굳히려 하였으나, 오히려 크게 패배하여 금군을 남하시켜 양자강 북안에까지 끌어들이는 결과를 가져오게 하였다. 두려움을 느낀 남송 조정은 1208년에 한탁주를 처형하여 그 수급을 금군에 보내면서, 화의를 맺기를 요청하였다. 여기서 양국의 국경선을 채석전(菜石戰) 후에 맺었던 조약처럼 원래의 회수(淮水)선으로 돌리며, 또 송나라 황제가 금제(金帝)에 대해 조카의 예를 취하는 것은 전과 같으나, 그 대신 세폐(歲幣)를 은 30만량과 비단 30만필로 올리고, 또 이와는 별도로 전쟁 배상금으로서 은 300만량을 물기로 한 조약을 성립시켜야만 하였다.

송·금 사이에는 1120년부터 1208년까지 번번히 교전이 있었고, 평화조약만도 다섯 번이나 체결되었지만, 이 무렵에는 남송에 대한 금의 위협보다도 외몽골에서 일어난 몽골족이 남진함으로써, 금은 커다란 위협을 느끼기 시작하였다.

제 17 장 몽골(蒙古)의 세계제패

1. 초원의 유목민

자기의 고유영역인 동아시아에 틀어박혀 지역개발에 전념해온 중화민족은, 오랜 역사속에서 단 두 번만 세계에 대규모적으로 작용하여 커다란 위협을 준 바 있다. 첫번째는, 징기스칸(成吉思汗, 1162~1227)을 선두로 한 몽골 기병의 장거리 원정을 통하여, 무력으로 서구사회를 진감(震憾)시킨 일이고, 두번째는 「문화대혁명」에서 모택동(毛澤東, 1893~1976)을 지도자로 「4인방」(江靑·張春橋·王洪文·姚文元)이 「모택동사상(毛澤東思想)」이라는 급진적인 세계 혁명방식을 취하여 중국인은 물론, 미국·소련(구)·서유럽과 동북아시아 그리고 아프리카 사회에 이데올로기 작용을 통하여 커다란 충격을 준 일이다.

첫번째 침략은, 기실 중국 고유의 한민족이 아니라 중국북변 몽골고원에 사는 유목민족에 의하여 강행되고, 중화민족 자체도 그의 침략을 받아 정복당했던 것으로서, 이것은 억울하게도 같은 황색인종에 속하며, 또 중국문화의 영향을 받았으므로, 넓은 의미에서 중국을 대표하는 것이라 하여, 서유럽 사람들로부터 오해받아 결국 황색민족에 의한 세계제패라는 황화론(黃禍論)의 숨은 원천으로 된 사건이다(중·소 이념분쟁 당시인 1960~70년대 구소련이 모택동과 중공에 대한 비판과 공격을 불사한 것도, 기실 옛날 몽골의 러시아 침략에 의한 러시아민족의 황화론이 원인<遠因>의 하나로 되었다고 한다).

몽골고원에 인류가 나타난 것은, 멀리 선사시대(先史時代)의 일이다. 여기서는 돌화살촉을 사용하여 초원을 오가는 사슴 등 들짐승을 잡았고, 돌칼로 그 가죽을 벗겨서 의복으로 하며, 그 고기는 식료로 하던 수렵민족이 살았다. 그들이 남긴 세공석기(細工石器)라는 독특한 신석기문화의 유적이, 이 고원동남부 변두리에서 발견되고 있다. 그들은 점차 유목기술을 발견하고 수렵·유목민족으로 발전해 갔다. 중국의 전국시대(戰國時代, B.C. 403~221)가 되자 그들은 흉노(匈奴)라고 불리우는 강대한 부족국가를 형성하고 중원의 농업민족, 즉 한족의 진·한(秦·漢)제국에 대하여, 빈번히 침입하여 약탈을 강행함으로써 위협을 주었다. 전국시대 북쪽변방의 여러 나라와 이런 나라들까지 통일시킨 진·한제국은, 만리장성(萬里長城)을 축조하여 그들의 침입을 막고자 하였다. 한나라 무제(武帝)에 의하여 흉노가 분쇄된 후에, 선비족(鮮卑族)·유연족(柔然族)·돌궐족(突厥族)이 교대로 몽골고원을 제압하고 중국을 침략하였다. 당대(唐代)에는 그 서부에서 일어난 터키민족이 헤게모니를 장악하고 동·서 돌궐왕국을 건설하였다. 당나라 중반기에 같은 터키계 민족인 위구르(回紇)·키르기스족이 세력을 떨쳤지만, 5대·송대에는 몽골고원 동쪽의 만주땅에서 일어난 거란·여진의 두 민족이 중국에 진출하여, 요(遼)·금(金)의 두 왕조를 연이어 세웠다. 이와같이 몽골민족은 동으로는 퉁구스의 산림속에 살던 수렵민족으로부터, 서로는 같은 초원의 유목민족인 터키족으로부터, 번갈아 가며 압박 받은 끝에 분열되어 부족끼리도 서로 항쟁하고 있었다. 중국 중원으로 들어간 여진족의 금나라가 한문화에 동화되면서 무력이 약화되고, 또 남송과의 싸움에서 피폐되어 있는 사이에, 분열되었던 몽골민족이 통일되어 갑자기 발흥하였다.

몽골고원에 있는 오논(Onon)강의 근원인 불칸산 기슭에서 푸른 승냥이를 아버지로, 하얀 사슴을 어머니로 해서 태어난 아들의 자손이라고, 스스로 믿고 있던 몽골민족의 제부족은, 부근의 강대한 민족들에 압박되고, 또 부족들 사이에서도 좋은 초지(草地)를 서로 차지하려고 싸움을 계속하고 있었다. 그런 부족중의 한 부족의 족장인 예수가이(也速該/Yesugei/Yesugai)가 점차 근방의 부족들을 통합하여, 그 세력이 점차 강대해지고 있을 그때, 동쪽의 이웃인 흥안령(興安嶺) 산록에 사는 타타르(塔塔兒) 부족에게 모살되면서 그 가족도 사방으로 흩어졌다. 그때 고아였던 테무진(鐵木眞, Temuchin, 즉 징기스칸)은 자라서 다른 부족을 통합하여 일대세력을 이루었다. 테무진이란 몽골말로 「가장 좋은 쇠로 만들어진 인간」이라는 뜻이지만, 그말 그대로 그는 불굴의 정신과 침착·기민하고 게다가 면밀한 사려를 갖춘 군사적인 천재였다. 테무진은 북방초원의 가혹한 자연과 부족간의 피투성이의 투쟁을 초극하여 제부족을 통일시킨 사람이 되었다. 1206년 44세가 된 그는 오논강변에서 열린 쿠릴타이라는 여러 족장들의 대집회에서, 제부족의 총족장인 한(칸, 汗)에 추대되어 몽골대한(蒙古大汗)이 되자, 그 자리에서 쿠릴타이(khuriltai/kulital, 부족장회의)를 소집하여 통일국가 기구를 확정하였고, 또 전민족을 지배하는 뜻에서 징기스칸(成吉思汗, Chingis khan)이라고 칭하였다. 그때까지 4주(四周)의 여러 민족들로부터 압박되고, 부족 내에서 서로 항쟁하고 있던 몽골민족이 어째서 징키스칸 밑에서 갑자기 일어나 세계적인 대제국을 건설할 수 있었던가 하는 것은, 지금도 역사의 커다란 수수께끼이다. 어쩌면 적자생존(適者生存)의 유목사회에서 가장 신뢰할 수 있는 용감한 사람을 집회에서 추천하여 그에게 전적으로 지도권을 맡기는 몽골민족의 민주집중주의가 이와 같은 엄청난 일을 했을런지도 모른다.

징기스칸은 이보다 2년 전인 1204년, 서쪽 이웃에 있는 내만(乃蠻) 부족을 정복했을 때, 포로로 잡은 위구르인으로부터 위구르문제에 관한 이야기를 듣고서는, 위구르문자를 본떠 몽골문자를 새로 만들어서 역사를 몽골어로 적기 시작하였다. 아직 미개민족이던 몽골인은 여기서 터키인을 통하여 문화의 빛을 받게 되었고, 이때부터 급속한 발전을 이룩하는 기반을 닦았다.

몽골부족을 통일시킨 징기스칸은 곧 군대를 이끌고 남하하여 서하(西夏)에 육박하였다. 그는 이인효(李仁孝)의 후계자들 사이에서 벌어진 내분의 틈을 이용하여 공격한 결과 끝내 항복을 받았다(1209년). 이 전쟁에서 징기스칸은 사막의 운수교통수단으로서 불가결한 낙타를 처음으로 입수사용하였다. 이에 뒤이어 그는 서쪽 이웃인 위구르(畏吾兒)를 복속시킴으로써 천산산맥(天山山脈)으로부터 이리강 유역에 이르는 일대를 지배하게 되었다.

다년간 압박해오던 금나라에서 내분이 일어났고, 게다가 요동지방에서 거란족이 반란을 일으키자, 징기스칸은 이틈을 타고, 스스로 군대를 통솔하여 산서성·하북성과 요서(遼西)지방으로 침입하여 연경(燕京, 北京)을 포위 공격했으므로, 다급해진 금의 선종(宣宗)은 황녀(皇女)와 금·비단을 보내어 화평을 요청하였다(1214년). 여기서 화해가 성립되어 몽골이 북쪽으로 돌아가자 금의 선종(宣宗)은 몽골의 재침을 겁내어 도성을, 변경(汴京, 하남성 開封)으로 옮겼다. 징기스칸은 이 천도를 몽골에 대한 금나라의 불신증거라는 구실하에 재차 남하하여 끝내 연경(燕京)을 함락시켰다. 이리하여 황하이북 지역의 금나라 영토의 대부분은 몽골군에게 점령되고, 금은 변경을 중심으로한 하남성의 일부만을 지배했을 뿐이다.

몽골과 금나라가 싸우고 있는 사이에 앞서 토멸된 내만부족(乃蠻部族)의 살아남은 왕한(王罕)의 아들이, 서요(西遼)로 도망쳐 그곳 지방정권의 왕위를 빼앗고 재기하여, 몽골을 공격하려는 기세를 보였다. 징기스칸은 자기의 부장인 쩨베(哲別/Tebe)를 보내어 내만부족의 잔당을 공격하게 한바, 이것이 징기스칸의 서방대원정의 계기가 되었다.

2. 대서정(大西征)

쩨베는 1218년, 서쪽의 회교국(回敎國)인 호라즈무(花刺子漠)와의 대립에서 국력을 소모하고 있던 서요(西遼)를 간단히 평정하고, 동(東) 투르키스탄을 몽골의 영토로 편입시켰다. 여기서 서(西)투르키스탄 이서(以西)로부터 아프가니스탄에 걸친 일대를 지배하는 돌궐족 출신 왕 무하메드의 회교국가인 호라즈마(花刺子漠)와 국경을 맞대게 되었다.

징기스칸은 서투르키스탄에 대하여 처음에는 영토적 야심을 품고 있지 않았던 것 같다. 그는 이란계통의 대상(隊商)에게 통상무역(通商貿易)의 길을 트고 싶다는 국서(國書)를 기탁하여, 무하메드왕에게 전달하게 하였다. 그런데 공교롭게도 이 대상일행이 오트랄시(市)에서 약탈자들을 만나 학살당했다. 징기스칸은 이에 대한 책임을 추궁하기 위하여 출병하게 된 것이다.

1219년, 일티슈강변에서 전투준비를 갖춘 징키스칸은 대군을 4개부대로 나눈 다음, 스스로는 본대를 이끌고 진격하여 브하라성을 함락시키고, 다시 터키병·이란병의 대혼성부대가 굳게 지키고 있는 사마르칸드를 공격하였다. 호라즈무 무하메드는 몽골기병의 너무도 질풍 같은 빠른 진격에 깜짝 놀라 사마르칸드성을 버리고 서쪽으로 도망쳐, 끝내 카스피해의 조그마한 섬으로 쫓겨간 후, 실의(失意) 속에 세상을 떴다. 대체로 호라즈무 전국을 평정한 다음, 징기스칸은 주로 사마르칸드에 주둔하였다. 한편 호라즈무의 왕자 쟈라르쯔징(札剌勤丁)은 카블 남쪽에 있는 가즈니산속으로 피신하여 몽골군에 저항했지만 징키스칸에 추격 당하여 겨우 인더스(Indus, 信度河)강을 건너 인도 영내로 도망칠 수 있었다.

무하메드왕을 뒤쫓던 쩨베(哲別)와 수부타이(速不台/Subutai, 1176~1248)의 두 장군은, 다시 카스피해에 이르러 그 서쪽해안을 따라 코카사스산맥을 넘어, 시베리아 서남부에 분산 거주하는 돌궐민족의 일파인 킵챠크부족(欽察部族)을 공격하였다. 킵챠크부족의 요청에 호응하여 오로스(斡羅思, 러시아)의 제후(諸侯)가 군대를 이끌고 응원차 도착하였다. 쩨베·수부타이 두 장군은, 이 연합군을 아조프해안인 칼루카강변에서 대파하고, 도망치는 자들을 추격하여 동남러시아의 카잔 등 여러도시를 약탈하고 돌아다녔다. 이들은 징기스칸이 귀국한다는 소식을 듣고 동쪽으로 향하여 아랄해의 캉리(康里)국을 항복시킨 다음, 본대와 합류하여 1225년, 몽골 수도 카라코룸으로 귀환하였다. 여기서 7년간(1219~1225)에 걸친 징기스칸의 대원정이 끝났다.

징기스칸이 유럽대륙에까지 원정의 발길을 뻗쳤다는 것은, 물론 처음부터 예기했던 일은 아니다. 몽골고원에서 유목생활을 하던 몽골민족은, 겨울에 목초가 결핍되면 남하하여 수확이 끝난 화북(華北)지방의 농촌을 습격하여 약탈하는 것을 거의 연중행사처럼 거듭해 왔다. 호라즈무에 들어가 그 당시에는 문화적으로 선진국이던 이슬람교권의 사마르칸드와 바그다드 등, 호화로운 도시의 번영상을 목격한 원정자들은, 여기서 몽골족의 약탈본능을 더욱 자극받았다. 이들은 일단 성을 함락시킨 후, 저항하는 시민을 학살하고 재보를 빼앗았으며, 부녀자를 겁탈하는 등 갖은 만행을 저지르면서 앞으로 앞으로 전진하여, 끝내는 유럽의 일각에까지 도달했던 것이다. 그들은 동남러시아의 여러 도시를 약탈하고 돌아다녔을 때, 그곳은 아직도 유럽대륙의 문어귀에 지나지 않고, 좀더 오지에는 부유한 나라들이 있다는 정보를 입수했음이 틀림없었을 것이다. 그 언젠가는 또다시 유럽 대륙으로 침입하겠다는 욕망이 몽골인을 눈뜨게 하였는데, 그들은 그 후 2회에 걸쳐 서정(西征)을 계획한 바 있다. 몽골기병에 의한 러시아에의 침입은, 유럽사회에 강력한 충격을 주었다. 유럽서남지역에 삐쭉 나온 발칸반도 옆에 있는, 비잔티움제국에 이런 정보가 전달되자 대공황이 일어나, 각 도시에서는 갑자기 성곽을 수축하고 전비를 증강하여 무기·식량을 비축하기 시작하였다.

몽골기병(蒙古騎兵)

원정군은 말할 나위도 없이 전원이 기병으로 구성되어 있었고, 각 병사는 몇 두씩의 갈아타는 예비 말을 데리고 있었다. 부대는 10인, 100인, 1,000인, 10,000인과 같이, 10진법으로 편성되어 있었다. 원정군의 총병력은 잘 알려지지 않았지만, 징기스칸의 친위부대가 10,000기였던 데로부터, 10만기 정도는 되었을 것으로 추정된다. 바꿔탈 예비 마필까지 합하면, 50만두나 되는 말떼였으니, 군마도 대단한 숫자였다. 동(東) 투르키스탄으로부터 서투르키탄으로 향하는데는, 아무래도 3,000미터 이상되는 만년설 덮인 산맥을 넘어야만 한다. 투르키스탄에 침입한 다음에도, 3,000미터 이상의 힌두쿠시산맥 등이 있어서, 그것을 기병으로 넘는 것이니 7년간의 원정을 수행한 몽골군의 끈질긴 투지는, 정말 측량할 수 없으리 만큼 강인한 것이었다. 이에 대하여 개인적인 무용에 주로 의지하던 유럽의 중세기적 기사는, 전술적으로는 정찰로서 적정을 잘 조사 파악한 기초 위에, 목표대상의 약점을 향하여 바람처럼 신속히 습격하며, 또 숙달된 사술(射術)을 충분히 발휘하는 집단전투가 우수한 몽골기병에게는, 전혀 적수가 되지 못했다. 이런 몽골전군을 지휘하고 끊임없이 목표를 지정해주며 용기를 북돋아주던 징기스칸의 통솔력은, 실로 대단한 것이었다고 평가하지 않을 수 없다.

대원정 결과로 몽골의 영역은 천산산맥(天山山脈)을 넘어 서쪽은 암·실 두 강의 유역에서 이란에 이르고, 서북은 키르키스초원에서 불가강 하류지역에 이르렀다. 동서로는 연해주·동해로부터 페르시아만에 이르렀다. 이런 영토의 넓이로 볼 때, 몽골제국은 그때까지의 세계역사상 알렉산더대왕 (Alexander the Great, B.C 356~323)의 세계제국을 훨씬 넘는 것이었다.

징기스칸은 귀국하자 대서정(大西征) 기간중에 일시 중지했던, 서하(西夏)

징기스칸(成吉思汗)의 초상과 전기

　징기스칸의 초상화로서는, 청나라 왕실에 전해져 온 역대제왕 초상화 속에 있는 것이 유명하지만, 여기에 실은 것은 최근에 발견된 바 중국에서 원대(元代)에 그려진 오리지널로 보이는 초상화다. 그의 만년의 초상화지만, 날카로운 눈매 등에 과연 영웅의 면모가 잘 나타나 있다. 그의 전기(傳記)는 중국의 사서(史書)로서는 잘 알 수 없지만, 그가 죽은 지 얼마 안 되는 1240년에, 원나라 제2대 황제 태종(太宗, 오고타이)이 칙명을 내려, 징기스칸의 위업을 몽골말로 서술하여 위구르 글자로 표기해서 남겼다. 이처럼 위구르 글자로 쓰여졌고 몽골어로 된 이야기에, 다시 한자로 전사(轉寫)하여 중국의 속어번역(俗語飜譯)을 첨부한 『원조비사(元朝秘史)』의 사본이 남아 있는데, 여기에는 초원(草原)의 영웅인 징기스칸의 파란만장한 생애가, 소박한 표현을 통하여 눈앞에 보이는 것처럼, 생생하게 기술되어 있다고 한다. 이 초상화와 실록으로서 세계사상 최고의 군사적 천재의 참된 면모를 알 수 있다고 한다.

와 금(金) 나라들에 대한 정벌을 재개하였다. 서하는 당시 금나라에 복속(服屬)되어 있었는데, 앞서 몽골군이 침입했을 때 금나라가 원군을 보내주지 않았던 일에 원한을 품고, 금나라 서쪽변경지역을 공격하여 금나라와 전쟁을 계속하고 있었다. 금과의 몇 해를 끌어온 전쟁에 지친 서하는, 몽골군에 도저히 대항할 수 없게되자 1227년, 황제 이현(李晛)은 무조건 항복하고 말았다. 이로서 서하국은 이원호(李元昊)가 개국한 이래 190년으로 멸망하고 말았다.

3. 징기스칸의 유지계승(遺志繼承)

징기스칸은 서하의 항복을 받은 다음, 더 나아가 금나라를 공략하고자 했으나 병을 얻어 죽고 말았다. 그는 후에 원조(元朝)의 태조(太祖)로 추종되었다. 몽골군은 일단 본국에 돌아가 쿠릴타이(제부족의 부족장회의)를 개최하고 징기스칸의 셋째 아들 오고타이(재위 1229~41)를 황제로 추대했는데, 그는 태종(太宗)이라고 불리었다. 태종은 수도를 외몽골의 오르콘강 유역에 위치한 카라코룸(karakorum)으로 정하였다. 그는 태조(징기스칸)의 유지를 받들어 금나라에 대한 공격을 재개하고자 하였다. 먼저 남송(南宋)의 이종(理宗)에게 사절을 파견하여, 송에게 하남땅을 돌려줄 것을 약속하면서, 남북으로 금나라를 협공하자고 제의하였다. 남송은 몽골군과 협력하여 금의 애종(哀宗)을 채주(蔡州)에서 추격하여 끝내 멸망시켰다. 이로서 금조(金朝)는 개국 후 120년으로 멸망당했다(1234년).

남송은 일찍이 신흥국가 금(金)을 끌어들여 요(遼)를 멸하여 무리하게 연운(燕雲) 16주의 실지를 수복하려다가, 오히려 금군(金軍)의 남하를 유발하여, 끝내 중원지역을 버리고 강남으로 도망쳐야만 했던 고통스런 교훈을, 이미 잊고 있었다. 이번 기회에 중원지방을 회복하고자 그는 갑자기 군을 동원하여 몽골의 수비군을 추방하고 변경·낙양 등 옛 서울들을 점령하였다. 남송이 약속을 위반하고 변경과 낙양을 점령한데 분개한 몽골군은, 일제히 반격을 개시하여 회수(淮水)로부터 사천성을 연결한 전선에서 격렬한 전투를 전개했다. 송군은 악전고투 끝에 겨우 사천성과 북쪽의 요지인 양양(襄陽)을 확보했지만 그 병력 손실은 막대한 것이었다.

만주지방에서는 몽골군이 금나라를 공격하고 있는 틈에, 거란인(契丹人)이 금나라에 반기를 들고일어나 요동지역에 대요국(大遼國)을 세웠다. 대요국은 다시 몽골군의 정토대상이 되자, 쫓기어 고려국 영토에 침입하여 강동성에 의거하였다. 침입한 거란인을 괴멸시키는데서 고려군은 몽골군과 협력하였음에도 불구하고, 몽골인은 고려국에 대한 은인으로 자처하면서, 고려로부터 공물(貢物)을 취해갔다. 이리하여 고려 조야의 대몽골감정이 좋지 않던 중 몽골사신 저고여(著古與)가 고려로부터 귀국도중 살해되자, 이것을 구실로 1231년 제1차 고려를 침략하였다. 그 후 고려국은 강화와 항쟁으로 점철되었는데, 고려는 30여년(1231~1259)간의 대몽항쟁에서 무려 6회나 몽골군의 침략을 받았던 것이다.

중국에서는 금나라를 멸했고, 동북방면에서는 요동지방과 한반도를 제압한 몽골의 태종은, 이로써 후고(後顧)의 근심이 없어졌으므로, 1235년 바투(拔都, 1209~56)를 총사령군으로, 황자 구유크(貴由, 1209~56), 황손 하이두(海都, ?~1301)를 비롯하여 여러 왕족·귀족·대관들은 모두 맏아들을 종군시키라는 명령을 내려, 50만의 원정군을 조직해서 러시아를 원정하게 했다. 이 원정군은 알타이산록을 따라 서진하여 키르기스 초원을 거쳐 서북방향으로 전진해서, 카스피해 이북지역에 사는 민족을 정복하였다. 1237년에는 러시아에 침입하여 먼저 모스크바를 함락시킨 다음, 남쪽으로 전전(轉戰)하였다. 다시 여세를 몰아 전군을 4개 부대로 나누어서 유럽내륙을 향하여 진군했다. 첫째부대는 폴란드에, 둘째 부대는 실레지아에, 셋째부대는 갈리시아에, 그리고 넷째 부대는 바투자신이 직접 지휘하여 헝가리에 침입하였다. 이 4개 부대는 이르는 곳마다에서 전진을 계속하여, 도시를 함락시키고는 학살과 약탈을 자행하였다.

폴란드로 향한 몽골군은 크라쿠프(Kraūw)시를 불살라 버리고 실레지아에 들어간 몽골군과 합류하여, 폴란드·독일의 제후가 조직한 연합군과 왈스타트에서 일대 격전을 벌여 기록적인 대승리를 거둔 다음, 바투의 본부군과 합류하였다. 바투·수부타이는 헝가리에 침입한 다음 다뉴브강을 건너 구란성을 항복시켰고, 다른 부대는 오스트리아로부터 남쪽으로 꺾어들어, 이탈리아의 베네치아로 육박해갔다. 폭풍우와도 같은 몽골기병의 공격에는 유럽 내 봉건제후의 군대로서는 전혀 대적할 수 있는 것이 아니었고, 또 몽골군이 어디까지 전진할런지 전혀 예측할 수도 없었다. 바로 그때에 태종의 죽음을 알리는 부고가 도착하여, 바투는 전군을 이끌고 귀국길에 올랐으므로 유럽은 겨우 몽골인의 공포에서 해방되었다(1241년).

몽골의 원정군에서는 다만 총사령관인 바투(拔都)만이 볼가강 하류에 있는 사라이라는 곳에 오르다(乾耳朶), 즉 천막행영(天幕行營)을 설치하고, 남북러시아의 제후(諸侯)를 통치하면서 구아(歐亞) 양대륙에 걸친 광대한 대륙을 다스려 나갔다. 이 오르다(천막)는 중국말(漢語)로는 장(帳)에 해당한다. 이 오르다는 금실로 수놓은 호화로운 것이었으므로 「금 오르다」라고 불리었고, 그 나라를 금장칸국(金帳可汗國)이라고 했으며, 또 킵챠크부(欽察部)지역에 세웠으므로 킵챠크한국(欽察汗國)이라고도 불렀다.

태종이 죽은 뒤에 황태후가 5년동안 섭정으로 정무를 돌본 다음, 쿠릴라이(부족장회의)가 열려서 태종의 장자 그유(貴由)가 대한(大汗)으로 선출되어 즉위했다. 그가 정종(定宗)이다. 정종은 재위 3년에 일찍 죽었기 때문에 다음 황제로 태종의 손자를 옹립하려는 사람들도 있었지만, 바투의 발의로 태조의 황자 토루이의 아들 망구(蒙哥/Mangu, 재위 1251~59)가 즉위하게 되었는데, 그가 헌종(憲宗)이다. 그러나 태종의 자손이 이에 불만을 품고 내란을 일으켰다. 헌종은 영명한 군주로서 내란을 무리 없이 평정한 다음 쿠릴타이를 다시 소집하여 영토확장 방침을 결정하였다.

중국방면에서는 황하유역에서 양자강유역의 남송을 공격할 전략상의 중요지점인, 호북성의 양양(襄陽) 수비가 너무도 견고하여, 몽골군도 좀처럼 공략할 수가 없었다. 헌종은 동생인 쿠빌라이(忽必烈, Khubilai, 1216~94)에게 명하여, 우회작전을 취하여 사천성에서 운남성으로 들어가, 우선 대리국(大理國)을 공격하게 하였다. 이 나라는 당대(唐代)에는 남조(南詔)라 하여 독립국이었고 송나라하고는 국교를 맺지 않고 있었다. 몽골군이 다가오자 국왕 단지흥(段知興)은 별로 싸워보지도 않고 항복하고 말았다(1253년). 쿠빌라이는 여기서 서쪽으로 진격하여 티벳고원에 침입해서 토번(土蕃)을 공격하였다. 그는 토번인이 신앙하는 불교중의 밀교(密敎) 일파인 라마교 교주와 타협하고 그의 종자(從子) 빠스파(八思巴/Pagspa, 1235~78)를 몽골로 데려갔다. 후에 티벳 전역을 통치하게 된다.

쿠빌라이의 부장 우량카이(兀良哈台)는 운남(雲南)에서 동진(東進)하여 지금의 베트남, 당시의 코친(交趾)을 공격하였다. 코친은 1224년에 진(陳)씨가 왕이 된 이래, 밖으로는 남송의 국경을 위협하며, 안으로는 제도를 개혁하여 독립국으로서의 존재를 유지해 왔지만, 몽골군을 당해내지 못하고, 끝내 항복하고 말았다(1260년). 동방에서는 고려가 비록 태종에게 항복은 했지만, 번번히 반란을 일으켰으므로 헌종은 에구(也古)를 파견하여 정벌해서 겨우 복종하게 하였다. 여기서 고려는 태자를 볼모로 보내는 한편 몽골의 관리가 정치를 감시 감독함으로써 몽골 내지의 제후와 똑같은 대우를 받게되었다.

서쪽에서는 징기스칸이 철수한 후, 중앙아시아의 회교국 호라즈무(花刺子模)의 왕자 쟈라룻진이 망명지인 인도에서 돌아가 세력회복을 도모했고, 태종 때 정복당한 여러 조그만 나라들은 그대로 몽골에 복속했으나, 바그다드의 무수타심은 회교의 교주 칼리프(Caliph)로서의 명예심에서 몽골에 복종하지 않았고, 또 카스피해 남안 엘부르즈산맥에는, 회교의 일파로서 암살(暗殺)을 교규(敎規)로 하는 무라히다(木乃奚)국이 몽골지배의 화근으로 되었다. 헌종은 동생인 후라구(旭烈兀/Khulagha, 1218~65)를 파견하여 회교권 내 여러 나라의 반란을 평정하게 하였다. 이것이 몽골군의 세 번째 서정(西征)이다. 후하구는 수도 카라코룸을 출발하여 천산산맥 북쪽 기슭을 따라 암강 유역의 케슈에 이르러, 먼저 서역 제국의 왕들을 모아서 무라히다국(木乃奚國)을 전멸시켰다. 다시 서진(西進)하여 지금의 이라크 수도 바그다드를 함락시키고, 칼리프인 무스타심의 항복을 받음으로서 아바스 왕국을 멸했다(1258년). 그 일족이 이집트로 도망쳐 다시 칼리프를 호칭했으므로, 후라구는 대군을 이끌고 그를 추격하여 시리아를 정복하고 다마스커스성을 공략했는가 하면, 아라비아를 복속시키면서 드디어 지중해에 이르렀고, 다시 이집트를 공략하려 했으나 헌종의 사망소식을 받자, 군을 돌려 1259년에 수도로 돌아왔다. 제3회 서정은 여기서 종지부를 찍는다.

헌종은 스스로 대군을 거느리고 사천성에 침입하여 합주(合州, 重慶)를 포위 공격하는 진중(陣中)에서 병사하였고, 쿠빌라이는 하남성에서 남하하여 악주(鄂州, 호북성 武昌)를 공격하였다. 이때 남송의 이종(理宗) 밑에서 재상으로 전제적 권력을 휘두르고 있던 가사도(賈似道)는, 송이 신례(臣禮)를 취하여 몽골에게 신종(臣從)할 것을 조건으로 강화하고자 제의하였으나, 쿠빌라이는 좀처럼 받아들이지 않았다. 그러던 중 헌종이 죽은 뒤에 카라코룸에서 아리부카(阿里不哥/Ali-Puko, ?~1266)를 대한(大汗)으로 옹립하려는 움직임이 있다는 보고를 듣고, 세폐(歲幣)를 납부한다는 조건을 첨가하여 남송의 강화조건을 수락하여 화약을 맺고, 급히 북쪽으로 돌아갔다.

쿠빌라이는 1260년, 상도(上都)인 개평(開平)에서 소수 부족장들만이 모인 쿠릴타이(부족장회의)에 의하여 제위에 올랐지만, 아라부카는 카라코룸에서 열린 쿠릴타이에서 추대되어 대한(大汗)으로 칭하고 나섬으로써, 양자간에 대립이 생겼다. 결국 아리부카가 항복하자, 쿠빌라이는 도성을 카라코룸에서 연경(燕京, 北京)을 옮겼고(1264년) 그 후 7년이 지난 다음, 국호를 원(元)으로 칭하면서 중국중원국가로서의 체제를 확립하였다(1271년). 쿠빌라이는 후에 원의 세조(世祖)로 불리웠다.

중원의 왕국국가로서의 자각을 가지게 된 세조는 중국 세계를 통일시키고자 남송에 대한 공격을 강화하였다. 그런데 당시까지도 남송조는 가사도(賈似道)가 몽골에 대하여 신칭(臣稱)하면서 세폐의 납부조건으로 화평조약을 맺은 사실을 비밀에 붙인 채, 이종의 신임을 받으면서 전권(專權)을 제멋대로 휘두르고 있었다. 원의 세조가 아직도 내란의 와중에 있을 때, 사신을 남송에 보내어 평화조약의 이행을 요구하자, 가사도는 오히려 이 사절을 체포함으로써 남송조의 조야를 기만하였다. 이에 분개한 세조(쿠빌라이)는 내란을 평정하자, 바얀(伯顔/Bayan, 1236~94)을 총사령관으로 대군을 보내어 남송을 정벌하게 하였다.

바얀(伯顔)은 무창(武昌)을 함락시킨 다음 양자강을 내려가 남송의 수도 임안(臨安, 抗州)에 육박하였다. 일찍이 가사도의 전횡에 반감을 품고있던 대학생들이 몇 번이고 상경하여 가사도의 책임을 추궁하고 있었다. 탁종(度宗)이 세상을 뜨고 황제 현(顯)이 즉위하자 가사도는 추방되고, 천하에는 문천상(文天祥, 1236~82)·장세걸(張世傑) 등의 근왕파의 지도자들이 일어났다. 학생들이 근왕군에 지원 가담하여 임안도성을 사수하려 했으나, 재상 진의중(陳宜中)이 화평론을 고집하여 싸우지 않았으므로 바얀(伯顔)이 임안성에 입성하여 황제 현과 태후를 포로로 잡아 상도(上道, 開平府)로 압송시켰다.

현황제의 동생 단종(端宗)은 탈출하여 해상길로 복주(福州)에 이르러, 육수부(陸秀夫, 1236~79)·장세걸(張世傑) 등에 의하여 황제로 옹립되었지만, 원군에 쫓기어 고주(高州, 광동성 高州府)에 이르러 병사했다. 육수부(陸秀夫) 등은 다시 단종의 동생 병(昺)을 황제로 세워 애산(厓山, 광동성 新會縣)에 근거지를 잡았지만, 원병의 추격을 받자, 황제는 스스로 몸을 바다에 던져 죽었다. 문천상(文天祥)은 원군의 포로로 잡혔지만 굴복하지 않았으므로, 대도(大都, 北京)에 압송된 후 끝내 사형에 처해졌다. 1279년, 송은 태조(太祖)로부터 통산 18대 320년으로 멸망하였다.

정기가(正氣歌)

남송이 멸망할 때, 끝까지 충절을 지켜 원군에게 저항한 문천상(文天祥, 자는 宋端, 호는 文山)은 강서성 출신으로서 21세 때 진사시험에 응시한 바, 그 답안이 당대의 대학자이며 시험관인 왕응린(王應麟)에 의하여 「충간(忠肝)이 철석과 같이 굳도다」라고 찬탄의 말을 하게 하면서 장원급제한 사람이다. 원군(元軍)이 양자강을 내려와 임안(항주)에 접근하자, 가사도(賈似道)가 탁종(度宗)으로 하여금 천하에 근왕군(勤王軍)을 모집한다는 조칙을 내리게 하였다. 문천상은 형세가 이미 기울어져 회복할 수 없게 되었음을 알고 있었지만, 감연히 이에 호응하여 의용군을 일으켰다. 탁종에 대한 원나라에의 투항권고가 있기 직전에, 전권을 위임받아 임안성 밑에서 원군의 도원수 바얀(伯顔)과 회견하고 원군을 철수시키도록 설득했으나, 오히려 체포되어 북경으로 압송되는 몸이 되었다. 도중에 탈주하여 두 황제를 모시고 남하하여 끝까지 싸웠으나, 또다시 원군에게 포로가 되어 북경에 압송되었다. 원의 세조(쿠빌라이)도 그의 철석같은 충성심과 의연한 태도에 감복하여, 3년간이나 옥에 가두었는데, 남방에서 문천상을 구국의 영웅으로 숭배하면서 의용군을 일으켜 원군을 괴롭히는 애국운동이 일어나자, 끝내 참형에 처하였다. 그는 옥중에서 「천지에 정기(正氣)있어, 잡연(雜緣)하게 유형(流形, 삼라만상)이 주어졌도다. 밑에는 하악(河嶽, 黃河와 五嶽)이 있고, 위에는 일성(日星, 해와 별)이 있는가 하면, 사람에게는 호연지기(浩然之氣)가 있어서 패호(沛乎)히 창명

(蒼溟, 큰 바다)에 가득 차도다」(天地有正氣, 雜然賦流形, 下則爲河嶽, 上則爲日星, 於天曰浩然, 沛乎滿蒼冥)이라는 말로 시작되는 유명한 「정기가」를 지었다. 이 「정기」가 넘쳐서 제갈공명(諸葛孔明)을 비롯하여 역대의 충절지사(忠節之士)들이 나오게 되었다는, 이 웅대한 시편은 송나라 사대부의 책임관과 송학(宋學)의 형이상학이 혼연하게 융합되어 형성된 중국의 내셔널리즘 사상을 대표하는 명시로서, 후세에 커다란 영향을 주었다.

제 18 장 지상 최대의 제국

1. 몽골제국의 판도(版圖)와 행정

　세조(世祖, 쿠빌라이)는 징기스칸이 건국한 이래 불과 70년만에, 중국역사 뿐 아니라 세계역사에서도 전무 후무한 대세계 제국을 완성시켰다. 세조 원년의 몽골 영토는 남부 인도지역 등을 제외하고는, 동으로는 한반도(고려)로 부터 아시아대륙을 동에서 서까지 관통하여 서쪽은 페르시아·러시아 남부에 걸쳐 있었다. 이런 광대한 영토 중에서 세조는 요동(遼東)·내외몽골·중국본토·청해성·티벳과 중앙아시아를 직할영토로 하여 지배하고, 고려와 고친(交趾, 인도차이나), 그리고 중앙아시아를 황제의 영토로 지배했으나, 멀리 떨어진 서아시아는 다음의 4개 칸국(汗國)으로 나누어, 각각 황족을 봉건 제왕으로 봉하여 세습통치 하게 하였다.
　(1) 킵챠크 칸국(欽察汗國) : 예니세이강의 이서(以西), 다뉴브강의 이동(以東), 코카사스산맥의 이북(以北) 지방에 해당하는 광대한 지역을 영역으로 하며, 다뉴브강 하류에서는 헝가리국과 접경한다. 바투(拔都)가 이 나라의 시조이고, 불가강 유역에 있는 사라이를 주도(主都)로 한다.
　(2) 일 칸국(伊兒汗國) : 암강 이서, 카스피해·흑해 이남, 페르시아 만까지의 지역과, 그리고 우르미아호 동쪽의 아르메니아지방 일대를 영토로 하여, 후라구(旭烈兀)를 개조(開祖)로 하고, 수도는 페르시아의 서북방향 우르미아호반의 마라가였다.
　(3) 오고타이 칸국(阿窩台汗國) : 선조는 오고타이(阿窩台)이고 시베리아의 서남부와 알타이산맥 일대를 영토로 하며, 수도는 에미르(也迷里)였다.
　(4) 차가타이 칸국(察合台汗國) : 선조는 차가타이(察合台)이고, 수도는 알마릭(阿力麻里)이며, 암강 이동(以東)의 천산(天山)부근 일대의 서요(西遼)와

국경을 맞대는 곳이다.

　이처럼 잡다한 민족이 사는 광대한 영토에 대하여 몽골 사람들도 획일적인 방식으로 통치할 수는 없었다. 몽골은 유목민족이므로, 재산인 가축에 대하여 세금을 부과했고 서역지방에서는 대상(隊商)에게 세금을 물리었다. 중국에서는 처음에 징기스칸이 북방의 금나라 영토를 점령했을 때, 여기에 사는 한인이란 도대체 국가에 이익이 될 면이 없으므로 모두 학살하고, 그들의 농지를 몰수하여 목장으로 만든 다음, 자기들 몽골인이 여기에 이주하여 유목생활을 하고자 생각하였다. 그러나 금나라의 황족인 정치가 야율초재(耶律楚材, 1190~1244)가 징기스칸에게 건의하기를 여기에 중국인(한족)을 그대로 살게 하면서 조세를 물리게 한다면 해마다 은 50만량, 명주 8만필, 곡물 40만석 분을 걸을 수 있다고 설득하자, 그 말을 듣고 한인을 학살하는 일을 중지했다는 말이 전해지고 있다. 어쨌든 몽골인이 중원에 진출하여 남송조를 멸했을 때, 중국의 정치를 담당했고, 사회적으로 존경받던 바 사대부계급에 속한 지식인은, 학살되거나 노예로 격하되어 비참한 취급을 당한 사람이 많았다.

　몽골민족은 중국에 침입하여 한족까지 정복하고 대제국을 세웠다. 남북조시대의 척발족(拓跋族)의 북위(北魏), 거란인(契丹人)의 요(遼), 여진인(女眞人)의 금(金)이, 모두 중국 한족문화에 동화되어 민족 고유의 상무풍속(尙武風俗)을 상실한 탓으로 몰락했던 전례와는 달리, 몽골인은 시종일관하여 몽골인 지상주의를 견지하여 중국인과 중국문화를 인정하지 않는 정책을 계속 유지하였다. 세조(쿠빌라이)는 남송을 정복하고 중국의 주인이 되자, 백성을 인종별로 4등급 하였다. 제1급은 몽골인이고, 제2급은 몽골군이 서역(西域)을 공략했을 때 항복한 서역인인데, 이들을 색목인(色目人)이라고 불렀다. 제3급은 옛 금국 영내에 살았던 북방의 중국인으로서 이들을 한인(漢人)이라고 불렀다. 제4급은 남송(南宋)에 속한 중국인들로서 남인(南人)이라고 불렀다. 몽골인은 지배민족으로서 최고급의 대우를 받았다. 중앙관청은 물론이거니와 지방관청까지도 장관급은 원칙적으로 몽골인을 임명하고 차관급은 색목인(色目人)을 보직하였으며 제3급인 한인(漢人)은 소수만 등용되고, 남

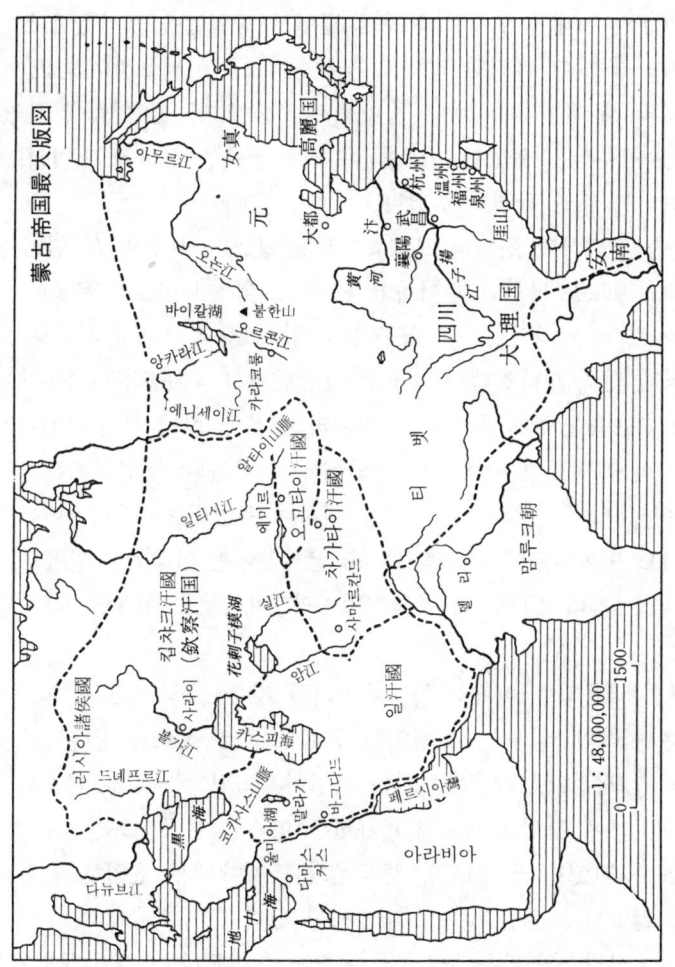

인(南人)은 원말기(元末期) 이외에는 원대(元代) 전 기간을 통하여 거의 관도(官途)에 오르지 못하였다. 중앙정부의 요직인 중서성(中書省)의 장관 즉, 승상(丞相)은 원조 일대를 통하여 몽골족 출신이 압도적으로 많았고, 그 외에는 색목인이 5명, 한인이 1명이고, 남인으로서 승상자리에 오른 사람은 단 1명도 없었다.

관직에 오른 이들 몽골인은 거의가 한문을 읽고 쓰지 못했다. 몽골은 처음에 징기스칸 시대에 위구르 문자를 빌어서 몽골말을 표기했지만, 세조가 티벳을 정복했을 때 데려간 라마교주의 종자(從子) 빠스파(八思巴)에게 명하여 몽골의 새 글자, 이른바 빠스파문자(八思巴文字)를 만들게 하였다. 이후 관청의 공문서는 몽골인 관료를 위하여 한문을 몽골글로 번역(飜譯)한 것을 첨기하는 것을 관례화 하였다.

한문화를 경멸하던 원나라 조정은, 역대 왕조가 시행해 온 관리의 등용시험인 과거제도를 당연히 폐지하였다. 원조 말기에 이르러 문종(文宗)·순제(順帝)와 그의 태자처럼 서·화를 애호하고, 또 훌륭하게 서화를 그릴 수 있는 제왕과 황족이 나왔다. 학교로서는 중앙에서 국자학(國子學) 제도를 계승하여 유교교육을 실시했지만, 그 학교라는 것이, 학생 정원의 절반은 몽골인이고 나머지 절반이 색목인과 한인에게 할당하되, 남인에게는 배정하지 않았다. 이와 함께 몽골인·서역인을 위하여 몽골어·아라비아어를 가르치는 국자학도 병설되었다. 지방학교는 강남지역에만 설치되어 있었다. 과거제도는 인종(仁宗)대(1313년)에 부활되었지만, 여기서도 몽골인·색목인을 우대하였다.

원조가 중국문화를 이처럼 묵살·박대한 것은, 중국의 오랜 왕조사상(王朝史上) 이례적인 일이다. 그 원인은 몽골이 중국 본토를 정복하기 이전에, 몇 번이나 대서정(大西征)을 통하여 중앙아시아의 이슬람교 문화와 서유럽의 기독교문화에 접했으므로, 자기자신은 미개한 유목민족임에도 불구하고 북위(北魏)·요(遼)·금(金)처럼 중국문화를 세계에서 유일한 문화로 알고 심취하지 않았기 때문인 것으로 평가되고 있다.

몽골인은 서방측의 많은 문명국을 무력으로 정복하고, 그런 문명인을 부리면서 고도의 문명성과를 자기 뜻대로 향수할 수 있었다. 원나라 궁정에 파견된 로마교황청이나 프랑스왕의 사절들은 몽골인이 세계에서 가장 오만한 국민이며, 자기들이 세계의 왕임을 자부하고 있는데 놀랐던 것이다. 무력으로 짓밟고 정복한 중국문명을 안중에 넣지 않았던 것은, 어쩌면 당연하기도 했다. 이것은 중화의식을 가진 중국인을, 특히 사대부에게 있어서는 처음으로 겪는 경험으로서, 이에 관한 굴욕감은 심각한 것이었음을 상상할 수 있다.

이 상승(常勝)의 몽골군이 고려를 통하여 일본의 조공(朝貢)을 받고자, 고려군과 수전에 능한 강남의 장군을 앞세워 14만의 대군을 몰아, 두 차례나 일본을 원정했으나 번번이 격퇴되었다(1281년). 이 실패는 기후에 대한 인식 부족에도 원인이 있었지만, 당시 일본의 정권을 쥐고있던 군사정권인 가마꾸라막부(鎌倉幕府)의 저항, 대한해협(大韓海峽) 도항으로, 군마가 피로해져 몽골기병의 기동력이 충분히 발휘될 수 없었던 지리적 조건, 특히 몽골침략에의 종군을 달가와 하지 않은 고려의 저항이 원인이었다.

무적의 몽골은 중원을 정복한지 불과 89년으로 멸망한다. 그 원인으로서 먼저 들 수 있는 것은, 유목민족의 선거에 의한 계승제도에서 비롯된 내분이다.

세조(世祖)는 남송을 멸하자, 그때까지 몽골의 침략이 서북방면에 한정되어 있던 것을 동남방면으로 전진(轉進)시켰다. 원조(元朝)에 대하여 반복(叛服)이 끊임없이 거듭된 고려국에 대하여, 고려국 24대왕 원종(元宗)이 신하에 의하여 배제된 것을 기회로, 세종이 출병하여 원종을 퇴위시키고 속국으로 삼았다(1274년). 일본에 대한 침공은 이런 대고려정책의 연장이었으나 이것의 실패는 세조에게 있어 상당한 타격이었다.

세조는 대리국(大理國)의 항복을 받고 운남성을 평정한 다음, 서남방면에 있는 면국(緬國, 미얀마)으로 진출하고자 했다. 몸에 적응되지 않은 더위 때문에 몽골군은 악전고투 끝에 면국을 항복시켰고, 나아가서 샴(暹羅)까지 조공을 바치게 하였다. 세조는 또다시 고친(交趾) 남쪽에 위치한 참빠국(占城國)을 남방지방 특유의 역병(疫病)에 시달리면서 고투 끝에 겨우 정복하기는 했지만, 원정군이 입은 손해도 적지 않았다. 세조는 사절을 보내어 남양제국에 조공을 바치라고 촉구한 바, 스마트라는 입공했으나 자바는 이에 불응했으므로, 무력으로 정복하여 역시 조공을 바치게 했다. 이리하여 원의 국위는 동남아지역에 까지 파급되었다.

2. 원(元)의 멸망

세조가 동남방면으로 진출하여 세력을 확장시키고 있는 사이에, 서북지방에서 대사건이 일어났다. 앞서 헌종(憲宗)이 태조(징기스칸)의 손자로서 즉위했을 때, 이에 불만을 품었던 태종(오고타이)의 자손인 오고타이(阿窩台) 칸국의 제왕족이, 태종의 손자 하이두(海都)를 우두머리로 해서 세조를 반대하는 음모를 꾸미고 있었다. 헌종이 죽고 같은 계통의 그의 동생인 세조(쿠빌라이)가 등극하자, 오고타이 칸국의 제왕은 아리부카(阿里不哥)를 앞세워 반기를 높이 들었으나 실패했었는데, 한편 하이두(海都)는 인근의 킵챠크 칸국과 차가타이 칸국 등의 추대를 받아 대칸(大汗)이 되어, 세조에 반기를 들고 서방에서 내란을 일으켰다. 그러던 중 세조가 죽고 손자인 성종(成宗)이 즉위했는데, 이때는 하이두(海都)도 죽으면서 내란도 차차 가라앉더니, 하이두의 아들이 무종(武宗)에게 항복함으로써, 그 영토는 차가타이 칸국에 병합되고 하이두의 제국은 45년에 멸망하였다.

　이 내란을 계기로 세조의 위령(威令)도 서북지방에서는 땅에 떨어졌고, 태조가 창건한 몽골대제국도 끝내 동서로 분열되기에 이른다. 킵챠크 칸국·일 칸국·차가타이 칸국의 세 나라는, 형식상으로는 원조(元朝)에 속했지만 현실적으로는 독립하여 서로 투쟁을 반복하였던 것이다.

　원의 조정에서는 세조의 아들 성종이 재위 13년에 죽은 다음, 무종(武宗)·인종(仁宗)·영종(英宗)·태정제(泰定帝)·천순제(天順帝)·명종(明宗)·문종(文宗)·영종(寧宗)·혜종(惠宗, 順帝)의 모두가 단명으로 끝났으므로 정치 정세는 더욱 불안하였다.

　몽골은 전무후무한 대제국을 통치하기 위하여 국도(國道)를 정비하고, 잠치(站赤)라고 부르는 역전(驛傳) 조직을 만들어 수비대를 배치하고, 사신·관리이동의 편리와 안전을 확보하였다. 이로써 여행자의 교통도 안전해지고 동·서양 두 지역간의 교통이 비약적으로 발달하였다. 서아시아뿐 아니라 유럽의 상인들이, 육로는 중앙아시아·천산남로(天山南路)를 거치거나, 시베리아 남부로부터 천산북로를 거쳐 카라코룸이나 대도(북경)를 왕래하였다. 페르시아, 인도와 중국과의 해상교통도 활발해져 강남의 천주(泉州)·복주(福州)의 여러 항구는 세계유수의 무역항이 되었고, 외국상인의 거류민도 1만명을 헤아릴 정도였다. 이탈리아의 마르코 폴로(Marco Polo), 아라비아의 이븐 바투타(Ibn Battuta, 1304~78)가 중국을 방문하고 귀국한 후에 쓴 여행기에 의하여, 고도의 중국문명에 관한 지식이 서유럽사람에게 전해졌다.

몽골황제는 서방의 이민족, 이른바 색목인(色目人)을 몽골족 다음으로 크게 우대했으므로, 아라비아・이란의 학자・군인, 유럽의 화가・장인(匠人)이 원나라에 와서 서방의 천문・수학・포술(砲術) 등의 예술・과학기술을 원나라에 전했다. 이에 대하여 중국이 개발한 나침반・활판인쇄술 등의 발명이 서방에 수출되었다. 동서의 문명교류가 몽골이라는 세계제국의 성립으로 말미암아, 획기적으로 성황을 이루게 되었다.

동서간의 교통이 용이・원활해짐에 따라, 기독교의 동방포교차 원나라에 오는 사람도 증가했다. 바투(拔都) 등의 서정(西征)으로 대패하고 철저히 약탈당한 유럽인은, 그 충격에서 어느 정도 회복되자, 이번에는 원나라와 결탁하여 동서로부터 회교인을 제압하려는 방책을 세웠다. 1245년에 로마교황 이노센트 4세(Innocent Ⅳ)는, 프라노칼피니를 사자로 원의 정종(定宗)에게 보내고, 뒤이어 프랑스왕 루이 9세도 루브르크를 헌종(憲宗)에게 파견하였다.

몽골은 서정(西征)할 때, 토착민의 민심을 얻기 위하여 종교의 자유를 허용하였다. 회교권의 여러 나라를 정복하기 위하여 유럽의 기독교국과 제휴할 필요성을 느끼자, 특히 세조는 기독교를 우대하였다. 1293년에 몽테코르비노(Giovanni de Monte Corvino, 1247~1328)가 로마에서 원나라에 이르러 세조의 윤허를 얻어 성서를 몽골어로 번역하는 동시에, 북경에 교회를 세웠다. 그 후 기독교의 선교사가 중국을 많이 내왕하면서 포교했지만, 원의 멸망과 더불어 급속히 쇠퇴하고 말았다.

몽골은 무력으로 중국을 정복했지만, 정치적으로는 중국을 통치하면서 거의 정책 같은 것을 갖고 있지 않았다. 일찍이 태조(징기스칸)는 금(金)의 황족출신 야율초재(耶律楚材)를 중용하여 고문으로 삼았고, 또 세조(쿠빌라이)는 허형(許衡)・요추(姚樞)와 같은 유학자를 우대했지만, 이런 것들은 모두가 태평시대의 장식물로 이용했을 뿐, 그들의 의견을 기초로 어떤 정책을 세워서 시행할 생각은 추호도 없었다. 실용적으로는 수리(水利)사업으로 농업을 진흥시켜 전란으로 황폐화 된 화북(華北)지역 백성들의 생활향상과 안정을 도모하였다. 그러나 정복된 백성들로부터 재화를 약탈하는 일밖에 모르는 유목민인 몽골족은 중국의 농민과 상인으로부터 가능한 많은 세금을 걷어들이는 이외에 더 고차원적 정책이 있음을 알지 못했다.

특히 세조는 동남방면과 서북방면에의 진출을 도모한 까닭에, 그 전비(戰費)조달에 고민하던 중, 회교도인 아후마트(阿合馬特)를 중용하여 백성들로부터 무거운 세금을 걷어 들였다. 이에 뒤이어 노세영(盧世榮)·상가(桑哥)와 같은 재정가를 등용하여 교초(交鈔)라는 지폐를 남발했고, 소금·철·주류 등의 전매품 수입을 늘리는 정책을 취하였다. 이에 의하여 국고의 궁핍성은 벗어나게 되었지만, 중국인의 생활을 위협함으로써 이민족 통치에 대한 반감을 더욱 심화시키는 결과를 가져오게 하였다. 이런 정책의 빈곤성이 원조(元朝)의 몰락을 재촉한 원인의 하나이다.

세조는 티벳에서 데려온 라마교의 빠스파(八思巴)를 신임하여 대보교왕(大寶敎王)으로 봉하고 제사(帝師)로 대우하면서 티벳과 중국의 불승(佛僧)을 통할하게 하였다. 이런 일이 있은 후, 원의 모든 황제와 후비(后妃)는 제사(帝師, 빠스파)를 존경하고 숭배하여, 불사와 기도에 많은 재화를 기증한 까닭에, 그 비용이 막대해지면서 원의 재정이 궁핍해지는 또 하나의 원인이 되었다. 라마교도는 황실의 후원을 등에 업고, 이익만을 탐닉 추구했는가 하면, 또 백성들 중에는 그의 보호를 믿고 횡포를 부린 자도 처벌을 모면했을 뿐만 아니라, 조세를 포탈하는 자들도 많아졌는데, 이것 또한 중국인에게 원나라 조정의 인기가 떨어지는 동기로 되었다.

몽골식 제위 계승법(帝位繼承法)의 불비로 원에서는 황제가 죽었을 때마다 상속쟁위가 일어났고, 때로는 그것이 대규모 내란으로까지 확대되어 원조(元朝)의 기초를 뒤흔들었다. 중국인 특히 남인에 대한 인종적인 차별정책, 무거운 세금과 지폐의 남발로 그 신용이 떨어지고, 물가등귀에 의한 국민생활의 궁핍결과로 끝내 각지에서 농민의 대규모적인 봉기사건이 일어나게 되었다.

1348년, 절강성에서 방국진(方國珍)이 반란을 일으켰다. 원대(元代)에는 이 지방에서 북경으로 쌀을 해상 및 수상 운송하는 조직이 정비되어 있었다.

방국진은 처음에 해상 및 운송을 방해하였다. 이런 반란에 뒤이어 한산동(韓山童)이 백련교(白蓮敎)라는 민간불교를 이용하여 천하가 크게 혼란해졌으니, 이제 미륵불이 나타나 중생을 구제할 것이라고 예언하였고, 또한 자신은 송나라 휘종(徽宗)황제의 8대손으로서, 이민족을 대신하여 중국의 군주가 될 것이라고 선전하면서, 하남성 회수(淮水)지방에서 기병(起兵)하였다. 한산동은 원군에게 체포되어 처형되었지만, 그의 아들인 한림아(韓林兒)가 아버지에 이어 교주가 되었는데, 그를 따르는 교도가 10여만에 이르렀다. 이 세력에는 원군도 감히 당해내지 못했다. 이에 호응하여 호북·호남성들에서는, 서수휘(徐壽輝)·진우량(陳友諒, 1316~63)이, 강소지방에서는 장사성(張士誠, 1321~67)·방국진(方國珍)이, 사천성에서는 명옥진(明玉珍, 1331~66)이 연이어 봉기하였다. 원나라 장군들은 내부분열을 일으켜 통일행동을 취하지 못했으므로 확산된 내란을 평정할 수가 없었다.

그중 부유한 호북·호남지방에서 봉기한 진우량과 강소지방에서 궐기한 장사성·방국진 등이 특히 유력했다. 장사성은, 소금운송업자로 거부가 된 사람으로서 협객기질(俠客氣質)이 있었고, 학자도 우대하였으므로 지방에서 인망이 높았다. 장사성이 강남에서 북경으로의 쌀의 운송을 완전히 정지시킨 것은, 북경에 식량위기를 가져오게 했으므로 원조에게 큰 타격을 주었다. 이 진우량과 장사성·방국진의 두 지방정권 중간에, 탁발승 출신의 주원장(朱元璋, 1328~98, 재위 1368~98)이 진출하여 두 지방정권을 타도하고 강남을 통일한 다음, 다시 북벌(北伐)하여 북경에 육박하였다. 이보다 앞서 원의 순제(順帝)는 서역 승의 요술(妖術)을 믿고 궁중에서 연락(宴樂)에 빠져 정치를 돌보지 않았기 때문에, 조정의견이 분열되어 지방반란에 대한 대책이 서지 않았다. 결국 순제(順帝)가 황후·황태자를 데리고 몽골의 상도(上都)로 도망치자 명군(朱元璋軍)이 북경에 입성하였다. 이리하여 원나라는 91년으로 멸망하고, 주원장이 제위에 올랐다. 그가 명(明)의 태조(太祖)이다.

동방에서의 내란 때문에 원나라 조정의 권위를 잃어가기 시작할 무렵을 전후하여, 서방의 3개 칸국(汗國)들도 점차 세력이 쇠약해갔다. 킵챠크 칸국은 바투(拔都)가 죽은 뒤, 회교를 국교로 신봉했으나, 일 칸국의 황제는 동로마제국의 딸과 결혼함으로써 기독교·유태교에 관용적인 태도를 취했으므로, 여기서 킵챠크 칸국과 일 칸국은 서로 반목하여 적대국이 되었다. 차카타이 칸국에서는 원나라에 반항하여 인종(仁宗)의 토벌을 받은 후, 도무지 국위가 회복되지 않고 내란만 연달아 일어나 제후가 각지에 할거하는 형세가 되었다. 일 칸국도 모든 칸국들 중에서 가장 현명한 사람이라고 일컬어지던 가잔(合贊)이 죽은 후에는, 다른 칸국들에서와 마찬가지로 내란이 그치지 않았다.

킵챠크 칸국은 하이투(海都)의 반란에 가담했지만 투다망구(脫脫蒙哥)가 원나라에 복속하고, 그 후 모스크바공(公)인 이반1세에게 태공(太公) 직위를 주어서, 러시아의 제후를 다스리며 또 조세징수권도 위임하여, 국가를 잘 다스렸으나 그의 손자대(1357년 이후)부터 역시 상속싸움이 속출하여, 결국 바투의 혈통이 끊어지면서 3대 칸국으로 분리되어 내부파쟁이 그치지 않았다.

이리하여 대몽골제국은 14세기 말경에는 거의 분해되고 말았던 것이다.

3. 송(宋)·원(元)의 문화

중국인 중심의 중국역사를 쓰는 입장에서 역사가들은 지난날 송·원의 문화를 자주 일체화시켜서 취급해 왔다. 그런데 이민족, 전무후무한 세계제국을 창건하고, 특히 한족의 중국문화에 대하여 가장 냉담하고, 냉담이라기 보다도 차라리 무시하는 태도를 취했던 그 몽골인이 이룬 그것은, 그전에 중국에서 건설한 문화, 특히 송나라 문화하고는 대단히 이질적임을 알아야 한다. 이것은 송의 정치사를 간단히 추려 보아도 알 수 있다. 송은 창건 당초부터 하북성·산서성의 일부인 소위 연운(燕雲) 16주를 이민족인 거란족이 세운 요(遼)에 의하여 빼앗기고 있었다. 거란인 뒤에는 여진족이 나타나 요왕국을 멸하는 동시에, 송의 수도 변경(汴京, 開封)을 함락시키고 황하유역의 중원지방을 영유하는 금이라는 정복왕국을 세웠다. 여기서 북송왕조는 일단 멸망하고, 양자강 유역으로 남하하여 남송왕조를 세우고, 겨우 한족문화의 전통을 보존하였지만, 그것은 또다시 몽골기병에게 짓밟히고, 전 국토는 원나라에 의하여 통치되었다. 송의 정치사는 본질적으로 거란·여진·몽골 등 북방민족에 대한 저항의 역사이다. 덤벼드는 정복왕조의 거센 파도를 막아서 싸운 것이다. 덤벼드는 정복왕조의 거센 파도를 막아서 싸운 것이 송나라의 정치사이다. 송·원의 정치사는, 만주·몽골을 포함하여 동아시아 역사라는 입장에서, 한편으로는 압도적인 중국문명에 끌리면서도 독자적인 민족의식에 눈뜨고, 중국을 정치적으로 정복하고자한 이민족의 입장에서 볼 수도 있다. 송·원의 문화사도 중국역사 고유의 입장에서 서술되어 왔지만, 이것을 보다 넓은 아시아 역사적인 입장에서 볼 수도 있다. 그리고 이 두 가지 입장을 종합한 입장에서 송·원의 문화사를 보아야 하는데, 북방정복왕조의 역사가, 소위 새외사가(塞外史家)와 중국사가는, 각각 다른 전문분야에서 활동하고 상호연락이 없었으므로, 이런 역사관에서 문화사를 쓰고자한 시도는 아직까지 행해지지 않고 있다. 이제부터 기술하려는 문화사는 이런 의미에서는 어쩌면 지극히 불완전할런지 모른다.

　만주·몽골·중앙아시아·티벳 등 이른바 변경지대(邊境地帶)를 중국과 일체화시켜서 역사를 보는 입장에 선다면, 거란인·여진인·몽골인·터키인·티벳인은 이런 영역내 후진지대의 주민이며, 그들의 중원침입(中原侵入)은 생활향상을 추구하여, 선진중심지대로의 구심적(求心的)이동이라고 정의를 내릴 수 있다. 그러나 이들 이민족은 중원에 살면서 보다 고도의 문화생활을 영위한 한인들하고는 비교도 안 되는 소수민족이다. 그런 의미에서는 다수 민족인 한인과 소수민족인 북방민족과의 문제로 보아야 할 것이다. 이 몽골민족과 같은 소수민족의 의식은 예외적 현상이고, 다른 소수민족들은 대체로 중국인(漢人)과 중국문화(漢族文化)를 존중하고 존경하였다. 중원의 한족측에서는 당말(唐末) 5대시대의 이민족 침입으로, 동아시아 전지역의 세계제국이라는 당나라의 국민의식이 붕괴되면서, 이들 소수민족을 이민족(異民族)으로 의식하기 시작하자, 송왕조는 내셔널리즘 국가를 만들어 이에 대항하려한 바, 여기에서 송·요·금·원이라는 왕조사에 비극이 생겨난 것이다.

　거란·여진·몽골족이 가한 무거운 압력에 고생하고, 중원의 실지회복에만 조급했던 송나라 사람들에게 있어 송조의 역사는 비극 그 자체일 수 밖에 없었다. 회고(懷古)되는 것이란 언제나 이적(夷狄)에 대하여 우위를 확보했던 한·당의 전성기(全盛期)의 일이요, 이상적인 제왕은 당나라의 태종(太宗)이었다. 송의 개조(開祖)인 태조의 인물이나 사업도, 당태종의 그것에 비하면 하찮고 보잘 것 없는 것이었다. 송나라 사람들은 한·당 왕조대를 황금시대로 우러러보았다면, 동시에 송대는 은(銀)시대 정도로 밖에는 보지 않았다.

이와 같은 이민족 통치하의 중국사람들은 과연 어떤 반응을 나타냈을까. 표면적으로 볼 때, 원나라 시대에 정치참가의 길이 심히 제한되었던 남송조의 지식인(南人)들은, 일반적으로 말하여 다만 시민생활을 즐기고, 예술생활로써 괴로움을 달랬던 것으로 보인다. 그러나 송나라가 멸망할 때 전화(戰禍)를 입은 강남, 특히 절강성 동남부의 이른바 절동(浙東)지방에는, 이민족 지배에 대한 저항정신이 지하에 숨어서 계속 불타고 있었다. 이런 감정은 후일 반항으로 나타났고 다시 청조 말에는 청조타도를 위한 혁명운동의 온상(溫床)으로 되었다.

당나라 때의 귀족문화는 이미 붕괴되었으므로 원형대로 부활시킬 수는 없었다. 세습적인 귀족을 대신하여 과거(진사시험)에 등과한 사대부계급이 송의 지배계급으로 되었다. 그들은 당나라 귀족들의 유미적(唯美的)으로까지 보였던 고전주의적 예술대신에, 보다 주의적(主意的)인 경향을 가진 사실주의적(寫實主義的) 예술을 창조하였다. 문학에서는 6조(吳·東晋·宋·齊·梁·陳)시대부터 당중기(唐中期)까지 지배해온 병사여륙문(駢四儷六文, 또는 四六駢儷文. 4자구와 6자구를 교묘히 배열하되 對句와 音調를 맞추어서 만드는 문장)이라는 운문적(韻文的)이며 형식적인 아름다운 글을 버리고, 당중기의 한유(韓愈, 자는 退之, 昌黎人, 唐·宋 8대문장가의 제1인자, 768~824)의 고문(古文)이라는 보다 사실적이고도 순수한 산문(散文)을 계승 발전시켰다. 이 고문부흥운동의 주역으로, 북송의 구양수(歐陽修, 1007~1072)문하에서 왕안석(王安石, 1021~1086)·소식(蘇軾, 자는 子瞻, 호가 東坡, 1036~1101) 등 북송을 대표하는 시인정치가가 나왔다. 이들 문학가들은 묘당에서는 햇빛이 잘 드는 자리에서 정론(政論)를 폈지만, 지방에 내려가서는 숨어 있는 학자들과 더불어 도학의 독특한 사상을 발전시킬 수 있었다.

당대 사상계의 왕좌는 불교가 차지하고 있었다. 불교의 강한 영향을 받은 도교는 두번째 자리를 차지하고, 형이상학의 세계를 지배하고 있었다. 한유(한퇴지)는 이런 불교를 배격하고, 유교사상을 재흥시키려고 하였다.

그들은 불교와 도교사상의 영향을 크게 받으면서 유교의 고전, 특히 주역(周易)을 기본으로 하되, 이단적인 노자(老子)·장자(莊子)로부터도 암시를 받아, 이것들을 새로 해석함으로써 신유교체계를 창조하였다. 중심문제는 우주의 기원과 이기(理氣), 즉 정신과 물질의 관계였다. 주돈이(周敦頤, 1017~73)는 「무극(無極)」이 우주의 근원이고, 그것과 태극(太極)의 정(靜)과 동(動)으로부터 음·양(陰·陽)의 2원이 생겨났고, 그것의 교호작용으로부터 다시 금·목·수·화·토의 5덕이 서로 추이전변(推移轉變)하여 우주세계를 만들어낸다고 생각하였다. 이에 대하여 장재(張載, 호는 橫渠, 1020~77)는 기(氣)는 만물의 본체이고 그것이 흩어진 상태가 태허(太虛)인데, 이 공(空)과 만물의 합동으로 세계가 구성되고 또 변화가 계속되는 것이라고 생각하였다. 이런 생각의 근저에는, 인류지식의 기원이 감각기(感覺器)에 있다는 사상이 가로놓여 있었다.

정호(程顥, 1032~85)와 정이(程頤, 1033~1107)형제는 이(理)와 성(性), 마음과 물질의 대립관계가 만물의 변화의 원인인데, 이런 것은 물질이 있기 전에 독립적으로 존재하는 것으로 생각하였다. 이 정씨 형제(二程)의 사상을 좀더 발전시킨 사람이 남송의 주희(朱熹, 호는 晦庵, 朱子 1130~1200)이다. 물질과 정신의 양자관계에서는 이(理)가 선(先)이고 기(氣)가 후(後)라는 설을 취하여 그는 이 두 종류의 모순을 조화하여, 주자학(朱子學, 二程을 포함시켜 程朱學이라고도 한다)으로 발전시켜 송대의 유교, 즉 송학(宋學, 道學)을 대성시킨 사람이 되었다. 그는 이런 생각을 『논어』·『맹자』·『대학』 및 『중용』의 「4서」에 대한 해석을 통하여 밝혀 놓았다. 주자의 「4서」에 대한 새로운 주석을 『사서집주(四書集註)』라고 하는데, 그 후 유가(儒家)의 필독 서적으로 되었고, 또 인쇄술의 발달과 더불어 유교를 크게 보급시키는데 기여하였다. 육구연(陸九淵, 호는 象山, 1139~92)은 주자가 독서와 사물관찰에 의하여 이(理)를 밝히려고 한데 반대하여, 심즉리(心卽理)니,

내성(內省)과 사색(思索)으로 사람의 본심을 밝힐 수 있다고 주장하였다.

주자학은 한국에서도 커다란 영향을 미쳤고 또 한국에서 더욱 발전되었다. 주자학(정주학)을 한반도에 소개한 사람은 고려말의 안유(安裕, 또는 安珦, 1243~1306, 1286년 원나라에 들어가 주자학을 연구. 우리나라 최초의 주자학자, 시호는 文成公)이고 백이정(白頤正, 고려 충선왕<재위 1308~18> 때의 성리학자. 元에 가서 주자학을 연구하고 귀국 후 이를 퍼뜨렸다)·우탁(禹倬, 1263~1342, 程朱學 서적이 들어왔으나 이를 해득하는 사람이 없자, 1개월간 연구 끝에 해득하고 후진에게 理學을 가르쳤다. 성균관좨주, 시호 文僖公)·이색(李穡, 牧隱, 1328~96)·정몽주(鄭夢周. 圃隱, 1337~92) 등에 의하여 발전되고, 조선조에 들어와서는 서경덕(徐敬德, 호는 復齊, 花潭, 1489~1546, 氣一元論을 주장)·이황(李滉, 호는 退溪·淸涼山人 등. 1505~70, 영남학파의 거두, 唯理學派, 主理派로 불리며 理氣二元論을 전개)·이이(李珥, 호는 栗谷, 1536~83, 畿湖學派의 거두. 唯氣學派·主氣派로 불리우며 徐敬德의 氣二元論을 대성시킴) 등에 의하여 절정에 달했다. 특히 이황과 이이는, 송의 성리학자들이 밝히지 못한 것까지 명백히 밝힘으로써 새로운 분야를 개척하였다. 이들이 발전시킨 성리학은, 오늘날에 이르기까지 수백년동안 학술사상의 연구과제로 되어 지금은 심지어 중국·동유럽권 학자들도 이것을 연구하고 있다. 또한 임진왜란 당시 한국인 피납학자에 의하여, 일본에 우리나라 성리학이 소개된 이래, 이것은 근세 일본유교의 정통을 이루게 하였다.

주역(周易)에 입각한 우주본체의 사색과 나란히 송의 사상가들은 『춘추(春秋)』의 역사해석을 통하여, 한족의 역사적 위기를 자각하게 하였고, 민족의식을 높이는데 커다란 역할을 수행하였다. 사대부의 사회적·정치적 책무의 자각을 촉진시킨 것은 범문정공(范文正公, 본 이름은 范仲淹, 990~1053, 섬서성 轉運使로서 西夏의 침입을 방비, 재상까지 올랐다)인데, 그의 영향 밑에 엄격한 도덕주의가 탄생하였다. 사마광(司馬光 통칭 司馬溫公, 1019~86)이 과거역사로부터 정치상의 교훈을 찾아내기 위하여 역사를 객관적으로 기술하여 『자치통감(資治通鑑)』(B.C. 404~A.D. 960 간의 通史. 1065

~1084년간 완성. 전 294권)이라는 중국의 편년체(編年體) 역사를 완성시킨 것도 범중엄(范文正公)의 영향 때문이었다.

구양수(歐陽修) 문하에서 배출된 시인으로서는 소동파(蘇東坡, 「赤壁賦」는 그의 대표작)가 걸출한 바, 그는 흐르는 물과도 같은 자유로운 산문과 호방(豪放)하면서도 깔끔한 맛의 시에 의하여, 북송의 대표적인 문사로 되었다. 송대는 사대부 계급의 국가 정치의 책임감을 자각한 시대이기도 하다. 사대부 계급의 확대와 더불어 귀족·지주 계급 외에, 도시의 신흥시민들에게도 지식과 예술이 개방되는 기운이 나타났다. 사대부는 원래가 시민계급 출신이기 때문에, 지배층인 대지주들과는 달리 보다 광범한 테마에 대하여 신선한 감각을 가지고 노래함으로써, 당시(唐詩)에 새로운 시풍(詩風)을 완성시켰다.

소동파는 단지 시인으로서만이 아니라 또한 서예에서도 일가를 이루었다. 그의 자유분방한 글씨는, 시인 황정견(黃庭堅, 호는 山谷, 1045~1105)의 글씨와 나란히, 근대 서예의 모형으로 되었다. 송에서는 미불(米芾, 자는 元章, 호는 海岳, 1052~1167)·채양(蔡襄, 자는 君謨, 1012~1067)과 같은 당대의 고전주의 전통을 이어받은 명서예가도 있었지만, 소동파·황정견(黃庭堅, 1045~1105)처럼 기분파 시인의 글씨가 전문서예가를 압도하여, 송대 이후 근대서예의 주류를 이루게 되었다.

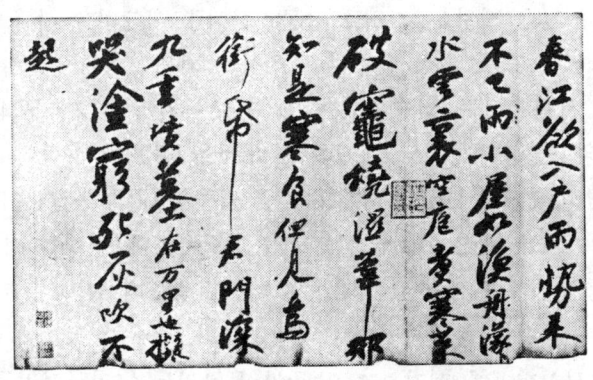

한식시(寒食詩)

소동파(蘇東坡, 본명 蘇軾)는 신법당(新法黨)의 탄압을 받아 한때 호북성 황주(黃州)로 유배되었다. 유배기간중인 1082년에 지은 두 가지 시를 자필로 쓴 것이 지금도 남아있다. 그 중 두 번째 시를 쓴 글씨를 여기에 게재한다.

春江欲入戶하나 雨勢內不己어라, 雨小屋如漁丹하여 濛濛水雲裏하니 空庖에 煮寒菜하고 破竈에 燒濕葦하니 那知리오. 是寒食이로다. 但見烏銜紙하니 君門深九重이요 墳墓는 在万里라, 也擬哭塗窮하니 死灰吹不起더라.

내용은, 고향에서 추방되어 타향에 유배된 지 3년째 봄을 맞는 쓸쓸한 심경을 읊은 것이다. 이런 심경은 여기에 인용한 자필의 글씨에도 여실히 표현되어 있어서, 보는 이로 하여금 감회에 젖게 한다. 이리하여 송대 이후에는 시인이 직접 쓴 글씨가 소중한 것으로 여겨지게 되었지만, 이 시는 시인의 글씨로 쓴 것 중에서도 최고의 걸작으로 평가되고 있다. 이 족자는 1920년대 중반기에 일본에 반출되었다가 제2차 대전 후에는 대만의 수장가(收藏家) 손에 들어갔다고 한다. 이 원본을 확대경으로 세밀히 조사한 바에 의하면, 여러 곳에 붓끝이 달아서 떨어진 붓털이 붙어있다고 하였다. 소동파의 필력이 그 얼마나 활달했는가를 알아볼 수 있는 증거로 삼고 있다.

남송시대가 되면 중원(中原)의 실함에서 온 심각한 충격으로부터, 육유(陸遊, 1125~1260)와 같은 애국시인이 나타나게 된다.

이에 대하여 중원의 변경(汴京)으로 천도해 온 여진 특히 해릉왕(海陵王)과 장종(章宗)같은 제왕은, 스스로 한문·한시를 이해하고 서·화를 직접 그리고 쓸 수 있었는데, 이런 군주의 보호하에 과거시험에 급제한 중국의 시인·문인들 사이에서는, 남송하고는 또 다른 독자적인 중국문화의 전통, 즉 중주(中州)의 문화가 형성되고 있었다. 그것을 대표한 사람이 원호문(元好問, 호는 遺山, 1190~1257)이다. 그는 중년(中年)대에 몽골군이 변경(汴京)을 함락시켜 금조(金朝)가 멸망하는 것을 경험하였다. 저항한 성안의 주민을 몰살시킨 몽골군은 변경에 있는 유·불·도교 등 3대 교파의 교도와 의사·공장인(工匠人) 등을 북방지역으로 추방하였다. 나아가 유교에 의한 관리시험제, 즉 진사시험제를 폐지하고, 중국의 문화전통을 말살하려는 정책에 부덮쳐 원호문(元好問)은 심각한 절망감으로, 금조(金朝)의 문화를 회고하면서 복받쳐 오르는 격정을 참다 못하여 중후한 시를 읊음으로써, 두보(杜甫, 자는 子美, 호는 小陵, 712~770) 이후 제1인자로 칭송되었다.

　몽골기병의 말발굽에 짓밟힌 남송의 유민(遺民)들은 처음에는 격심한 증오의 울분을 시작(詩作)으로써 배출하였고 또 얼마간 자위(自慰)하였다. 시간이 흐름에 따라 진사시험제가 정지되고, 정치에의 참여기회가 극도로 제한된 구 남송사람들은, 남송 시대부터 점차 진출하기 시작한 시민의 입장에서서 풍요로운 생활을 향수하면서 자유로운 입장에서 예술창작에 전념하게 되었다.

　송대에는 당조 말기 이래의 새로운 시 형태인 사(詞)가 다시 유행하였는데, 위에서 든 시인들은 동시에 명사인(名詞人)이기도 하지만, 이외에 이청희(李淸熙, 호는 易安居士, 1084~1151)와 같은, 뛰어난 규수시인도 나왔다.

　송대의 수도 변경(개봉)과 임안(항주)에서는, 시민오락의 발달과 더불어 붐비는 시장 같은 곳에서, 서민을 대상으로 평화(平話)라고 부르는 야담이 크게 유행하였다. 이것이 『삼국지연의(三國志演義)』, 『수호전(水滸傳)』과 같은 중국의 숙어소설(熟語小說)의 걸작을 낳게 한 온상이 되었다. 특히 원대에 이 서민적인 대중문예로, 관도(官途)에 오르는 길이 막혔던 선비들이 작가가 되었으므로, 한층 더 차원 높은 예술로 되었다. 특히 시장같은 번화가에서 상연되던 일종의 속어가극(俗語歌劇)은, 원대에 들어오면서 관한경(關漢卿, 1230~80) 등 여러 작가들에 의하여 수많은 걸작들이 만들어짐으로써, 황금시대를 맞이하였다. 이런 각본이 지금도 보존되어 원곡(元曲)이라고 불리우는데 문학사가의 새로운 연구대상으로 되었다.

　송대의 회화는 5대 시대에 성립된 수묵(水墨)으로 그린 사실주의에 입각한 형호(荊浩)·관동(關同)·동원(董源) 등의 산수화가, 당대에 채색(彩色)하던 기교적인 밀화(密畵)에 대체되어 갔다. 북송의 범관(范寬)·곽희(郭熙)에 의하여 대성되고, 휘종(徽宗)의 보호 밑에 미불(米芾)·미우인(米友仁, 1086~1165) 부자의 완전한 수묵화가 나타났다. 이런 수묵화의 유행은 남송에도 도입되어 이당(李唐)·하규(夏珪)·마원(馬遠)의 뛰어난 화가들에 의하여 계승되었다. 원대에 들어와서는 강남의 서민출신 문인들 사이에, 옛그림의 감상과 이것을 모범으로 하는 창작활동이 전개되었다. 5대 당시의 동원(董源)을 모범으로 한 수묵화가, 황공만(黃公望, 1269~135)·왕몽(王蒙, 1322~1385)·오진(吳鎭, 1280~1354)·예찬(倪贊, 1303~1374) 등의 문인들에 의하여 그려짐으로써, 원대 말기 4대가로서 전문화가가 빠졌던 매너리즘 그림에 대신하여, 사대부에 의한 품격 있는 그림으로써 주류를 이루게 된다. 시인들의 글씨와 나란히 시인의 그림이 전문가들의 서화를 압도한 것이 된다. 이것은 사대부계급의 출현에 따른 사회현상으로 보인다.

공예계(工藝界)에서는 송대에는 당의 삼채(三彩)와 같은 화려한 도자기를 대신하여, 남방의 전통에 입각하여 청자를 주체로 한 자기가 각지에서 생산되었다. 5대 당시의 청자의 독특한 색깔은 왕조의 비색(秘色)으로 개발된 것이지만, 송대 이후에 다시 시민수요에 부응하여 생산이 증대된 것이 이런 발전의 원인이다. 세계도자기의 최고봉을 이루는 우수한 작품들이 만들어져, 서방·남방에 수출되어, 세계의 수장가들에게 의하여 애호됨으로써 오늘날 차이나(China)는 도자기의 일반명사가 되었을 정도이다.

도기에 뒤이어 시민의 수요가 견직물의 발달을 촉진시켰다. 송대의 과학기술은 공예품 발전에 수반되어 진보한바, 화약·화전(火箭)·화기(火器)와 같은 무기가 발명되었다. 목판 인쇄술은 5대에서 송대에 들어와 한층 더 발전하였고, 다시 활자판까지 발명되었다. 인쇄술의 발달은 재지기술과 더불어 유럽의 수준을 훨씬 앞서고 있었다. 인쇄술의 진보가 서책의 보급을 용이하게 하였고, 사대부계급의 넓은 층의 성립을 가능하게 하였다.

과학에서는 원나라의 곽수경(郭守敬, 1231~1316)이 천문관측을 통하여, 수시력(授時曆)이라는 365.242일을 1년으로 하는, 발달된 역법(曆法)을 발표하였다(1280년). 의학에서도 「본초(本草)」의 약물학 연구가 더욱 발달하여, 북송말에는 『정화유취본초(政和類聚本草)』와 같은 종합적인 저작물이 나왔다.

제 19 장 민족주의와 전제주의
― 대명(大明)제국의 성립

1. 명태조(明太祖)의 암흑정치

중국 역사상 평민에서 입신양명하여 제국의 창업주가 된 사람으로는 한고조(漢高祖, 劉邦)와 명태조(明太祖, 朱元璋) 두 사람뿐이다. 빈농출신에 기아(棄兒)로 자라난 주원장은 굶주림을 모면하기 위하여 절간에 들어가 탁발승으로 유랑하던 중 글자를 배워 시문(詩文)까지 지을 정도로 발전하였다. 이 점에서 일생동안 글자를 읽지 못한 한고조(유방)에 비하면, 퍽 유식한 사람이지만, 그러나 그는 한고조를 숭배하여 정치·군사적인 시정면(施政面)에서 전적으로 표본으로 삼았다.

주원장(명태조)은 어려서부터 백련교(白蓮敎)를 믿고 구세주 미륵의 화신(化身)이며, 송조(宋朝) 황제의 자손이라고 청하는 한림아(漢林兒)의 종교적 농민반란군인 홍건적(紅巾賊)에 가담했던 것이다. 이 백련교는 한편 명교(明敎)라고도 하며 당조(唐朝)때 중국에 수입된 페르시아의 마니교(摩尼敎)와 불교가 혼합된 종교이다. 마니교의 교의는, 세계를 광명과 암흑의 두 세계로 나누는데 명왕(明王)이라고 지칭하던 아버지 한산동(韓山童)의 왕위를 계승한 한림아가 자신을 소명왕(小明王)이라고 칭한 것은 명교의 영향인 것 같다.

천하를 통일하여 그가 국호를 명(明)으로 정한 것도 명교의 영향으로 인한 것이긴 하지만, 태조 자신은 민간종교의 광신(狂信)으로부터는 이미 오래 전에 탈피하였노라고 해명하고 있었다. 회수(淮水) 유역으로부터 남하하여 양자강을 건너 응천부(應天府, 지금의 南京)에 근거지를 설치하기 전후부터 남송(南宋)의 주자(朱子, 朱熹, 1130~1200)의 흐름을 받아들인 유기(劉基,

1311~75)·송렴(宋濂, 1310~81)을 비롯하여 많은 학자들을 고문으로 삼아, 그들의 의견을 크게 받아들여 군사·정치방침을 결정한 것은 한고조를 본받은 동시에, 그보다 고차원적인 수법이었다고 말할 수 있다.

몽골인인 원조(元朝)의 지배하에, 강남의 한인(漢人)들은 몽골인·색목인(色目人)은 물론이거니와, 북방의 한인들보다도 한단계 아래인 「남인(南人)」신분에 속해 있었다. 몽골인들로부터는 만쯔(蠻子)라고 비하되어 차별대우를 받았을 뿐만 아니라 「가난(貧)은 강남에서 극한점에 이르렀고, 부(富)는 새북(塞北)에서 뽐낸다」고 말할 정도로, 강남의 농민들로부터 쌀과 기타 물자를 착취하여 영화를 누린 몽골인을 원수로 삼고, 강남의 한족은 들고 일어났던 것이다. 몽골인에 대한 빈농출신 명태조의 적개심은 언제나 그의 마음속에서 사라지지 않고 있었다.

태조는 도성을 양자강 하류에 있는 응천부, 지금의 남경으로 정했지만, 북방을 비롯하여 각지에는 아직 상당히 많은 몽골인·색목인이 남아 있었고, 또 그들과 결탁한 한인도 적지 않았다. 원나라 조정은 몽골의 관습, 즉 호속(胡俗)을 중국인에게 강요하여 머리는 변발(辮髮)로 땋게 하였고, 호모(胡帽)를 쓰게 하며, 호복을 입게했는가 하면, 한인가운데는 성을 몽골식으로 개명하고 몽골말을 사용하는 자들조차 있었다. 태조(주원장)는 제위에 오르자 곧 민족적 자존심을 높이기 위하여 변발·호복·호성을 일체 금지하고, 의관(衣冠)을 전래의 중국식으로 되돌려 놓았다. 한편 내륙에 잔류하게 된 몽골인·색목인은 한인(漢人)하고만 결혼하고, 자기들끼리의 결혼을 허용하지 않는 법률을 공포시행함으로써 그들에 대한 한화정책을 썼다.

북방에서는 대도(大都, 北京)에서 쫓겨난 원조(元朝)의 순제(順帝)가 이미 사망했으므로, 그의 아들 소종(昭宗)이 북원(北元)으로 국호를 고쳐 몽골고원을 확보하고, 동으로는 만주를 넘어 한반도의 고려와 결탁하며, 서는 티벳(烏思藏)을 넘어 운남(雲南)의 양왕(梁王)을 통하여 중국본토의 회복을 기도하였다. 명태조는 이것을 일거에 멸하여 화근을 없애기 위하여 동원한 대군을 3군으로 나누어 오지에 침입했으나, 중앙군은 익숙하지 못한 몽골고원의 초원전투에서 크게 패하고 말았다. 일단 후퇴한 태조는 근거지를 굳건히 하면서 한발자국씩 전진하는 점진책으로 몽골군을 공략할 전략으로 바꾸었다. 우선 운남을 다스리는 원나라의 양왕(梁王)을 멸하고, 다음으로 만주지방인 지금의 장춘(長春) — 하얼삔 일대에 할거하던 원나라 장군 나하츄(納哈出)의 항복을 받았다. 나하츄를 돕고자 출동한 토구스티무르(脫古思帖不兒, 昭宗의 동생)를 지금의 노모한부근에서 급습하여 거의 전멸시켰는데, 이때 겨우 목숨을 살려 도망치던 토구스티무르는 카라코 룸을 향하는 도중, 그의 맏아들에 의하여 살해되었다. 몽골부족은 거의 해체되고 북원(北元)도 멸망하였다. 이로써 몽골고원의 남부지역과 만주지방은 명나라의 영토로 되었다.

    5대이래 4세기동안이나 유목민족이 연이어 내륙에 침입하여 불안과 파괴를 일삼아 왔으나 명조에 이르러 중국은 겨우 이런 위협에서 해방되었다. 남방에서 일어나 북방을 근거지로한 정복왕조를 타도했을 뿐만 아니라 다시 장성밖의 몽골고원에 진출하여, 유목민족을 완전히 제압하고 만주와 몽골고원의 남부, 이른바 내몽골의 태반을 한민족의 지배하에 둔 태명조는, 중국역사가 시작된 이래 최초의 위대한 사업을 성취한 제왕이 되었다.

    명태조는 한족의 민족국가를 건설한 다음, 다시 그 국가를 전제주의 체제로 강화하는데 모든 힘을 쏟았다. 미천한 신분에서 몸을 일으켜 가열한 내란 속에서 살아남은 태조는, 사람에 대한 신뢰심을 잃고 시기심만이 단적으로 강해져 있었다. 북변지방과 운남성을 정복하여 대명제국을 안정시켰을 때는 그의 나이 이미 50이 넘었고, 만년인 65세 때는 태자가 죽고 손자, 후에 건문제(建文帝, 惠帝)가 될 사람은 아직 유약(幼弱)하였다. 자기가 죽은 다음에 대비하기 위하여, 한편으로는 자그만치 24명을 둔 아들을 작은 지방을 3천, 큰곳은 2만명 가까운 호위병을 붙여서 전국에 제왕(諸王)으로 봉하여 모두 황실을 돕게하였다. 한편으로는 무공을 세운 개국공신들인 호유용(胡惟庸)·이선장(李善長)과 무장인 서달(徐達)·남옥(藍玉) 등을 조그마한 과오를 구실로 모조리 처형하여 없애버렸다. 호유용·남옥 옥사사건에 연좌되어 죽음을 당한 사람은 각각 3만명과 1만 5천명이 넘으므로써 문무공신으로써 남은 사람은 겨우 탕화(湯和) 한사람뿐으로 되었는바, 이로써도 그의 냉혹성이 얼마나 상궤(常軌)를 벗어나 있었는가를 알 수 있다.

명태조(明太祖)의 초상화

　태조의 초상화는 명나라를 멸한 청조(淸朝)에 인계되어 궁전에 보존되어 왔다. 오른쪽의 초상화는 엄숙하고 단정한 얼굴모습으로서, 과연 유교를 이상(理想)으로 하는 제왕다운 위덕(威德)을 갖추고 있다. 왼쪽의 초상화는 얼굴전체에 마마자국(곰보)이 있고 말(馬)처럼 턱이 발달하여 첫보기에도 추악한 인상(人相)을 하고 있다. 태조가 처음으로 반란군에 가담했을 때, 그의 용모가 범상치 않은 것을 적장 곽자흥(賊將 郭子興)으로부터 인정받았다고 하는데, 왼쪽의 용모괴위(容貌魁偉)한 초상화가 그의 진짜인상을 전하는 것으로 보여진다. 그의 공신들에 대한 대우의 가혹·박정한 처사가, 남다른 시의심(猜疑心)에 의한 것이었음이 이 초상화에도 잘 표현되어 있다. 그가 숭배했던 한고조(漢高祖, 劉邦)도 한신(韓信)이하 개국의 대업을 도운 무장들을 거의 처형했다. 그러나 한고조의 성격은 밝은 편이고 또 공신들로부터도 경애되었다. 이에 대하여 명태조의 성격은 어둡고 그의 전율할 잔혹성으로 공신들을 공포에 떨게 하였다. 그의 어두운 성격이 명조일대의 정치에 커다란 음영(陰影)을 드리웠다는 것은 누구도 부정하지 못한다.

　　명태조의 전제정치의 특징은 1380년, 호유용이 부여된 권한 이상으로 전권(專權)을 휘둘렀다는 구실로 그를 사형에 처하면서부터, 재상(宰相)을 두지 않은 것으로 상징된다. 한대(漢代)부터 당대(唐代)까지의 재상은 문무백관의 대표로서, 황제와 대좌(對座)하여 정치를 상의해 왔다. 송대(宋代)에 황제권이 절대화됨에 따라 재상은 황제앞에서 똑바로 서서 정무사항을 말씀드리도록 제도화되었다. 명대(明代)의 만백관은 다시 황제앞에 꿇어 앉아서 정무를 상주(上奏)하지 않으면 안되었다. 태조는 상주문에 조금이라도 불만스럽거나 기분에 거슬리는 문구라도 있으면, 곧 범죄자로서 처벌하였다. 중앙의 관료는 매일 아침에 궁중으로 예궐(詣闕)하기에 앞서 처자들과 결별의 대화를 나누었고, 저녁에 무사히 귀가하면 온집안에서 경하했을 정도라고 한다.

관리가 죄를 지으면, 사헌부 같은 재판기관에 넘겨서 정식으로 죄상을 조사함이 없이 조정에서 매로 밝혔다. 이것을 정장(廷杖)이라고 하는데, 정장으로 죽은 관리도 적지 않았는 바, 그 잔혹성은 중국의 긴 역사속에서도 공전절후(空前絶後)였다. 송태조(宋太祖)는 당중기(唐中期)이후 번진(藩鎭) 군인의 횡포에 넌더리가 나서, 무반(武班)을 누르고 문반(文班)을 중용(重用)한 결과, 신법당(新法黨)·구법당(舊法黨)의 대립으로부터 조정공론이 분열되었고, 이민족 때문에 멸망의 운명을 자초한 바 있었다. 여기서 교훈을 얻은 명태조(明太祖)는 문인관료를 통제하기 위하여 이렇게 엄격한 형벌로써 임했던 것인데, 그것은 너무나 지나친 행동이었다. 명조(明朝)가 중국 역사가에 의하여 매우 악정(惡政)으로 비난된 원인이 여기에 있다.

태조는 재상을 두지 않았고, 중서성(中書省)과 문하성(門下省)의 고관을 정리하고, 황제개인이 모든 정무를 재결하는 대권가진 체제를 만들었다. 내각대학사(內閣大學士)를 두어 천자옆에 두고, 고문역을 수행케함으로써 백관이 상주하는 정무에 대하여 내리는 황제의 결단, 이른바 비준(批准)을 천자앞에서 붓으로 쓰게 하였다. 이런 황제의 결정을 6부의 상서(尙書)에게 내려서 행정적으로 시행케하였다. 6부란 관리의 임면(任免)을 관장하는 이부(吏部), 재정문제를 관장하는 호부(戶部), 예의제례(禮儀祭禮)를 관장하는 예부(禮部), 군정을 관장하는 병부(兵部), 재판행형을 관장하는 형부(刑部), 토목사항을 관장하는 공부(工部)로 나누되, 6부는 각각 상서(尙書)를 장관으로 관아를 구성하고 있었다.

군정(軍政)의 중심은 송·원에서는 추밀원(樞密院)이었으나, 명은 이것을 대도독부(大都督府)로 고치고, 그 밑에 전·후·중·좌·우의 5군 도독(都督)을 두어 군권을 집중시켰다. 지방행정도 1인 전결적인 장관을 두지 않고 도지휘사(都指揮使<司>)를 두어 군사를 관장하고, 포정사(布政使<司>)는 행정을 담당케하며, 따로 안찰사(按察使<司>)에 의하여 재판행정을 관할케 하였다.

정치의 대권을 군주에게 집중시키는 전제주의 체제는 군·정·형(軍·政·刑)의 세부면에서 중앙·지방을 통하여 완성시켰지만, 직무를 너무 세분화했기 때문에, 관리는 중앙과 지방을 통하여 종합적으로 정치를 판단할 능력을 상실하고, 다만 행정직무를 과오없이 처리할 뿐 정치에 대하여 관리의 책임감을 배제하는 결과를 가져오게 하였다. 이것이 명왕조와 또 그것을 이어받은 청왕조 정치의 황폐화를 가져오게 하는 원인으로 되었다.

과중한 제왕의 임무

대권을 천자에게 집중시킨 결과로, 황제의 친재(親裁)안건이 방대한 분량에 이르렀다. 송승택(宋承澤)의 『춘명몽여록(春明夢余錄)』에 의하면 태조 홍무(洪武)17년(1384년) 9월 14일부터 21일까지, 불과 8일 사이에 내외의 여러 관청으로부터의 상주안건이 1160건에 3,291사항에 이르렀다고 한다. 이런 안건을 일일이 읽어보고서 결단을 내린다는 것은 명태조, 또는 그의 뒤를 이어받은 성조(成祖)와 같은 비범한 정력의 소유자가 아니고서는, 도저히 견디내지 못한다. 산더미 같은 결재서류가 육체적·정신적으로 평범한 황제들을 더욱 무력무능한 위정자로 만들었다. 이것이 다만 서류의 심사를 위임받은 황제의 고문에 불과했던 내각 대학사들에게 점차 권한이 넘어가거나 또는 측근환관의 전횡(專橫)현상을 가져오게 하는 원인으로 되었다. 전제주의의 한계성이 여기에도 나타난 것이다.

나라를 다스리는 일에는, 지식인의 힘을 빌리지 않으면 안된다는 사실을 잘 알고있던 태조는, 지식인을 양성하는 교육에 힘썼다. 송대이래 발달해온 학교제도를 정비하여 중앙의 국자감(國子監) 뿐만 아니라 지방에 주학(州學)·현학(縣學)외에도, 향촌8사학(鄕村八社學)을 보급시켰다. 이 학생은 지방에서 추천되면 주학·현학을 통하여 중앙의 국자감에 집중된다. 태조는 그들을 궁전안에 불러서 문답을 통하여 채용여부를 결정하거나, 또는 국자감의 강의에 임어하여 학생중 우수한 학생을 지방장관으로 채용하곤 하였다. 인재의 채용과 교육에 대해서도 황제자신이 대권을 장악하였고, 자기가 채용한 인재를 요직에 보직함으로써 정권을 공고히 하고자 하였다.

관리는 일반적으로 과거(科擧)라고 부르는 고등문관시험 합격자 중에서 임용하였다. 과거제도는 당·송이래 점차 조직화되어 왔다. 이것은 유교의 경전, 특히 「4서」(大學·中庸·論語·孟子)에 대한 주자(朱子)의 주석(註釋)을 정리한 『4서대전(四書大全)』을 공식적인 교과서로 한 암기시험이다. 이 답안은 팔고문(八股文, 對句法에 의하여 여덟가지로 잘라서 논하는 문체)이라는 복잡한 형식을 취해야만 하였다. 팔고문은 내용보다도 차라리 문체형식에 의한 객관적인 테스트 형태로서, 채점하기는 쉽지만 이를 위한 시험공부가 대단했다. 이리하여 종전보다는 광범한 계층에서 인재를 모을 수 있게 되었지만 지식인의 두뇌를 고정화시켰고 국가의 이데올로기만 충실히 준봉(遵奉)하는 관리를 만들어내게 되었다.

한림학사(翰林學士)

고등문관 시험중에서도 가장 중요한 것은 진사(進士)시험으로서 여기서, 최고성적을 얻은 사람은 궁중에 설치된 한림원 학사에 임명되었다. 한림학사는 당·송대이래 천자의 고문으로서 조칙(詔勅)을 기초하는 것을 직무로 하였다. 실제적인 행정업무에서 떨어져 있었기 때문에, 가장 순결하고 명예로운 관직으로 간주되었다. 송나라 조정에서는 그해의 과거에서 장원급제한 사람만을 한림학사로 임명하였다. 명태조는 직무를 늘려 2위(조선조에서는 이것을 榜眼이라고 일컬었다) 및 3위(조선조에서는 이것을 探花郞이라고 일컬었다) 합격자도, 한림원에 넣어 한림원의 충실화를 기하였다. 한림원을 특히 우수한 고급관리의 양성기관인데, 이곳을 거쳐야만 내각대학사같은 직에 임용되었다. 이러한 짜임새는 고급 관리임용의 대권을 황제가 확실하게 틀어쥐려고 한 명태조의 전제주의 정책에 의하여 강화된 것이다. 이 제도는 청조(淸朝)에도 인계되어, 한림원은 엘리트 코스로서 모든 지식인의 선망의 대상이었다. 전국의 학자들은 진사시험에 장원으로 합격하여 한림학사가 될 꿈을 안고, 백발이 될 때까지 팔고문이라는 형식의 작문법을 계속 공부했던 것이다. 따라서 극도로 발달한 중국의 관료제도를 이해하려면 이것을 집중적으로 대표하는 한림원의 제도와 역사를 알아야 한다.

몽골인의 통치로 철저하게 파괴된 사회경제를 복구 부흥시키는 것이 명조에게 부과된 임무였다. 가난한 소작농의 고아에서 몸을 일으켜, 천자의 지위에 오른 명태조가 취한 정책은 특히 효과적이었다.

첫째로, 이민족인 몽골인에 의하여 신분상 농도·노예로 격하되어 있던 중국농민을 해방하여 보다 자유로이 농업생산에서 일할 수 있게 하였다. 태조는 「대명률(大明律)」이라는 법전을 제정한 바, 그 안에서 양민(良民)을 약탈하여 노비로 삼는 것을 10대 죄악의 하나로 규정하여 엄금하였다. 황족·귀족 등을 제외하고 일반사람은 노비를 사용하는 것을 금지하였다.

둘째로, 유랑하던 농민을 황폐화한 농지에 이주시켜서 개간시키되, 그들에게는 여러가지의 우대조치를 강구하였다. 유민(流民)을 없애려면 먼저 호적을 정리할 필요가 있었다. 태조는 황책(黃冊)이라고 불리운 호적대장과 부역대장을 전국적으로 비치정리케 하였다. 또한 농지의 소유권을 명시하기 위하여 지역마다 어린도책(魚鱗圖冊)이라고 불리운 토지총도(土地總圖)를 작성시켰다. 이 제도는 송대에 부분적으로 시행되었지만, 태조는 이것을 다시 일반화시켜 부농이 부역에서 면제되기 위해 농지를 타인명의로 등록하는 것을 방지하려고 했다.

이런 제반조치에 더하여 황하 등의 치수사업을 촉진시킴으로써 유민을 정착시키고, 인구를 증가케하며, 농업생산을 증대하고, 중앙집권하에 중국의 사회·경제를 부흥시키는 정책은, 사실 급속히 실현되었던 것이다.

명태조는 원대말기와 같은 농민반란이 국내에서 다시 일어나는 것을 방지 및 회피하기 위하여, 농민에게 부모를 공경하고 자손을 훈육하는 6개조의 칙어(勅語)를 발표하고 이것을 널리 가르치게 하였다.

태조는 평생의 정력을 쏟아서 완성시킨 제도를 자손에게 전수하기 위하여,『황명조훈(皇明祖訓)』을 편찬하여 전국에 반포하였다. 그는 여기서 후세에 만일 이 조훈(祖訓)을 변경시키려는 자는 범죄인으로서 고발된다고 규정하기까지 하였다. 이와 같은 비원(悲願)에도 불구하고, 그가 죽은뒤에 황자들 사이에서 내란이 일어난 것은 아이러니였다.

2. 중국최고의 군인제왕 — 명성조(明成祖)의 친정(親征)

명태조가 만년에 가장 고민한 문제는 첫째로, 나이 20이 채 못된 후계의 손자, 즉 후일의 건문제(建文帝, 惠帝)를 육성하여 명왕조의 확고부동한 권력기구를 구축하는 일이고, 둘째는 도성을 화북(華北)·화남(華南)지방 중 어디에 두느냐 하는 것이었다.

첫째 문제에서 태조는 자기가 죽은 뒤 황실에 반항을 기도할 염려있는 공신·장군 등을, 억울하다고 불평하리만큼 극히 사소한 불법행위를 적발하여 모조리 사형에 처하여 없애 버림으로써, 그 화근을 근절시켰으므로 일단 불안은 해소시켰다.

둘째 문제에서, 우리가 가장 먼저 주의할 것은, 원래 화북·화남의 중간지역에 있는 회수(淮水)유역에서 태어난 태조가, 양자강 하류의 강남지방에 장사성(張士誠, 1321~76)이 세운 오(吳)나라를 근거로, 북벌전쟁을 일으켜 북경(北京)에 있던 원왕조를 내쫓고 세운 왕국이라는 점이다. 명조는 중국역사상, 화남지방에서 일어나 화북지방을 정복하고 세운 최초의 정권이었다. 당대(唐代)중엽부터 양자강 하류의 개발사업이 진척되어 이곳은 이미 경제적으로 황하유역의 종전의 발달한 지대를 능가하는 지역으로 되었다. 이런 경향은 송대에 들어와서는 더욱 현저해졌고, 문화적으로도 북쪽의 지식인과 나란히 강남의 지식인이 진사시험에 합격하는 사람도 많아졌다. 남송(南宋)을 정복한 몽골인의 원왕조는 강남의 한족을 신분적으로 크게 차별대우했고 또 경제적으로는 양자강 하류지역으로부터 다량의 쌀을 수탈하여 수상운송을 통하여 수도 북경에 식량으로 공급했던 것이다.

명대초(1393년)의 전국 총인구 6천54만5천812명중 양자강 이남지역의 인구가 절반이 넘는 3천598만885명이었다는 것은 이상의 사실을 말하는 것이었다. 이처럼 풍부한 강남경제를 배경으로 중국을 통일시켰음에도 불구하고, 태조는 원조(元朝)의 상속자로서 수도는 황하유역에 있는 원래의 중원지방 어딘가에 두어야 할 것이라는 생각에서 북방에로의 천도구상을 버리지 못했던 것이다.

태조가 죽고 손자인 건문제(혜제)가 1398년에 즉위하자, 지방의 제왕(諸王)으로 책봉되었던 24명의 태조 아들들에 대한 대책이 큰 문제로 제기되었다. 연장(年長)의 제왕 가운데서, 특히 젊은 황제의 백부들로서, 북변에 봉해진 영왕(寧王)·연왕(燕王)·진왕(晋王) 등은 몽골인에 대한 방위의 필요성으로부터, 광범한 군사권을 부여받고 있었기 때문에 그 세력이 강대하여, 남경의 중앙정부를 위협할 정도였다.

학문을 즐긴 얌전한 혜제는, 한편으로는 태조의 전제주의적 통치방법을 손질하여 강남지방에 대한 증과세를 가볍게 하는 등의 정책을 시행하면서, 다른 한편으로는 약소(弱小)한 제국의 정리에 착수한 바, 이들 제왕가운데서 과오를 발견하면, 그를 사형에 처하거나 봉토를 삭감하는 수법으로 제왕을 다스려 나갔다. 이것은 정세가 아주 흡사했던 한나라 경제(景帝)가, 오·초(吳·楚) 등 7개국 반란 때에 썼던 수법을 본받은 것이지만, 젊은 황제가 정치가로서의 경험이 없고, 다만 정치평론가에 지나지 않던 대신인 제태(齊泰)와 황자징(黃子澄, ?~1402)을 신임하여, 그들의 말만 들은 것이 실책이었다. 제왕중에서 최연장자이며 원도(元都) 북경에 있으면서 몇번이고 몽골정벌에서 큰 공을 세운 실력자이며 태조의 네째아들로서, 연왕으로 있는 체(棣)는 이에 반발하여 건문제 좌우에 있는 간신배를 배제하겠다는 명분하에, 1399년 군사를 일으켰다(靖難의 亂).

경험이 적은 상속자의 손으로는 다루기가 벅찰 것을 염려하여, 일찍이 태조가 생전에 공로있는 장군들을 거의 처형해 버렸기 때문에, 중앙정부에는 연왕에 맞서서 싸울만한 장군이 없었다. 그러자 연왕이 산동성에서 회수유역을 제압하고 남경성 대안(對岸)에 육박하였다. 일찍이 명태조는 환관(宦官)들의 횡포를 겁내어 엄중히 통제를 가했었는데, 건문제도 그의 유훈을 지켜 이들에 대한 단속을 더 엄중히 한 바 있었다. 여기에 원한을 품었던 한 환관이, 남몰래 남경성을 빠져나가 연군(燕軍)에 투항하여 조정의 실정을 제보한 까닭에, 반란군의 작전이 성공을 거두어 남경성이 쉽게 함락되었다. 북새통에 건문제의 행방이 알려지지 않은 사이에 연왕이 새로 제위에 올랐다 (1403년). 이것이 명의 3대황제 성조(成祖, 永樂帝)이다.

건문제(建文帝)의 행방(遜國傳說)

기록에 의하면 건문제(惠帝)는 연군이 궁궐에 들어닥치자, 궁전에 불을 지르고 스스로 소신자살(燒身自殺)한 것으로 되어 있지만, 이때 함께 불속에 뛰어들었다는 마(馬)황후의 시체는 발견되었지만, 혜제의 시체는 확인되지 않았다. 때문에 황제의 행방에 대하여 여러가지 풍설이 생겨났다. 위급한 순간에 열어보라고 태조의 유언이 담긴 상자를 혜제가 급히 열어본 즉, 거기에는 중이 입는 가사와 면도칼, 은전(銀錢)과 비상시에 도피할 피난길을 써놓은 종이쪽지가 있었다. 이 지시에 따라 그는 중으로 변장하고 지하도를 통하여 성밖으로 도망친 다음, 행방불명이 되었다는 설이 그럴싸하게 믿어져 왔다. 그후 그의 행방에 대하여 조사된 바에 의하면, 그는 남쪽 변경지대인 운남성을 거쳐 인도차이나 반도로 도피했다고 한다. 그래서 영락제(성조)는 그후 환관 정화(鄭和)로 하여금, 대함대를 이끌고 동남아시아로부터 인도까지 무려 일곱 번이나 항해시켰는데, 이것은 원래 건문제(建文帝)의 행방을 수색하는 것이, 주된 목적이었다고 한다. 건문제가 남경의 궁전을 빠져나가 행방이 묘연하게 되었다는 사실이 널리 민간에 퍼졌고, 따라서 언젠가는 되돌아올런지 모른다는 우려성을 성조(영락제)가 품고 있었다는 것은 사실이다. 이런 풍설을 「손국전설(遜國傳說)」이라고 한다. 영락제는 건문제의 치세(治世)를 부정하여 명제실(明帝室)의 공식기록인 실록(實錄)에서 건문(建文)의 연호(年號)를 말살하고, 그의 치세기간을 태조의 연장으로 하여, 제통(帝統)이 태조로부터 성조에게 직접 계승된 것으로 기록을 뜯어 고치면서 이 동란에 관한 시종기록(始終記錄)을 뚜렷이 밝히는 것을 회피한 바, 이것이 그후 더한층 혼란을 초래케하였다. 그것은 건문제에 대한 동정이라기보다도 건문제를 명나라의 정통계승자로 인정하면서, 성조의 힘에 의한 제위찬탈을 부정행위로 규정하는 유교적 정통론에 거역하려는 처사였는데, 여기서 「손국전설」이 나오게 된 것이다. 명조일대에 풀지 못한 유교의 정통론은, 당시 조정을 움직여 건문제를 황제로서 묘호(廟號)를 부여할 수 없었지만, 이 정변이 있은지 193년이 지난

1595년에 이르러, 드디어 건문(建文)의 연호를 부활시켜 건문제의 복권이 일부 실현되었다. 청나라의 건륭제(乾隆帝)는 즉위하자마자, 곧 건문제에게 혜황제라는 존호(尊號)를 추사(追賜)하였다. 이것은 한족의 역사관에 대한 이해를 표현한 것이다. 건문손국(建文遜國)의 진위(眞僞)는, 명나라 역사상 큰 문제로서 명나라 이후 중화민국에 이르기까지 논쟁의 씨앗으로 되어 왔는데, 우리는 여기서 중국적인 역사관이 담겨있는 사실을 간과해서는 안될 것이다.

3년간의 동란을 거쳐 겨우 중국을 재통일한 성조(영락제)는, 젊었을 때부터 북변변경의 수호자로 몽골민족과의 전투에서 큰 공을 세웠다. 따라서 군사적인 능력에서는 아버지인 태조보다 나으면 낫지 못하지 않았을 뿐만 아니라 정치적인 재능도 태조의 그것을 능가했다. 즉위한 뒤에도, 생활이 검소했고 인재를 등용하여 군사·내치(內治)에서 큰 성과를 올렸다.

북방 변경지대의 수비를 강화하기 위하여 즉위당초부터 양자강 연안에 있는 남경을 버리고, 치세의 태반을 연왕시대부터 거성(居城)으로 정해온 북경에 체재하면서 이곳을 근거지로 거의 매년 몽골고원에 출격하여, 북변방위 대책의 기초를 굳건히 하였다. 치세말년(1421년)에 도성을 남경에서 북경으로 공식 천도하였는데, 이것은 명이 멸망할 때까지 변경되지 않았다.

원조(元朝)의 세력이 쇠약해지는 것과 때를 같이하여 서방의 세 칸국(汗國)들도 급속히 세력을 잃었다. 차가타이 칸국(察合台汗國)에서는, 투글륵칸이 일어나 분열되어 있던 제부족을 통합하여, 중앙아시아로 진출하였다. 이에 종군한 몽골의 약소부족 출신인 티무르(帖木兒, Timur, 1336~1405)는, 투글륵칸이 반란평정을 위해 본국에 돌아간 틈을 이용하여, 독립하여 중앙아시아를 지배하면서 사마르칸드를 수도로 정하였다. 티무르는 징기스칸(成吉思汗)의 최성기를 재현시켜 세계를 통일해보겠다는 큰 뜻을 품고, 서쪽은 이란지방의 일칸국(伊兒汗國)을 병합하고 다시 동북방향으로 진로를 바꾸어 러시아로 향하였다.

이 지방에서는 킵챠크 칸국에 중흥의 영주(英主) 톡타미슈가 나타나, 러시아 제후국들에 대한 패권을 장악하고 있었다. 티무르는 볼가강에서 톡타미슈를 대파하고 러시아에 진출하여 모스크바를 약탈함으로써 몽골민족은 또

한번 유럽에 공포와 위협을 주었다(1395년). 티무르는 남쪽으로 발길을 돌려 인도에 침입하여 투글룩칸왕국의 구도 델리를 함락시킨 다음, 군대를 돌려 오스만제국의 바야젯을 앙고라에서 격파함으로써, 소아시아도 정복하였다.

이 무렵에 중국에서는 명태조가 죽고 성조가 내란의 와중에서 제위에 올라 있었다. 서방에서 징기스칸의 위업을 재현시킨 티무르는, 몽골고원의 회복과 이슬람교의 포교를 도모한다는 구실하에 파미르고원을 넘어서 동쪽을 향해 전격하였다.

동서 2대 강국의 영주(英主)들인 명의 성조와 티무르 제국의 티무르와의 극적인 결전이 바야흐로 시작되던 참인 1405년에, 갑자기 티무르가 죽었기 때문에 그 대결은 실현되지 못하고, 동아시아는 성조의 활약에 일임되기에 이르렀다.

성조는 먼저 태조의 타격을 받고 분열되었던 몽골을 통일한 뻬야시리(本雅失里)를 몸소 정벌하여, 1410년에 그를 오논강변에서 격파했고, 또 타타르부족의 일부도 항복 받았지만, 오이라트(瓦剌)부족이 타타르부족을 대신하여, 외몽골 서부지역과 천산북로(天山北路)를 지배하면서 세력을 확장하고 있었다. 성조가 1414년에 이들을 정벌하기 위하여 툴라강에 이르자, 그들의 부장 마하무(馬哈木)가 항복해 왔다.

성조는 동방으로 진출하여 만주 남쪽지역의 방위거점으로서 건주위(建州衛)를 세우고, 여진족(女眞族)을 압박하였다. 오이라트부족을 대신하여 타타르가 세력을 만회하자 성조는 또다시 출진하여 내몽골 남쪽에서 서진(西進)하여 호론바일에 이른 다음, 귀국도중에 병사하고 말았다(1424년).

중국의 제왕들 가운데서 진시황·한무제(漢武帝)·당태종 등은, 장성바깥에 있는 북방민족까지 제압했지만, 그것은 부장(部將)을 파견했을 뿐, 명의 성조처럼 자주 친정(親征)하여 스스로 무공을 세운 제왕은 없었다. 성조는 이런 의미에서 한족출신 역대제왕중 최상급의 군인이었다고 말할 수 있다.

성조는 비범한 장군으로서 북방변경에서 대성공을 거두었지만, 그러나 정치가로서는 적지않은 문제점을 남긴 황제였다. 건문제(혜제)는 주자학의 대가로서 학식과 인격이 뛰어난 당대의 학자 방효유(方孝孺, 1357~1402)를 고문으로 해서, 태조의 법가적·전제주의적인 행정기구를 정리하면서도 백성들의 부담을 경감시키는데 힘썼다. 성조는 남경에 입성하자 방효유를 붙잡아다 놓고 자기에의 협력을 요구했으나, 오히려 천자의 자리를 강탈한 불법성을 격렬히 매도당했다. 크게 화를 낸 성조는 방효유를 참살하고 그의 일가친족·지인·문하생 등 수백명을 사형에 처했다. 천하의 여망을 한몸에 지녔던 학자에게, 이처럼 가혹한 처벌을 내린 것은 지식인의 반감을 크게 불러일으켰고 또 명조의 통치를 유교의 덕치주의에서 결정적으로 이탈하여 줄곧 전제주의의 길을 달리게 하였다.

천하 독서인의 씨앗을 끊으리

방효유(方孝孺)는 명태조가 중용한 유학자이다. 송염(宋濂, 1313~81)에게 배우면서, 젊었을 때부터 첫째가는 수재라고 일컬어졌고, 태조도 그 인물의 됨됨을 높이 평가하였다. 성조가 왕궁을 떠나 건문제를 치고자 북경 성문을 나섰을 때, 그를 전송나왔던 가장 신임하는 모신(謀臣) 도연(道衍)이 「남경이 함락되면 방효유는 필시 항복하기를 거부할 것입니다. 제발 그를 죽이는 일만은 하지 말아 주십시오. 만일 그를 죽인다면 천하에 학문의 씨앗이 없어질 것입니다」라고 간절히 충고하였다. 남경을 공략한 다음 성조가 방효유를 불러들여 즉위의 조칙(詔勅)을 기초하도록 부탁하였다. 만일 그가 명문장으로 성조즉위의 조칙을 썼더라면, 천하는 어쩌면 성조정권의 정통성을 인정했을런지도 모른다. 그러나 그는 이를 일언지하에 거부했을 뿐만 아니라 붓을 들어 「연적이 제위를 찬탈하다」(燕賊簒位)라고 크게 썼기 때문에, 성조는 열화처럼 화를 내었다. 성조가 방효유를 광장에서 처형하여 효수한 것으로도 부족하여, 그의 일문일족과 친한 벗 그리고 그의 문하생 모두 873명을 사형에 처한 것은 커다란 실책이었다. 이로 말미암아 천하 지식계층의 지지를 잃은 사실을 자각한 성조는, 그것을 의식하면 할수록 반지식인적인 태도를 나타내었다. 태조는 송조(宋朝)가 문인관료 우위정책을 씀으로써, 정권의 폐해를 제래(齊來)했던 그 교훈에 입각하여, 전제주의적 정치체제를 채용했고 또 유교의 효용을 터득하여 그것을 지나치게 이용했지만, 성조에게는 그와같은 도량도 없었다. 명왕조의 전제주의는 성조에 의하여 결정적인 것으로 되었다. 그의 반지성주의(反知性主義)가 그후 명조의 기조가 되었는데, 그것은 끝내 지식인의 반격을 받는 결과가 되었다.

성조의 치적에서 후세에 깊은 화근의 씨앗을 남긴 것은, 정보기관에 의한 탄압과 환관(宦官)을 신임한 일이다. 태조는 백련교도의 반란군에 참가했던 경험으로부터 종교적인 비밀결사의 가공성(可恐性)을 알고 있었으므로 이러한 이단적인 종교와 사상을 조사해서 탄압하기 위하여, 금의위(錦衣衛)라는 황제직속의 정보기관을 만든바 있었다. 건문제로부터 제위를 빼앗은 성조는 반대파의 지하공작을 탐지분쇄하기 위하여 이 조직을 더욱 강화한 것이다.

태조는 환관의 정치개입을 엄중히 금지했지만, 성조는 건문제가 너무 엄하게 단속한데 반감을 품었던 환관이 내란 당시 성조밑으로 도망쳐 남경의 실정을 고해바친 것이 승리의 원인 중 하나가 되었던 연유로부터, 그후 환관을 신뢰하게 되어 태조의 유훈을 저버리고, 외교·군사의 사절로까지 그들을 이용했고 또 환관에게 동창(東廠)이라는 비밀경찰기관을 감독하여, 고관 및 학자들의 사상조사따위도 시켰다. 태조에게는 영명한 군주 자신에 의한 독재제가 있었지만, 성조이후시대의 용렬한 황제에게는, 환관과 같은 나쁜 측근이 붙어서 젊은 군주를 제마음대로 조종하고 또 비밀경찰을 악용하여 지식인을 압박하게 되자, 환관과 학자사이에 심각한 대립이 일어나 결국에 가서는 이것으로 명조가 멸망하는 커다란 원인의 하나가 되었다. 태조에 의하여 기초가 세워진 군주독재제는, 성조때 환관 등의 측근에 의한 비밀탄압제도가 정비되면서 변질되었다. 성조는 정무(政務)에도 정려(精勵)하여 대담하게 행정정리를 단행했고, 관리를 독촉하여 재해복구 등 백성의 복지향상에 노력하는 등 국내 질서를 바로 잡는 점에서 훌륭한 치적을 올렸지만, 전제정치체제를 강화하고, 환관정치의 근본을 열어놓았다는 마이너스면이 오히려 더 컸다.

천자의 신임을 받는 환관이, 자기들의 뜻대로 일을 처리하게 된 것은 명대 중반기 이후부터이다. 대정치가인 성조는 환관을 식별하여 적재적소에 사용하고, 결코 환관을 무조건적으로 신임하여 그들의 농락에 놀아난 일은 없었다. 유능한 환관을 등용하여 적소(適所)에 적절히 이용한 예가 많았는데, 특히 운남성의 회교도출신인 정화(鄭和)를 신임하여, 그로 하여금 대함선단을 이끌고 7회(1405~33)나 동남아지역에 출항시킨 것은 이것의 한 예이다. 그는 자바(瓜哇)·바렌방(舊港)·샴(暹羅)·말래카(滿剌加)를 거쳐 인도양으로 나가, 세일론섬(錫蘭島)를 경유하여, 그중 한 분함대는 아라비아반도의 아덴(阿丹)에 도달했고, 거기서 다시 아라비아(天方)본국으로 향하였다. 정화의 선단은 이처럼 남양제국이 조공바치기를 촉구했고 또 무역도 행하여, 명나라의 위신을 남해에서 과시하였다. 이것은 서방세계에서 포르투갈의 헨리케(Henrique)항해왕(航海王, 1394~1460)의 창의(創意)를 이어받은 포르투갈왕국의 바스코 다 가마(Vasco da Gama, 1469~1524)가, 1497년에 아프리카 남단인 희망봉(Cape of Good Hope)을 돌아, 다음해 인도양을 횡단한 장거(壯擧)보다 무려 반세기 이상이나 앞선 위업이다. 다만 인도양에서의 중국인의 활동이 여기서 정지되고 그대신 포르투갈을 비롯한 서유럽 여러나라의 동진행위에 내맡겨진 것이 퍽 유감일 따름이다.

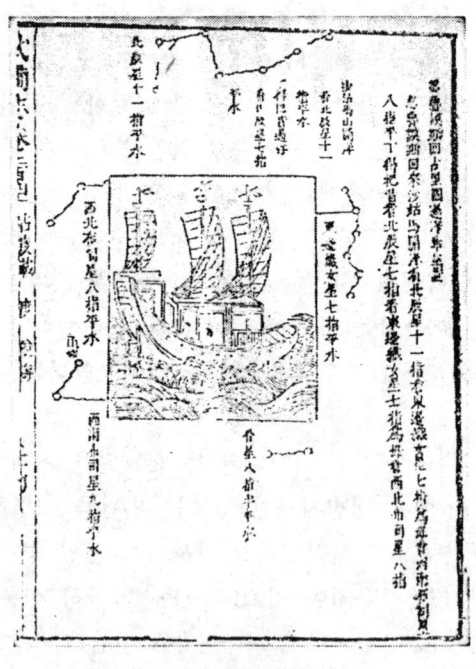

정화(鄭和)의 항해

제 19장 민족주의와 전제주의 — 대명제국의 성립 **399**

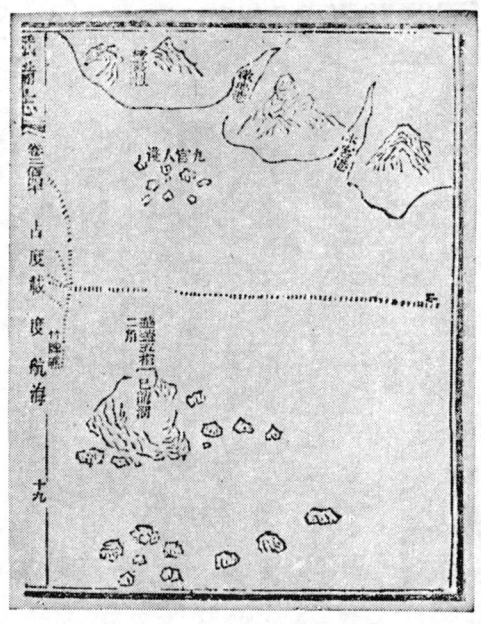

성조는 서남변경(西南邊境)인 운남성 회교도로부터 환관이 된 마화(馬和)에게 정(鄭)씨 성을 내려 성을 바꾸게 하고, 당시 회교도가 해상권을 장악하고 있던 남양해역으로 내보냈다. 성조가 60척 이상되는 대함선대를 조직하고, 거기에 2만7천800여명의 군사와 선원을 태워서 남해로 대원정항해를 강행케 한 것은, 원래 해상으로 도망친 것으로 일컬어진 건문제(혜제)의 행방을 알아내기 위한 것이 주목적이고, 남양제국을 복속시키며, 무역관계를 개설하려고 한 것은 차라리 부차적인 것이었다고 기록에 남아 있다. 이런 목적에 대해서는 의문시되지만, 그러나 그것도 중요한 것이었음은, 성조가 스마트라섬 바렌방에 있는 구항(舊港)에서, 수천명의 광동출신 중국이민의 지도자를 복속시키는 공작을, 정화로 하여금 전개시킨 것으로서 명백해졌다. 이것이 남양지역 중국이민들 속에 건문제가 잠입해 있을 것이라는데 두려움을 느꼈던 나머지 성조가 취한 조치로 해석되므로, 정화일행의 주목적이 건문제의 행방 추적에 있었음이 사실인 것 같다. 그러나 전후 7회에 걸쳐 대원정 함선단이 연이어 파견되었다는 것은, 해외에 국위를 선양하겠다는 성조의 명예심의 각성인 동시에, 남양무역에의 강남상인의 관심을 뒷받침한 것으로 생각된다. 원정함대는 배의 길이 44장(丈, 136미터), 폭 18장(55미터)이나 되는 대형선박 62척으로 편성되고, 1척당 평균 승무원은 448명이나 되었다. 바스코 다 가마가 1497년에 희망봉을 발견할 때는 3척에 불과 60명의 수부를 분승시켰을 뿐이었다고 하니, 그것은 정화의 이 대함대하고는 비교도 안되는 선단이었다. 500명을

태울 수 있는 돛대 3개 있는 정크형에, 세로형 돛(縱帆)을 단 거대한 배를 건조할 수 있었던 조선기술과, 나침반 및 항해도에 천측법(天測法)을 도입해서 방위를 알아내는, 중국의 원양항해기술은 당시 서방세계의 수준보다 훨씬 진보되어 있었다. 15세기 초엽부터 중국의 조선항해술이 정체되고, 18세기에 이르러 유럽 여러나라에 결정적으로 뒤지게 된 것은 어떤 이유에 의한 것일까. 구미지역 학자들은, 유럽의 문명이 기술에 강한 관심을 가지고 자연과학이론을 이에 응용함으로써, 과학과 기술이 일체가 되어 발달하게 된데 대하여, 중국에는 이러한 측면이 결여되었던 것을 지적하고 있다. 이것은 장차 좀더 깊고도 넓게 연구하여야할 큰 문제다. 정화의 항해도는 『무비지(武備志)』에 인용된 것이 현존하는데, 거기에는 그가 사용한 돛대 3개 있는 큰 배에 관한 그림도 실려있다. 여기서 정화가 탔던 선박의 그림과 그가 사용한 바 세일론섬(지금의 스리랑카)을 중심으로 한 항해도, 그리고 천측기술을 기본으로한 항로를 도시한다.

성조는 정화가 출항한 다음에(1406년)에 북부베트남인 안남국(安南國)에서 내란이 일어난 것을 기화로, 남정군을 보내어 그것을 멸했다. 북부베트남은 이때부터 1427년까지 명의 영토로서 직접통치에 복종하게 되었다.

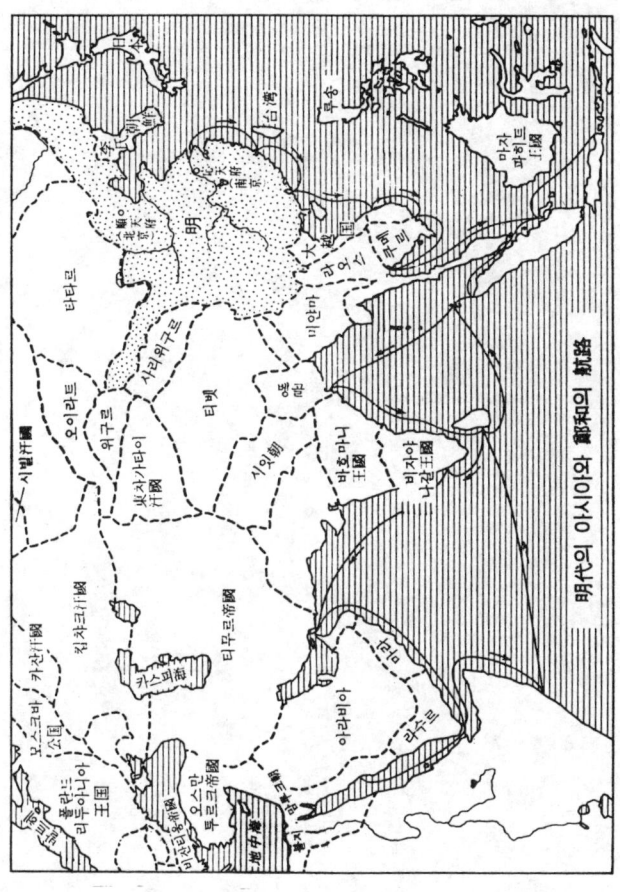

제 20 장 환관지배와 학자의 반항
— 명제국의 말로

1. 환관의 대두

북정(北征)중에 사망한 성조(成祖)를 뒤이어 제위에 오른 인종(仁宗, 洪熙帝)은 부왕의 적극적인 외교정책을 수정하여 외정전비(外征戰費) 부담에 허덕이는 백성들의 복지증진에 힘썼지만 즉위 불과 10개월로 병사하고, 그의 아들 선종(宣宗, 宣德帝)이 제위에 올랐다. 북변의 강적 오이라트(瓦刺)부족을 쳐서 그의 재흥을 억제하는 동시에, 남방에서는 반항하는 안남(安南)의 독립을 인정함으로써 외국에 대한 쓸데없는 간섭을 피했고, 국내에서는 태조가 원나라 관리의 독직(瀆職)에 넌더리가 났으므로 관리에 대한 단속을 엄격히 했던 그 전통을 고수하였다. 선종은 문화에 대해서도 이해심을 가지고 스스로 시문(詩文)과 회화(繪畫)를 잘하는 예술적 재능의 소유자였다. 또한 한림원출신의 내각대학사들을 신임하여 그들의 의견에 입각하여 정무를 재가함으로써, 실질적으로 재상의 역할까지 수행하였다. 선종의 재위기간도 10년에 불과했지만, 이 두황제의 짧은 치세는 명나라 일대중에서도 가장 태평성세를 시현하였는데, 이때가 명제국의 최성기로 평가되고 있다.

이런 평화시대의 이면에서는 이미 명나라를 좀먹는 무서운 병균이 궁중 후궁 깊숙한 곳에 침입하여, 점차 정치표면에 나타나기 시작하였다. 명의 성조가 태조의 유훈을 무시하고 환관의 정치적 활동을 허용한 나쁜 영향이 표면에 나타난 것이다.

선종에 뒤이어 영종(英宗, 正統帝)이 불과 9세로 즉위하자, 유언에 따라 조모인 태황태후가 섭정일을 보았다. 태조의 유훈에 의하여 태황태후가 정치표면에 나타나는 것이 허용되지 않았으므로, 전2개조정의 중신들인 양사기(楊士奇)・양부(楊溥)・양영(楊榮)등 이른바 3양(三楊)에게 정치에서의 보좌를 부탁하였다. 태황태후가 세상을 하직하고, 양사기・양부의 두 중신도 연이어 죽고 양영이 늙자, 이들을 대신하여 환관의 우두머리, 즉 태감(太監) 자리에 있던 왕진(王振)이 비밀경찰 조직인 금의위(錦衣衛)를 장악하고 세력을 휘둘렀다.

태조의 유령(遺令)에 따라 학문하는 것이 금지되어 일반적으로 무학문맹자들인 환관중에서, 왕진만은 성조말년에 특히 허용되어, 학관(學官)으로부터 지원하여 환관이 된 사람이므로 상당한 학식을 갖추고 있었는데, 이것이 정치적 세력을 얻는데 도움이 되었다. 그는 자기를 반대하는 대관이나 학자들을 「금의위」의 손으로 체포하여 사형이나 유배형에 처하면서 권력을 굳혀나갔다. 조정 백관과 백성들에게 인기가 없음을 잘 알고 있었으므로 그는 인기를 얻기 위하여 나이어린 영종으로 하여금 외정(外征)에 나서게 하고는, 그 공을 자기의 것으로 삼고자 하였다.

태조때는 서남지방에 있는 대리족(大理族)의 항복을 받았고, 운남성 서남부 녹천부족(麓川部族)의 반란을 평정한 일이 있었다. 녹천부족은 영종때 반란을 일으켜 미얀마(緬甸)를 항복시켰고, 또 내륙에 침입해 왔다. 영종은 왕진(王振)의 주청에 따라 그들을 정토하여 일단 성공하였지만, 도처에 게릴라가 들고 일어나, 서남지방에 오히려 불안한 정세를 조성하였다.

북방에서도 몽골지방의 타타르부족이 순주(淳州)・대동(大同) 등에 침공해 왔다. 명신 우겸(于謙) 등은 군량미의 결핍을 해결하기 위하여 「먹을 것을 풍족히 한 연후에 병(兵)을 충실화한다」는 원칙하에, 경제개발을 우선시켜 둔전(屯田)정비를 급선무로 하였지만, 왕진은 이에 반대하여 적극책을 취한 것이다.

오랫동안 분열되어 있던 타타르부족과 오이라트부족은 에센(也失)에 의하여 통일되면서, 내륙에 대해 압력을 가해왔다. 명조는 오이라트에 대하여 대동(大同)에 말시장(馬市場)을 열어, 우마 등과의 교환으로 비단이나 명주 등의 일상용품을 교역함으로써 우호관계를 유지하고 있었다. 왕진은 금령(禁令)을 깨고 그들에게 동철제 화살촉을 비밀리에 수출하여 거리(巨利)를 취함으로써 결과적으로 몽골족의 전력을 강화시켰다. 게다가 이익을 더욱 올리기 위하여 말값을 내리려고 획책한데서, 오이라트족의 반감을 사게 되었다. 오이라트는 요동(遼東)·선부(宣府)·감숙(甘肅)·대동(大同)의 4개방향으로 나뉘어 일제히 진공해왔다. 여기서 왕진은 자기의 고향인 대동부근의 울주(蔚州)가 역적들의 손아귀에 들어가는 것을 겁내어 영종의 친정(親征)을 요청했으므로, 영종을 50만의 대군을 이끌고 거용관(居庸關)으로부터 장성밖으로 출격하였다. 형세가 불리함에도 불구하고 왕진은 황제를 대동방면으로 향하게 한바, 토목보(土木堡, 하북성 懷來縣)에서 에센(也失)군에게 포위되어 영종은 포로가 되고, 왕진은 전사하는 참패를 맛보아야만 했다. 이 「토목보의 전투」는 북방의 몽골족을 추방하고 한족국가를 재흥시킨 명조의 운명이 기울어지기 시작했음을 상징하는 대사건이었다.

영종이 포로가 되자 북경에서는 그의 동생인 경제(景帝, 景泰帝)가 추대되어 제위에 올랐지만, 이때 오이라트의 침공군은 남하하여 북경성밑에 육박하고 있었다. 우겸 등이 북경수비를 굳건히 하고 오이라트를 격파했기 때문에 강화가 성립되어, 영조도 겨우 귀국하게 되었다. 포로가 되었으니 설마 몽골로부터 귀환하지 못하리라고 생각되었던 영종이 돌아왔으므로, 경제(경태제)의 위치가 불안정해졌다. 위낙 다병(多病)했던 경제의 병세가 악화되자, 이것을 기회로 상황(上皇)이 된 영조가 복위하게 되었는데 이런 복위에서 세운 공로로 정권을 장악하려는 간악한 정치군인이 나타났다. 즉, 환관 조길상(曹吉祥)은 군인 석형(石亨)과 결탁하고 쿠데타를 일으켜, 경제를 퇴위시키고 영종을 다시 황제에 복위시켰다. 영종은 즉위하자 경제를 옹립하고 북경성을 사수하여 몽골의 대군을 격퇴시킨 우겸을 오히려 사형에 처했다.

우겸(于謙)의 복권(復權)

우겸이 구국충정에서 이룩한 공적은 영종도 인정하고 있었으나 우겸에게 반감가진 군인 석형(石亨) 등의 거듭되는 요청에 부득이하게 사형에 처하고 가족가산도 몰수하였다. 영종이 죽고 헌종(憲宗)이 즉위하자, 곧 우겸의 묘에 제사지내고 그의 자손을 용서하고 또 예우(禮遇)하였다. 전제정치하에서 탄압받고 혹독한 형벌에 처해진 학자·정치가는 방효유(方孝

儒)·우겸(于謙)처럼 조만간에 복권된 사례가 적지 않은 바, 이것 또한 대서특필하여 후세에 전하는 것이 중국역사의 전통으로 되어 있다.

1제1원제(一帝一元制)

중국의 왕족국가는 진시황이래 모든 황제의 즉위연도에 의하여 연호를 세워왔지만, 한무제(漢武帝)가 B.C. 114년에, B.C. 140년으로 소급하여 건원(建元)이라는 연호를 제정한 이래, 한 제왕이 상서로운 일이 있거나 천재(天災)를 기회로 몇번씩 연호를 바꾸는 이른바 개원(改元)의 습관이 생겼다(당나라 때의 측천무후<則天武后>는 자신의 칭호도 재위 15년간에 「聖神 皇帝」 등 5회나 고친 것도 부족했던지, 연호는 1년에 평균 1회 이상 16회나 고친 바 있다). 명조(明朝)에서는 태조가 홍무(洪武)연호를 제정했을 때 일대일원(一代一元)으로 정하되, 절대로 개원하지 않는 원칙을 정한바 있다. 황제는 죽은 뒤에 그 묘호(廟號)에 의하여 태조(太祖)로 불리었지만, 또한 연호에 의하여 홍무제(洪武帝)로 부르는 습관이 이때부터 만들어졌다. 태조이하 성조(영락제)·인종(홍희제)·선종(선덕제) 등과 같은 통칭이 생겼고, 청조(淸朝)에도 일대일원제도가 계승되어, 성조(聖祖, 康熙帝) 등으로 불리게 되었다. 영종은 처음에 정통연호를 세웠으나 「토목보전투」가 있은 후에 퇴위하여 상황(上皇)이 되었다. 경제(景帝, 景泰帝)에 대신하여 복위하자 연호를 천순(天順)으로 고쳤다. 여기서 정통제(正統帝)·천순제(天順帝)라는 2개의 통칭이 생겼다. 명대 황제의 독재제도 확립과 더불어, 황제가 하늘의 아들로서 하늘의 명을 받아 제위에 오른다는 종교적인 신앙이 희박해지고 또 상서로운 일이나 천재(天災)에 의하여 연호를 바꿀 필요성도 없게된 것이다.

영종이 죽자 그의 아들 헌종(憲宗, 成化帝)이 즉위하였다. 궁정의 내분은 측근에 의한 환관세력을 더욱더 강화시켜 나갔다. 헌종은 왕직(汪直)을 중용했지만 헌종과 그 아들 효종(孝宗, 弘治帝)의 통산 41년간의 치세는, 다소간의 실패는 있었지만 선종(宣宗)대를 이은 명조의 융성기로 이어졌다. 효종이 죽자 그의 아들 무종(武宗, 正德帝)이 겨우 14세에 즉위하였다. 궁전깊숙한 곳에서 일상적으로 환관들에게 둘러싸여 성장했으므로, 제위에 오르자 평소에 친숙해졌던 환관 유근(劉瑾)을 신임했으므로, 그의 당파가 실권을 장악하게 되었다. 원래 무종은 평범한 인물은 아니지만, 동궁시절부터 유근이 그에게 붙어서 놀기 좋아하는 인물로 키워왔다. 즉위후에 무종은 유근에게 정치를 일임하고는 자기는 유락(遊樂)으로 나날을 보냈다. 효종시대부터 생존해 온 경골(硬骨)의 고관과 문학자들이, 유근의 당파를 격렬히 비판하자 유근은 그들을 추방하도록 진언했다. 유근은 황제(무종)에게 아첨아부하여 정론파(正論派)를 오히려 간당(奸黨)으로 몰아서 추방하거나 옥에 가두었다.

환관이 세력을 얻기 시작했을 무렵에, 관직을 얻으려면 환관에게 많은 뇌물을 바쳐야만 하였다. 이렇게 해서 취직이된 관리는, 그 돈을 회수하기 위하여 여러가지 명목으로 백성들로부터 재물을 걷어들였으므로, 이런 부담에 견디기 어렵게 된 백성들이 도당을 짜고 반란을 일으킨 바, 그런 반란이 하북·산동·하남·호북·호남성의 여러지방으로 확산되었다. 이런 기운을 배경으로 황족인 안화왕(安化王) 치번(寘鐇)이, 유근을 제거하겠다는 명분을 내세우고 감숙성(甘肅省)에서 기병하였다. 이 반란은 곧 평정되었지만 환관들 사이에서 대립이 생겨 유근이 사형에 처해지고 그 당파도 추방되었다. 그러나 유근 일당에 대신하여 측근의 용사 강빈(江彬)이, 무종에게 기사(騎射) 스포츠를 배워준 다음, 미행(微行)으로 말을 달려 궁전 밖으로 나가서 유행(遊幸)하는 버릇을 심어주었다. 만년에는 북방변경지역으로 대순유(大巡遊)한 다음, 또다시 남경에로 순행(巡幸)할 계획을 세웠다. 이때 강서성 남창(南昌)에 봉해져 있던 영왕(寧王) 신호(宸濠)가, 아직 후사가 없고 무뢰한과도 같은 생활과 유행으로, 나날을 보내고 있는 무종을 대신하여, 제위를 노려 반란을 일으키고 북상하였다. 때마침 군사임무를 띠고 남창에 머물러 있던 명대의 명유(名儒)로 칭송되던 왕수인(王守人, 자는 伯安, 호는 陽明, 1472~1528)이, 지방 주둔군을 동원하여 재빨리 남창을 함락시키고 영왕을 포로로 잡음으로써, 이 반란을 일찌감치 수습하였다.

이리하여 무종은 일찍부터 동경 및 염원해오던 강남지방에로의 행행(行幸)을, 주위의 반대를 무릅쓰고 강행했지만, 행선지에서 고기잡이배에 탔다가 물속으로 빠진 후 병을 얻어 눕게 되었다. 이것이 원인이 되어 모험을 즐긴 로맨틱한 이 청년황제는 피를 토하는 병을 앓다가 죽었다. 재위 16년간이었다.

표 방(豹 房)

무종(武宗)은 유교적인 예법에 구속되는 형식적인 궁정생활에서 탈출하기 위하여, 궁성문 밖에 「표방(豹房)」이라는 이슬람교의 사원처럼 생긴 궁전을 짓고, 그 좌우 건물에 빗살처럼 많은 밀실(密室)을 배열했다. 그것을 이슬람교의 하렘(harem, 처첩이 거처하는 방)을 모방한 것인데 모양새가 표범과 같은 맹수를 기르는 우리를 닮은데서 표방이라고 이름지은 것 같다. 무종은 이슬람교도와 티벳의 라마승을 초청했고, 또 전국에서 미녀와 악사(樂士)들을 모아다가 신방이라고 부르던 이 표방에 살게하면서, 궤도를 벗어난 황음 생활을 하였다. 유근(劉瑾)이 실각된 뒤로 무종의 마음에든 신하는 힘이 세고 명궁(名弓)이던 강빈(江彬)이었는데, 황제는 강빈과 더불어 이런 표방에 동거하고 있었다. 강빈은 황제를 자주 사냥에 끌어냈기 때문에, 무제는 드디어 군인이 되겠다고 말하기 시작했는가 하면, 자기가 자신에게 위무대장군(威武大將軍)이라는 사령장을 썼고 또 몽골정벌에 나가려고도 했다. 무종은 환관에게 명하여 궁전뒷뜰에 저자거리를 만들게한 다음, 스스로 장사꾼 복장을 하고 앉아 수판을 튕기면서 상거래노름을 하였다. 또한 목로주점거리도 만들어 거기서 잔뜩 술을 퍼마시곤 만취한채 그 자리에서 쓰러져 자기도 하였다. 무종은 황제의 생활이 도저히 참을 수 없으리만치 지겨웠던 것이다. 송학(宋學), 특히 주자학(朱子學)의 유교적인 합리주의가 지배하는 형식적인 도덕세계에서 탈출(脫出)하여, 인간의 본능에 따라 자유롭고도 야만적인 쾌락을 추구했던 그의 경우는, 명대에 있어서의 반이성적(反理性的)정신의 하나의 표현이요, 라마교나 이슬람교처럼 중국의 전통사회와는 전혀 이질적인 가치체계에 이끌렸던 것이다. 이것은 넓은 의미에서 볼 때 몽골인의 통치가 가져다준 유산이었다.

2. 북로남왜(北虜南倭) — 난국에 선 대명제국

무종이 죽었을 때 그의 형제에게도 남자가 없었기 때문에, 황태후가 아버지 효종(孝宗)의 동생인 홍헌왕(興獻王)의 아들을 세워서 제위에 오르게 하였다. 이것이 세종(世宗, 嘉靖帝)이다. 황태후는 대신 양정화(楊廷和)에게 명하여, 무종을 섬겼던 측근자들을 처분하여 폐해를 제거함으로써 민심을 일신시켰지만, 15세에 즉위하자마자 세종은 예기치 않았던 어려운 문제에 부딪쳐야만 했다. 대저 왕조국가 원수의 첫번째 임무는 종묘사직, 즉 조상의 제사를 받드는 일이다. 그런데 방계(傍系)에서 들어와 대통을 이어받은 세종은 양부(養父)에 해당하는 무종과 생부(生父)인 홍헌왕 중 어느분을 아버지로 해서 종묘에 제사지내야 하느냐 하는 의문이 제기된 것이다.

한 예관(禮官)이 세종으로 하여금 효종을 백부로 하고, 아버지 홍헌왕을 숙부로서 제사지내는 안을 내놓았으나 세종은 이에 대해 불만이었다. 3년간에 걸쳐 조의(朝議)를 거듭한 끝에 결국 효종을 황고(皇考, 즉 亡父)로 하고 홍헌왕을 본생황고 헌제(本生皇考 獻帝, 實亡父)로 해서 종묘를 세우기로 결정하였다. 그러나 일파의 간신배들은 세종의 뜻에 영합하여 이를 뒤엎고 효종을 황백고(皇伯考)로 하고 홍헌왕의 본생을 취하여 황고(皇考)로 칭하는 안을 내어 실행에 옮기려고 하였다. 그러자 정의파 조신(朝臣) 200여명이 궁성문 아래서 요즈음의 연좌데모를 벌려 읍소(泣訴)로서 항의했으나 결국 모두 하옥되었고, 개중에는 곤장을 심하게 맞고 죽는 사람도 나왔다. 현대정치의 상식으로 말한다면, 하잘 것 없는 일을 가지고 목숨걸고 항의한다는 것은 거의 이해되지 않지만, 당시는 유교교의상 이것이야말로 가족윤리를 기본으로 삼았던 왕조국가의 본질에 관한 큰 문제였다. 모처럼 환관을 일소하고 새롭게 출발했던 정치가, 여기서 좌절되어 조정대신간의 내분 때문에, 간신배가 환관과 결탁하여 또다시 세력을 되찾게 되었다. 원래 세종은 현명한 사람이지만, 언젠지도 모르게 불로장생을 설교하는 도교의 포로가 되어 있었다. 그런 덕분으로 45년동안 제위에 있으면서 가정(嘉靖)의 치세를 즐겼으나, 도교에 열중하여 정무를 게을리하게 되자 궁중에서는 이 도교의 미신에 편승한 엄숭(嚴嵩)과 같은 무능하고 무사안일주의적 관료들만 제멋대로 날뛰게 되었다.

청사(靑詞)의 재상(宰相)

청사(靑詞)란 도교의 신을 받들어 모시는 제문(祭文)으로서 등나무를 원료로 한 청색종이에, 빨간색 먹으로 쓴 것이다. 도교를 광신한 세종은, 민간종교인 도교의 제문을 유교학문과 전아(典雅)한 문장으로 짓는 것을 자랑으로 살아가는 그런 학자에게 기초시킨 다음, 그 제문의 됨됨이에 따라 그를 요직에 보직하였다. 당시의 재상 하언(夏言)과 엄숭(嚴嵩)은 모두 뛰어난 청사작가에서 출세한 사람들로서 이 때문에 「청사재상(靑詞宰相)」이라고 비꼬는 표현도 생겨났다. 이것도 환관을 대신하여 황제에게 영합한 조신들의 파벌적 독직(瀆職)에 수반된 정치를 풍자한 말이다.

명조 중반기부터는 사회에 여러가지 모순이 노출되기 시작하였다. 첫째는, 농촌에서 대토지 소유제의 진행과 농민의 유망(流亡)이다. 황실의 소유지, 즉 황장(皇莊)이 급격히 증대되었다. 무종치세 초기에는 하북(河北) 지방의 황장이 36개소에 그 면적이 3만7천경(頃 1경=100畝)이었다. 황족·고관·환관들의 사유지도 황장토지의 증대와 병행하여 증대되었는데, 그것이 20만경이나 되었다. 이런 사유지는 무력한 농민의 토지를 침탈하여 확대시킨 것이지만, 토지를 잃은 농민들 가운데는 열악한 조건으로 지주의 소작을 하는 사람이 많았다. 면세전답의 증가에 따라 과세대상이 되는 전답은, 건국 초기에 비하여 절반으로 줄은 반면 부과되는 세액은 거의 변동이 없었기 때문에, 일반농민의 부담이 2배로 늘어난 셈이었다. 빈궁해진 농민은 드디어 본적지에서 유망하였고, 부담이 무거웠던 강남지역, 특히 절강·복건·강서성 등에서는 번번히 농민폭동이 일어났다.

내정상의 어려운 문제를 안게된 세종이후의 명조는 외적의 위협, 이른바 북로남왜(北虜南倭)라는 침구(侵寇)에 의하여 더욱 지독한 시련을 겪게 되었다.

북로인 몽골은 타타르부족과 오이라트부족으로 양분되었으나, 서쪽의 오이라트부족에서 에센(也先)이 칸(可汗)이 되자 토목보(土木堡) 전투에서 명나라의 50만 대군을 격파하는 동시에 영종을 포로로 잡는 등, 그 세력이 강성했으나, 에센이 자기 부장에게 살해된 후는 그 세력이 약해지고, 그대신 동쪽 타타르족이 부활하였다. 다야칸(達廷汗)은 명나라가 쇠미해진 틈에 남하하여 오르도스(황하의 흐름이 북쪽으로 굽어서 들어가 몽골고원에 접해있는 비옥한 지대)를 장악하고, 다시 서쪽으로 진격하여 영하(寧夏)를 함락시켰다(1501년). 그의 아들 보치칸(卜赤可汗)은 몽골고원을 완전히 제압하고 양분하여 두 아들에게 분할해 맡긴 다음, 동쪽으로 옮아가 몽골사막의 남쪽

지금의 차하르(察哈爾, 내몽골자치구의 동북부)에 본거지를 설치하였다. 차하르는 장성과 인접해 있으므로, 그들은 가끔 명나라 북부변경지대를 침범했다. 한편 오르도스부족에게 떨어져나간 알탄칸(俺答汗)은 가장 공격적인 지도자로서, 자주 산서성·섬서성에 침입하여 명나라에 고통을 주더니, 1550년에는 멀리 명나라 수도 북경을 급습하였다. 태평성세에 잠들어 있던 명조는, 당시 수도 북경에 불과 4~5만의 늙은 병사들만을 주둔시키고 있었을 뿐인데 더하여 성벽에 의거하여 수비에만 급급할 따름이었으므로, 성밖에서 몽골병이 제멋대로 약탈하는 것도 성위에서 빤히 내려다보고만 있어야 하는 형편이었다.

원래 알탄칸은 북경을 공략할 의도가 아니었으므로 미구에 군대를 되돌려 서쪽으로 전진(轉進)하여 오이라트족을 항복시켰고, 티벳(吐蕃)·청해(靑海)지방을 복속시킴으로써 서북지방의 대강국이 되었다. 청해성에서는 라마교가 성행하고 있었으므로, 알탄칸도 라마교에 귀의하여 라마승을 초청했고 또 사원도 세웠다. 라마교의 독실한 신자가 된 알탄칸은, 그 교의에 심취하자 그후 쓸데없는 살생을 피하여 중국 내륙에로의 진공을 중지하였다. 1572년에는 사절을 명나라에 파견하여 말시장(馬市場)과 차시장(茶市場)을 열며 또 통상의 길을 텄으므로, 명나라도 이때부터 북로의 위협을 모면하게 되었다.

남왜(南倭)란 왜구(倭寇)로서 일본해적에 의한 중국동남연해지방의 약탈을 말한다. 왜구의 침해역사는 14세기후반인 원대말―명대초와, 16세기 전반기부터 후반기에 걸친 명나라 세종연대 등 전기와 후기로 나누인다. 세도내해(瀨戶內海)로부터 규슈(九州)지방에 걸친 여러 도시에는, 소위 후지와라(藤原)시대(서기 810년이후 약270년간)부터 해적이 나타났고, 일본의 남북조 대립시대에는 압박당하던 남조계의 해적이 주로 한반도 남해안을 습격약탈하여, 남조의 정서장군(征西將軍)인 가네나가친왕(懷良親王)을 위해 병참보급(兵站補給)을 담당했던 것이다. 이것이 동기가 되어 규슈(九州)의 아마쿠사(天草)·히고(肥後)·사츠마(薩摩)지방의 해적이, 한반도의 남해 및 서해안을 따라 북상하여, 중국의 산동반도 연안을 습격 약탈했고, 동중국해를 가로질러 직접 절강·복건·광동지방을 약탈하고 다녔다. 이 무렵인 원말(元

末)에 방국진(方國珍)·장사성(張士誠)과 그의 잔당이, 왜구와 결탁했으므로 명태조(주원장)도 이들의 단속에 고심하였다. 그가 쇄국령을 내리고 민간의 해상교통을 일제히 엄금한 것은, 이 왜구대책이 한 원인이었던 것 같다. 성조가 즉위하자 일본의 무인정부(즉, 謙倉幕府의 足利義滿 정권)가 명과의 통상무역의 개설조건으로 제시된 바 명조로부터 왜구단속요망을 수락하게 되면서 왜구는 한때 잠잠해졌다. 이것이 전기의 왜구활동이다.

세종시대부터가 후기 왜구시기인데, 이때의 왜구성격은 종전과 일변되어 있었다. 전기에는 일본의 해적이 주체로서 강도적인 약탈도 많았지만, 그것은 밀무역의 한 형태였던 것이 특징이다. 그러나 후기에는 일본인 해적이 비교적 적은 반면, 중국인의 참가가 더 많았으며 따라서 중국인이 주체가 되어, 약탈 및 밀무역 형태를 취한 것이 특징이다. 이 밀무역은 동남연안지방에 발흥한 공업생산품의 판로(販路)를 찾기 위한 요구에서 생긴 것 같다.

명나라의 수공업은 송·원대에 비하면 비약적으로 발전하고 있었다. 원나라 때는 정부공장에서 관노(官奴)의 신분으로 강제노동을 해야만 했던 사람들이, 이때는 직인(職人)신분으로 격상 및 해방됨으로써 그들의 생산의욕이 높아진 것과, 서방세계에서 수입한 공업기술의 활용으로, 발전의 기초가 다져진 것이다. 이러한 기초위에 명대에는 제철·방직·인쇄·칠기·도자기·조선(造船) 등의 기술이, 원대에 비하여 현저하게 발전하였다. 이러한 수공업은 상당한 설비와 고도의 생산기술을 필요로 했기 때문에, 개인가정에서는 생산할 수 없었으므로 수공업적 공장의 생산형태를 취하게 되었다. 견직물공업의 중심지인 소주(蘇州)지방에는 30~40대의 직기를 설치한 큰 공장도 생겼고, 도자기공업의 중심지인 경덕진(景德鎭)은 부지면적이 10킬로미터 4방에 인구도 100만명이나 집중하였으며, 가동하는 가마수가 30여개소였다.

이들 수공업공장에서 생산하는 상품 중 소주(蘇州)를 비롯하여 강남의 직물, 경덕진의 도자기, 선성(宣城)의 종이, 준화(遵化)의 철, 운남(雲南)의 동과 은, 무석(無錫)의 활판인쇄 등은, 판로를 확대하여 전국적인 시장을 형성하였다. 이런 것들은 국내로만 그치지 않고, 국제적 상품으로서 해외에도 수출되었다. 광주(廣州)는 명대의 최대의 외국무역항으로서, 동남아제국은 물론 멀리 아라비아하고도 교역하였다. 명의 수출품은 도자기・직포・금속제품이고, 이것의 대상품(代價品)은 동남아에서 향료・도료・약품・보석 등이 수입되었다.

　이 수출상품은 원래 동남연안지대에서 생산되었는데 이것의 대량 수요자는 거리상으로 가장 가까운 일본이었다. 그런데 그 무역이라는 것이 10년에 1회 일본으로부터의 사절(使節)을 접수하되, 수행인원을 선박 2척에 200명으로 제한되어 있었다. 이것은 사실 퍽 부자연스러운 교역이었다. 그러나 왜구가 원인인 명나라의 쇄국령은 점진적으로 강화된 까닭에 소공장 생산에서 점차 자본주의적인 생산형태로 진입하려던 경제의 손발을 묶어, 전진을 저지시키는 결과를 가져오게 한 것이다.

　밀무역을 목적으로 한 것으로 보이는 세종대의 왜구 후기의 활동기는, 마침 강남지방의 견직물 등의 생산이 급격히 확대된 시기와 일치한다.

　일본의 후기 왜구는 이런 밀무역을 목적으로 중국에 침입하여, 절강성의 영파(寧波)・주산열도(舟山列島), 복건성의 연해지방에서 중국상인과 거래하였다. 이런 지방은 중국에서는 해적이 횡행하는 지대로서, 일본선박은 일본해에서 그런 해적을 호위병으로 삼아 승선시켰다. 상거래가 뜻대로 이루어지지 않거나, 대금불불(代金不拂)의 기색이라도 나타나면 해적 상인집단의 본성을 나타내어 가까운 지역에 상륙해서는 약탈행위를 자행함으로써 대가(代價)을 치뤄받으려 했고, 때로는 중국의 해적들까지 이에 합세하여 대규모 폭동사태를 조성하기도 했다. 동남연해지방은 이런 왜구대책에 쫓기게 되었다.

　이 무렵에 중국의 상권(商權)을 장악하고 활동하던 것은 주로 산서(山西)상인과 신안(新安)상인들이었다. 소금매매를 배경으로한 산서상인에 대하여, 곡물을 북방으로 수송하는 신안상인(안휘성 남부)은 곡물대신에 은(銀)을 정부에 납부하고, 소금의 판매권을 얻은데서 산서상인을 압도하고 전국적인 범위에서 상업을 경영하였다. 왜구와의 거래에서도 이 신안상인이 관여했을 정도니 그 규모는 가히 국제적이었음을 알 수 있다.

　명나라 조정은 중국연안에서의 해적을 엄중히 단속하면서, 왜구를 안내하는 지방의 앞잡이들을 소탕하고, 다시 밀무역거래의 본거지를 급습하여 두목을 체포하곤 하였다. 이런 탄압이 주효하여 왜구의 세력도 점차 약화되었다. 이리하여 1566년에는 명조도 쇄국령을 해제하고 일본무역선도 장주(漳州)출입을 허가받게 되었다. 이로써 명조도 왜구문제를 수습하기에 이르렀다.

왜구(倭寇)의 피해

왜구는 내륙으로 친공하여 상해(上海)·금산(金山) 등의 도시를 함락시키고, 양자강 하류인 절강성 동부에 큰 타격을 주었다. 1555년에는 불과 60~70명으로 편성된 왜구 일단이, 절강만(浙江灣)에 상륙하여 소흥(紹興)·항주(杭州)로부터 산간지대를 거쳐 남경(南京)을 급습한 다음, 무석(無錫)부근에서야 겨우 포위섬멸된 사건이 있었다. 이 일단의 왜구는 80일 동안에 연도의 군민 4, 5천명을 살상했다고 한다. 이런 사건이 속출했으므로 일시 동남 연안지방의 주민들은 성시를 버리고 오지로 도피하는 형편이었다.

박위(朴葳)의 대마도 정벌

왜구이야기가 나온 김에 겸하여 부가한다면 한반도 전해안에 대한 왜구의 침입약탈이 시작된 것은, 고려조 고종연간(1213~59)이고, 가장 극성을 부린 시기는 충정왕 집권시인 1350년 이후이다. 이자들은 해적상인 집단으로서 각지에 상륙하여 물물교환의 교역도 했지만, 주로는 여러촌락을 습격해서는 살인·강간·방화·약탈을 자행했으므로 한때는 해상운수가 거의 중단되기도 했다. 특히 그들은 1365년에 강화도에까지 침입하여 노략질을 했으므로 당시 고려의 도성인 개성에서는 크게 긴장한 바 있었다.

고려조는 1366년에 김일을 왜국에 파견했고, 이외에도 수차에 걸쳐 일본정부에 대해 왜구근절을 외교적으로 종용했으나 당시는 왜국정부 자체가 약체화되어 그들을 통제할 능력이 없었으므로 별무효과였다. 여기서 고려조는 수군을 창설하고 새로운 무기인 화포를 제작하여 해상에서 왜구선박을 격침하는 동시에(1374년) 3년뒤에는 다시 화통도감을 설치하였다. 이리하여 1376년에는 최영(崔瑩, 1316~1388)이 홍산(부여)에서, 조민수(曹敏修, ?~1390)는 전주에서, 이성계(李成桂, 1335~1408)는 남원군 운봉면에서, 각각 침입한 왜구를 격퇴 또는 전멸시켰고 1383년에는 정지(鄭地, 1347~91)가 관음포(남해)에서 화통으로 왜구선단에 큰 타격을 가한 바 있다. 그래도 왜구의 침입 약탈은 근절되지 않았으므로, 정부는 1398년에 적극적인 소탕작전을 전개하여 박위(朴葳)로 하여금 100여척의 병선을 이끌고 왜구의 근거지인 대마도를 정벌하여 적선 300여척을 불태워 버리는 큰 전과를 올렸다. 이것은 그후 조선조 세종대의 대마도·구주(九州)지방에 대한 왜구 원정의 전례가 되었지만, 박위의 원정 이후 왜구의 침입과 약탈행위도 어느정도 약화되었다.

북로남왜(北虜南倭)의 국난에 처하여 청사작가(靑詞作家)로 출세한 재상 엄숭(嚴嵩)의 무능성이 들어나자 그는 실각되었다. 그를 대신하여 실력자인 서계(徐階)가 정권을 장악했으나, 이에 대항하는 다른 실력자 고공(高拱)에 의하여 서계도 추방되었는데, 어쨌든 이로써 환관과 이들하고 결탁하던 간사한 관료들의 연합정권이 일시 해소되면서 조정도 한결 밝은 분위기가 조성되었다.

세종이 죽고 목종(穆宗, 隆慶帝)이 제위를 계승하였다. 그러나 재위 6년으로 죽고 신종(神宗, 万曆帝)이 겨우 9세로 제위에 올랐다. 이러는 사이에는 환관과 부패한 고관이 결탁한 음모가 조정에서 소용돌이 쳤지만, 고공의 제자인 유능한 정치가 장거정(張居正, 1525~82)이 구세주로서 재상에 제수되면서 이런 음모들을 교묘히 분쇄하여 정권을 안정시킬 수 있었다.

3. 중흥의 좌절과 학자의 저항 — 동림당(東林黨)

내각대학사 장거정은 10살도 안되는 어린 나이에 제위에 오른 신종(만력제)을 받들고, 국가의 중흥을 위해 정력적으로 활동함으로써 무종대에 극도로 부패했던 관리를 숙정하고, 또 행정정리로 관리의 숫자도 줄였으며 국가 긴축재정정책으로 재정을 정비하는 한편, 복잡한 노역(勞役)과 세법을 1조편법(一條鞭法)에 의하여 일원화하는 등, 합리적인 정책을 연이어 시행하였다. 이리하여 이완되고 무질서했던 국내정치체제가 바로잡혀지면서 국가재정도 흑자로 돌아섰다.

일조편법(一條鞭法)

개별적으로 할당되던 토지세와 노역을, 한항목에 통합시킨 것이 일조편법으로 이름붙여진 세법이다. 전답의 넓이, 성년남자의 수에 비례하여 세액을 정하되, 그것을 은(銀)으로 납부케 하였다. 농지면적이 정확하지 않았던데서 농민부담에 불균형이 생겼던 것이다. 여기서 장거정(張居正)은 우선 전국의 농경지를 실측(實測)하여, 그것을 기본으로 이 세법을 실시했다. 이 세법은 이미 세종시대에 복건·절강·강소성 등에서 지방적으로 시행되었지만, 이 제도의 장점을 인정하여 전국적으로 획일적인 법령으로 종합시행한 것은, 전적으로 장거정의 수완이었다. 국가에 봉사하는 노역의무를 은으로 납부하면 면제되는 제도는, 15세기 후반부터 시작되었지만, 이 세법은 은납제(銀納制)를 일반화한 것이다. 복잡한 세법을 단순화함으로써 지방의 속관(屬官), 이른바 서리(胥吏)의 부정이 개입될 여지를 적게 한 것도, 일조편법의 잇점의 하나였다. 이 은납제는 명대 중반기이후의 상품생산의 확대와 화폐경제의 발전에 따라 그 발전을 더욱 촉진시키는 작용을 하였다.

장거정은 나이어린 신종(만력제)과 황태후에 대하여 절대적인 권위를 유지하면서, 정치개혁을 수행했으므로 부패되었던 명나라도 중흥되는 징조가 보였다. 그러나 집권 10년에 그가 죽자, 평범한 신종의 친정시대가 되면서 중흥의 기운도 곧 사라지고 말았다.

장거정(張居正)의 국가급무 6개조

장거정(張居正)은 불과 15세의 어린나이로 수재시험(秀才試驗)에 합격했고, 23세로 그렇게도 어렵다는 진사(進士)시험에 장원급제하여 한림원의 출세코스를 밟은 대수재였다. 그는 사양길에 접어든 명나라를 정치가로서 중흥시키고자 한 송나라의 왕안석(王安石, 1021~1086. 均輸·靑苗·募役·市易·保甲·保馬 등 소위 王安石新法을 시행하여 부국강병책을 썼다)과 자주 대비된다. 왕안석의 「만언지서(万言之書)」에 해당하는 것으로서 1568년에 그가 목종에게 바친 상주문이 「국가의 급무(急務) 6개조인데, 이것은 ① 의론(議論)을 생략하고, ② 기강(紀綱)을 진작하며, ③ 조령(詔令)을 존중하고, ④ 명실(名實)을 밝히며, ⑤ 방본(邦本)을 공고히 하고, ⑥ 무비(武備)를 정비할 것을 역설한 것이다. 제1조는 쓸데없는 허사(虛詞), 즉 공론(公論)을 버리고 실천으로 효과를 거두도록 노력하되, 한가지 일을 실행할 때는 처음에 신중히 심의하고 일단 결정하면 단호히 실행해야 한다고 하였다. 제4조는 인재를 등용함에 있어서는 평판(評判)에만 의존하지 말고 그의 재능을 실제로 시험해 보아야 한다」고 강조한 것이다. 장거정의 이 상주문은 모두가 현실주의 위에 선 개혁론으로서, 왕안석의 「만언지서」의 이상주의적인 개혁론하고는 전혀 색채를 달리한 것이다. 유가(儒家)이긴 했으나, 법가(法家)의 영향을 강하게 받아, 법률에 의하여 개혁을 강행한 점은, 왕안석과 공통된다. 왕안석이 구법당(舊法黨)의 반대로 개혁을 좌절당한데 대하여, 장거정은 황제·황태후·환관·관료를 완전히 장악함으로써 개혁의 실적을 올렸다. 그러나 이면에서는 환관·고관들의 반감이 강하여 그가 죽자 곧 가재가 몰수되었다. 그의 법가적인 사상이 정치평론가·역사가로부터 격렬히 공격되어, 죽은뒤에 급속히 명성이 떨어지면서 왕안석의 운명을 걸어야만 하였다.

장거정을 스승으로 불러 궁중에서 경서의 강독을 그로부터 청강하던 신종은, 장거정의 생존시는 그의 인격적 위엄과 정치적 정당성에 눌리어 그의 정책에 따랐지만, 그가 죽고 없게되자 환관의 포로가 되면서 후궁에만 틀어박혀 정무를 소홀히 하게 되었다. 예컨대 신임 정승·상서들도, 그들이 제수된지 3개월 동안에 단한번도 황제를 배알하지 못하는 일도 있었다. 장거정이 고심하여 축적했던 재화는 궁전의 신축, 장려한 정릉(定陵)의 조영 등으로, 얼마안되어 탕진되고 말았다. 신종은 재원확보를 위하여 부호의 재산을 불법적으로 몰수하는 등의 수단으로 은화를 모았다.

왜구의 침입약탈 행위도 뜸해지고, 몽골의 알탄(俺答)은 명조로부터 제왕에 봉해지면서 북로남왜의 위협이 겉보기에는 소멸되었으므로, 명나라는 평화를 즐기고 있었다. 그러나 장거정이 죽은 다음해에는, 만주지방에서 장차 명조를 타도할 운명을 지닌 애신각라씨(愛信覺羅氏)의 부족장 누르하치(奴兒哈赤)가 홍경(興京, 遼寧省賓縣)에서 기병하고 있었다. 명나라의 군신이 만주에서 무서운 강적이 나타났음을 깨닫지 못하는 사이에, 일본의 풍신수길(豊臣秀吉)의 대군이 한반도에 상륙·북진함으로써, 조선국왕이 수도를 버리고 압록강변으로 몽진하여 명조에 대하여 원군을 요청한 목소리를 듣자, 명조는 비로소 평화의 꿈에서 깨어났다.

일찍이 고려국 백성들은, 원나라의 일본진공에의 강제참가 요구로, 군사적·재정적으로 큰 타격을 받은바 있다. 그후 원의 가혹한 징발과 고려조에 내분이 있을 때마다, 원나라의 개입으로 국세가 쇠약해지던 중, 여기에 설상가상으로 왜구의 연안지역 약탈을 받아 위기에 빠졌다. 이런 방위에서 큰 공을 세운 이성계(李成桂)가 인망을 모아 1392년, 고려의 공양왕(재위, 1389~92)을 폐위하고 자립하면서, 국호를 조선으로 바꾸었다. 그가 조선조의 태조이다.

이 무렵에 일본에서는 아시까가막부(足利幕府)가 천하를 통일하고 명나라에 조공을 바치게 되면서 왜구도 단속했기 때문에, 조선 — 일본간의 국교도 비로소 회복되었다. 아시까가막부 말기에 일본에 소위 전국시대가 출현하여 국내가 또다시 흐트러지면서, 왜구가 다시 조선국 연안을 습격함으로써 여기에 양국간의 국교가 또한번 단절되었다. 일본이 풍신수길(豊臣秀吉)에 의하여 통일되자, 그는 자기의 천한 신분상 약점을 커버하면서 위엄성을 과시하고 또 유력한 지방 군벌들의 세력을 해외원정에의 동원으로 약체화 및 통제강화로써, 군벌의 관심을 외부로 돌리면서 정권을 유지코자, 조선조와의 국교회복을 촉구했다. 그는 왜구의 외침(外侵)을 정당화하는 동시에 조선을 침략할 의도로 조선으로 하여금 소위 일본군을 선도케하여 명나라를 진공한다(征明假道)는 미명하에 20만의 대원정군을 한반도에 파견하였다(1592년). 태평성세의 평화생활에서 문약(文弱)해졌고, 안일무사주의를 일삼았던 조선조정과 백성들은, 신무기인 조총대를 앞세운 역전의 왜군을 무방비상태에서 당해내지 못하여, 수도 서울이 일본군 상륙 불과 20일만에 손쉽게 함락되고, 북부의 요충지 평양도 왜군의 손에 들어갔고, 심지어 함경도에 근왕군모집차 파견했던 두 왕자까지 포로로 잡히면서 조선조왕은 압록강변으로 피신하여 명나라에 구원을 요청하였다.

요동지방에서 파견된 이승훈(李承訓)이 이끄는 명나라의 원군은, 평양전투에서 소서행장(小西行長)에게 대패하였다. 다음해에 영하(寧夏)지방의 반란군을 평정한 명장 이여송(李如松, 자는 子茂, 호는 仰城, 아버지는 한국의 江界사람이었으나 요동성 鐵領衛로 도망쳤었다, ?~1598)이 대군을 이끌고 조선에 들어와 곧 평양을 회복했고 여세를 몰아 서울도 인차 회복했다. 이와 더불어 이순신 장군의 왜해군의 대격파로 제해권을 장악했고, 또 각지에서 봉기한 의병의 게릴라활동으로 일본군은 남쪽지방으로 퇴각하였다. 명의 사절 심유경(沈惟敬, 절강성 嘉興, ?~1600)과 소성행장사이에 추진되던 화의(和議)가 본격화되어 왜군이 일본으로 철수하고, 명의 사절이 풍신수길을 일본국왕에 봉한다는 명황의 국서를 전달하자, 명나라에 대등의식을 가졌던 풍신수길과 중화의식이 강한 명조와의 강화담판이 여기서 결렬되었다(1596년). 이리하여 일본은 다음해 또다시 조선에 출병함으로써 전쟁이 한반도에서 다시 벌어졌다. 때마침 풍신수길의 병사(病死)로 왜군이 전면 철수함으로써, 여기에 7년간이나 계속되던 임진—정유왜란이 조선사람에게 막대한 고통을 주었으며, 수많은 포로와 재물을 약탈당했고 또 문화적·역사적 재화를 파괴하고서야 비로소 끝났다.

임진왜란(壬辰倭亂)

군웅할거(群雄割據)로 100년이나 계속되던 전쟁상태에 종지부를 찍고 일본을 통일시킨 후, 대상을 국외로 찾아 미지의 대륙을 침공코자 한 풍신수길(豊臣秀吉, 1536~98)의 공상·망상으로 일어난 임진왜란은, 뜻밖의 파문을 동아시아 여러나라에 일으켰다. 조선으로부터 구원을 요청받은 명나라는 종주국으로서의 속국에 대한 정책상 원군을 보내자, 그 원조는 전쟁의 진행과 더불어 점차 전쟁을 확대시켰다. 풍신수길의 전진근거지인 규수(九州)의 나고야(名護屋)와 조선의 서울간, 그리고 명나라의 전진근거지인 요령(遼寧)과 조선의 서울간 거리는 각각 거의 같았지만, 일본이 해운으로 병력·보급품을 수송한데 대해, 명나라는 그것을 육로에 의존했으므로 그 곤란성이 왜군에 몇배나 컸다. 더욱이 식량 등은 멀리 중국내륙에서 육로수송했으므로 그 병참거리는 다시 배가했던 것이다. 이 원군을 유지하기 위한 전비도 막대하였다. 당시 왜군의 원정비용이나 손실은 알려지지 않았으나, 명나라측은 10여만의 병력과 1,000만량의 전비를 소모하면서 지구전을 전개했다. 이것이 명나라를 위협한 강적인 만주족의 내륙진출의 길을 열어놓은 결과의 하나가 되었다고 한다.

임진왜란의 참전으로 명나라 재정이 바닥났음에도 불구하고 신종(神宗)의 사치생활에는 자숙하는 기색이 없었는바, 이런 재정지출을 보충하기 위하여 은광산을 개발하여 환관에게 그 광산감독임무를 맡겼다. 환관은 지하에 광맥이 있다는 구실하에 지상의 양전미택(良田美宅)을 몰수하는 등 온갖 행패를 다했다. 소금·차·선박에 대한 새세금을 징수했는데, 그것의 관리에 임했던 환관의 독직도 한몫끼어, 백성들의 고통이 극심해지면서 전국 이르는 곳마다에서는 농민의 반항운동이 일어나게 되었다.

신종은 맏아들 상락(常洛)이 이미 성장했음에도 불구하고 차남인 상순(常洵)의 생모 정귀비를 총애한 나머지 누구를 태자로 세울 것인지를 결정하지 못하여 아직 태자자리를 비워놓고 있었다. 명대의 지식계급은 기개(氣槪)를 숭상하고 정치성띤 토론을 즐겼다. 영종(英宗)이래 환관이 정권을 농단하자 정치를 비판함으로써 처벌되는 사람도 많아졌다. 왕양명(王陽明, 이름은 守仁, 1472~1529)과 같은 대학자도 「산중의 도적떼는 격파하기 쉬우나, 심중의 적은 무찌르기란 어렵다」고 궁성내 환관의 해악을 비판하는 한편, 강서성(江西省)에 부임하여 지방군을 조직해서 「산중의 도적떼를 격파」하고, 농민 반란을 평정함으로써, 정치가로서도 실적을 올렸다. 이러한 분위기속에서 고헌성(顧憲成, ?~1612)은 신종에게 반대했다하여 추방되자, 고향인 강소성 무석(無錫)에 돌아가 송대의 대학자 양시(楊時, 자는 中立, 龜山선생이라고 한다. ?~1135)가 제자들을 가리키던 동림서원(東林書院)을 재홍하여 후진양성에 힘썼다. 사방에서 기개를 존중하는 학자들도 여기에 모여들어 당파를 만들고 자주정치를 비판하였다. 이들은 당시의 권력층체제에 대해 단호히 반대했는데 세상사람들은 이들을 동림당(東林黨)으로 불렀다.

민간의 동림당에 대하여, 조정내에는 곤·선당(崑·宣黨)과 간관(諫官) 가운데도 제(齊)·초(楚)·절(浙)의 3개당파가 또 분립해 있었다. 특히 간관은 송조이래 학자의 여론을 대표하는 그룹이었지만, 신종말기에 세가지 문제가 초점으로 떠오르면서, 지식인은 동림당과 비동림당으로 확연히 대립항쟁하게 되었다. 첫째는, 정격안(梃擊案)이다. 신종은 만년에 끝내 맏아들인 상락(常洛)을 태자로 책봉했는데, 어느날 미친사람이 태자의 궁전에 잠입하여 문지기를 막대로 때렸다. 세상사람들은 이 사건을 정귀비가 태자를 해치고 자기가 낳은 아들 상순(常洵)을 태자로 세우려는 음모라고 속삭였다. 비동림당은 이 사건에는 정귀비가 관계하고 있는만치 불문에 붙여야 한다고 주장한 반면에, 동림당은 사건이 태자에 관한 일인만큼 엄중히 신문하여야 한다고 주장했다.

신종은 1620년에 명조로서는 이례적으로 무려 48년간이라는 장기재위의 기록을 남기고 세상을 떴다. 그러자 태자가 즉위하여 광종(光宗, 泰昌帝)이 되었다. 광종이 와병하자 이가적(李可灼)이라는 자가 선단(仙丹)이라 하여 빨간색 환약을 만들어 올렸는데, 천자가 이것을 먹고 갑자기 죽었다. 이것이 두번째 문제인 홍환안(紅丸案)이다. 이에 대하여 비동림당은 이가작이라는 자는 원래 악의가 있어서 그런 것이 아니므로 이 문제를 불문에 붙여야 한다고 주장한데 반하여, 동림당은 유죄를 주장하였다.

광종이 급사하자 그의 총비(寵妃) 이선시(李選侍)가 태자 희종(熹宗, 天啓帝)을 즉위시켰지만, 대신들은 그녀가 국정에 간섭할 것을 우려하여 이선시를 다른 궁전으로 옮겼다. 동림당은 이 조치를 지지했으나 비동림당은 선제의 비빈에 대한 무례라고 하면서 비난했다. 이것이 셋째문제인 이궁안(移宮案)이다.

동림당이 순이론파인데 대하여, 비동림당은 현실주의자들로서 양파는 이 3대안의 대책을 둘러싸고 격렬한 논쟁을 전개하였다.

> 연곡(輦轂)에 관리로 있으면서 뜻이 군부(君父)에게 없고, 봉강(封疆)에 관리로 있으면서 뜻이 민생(民生)에 없고, 수변임하(水邊林下)에 있으면서 뜻이 세도(世道)에 없다.

고헌성(顧憲成)의 유명한 말이다. 뜻은 「중앙정부에 근무하면서 군주를 위하여 생각하지 않는 일, 지방관으로 있으면서 백성들의 생활을 걱정하지 않는 일, 은사(隱士)가 되어 세도인심(世道人心)을 생각하지 않는 것은, 군자로서 취할 바 길이 아니다」이다. 그는 송대이래의 교육기관인 서원(書院)제도에 활기를 불어 넣었는데, 동림서원(東林書院)은 경서를 감독하는 단순한 학당인 것이 아니라, 정치비판을 행한 장(場)이요, 반체제적인 이데올로기 집단이기도 했다. 이 서원의 청강생 가운데는 지식인뿐 아니라 강남지방에서 발달한 상공업자 출신의 시민중 유력자들, 소위 신사(紳士)들도 섞여 있었음이 지적되고 있다. 동림당은 환관의 악세(惡稅)징수에 크게 고통받고 있던 강남지방 상공업자의 납세 거부운동을 강력히 지지하였다.

광종(光宗)에서 희종(熹宗) 초기 무렵에 섭향고(葉向高)가 재상이 되자, 조남성(趙南星) 등 동림당원을 임용하여 비동림당을 배척하고 크게 세력을 떨쳤다. 이에 대하여 낫놓고 기억자도 그리지 못하는 환관 위충현(魏忠賢)이 희종의 신뢰를 얻자, 비동림당과 결탁하여 동림당을 추방하였다. 위충현의 동림당에 대한 압박은 엄중하여, 서원을 파괴하고 강학(講學)을 금지한 반면, 이에 대체하여 각성(各省)에 위충현 환관의 사당을 세우고 생전부터 제사를 지내게 하였다. 동림당의 당인(黨人) 중 많은 사람이 투옥 또는 학살되었다. 한(漢)대의 당고(黨錮), 당(唐)대의 우이양당(牛李兩黨), 송(宋)대의 신법·구법당의 투쟁도 물론 격렬했지만, 그러나 유혈의 참사는 별로 없었다. 그런데 이번의 동림당 탄압만은 중국역사상 가장 큰 당쟁이었다.

정릉(定陵) — 지하궁전의 유보(遺寶)

북경(北京)의 북쪽 창평현(昌平縣)에는 명의 성조(成祖, 영락제)로부터 사종(思宗, 숭정제)에 이르는 13황제의 능이 남아있다. 중국정부는 1956년부터 이중에서 신종(神

宗, 만력제)을 묻은 정릉(定陵)의 지하묘실에 대한 발굴작업을 추진시켰다. 전·중·후의 3개현실 모두를 합하여 안길이가 87미터이고, 높이가 7미터에 이르는 벽돌로 쌓은 현실에서, 무수한 금은옥기(金銀玉器)·도자기·직물 등의 부장품이 출토되었다. 이것들은 명대말기의 호화로움의 극치를 이루었던 궁중생활을 구체적으로 표현하는 귀중한 문화재이다. 여기에 실은 왕관은 각종보석을 수놓은 봉관(鳳冠)이라는 것이다.

환관의 악역무도(惡逆無道)한 행위와 지칠줄 모르는 가렴주구, 그리고 뇌물을 긁어모음으로써 내부적으로는 백성의 피폐가 극도에 달하였고, 외부적으로는 신흥 만주족의 세력이 점점 더 강성해져, 북변지대를 위협함으로써 명조의 운명은 머지않아 끝장이 나려고 하는데도, 희종은 간악한 환관들에게 국정을 맡기고 위기가 닥쳐오는 것을 눈치채지 못했다. 희종이 죽은 다음에 동생인 사종(思宗 또는 毅宗, 崇禎帝)이 즉위(1627년)하자, 그는 위충현을 사형에 처하고, 그 때문에 살해된 동림당 당인의 명예를 회복하는 동시에, 그 유족을 후히 대우했지만 민심은 이미 명조를 떠나고 있었다.

제 21 장 중화화(中華化)된 정복 왕조 청(淸)
― 이민족 통치의 성공

1. 내륙침공전의 만주민족

 만주족은 원래 퉁구스계에 속하는 여진족(女眞族)의 한 지족(支族)이다. 만주는 기원전 4세기인 전국시대(戰國時代)에, 중국 동북변방 연국(燕國)의 세력범위에 들어있어서 한 군현(郡縣)으로 되어 있었다. 중국내륙과는 떨어져 있었고, 땅도 비옥하지만 겨울철의 극한(極寒)으로 말미암아, 한족에 의한 개척은 거의 진척되지 않았다.
 퉁구스계 민족은 원래 수렵민족으로서 사냥터를 찾아 끊임없이 이동했고, 이주지역의 환경에 따라 농경생활도 하면서 정착하기도 하였고, 어떤 경우에는 목축에 종사하는 등 생활양식을 변화시키곤 했다. 일찍이 한반도로도 이주하여 고구려와 백제국에 정착하였고, 만주의 본거지에서는 발해국을 세웠으며, 근세에 들어와서는 화북(華北)지방에 진출하여 금나라를 건설했지만, 이윽고 서쪽에 이웃하던 강대한 몽골민족에 정복되고 말았다. 고향에 남았던 만주족은 몽골에 복속되면서 반수렵 반농경 생활을 영위하고 있었다. 명나라 태조는 여진족을 흑룡강 하류지역의 야인여진(野人女眞), 송화강 유역의 해서여진(海西女眞), 목단강 유역의 건주여진(建州女眞)등 세갈래로 분단하여 통치하는 정책을 취하면서, 명의 지방주둔군제에 따라서 5천호소(五千戶所)의 위소(衛所)를 각각 설치하였다. 그렇기는 하나 명에 가까운 서쪽의 건주여진, 즉 건주위(建州衛)여진은 처음에는 어로와 수렵생활을 영위하고 있었지만, 이웃한 명나라와 조선 등 선진국의 문화와 경제적 영향을 받아 점차 정주하여 농목축업을 겸하게 되었다. 명조로부터 위(衛)의 수장(首長)을 통하여 내려진 칙서를 증명서로 하여 무순(撫順)관문이 있는 시장에 인삼·표피 등의 토산품을 내어 철·포목·명주·식량 등의 필수품과 교환하는 것이 허용되었다.

건주여진에 속한 아이싱교토성(愛新覺羅姓) 가진 부족의 누루하치(奴兒哈赤, Nurhachi, 청의 太祖, 1539~1626)는 오지로부터 호투알라(赫圖阿拉, 후의 興京)로 옮겨와서 동족인 건주여진의 제부족과, 해서여진·야인여진 등을 통합하고, 몽골의 콜친부족의 항복을 받아 1616년에 후금국(後金國)을 세워 독립을 선언하였다. 그는 중국문화와 인연을 끊고 민족고유의 문화를 지키기 위하여 몽골문자를 빌어서 만주문자를 새로 제정하였다.

이런 만주족이 세운 후금이라는 국가의 특징은 국민 개병 원칙위에 선 8기(八旗)제도이다. 황·홍·백·남의 4색기와 이것에 테두리를 두른 4색를 합한 8폭의 군기밑에, 갑옷에 투구쓴 10기 1개조의 군사를 1닐이라 했고 그 밑에 300명의 보졸(步卒)이 배치되었다. 25닐 250기 7,500명의 1기(旗)를 구성하였다.

8기제(八旗制)

이 군사제도는 원래 수렵민족이던 만주인이 야수를 잡는 몰이 사냥 방식으로부터 생겨난 것이라고 한다. 짐승을 몰아넣을 장소에 황색기를 세우고 지휘자가 포진하면, 남색기부대를 선두로 군사가 좌우로 나뉘어져서 홍색과 백색기를 앞세우고, 산을 포위하되 그 포위망을 좁혀 황색기있는 곳을 향하여 짐승을 몰아간다. 이 네깃발밑에 각부대가 통합되고, 각부대는 각각 자기 부서에 배치되어 정연하게 행동하는 수렵 형식이 전투형태로 발전하였다. 이 기사단(騎士團)의 군사조직이 만주민족 부족제의 근간으로 되어 있었다. 만주족은 후일 몽골인·중국인의 군대까지 복속시키자, 태종시대에 그들을 몽골8기·한군(漢軍)8기로 편성하여 칸(汗)에게 직속되는 군대로 하였다. 만주가 중국을 지배하게 되면서, 지배자인 만주귀족은 원래 8기제 군대의 일원이지만, 중국인으로부터 기인(旗人)이라고도 불리우게 되었다. 8기제의 기원과 기본적인 구성에 대해서는 아직 밝혀지지 않은 점이 있어서 여러가지 학설이 대립되고 있다(여기서는 만주글자로 쓰여진 『滿文老檔』이라는 기본사료에 의거하였다).

후금국의 칸(汗)이 된 누루하치가 산지에서 평야로 진출하여 무순(撫順)

을 함락시켰다는 소식은 명조를 놀라게 하였다. 명조는 양호(楊鎬)를 도원수로 10만의 대군을 집결시켜, 사방으로부터 누루하치를 포위공격하려고 하였다. 누루하치는 두송(杜松)이 인솔하는 명의 주력군이, 다른부대를 앞질러 공을 세우고자 진공해 온 것을 살프산에서 맞아싸워, 지휘곤인 두송을 베고 전군에게 괴멸적인 타격을 주었다. 이 역사적인 결전은 신흥 청나라측의 큰 승리로 끝났다. 이로써 후금국은 전여진족을 완전히 지배하게 되면서 곧장 남하하여 심양(瀋陽)을 함락시켰고, 다시 만주지방의 명군 근거지인 요양(遼陽)을 점령함으로써 요하(遼河) 유역의 남만주평야를 장악하게 되었다.

환관들의 당쟁으로 명나라 조정의 유능한 변방장군(邊方將軍)들이 실각당하고, 만주지방에 대한 정책이 동요하는 기회를 틈타, 태조 누루하치는 단번에 요하를 건너 그 이서땅을 장악한 다음 곧 만리장성을 공격하려고 하였다. 명장 원숭환(袁崇煥)이 굳건히 지키고 있는 영원(寧遠)을 포위공격했으나 명군이 포르투갈에서 수입한 홍이포(紅夷砲, 대포)로 분전했으므로, 후금의 대군은 큰 타격을 받고 퇴각했고, 태조자신도 이때 입은 부상이 원인이 되어 미구에 사망하였다.

후금국은 명과의 단교로 인삼 등의 무역수입을 잃었고, 또 배후로부터도 위협을 받아 퍽 위태로운 입장에 놓여 있었다. 태조의 아들 태종은 먼저 조선국의 내분에 편승하여 출병(出兵)해서 우호통상관계를 수립하였다. 후고의 우려성이 없어지자, 태종은 서쪽으로 진격방향을 바꾸어 요서(遼西)의 금주(錦州)를 공격했지만, 이번에도 홍이포의 위력에 눌리어 또다시 실패하였다.

태종은 내몽골의 커트친(科爾沁)부족과 우호관계를 맺고 열하(熱河)를 거쳐 만리장성안으로 침입하여 북경성에 육박하였다(1630년). 태종은 점령한 각지에서 약탈을 자행함으로써 명나라 조정의 간담을 서늘케 한 다음 군사를 만주로 되돌렸다. 이때 명의 장렬제(莊烈帝, 崇禎帝)는, 후금의 반간모략(反間謀略) 공작에 넘어가 수도 북경의 위기를 구출코자 멀리 요서땅에서 달려온 원숭환(袁崇煥)을 오히려 체포하여 사형에 처해버렸다. 스스로 명장을 잃어버린 명조는, 또다시 산동성의 반란군장(叛亂軍將)인 공유덕(孔有德) 등이, 수백척이나 되는 대함대를 이끌고 발해만을 건너 만주로 투항하는 큰 손실을 입게 되었다. 공유덕 등은 이때 서양의 대포를 갖고 갔기 때문에 후금의 태종전력은 대망의 신병기를 입수함으로써 더욱 강화되었다.

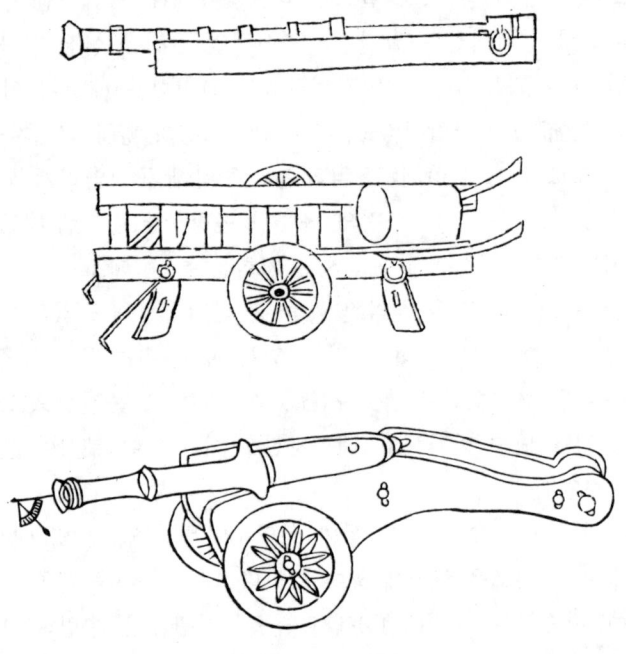

홍이포(紅夷砲)

질산칼륨(硝石)을 혼합한 화약은, 중국에서 이미 송대에 발명되었지만 화약을 장전하여 금속제 포신(砲身)에 의하여 포탄을 발사하는 근세적 화기는 서양에서 발명한 것으로서, 15세기초에 명나라 성조(成祖)가 코친챠이나(交趾)를 정벌할 때 수입한 것으로 전해지고 있다. 명나라에서는 이 신비로운 무기에 대하여 신기포(神機砲) 또는 신기(神器) 따위로 불렀고, 이것을 배치한 신기영(新機營), 즉 포병대를 신설하였다. 그후 별로 개량하지 않은채, 주로 굉장한 폭음에 의하여 적을 공포심에 떨게하는 심리전용 무기로 사용한데 불과했던 것 같다. 중국에서는 공성(攻城)·수성(守城)무기로서 대포를 먼저 수입하여 사용하였지만, 한편 그로부터 1세기반이 지난후에 포르투갈로부터 소총을 수입한 일본은, 야전무기로서 소총을 받아들여 무장함으로써, 군제 및 전술을 근본적으로 변혁시켰다. 이것이 풍신수길(豊臣秀吉)이 일본을 통일했고, 나아가 한반도를 침략하는데서 중요한 역할을 했다는 것은 주지된 사실이다. 명왕조도 임진왜란에 참전하여 왜병들의 조총대에 대항했고, 다시 신흥만주기병을 방위하여 만리장성을 지킬 때에야, 비로소 소총과 대포를 개량하는 일에 착수하였다. 1621년에 명조는 사신을 아모이(厦門)에 파견하여 포르투갈 선교사로 하여금 화포(火砲)를 가지고, 요동(遼東)지방에의 원정에 종군케하였다. 뒤이어 독일인 선교사 아담 샤르(중국이름 湯苦望)가 대포와 소총을 제조했고, 탄도(彈道)에 따른 조준법 등의 포술을 명군에게 전수하였다. 중국에서는 남유럽계 포르투갈인과 에스파니아인을 프랑키(佛朗機)라고 부른데서 이런 대포를 프랑키포 등으로 불렀다. 한편 네덜란드·독일 등 북유럽계 사람은 홍모이(紅毛夷)라고 칭했으므로, 그들의 대포를 홍이포라고 이름지었다. 만주족의 압박을 받은 말기 명조는, 이런 신식무기에 의거하여 후금군에 저항하려고 했으나 대포의 제작, 포술의 기초가 되는 자연과학적 정신에 대한 이해가 부족하였고, 또 화포를 중심으로한 근대 공성(近代攻城)과 야전전술을 채용하는 자세가 되어있지 않았다. 명조는 자기가 만든 대포에 「안국전군 평료정로장군(安國全軍平遼靖虜將軍)」이라는 호를 주어 엄숙히 고사를 지내는 형편이었다. 위의 두 그림은 프랑키포이고, 아래 그림은 조준기를 부착한 홍이포이다.

이 무렵에 내몽골지역 서남방에 위치한 챠하르(察哈爾)에서는, 임단칸(林丹汗)이 몽골의 정통(正統)을 자랑하면서, 압박을 가하는데 반감을 품은 몽골의 제부족이 조반(造反)하여 만주족(후금)에게 도움을 청해왔다. 태종이 대군을 이끌고 챠하르를 정벌하자 임단칸은 청해성으로 도망쳤고, 거기서 미구에 병사했다. 내몽골 제부족을 통일한 태종은 만주에 돌아가 제위에 오르면서, 후금국을 고쳐 청(淸)으로 이름지었다(1636년). 동은 요서(遼西)로부터 서는 열하(熱河)를 거쳐 챠하르에 이르기까지 북방변경대를 청의 세력권에 의하여 포위된 명의 수도 북경은 실로 누란(累卵)의 위기에 처하게 되었다.

이처럼 외환(外患)에 고민하는 북경의 명조(明朝)는 한편 화북지방에 일어난 농민폭동으로 말미암아 내부적으로도 위협받고 있었다. 일찍이 무거운 조세와 부역에 고생하던 섬서성의 농민은, 청나라와의 싸움에 필요한 군사비 충당을 위해 세금이 증가한 것과, 이 지방을 휩쓴 큰 한해로 말미암아 폭동을 일으킨 것이다. 게다가 급여지불의 중단으로 불만을 품게 된 지방군 병사들과 행정정리로 실직된 역참(驛站)의 역부들도 농민폭동에 가담하였다. 청태종의 관내(關內) 침입에 놀란 명조는 각성에 격문을 보내어 근왕군(勤

王軍)의 파견을 요청했더니, 멀리 감숙성 등지에서 달려온 의용군까지, 이 농민폭동에 합류한 바, 이런 폭동은 산서성·하남성을 비롯하여 거의 전국에 파급확산되었다. 1635년에 13인의 수령(首領)과 72영(營 : 군조직상 大隊級)의 반란군 지휘자들이, 하남성 영양(榮陽)에 모여서 회의를 열었다. 얼굴을 먹으로 검게 칠하고 현성(縣城)에 침입하여 지사·현장 등을 살해하고, 혁명적인 봉기를 시작한 소위 츰적(闖賊)이라고 불리운 반란군 일파의 두령인 이자성(李自成, 산서성에서 출생, 闖王, 1606~1645)이, 결국 이 회의에 주도권을 장악하였다. 츰적은 각지를 돌아다니면서 토벌군(관군)을 격파한 바, 한때는 그 세력이 보병 40만, 기병 60만이라는 대군으로 팽창했다고 한다. 1644년, 이자성이 통솔하는 반란군은 황하를 건너 산서성 대동(大同)으로부터 거용관(居庸關)을 격파하고 갑자기 북경성밖에 나타났다. 명의 관군은 하룻밤사이에 반란군에 붙었고, 조정대신들은 이 위급한 상태를 수수방관만 할 뿐 항전에 나서는 자가 없었다. 고립무원상태에 빠진 사종(思宗)은 환관 1명만을 데리고 궁전을 빠져나와 만세산(万歲山, 지금의 景山)에 올라 목매어 자살했는데, 참말로 전제주의 왕조의 말로는 덧없는 것이었다. 여기서 명조는 16황제 277년에 사실상 멸망하고 말았다.

만주에서는 그 전해에 태종이 죽고, 세조(世祖, 順治帝)가 6세로 즉위하자, 숙부인 두르곤(多爾袞)이 섭정으로 군·정에 대한 집행권자가 되었다. 명나라가 내란으로 위기에 빠졌다는 정보를 받은 두르곤은 만주·몽골의 8기군 외에도 명나라의 항복한 장군 공유덕과 그가 통솔하는 한8기군(漢八旗軍)을 통솔했고, 또 농민폭동 평정에 대공을 세웠으나 환관의 압박으로 신변의 위험을 느껴 새로 청나라에 귀순한 홍승주(洪承疇)를 모사(참모)로 삼아, 산해관(山海關)으로 출격하려 했다. 명의 산해관 수비대장 오삼계(吳三桂)는 원래 홍승주의 옛부하였던 관계도 있어서, 이자성에게 대항하기 위해 청조에 원조를 요청해 왔다. 이리하여 산해관에 무혈입성한 청군은 오삼계와 협력하여, 진격해온 이자성의 대군을 격파하고 섬서성 방향으로 도주하는 이자성을 쫓아 북경성에 무난히 입성하였다.

2. 한족의 만주족에 대한 저항

만주족은 누루하치의 독립선언(1616년)이래 불과 2대 29년만에, 명조내의 당쟁과 농민폭동의 기회를 이용하여, 다년간 공략에 고민해오던 산해관(山海關)을 넘어 수도 북경을 손쉽게 장악하였다. 여세를 몰아 한 부대는 이자성(李自成)을 추격하여 섬서성을 평정하였는데, 이자성은 끝내 호북성에서 대패한 후 자살했다. 또다른 한부대는 하남성·산동성을 평정하였다.

두르곤은 1644년 6월, 관내(關內)로 침공한 후, 5개월만에 청의 세조(世祖)를 맞이하여 수도를 북경으로 옮겼는데, 이때부터 청나라는 중국대륙을 통치하기 시작한 바, 입관(入關)한 만주족의 병력은 30만에 지나지 않았으므로 중국을 통치하기란 사실 어려웠다. 지식인의 인망을 얻기 위하여 자살한 명나라 사종(思宗, 毅宗, 崇禎帝)에 대한 장례식을 후하게 지내게 하였고, 귀복(歸服)한 관리를 비롯하여, 명조의 말세적 행패에 정나미를 떨구어 은둔생활을 하던 인재를 널리 찾아내어 등용하였고, 과거제도를 부활하는 등의 정책을 실시하였다. 조세도 명대말기의 무거운 부가세를 폐지하고, 명의 신종(神宗)시대의 원액(原額)으로 환원시킴으로써 백성들의 환심을 샀다.

사종(숭정제)이 자살하였으며, 청군이 북경에 입성하여 바야흐로 화북을 지배하려 한다는 소식이 양자강변에 있는 남경에 전해지자, 명의 유신(遺臣)들은 신종(神宗)의 손자인 복왕(福王)을 세워, 명왕조의 명맥을 유지하려고 하였다. 그러나 부패한 왕조의 분위기를 이어받은 남명조(南明朝)의 복왕은 황음(荒淫)으로 방망한 생활을 했고, 궁정내에서는 왕을 둘러싸고 환관과 이에 반항하는 조신(朝臣)과의 대립항쟁이 있었다. 명조의 마지막 충신인 사가법(史可法, ?~1645)은 환관의 농간으로 좌천되어 양주(揚州)의 전선강북군(前線江北軍)사령관으로 임명되었으나, 강북의 잡군(雜軍)이 그의 명령에 복종하지 않았다.

부유한 강남지방을 배경으로한 남명조가 만일 섬서성의 이자성(李自成), 사천성에서 농민군을 지휘하던 장헌충(張獻忠) 등과 연합했더라면, 장성안으로 침입해온 만주족을 새외(塞外, 즉 關外)로 축출하는 것도 결코 불가능한 일이 아니었음에도, 남명왕조는 오히려 사자(使者)를 북경에 파견하여, 다함께 협력하여 선제(先帝)를 살해한 이자성·장헌충의 농민군을 격파함으로써 원수를 갚자고 제의하였다. 북경의 청조는 이것을 기화로 남명왕조를 분리시켜, 먼저 이자성군을 격파하고 화북지방을 평정한 다음에, 남명조도 각개격파전술로 쉽게 격멸할 수가 있었다.

남하하는 만주군을 맞이하여 남명왕조의 강북군 지휘관들은, 손발이 맞지 않자 청조에 항복하는 군대가 속출하였다. 고립된 사가법(史可法)도 원수는 양주(揚州)에 의거하여 저항했지만 끝내 패배하면서 포로로 잡히고, 만주군은 양주성내에서 10일간이나 대약탈·대학살을 자행한 바, 이때 군민 80만명이 희생되었다고 한다.

양주(揚州) 10일기

사가법(史可法)은 양주성(揚州城)을 사수(死守)하기를 10일간, 끝내 성이 함락되면서 마지막으로 청군에게 포로가 되었다. 청장(淸將)인 두토(多鐸, 予親王)가 예를 두터히 하여 그에게 귀순할 것을 간곡히 권고하였으나 거절하였으므로, 그는 결국 처형되었다. 청군은 성문을 굳건히 지켰던 양주성 군민에게 다른 성민(城民)에 대한 본보기로 10일동안이나 대학살을 자행했는데, 그 희생이 80만명에 이르렀다고 한다. 이 처참한 광경을 기록한 것이 왕수초(王秀楚)의 『양주10일기(揚州十日記)』이다. 이외에 『가정도성기략(嘉定都城紀略)』, 『강음성수기(江陰城守紀)』 등 강남지역 여러성의 약탈기록이 민간에서 비밀리에 전해졌다. 청말(淸末)에 이르러 일본에 유학했던 중국유학생들이 이것을 일본말로 번역출판함으로써 반청혁명사상을 선동한 바 있었다. 이것들은 중국 민족주의의 깊은 뿌리를 과시한 이색적인 기록문학이며, 중국인이 민족의 참혹한 경험의 기억을, 어떻게든 후세에 전하고자한 역사 정신의 강인성을 심어주는 인상깊은 작품들이다.

청조는 양자강 유역을 평정하자 중국인에게 앞머리는 깎되, 뒷머리는 길러서 만주족의 변발(辮髮)로 바꾸라는 명령을 발포하였다. 인종의 차이에 대하여 그다지 관심을 가지지 않았던 중국인도, 머리를 땋아올려 관을 쓴다는 것, 즉 의관의 풍속을 절대로 보호유지하는 것이 중화문화의 전통이라고 생

제21장 중화화된 정복 왕조 청 — 이민족 통치의 성공

각하고 있었다. 이런 명령이 내려지자 한족은 격심한 충격을 받았다. 이리하여 각지에서 맹렬한 반란이 일어났다. 소수의 이민족으로써 압도적 대다수 중국민족을 통치하기 위하여 홍승주(洪承疇) 등 한족의 의견을 받아들여, 온건한 통치를 실시해온 현명한 두르곤도 남경점령으로 자신을 굳힌 이후는, 한족에 대하여 강격책을 취했던 모양이다. 만주족측의 변발풍속에 대한 집착도, 한족의 두발에 대한 그것에 으뜸가는 그 무엇이 있던 모양이다. 강남정복에 자신을 얻은 청조는 변발을 일종의 사상조사 수단으로 해서 중국 사람들에게 무조건 복종을 강요하는 엄격한 시련을 부과한 것이다.

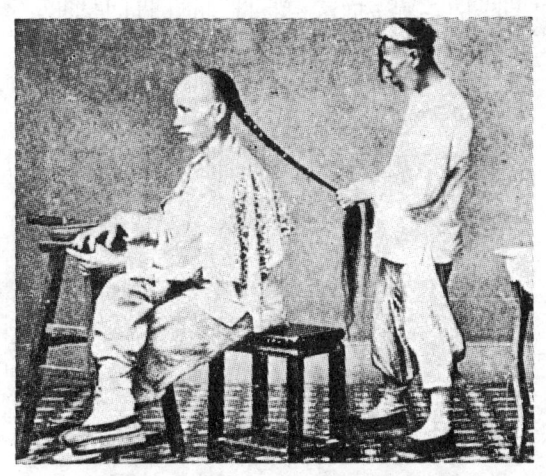

머리를 남기는 자는 머리털을 남기지 못하며,
머리털을 남기는 자는 머리를 남기지 못한다.

「머리털을 짜르겠느냐 아니면 죽겠느냐」하는 냉엄한 문구로 적힌 게시문이 전국에 내붙여졌다. 이발도구를 메고다니면서 머리를 깎아주는 이발사를 시내를 순회시켜, 두발을 기른 사람을 발견하면 곧 붙잡아 놓고 강제적으로 앞머리를 깎아주되, 만일 반항하는 자가 있으면, 그 자리에서 목을 잘라서 메고 다니는 이발도구가 든 장대 끝에 매달아 효수하였다. 변발(辮髮)이란 사진에서 보듯이 앞머리부분은 깎고 뒷머리부분의 머리털을 댕기머리처럼 길게 땋아내리는 것을 말한다. 이 기이한 풍속이 중국민족의 풍습으로 고정되어, 청말에는 청조의 보수성의 상징으로 되었는데 이것이 당시 동양을 침략하기 위해 대거 모여든 서양인들이 청인을 업신여긴 한 원인으로도 되었다.

청조는 이미 중국북부와 양자강 중하류지역의 대부분을 수중에 넣었다. 일찍이 명왕조밑에서 농민군을 토벌하는데 커다란 역할을 수행했던 홍순주(洪順疇)가 두르곤의 고문으로서 남방진무(南方鎭撫) 임무를 맡았다. 복왕이 죽은 다음, 백성의 반청운동과 나란히 명의 왕족인 노왕(魯王)은 절강성에 의거하고, 영령왕(永寧王)은 강서성에 의거하며, 그리고 당왕(唐王, 紹宗)은 복건성에서 각각 제위에 올라 황제를 칭하여 명조의 명맥을 이어가면서 청조에 반항하였다. 노왕·당왕은 서로가 명의 정통성을 주장하여 조금도 양

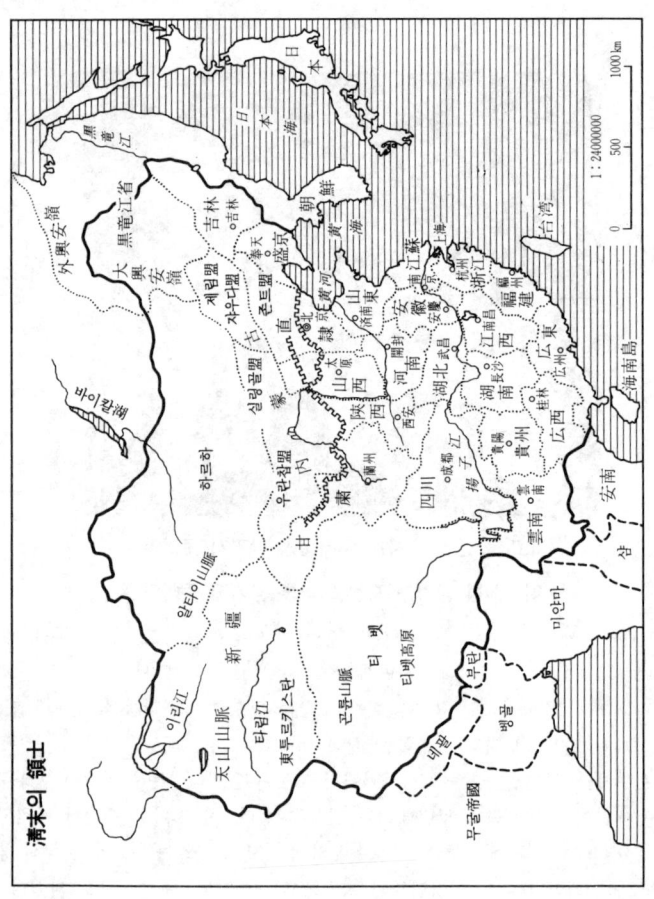

淸末의 領土

보하지 않고 불화상태를 지속하였고, 또 각지에서 일어난 백성들의 반란도 상호 횡적 연락이 없었기 때문에, 만주족에 대한 반청운동은 전체적으로 통일되지 않고 자연발생적이었다. 여기서 청군은 먼저 영령왕을 죽이고 노왕을 격파한 다음, 당왕을 포로로 잡았다.

명의 유신(遺臣)들은 신종(神宗)의 손자 계왕(桂王, 永曆帝)을 광서성에서 황제로 세우고, 청군을 격파함으로써 그 세력을 한때 광동·광서성으로부터 강서·호남·사천·운남·귀주의 제성으로 뻗쳤다. 이보다 앞서 오삼계(吳三桂)가 청군을 선도하여 이자성(李自成)을 격파한 다음 사천성에 들어가 장헌충(張獻忠)의 농민군을 평정한 후, 귀주(貴州)에서 운남쪽으로 진군하여 계왕(영력제)으로 하여금 1659년 미얀마(緬甸)로 도망치게 함으로써 여기에 청의 중국통일이 실현되었다. 미얀마왕이 계왕을 후원하여 청군을 잘 막아냈지만, 거기서도 내란이 일어나면서 계왕은 체포되어 청군에게 인도되었다(1662년). 여기서 명조는 완전히 멸망한 것이다. 그런데 그 전해에는 청의 세조(순치제)가 죽고, 그의 3남인 성조(聖祖, 康熙帝)가 즉위한 바, 이때부터 청제국의 실질적인 중국 통치가 시작된 것이다.

3. 강희대제(康熙大帝) — 이적(夷狄)출신의 개명군주

성조(聖祖, 康熙帝)가 8세에 즉위했을 때는, 만주족이 비록 전중국을 통일했다고는 하지만, 해외에서는 대만(臺灣)에 건너간 명의 유신(遺臣) 정씨(鄭氏)가 복건성(福建省)의 연안지대를 자주 침범하고 있었다. 대만은 원래 미개한 야만족이 거주하는 섬이었다. 한때 왜구를 중심으로한 일본인이 살았지만, 명대말기에 네덜란드인이 왜인을 추방하고 자기들의 근거지로 삼았었다. 복건성의 해적 정지룡(鄭芝龍, 1604~61)이 왜국 히라또(平戶)에서 일본인 부인과의 사이에서 낳은 아들 정성공(鄭成功, 1624~62, 國姓朱氏를 받아 國姓爺라고 칭한다)은 1646년, 청나라에 귀순한 아버지 정지룡하고 헤어져 아모이섬을 근거지로 청조에 반항하여 싸웠다. 청군에게 쫓긴 명의 노왕(魯王)을 맞이하여 1659년, 청이 명의 계왕(桂王)을 운남성에서 공격하고 있는 사이에 절강성에 침입하여 남경에 육박함으로써, 청조에게 커다란 충격을 준 일도 있다. 정성공은 결국 대륙에서 패퇴하여 아모이섬으로부터 대만으로 철수한 다음, 네덜란드인을 추방하고 그곳을 본거지로 하여 광동·복건·절강 등 3개성 연해지방에 출격하면서 청조를 괴롭혔다. 성조의 즉위를 전후하여 정성공은 병사했지만, 그의 아들 정경(鄭經)이 아버지의 유지를 받들고, 명의 영력(永曆)연호를 그대로 이어받아 대륙에 대한 반공(反攻)을 계속하였다.

국내적으로 청조는 명의 계왕(桂王)평정에 큰 공을 세운 명의 항장(降將) 오삼계(吳三桂)를 운남(雲南)에, 상가희(尙可喜)를 광동(廣東)에, 경계무(耿繼茂)를 복건(福建)에 각각 제왕(諸王)으로 봉하여, 명의 유신이 정씨에게 호응하는 것을 진압케 하였다. 그들은 영내의 군사·인사·재정권을 장악하였는데, 그것은 마치 독립국과 같은 외관을 띠었으므로 흔히 3번(三藩)이라고 불리웠다.

이런 정세를 우려한 성조는 점차 이들의 권력을 삭탈하고 번제(藩制)를 폐지하려고 했지만, 운남·귀주를 소할지역으로 하고, 세력이 가장 강대하던 오삼계가 먼저 반청기병(反淸起兵)하여, 우선 변발제(辮髮制)를 폐지하고 머리를 기르며, 중국식 의관풍속으로 되돌아가자고 천하에 격문을 보내면서, 반청(反淸)운동을 전개할 것을 호소하였다(1673년). 다른 2개번도 이에 호응한 바 이 운동은 호남·호북·사천·광서, 나아가 북부중국인 섬서·감속·영하 등으로까지 확대되면서 청조의 통치가 위기에 빠졌다.

청조는 이민족 제어의 비결인 「분할하고 통치한다」는 방침으로써 이에 대처하였다. 3번과 이에 호응한 대만사이에 개인적인 이해 관계로 대립이 생겼다. 우선 복건성의 경정충(耿精忠)이 대만의 정경(鄭經)과의 불화로 내부투쟁을 일으키게 되자 급기야 청조에 항복하였는데, 광동의 상지신(尙之信)이 그를 뒤따라 또 투항했다. 고립무원상태에 빠진 오삼계가 늙어서 사망하자, 그의 손자 오세번(吳世璠)이 운남·귀주·사천·호남성을 기반으로 반항을 계속하였지만, 1681년 포위공격을 받자 곤명(昆明)에서 자살함으로써, 8년이상이나 계속된 일대항전도 끝내 진정(鎭定)되었다.

제21장 중화화된 정복 왕조 청 — 이민족 통치의 성공

3번의 난이 평정되자 성조는 대만에 토벌군을 파견하였다. 이때는 정경(鄭經)이 죽고, 그의 아들은 너무 어려서 장병이 신복(臣服)하지 않았으므로, 하는 수 없이 원정군에 항복하고 말았다(1683년).

나이 어려서 즉위한 성조 강희제는, 처음에는 야심가들인 여러 대신들에게 정치를 맡겼으나, 드물게 보는 영매 총명한 천성은, 이들의 발호를 결코 용서하거나 간과하지 않았다. 특히 눈에 날정도로 전단(專斷)행위가 심했던 오보이를 추방하고서 친정(親政)하기 시작하였다(1669년).

30만 정도로 추정되는 만주민족이 무려 2억3천312만(1710년)이나 되는 한족을 통치하기란 대단히 어렵다는 것을 세조(순치제)를 비롯하여 청조초기의 여러 황제들은 잘 알고 있었으므로, 고압정책과 회유정책을 때와 장소에 따라 구분사용하였다.

전국 각요지에는 한족들하고는 섞여살지 않게끔 만몽(滿蒙) 8기만을 별개 성에 주둔시키는 이른바 주방제(駐防制)에 의하여, 한족을 감시 및 견제하는 동시에 치안을 유지하였다. 한편으로는 변발제를 강행하여, 이 명령에 복종하지 않는 백성의 반항에 대해서는, 대규모적으로 학살하는 공포정책을 썼다. 지식계급에 대해서는 문인의 저술중 그 어딘가에 만주비판에 관한 글귀라도 있으면 찾아내어 이른바 문자옥사(文字獄事)를 일으켜 확대된 범위로 학자들을 이에 연좌시켜 처벌함으로써 음험한 언론통제를 강행하였다.

다른 한편으로는 유화정책으로 인심을 모으려 하였다. 청조는 입관(入關) 직후에 명조말기에 만주방위 등의 명목으로 무거운 부가세를 징수하던 명의 세제(稅制)를 폐지하여 백성의 부담을 가볍게 한 바 있었는데, 성조(강희제)는 1711년에 다시 등록인구를 표준으로 세금을 부과했을뿐, 그후에 증가한 인구에 대해서는 일체 세금을 더 부과하지 않기로 했으므로, 백성들로부터 선정(善政)을 베풀고 있다는 칭송을 받았다. 지식인에 대해서는 청초기이래 항복한 명의 장군·대신을 우대했고 그들의 재능을 충분히 평가하였다. 성조는 다시 치세초기부터 송대의 대학자 주자(朱子)를 존경하여 그의 저술을 출판하였고, 이로써 군신간의 도덕을 강조하였다. 또한 고등문관시험에 해당하는 과거(科擧)를 정기적으로 시행함으로써 지식인의 희망에 부응토록 하였다.

지식인의 반청사상에 대해서는 문자옥(文字獄)으로 엄격히 단속하는 동시에, 불평분자의 책동을 없애기 위하여 1679년에 특별시험을 실시하여, 50명의 재야인재를 고위간부로 임용하였다. 그중의 40%는 상공업의 발달과 더불어 고도로 문화가 발달된 강소·절강성 출신의 노유(老儒)문인이 차지하였다. 게다가 전조(前朝)의 역사인 『명사(明史)』, 방대한 규모의 백과전서인 『도서집성(圖書集成)』 등의 편집을 위하여 특별기구를 설치하는 등, 광범위한 학자들에게 직책을 부여하였다. 이런 정책에는 모든 재야인재를 흡수하여 관직에 임용함으로써 대국적으로 반청사상을 품고 있는 불평분자를 소멸시키는데 숨겨진 목적이 있었다. 청조는 이로써 사상통제효과를 거두는 동시에, 거대한 편찬출판사업의 완성으로 중국전통문화의 집대성에도 성공하였는데, 이것은 중국문화사상 세기적인 공적을 남긴 것이다.

성조는 정치·군사문제에 대한 천재이며, 문화정책에서도 탁월한 성공을 거두었을 뿐만 아니라, 자기자신도 학문연구에 노력하였다. 바쁜 정무처리에서도 틈을 내어 매일 학자를 불러 유교의 경서, 주자를 비롯한 송대의 이학(理學)을 배워 역사·천문·지리 등에 정통하는 등, 중국역사상 드물게 보는 교양갖춘 개명군주(開明君主)가 되었다. 그는 한편으로 군인으로서의 훈련도 거르지 않고 참가함으로써, 만주족에게 상무(尙武)의 기품을 잃지 않도록 훈련시키는 동시에, 스스로 중국문화의 전통을 섭취하여 문화적·교양적으로 완전한 중국의 군주가 됨으로써, 중국인에게 이민족 통치에 대한 적대의식을 잊고 그의 통치를 구가케하였다.

성조(강희황제)의 호기심은 중국학문에 한정되지 않았다. 이미 명대말기에 예수회(Jesuit)교회에 이탈리아 선교사 마테오 리치(Matteo Ricci, 利瑪竇, 1552~1610)에 의하여, 유클리트(Euclid) 기하학을 비롯하여 수학·천문학의 과학서가 한문으로 번역되어 있었다. 강희제는 명의 유신과 3번의 반란을 진압하기 위하여, 벨기에 선교사 펠비스트(Ferdinand Verbiest, 중국이름 南懷仁, 1623~88)에게 명하여, 쇠로 만든 대포를 제조시켜 크게 효과를 얻었다. 또한 그는 북경의 천문대에서 행한 관측에 입각하여 만든 새 역법

(曆法)과, 실측에 의한 지도의 정확성에 느낀 바 있어, 스스로 서양의 수학·천문학·지리학을 기초부터 학습하였다.

서양문명과의 접촉초기에, 서양의 기기와 그 운용기술에 만족하지 않고, 스스로 수학·천문학·지리학을 원리서부터 배우려고한 성조의 왕성한 과학정신은, 참말로 경탄할 만한 값어치가 있었다. 만주의 이민족 출신이었기 때문에, 중국전통학문으로부터 자유로이 서양과학을 연구할 수 있었던 일면도 있었지만, 어쨌든 강희제는 서양의 과학문명에 직면하여 이에 대응할 자세를 훌륭하게 나타냈던 것이다. 그럼에도 불구하고, 그의 후계자들이 이런 정신을 잊어버리고 끝내 서양의 과학문명을 원리적으로 섭취하는 것을 태만한 것이, 중국의 비극을 가져오게한 먼 원인으로 되었다.

강희대제는 북방에서는 러시아의 시베리아 진출, 남방에서는 영국·프랑스 등의 동진(東進)과 같은 눈에 보이지 않는 압력에 대하여, 다음에 기술하는 것처럼 준갈·티벳·청해성을 평정하여 중국지배를 확실히 하면서 중국의 세력판도를 확정하는 등, 대외적으로도 큰 성과를 거두었다.

강희제는 중국이 동아시아 유일의 강대국이 아니라 점차 세계적인 국제관계에 청국이 편입되려는 시점에서, 이민족 출신이라는 제약성을 초월하여 중국역대의 명군(名君)에게 한발자국도 양보하지 않는 활동을 보여주었다. 중국역사상 최고의 정치가로 강희제가 평가되는 것도 결코 우연한 일이 아니다.

4. 강희대제의 후계자들 — 옹정제(擁正帝)와 건륭제(乾隆帝)

강희대제가 1722년에 세상을 뜨자, 세종(世宗, 擁正帝, 재위 1722~35), 고종(高宗, 乾隆帝, 재위 1735~95)이 연이어서 상속하였다. 강희·옹정·건륭의 3대 134년간은 청조의 황금시대이다. 어지간이 총명하던 강희대제도 만년에는 정력이 쇠약해져 정치상 및 재정상의 방만성 등 여러가지 실정을 노출시키기 시작하였다. 세종은 즉위하자 일전하여 긴축방침을 취하면서 재정을 정리한 결과, 국고수입을 다시금 원상복귀시켜서 건전화했다. 그의 재위기간은 불과 13년이었지만, 절약주의가 관철되어 행궁(行宮) 등의 조영은 일체 중지되었다.

　세종의 정치특색은, 군주전제주의를 철저화시킨 점이다. 위로는 대신으로부터 밑으로는 지방의 속관에 이르기까지 그의 감독은 엄중했던 바, 조금이라도 위법행위가 있으면 곧 고발하여 중죄에 처했으므로, 얼마간 기강이 해이됐던 관계(官界)가 이에 의하여 긴장해졌다.

　한족의 배만사상(排滿思想)에 대한 단속은 세종에 의하여 한층 더 강화되었다. 짧은 세종의 치세기간중에 네가지의 문자옥사가 있었다. 그중에서도 세조이래 국수주의 경향이 강한 절강성출신 여유량(呂留良, 1629~83)의 민족주의적인 양이사상(攘夷思想)과, 이것을 이어받은 호남성출신 증정(曾靜, 1679~1735)의 반항이 강한 충격을 주었다. 세종은 이들을 반박하기 위하여 『대의각미록(大義覺迷錄)』을 반포시켰다. 이때부터 스스로 중국문화에 동화됨으로써 중국의 민심을 사로잡고자 했던 한족 지식인에 대한 성조의 관용적인 정책은, 또다시 엄격한 단속방향으로 되돌아가게 된 것이다.

　청조는 명의 군주 전제주의적 정치조직을 거의 그대로 이어 받았고, 그것을 더욱 강화시켰다. 군주의 존엄불가침성은 명대보다도 더 엄격했다. 의식 때 명의 조신은 황제에게 4배 5배의 예를 드렸지만, 청조에서는 세 번 꿇어 엎디고 아홉번 머리를 땅에 조아리는, 이른바 3궤(三跪) 9고수(九叩首)의 예를 취해야만 하였다. 명의 대신은 천자에게 시좌(侍座)하고 있었지만, 청조에서는 천자에게 무엇을 상주(上奏)할 때는, 꿇어 앉아야만 하였다.

　명의 태조(홍무제, 주원장)가 재상(宰相)제도를 폐지하면서부터는, 내각대학사가 황제의 고문으로서 칙령의 기초와 상주문의 채택여부에 관한 참고의견을 주달하는 관습이 생겼다. 청조도 이 제도를 이어 받았지만, 세종은 내각대학사의 논의내용에서 누설될 우려가 있는 군사기밀에 대해서는, 논의하거나 검토하지 못하게 하고, 별도로 궁중에 군기처(軍機處)를 설치하고, 군사문제를 전담케 하였다. 그후 일반행정에까지 이 제도가 점차 확대실시되어 황제의 독재권이 더욱 강화된 만큼, 6부(吏·戶·禮·刑·兵·工의 六部)의 행정권은 약화되기에 이르렀다.

　청조는 제도적으로는, 명대의 군주전제정치조직을 그대로 받아 들였고,

제21장 중화화된 정복 왕조 청 — 이민족 통치의 성공

또 그것을 극단적으로 추진시켰다. 소수의 만주족이 압도적 다수의 한족을 지배하려면, 자기에게 협력하는 한족출신 관료·지식인·지주 등을 자기편으로 끌어들이는 한편, 지식인·백성중의 불평분자는 극단적으로 억압하여야만 하였다. 표면상으로는 만한일체(滿漢一體)·만한무차별(滿漢無差別)을 표방하면서도, 한족출신 관료는 아무리 유능해도 항상 멸시당해야만 하였다. 그래도 한족출신 관료는 만족출신 관료의 명령에 반항할 수가 없었다.

내각대학사로부터 6부상서(六部尙書)까지의 중앙최고집행기관은, 형식적으로는 만인·한인의 관료를 나란히 복수로 임명했지만, 한인 관료에게는 실권이 없었다. 옹정제(세종)가 군기처를 설치하여 군국(軍國)의 요무(要務)를 처리시켰을 때, 군기대신(軍機大臣)은 거의 만주족 출신으로만 임명하고, 한인(漢人)은 이만저만 만주황제에 충성을 바치는 자가 아니면, 거의 군기처에 들어갈 수가 없었다. 지방에서 각성의 군사담당장관인 제독(提督)은, 행정장관인 순무(巡撫)에 대하여 우위(優位)에 놓여져, 백성들에 대해 거의 무제한적인 권력을 가졌다. 제독·순무의 대부분은 만주족이고, 부득이한 경우에만 한족을 임명하였는데, 물론 그 수는 적었다. 군사적으로는 만·몽·한(滿·蒙·漢)의 8기가 주력이지만, 최성기에도 그 수는 10만내외에 불과했다. 지방에서는 요지에 8기가 주둔하여 백성들의 반란에 대비하였다. 그들은 만주족의 상무(尙武)정신과 기풍을 잃지 않기 위하여, 특정된 주방성(駐防城)에 거주하면서 일반백성들 하고는 격리된 환경에서 생활했지만, 수시로 한족에 대하여 약탈 폭행함으로써 백성들을 괴롭혔다. 또한 주방(駐防)의 8기와 더불어 지방에는 녹영병(錄營兵)이 두어졌다. 이것의 지휘군관은 만·한인이 나란히 임명되었지만, 한군(漢軍)의 위계(位階)는 만군에 비하여 낮고, 승진의 길도 좁았으므로 그들은 불만을 품고 있었다. 세종의 정책은 군주의 독재권을 강화하고 정복왕조로서의 청조의 조직을 공고히하며, 또한 정치능률을 높이는 것이었지만, 그런 반면에 중국 사람들의 인심 표면에는 나타나지 않았으나, 음험한 그의 통제책에 대한 깊은 반감과 원한을 마음속에 심어주고 말았다.

만주족은 원래 씨족제를 취한다. 따라서 8기의 모든 기(旗) 또한 의제씨족

(擬制氏族) 형태를 취하였으므로 각기(各旗)의 장(長)은 씨족공동체인 기의 씨족장으로 간주되었다. 8기의 장, 즉 제왕(諸王)은 평등한 자격을 가지며, 그중에서 실력있는 자가 칸(汗), 즉 황제로 선출되었다. 중국본토에 들어가 청조가 된 다음에도, 황제는 생전에 황태자를 정하지 않았다. 장수한 성조(강희제)가 생전에 황태자를 두 번이나 바꾸는 혼란을 초래했던 교훈으로부터, 세종은 밀건법(密建法)을 고안하여 생전에 비밀리에, 사람들에게 알리지 않고 후계자를 지명해 놓는 방법을 취하였다. 이런 방법으로 선정된 것이 바로 고종(건륭제)이다. 그의 뛰어난 소질에 대해서는 성조가 일찍부터 눈여겨 보아 두었다고 하는데, 결국 성조의 치세 61년에 뒤이어 다시 60년의 기나긴 재위기간 그만큼의 황금시대를 연장시킨 것이 되었다.

밀건법(密建法)

세종(世宗)은 생전에 황태자를 공개적으로 책봉하는 것을 피하고, 여러 황자(皇子)들 중에서 적임자의 이름을 친히 적어, 이것을 상자속에 밀봉하여 「정대광명(正大光明)」이라고 순치제(順治帝)가 친히 쓴 궁전현판뒤에 감추어 놓고, 자기가 죽은 뒤에 여러 대신들 앞에서 이것을 열어보라고 만조백관에게 언명하였다. 고종(건륭제)은 이 방법으로 상속하여 황제가 되었지만, 장수한 그는 만년에 은거하면서, 제위를 인종(仁宗, 嘉慶帝)에게 양위하고 상황제(上皇帝)가 되었으므로, 밀건법이 세종 이후 완전히 관례화된 것은 아니었다. 그러나 황제가 황자들 중의 연장자 등을 황태자로 일찍부터 정해놓지 않고, 시간을 두고 적임자를 후계자로 결정하는 것은, 청조의 태조이래의 관례였다. 사실 청조의 12황제 중 장자(長子)가 제위를 상속한 것은 단 한 사람도 없다. 같은 전제왕조의 세습제를 시행하면서도, 명조의 여러 황제에 비하면 청조의 여러 황제중 태종·성조·세종·고종을 비롯하여 영명한 군주가 많았고, 말기의 문종·목종에게는 다소간의 문제가 있었지만 그러나 별로 눈에 띄리만치 부적격자가 없었던 것은, 이런 황태자 선임법에 연유된 점이 많았다고 평가된다. 이적(夷狄)출신인 청의 정복왕조가 영속되었고, 게다가 전의 명왕조보다 뛰어난 치적을 올린 것은, 이처럼 자유로운 민족공동체적 지도자 계승법에 의거한 점이 많았다.

고종(건륭제)은 옹정제(세종)의 정치가 너무도 각박했던데 넌더리가 나서

제21장 중화화된 정복 왕조 청 — 이민족 통치의 성공

강희제(성조)의 대한족(對漢族) 관인정책(寬仁政策)을 본받았지만, 그의 도량(度量)에 있어서는 도저히 성조에 미치지 못했으며, 또 세종(옹정제)의 정무에 대한 세심한 노력에도 미치지 못했다. 고종의 대내외정책, 특히 문화정책은 전적으로 강희제를 모범으로 그 형틀에서 벗어나지 못했고, 또 독창성도 빈약하였다. 고종대에는 옹정제(고종)의 가혹성이 사라졌다고는 하지만, 한족에 대한 고압정책은 여전하였다. 내륙에 들어와 통치한지 이미 100년 가까이 지나면서, 안정된 정복왕조의 권위에 어느 정도 익숙된 한족에 대하여 건륭제는, 한편으로는 성조대의 문화정책에 의하여 한문화를 보호하면서도 배청사상(排淸思想)만은 철저히 억압하였다. 『사고전서(四庫全書)』를 편찬하여 중국문헌을 집대성한 것은, 청조의 문화적인 공적으로 특서대필된다. 그런 반면에 만주족에 대한 불리한 기술이 담긴 문헌들은 발견하는대로, 그 자리에서 폐기하고 유포를 금지했다. 1763년에서 1782년에 이르는 약 20년간에 24회에 걸쳐 538종의 책, 도합 1만3천862부를 청조는 소각처분했다. 강희제를 본받아 대한인(對漢人) 무마책의 하나로, 박학홍사과(博學鴻詞科)를 개설하고, 널리 재야인재를 등용하여 명사관(明史館)에 명대의 노학자들을 모았지만 참으로 기개와 절조있는 제1등급 학자는 적고 2등급 이하의 인물이 나온데 지나지 않았다.

사고전서(四庫全書)

옛부터 문헌을 소중히 여겼던 중국에서는, 이미 기원전후인 전한(前漢)대에, 대학자

유향(劉向, B.C. 77~6)·유흠(劉歆, 劉向의 아들, B.C. 53?~A.D. 23)이, 궁중의 도서관을 정리하여 여러 책에 해설을 붙인 다음, 그것을 7개부분으로 분류하여 목록을 작성했었는데, 이것이 「한서(漢書)」 중의 「예문지(藝文志)」로서 남아있다. 후세에 이르러 점점 더 증가된 책을 분류정리하여 실용화하기 위하여, 송대 초기에는 「태평어람(太平御覽)」이, 명나라 성조(成祖)때는 「영락대전(永樂大典)」 등이 나왔다. 「사고전서(四庫全書)」는 마지막의 「영락대전」을 모방하였으나, 그것을 더욱 확대시킨 것이다. 즉 「사고전서」는 「영락대전」에 오른 서적을 비롯하여 정부의 소장본 외에도, 전국에서 수집한 것까지 합하여 총계 3,458종, 79,224권의 도서를 「경사자집(經史子集)」의 4부로 대별하고 그것을 다시 세목으로 분류하여 대총서(大叢書)로 만든 것이다. 「영락대전」이 각본(刻本)이 없고 대부분이 일찍 손실된 경험에 비추어, 청조는 북경의 궁중을 비롯하여 전국 7개소에 부본을 두어 분산보관하였다. 북경 자금성(紫禁城) 안의 「사고전서」를 소장하는 문연각(文淵閣)의 책장(冊藏)을 여기에 도시한다.

고종(건륭제)은 대외정책에서도 조제(祖帝)들에게 뒤지지 않는 군사적 성공을 자랑코자 하였으나, 외면적인 화려성에 비하면 실속이 빈약한 감을 면치 못하였다. 다만 순치제(세조)·강희제(세종)시대의 여덕(餘德)을 입어 경제가 성장하여 국가재정이 풍족했음은 부조시대(父祖時代)를 능가하였다.

제 22 장 중국과 세계

1. 세계제국의 한계

청조는 강희제(성조)가 1683년에 대만을 정복하면서 명조의 잔존세력을 일소한 이래, 세종(옹정제)·고종(건륭제)의 3대에 걸쳐 점차 변경(邊境)지역으로 진출하여, 18세기말에는 세계에서 최대의 대국으로 성장하였다.

중국은 그 무렵까지 동아시아에서 최대최강의 제국인 동시에, 최고의 문명국가였다. 제민족은 중국을 중심으로 거리가 멀어짐에 다라, 중국문화의 보급도가 떨어지고 또 정치적인 통치관계도 점차 약화되었으나, 그래도 중국 황제의 지배에 복종하였다. 하늘이 펼쳐져 있는 한, 그리고 하늘아래 대지가 펼쳐져 있는 한, 아시아 대륙에 살고있는 백성은, 천상세계를 지배하는 천제(天帝)의 아들로서 그의 위임을 받은 중국천자가 통치하는 곳이라고 중국사람은 믿고 있었다.

관념적으로 중국은 전체아시아를 지배하는 유일한 세계제국이었지만, 현실적으로 중국이 지배하는 의미의 영토는 훨씬 적었다. 그것은 시대가 현대에 가까워짐에 따라서 확장된 바, 청조에 이르러서는 최대의 지역을 차지함에 이르렀다.

청조는 원래 만주족이 거주하는 지역에서 일어났지만, 요(遼)·금(金)시대이래 요서(遼西)지구에는 이미 한족도 거주해 왔다. 만주족의 발흥과 더불어 포로 및 납치인 등의 형태로 많은 중국인이 만주지방에 들어가, 주로 귀족인 기인(旗人) 밑에서 그의 밭을 경작하기 시작하였다. 청조가 본토 안으로 입관(入關)하면서부터는 한족의 입식(入植)이 상당히 제한되었음에도 불구하고, 많은 사람이 관외(關外)인 만주지방으로 유출하여, 농공상업 등을 경영하면서 정착하였다. 이로써 종래에는 한족거주구역이 아니던 만주에, 점차 한족이 입주하여 한족거주공간이 확대됨으로써, 한족은 실질적으로 영토범위를 넓히게 되었다.

중국에 자주 침입하여 가장 큰 위협을 주어온 것은 몽골과 티벳민족들이다. 그러나 당나라 중반기에 불교의 일파인 라마교가 토번(吐蕃, 티벳)에 전래되면서부터 그것의 평화적인 교의가 호전적이던 티벳의 민족성을 일변시켰다. 라마교의 일파인 홍교(紅敎)라마는 원조(元朝)의 보호를 받아 타락했으나, 명대 초기에 나타난 종객파(宗略巴)가 이를 개혁하여 황교(黃敎)라마라는 새종파를 창립하였다.

16세기 초엽에, 내몽골인 이른바 막남몽골(漠南蒙古)을 통일한 오르도스 몽골부의 알탄(俺答)은, 16세기 중반기에 동쪽으로부터 명나라에 진공했고, 동시에 서쪽에서는 티벳을 격파하고 청해성에 진출하였다. 이 지방은 황교라마가 세력을 가졌으므로, 알탄은 이것을 신앙하게 되었다. 명대 말기에 알탄의 증손자들은 신앙심이 더욱 높아서 쿠롱(庫倫)에 대사원을 세웠는데, 이로써 황교라마는 홍교라마의 세력을 능가하게 되었다. 이것을 질투하는 홍교라마와의 항쟁에, 북쪽의 이웃인 몽골민족까지 말려들었고, 그들 부족간의 대립이 이와 관련되면서 서북지방 일대에 큰 난리가 일어났다. 이런 난리는 결국 이에 편승한 청조의 개입을 불러들이고 말았다.

만주족과 몽골족은 원래가 이웃한 민족으로서 친근감과 더불어 적대감정을 서로 품고 있었다. 만주민족은 칸(汗)이 내륙으로 입관(入關)하여 중국의 황제가 된 후에도, 몽골의 칸(可汗)은 여전히 몽골을 지배하였다. 청조는 한쪽으로는 몽골민족을 한족과 격리시켜 자기편으로 포섭하여 한족과 적대시키는 정책을 취하고, 다른 한편으로는 각부에 속하는 목축지를 기지(旗地)라고 이름붙여 일정한 면적으로 한정시킴으로써, 강대한 부족으로 성장하는 것을 저지시켰던 것이다.

라마교의 신앙과 이 기지(旗地)정책이 주효하여, 중국에 가까운 내몽골과 고비사막의 하얼하부(哈爾哈部) 중부지대에 사는 몽골민족은, 평화적으로 만주정권에 복속하고 있었다. 이 지방 몽골족의 족장과 귀족들은 한족출신 농민을 불러다가 자기들의 사유지뿐만 아니라 기(旗)에 속하는 공공목축지까지 개간 경작시켜, 차지료(借地料)와 소작료를 벌어들였다. 목축업에 종사하는 몽골의 일반사람은 이로 말미암아 생활이 곤란해지면서 문제를 야기시켰지만, 내몽골에 한족출신 농민이 진출함으로써 중국인의 거주공간이 이 방면에서도 확대된 것이다.

이에 대하여 고비사막 서북부에 사는 오이라트의 몽골부족은, 명대에 에센카(也先可汗)의 통솔하에 중국에 침입하였다가 서북방면으로 축출된 후에도, 상무(尙武)의 기풍을 계속 유지하였기 때문에 청조의 강적으로 남아 있었다. 오이라트부족 중 가까이 있는 허쇼트부족(和碩特部族)과 가장 먼 서북지방에 있는 알타이와 천산(天山) 두 산맥사이의 이리강 유역을 본거지로 하는 준갈부족이 특히 강력했다. 허쇼트를 비롯하여 나머지 3개 부족을 통일한 준갈부족의 칸(可汗)으로 추대된 갈르탄(噶爾丹)은, 남쪽 이웃의 신강성남부, 즉 천산남로의 이슬람교도인 회부족(回部族)을 복속시킴으로써 청해성과 티벳을 자기세력하에 두었다. 갈르탄은 다시 전(全) 몽골을 통일시키고자, 외몽골의 하르하부족에로 침입하였다. 무력으로서는 그들에게 적대할 수 없었던 하르하는 곧 패퇴하였으므로, 청조의 보호를 받고자 전부족이 동남방향으로 도피하던 도중에, 러시아와의 국경회담차 지나가던 청조의 사절단을 만나, 자기들의 뜻을 전달하였다. 몽골부족, 특히 막북(漠北)의 몽골족과 서북의 준갈족은 16세기 후반기부터 대략 17세기 초엽까지, 동진해온 러시아인과 접촉하면서, 무역의 길을 트고 있었다. 갈르탄도 청조에 대하여 러시아의 내원(來援)을 과시할 정도였으므로, 서양의 제국주의적 위협은 육로에서는 러시아에 의하여 일찍부터 중국에 가해졌던 것이다.

이보다 앞서 1480년에 모스크바 대공(大公)인 이반 3세(Ivan Ⅲ, 1440~1505)와 그의 자손은, 킵챠크 칸국을 멸망시키고 독립을 성취한 후, 점차 지방정권을 병합하여 러시아를 통일시키는데 성공하였다. 러시아인 망명자와 그리고 몽골인들과의 혼혈아이며, 하급병사로서 카자크라고 일컬어지던 부족의 추장 엘마크는, 이반 4세((Ivan Ⅳ, 1530~1584, 공포정치를 했기 때문에 雷帝로 불리운다)의 허가를 얻어 우랄산맥을 넘은 다음, 킵챠크 칸국에서 갈라져 나간 사빌 칸국(汗國)을 정벌함으로써, 러시아의 동아시아 침략의 기초를 만들었다. 때는 1583년으로서 청의 태조(누루하치)가 만주에서 기병하여 비로소 명에 대하여 독립을 선언하던 시기에 해당한다. 러시아는 이와 같은 카자크족, 특히 카자크 기병을 선봉으로 내세워, 동아시아로 식민지를 확대하였는데, 그가 획득한 영토 이름을 시빌 칸국과 연관시켜 오늘날 시베리아라고 부르게 한 것이다.

카자크 기병은 톰강·에니세이강·레나강의 유역을 개척하고 토착민을 복속시키면서 더욱 동진속도를 빨리하여, 그들의 일대는 드디어 오호츠크 해안에 이르렀다(1650년, 청나라 순치제 당시). 하바로프가 인솔하는 본대(本隊)는 흑룡강 유역을 침략하여 야크사(雅克薩)를 장악하자, 거기에 알바진성을 축성하였다(1651년). 약탈과 폭행 등 갖은 만행을 자행했으므로, 토착민인 퉁구스족의 반항을 불러일으킨 카자크들은, 다시 만주를 조상의 땅으로 삼고있는 청나라 대군의 공격을 받게된 바, 이 교전은 오랫동안 계속되었다. 내란을 겪게된 러시아와 그리고 3번(三藩)을 겨우 평정하여 내치(內治)를 정비하는데 전력을 다하려는 청나라 성조와의 사이에 1689년, 네르친스크의 평화조약이 성립되어, 러시아는 외흥안령(外興安嶺) 이남땅을 청조에 양보하였다. 이에 의하여 이후 2세기 가까운 동안, 러시아의 동진(東進)은 저지되었다.

네르친스크 조약

1689년, 청나라 대사 소에투(素額圖 17C. 正黃旗人領侍額內大臣)와 러시아의 대사 골로빈(Fëodol A. Gorovin. 17C. 브리얀스크 州知事)과의 사이에 체결된 조약은 이 교섭이 진행된 거리 이름을 따서 네르친스크 조약이라고 불리운다. 이 조약은 중국 역사가 시작된 이래 첫번째로 외국과 체결된 것으로서 대단히 중요한 의의를 가지고 있다. 지상의 유일한 세계제국으로서 다른 어떠한 나라의 존재도 인정하지 않으며, 따라서 세계제국을 한정시키는 국경이라는 관념을 알지 못했던 중국(청)은 여기에 이르러 처음으로 짜르(Czar)가 지배하는 러시아제국과 교섭을 통하여 국경선을 확정한 것이다.

러시아는 번번히 사절을 청국에 파견했지만, 이 무렵의 청나라는 스스로를 세계제국으로 자처하고, 자기나라에 조공(朝貢)을 바치는 속국형식으로 밖에는 외국을 인정하지 않았다.

이와 같은 중국의 전통적인 외교관례가 러시아와의 국경획정교섭의 성립을 방해해 왔다. 중국인의 고정관념에서 떠나 자유로이 현실을 직시한 이민족 출신의 성조 강희황제에 의하여, 이에 대한 영단이 내려졌다. 지금의 중국은 국경에 관한 러시아와의 모든 조약을 불평등조약이라는 구실을 붙이고 있지만, 이 조약을 체결하게 된 사정만은 예외로 삼고 있다. 강희황제는 그 당시 1만이라는 대군을 교섭대표단을 따라 멀리 네르친스크까지 파견하여, 강력한 압력을 가함으로써 국경문제에서 러시아로 하여금 크게 양보하게 하여 그의 동진을 저지시켰던 것이다. 만주왕조의 그뒤의 후계자 제황제가 세계제국이라는 환영(幻影)을 뒤쫓지 말고, 강희황제의 현실주의에 입각하여 서구와 일본 제국주의 침략에 대하여 일찍감치 대책을 세웠더라면, 중국의 반식민지화라는 운명은 구제되었을런지도 모른다.

다가오는 러시아 제국 침략자의 그림자를 준갈부족 배후에서 본 강희제(성조)는 화근을 끊어버릴 결의를 굳혔다. 네르친스크조약이 성립된 다음 해에 청군은 북경(北京)을 목표로 진공해온 갈르탄의 군대를 몽골 우랑프통(烏蘭布通)에서 격파했다. 겨우 몸만 피하여 도망친 갈르탄은 재기(再起)를 도모했으나, 막북(漠北)까지 친정(親征)하고 나선 강희제에게 쿠룽(庫倫) 부근에서 섬멸적인 타격을 받고, 고국에로의 귀환길까지 저지당하자 자살하고 말았다.

몽골의 유목민족 중 마지막으로 남은, 날렵하고도 사나운 준갈족을 대표하는 초원최후의 영웅 갈르탄이 죽으니 그뒤는 만주민족에 감히 대항할 부족이 없었다. 이때부터 외몽골·청해·내몽골이 모두 청조의 지배에 복종하였다.

그후 준갈의 본국에는 일찍이 갈르탄에게 살해된 그의 형 산가(僧梧)의 유족이 세력을 회복하여, 오이라트의 4부족을 통일하고, 티벳에 침입하여 라마교주 달라이(達賴)의 수도 라사를 점령하였다. 이 보고를 받은 강희황제는 황자를 파견하여 그들을 정벌하고, 오이라트인을 내쫓고 티벳을 평정한 다음, 달라이의 후계자를 세웠다(1720년).

강희제에 의하여 확립된 서북지방 변경(邊境)에 대한 지배는, 세종(옹정제)·고종(건륭제)에 의하여 계승되었다. 청해성에 있던 오이라트지족(支族)

의 호쇼트가 성조(강희제)가 죽은 기회를 틈타 라마를 선동하여 일으킨 반란을 평정한 세종은, 다시 티벳의 라마를 보호하기 위하여 군대를 보냈고, 또 대신급 인물을 주재시켰다. 티벳은 이에 의하여 청조의 보호령으로 되었다(1724년).

앞서 티벳에서 쫓겨난 준갈부족은, 갈르탄체링(噶爾丹策零)을 칸(汗)으로 추대하자 세력을 집결하여 청의 주둔군을 축출하고, 동쪽 이웃인 하르하부족 지역으로 침입했으나, 체링(策凌) 때문에 실패하였다. 세종은 양부족의 화해를 명령하면서, 알타이산을 경계선으로 서로 침해하는 것을 금지하였다. 세종은 또한 체링의 공로를 인정하여 독립부족으로 자립하는 것을 허용하였다.

고종(건륭)시대가 되면서 갈르탄체링이 죽은 뒤 준갈에 내분이 일어났다. 고종황제는 이런 호기(好機)를 놓치지 않고 출격하여, 준갈을 비롯하여 오이라트 4개 부족을 정벌하고 천산북로를 완전히 평정하였다.

천산남로는 원대(元代)이래 챠카타이 칸(汗)과 그 자손의 영토였지만, 명·청 교대시기에 정권이 회교도의 손에 넘어가 회부(回部)라고 불리었다. 회부는 백산종(白山宗)과 흑산종(黑山宗) 양파로 갈라져서 싸웠는데 그 파문은 천산북로에 있는 준갈에게도 미쳤다. 백산파가 준갈과 결탁하여 청조에게 반항했으므로, 고종(건륭제)은 원정군을 보내어 먼저 천산북로를 평정하고, 다시 남하하여 천산남로에 들어가 회부를 완전히 정복하였다(1759년).

천산남북로를 수중에 넣은 청조의 위력은, 총령(葱嶺, 파미르고원)을 넘어 서쪽으로 뻗어, 키르기스부족의 하자크(哈薩克)·부루트(布魯特) 등의 여러 나라를 복속시켰고 멀리 아프간(阿富汗)까지 조공을 바치게 하였다.

청조의 성위(聲威)는 서방만이 아니라 서남아시아까지 확산되었다. 미얀마(緬甸)는 1765년에 중국의 운남성 변경을 침범한 이래 청조의 토벌을 받았다. 또한 미얀마는 이웃 나라인 샴(暹羅)에 출병하여 한번은 이를 정복하였지만 재흥(再興)된 샴의 압력을 겁내어 청조에게 항복함으로써 1790년에 청조로부터 면왕(緬王)으로 봉해져 속국으로 되었다.

명대 말기에 샴왕국은 미얀마왕에 의하여 한번 정복되었지만, 그의 유민(遺民)이 미얀마인을 추방하고 나라를 재흥시킨 다음, 청조에 조공을 받침으로써 샴왕에 봉해졌다. 그의 동북쪽에 위치한 베트남, 즉 안남(安南)의 여씨(黎氏) 대월국(大越國)은 실권을 장악한 원·정(阮·鄭)의 양씨가 싸워서 분열상태에 빠졌지만, 드디어 원씨가 정씨를 토멸하고 정권을 잡았다. 청나라는 출병하여 국왕 여씨를 돕고자 했으나 실패하여 귀국했다. 그러나 원씨도 결국 청조에 조공을 바침으로서 안남왕에 봉해졌다(1789년). 이에 의하여 청조의 위력은 말레이반도를 제외한 인도차이나반도의 주요 부분을 제압하기에 이르렀다. 국위는 다시 티벳남쪽의 높은 산 히말라야산맥을 넘어 네팔에 있던 고르카족(廓爾喀族)을 정복하여 이들도 복속시켰다.

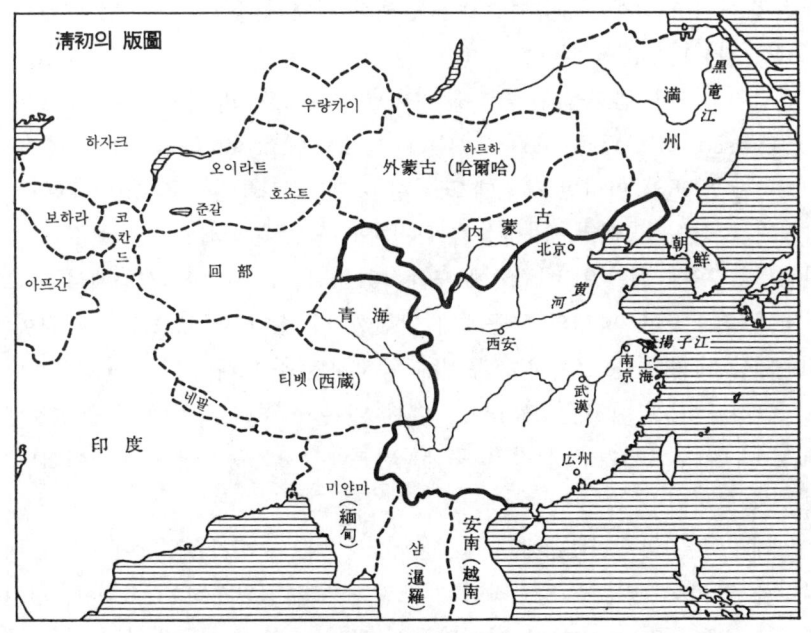

청초(清初)의 판도(版圖)

청조의 전성기인 고종(건륭제)시대의 판도(版圖)를 표시하면 지도와 같다. (1) 중국 본부, 즉 고유의 중국을 가르키는 곳, (2) 내·외몽골, 우량카이, 준갈, 회부(回部)청해, 티벳 등 청조에 대한 번부(藩部)로서, 부족자치를 유지하면서 청조의 종주권을 인정하고 보호령적 성질을 가진 지역이고, (3) 그 바깥쪽의 안남·샴·미얀마·네팔·하사

크・코칸드(浩罕)・보하라(布哈拉)・아프간(阿富汗) 등 보다 많은 독립성을 가지고, 다른 대국의 세력권과 뒤얽힌 관계를 유지하면서 청조에 조공을 바쳐온 국가들로서, 이처럼 3개 지역으로 분류할 수 있다. 짜르 러시아와 유럽 여러 나라들과의 접촉에 수반하여, 청조와 조공관계에 있던 그 연변부(緣邊部)의 제국은 점차 탈락했는데, 그 과정에서 국제조약에 의하여 근대적인 국가로서의 청국의 국경이 연속적으로 확정되어 나갔던 것이다.

2. 서양과 동양의 문화교류

제정 러시아가 시베리아를 통하여 육로로 동아시아를 향하여 군사적 식민을 추진시키고 있을 때, 유럽열강은 남해를 건너서 통상과 기독교 포교를 위해 진출하였다.

유럽인으로서 맨처음에 중국에 나타난 것은 포르투갈인이다. 바스코 다 가마(Vasco da Gama, 1469~1524)가 희망봉(Cape of Good Hope)을 돌아 1498년에 인도의 마라발 해안에 도착한 이래, 포르투갈인은 고아(Goa)를 공략기지로 삼아, 말래카・자바섬을 점령하였다. 동중국해에 진출한 포르투갈인은 1515년에 처음으로 중국에 도래하였는데, 그 사절은 광동에서 육로로 북경에 입경하여, 명조의 무종에게 알현한 바 있다. 닝뽀(寧波)・아모이(廈門)에 상관(商館)을 설치하고 무역에 종사하면서 드디어 아오먼(澳門, 마카오)을 점령하고, 이곳을 근거지로 다시 일본의 히라토(平戶)에도 진출했는데, 그때 이후 1세기반에 걸쳐 중국・일본에 대한 동중국해 지역에서의 무역을 독점하였다.

스페인인은 마젤란(Ferdinand Magellan, 1480~1521)이 남아메리카 대륙 남단을 돌아 태평양을 횡단하여 세계일주항해를 완수하는 사이에, 필리핀 제도를 점령하였다. 그들은 마닐라를 근거지로 명조 신종대에 사절을 중국에 보내어 통상을 요구하였으나, 포르투갈에 의해 방해받아 뜻을 이루지 못하였다.

마침 그때는 마틴 루터(Martin Luther, 1483~1546)에 의하여 시작된 종교개혁으로, 로마교황의 권위가 점차 떨어지기 시작하던 시기였다. 이것을 회복하기 위하여 스페인의 로욜라(Ignatius de Loyola, 1491~1556, 본명은 Don Inigo Lopez de Recalde)가 신교에 대항하여 내부로부터 구교를 개혁(소위 반종교개혁 : Gegenreformation)하기 위하여 야소회(Jesu 敎團)를 조직하고, 로마교황의 허가를 얻어 새로 발견된 세계 각지에서 기독교를 포교하려고 하였다(1540년).

이 야소회(제스이트파)에 속하는 신부로서 가장 유명한 프란시스코 사비에르(Francisco de Xavier, 1506~52)는 일본의 가고시마(鹿兒島)에서 포교하는데 성공하였다. 그는 다시 염원의 중국으로 건너갔으나 거기서 병사했다. 그의 유지를 이은 이탈리아인 마테오 리치(Matteo Ricci, 1552~1610)는 1580년에 광동(廣東)에 도래하여 이마두(利瑪竇)라는 한족이름을 가지고 명나라 수도 북경(北京)에 이르러, 신종(神宗)의 허가를 받아 천주교 성당을 세우고 천주교를 전도하였다. 그는 그다지 교양이 높지않은 명의 황제를 비롯하여 궁정내 속물들의 구미에 맞는 시계 등, 당시로서는 신기한 기계를 헌상하여 환심을 샀다. 그와함께 유교적 교양을 갖춘 명나라의 고관·학자들에게 기독교를 이해시키기 위하여, 스스로 4서5경(四書五經)과 유교경전들을 읽었고, 또 주자학의 사고방식을 도입하여, 무신론적인 유교의 전통과 조화시키는 독특한 기독교 철학을 전개하였다. 이들의 노력으로 만력황제(万曆皇帝)를 비롯하여, 명의 제실(帝室)·후궁(後宮)에서 그는 높은 명성과 신임을 얻었다.

초기에 도래한 선교사중 마테오 리치를 비롯하여 이탈리아인 롱고바르디(Nicolas Longobardi, 1559~1654, 중국이름 龍華民), 독일인 아담 샬(Adam Schall, 1591~1666, 중국이름 湯若望) 등은 중국인의 신용을 얻는데는 과학지식을 통하는 방법이 첫째라고 생각했으므로, 모두가 뛰어난 지식을 갖고 있었다. 특히 마테오 리치는 가톨릭교의 교리를 비롯하여 유클리드 기하학 교본, 천문·역법(曆法)·측량학 등을 한문으로 번역하여, 중국에 서양의 과학지식에 관한 기초를 전달함으로써 그것의 발전에 크게 공헌하였다.

만주족이 발흥하여 명조와의 사이에 만리장성을 두고 격전이 벌어졌을 때, 서양의 근대무기인 대포가 신병기로서 중요시되었다는 것은 이미 말하

유학자의 옷을 입은 선교사

　마테오 리치는 수학·천문학·역학(曆學)·지리학에 정통하였는데, 이런 자연과학적 지식으로 중국 지식인들의 신뢰를 얻어, 서광계(徐光啓, 1562~1633, 曆數學書)와 같은 대학자·정치인을 가톨릭교도로 개종시켰다. 한편으로는 세계지도·지구의(地球儀)·천구의(天球儀) 등으로, 속인들의 호기심을 만족시켰으므로 천주교의 성당을 찾는 사람들이 많았다. 신종의 두 황자가 세례를 받은 것을 비롯하여, 200여명의 신자를 획득하게 되었다. 마테오 리치의 유교에 대한 교양도 깊어서, 유교경전에 대해서는 당시 유행하던 주자(朱子)의 해석에 대하여 불만을 표시하고, 직접 경전 본문을 충실히 읽는 태도를 취하였다. 그는 스스로 유학자가 입는 옷을 입고 유학자들과 함께 교제하였다. 그림은 유학자의 옷을 입은 리치(왼쪽)와 서광계가 담론하는 모습을 그린 것이다. 강남지방에는 동림당(東林黨) 학자들 가운데, 그의 학우(學友)가 많았고 신자도 적지 않았다. 동림당의 급진주의적인 이데올로기는, 어쩌면 마테오 리치를 통하여 유럽 근대사상의 영향을 받았는지도 모른다.

였다. 당시 롱고바르디 등은 명조의 요청으로 대포주조에 종사하였던 것이다. 이에 대하여 독일인 아담 샬은 청조의 세조(순치제)에게 중용되어 천문대장에 임명되면서 역법(曆法)을 개정하였다. 벨기에인 펠비스트(중국이름은 南懷仁)는 성조(강희제)에게 좀더 가볍고 편리한 신식대포를 주조하여 그것의 취급법을 가르침으로써 신임을 받았다.

17세기의 유럽제국은 동아시아 대륙에 대하여 커다란 관심을 가졌지만, 중국에 대한 통상은 포르투갈인이 독점하고 있었으므로, 가톨릭교의 복음전도를 위하여 도래하는 야소회 회원들도 포르투갈 선박에 의존하지 않을 수 없었다.

포르투갈 패권에 먼저 도전한 것은, 1568년에 구교국가인 스페인 속령으로부터 독립한, 신교국가 네덜란드였다. 1596년 동인도회사를 창립하고, 동양에 진출하여 세일론(스리랑카)·말래카 등 스페인의 구식민지를 빼앗고, 자바의 바타비아에 근거지를 설치한 다음, 다시 북상하여 대만을 점령하고 중국·일본 등과의 무역을 행하고자 하였다.

명조가 멸망할 때 정성공(鄭成功)이 네덜란드 세력을 축출하고 대만을 본거지로하여, 청조에의 저항을 계속할 때, 네덜란드 함대는 청군을 지원하여 정씨의 난을 평정하는데 한몫을 하였다. 청조는 그 공로에 보답하기 위하여 네덜란드인에게 광동에서 무역할 특허권을 부여하였다. 신교국인 네덜란드는 천주교 포교에는 관여하지 않았으므로, 일본의 도꾸가와막부(德川幕府)도 쇄국령을 내려(1639년) 천주교를 전도하려는 유럽각국과의 통상은 금지했지만, 유독 네덜란드인에게만은 나가사끼(長崎)에서의 무역을 허용한 까닭에, 그는 포르투갈에 대신하여 일본과의 통상을 독점하였던 것이다.

네덜란드와 나란히 신교국인 영국도 동아시아에 진출하였다. 네덜란드에 대항하여 동인도회사를 설립하고(1600년) 인도침략에 주력한 바, 인도에서의 그의 세력은 네덜란드·포르투갈을 능가했지만, 중국이나 일본과의 무역은 포르투갈·네덜란드에 눌리어 효과를 보지 못했다.

포르투갈을 뒤따라 동아시아에 진출한 것은 부르봉(Bourbon)왕조의 최성기를 맞이한 프랑스였다. 태양왕(太陽王)이라는 별명이 붙었고, 프랑스문화를 꽃피우게 했으며, 17세기 유럽을 대표하는 루이 14세(Louis XIV, 재위

1634~1715)와 아시아 최후의 왕조에서 이상적인 황제로 추앙받던 강희제(성조, 재위 1661~1722)라는 동서의 두 전제군주사이에는, 눈에 보이지 않는 그 어떤 고리로 맺어진 감이 있다.

루이 14세는 포르투갈선박에 의하여 수입된 중국의 공예품, 특히 정교하고도 고아(高雅)한 도자기를 지극히 사랑하여, 이런 미술품을 생산하는 그 나라는 얼마나 우수한 문명을 가진 나라일까하는 흥미를 가지게 되었다. 때문에 포르투갈 지배하에 놓인 중국과의 통상과 전도사업을 자국수중에 거머쥐고자 희망하였다. 바로 이런 때에 포르투갈의 극동정책이 신교국들인 영국·네덜란드 두 나라에 의하여 압도되면서, 포교사업 자체도 이에 비례하여 쇠퇴해가는 것을 우려한 로마교황은 구교국인 프랑스 선교사를 중국에 보내어 포교사업을 활성화시키고자 한 루이 14세의 제의를 승인하였다.

마침 프랑스에서는 황제의 보호하에 과학아카데미가 창설되어 천문대가 세워지고, 천문학을 비롯하여 지학(地學)의 관측이 활발하게 이루어지고 있었다. 발달된 프랑스과학에 깊은 지식을 갖춘 6명의 선교사가, 북경에 파견되어 강희황제(성조)의 신뢰를 얻은 결과, 중국에서는 포르투갈을 제압하고 프랑스 세력이 급속도로 신장해갔다.

만주에서 발흥한 청조는 원래 한인(漢人)만큼은 배타적이 아니었다. 특히 전술한 것처럼 도량이 넓은 강희제는, 외래사상인 서유럽의 자연과학에 대하여 왕성한 연구심을 표시하여 그 학리를 현실에 응용하여 이론의 정확성을 인식하고, 천체관측과 측지사업을 실시하게 하였다.

중국에 주재하고 있던 포르투갈의 선교사는 중국사정에 그다지 주의를 돌리지 않았지만, 프랑스 선교사는 마테오 리치의 정신을 이어받아 중국문화의 연구를 하나의 사명으로 하고 있었다. 중국이 비기독교국가라 해도 결코 야만민족이 아니고, 도덕·역사·철학을 비롯하여 미술공예에 이르기까지, 고도의 문명을 옛날부터 유지해 왔음을 그들은 알고 있었다. 중국의 풍속·습관·문물 특히 행정제도에 대한 연구조사사업을 진행시켜, 그 성과를 본국에 보고하였다. 프랑스에서는 이런 연구업적에 입각하여, 한쪽에서는 중국의 과거제도를 모범으로한 고등문관시험제도를 만들었다. 또한 프랑스선박으로 운반된 다수의 미술공예품에 의하여 루이왕조의 궁정에서는 중국식 도자기·직물·가구가 크게 유행하게 되었다.

이렇게 해서 동서 양대제국에 의한 동양과 서양과의 본격적인 문화교류가 추진되었다. 만일 이런 경향이 계속되었더라면, 동서를 통일하는 문화세계가 형성되었을런지도 모른다. 그러나 중국의 유교적 윤리와 풍속하고, 서방 특히 로마교황의 철의 통제하에 놓인 기독교 교리 사이에는, 뛰어넘을 수 없는 깊은 도랑이 가로놓여 있었다.

유교사상에 깊은 이해심을 가졌던 마테오 리치는, 명대에 중국 야소회 규정을 만들었을 때, 중국에서 행해지고 있는 조상에 대한 제사와 공자숭배를 종교적이라기 보다도 차라리 세속적인 행사로 생각하여, 중국의 기독교도가 이에 참가하는 것을 묵인하였던 것이다. 프랑스의 선교사들도 대체로 이런 방침에 따랐다.

그런데 프랑스 야소회 회원들보다 얼마간 뒤져서 중국에 온 도미니코, 프랑시스코 두파의 구교 선교사들은, 앞서온 선교사들이 정립한 종교적 의식(宗敎的意識)과 성공(成功)에 대한 질투심도 결부되어, 야소회 회원이 조상과 공자에게 제사 지내는 그런 우상을 예배하는 것을 위법으로 규정하고 심히 비난하였다. 이 때문에 1704년에 이르러, 로마교황은 우상숭배를 묵인한 제스이트교파를 문책하였다. 중국에서는 남방의 기독교도중에서 신앙상의 문제로 부모와 논쟁하여 심지어 재판사태까지 벌어졌고, 이것이 원인이 되어 기독교 교회당을 불태우고 교도들을 박해하는 사건이 일어났다.

프랑스 선교사의 과학지식을 존중하였고 또 러시아와의 네르친스크조약 체결시 프랑스 선교사가 고문겸 통역으로 협력했던 공적을 높이 평가한 강희제는, 내외의 비난에 대하여 제스이트파(야소회)를 극력 옹호하고 다른파 교도들에 대한 퇴거를 명령했을 때도, 이 교파의 선교사들에 대해서만은 중국주재를 허가했던 것이다. 그러나 중국인의 조상에 대한 제사와 공자숭배를 사교적(邪敎的) 행위로 규정한 로마교황의 결정은, 끝까지 흔들리지 않아서, 중국 기독교에 대하여 그와같은 제사에 참가하는 것을 일체 금지하는 명령은, 그대로 시행되었던 것이다. 이에 관한 논쟁을 전례문제(典禮問題)라고 부른다. 강희제가 죽고, 다음 황제인 세종대에 이르자 천주교를 금지하는 법령이 내려지면서, 기독교 포교는 일단 좌절되지 않을 수 없었다.

이것은 만주민족이 점차 중국문화에 동화되고 중화사상에 물들어 외국인을 이적(夷狄, 오랑캐)으로 보며, 외래사상을 이단시하는 경향이 표현되기 시작한 결과라고 해석되고 있다. 동서 두 세계의 문화교류는 이런 충격을 받게되면서부터, 표면상으로는 모습을 감추게 되었다.

3. 실증주의의 운명

우리는 지난날 16세기말에 야소회의 마테오 리치가 중국에 온 이래, 18세기 중반기까지 사이의 서양과 동양의 문화교류를, 「서양문명의 동진」이라는 형태에서, 주로 서쪽에서 동쪽으로의 문화적 흐름으로 파악하고 있었지만, 근자에 프랑스와 일본 학자들의 연구에 의하여, 문화가 서(西)에서 동(東)으로의 일방통행이 아니라, 동으로부터 서에의 교통도 이에 못지 않게 맹렬히 이루어졌다는 사실이 밝혀졌다. 이런 참된 의미에서의 동서문화 교류는 과학기술·미술공예와 같은 외면적인 것에만 그치지 않고, 철학과 같은 내면적인 세계에도 침투하고 있었다. 예컨대 우리는 뉴튼(Sir Isaac Newton, 1624~1727)과 나란히 미분학(微分學)을 발견한 위대한 수학자, 자연과학자·형이상학자인 라이프니쯔(Gottfried Wilhelm von Leibniz, 1646~1716)가, 젊었을 때 중국에 왔던 선교사의 보고에 의하여 중국에 깊은 애정을 품고 중국의 문화·행정·실천철학의 우수성을 높이 평가하였음을 알게 되었다.

라이프니쯔(Leibniz)의 신념

라이프니쯔는 『중국의 최근사정』에서 다음과 같이 쓰고 있다.

「운명의 특별한 세심성이 인류의 가장 개화되고 가장 세련된 그룹을 우리들의 대륙(유라시아 대륙)양끝, 즉 유럽과 중국을 연결시켰다. 문화가 가장 발달된 두 민족은 서로가 서로의 손을 뻗침으로써, 이 두 민족사이에 존재하는 일체의 것을 점차 완전한 것으로 만들어

나갈 것이다. 우리들은 논리학·형이상학·수학적과학·군사기술에서 중국인들보다 앞서있고, 중국인은 문화정책과 실천철학에 의하여 우리들의 위에 올라서 있다. 그들의 군주(강희제)는 기독교라는 종교에 자유를 주며, 유럽의 과학을 사랑하고 있다. 나는 몇 가지 점에서 미구에 우리가 중국인에게 뒤떨어지게 되지나 않을까 저으기 우려하고 있다. 우리가 그들에게 계시신학(啓示神學)을 가르치기 위하여, 전도사를 보내는 것과 마찬가지로, 자연신학(自然神學)의 관습이나 실천을 배우기 위하여 그들로부터 전도사를 받아들이는 것은 이에 못지 않게 필요할 것이다.」

라이프니쯔는 선교사의 번역문을 통하여 송대의 주자학(朱子學)을 읽고, 이로부터 여러가지 암시를 받았다. 그의 모나들로지(monadology, 單子論)의 이론은, 주자의 형이상학 체계와 밀접한 관계가 있고, 수리철학(數理哲學)은 「역경(易經)」 원리와 비슷한 것이라고 한다. 경제학자 케네(Francois Quesnay, 1694~1774)의 중농주의(physiocracy)도 유가·법가의 중농론과 관계가 있다고 일컬어지고 있다.

유럽의 선교사가 그리스도 신학과 자연과학 등을 통하여 중국의 철학과 사상에 직접·간접으로 어떤 영향을 주었는가를 논하는 전제로서, 명·청대의 사상계를 회고해 보기로 한다.

명대 유교의 주류는, 송대 주자학의 이기2원론(理氣二元論)이다. 이 정통을 이어받은 방효유(方孝儒, 자는 希直·希古, 1357~1402)는, 성조(成祖, 永樂帝, 전 燕王)로부터 즉위조서를 기초하라고 분부한데 반발하고, 그를 오히려 연적찬위(燕賊纂位)라고 크게 씀으로써 혜제(惠帝, 建文帝)를 옹호했기 때문에 살해된바 있었다. 이런 사건이 있은 이후에, 주자학은 송·원대에 학자를 절충하여 4서5경(四書五經. 4서는 論語·孟子·中庸·大學의 총칭이고, 5경은 詩經·書經·周易·禮記·春秋를 말한다)의 공인주석을 만들고, 그것을 과거(科擧)의 정본(定本)으로 삼아, 그에 대한 암기로 시종했을 뿐 유학은 더 이상의 발전 없이 아주 무기력화 하였다. 그후 주자의 주지적(主知的) 철학에 대립하는 송대의 육상산(陸象山, 본명은 陸九淵. 자는 子靜, 호가 象山, 1139~1192)의 심즉리(心卽理)의 일원론이 민간에서 세력을 얻으면서, 이 전통을 이어받은 왕양명(王陽明, 이름은 字仁, 자는 伯安, 호가 陽明,

1472~1528)이 나타났다.

주자는 주지주의(主知主義) 입장에 서서 외계 천지만물의 이치를 규명한 다음에, 비로소 내계(內界)인 마음의 의식이 그것에 일치하는 것으로 하여, 외적인 경험에 입각하여 내적인 직감(直感)을 포착하려고 했다. 이에 반하여 왕양명은 마음(心) 또는 양지(良知), 인간에게 고유한 도덕적 직관력을 중시하여 「지(知)는 행(行)의 시작이요, 행은 지의 완성」(知行合一)이라는 지행일치론을 취하였다. 이 도덕적 직관에서는 지성(知性)에 정념(情念)이 엉켜있다.

이 지행합일론은 바로 이 정념 때문에, 과감하게 광인적(狂人的)인 행동을 취하는 것도 부정하지 않는다. 명대말기의 환관과 외환(外患)이 뒤얽힌 위기에는, 또한 미치광이로 자처하던 이지(李贄, 호는 卓吾. 1527~1602) 같은 사람도 나타나, 4서5경이라는 유교의 고전을 공자의 평범한 제자들이 스승의 본뜻을 왜곡해서 저술했다고 배격하면서, 유교부정론을 당당하게 주장하였다.

이처럼 혼란된 명조말기 사상계 속에, 새외(塞外)로부터 중국에 들어온 것이 바로 이민족출신의 천재적 정치가 강희대제(성조)였다.

강희제는 이렇게 혼란된 왕양명의 학설을 이어받은 사상가들의 공헌한 언론에 만족하지 않고, 우선 주자학을 부흥시켜 이것을 청조가 정통으로 채택하였다. 주자학은 청조가 멸망할 때까지 고등문관시험인 과거의 유일한 교본으로서의 위치를 유지했는데, 이때부터 학계에는 주자의 「격물치지(格物致知)」(사물의 이치를 연구하여 후천적인 지식을 명확히 하는 것)라고 불리우는 수양법(修養法)을 경서(經書)연구법으로 하여, 세련되고 「실사구시(實事求是)」(사실을 토대로 삼아 진리를 탐구하는 일), 즉 구체적인 경험적 사실로부터 귀납(歸納)시켜 원칙을 찾아내어, 실증주의적인 새 연구경향이 나타나기 시작한 것이다.

성조(강희제)는 어렸을 때에 주자학을 배운데 더하여, 프랑스 야소회에서 온 학승(學僧)에게서 수학과 자연과학을 배웠고, 또 실험을 쌓아감에 따라, 민간에서 일어나기 시작한 새로운 경향, 이른바 한학(漢學)의 고증학(考證學)도, 비록 인문과학과 자연과학의 연구대상은 각각 다르지만, 모두가 동일한 연구방법 위에 입각하고 있음을 알았다. 자칫 잘못되면 반만(反滿)사상과 결부될 우려성 있는 왕양명의 주관적인 유심론을, 이런 실증주의로 바꾸려는 정치적 의도와 관련하여, 성조는 이 새학파를 장려하는 방침을 취하였다. 이리하여 이민족인 만주왕조의 보호하에 고증학은 그후 발전하여 커다란 업적을 남겼다.

이탁오(李卓吾)와 양학(洋學)

이지(李贄)는 송대 이래의 개항장인 복건성 천주(泉州) 태생으로서, 선조는 항해업자이고, 조부는 아라비아 여인과 결혼한 사람으로서, 그의 아버지는 이 두분 사이에서 태어난 것이다. 중국인과 아라비아인과의 혼혈아인 아버지의 피를 받은 이지도, 이슬람교신자였던 것 같다. 비범한 예술적 재능을 가졌던 이탁오(이지)가 유·불·도(儒·佛·道)의 3개 교리에 대하여 자유로운 입장을 취한 것은, 이 가족의 혈통과 신앙하고 관련이 있었던 모양이다. 그가 중국의 지식인으로서, 유교에 가장 철저한 비판을 가한 것은 결코 우연한 일이 아니다. 당대까지의 귀족제 밑에서, 상인의 자제는 과거에의 응시자격이 없었다. 명대말기, 환관의 악정(惡政)에 반대한 동림당(東林黨)학자들 가운데, 양자강 하류 델타지대의 상공업자와 가난한 계층의 출신이 많았다는 것은, 명말(明末)의 사회체제가 붕괴위기에 직면해 있었음을 나타내는 것이었다.

청조의 고증학은 고염무(顧炎武, 이름은 寧人, 자는 亭林, 1613~82), 황종희(黃宗羲, 자는 太沖, 호는 梨州, 1610~95), 왕부지(王夫之, 자는 船山, 1619~92)의 3대 스승에 의하여 기초가 닦여졌다. 그들은 청조가 천하통일할 당시, 가장 격렬하게 저항한 양자강 중·하류지역 출신이며, 청조의 초청에 응낙하지 않았으므로, 조정의 정식 관리로는 등용되지 않았다. 왕부지는 호남성 깊은 산속에 들어가 끝까지 레지스탕스운동을 계속했고, 황종희는 청에게 멸망당한 명조의 사료(史料)를 수집하여 그의 망국쇠망사(亡國衰亡史)를 편찬함으로써 한족의 민족의식을 고양시키려고 하였다.

청조의 고증학은, 명조가 몰락한 원인을 반성하고, 왕양명 말류(王陽明末流)의 공허한 감정적인 정치론에서 탈피할 것을 선언한 것으로서, 민족독립운동과 밀접히 결부된, 역사를 반성하는 구국운동이라고 설명할 수 있다.

민간에서 자발적으로 일어난 이 실증주의는 청조의 보호·장려를 받게됨으로써, 그후 본래의 에너지를 잃고 학문을 위한 학문으로 화해버리고 말았다.
　강희제 시대에 황제는 천문학·측지학·수학 등 유럽의 자연과학을 도입하여 이것을 본격적으로 발전시키고자 하였다. 이 서양 자연과학에 대한 섭취정열은 강희제가 죽자 아쉽게도 사라지고 말았다.
　실증주의에서 출발한 청조의 학풍은, 19세기 초(1820년)를 경계선으로 일변한다. 청조의 고증학은 송학의 영향에서 탈피하여, 한학(漢學)으로 복고하는 것을 표어로 하였지만, 전기(前期)는 후한의 고문학(古文學)을 이상으로 하였으므로, 고문파(古文派)라고 불리었다. 고문학은 후한대의 경학(經學, 즉 儒學)을 대성시킨 정현(鄭賢, 자는 庫成, 山東省 출신, 127~200) 등의 주석을 기본으로 하고, 언어학으로서의 경서본문의 뜻을 명확히 한 것이다. 그것은 고염무(顧炎武)의 전통을 이은 경학자 대진(戴震, 자는 東原, 안휘성 출신, 1723~77)·단옥재(段玉裁, 강소성 출신, 1735~1815)·왕염손(王念孫, 자는 懷祖, 강소성 출신, 1744~1832)·전대흔(錢大昕, 자는 曉衛, 호는 辛楣·竹汀, 강소성 출신. 1728~1804)·장학성(章學誠, 자는 實齊, 절강성 출신, 1738~1801) 등에 이르러 최고조에 달한다. 경학(유학) 등에서는 한자한구의 발음·의의를 밝히는 것을 주된 연구방법으로 하고, 문장의 의미에는 그다지 주의를 돌리지 않는다. 따라서 실용에서 유리되어 이데올로기를 빼고, 학문을 위한 학문을 주장한 것이었다.
　이에 대하여 19세기 초엽부터 일어난 신학풍은 금문파(今文派)로 불리우는 학파로서, 같은 한학에서도 전한(前漢)시대의 학문으로 바꾸는 것을 모토로 했다. 전한의 학문은 경서안에서 정치에 대하여 공자가 시사 또는 암시적으로 행한 비판을 이해하려고 한 것이다. 청대의 한학자들은 유교의 경서 가운데서 특히 역사서(歷史書)의 기원이라고 일컬어지는 『춘추(春秋)』에서 공자의 숨겨진 비판, 이른바 미언대의(微言大義)를 밝히려는 일을 시작하였다. 이런 경향을 대표한 것이 위원(魏源, 자는 梁, 호남성 출신, 1794~1856)가 공자진(龔自珍, 1792~1841)이다. 이것은 고전의 역사적인 의미를 설명하는데서부터 한발자국 더 나아가, 고전해석에 의탁하여 현대의 정치·경제를 비판하는 실용주의로 바뀌었다. 이렇게 연구방법과 방향이 바뀐 것은, 바야흐로 중국에 위협을 주려는 서양열강들과의 국제관계의 진상을 명확히 하고 이에 대한 정책을 제출하기 위해서였다. 이리하여 금문파(今文派)와 고문파(古文派)와의 논쟁이 시작되고, 그 속에서 이민족인 청조를 무너뜨리고 한족의 손에 정권을 되돌리려는 혁명이론이 나오려고 하였다.

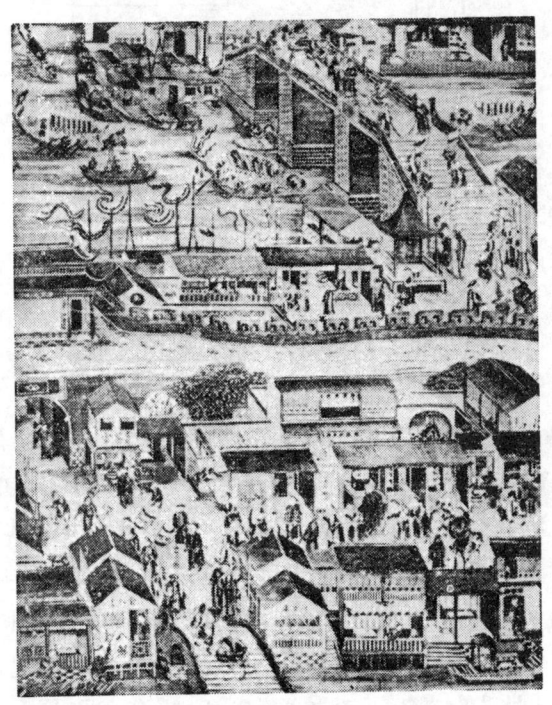

소설과 판화

명・청시대에는 목판기술이 향상되어 판화가 유행하였다. 도시민의 수요에 부응하여 도시의 명승지가 화제(畵題)로 되었다. 여기에 실은바 도시의 번화장면은, 소주(蘇州)의 만년교(万年橋) 부근의 번화가를 묘사한 그림이다. 운하를 따라서 발달된 번화가를, 송대의 상하도(上河圖)와 비교해보면 더욱 흥미를 느낄 것이다. 판화는 또한 소설의 삽화로서도 사용되었다. 개기(改琦)와 같은 미인화의 명수가, 원도(原圖)를 그렸으므로 훌륭한 예술작품으로 되었다. 뒷장의 그림은 개기가 『홍루몽』의 삽화에 넣은「우삼저(尤三姐)」이다.

　청조의 문화일반, 특히 미술세계에서는 한편으로는 한학부흥의 고증학 풍조와 조응(照應)하여 복고주의가 유행하게 되었다. 회화에서 명조 때는 화원(畵院)에 속한 황실어용 전문화공이 점차 매너리즘에 빠진 나머지, 원말(元末) 4대가의 문인화를 통하여, 다시 5대·송초의 화풍으로 되돌아가려는 경향이 강하게 나타났다. 이런 장르를 이어받은 명조의 궁중화가에 대항하여, 강남의 제도시에서는 발달된 시민경제를 배경으로 심주(沈周, 자는 石田, 1427~1509)·문징명(文徵明, 자는 山, 1470~1559)·동기창(董其昌, 자는 元宰, 1554~1636) 등이 두각을 나타냈다.

　청조의 회화는 대체로 명대 문인화의 화풍을 계승한 것이다. 강남 지역에서는 문인들 사이에서까지 원말의 4대가를 모범으로 하는 4왕오운(四王吳惲), 즉 왕시민(王時敏)·왕감(王鑑)·왕취(王翬)·왕원기(王原祁)·오력(吳歷)·운각(惲恪)의 6대가가 나타났다. 이들의 복고적인 고전양식에 대하여, 명조의 구 황실 유족들인 8대산인(八大山人) 등은, 청조에 대한 원한을 붓에 기탁하여 표일(飄逸)한 수묵화(水墨畵)를 그렸고, 석도제(釋道濟, 石濤) 등은 독특한 풍격의 작품을 그림으로써 이들과 구분되었다. 건륭제(고종)의 치세 무렵이 되면, 이에 이어서 강남의 양주(揚州)를 중심으로, 청조에 대하여 반감을 가진 시민중에서 김농(金農, 冬心)·정섭(鄭燮, 板橋) 등이 독특한 화풍의 그림을 그려, 미술세계에서 저항을 시도하였다.

문학에서는 송대시민의 대중오락에서 일어난 백화체(白話體), 즉 구어야담(口語野談)이, 명대에는 문인의 손에 의하여 얼마간 세련된 장편의 사실적 소설(寫實的 小說)로 형상화되었다. 명대에『수호전(水滸傳)』·『3국지연의(三國志演義)』·『서유기(西遊記)』·『금병매(金瓶梅)』등의 걸작이 나왔다. 청조에서는『홍루몽(紅樓夢)』·『유림외사(儒林外史)』등의 대표적인 작품이 나왔다. 이것은 명조시대에 도시경제가 충실해졌고, 그때까지 사대부로부터 소외되어온 시민이, 풍족한 생활을 영위하게 됨으로써 나타난 것이다.

제 23 장 굴욕의 100년

1. 아편전쟁

　바깥으로는 10회에 걸친 원정에서, 매번 훌륭한 승리를 거두었고, 안으로는 학예(學藝)의 보호자로서, 현란한 건륭(乾隆)의 문화를 꽃피운 청나라의 고종(高宗)도 60년에 걸친 긴 치세로 먹는 나이는 어쩔 수 없었는지 어지간히 피로를 느꼈던 모양이다. 1795년에 아들인 인종(仁宗, 嘉慶帝)에게 양위하고 그로부터 4년 후인 1799년에 89세의 천수를 누리고 세상을 떴다. 청조 7대황제 인종은 교양도 높고, 결코 위인(爲人)이 좋지 않은 군주는 아니였지만, 건륭문화의 외형만을 쫓아 형식에 치우쳤고, 사치에 흘러 화려한 생활을 해온 나머지, 아버지가 남긴 재정부담을 메꾸기 위하여 부패하고, 노후화한 만주의 귀족군인을 다잡으며 한인(漢人) 고급관리의 기강을 바로잡기 위한 결단력이 결여되어 있었다.
　강희·건륭의 성세(盛世) 그늘에 가려서 그다지 눈에 띄지는 않았지만, 기실 그때도 각지에서는 상당한 규모의 농민반란이 일어나곤 했던 것이다. 그 중에서 이슬람교와 민간의 신흥종교에 의하여 일어난 반란이 적지 않아서, 이민족인 만주인 통치의 전도에 암영을 던지는 것이었지만, 그것의 중요성을 당시의 정치가들은 아직 눈치채지 못하였다.

중국반란의 확대성

　청조 — 중국 역대의 왕조가운데서 가장 융성시대라 해도 무방한 강희·건륭시대에도, 상당히 대규모적인 반란이 있었다. 중국에서는 지방관에 의한 무익한 노역(勞役)의 강제와 조세의 가혹한 징수가 없다고 해서, 반드시 반란이 일어나지 않는다는 보장은 없다. 태평성세이기 때문에 반란이 없고, 쇠세(衰世)이므로 반란이 일어난다는 이유는 없는 것이다. 언제나 또 어디에도 반란의 기회가 있으며, 틈만 있으면 봉기할 수 있었던 것이다. 중국과 같은 광대한 대륙에서는, 부분적인 한해나 수해를 면치 못하며, 더욱이 소규모경영의 빈농이 압도적으로 다수를 차지하는 곳이므로, 그 어떤 기회만 있으면 농민의 반란이 일어나고, 게다가 그것이 상당한 범위로 확대되는 것은 불가피하였다. 모택동은 바로 이런 농민반란의 의의를 중시하고 농민조직을 기초로 해서 중국혁명을 성공시킨 사람이다.

가경(嘉慶)시대(1795~1820)에는, 세상을 바로 잡을 것을 믿는 백련교(白蓮敎)라는 민간종교단체의 큰 반란이 있었고, 다음의 선종(宣宗, 道光帝)시대(1820~1850)에 들어와서는, 회교도와 소수민족을 비롯하여 각지에서 반란이 일어나 심상치 않은 형세가 되었다. 그러나 먼저 청조의 통치를 크게 뒤흔든 것은, 농민반란과 더불어 만주귀족이나 고급관리가 거의 인식하지 못했던, 유럽의 최강국 영국의 무력간섭이다. 청국은 당시 영국함대의 포화와 심한 문호개방압력을 받은 것이다.

네덜란드 세력을 인도에서 배제하고, 동아시아 진출에로의 기반을 굳힌 식민주의자 영국이 중국에 출현한 것은, 유럽 열강들인 포르투갈·스페인·네덜란드에 뒤이어 마지막이지만, 모험심이 강한 노르만 해적의 후예인 그들의 기골은 보통이 아니었다. 명대말기(1637년)에 인도 고아에 있는 포르투갈 지사의 면허장을 휴대하며, 영국군함 4척을 이끌고 나타난 웻델이라는 제독은, 이들의 입항을 저지시키려는 광동항의 호문포대(虎門砲臺)를 함포사격으로 침묵시킨 다음 입항하여, 태짐(積荷)을 매각하고 대상품(代償品)으로 받은 사탕을 만재한 다음 귀국하였다. 그후 그들은 해적 근성에 더하여 헌걸찬 상혼(商魂)의 소유자이며, 중국에 향하여 포르투갈이 독점하던 광동(廣東)에서의 통상권에 끼여들고자 집요하게 교섭하였다. 이에 대하여 국제정세에 전혀 무지했던 만주조정의 대국의식과 입항외선(入港外船)에 터무니없이 많은 수수료를 요구한 지방관리의 부패가, 상업베이스에 입각한 정상적인 무역성립을 곤란하게 한 것은 두 나라 국교의 약화를 초래케 하는 한 원인으로 되었다.

3궤(三跪) 9고수(九叩首)의 예(禮)

영국이 동양에 진출해 왔을 때는, 그 국력이 이미 유럽제국(諸國) 중에서 중요한 위치를 차지하는 강대국이었다. 이에 대하여 세계제국으로 자처하며 중화의식(中華意識)에 사로잡혔던 만주 왕조는, 영국도 주변의 속국들과 같이 조공국(朝貢國)으로 간주하고, 이런 조공에 대한 은혜로서 무역을 허용하는 것이라고 생각하였다. 이런 고정관념에서 벗어나지 못한 청조는, 1793년에 북경을 방문했던 영국 대사 매카트니 백작(Sir Samual Hallidy macartney, 1833~1906)이 탄 배에, 영국의 진공사(進貢使)라는 깃발을 달게 하고, 또 건륭황제 앞에 세번 꿇어 엎드려 아홉번 땅에 머리를 조아리는 3궤9고수(三跪九叩首)의 예를 올릴 것을 요구하였다. 그러나 매카트니의 적절하고 예절바른 태도에 호감을 가졌던 건륭제는, 특별배려에 의한 윤허로써 이런 예를 올리는 것을 면제하고, 알현을 허용하였다. 이때 대사는 광동 이외에 닝퍼(寧波)·주산열도(舟山列島) 등에서도 무역을 행하고, 수도 북경에서는 대사로서 상주하고 싶다고 제의하였다. 야만적인 외국인과 무역하는데서도 가급적 중앙(北京)에서 멀리 떨어진 광동항구와 같은 곳에서 하되, 그때도 중국인으로부터 격리된 곳에 살게 해야 한다고 생각한 만주조정에, 이런 요망이 전혀 고려대상이 될 수 없음을 명백하였다. 이편전쟁에 대한 불법성을 그 일 자체로서는 영국도 거의 변호의 여지가 없겠지만, 유럽제국(諸國)과 동양의 세계제국(世界帝國)과의 사이에 외교관습·국제의식의 단절이, 최악의 사태라는 궁지에 빠짐으로써 이 전쟁의 원인이 되었던 것이다.

아편전쟁은 중국이 수입을 금지한 중독성 있는 아편(鴉片, opium)을, 영국이 무력으로 수입을 강요한 것이 원인이 되어 발발한 일련의 전쟁이다. 시기적으로는 제1아편전쟁(1840~42)과 태평천국란(1851~64)을 사이에 두고 제2아편전쟁(1856~60)으로 나누인다.

영국과 중국간의 무역에서 영국은 중국의 특산물인 차(茶)를 비롯하여 견직물·도자기 등을 대량으로 수입한데 대하여, 영국이 기대한 바 랭커셔에 새로 일어난 면·모방직공업의 제품을 거의 수출할 수 없었기 때문에 청나라와의 무역은 언제나 적자였다. 이것을 메꾸기 위하여 영국은 인도에서 생산되는 아편을 수출한 즉, 이것이 중국인의 기호에 맞았던지 아편을 흡입하는 풍습이 청국 내 조야(朝野)에 널리 퍼져나갔다. 아편의 수입은 1818년에 470

만원(元)분이던 것이 20년 후인 1838년에는 4만상자에 2천500만원으로 급증하였다. 이 때문에 중국무역은 영국에 대하여 적자를 내게되어 해마다 대량의 은괴가 유출됨으로써, 은값의 폭등으로 국내경제에 혼란이 야기되었다.

청조는 심신을 좀먹는 마약으로부터 국민을 수호하려는 사회위생적인 입장과 은괴의 유출을 방지하는 국가경제적 입장이라는 양면에서, 국내에의 아편수입을 금지하는 정책을 세웠다. 중앙·지방을 불문코 아편흡인의 악습이, 이미 관계(官界)에까지 확산되었는데도, 수입이 공개적으로 금지되거나 제한되자 값이 뛰어올라, 그것을 관리하는 관리에게는 밀무역을 묵인해주는 대가로서의 거액의 뇌물수수행위가 성행하게 되었다. 이 때문에 아편흡인금지령은 조금도 실효가 오르지 않았다. 이런 시기에 마침 금문파(今文派)의 계몽사상가인 위원(魏源)·공자진(龔自珍) 등과 같은 그룹에 속하는 혁신정치가 임칙서(林則徐, 1785~1850)가 대중의 여망을 한몸에 지니고 영국과의 교섭에 임하는 전권대신 겸 호광총독(湖廣總督)이 되어 광동(廣東)에 부임해 왔다.

1839년, 임지에 부임하자 임칙서는 영단을 내려 광동의 영국상점들이 창고에 쌓아놓은 아편을 제출케 하여 제출된 2만여 상자의 아편을 모두 소각처분함으로써, 아편매매에 대한 정부의 단호한 단속의지를 과시하였다. 이로써 청·영무역도 정지상태가 되고 말았다.

중국이 흡인·매매를 금지하고 있는 그 마약수입을 일방적으로 강요한 자기의 비합리성과 부도덕성은 덮어두고 적반하장격(賊反荷杖格)으로 재류영국상인의 생명재산을 보호한다는 미명하에, 영국의 무력간섭으로 나왔다. 영본국과 인도에 있던 함대를 합하여 군함 16척, 수송선 32척을 동원하여 청나라에 압력을 가한 것이다.

1840년 6월, 영국함대는 광동항 밖에 이르러 정식으로 포문을 열어 청국을 공격하였다. 이때 임칙서는 일찍이 광동항 내외의 방비를 엄중히 해 두었으므로, 영군이 상륙할 틈바구니를 주지 않았다. 하는 수 없이 영군은 전진(轉進)하여 복건성·절강성의 해안을 위협하면서 북상하여 주산열도(舟山列島)를 점령하였고, 청 해군을 격파한 후는 전당강(錢塘江) 하구를 봉쇄함으로써, 청국정부를 공포에 빠뜨렸다. 영국함대는 북상을 계속하여 발해만에 들어와 천진(天津) 외항인 백하(白河)하구의 따꾸(大沽)에 이르렀다. 청조는 하는 수없이 임칙서를 파면하고, 화평파로 하여금 외교교섭에 임하게 하였다. 그러나 교섭이 실패되자, 영국 함대는 이번에는 양자강을 거슬러 올라가 남경(南京)을 위협하였다.

1842년 8월에 청조는 부득이하게 영국과 남경조약을 맺고 화해하게 되었다. 청은 영국에 대하여 전쟁배상금과 소각한 아편값 등의 손해를 보상(모두 2천100만량)하며, 홍콩섬(香港島)을 영국에 할양하고, 광동・아모이・복주・닝퍼(寧波)・상해를 새로 개항하며, 영국인의 거류를 인정한다는 등의 굴욕적인 조약문에 서명하였다. 다음해에는 다시 호문(虎門)에서 세목에 대한 협정, 즉 호문조약을 맺은 바, 이것은 상기 5개 개항장에는 영국의 영사재판권에 복종하는 전관거류지(租界地)를 두며, 수입품에는 영국측에서 자주적으로 5%의 관세를 납부한다는 내용이다. 이로써 청국은 국내에 청국 조정이 자기의 법률을 적용할 수 없는 조계지의 설치를 인정하며, 관세에 대한 자주권을 포기함으로써, 여기에 이른바 불평등조약이 생겨나 중국의 국제적 위치가 크게 격하되고, 후진적인 중국경제를 파괴하는 요인을 남기는 우(愚)를 범하게 되었다.

아편전쟁의 결과로 체결된 불평등조약으로 말미암아 지금까지 고립되어 온실안에서 자라왔던 전통적인 중국 왕조의 정치・경제기구는, 국제경제 속에서 급속히 해체되어 갔다. 이런 외세의 영향하에 태평천국군의 농민반란운동이 크게 일어났다. 그런 와중에서 청조는 영국뿐만 아니라 프랑스와의 사이에 제2아편전쟁까지 불러일으키고 말았다.

남경조약으로 5개항의 개항을 승인한 청조는, 아편전쟁으로 말미암아 광동에서 영국에 대한 반항감정이 뿌리깊다는 이유를 들어 여기에 영사(領事)를 상주시킴으로써 영국 거류지의 설치승인문제를 연기시켰다.

청조의 호강(湖廣, 통칭 江南)총독과 양광(兩廣, 광동・광서) 총독이 국제정세에 어둡고, 또 외국인에 대하여 언제나 오만불손한 태도를 취했기 때문에, 오래 전부터 영국외교관들은 그들을 불만대상으로 삼고 있었다. 1856년에 영국 국기를 게양하고 광동항에 입항한 애로우호(The Arrow)라는 청나라 배를, 광동의 청나라 관헌이 임의로 수색하고, 영국 깃발을 끌어내린데서 문제가 꼬이게 되었다. 마침 그 무렵에 프랑스의 선교사가 광서성에서 살해되는 사건까지 일어났다. 이것은 계기로 적극적인 정책을 취한 프랑스의 나폴레옹 3세(Napoleon Ⅲ. 1808~73)는 영국의 퍼마스턴 내각의 주전론자들과 짜고 영·불 연합군을 조직하여 극동지역에 파견하였다.

애로우호 사건

애로우호(The Arrow)는 중국인 소유의 범선으로서, 선장만이 영국인이고 선원 14명은 모두 중국인이었다고 한다. 1856년, 광동만에 정박 중, 해적행위의 혐의로 청조의 경찰관이 선원 12명을 체포하는 사건이 일어났다. 영국의 광동 영사는, 애로우호를 영국 소유선박으로 간주하고 해적행위의 혐의로 체포된 선원의 심문을 위하여 영국영사관에 그들을 인도할 것을 요구하는 동시에, 국기모독·조약위반이라 하여 청국을 비난하였다. 청국은 애로우호가 청국의 선박임을 주장하면서 체포한 선원 전원의 인도를 거절하였다. 이 담판에서 결실을 얻지 못하게 되자, 영국은 자유행동을 취하겠다고 선언한 후 함대를 출동시켜, 광동 부근의 여러 포대를 점령하고, 영국의 상관원(商館員)을 철수시킨 다음, 광도시를 포격하기 시작하였다. 사건에 관한 양국의 명분이야 어떻든간에 하잘 것 없는 사소한 우발사고를 트집잡아, 강제적으로 제2아편전쟁으로까지 사태를 발전시킨 것은, 유럽열강에게 남겨진 마지막 식민 처녀지인 동아시아 분할에 선편(先鞭)을 가하려는 공명심 다툼의 심리가 강하게 작용한 것으로 평가하지 않을 수 없다.

1857년, 영·불 연합함대의 공격으로 광동시가 곧 함락되었고, 다음해에는 연합군이 북상하여 또다시 천진(天津)외항에 다가갔다. 한편 대반란을 일으킨 태평군이 양자강 하류지역을 점거하고 남경(南京)을 수도로한 태평천국(太平天國)을 세운데 대하여, 청국정부로서는 이것을 평정할 가망성도 거의 없었다. 이와 같은 내우외환으로 만주왕조는 매우 큰 위기에 놓여 있었다.

청조는 하는 수없이 대신을 천진에 파견하여 영·불 양국과 천진조약(天津條約)을 맺었다. 이 조약은 남경조약에서 개항한 5개항구 이외에 다시 뉴장(牛莊)·등주(登州, 즉 芝栄)·키룽(基隆, 臺灣) 등 남북의 5개항과, 양자강 연안에서는 진강(鎭江)·구강(九江)·한구(漢口)의 3개항을 추가로 개항하고, 청·영간에 공사를 교환하되 영국은 북경에, 청은 런던에 각각 공사를 상주시키며, 청국내에서의 기독교의 포교자유와 영사재판권의 확립 등을 규정한 것이었다(1858년).

다음해에 영·불의 공사들이 각각 자기나라 군주의 비준을 거쳐, 조약문서를 교환하기 위하여 북경을 방문하려하자, 청에서는 조정 백관뿐만 아니라 백성들 사이에서도, 전통적인 국체론에 입각하여 이 조약에 대한 반대운동이 강하게 일어났다. 이리하여 공사들이 탄 배가 백하(白河)하구인 따꾸(大沽)의 청나라 포대로부터 공격을 받게됨으로써, 영·불 공사들은 북경에 들어갈 수가 없었다. 그 다음해인 1860년에 영·불 공사들은 대함대의 엄호하에 백하를 거슬러 올라가 천진을 점령하고, 청군을 격파하면서 북경에 입성하였는데, 이때 영·불군은 여세를 몰아 북경 서쪽교외에 있는 장려한 황제의 별궁인 원명원(圓明園)을 약탈한 후 불살라버리는 만행까지 저질렀다. 청의 문종(文宗, 咸豊帝)은 이때 열하(熱河)지방으로 도망치고, 황제권 대행자인 공친왕(恭親王)이 러시아 공사의 중재로 영·불과 화의를 성립시켰는데, 이때도 청조는 천진조약(1858년)에 더하여, 또다시 거액의 전쟁 배상금에 추가하여, 홍콩섬의 대안인 구룡반도(九龍半島)를 영국의 조차지로 할양하지 않으면 안되었다.

원명원(圓明園)

원명원은 북경시 서북방 교외에 위치하며, 청조의 성조(강희제)·세종(옹정제)·고종

(건륭제)의 3대에 걸쳐서 조영된 큰 별궁이다. 이 별궁은 특히 고종이 1747년에 프랑스인에게 설계시켜서 만든 로코코(Rococo, 18세기 전반기에 프랑스에서 발달한 화려하고도 섬세한 건축·장식 양식)식의 장려한 유럽식 궁전과 정원으로 유명했다. 1860년 영·불연합군이 북경에 입성하자 먼저 프랑스군이 여기에 진주하여 궁전내의 화려한 가구집기와 진귀한 보물을 모두 약탈했다. 뒤이어 이 별궁에 침입한 영군은 청군에 의하여 참살된 자기네 포로유해를 보고 격분한 나머지 보복으로서 이 궁전에 불을 질렀으므로, 그렇게도 장려하던 궁전이 곧 잿더미로 화하고 말았다. 아시아문화에 대하여 전혀 이해하지 못했던 영군이 다른 문화재도 존중치 않았다는 것은 별로 이상할 것이 없지만, 유럽을 모델로 만든 이처럼 호장(豪壯)한 건축물을 파괴한 심리는 지금에 이르러 생각해도 불가해한 일이라고 말하지 않을 수 없다. 폐허는 지금도 남아 있어서 서유럽의 문화국가를 자랑하는 영·불국민이, 아시아민족에 대하여 범한 만행의 일대기념물로 되어 있다.

아편전쟁은 원래 청조가 그것의 흡인과 매매를 금지한 아편을 영국이 강제적으로 중국인에게 판데서 발단된 것이지만, 전쟁과 화평교섭의 결과는, 청국의 역(力)부족으로 결국 청국측에서 남쪽의 광동과 아모이로 제한하고 있던 무역 창구를 넓혀, 경제중심지인 화중(華中)지방 뿐만 아니라 화북·만주지방까지 포함시켜, 전국적으로 개항장을 설치하고 무역을 확대시키게 하였다. 청조가 크게 터부시하던 수도 북경에, 외국사신의 상주를 허용하며, 조계지에서의 치외법권을 인정하고, 수입관세의 부과율을 낮게 설정하는 동시에, 세관마저 외국관리하에 두게 함으로써 관세의 자주권도 잃었다. 영국은 일찍부터 청나라와의 무역을 자유화 및 확대화하려고 요망했지만, 그렇다고 해서 이 목적을 확실히 의식하고 이번 전쟁을 일으킨 것은 아닌 것 같다. 그러나 결과적으로 2회에 걸친 이번 전쟁으로, 후진적인 중국 경제의 약점을 강력한 유럽의 자본주의 경제진출 앞에 노출시킴으로써, 그 당시 서유럽에서는 아직 영국과 대등한 강대국으로 알려졌던 청국의 국제적 위신에 잔금이 가게 하였다. 영·불의 이러한 정책이야말로 제국주의적 침략의 표본이었다.

2. 태평천국(太平天國)

제1차 아편전쟁의 결과로 남경조약이 체결(1842년)되면서, 중국경제는 영국을 비롯한 서구 여러나라 자본주의 상품시장에 편입되었다. 영국의 근대화된 방직공업이 생산하는 면포 등 값싼 제품의 수입이, 1844년부터 급증하므로써 중국의 소농과 밀접히 결부되어 있던 토착수공업중 하나인 방직공업에 타격을 주기 시작하였다. 이것과 나란히 단기적으로나마 몇 해 동안 지독한 악영향을 중국 농촌경제에 준 것은, 거액의 전쟁배상금과 아편수입량의 급증에 따른 농민의 피폐상이다. 국제수지의 적자를 메꾸기 위하여, 사실 청조는 중국농민들로부터 한층 더 무거운 세금을 여러가지 형태와 명목으로 징수하지 않을 수 없었다.

　이런 경제적 부담을 중국에서는 주로 생산성이 높은 양자강 유역과 그 이남지역에 부과했기 때문에, 주민의 불만을 불러 일으켰다. 가장 오래된 개항지인 광동을 중심으로 한 주변지역에서는, 이질적인 외국문화와 소수민족의 문화요소도 혼합된 토착문화와의 혼돈상태하에 반청민족주의와 기독교 신앙이 결부된 태평천국의 대농민폭동이라는 불길이 치솟아 올랐는데, 그것은 미구에 전국을 향하여 확산되었다.

　청조의 최성기였던 고종(건륭제)시대에도 각지에 농민 폭동사건이 있었다. 세상을 바로잡을 것을 믿는 종교와 결부되었다지만, 기실 만주족 통치에 반대하고 멸망된 명조를 다시 일으키며, 한족의 독립을 도모하겠다는 소망을 간직한 비밀결사가 각 지방에 조직되었다. 그 중에서도 천지회(天地會) 또는 삼합회(三合會) 등으로 불리운 일파는, 광동·광서성에 거주하는 야오족(傜族)이라는 소수민족이 끊임없이 반란을 일으켰던 산간지대에 근거지를 물색하고 있었다.

　광동·광서지방에서 일반한족 주민들로부터도 멸시되고 또 박해받아온 객가(客家, 秦始皇시대 박해를 피하여 關中지방에서 남하하여 산중에 들어가 숨어살던 집단이주자의 자손들)라고 불리우는 주민이 있었다. 객가출신 농민의 실업(失業)인텔리 청년 홍수전(洪秀全)이 고향인 화현(花縣)에서 과거시험을 보기 위하여 성도(省都)인 광주에 왔을 때, 우연히 『권세양언(權世良言)』이라는 복음전도서를 입수하여 읽게된 것이 기연(機緣)이 되어 기독교에 귀의하게 되었다. 네 번이나 과거시험에 떨어진 그는 고향에 돌아가 상제회(上帝會)라는 종교단체를 조직하고, 스스로 하느님 아버지 여호와(Jehóvah)의 아들, 예수 그리스도의 동생으로서, 지상에 내려와 요귀를 베고 세상사람들을 구원하러 왔다고 말하였다. 그는 원래 기독교와 중국고래로 전승되어 오는 대동사상(大同思想)을 결부시켜, 중국의 독자적인 유토피아 사회주의 사회를 묘사했던 것이다.

천하를 나누면 만국(万國)이요, 통합하면 실로 한집안이다.

홍수전(洪秀全, 1813~64)은 1845년부터 47년에 걸쳐 『원도구세훈(原道救世訓)』,『원도성생훈(原道醒生訓)』,『원도각세훈(原道覺世訓)』 등 일련의 문장을 발표하여, 부패된 사회에서 꿈틀거리는 인간군상에게, 새세계의 복음을 선전하였다. 「옛날 요·순·우의 3대에 걸친 성세(聖世)에 생각을 돌려본다면, 당시는 유무상통(有無相通)하여 서로를 동정하고, 환난에 부딪치면 상부상조하며, 대문에는 빗장을 걸지 않고, 길에 떨어진 물건을 줍지 않으며, 남녀는 같은 길을 걸어가지 않고, 또 더없이 덕망이 높은 사람을 추천하여 천자가 되게 하였다. 요·순·우·후직(后稷, 周의 先祖인 齊의 별명)은 어느 분도 자국과 타국, 자국민과 타국인을 갈라놓은 차별 대우해서 나라를 다스리지 않았다. 천하를 나누면 만국(萬國)이지만, 통합하면 기실 한집안일 따름이다」,「하늘이 인류를 낳고, 하늘이 인류를 키우니, 무엇보다 화(和)를 중히 여겨야 한다. 인류는 서로가 서로를 도와 태평성세를 향수하여야 한다」(『원도성생훈』)고 쓰고 있다.

이러한 태평천국에 관한 사료를 청조하에서는 배포가 금지되어 있어서 일반사회에는 남아있지 않지만, 영국선교사가 이것을 본국에 가져갔던 것이, 대영박물관 등에 소장되어 있어서 중화민국이 건국된 후 널리 세계에 소개된 것이다. 우리는 이런 새 사료에 의하여, 태평천국을 탄생시킨 원동력이 되었던 유토피아적 사회주의 이념의 진상을 엿볼 수 있다.

상제회 교도들이 점차 증가하여 미신타파의 첫사업으로, 그들은 먼저 사원묘유(寺院廟宇)의 우상을 파괴함으로써 지주 등 유력자들과 충돌을 일으켰다. 천시당하던 객가(客家)와 광산노동자, 상해(上海)의 개항으로 광동으로부터의 물자수송이 적어진데서 실직당한 수송인부, 게다가 아편전쟁 당시 광동시 근교에 있는 삼원리(三元里)에서 평영단(平英團)을 조직 후 봉기하여, 영군에 반항했다가 격파당한 잔존단원 등의 가입으로, 팽창한 신도들은 1850년, 광동성 동쪽에 있는 산촌 금전(金田)에서, 홍수전을 두령으로 추대하고 반란을 일으켰다. 그들은 그 다음해에 영안현(永安縣)을 빼앗아 거기서 태평천국(太平天國)의 창건을 선언하였다. 여기서 홍수전이 천왕(天王)이 되자, 양수청(楊秀淸)을 동왕(東王), 소조귀(簫朝貴)를 서왕(西王), 위창휘(韋昌輝)를 북왕(北王), 풍운산(馮雲山)을 남왕(南王), 석달개(石達開)를 익왕(翼王)으로 봉하고, 사방에 세력을 확장해 나갔다. 정식 국호는「태평천국」이지만 만주왕조가 백성들에게 변발(辮髮)하도록 강요한데 대한 반항의 의미로, 그리고 교도들의 탈주를 막기 위하여 머리를 길게 기르도록 정했으므로, 청조를 비롯하여 신도 이외의 사람들로부터는 장발족(長髮族) 등으로 불리었고, 서양사람들은 그들을 태평군(太平軍)이라고 불렀다.

태평군은 토벌군(관군)의 포위망은 돌파하고 북상해서 악주(岳州)를 떨어뜨리고, 드디어 호북성의 성도(省都)이며 천하의 요충지인 무창(武昌)을 점령하였다. 종교적인 정열에 불타고, 매우 용감한 교도들이긴 했지만, 군사지식이 없었고 특히 대포와 같은 화기취급법이 서툴렀기 때문에, 두터운 성벽을 둘러치고 대포 등으로 장비된 청군의 성벽을 공략함에 있어 풍운산(남왕)·소조귀(서왕)가 전사하는 등 큰 타격을 받았다. 악주(岳州)를 함락시킬 때, 관군의 대포를 노획한 다음부터는 전법도 개선되었다.

태평군은 수륙양군을 합하여 100만이라는 대군이었는데, 그것은 24개 영(營)으로 조직되었다. 그들은 양자강을 따라 내려가면서 일로 동진(東進)하여 1853년 남경을 함락시키고 그곳을 천경(天京)이라 개칭하여, 태평천국의 수도로 정하였다. 태평군이 이처럼 급속히 성공을 거두게된 원인은 무엇일까. 그것은 청조의 관리·지방호족·지주·고리대금업자 등 국민의 지탄대상을 소위 투쟁대상으로 하였고, 진군도중에는 이르는 곳마다에 조세부(租稅簿)·전답문서·차용증서 등을 불살라 버렸으며, 투쟁대상자의 재산을 몰수하여 그것을 백성들에게 나누어주는 정책을 추진시켰는데, 이로써 많은 농민과 도시의 수공업자, 기타 가난한 사람들을 자기편으로 만들 수 있었다.

이 종교적인 단체에 속하는 사람들은 반란을 일으켰을 당초부터 자기의 토지·가옥·동산을 모두 팔아서 그 현금을 공고(公庫)에 바치고, 의식(衣食)의 지급을 보장받는, 일종의 공동노동에 의한 공동분배의 공산주의적 사회를 형성했던 것이다. 남경을 도성으로 정하자 「천조전무제도(天朝田畝制度)」를 정하여, 근본적으로는 지주의 토지소유권을 부정하고, 경자유전(耕者有田) 원칙에 따라 농민에게 일반적인 생활을 유지할 수 있을 정도의 토지를 분배했다. 노비·창녀 등을 해방하며, 신분제를 폐지하고 남녀평등사회를 만들고자 하였다. 이것은 이 농민폭동이 반봉건적인 혁명성을 나타내는 것이지만, 절대평등주의적인 공산주의는, 원래가 공상적(空想的)이어서 이번에도 현실적으로 그대로 실시하기에는 여러가지 저항이 있어서 불가능하였다. 그러나 도시에서 수공업적인 직인(職人)을 자기편에 끌어들여 그 생산성을 높였고, 상업에 대해서는 자유경영을 인정하며, 또 세금을 가볍게 했기 때문에, 무역이 신장되어 대량의 생사(生絲)와 차(茶)가 태평천국지역에서 수출되었고 아편무역은 한때 소멸되었다.

　양자강 유역에 진출해 있던 영·불·미 등 여러나라에는 이 태평천국의 성공을 인정하여 공사(公使)를 각각 천경(남경)에 파견하여, 그 청년관료의 적극성과 군대규율의 엄정성을 알게 됨으로써, 신흥정권의 앞날에 커다란 희망을 거는 등 호의적인 태도를 취하기로 하였다.

　그러나 남경(천경)에 뿌리를 내린 태평천국의 새 정권 내부에서는, 일찍부터 대립이 생겨났다. 태평군을 실제로 지휘한 사람은, 광서성 산간지대의 객가 출신이며 숯구이었던 양수청(楊秀淸)이다. 그는 별로 지식은 없었지만 비범한 재능을 가졌고, 군기를 엄정하게 유지하였으며, 평등주의 원칙에 입각하여 천국의 제도를 입안했고, 또 이것의 수행에 힘썼다. 그러나 도량이 좁아서 내부 대립의 원인을 만들고 말았다.

　태평천국은 진군의 공만을 서두른 나머지 지금까지 공략·통과해온 후방 경영을 게을리 했다. 양자강 중류에 위치하며 천하의 요충지인 무한(武漢)을 점령하고도 강력한 병력을 두지 않았기 때문에, 곧 청군에게 탈환당하는 실책을 범했다. 새 정권의 기초를 굳건히 하려면, 서쪽에서는 무한지대를 확보하고 동쪽에서는 양자강을 내려가 상해 등의 개항지를 점령함으로써, 외국

무역의 창구를 터놓았어야만 하였다. 나아가 청조를 타도하려면 부대를 북상시켜 북경·천진 등을 공략할 필요가 있었다.

태평군은 북정(北征)·서정(西征)·동정(東征)의 군을 일으켰지만, 그때까지 각지에서 일어난 농민반란군과의 연락을 유지하지 않은 것은, 이 운동을 실패케 하는 큰 원인이 되었다. 특히 북벌의 경우, 태평군은 1853년 안휘성으로부터 북상하여 하남성을 거쳐 수도 북경에 가까운 요충지 천진(天津)을 공격하였지만, 끝내 청군이 사수하는 이 도시를 함락시키지 못하고, 오히려 수공(水攻)을 당하여 패퇴하고 말았다. 게다가 광서·호남출신인 태평군의 패잔한 농민군 부대들은, 화북의 엄동설한이라는 기후에 적응되지 못했고, 남쪽방언이 북방사람들에게 통하지 않았기 때문에, 용감한 전투를 계속하면서도 결국 고립되고 분산된 후 각개격파 당하고 말았다.

천경을 확보하려면 양자강 상류의 무한·구강·안경(安慶), 특히 무한거점을 탈환할 필요가 있었다. 그런데 여기서는 유교정치가인 증국번(曾國藩, 1811~72)이 호남성 상현(湘縣)의 고향출신 농민 의용군인 소위 상군(湘軍)을 이끌고, 태평군에 대항하여 사수하고 있었다. 그러나 태평군의 맹장 석달개(石達開)는 1856년에 끝내 무한을 회복함으로써 상군을 위기에 빠뜨렸다. 이때 남경에서는 양수청(楊秀淸)을 둘러싼 내분이 일어나 석달개가 무한지구를 비우고 급히 남경으로 달려가야 했으므로 무한 3진은 또다시 증국번의 상군의 손에 들어가게 되었고, 이 때문에 북방에 대한 태평군의 전략체제는 근본으로부터 무너져 버리고 이후 태평군은 수세(守勢)로 전락되고 말았다.

남경을 수도로 정한이래 홍수전은 전권을 양수청에게 일임하고 있었으나, 그의 외람되고 분에 넘치는 월권행위가 많았으므로, 위창휘(북왕)를 불러다가 쿠데타를 일으켜 양수청과 그 일당을 몰살시켰다. 귀경하여 이런 사실을 모두 알게된 석달개는, 홍수전의 행동이 지나친데 불만을 품고 끝내 홍수전 일당과 헤어져, 사천성으로 향하여 거기서 독자적으로 활동하게 됨으로써, 태평천국은 크게 분열되었다. 청조는 이런 좋은 기회를 놓칠세라, 정벌군을 진군시켰다. 증국번의 상군은 남쪽으로 내려가 양자강 이북지역을 수복하고 좌종당(左宗棠, 1812~85)과 함께 회수(淮水)지방의 의용군, 즉 회용(淮勇)을 이끌던 이홍장(李鴻章, 1823~1901)은 절강·강소성을 평정하였다. 상해에서는 미국인 워드(Ward)와 영국인 고든(Charles George Gordon, 중국이름 戈登, 1833~85)이 조직한 의용군, 소위 상승군(常勝軍)이 이홍장과 협력하여 소주(蘇州)를 비롯하여 양자강 하류의 델타지대를 완전히 회복하였다.

석달개가 홍수전과 결별한 후, 태평군의 역전의 노장들이 세상을 뜨거나 전사하고, 젊은 충왕 이수성(忠王 李秀成, 1825~64)의 영웅적인 분투로, 몇 년 동안은 천경(남경)도 더 사수되었지만, 태평군은 그 내부가 점차 부패하면서 적극성을 잃어가고 있었다. 이수성이 청군의 포위를 뚫고 별천지를 찾아 다른 곳으로 옮기고자 건의한 방책이, 채택되지 않고 우물쭈물하는 사이에 1864년에 홍수전에 독을 마시고 자살하자, 남경성도 함락되었고 석달개 또한 사천성에서 패배 전사하고 말았다. 약 15년동안 양자강 이남지역을 지배했을 뿐만 아니라 화북지방의 천진(天津)까지 진격하여 전 중국을 진감시킨 태평천국은 여기서 몰락하고 말았다.

충왕(忠王) 이수성(李秀成)

태평천국의 마지막을 장식한 청년장수 이수성(李秀成, 1825~64)의 초상화가, 영국인 린들리(Lindley)의 저서 『태평천국』에 실려있다. 그는 광서성 등현(藤縣)의 빈농 출신으로서, 상제회(上帝會)에 들어가 태평천국운동에 가담하였다. 빈농 출신임에도 불구하고 고귀하게 보이는 용모와 뱃속에 용기를 간직한 매우 침착한 태도는, 그와 접촉한 외국인들로부터도 대단한 존경을 받았다. 이 초상화는 왕관(또는 투구)을 위시하여 서양식 의복으로 성장한 그를 그린 것으로서, 기독교인 태평천국의 한면을 나타내고 있다. 이수성은 홍수전의 어린 자식을 받들고, 청군의 포위망을 뚫고 탈출하려 했으나, 결국 청군의 포로가 되어 처형되고 말았다. 그가 옥중에서 쓴 자서전이 증국번의 손에 들어가서 후일 간행되었다. 최근에 그 원고본이 발견되어 증국번의 손에 의하여 개작된 흔적이 발견되었지만, 태평천국을 아는데 유일한 사료로 되어있다.

태평천국군 반란의 규모는, 중국역사상 농민전쟁 중에서 당대말기 황소(黃巢)의 대란을 능가하는 것이었을 뿐만 아니라, 이 반란은 명확한 혁명의식을 가졌다는 점에서 아주 전례가 없는 일이었다. 중국에서 처음으로 만주이민족의 지배와 전제왕조 체제에 정면으로 대결했고, 농촌에서 지주제를 폐지하고 농민에게 농지를 분배했으며, 남녀평등을 인정하는 획기적인 정책을 실시하였다. 그의 지배는 15년이 안 되는 짧은 기간이었지만, 중국의 민심에 깊은 영향을 주었다. 이로 말미암아 만주의 왕조 권위는 땅에 떨어지고 만주귀족과 관료에 대신하여 한인관료가 대두함으로써 이민족의 지배체제가 크게 흔들렸다.

3. 양무론(洋務論)의 운명 — 동치(同治) 중흥하의 군제개혁

두 차례의 아편전쟁(1840~42, 1856~60)으로 영·불 두 나라의 근대적인 군대의 위력(威力)을 여러가지로 보지 않을 수 없었던 청조는, 또한 두 차례의 전쟁사이를 이용하여 봉기한 태평천국(1851~64) 농민군에 의하여 만주족의 청군과 한족 상비군의 무력성(無力性)을 낱낱이 알아야만 했다. 내외로부터의 시련을 정면으로 받아야만 했던 문종(文宗, 咸豊帝)은, 천진(天津)을 함락시킨 영·불 연합군의 진격에 놀라, 수도 북경을 떠나 열하(熱河)로 도망친 후 거기서 쓸쓸히 세상을 떴다. 문종의 정실인 황후가 낳은 아들이 아니라 비빈의 몸에서 낳은 황자 목종(穆宗, 同治帝, 재위 1862~74)이, 겨우 6세로 북경에서 제위에 올랐다. 선제(문종)의 정실황후인 자안(慈安) 황태후(속칭 東太后, 1837~81. 공동 섭정시 西太后와의 對立으로 그녀에게 독살됐다는 설)와 생모인 자희(玆禧) 황태후(속칭 西太后, 1835~1908, 만주旗人 葉赫郎拉氏 출신. 18세에 입궁. 1862년부터 죽을 때까지 섭정으로 정권을 농단)가 나란히 나이 어린 황제를 보좌하기로 정했지만 성격이 외향적인 서태후가 동태후를 제압하고, 청조가 멸망하기 직전인 1908년까지 47년이라는 장기간에 걸쳐 청조를 지배하게 된다.

청조의 주체를 이루는 만주귀족은 8기군단(八旗軍團)에 분속(分屬)되는데서 기인(旗人)이라고 불리었지만, 이미 북경이라는 도시풍에 물든 군인으로서는, 이제 별로 쓸모가 없어진 것이다. 그대신 태평천국을 평정함에 있어 크게 활약한 상군(湘軍)의 지휘자들인 증국번과 좌종당, 그리고 신예군인 회용(淮勇)이나 안휘성의 의용군을 통솔하던 이홍장이 강남지방의 실력자로 되어 있었다. 중국을 지배하는 만주족의 독재왕조는, 이제 태평천국란 이래 새로 대두한 한족출신 관료군인의 힘을 빌리지 않으면 정권유지가 어렵게 되었다.

태평천국의 농민군과의 싸움에서 공동투쟁한 영·불 연합군의 전력을 직접 목격한 증국번·좌종당·이홍장과 그 막하의 유학자출신 참모들 가운데는, 향토 의용병에게 서양식 총포와 함정으로 장비시키고, 서양식훈련을 실시한다면, 서양의 근대화된 군대에도 능히 대항할 수 있다고 생각하였다. 청조를 구원하려면 우선 군대를 근대화 시켜야만 했다. 서양의 병기와 과학기술을 도입하여 군비를 충실화하려는 개혁론을 그 당시는 「양무론(洋務論)」이라고 불렀다. 양무론은 태평군과의 전투가 아직도 계속되던 목종초기, 즉 동치원년(1862년)부터 다음의 덕종(德宗, 光緖帝) 대인 광서초년(1881년경)에 걸친 약 20년간에 증국본·좌종당·이홍장 등 세 장군에 의하여, 양자강 유역에서 실천에 옮겨졌다. 신무기만이 아니라 이것을 제조할 기계류를 수입하여, 상해·소주를 비롯하여 화중지방 각지에 병기제조창과 조선소 등을 건설했고, 또 영·불 군인을 초빙하여 교관으로 삼아, 이런 무기를 사용하여 회용(淮勇)과 같은 황토의용군에게 서양식 군사훈련을 실시하였다.

이와 같은 양무화의 군대근대화에 시작되는 개혁론의 고조에 대하여, 보수주의 입장에서 만주족의 지배체제를 영속시키고자 이에 압박을 가한 것이 서태후(자희황태후)인데, 그 결과로 신구정치가의 분열과 대립을 가져오게 하여, 청조의 쇠퇴를 촉진시켰다고 오늘날에는 해석되고 있다.

그러나 동치신정(同治新政)의 출발점에서는, 동태후(자안황태후)가 서태후와 병립(竝立)하고 있었으나 서태후의 발언권이 아직 그렇게 강하지가 못했고, 또 중앙에서는 양무에 이해심 가진 만주황족인 공친공(恭親王)이 의정대신(議政大臣)으로서 정권을 장악하고 있었다. 공친왕은 이홍장을 직예총독(直隷總督) 겸 북양대신(北洋大臣)으로 임명하여, 중앙에서 양무추진을 담당케 하였다. 이홍장은 화북지방에서는 최초로 천진(天津)에 병기제조창을 세웠고, 개란(開灤)탄광을 개발하는 동시에 천진·북경간의 철도를 건설했고, 양자강을 항행할 기선회사(招商局)를 창립했는가 하면, 전신·우편사업에도 착수하였고, 다시 각지에서 광산·제철·방적·직포 등의 공장을 설립하였다. 또한 서양의 과학기술을 도입하기 위하여, 먼저 외국어를 교육시킬 필요성으로부터 외국어교습소를 설립하였다.

치세 12년째에 결혼하고 또 겨우 실현된 목종의 친정(親政)도 순식간, 그는 병환으로 급사하였는데, 자식이 아직 없었기 때문에, 서태후는 문종(함풍제)의 동생인 순(醇)친왕의 아들 덕종(德宗, 光緖帝)을 즉위시키고, 두 태후가 또다시 섭정이 되었다. 양무파(洋務派)를 지지 보호하던 동태후가 1887년에 세상을 뜨자, 이적(夷狄)문화를 본받아 근대화 개혁을 추진시키는 정책에 불만이던 보수파는, 서태후의 위세를 빌어, 조정에서 양무파를 일소해 버리려고 하였다.

중국 본토에서 태평천국과 같은 대란에 의한 청조권위의 실추는, 중국변방지대에서 동요를 일으키게 했는데, 이것은 서구열강의 동진세력과 더불어 여러 속국을 청조의 지배로부터 이탈시키게 하였다. 군비의 근대화가 이제 겨우 궤도에 오른 초보단계에서, 내외의 폭풍우를 겪게된 양무파는 곤란한 처지에 놓이고 말았다.

	중 국 (청)	한 국 (조 선)
1838		·서양인 司敎 암베르(范世亨) 한성에 입경

	중　국　(청)	한　국　(조　선)
1839		・암베르 등을 효수, 5가작 통제와 邪學(천주교)단속강화
1840	제1 아편전쟁 시작	・영국선 2척 제주도에서 축우(畜牛) 겁략
1841	영국함대 양자강 침입	
1842	남경조약 『海國圖志』	・『千歲曆』 간행. 『小華外史』
1843	虎門조약	
1845		・영함 세마랑호 남해안 측량. 김대건・페제오르・다부뤼 신부들 상해에서 입국
1846		・김대건신부 邪學죄인으로 처형. 불함 3척 외장고도에 도착致書
1851	태평천국란 시작. 永安 함락	
1853	태평군 南京공략. 天津에 육박	
1854	청군 岳州・武昌 등을 회복	・러시아선 함경도 해안에서 폭행
1855	청군 上海・武昌 등을 수복	・강원도 통천에 표착한 이양인 4명을 청국에 육로로 송환
1856	제2 아편전쟁(애로우호사건)	・베르느神父 서울도착
1857	영불군 광동점령	
1858	大沽포대함락. 天津조약. 청・露愛琿조약. 러시아가 黑龍江州 설치	
1860	영・불군 天津・北京 입성. 북경조약	・영국선 동래에 표착. 영국선 추가도에서 좌초
1861	동・서태후 섭정	・『대동여지도』 외국신부 4명 입국
1862	남・북양대신 서양식훈련, 미・영・불의 상승군 上海의 태평군 격파. 同文館・上海제조소	
1864	태평천국 멸망	・러시아통상 요구. 동학교조 최제우 효수됨
1866		・미선 셔만호사건, 불함 양화진 침입
1868		・독일인이 대원군 아버지묘 도굴시도
1870	天津의 불국성당파괴 天津機械局 완성	
1871	홍콩―상해간 해저케이블 완성	・미군 강화도 광성진 점령. 척화비

	중 국 (청)	한 국 (조 선)
1874	일본 대만정벌	· 강화도연변 포대완성
1875		· 일함 운양호사건
1876	煙臺도약·芝罘조약. 영·불에 기계공학을 배우게 할 유학생 파견	· 武衛所에서 신식무기 제조, 강화조약
1881	伊犁조약	
1882		· 한미수호통상조약. 제물포조약, 임오군란
1883	이홍장 북양대신 제수	· 기기국 설치. 미국에 전권대신 파견
1884	청·불전쟁	· 우정총국 개설과 갑신정변. 영·러·이와 수호조약
1885	청·일 天津조약	· 영함거문고 점령
1886	사대부의 아편흡인 금지	· 한·불, 한·이 수호통상조약
1894	청·일전쟁	· 동학란
1895	청·일 강화(下關)조약	· 민비시해
1896		· 아관파천
1897		· 대한제국
1898	戊戌變法실패. 독·영·노·불 조계지 설정	· 전기·철도·전화사업진행
1899	러시아는 旅大지구, 佛은 광주만조차	
1900	의화단 사건	
1903		· 러시아의 압록강하구(龍岩浦) 점거
1904	러·일전쟁	· 일본 한국상륙. 경부철도 완성
1905	러·일강화조약	· 을사보호조약
1906		· 일본통감부 설치
1907		· 헤그 밀사사건. 한국군 해산
1909		· 이등박문 사살. 일진회 한일합방 건의
1910		· 한일합방
1911	신해혁명	
1912	중화민국 창건	
1914	제1차대전. 일군靑島점령	

변경(邊境)동란의 도화선이 된 것은, 운남성에서 일어난 회교도의 반란이다. 운남성의 회교도는 퍽 오랜 역사를 가졌는데, 그들은 당대(唐代) 또는 원

대(元代)에 이주해 왔다고 하는 바, 회교의 신앙뿐만 아니라 돼지고기의 식용을 철저히 금지하고, 양고기를 상식(常食)하는 풍습 때문에, 일반중국사람들과 융화될 수 없어서 끊임없이 분쟁을 일으켰다. 1855년에 대리(大理)에서 일어난 회교도 반란은, 운남성 전체에 파급하여 운남성 성도(昆明)를 포위하는 세력으로까지 성장하였다. 장기간에 걸친 분쟁은 1872년에 이르러서야 겨우 평정되었지만, 그 영향인 인접한 각 지방에로 확산되었다. 일찍이 중국인들로부터 차별대우를 받았기 때문에, 인접한 소수민족들은 같은 처지의 회교도에게 친근감을 가지고 호응하여 반란을 일으켰다. 그러나 이것도 미구에 평정되었다.

문제는 서북지방에 널리 분포된 회교도에 있었는데 이 지방에서는 러시아의 세력이 진출하여 곤란한 정세를 조성하고 있었다.

4. 서북과 서남방면에서의 실지(失地)

러시아는 1689년에 네르친스크조약이 체결된 후, 얼마동안은 동진(東進)하는 속도를 늦추는 것처럼 보였다. 1727년, 중국은 러시아와 바이칼 호반에서 통상조약을 맺고 외몽골과 시베리아와의 국경을 확정한 다음, 교역장을 설치하였다.

19세기 후반기에 들어서면서 내란과 외환(外患)·외전(外戰)으로 말미암아, 중국 동북(만주)지방에까지 경비의 손이 미치지 못하는 사이에, 러시아의 니콜라이 1세(Nikolai I, 1796~1855)는 동시베리아 총독 무라비예프(Nikoli N. Maraviev, 1809~81)에게 명령하여 시베리아 지방에로의 침략을 재개케하였다. 무라비예프는 1854년, 태평천국란의 혼란기를 이용하여 흑룡강을 내려와, 앞서 포기했던 강북지방을 회복함으로써 1858년에 아이군조약(愛琿條約)을 맺고 흑룡강 이북지역을 러시아영으로 하여 「흑룡강주」를 설치하여, 우수리강 이동, 즉 연해주를 중국과 러시아의 공동관리지역으로 전했다 다시 2년 후에 영·불 연합군이 북경을 함락시키자, 러시아 공사 이그나치예프(Nikolai P. Ignatiev, 1832~1905)는 조정자로서 쌍방간에 화의

(北京條約, 1860년)를 성립시킨 보상으로, 공동관리지역이던, 상기한 바 연해주를 청조로부터 할양받아 완전히 러시아 영토에 편입시키는 것을 승인케 하였다(1860년 이후). 중국(중공)과 구소련과의 동부국경에 관한 1960년대 분쟁의 원인은, 이때에 체결된 바 청나라에 대한 러시아의 불평등조약에서 연유된다.

중앙아시아의 카스피해와 아랄해 북안으로부터 동쪽으로 뻗어, 발하시호에 이르러 몽골과 접하는 대초원지대에는, 준갈부족에게 쫓겼던 키르기스부족이 이주하고 있었다. 북부 키르기스는 대·중·소 3개부로 나뉘어져 있었는데, 준갈부족에 대항하기 위하여 점차 러시아에 복속하고 있었다. 1846년에 러시아는 이 지방에 성새를 구축하여 거점을 설치한 다음, 키르기스를 지배하였고, 또 청국의 서북부와 천산북로의 이리 지방과 국경을 맞대게 되었다. 원래 유목민족인 키르기스 부족은 중국 서북의 인접지대 사이를 끊임없이 이동하였다. 지난날(1960년대) 중·소 서북 국경에 관한 분쟁문제는, 이 변경초원민족의 이동성으로부터 야기된 것 같다.

남부 키르기스 민족의 남쪽에는 히바·보하라·코칸드의 세 칸국(汗國)이 분립되어 있었다. 러시아는 1876년까지, 순차적으로 이 세 칸국을 모두 속국으로 만들었으므로 그 세력은 중국의 서부국경에까지 뻗었다.

이에 대하여 동간족(東干族)이라고 칭하는 중국 신강성의 회교도는, 운남성 회교도의 반한 영향을 받아 일대반란을 일으켰다. 1871년에 러시아군은 이들에 대한 토벌이라는 명목하에 이리 지방에 진주하였다. 청조의 총독인 좌종당(左宗棠)이 1877년, 이 반란을 평정했지만, 러시아는 이리지방에 주저앉아서 철병하지 않았다. 여기서 청조는 사절을 보내어 교섭한 결과, 일단 러시아의 요구조건을 인정하고 사절이 귀국했지만, 청조의 국론이 경화(硬化)되어, 서태후가 이 조약만을 비준하지 않았으므로 두 나라는 국경에 병력을 동원하게 되었다. 이리하여 사태는 개전의 위기로까지 확대되었다. 1881년에 이르러 쌍방이 서로 양보하되, 러시아는 콜고스강으로부터 이동지역을 청국에 반환하고, 청국은 이에 대하여 배상금을 지불하기로 합의를 보았다. 이것이 이리조약이다. 이리조약에 의하여 중국은 서북방면에서 약 200만평

방리(里)의 영토를 상실했는데, 이것도 불평등조약의 하나로 생각되어 한때 중·소 국경분쟁에서 미해결문제로 남아 있었다.

아시아대륙의 오지로부터 오호츠크해 연안에 걸쳐 8,000킬로미터에 달하는 북방, 서방국경에서 제정 러시아의 압박으로 말미암아 그에게 커다란 양보를 하지 않을 수 없었던 청조는, 인도차이나 반도에서의 프랑스와의 교전에서 패배함으로써 또다시 중요한 속국을 내놓지 않으면 안되었다.

인도차이나반도에서는 원씨(阮氏)가 중국에 도움을 얻어 분열된 안남(安南)을 통일시키고, 청조로부터 안남왕으로 봉해져 중국에 대한 조공국, 즉 속국으로 되었다는 것은 앞서도 말하였다. 그 무렵에 인도차이나반도에서는 프랑스의 가톨릭 선교사가 선교활동을 전개했고 또 많은 신자를 획득함으로써, 상당한 잠재세력을 축적하고 있었다. 이 선교사들은 한때 권력투쟁에서 패배한 후 샴국으로 도망쳤던 원씨의 분파인 원복영(阮福映)을 후원하여, 그로하여금 자기 힘으로 오히려 원씨의 종가가 세운 안남국을 멸하고, 청조의 허가를 얻어 월남국(越南國)을 세우게 했다(1802년). 원복영이 사망하자 그의 후계자는 공약을 저버리고, 프랑스와의 통상을 방해했을 뿐만 아니라 기독교 선교사에게 박해를 가하여 국외로 추방하였다. 선교사들의 고발로 프랑스 황제 나폴레옹 3세가 원정군을 파견하여 사이공을 함락시키자, 원씨는 남부의 3개주를 프랑스에 할양하는 조건으로 프랑스와 화평조약을 맺었다. 당시 프랑스의 최종목표지역은 중국의 운남성이었는데, 거기에 이르는 진로로서 프랑스는 북부베트남 홍하(紅河)수로의 항해권을 월남에게 요구하였다. 월남국이 이것을 거절하자, 프랑스군은 북베트남의 하노이(河內)를 점령하였다. 그때 마침 유영복(劉永福)이 통솔하던 태평군의 잔존군이 청군의 토벌을 피하여 청국과 월남의 국경지대를 점거하고 스스로 흑기군(黑旗軍)이라고 칭하였다. 월남왕은 흑기군의 힘을 빌어 프랑스군과 하노이에서 격전을 벌였다. 이 저항에 애먹은 프랑스군은 흑기군과의 전투를 피하여 남전(南轉)해서 월남의 수도 위예(順化府)를 점령함으로써 월남 정부와의 사이에 조약을 맺어, 동킹(東京)지방을 프랑스에게 할양시켰고, 후일에는 다시 월남국을 프랑스의 보호국으로 만들었는데, 프랑스는 자기의 허가 없이는 외국과 일체 외교관계를 맺지 못하도록 약속시켰다(1883년).

중국은 원래 중국의 속국이던 월남을 프랑스가 보호국으로 만든데 대하여 엄중히 항의했지만, 프랑스는 굳게 이것을 거부했을 뿐만 아니라 청국에 대하여 안남영내로부터의 청군의 철퇴를 요구하였다.

중국측으로 말한다면, 청조로서는 체면과 위신을 위해 명의상으로나마 월남에 대한 종주권을 행사할 권리를 보유하고 싶었다. 한편 프랑스측으로서는 보다 실질적으로 베트남을 지배하고 또 운남성에로의 교통상 장해가 되는 유영복군의 철퇴를 요구했고, 만일 그것이 불가능하면, 본격적으로 이들을 공격하는 자유를 얻고 싶었다. 교섭이 계속되는 과정에서 청국 조정 내에서도, 또 프랑스 정부에서도 똑같이 여론이 강온(强穩)양파로 분열하여 타협이 불가능하게 되었다. 이리하여 1884년에 이르러 청·불사이에 정면으로 전쟁이 개시되었다.

흑기군은 서전에서 프랑스군을 격파했지만 프랑스 해군의 북상에 의한 전면전쟁에로의 발전을 우려한 이홍장(李鴻章) 등에 의하여, 더 이상의 대불 공격전이 제지됨으로써 전쟁은 확대되지 않았다. 그러는 사이에 프랑스함대가 중국본토 연안을 북상하여, 대만의 지룽(基陸)포대를 공격하고, 다시 복건성의 마미만(馬尾灣)에 들어가 전면개전의 의사가 없는 북경정부를 스스러워하여 전투 준비에 태만해 있던 청나라의 복건함대를 기습하여 전멸시켰다.

육전(陸戰)에서는 흑기군의 분투에 더하여 국경의 진남관(鎭南關)을 사수하던 청군이 주전론에 밀려 서태후(西太后)가 선전포고(宣戰布告)에 관한 조칙을 내렸지만, 철두철미 전쟁을 수행할 결심이 결여되어 있었으므로 이홍장 등의 화평론이 우세케 되었고, 프랑스도 원정군(遠征軍) 파송에 대한 반대론이 일어남으로써 여기에 휴전협정이 성립되어, 쌍방이 철병하기로 합의하였다. 다음 해인 1885년에 화의가 성립되어, 프랑스는 전쟁배상금의 요구를 철회했고, 청국은 월남에 대한 종주권을 포기함으로써 프랑스가 북부 베트남의 동킹(東京)지방을 점령하는 것을 승인하였다.

프랑스가 안남(安南)을 식민지화하는데 주력하고 있을 때, 영국은 이웃나라인 미얀마(緬甸)에 대한 식민지화를 추진시키고 있었다. 프랑스가 중국의

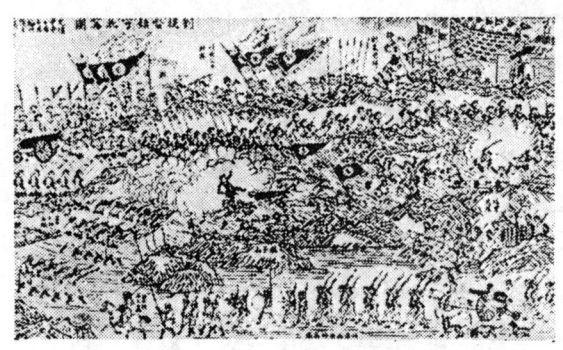

흑기군(黑旗軍)의 운명

유영복(劉永福)이 통솔하는 태평군(太平軍)의 잔존부대는 역전의 용사들로서 운남지방의 농민군 및 월남현지의 의용군과 서로 협동하여 잘 싸움으로써, 번번히 프랑스군을 괴롭혔다. 청조는 운남지방의 농민군이 크게 힘을 얻어, 반만적(反滿的)인 내란으로 전향할 것을 염려하여, 흑기군(黑旗軍)의 해체를 희망한 것이 아닌가 하는 말까지 나왔다. 태평천국란 때는 태평군으로서 청조의 관군과 싸웠으나, 프랑스군과의 싸움에서는 청군의 지원을 받았고, 심지어 청군장군에 임명되었던 유영복은, 흑기군에 대한 탄약보급을 정지 당하고 또 청조로부터 9회에 걸쳐 내려진 조서(詔書)에 따라, 프랑스군과의 싸움을 중지하고, 청국 경내로 철수하지 않을 수 없었다. 유영복에게는 처음에 2,500명의 군대를 대동하고 청경(淸境) 안으로 들어오는 것이 허용되었지만, 막상 입국하려하니 약속은 파기되어 그 절반의 인원수에게만 입국을 허용하겠다고 하였으나, 그것도 또 삭감되어 최종적으로는 겨우 300명만의 입국이 허용되었다. 이로써 흑기군은 거의 해체되고 말았다.

그림은 1884년에 북녕성(北寧城)을 지키던 흑기군이, 산속에서 게릴라식의 반격을 가하고 있는 모습이다. 청일전쟁으로 대만이 일본에 할양되자, 유영복은 거기에 잠입하여 반일게릴라전을 전개하여 상당한 성공을 거두었으나, 최종적으로는 본국으로 도망치는 처지가 되었다고 한다.

속국이던 안남을 자기수중에 넣자, 영국 또한 미얀마를 침탈한 것이다. 원래 미얀마국도 고종(건륭제) 시대부터 청국의 속국으로 되어 있었는데, 여기에 이웃한 인도와 말래카에 영국이 진출함으로써, 청·영 사이에 분쟁문제가 일어나기 쉬운 상태가 조성된 것이다. 1824년에 영국은 미얀마에 군대를 보내어 청군과의 전투에서 대승을 거두자 영토할양을 요구하였다. 미얀마백성이 대영감정이 악화되어 여러 번 배영(排英)사건이 일어난 결과, 영국의 인도 주재 총독은 미얀마에 싸움을 걸어, 이라와디강 남쪽 델타지대를 영국의 영토를 빼앗았다. 미얀마는 프랑스와 비밀공수동맹을 맺고 그 대상(代償)으로서 프랑스에게 메콘강 동안(東岸)을 양도할 것을 약속하였다(1884년). 영국은 이 사실을 탐지하고 미얀마에 군대를 파견하여 위협했으므로, 청나라와 미얀마도 이에 굴복하였다. 여기서 청·영간에 협정이 성립되어, 영국은 미얀마에 대한 청의 보호권을 인정하는 동시에, 청은 미얀마에 대한 영국의 권익을 인정하는데 상호간의 양해가 성립된 것이다.

안남과 미얀마의 양국사이에 끼인 샴국은, 명대부터 청대에 걸쳐 중국의 속국으로 있었다. 이제 영·불 두 나라 세력권 사이에 끼게된 샴은, 1893년에 영·불과 협약을 맺고, 영·불로부터 샴국이 청과의 주종관계(主宗關係)를 청산하고 독립을 유지하는 것을 승인 및 보장받았다. 이로써 동남아시아 대륙에서 청의 속국들은 모두 청의 지배로부터 벗어나게 되었는데 이로써 이 방면에서의 청의 세력권은 붕괴되고 말았다.

5. 분할의 위기 — 청·일 전쟁과 그 결과

청·불전쟁에서의 청군의 패배는 청조의 중앙관계(中央官界)에도 큰 영향을 주었다. 특히 서구열강과의 외교담당부서인 총리아문(總理衙門)이 책임자이던 공친왕(恭親王)은 서태후(西太后)로부터 청·불 전쟁의 실패 책임을 문책당하여 사직하지 않을 수 없었다. 청국조정이 국제관계에 관하여 지식이 많지 않았던 보수적인 만주족 출신 대신들 중에서, 유일하게 양무(洋務)의 중요성을 이해하고 있던 공친왕을 잃었다는 것은, 무책임하고 감정적인 대외강경론만을 활개치게 함으로써 외교정책을 더욱 경직화시키는 결과를 낳게 하였다. 이에 대하여 오직 천진(天津)에 있는 직예총독(直隸總督) 겸 북양대신(北洋大臣) 이홍장(李鴻章)의 관청(衙門)만은 유능한 양무파 한족출신 관료들이 모여 있어서 현실적인 외교노선을 추구하고 있었다.

남쪽 변경에서 프랑스 때문에 속국의 이탈을 가져오게 한 청조는, 한반도에서도 신흥 일본과의 사이에 똑같은 과정을 반복 경험하게 되었다. 여기서도 문제가 된 것은 청조가 실질적으로 독립국인 조선에게, 속국에 대한 명의적인 종주권을 현실적으로 행사하려고 한데서 청·일전쟁을 일어나게 했고, 또 이 전쟁의 결과로 한반도에서 물러나야만 했을 뿐만 아니라 자기의 종이호랑이성을 노출시켜 열강에 의한 종국의 반식민지화의 위기를 자초한 점이다.

청·일간의 속국에 대한 종주권다툼은 먼저 유구열도(流球列島, 오끼나와섬 중심)에 대하여 일어났다. 오끼나와(沖繩)는 명조에 대하여 조공을 바치기 시작한 이래 그의 속국으로 되어 있었다. 1609년에 시마즈번(島津藩)이 원정군을 파견하여 국왕으로 하여금 도꾸가와막부(德川幕府)에 입조(入朝)케 한 이래, 유구열도는 다른 한편으로는 생존을 위하여 명과의 조공관계를 유지하면서 2중 예속관계에 있었으나 실질적으로는 일본의 속국으로 되어있었다. 명치유신(明治維新, 1868년)후에 대만에 표착한 오끼나와 어민이 토착의 생번(生蕃), 즉 고사족(高砂族)에게 붙잡혀서 살해된 일이 있었다. 일본정부가 청조에 대하여 이 사건을 문책하자, 북경당국은 고사족이란 화외(化外)의 속민(屬民)이기 때문에, 그 책임을 질 수 없다고 회피하였다. 이에 대하여 일본은 자유로이 정벌군을 파견할 것을 선언한 다음, 군대를 대만에 보내어 생번을 공격했고 사건이 끝난 뒤에도 철병시키지 않았다. 결국 청나라로부터 배상금과의 교환조건으로 일본군은 철병했는데, 이것이 청조로 하여금 오끼나와와 유구열도가 일본 영토임을 사실상 인정하게 하는 것이었다. 이때부터 일본정부는 유구왕가(琉球王家)를 폐지하고 오끼나와현(沖繩縣)으로 만들었다.

청나라는 오끼나와에 대해서도, 자국의 종주권을 그리 쉽게 포기하지 않았다. 한편 조선왕조는, 제7대 황제인 인종(가경황제) 때부터 청조의 제왕(諸王) 책봉을 받아 속국화되어 있었다. 18세기 말부터 프랑스를 비롯하여 외국의 선교사가 조선국에도 입국하여 기독교 포교에 힘쓰고 있었는데, 조선은 26대왕 고종(高宗, 李熙 아명은 命福) 초기에 국정을 담당하던 고종의 생부 대원군(흥선군, 李昰應, 1820~98)이, 기독교를 사학(邪學)이라 하여 엄금하고 선교사를 박해하였다. 프랑스를 비롯하여 영·미 등은 동아시아에서 아직도 쇄국정책을 고집하는 유일한 나라인 조선에 대하여, 배외사건을 구실로 종주국인 청국에게 조선에서의 통상·포교자유의 요구를 제기했으나, 청조는 조선이 독립국임을 내세워서 상대하지 않았다.

때마침 일본군함(雲揚號)이 불법으로 황해도 초지진(草芝鎭) 앞바다에 나타났을 때, 포격을 받는 사건이 일어났다. 일본은 이 사건을 해결하기 위해 조선정부와의 담판을 진행시킨 결과 1876년 2월, 강화도에서 수호조약(丙子條約, 江華條約)을 맺고, 조선국은 독립국으로서 이후 일본과 대등하게 교통관계를 가지며, 부산외에 인천·원산의 2개항을 개항하면서 일본과 통상조약을 체결할 것을 약속 받았다. 이러한 소식을 전해들은 미·영·불·독의 여러 나라도 이를 본받아(1882년 이후) 조선과 통상조약을 맺게 되었다.

조선 국내에서는 쇄국주의를 취하려는 보수적인 배외파(拜外派)와, 일본을 표본으로 독립개국을 추진시키려는 개화파(開化派)로 국론이 양분되어 있었다. 배외파의 주체는 국왕이 친정(親政)으로 권력을 장악한 민씨 일족이고, 개화파는 대원군을 앞세워 일본세력을 등에 업은 김옥균·박영효 등 일파인데, 이들은 1884년 10월, 쿠데타를 일으켰으나 실패하였다(갑신정변). 이 사건이 원인이 되어 청과 일본은 서울주재 각기 공사관에 자기나라 수비병을 주둔시키게 되었다. 이와 함께 양파의 암투는 청·일 두 나라의 투쟁으로 발전하게 되었는 바, 많은 수의 청병이 일본 수비병을 압도하게 되자 일본공사관을 방화한 사건이 또 일어났다.

1885년에 일본은 이등박문(伊藤博文)을 청나라에 파견하여, 청국의 전권대신 이홍장과 교섭을 벌여 한반도에서의 분쟁을 피하기 위하여, 청·일의 조선주둔을 서로 철수시키며, 이후 조선국에 군대를 파견할 때는 상호 사전통고할 것을 약속하였다. 이것이 천진조약(天津條約)이다. 이 조약은 당시 청·불 전쟁에서의 패전처리를 강요당하고 있던 청조로서는 본의가 아니면서도 조인하지 않을 수 없었던 것이지만, 이로써 한반도에서의 청·일양국간의 긴장은 일시 완화되었다.

이홍장은 청·불 전쟁의 교훈에 따라서 해군력 증강에 역점을 두었으나, 군사적 지식의 빈곤성도 한 원인이 되어 시대에 뒤떨어진 군함을 구입했기 때문에, 함대로서의 조직력·전투력이 결여된 것을 편성하였다. 북양과 남양의 두 함대 가운데서, 북양함대가 겨우 완성되어 수도지역인 경진지방(北京―天津지역)을 둘러싸고 있는 발해만에 대한 해상방어태세가 어느 정도 갖추어졌을 때, 노년에 이른 서태후(西太后)의 강력한 희망에 따라 별궁인 이화원(頤和園, 소위 万壽山) 조영을 위해 3,000만량이라는 거금이 낭비됨으로써, 남양함대는 불안전편성 그대로의 상태에서 청·일전쟁에 돌입하지 않을 수 없었다. 앞서 말한 것처럼, 양무운동은 태평천국란의 평정 과정에서 일부 선각한인(先覺漢人) 지도자들에 의하여 시행된 군사전략 개념이다. 1862년, 목종(穆宗)의 등극과 더불어 시작된 바, 동치중흥(同治中興)으로 불리우는 새 정치는 양무운동을 통하여 청나라의 부국강병을 도모하려는 것이었지만, 그것은 비능률적인 청조제도와 관리의 부패, 청·불 전쟁의 패배라는 내외의 제요인 때문에 소기의 목적을 달성하지도 못한 사이에, 청조는 또다시 청·일 전쟁의 시련을 겪었던 것이다.

평온한 것으로 보였던 한반도에 제정러시아의 새로운 압력이 가해졌다. 1858년, 아이군(愛琿)조약을 맺은 러시아는, 곧 연해주의 블라디보스톡에 군항을 건설하고 이곳과 본국을 연결시키기 위하여 1891년에 시베리아 철도를 부설하기 시작하였다. 동방에서 부동항(不凍港)을 찾고 있던 러시아는 더 나아가 만주와 한반도에의 진출을 꾀했는데, 여기서 한반도는 청·일·노 3개국의 이해관계가 뒤얽힌, 이른바 아시아의 발칸반도로 비유되는 위험지대로 되었다.

1894년 1월, 한반도에서 동학당의 농민반란이 일어났다. 기독교·불교·도교에 조선고유의 신앙이 혼합된 민간 신흥종교인 천도교를 믿는 사람들의 반란이지만, 중국의 태평천국란에 비하면 역성혁명(易性革命)이나, 이민족정권타도와 같은 혁명적 의식이 있어서 일어난 것이 아니라, 주된 원인은 지방관리의 탐학(貪虐)을 배제하기 위한 것이었다. 이것은 일본인·서양인을 추방한다는 점에서는 배외민족주의적·종교주의적 색채가 표출되었지만, 중국사람에 대해서만은 친선적이었다. 그리고 서울에 올라가서 썩어빠진 정계를 숙정하려고 한 점에서는 반봉건적이었다.

조선조는 이 반란진압에 애태우다가 청조에서 파병해 주기를 요청하였다. 동년 4월, 청조는 천진조약에 따라 일본에 대하여 「속국인 조선의 요청으로 한반도에 군대를 파견한다고 통고했다. 일본 외무성은 청국이 조선을 속국으로 보는데 대해서는 반대한다는 입장을 표명하는 한편, 일본 거류민의 안전을 보호한다는 구실하에 육군혼성부대 1개여단을 서울에 파송하였다. 동학난은 미구에 진압되었지만 2,500명의 청국파견병이 동학당을 평정하기 위하여 남하하여 아산에 주둔하고 있는 것을 견제하기 위하여, 이것에 배나되는 많은 일본군이 서울부근에 진주함으로써 청군의 퇴로를 차단하는 형세가 되었다. 따라서 일본군은 청군에 대하여 압도적으로 우세했다. 처음에 러시아와 영국의 후원을 믿었고, 또 일본국회에서 반대세력에게 괴로움을 겪고 있던 이또오(伊藤博文)내각을 과소평가하고, 한반도에 파병한 청의 북양대신 이홍장은 일본의 뜻밖의 강경한 태도에 놀랐는데, 그는 문제해결에서 러시아와 영국의 간섭만 크게 기대를 걸고 있었다.

동학당의 농민운동이 얼마간 조용해지면서, 군대를 그대로 주둔시키는 이유 붙이기가 곤란해진 일본은, 청국과 공동으로 조선의 개혁을 단행하여 동란의 화근을 없애고자 청국에 제의함으로써, 주군(駐軍) 이유의 출구를 찾으려고 했다. 그러나 이것은 받아들여지지 않았다. 이때도 서울에 정계에서는 청조에 의지하려는 보수파와 일본에 의지하려는 개화파 사이의 암투가 그치지 않음으로써 불안은 더욱더 증대되기만 했다. 일본은 거물급 정치가를 파견하여 조선의 왕실과 친일파 정치인을 위협·회유·조종하여 세력을 부식하려 했고, 이홍장은 한편으로는 조선의 보수파 세력을 조종하고, 다른 한편으로는 영국·러시아로 하여금 일본군의 철수를 종용케 하였다. 일본 정부는 7월 22일, 소위 속국을 보호한다는 명목으로 조선에 군대를 주둔시킨다는 것은 조선의 독립을 침해하는 것이므로, 청군을 국외로 추방시켜야 한다는 최후통첩을 조선정부에 보내왔다. 이에 대한 대답이 애매모호하다는 트집을 잡아, 일본 육군은 자기 힘으로 청군을 배제하겠다고 선언한 다음, 곧 군사행동을 개시하였다. 그들은 맨먼저 아산의 청군을 공격하여 대패시켰고, 해군은 증원군을 호송해온 청나라 함대를 풍도 앞바다에서 격파하였다. 서방열강이 대국인 청나라에 대하여 예상밖의 힘을 가진 일본의 서전에서의 승리에 놀란 나머지 방관적인 태도를 취하고 있는 사이에, 일본 육군은 평양에서 청군을 격파한 다음, 퇴각하는 청군을 뒤쫓아 압록강을 건너 파죽지세로 만주로 진격하여 구련성(九連城)·봉황성(鳳凰城)을 지나 여대지구(旅大<旅順·大連>地區)까지 점령했고, 해군은 황해해전에서 북양함대를 대파했다. 그러자 육군이 산동반도에 상륙하여 위해위(威海衛) 군항을 점령함으로써 북양함대의 항복을 받았다.

사태가 여기에 이르자 청조는 하는 수없이 이홍장을 전권대사로 파견하여, 일본의 이또오(伊藤博文)와 시모노세끼(下關)에서 강화조약을 맺고(1895년 4월), 조선이 독립국임을 확인하는 동시에, 요동반도와 대만을 일본에 할양하며, 2억량을 전쟁배상금으로 지불한다는 조약문에 서명하였다. 일본의 승리에 놀란 열강은, 일본의 대륙진출을 질시하고 또 불안감을 가지게 되었다.

이홍장은 일찍이 러시아에 대하여 상당한 공작을 추진시켰던 바, 강화조약이 성립되자 러시아는 프랑스·독일과 공모하여(3국간섭), 일본의 요동반도 영유는 동아시아의 평화를 방해하는 것이므로, 이것을 포기하라고 일본에 권고하였다. 일본은 이런 압력에 대항할 수 없음을 알고 이 권고에 따라 요동반도를 반환하고, 그 대가로 3,000만량을 더 받기로 하였다. 한편 일본은 새로 일본영토로 된 대만에 육군병력을 파송하고 저항하던 청나라의 유영복(劉永福)군과 고사족(高砂族) 등을 배제하면서 지배체제를 갖추어 나갔다.

청국은 3국간섭으로 요동반도를 회복함으로써 청·일 전쟁의 패배에서 받은 상처의 일부를 치유해 나가는 것처럼 보였지만, 결국 오히려 서방열강의 진출을 불러들여, 그 상처를 더욱 깊게 하는 결과를 만들었다. 러시아의 강요로 니콜라이 2세(Nikolai Ⅱ, 1868~1918) 대관식에 청국정부 대표로 초청되어 모스크바를 방문한 이홍장은, 러시아에 매수되어 청·러 비밀협약을 맺었다. 그 내용인 즉, 일본이 중국대륙과 한반도를 침략할 때는 양국이 육해군을 파견하여 상호원조할 것, 그 대가로 청은 러시아에게 흑룡강성·길림성을 통하여 블라디보스톡을 연결하는 북청철도의 부설을 승인하며, 청국은 여순·대련을 결코 다른 나라에 할양하지 않는다는 것 등을 약속한 것이라고 한다. 이홍장은 이로써 일본에 대하여 독립국임을 승인한 조선에 대한 발언권을 회복하고, 러시아와의 친교를 돈독히 함으로써 청의 안전을 보장받을 수 있다고 생각한 것이다.

청일전쟁이 일어나기 전에, 구미 자본주의 열강은 청국에 대하여 개항을 늘리면 자본을 더 제공하고 공장·철도를 건설하겠다고 제의하였지만, 언제나 거절당해 왔다. 여기서 제국주의 나라들 가운데서 맨먼저 3국간섭의 은혜를 팔아넘긴 러시아·독일·프랑스가 청조에 다시 압력을 넣기 시작했다.

프랑스는 청국에 대하여 메콘강 유역의 일부를 할양시켜서 운남성에 새로운 개항장을 열며, 광산의 우선채굴권을 부여하고, 또 안남철도를 광서성 용주(龍州)까지 연장시키는 권리를 인정하게 하였다. 영국은 1895년의 청·불조약으로 청국남부에서 프랑스가 얻었던 것과 똑같은 평등의 이익권리를 영국도 향수해야 한다는 최혜국조항을 가지고 청국과 교섭하여, 끝내 이것에 해당하는 새 이권을 획득하였다. 독일은 천진(天津) 개항지에서 조계지를 얻었을 뿐이므로, 1897년에 함대를 산동성 교주만(膠州灣)에 출동시켜, 산동성 오지에서 독일 선교사가 살해된 사건을 구실삼아 청조에 강요하여, 교주만을 조차하고 또 산동성 내에서의 채광권과 산동철도의 부설권을 따냈다.

러시아는 이에 대항하기 위하여 중국으로부터 여순·대련지구를 조차했고, 동청(東淸) 철도, 그리고 대련(大連)을 연결하는 남만주철도 등의 부설권을 얻었다. 영국은 이에 편승하여 청조로 하여금 위해위군항과 영국령 홍콩의 대안인 구룡반도(九龍半島)를 조차하는 것을 안정케 하였고, 프랑스는 다시 광주만(廣州灣)을 조차했고, 동킹(東京) 경계선으로부터 운남성으로 통하는 철도를 부설하는 등, 광동·광서·운남 3개성과 해남도를 다른 나라에 할양하지 않는다는 등의 내용을 청국에게 동의시켰다. 이런 일들과 병행하여 열강은 일본에의 거액의 배상금지불에 고민하는 청나라에 돈을 빌려주고 그대신 새로운 철도부설권과 광산 채굴에 착수하였다. 열강 가운데서 가장 뒤늦게 동아시아지역 이권경쟁에 뛰어든 미국은, 청조에 대한 영토적 야심은 없고, 다만 열강에 대하여 간섭하지 않는 대신 새로 손에 놓은 항구에서의 입항세(入港稅)와 철도운임에 대하여 자국도 평등한 혜택을 받을 수 있어야 한다는, 중국문화 개방에 관한 선언을 열강으로 하여금 인정하게 하였을 따름이다.

청조는 위에서 본 것처럼 3국간섭으로 일본으로부터 반환된 요동반도 남부(旅大地區)에 대한 조차권을 고스란히 러시아에게 부여하고도 하등의 반대급부를 받지 못했을 뿐만 아니라, 열강에게 중요 항만의 조차권과 철도 부설권을 부여하는 매우 큰 손실을 보았다. 서태후·이홍장이 일본을 억제하기 위하여 이이제이(以夷制夷)라는 전통적인 외교정책에 의하여 러시아·프랑스 등에 원조를 요청했던 탓으로, 이와 같은 중국의 분할·식민지화라는 전면적인 위기를 자초하기에 이른 것이다.

3국간섭, 특히 이것을 주창한 러시아의 강압에 대하여 일본국민 사이에는 내셔널리즘이 급속도로 고조되었다. 일부 국수주의자들은 상대가 비록 세계의 대육군국이라 해도, 일전(一戰)을 불사(不辭)한다고 하였다. 이리하여 러시아 등에 대항하기 위하여 관리는 봉급의 일부를 자발적으로 헌납하여 군함건조비에 충당하게 하는 등 군비확장에 전력을 경주하였다. 일본은 자기의 우위성과 권익을 계속 확보하기 위하여, 러시아의 한반도에 대한 위협을 제거하고 러시아에게 탈취당한 요동반도의 조차권 등을 탈환코자 중국 대륙 진출 의욕을 불태우기에 이르렀다.

6. 무술변법(戊戌變法)의 좌절로부터 혁명에로
― 의화단(義和團) 애국운동을 사이에 두고

1840년의 아편전쟁으로부터 1894년의 청·일 전쟁에 이르기까지의 약 반세기는, 서구의 자본주의 열강이 아직 자본주의가 성장하지 못했던 청나라를 개항케하고, 세관을 지배하여 낮은 관세로서 자본주의 공업제품을 대량으로 팔아먹을 수 있는 상품시장으로 전락시키는 기초공작이 진행된 시대였다. 19세기 말은 세계의 자본주의가 이른바 자본주의 시대에 이미 접어든 시기로서, 열강은 중국에 자본과 상품을 수출하고, 중국에서 공장을 설립운영하며, 광산을 개발하고, 철도를 건설한 이권을 요구하여 열강이 멋대로 자기들의 세력범위를 협정하고, 중국 본토의 분할을 도모하려는 단계에 들어가 있었다. 청·일 전쟁 후의 3국간섭에 대한 보상으로서 열강이 해항재대(海港地帶)에 조차지를 획득한 것은, 중국국민들로 하여금 중국이 제국주의 열강에 의하여 분할식민지화될 것이라는 심각한 위기감을 가지게 하였다.

이런 위기 하에 강유위(康有爲, 1858~1927)와 손문(孫文, 자는 逸仙, 호는 中山, 1866~1925) 등, 새로운 두 인물이 중국에서도 서양문화에 가장 빨리 접촉하였고, 아편전쟁에서 서양무력의 압박을 절실히 체험한 광동(廣東) 지방에서 모두 태어났다. 그들은 똑같이 외국의 자극을 받았지만, 출신가정과 받은 교육의 차이로부터 전자(강유위)는 청조주도하의 개혁으로 정권을 유지하려는 개량주의, 후자(손문)는 청조를 타도하려는 혁명주의라는 서로 다른 개혁의 두 가지 길을 걷게 되었다. 먼저 역사무대에 등장하여 영웅이 된 사람은 손문보다 나이가 많은 강유위였다.

청·일 전쟁에서 중국은, 그때까지 동양의 조그마한 섬나라로 가볍게 보아왔던 일본에게 육해전에서 모두 비참한 패배를 맛보았다. 그 원인에 대하여 반성하면서 식자들 사이에서는, 서태후를 둘러싼 청조궁정의 낭비로 말미암아, 양무운동에 의한 군대근대화에 필요한 군사비가 삭감된데 대한 비판이 일어났다. 대포와 군함이 십분 자기기능을 발휘하지 못했던 것은, 이미 대포·군함만의 문제가 아니라, 청조의 부패된 낡은 제도때문이었으므로 이런 폐해를 제거하기 위해서는 정치적·문화적인 개혁이 선결문제임을 알게 되었다.

1895년에 이홍장이 일본과 강화조약(下關條約)을 맺고 요동반도와 대만을 일본에게 할양하는 굴욕적인 조약에 도장을 찍은데 대하여, 중국국민은 대단한 충격을 받았다. 그 무렵에 북경에서 있는 회시(會試, 과거시험)를 보기 위하여 상경했던 강유위는, 역시 과거를 보기 위해 모인 각성의 수험생들에게 호소하여, 강화조약을 반대하고 일본에 철저히 항전하기 위하여 수도를 오지(奧地)로 옮기며, 과거제도를 비롯하여 청국의 낡은 행정조직을 개혁해야 한다는 탄원서를, 1,300명의 수험생 연명으로 황제에게 올렸다. 이것은 군주독재의 과거제도사상 일찍이 없었던 사건이다. 이때 강유위는 진사(進

士)에 합격하여 공부참사(工部参事)에 임명되었다. 당시 광서제(光緖帝, 덕종)는 그가 매우 신임하던 대신 옹동화(翁同和)를 통하여 강유위의 탄원서를 읽어보고, 그 취지에 전적으로 동감한 나머지 그의 의견에 따라 개혁을 단행하려고 하였다.

1886년이래 서태후는 은퇴하여 광서제(덕종)의 친정시대가 되어 있었지만, 서태후의 권위는 아직도 절대적이어서, 그녀의 섭정이 사실상 계속되고 있던 터이므로, 보수적인 서태후의 의사에 거슬러 새 정책을 추진하기란 어려웠다. 궁중의 대신으로서 오직 한 사람의 동조자인 옹동화가 서태후의 뜻을 받은 대신들의 책동으로 신정(新政)이 출발하기 직전에 대신의 반열에서 제외되었으므로 황제가 아무리 강유위를 지지한다 해도, 그 정책을 시행하기란 매우 곤란해 졌다. 그러나 어쨌든 1898년 6월 11일, 신정의 기본을 천명한 조칙이 발포되어 개혁은 시작되었다.

대신들 중에서 믿을만한 이해자를 획득하지 못한 고립된 황제는 중앙의 여러 행정관료는 물론 지방장관에서 일반 사대부와 백성에 이르기까지 누구나 개혁에 관한 의견서를 제출하는 것을 허용하였고, 소관관리는 그런 의견서를 봉인한 그대로 황제에게 직접 가져오라는 엄명을 받았다. 이것은 광서제(光緖帝)로서는 부득이하게 취한 조치였지만, 정치에 국민여론을 반영시키는 서구 민주주의 사상의 영향을 받은 한가지 모범이기도 하였다.

강유위에게 동조하는 민간학자 양계초(梁啓超, 자는 卓如. 1873∼1930)·담사동(譚嗣同, 1866∼98) 등도 관리에 임용되었다. 이런 학자들은 강학회(强學會, 북경·상해), 남학회(南學會, 호암) 등의 단체를 조직하고 개혁사상을 고취하며, 또 신문·잡지를 발행하여 세상사람들에게 널리 알렸다. 문재(文才)에 뛰어난 양계초는 이런 재주를 가지고 저널리스트로서의 활약을 계속하였다. 조정이나 궁중에서는 전혀 인기가 없는 개혁론, 즉 변법운동(變法運動)은 사회속에 상당히 넓게 보급되었는데, 이때부터 청나라에도 신문잡지가 지식인의 여론조성기관으로서의 기초를 이루게 되었다.

개혁의 주요한 골자는 우선 유교의 4서(대학·중용·논어·맹자)에 대한 암기력과 작문능력을 테스트하는 방식의 과거시험제도를 바꾸어, 시사문제에 대하여 의견을 개진하는 책론(策論)을 첨가하도록 한다는 것이다. 이를 위하여 경제특파(經濟特科)를 설치하되, 중앙과 지방의 장관·학관(學官) 등에게 해당되는 자격자들을 추천시켜 그들을 모아놓고 시험을 보게 하려고 하였다.

다음으로 각성부현(各省府縣) 등의 유교적 교육기관이던 서원(書院)을, 중국학과 서양학을 겸하여 배울 수 있는 학교로 개조하였다. 중앙에는 경사대학당(京師大學堂)을 두어 최고학부(最高學府)로 했을 뿐만 아니라 농공상(農工商)·광산·철도·의학분야에서 전문학교를 각지에 세웠으며, 이런 학교의 졸업생을 종전의 과거합격자에 대체하여 등용키로 했다. 관리의 능력을 조사하여 비적격자를 탄핵하여 물러나게 하며, 여분의 불필요한 인원을 도태하여 군사비의 절약을 도모하도록 했다. 또한 첨사부(詹事府, 황후·태자궁의 일을 돌보는 관청) 이하의 6개 관청(衙門)을 비롯하여 중요하지 않은 관청을 정리한다는 것 등이다.

이런 개혁이 무술(戊戌)년에 해당하는 1898년에 착수되었으므로 무술변법(戊戌變法)이라고 불리운다. 그 내용은 유교사상을 근본적으로 부정하는 것이 아니라 유교에 새로운 해석을 부여함으로써, 현실의 변화하는 시대에 부응하여, 서양의 과학기술을 도입하려는 것이었지만, 일부의 보다 젊은 혁명세대는 이것을 개량주의적 개혁에 불과하다고 비판하였다. 한편 과거제도 등의 개혁은 유교사상을 기본으로 한 청조의 조종(祖宗) 때부터의 관습을 깨고, 청조의 국가기조를 위태롭게 하는 것이라 하여 중앙정계의 총반격을 받았다.

신정에 대한 저항의 근원이 서태후에게 있음에 고민하게 된 광서제(덕종)는 담사동 등과 협의하여 이홍장 자리를 인수하여 천진(天津)에서 신군을 통수하고 있는 실력자 원세개(袁世凱, 1859~1916)의 힘을 빌어, 친위 쿠데타를 일으켜 서태후를 서산(西山)에 있는 별궁에 유폐시키려고 하였다. 그러나 원세개의 배반으로 오히려 광서제가 유폐되고 강유위·양계초가 해외로 망명하지 않을 수 없게 됨으로서, 정치는 서태후의 전제시대로 되돌아갔다. 여기서 무술의 신정은 불과 100일만에 실패했으므로 이것을「백일유신(百

日維新)」이라고 한다.

  대외전쟁에서 연이은 패배를 맛본 뒤에 일본과 서양의 제국주의 침략에 대하여, 무술변법으로 노화(老化)된 정치조직을 개혁하여, 군사·정치제도를 근대화하고, 이에 의하여 중국의 국가실력을 키우려는 운동은 이렇게 좌절되었다. 이 운동을 추진시킨 사람들은 젊은 학자와 학생, 소수의 개화된 관료 등 지배계급에 속하는 사람들이었다.

  이것이 실패된 뒤에, 글자도 모르는 문맹자인 지방의 농민과 도시의 직공들 가운데서는, 직접적으로 서양인을 적으로 돌려 그들을 국외로 추방한다면, 중국인에 의한 중국을 만들 수 있다는 소박한 민족주의적 배외사상을 기본으로 한 구국운동이, 민간의 종교적인 비밀결사의 형태로 전개되고 있었다.

  명대이전의 민간에는 백련교(白蓮敎)라는, 세상을 바로 잡을 것을 믿는 비밀결사가 생겨서 자주 농민폭동과 결부되어 그런 운동의 추진력이 되어왔다. 한민족(漢民族)의 반만(反滿)운동을 겁내던 청조는, 백련교를 사교로 규정하고 엄중히 단속해 왔다. 백련교의 분파라고도 일컬어지는 의화권(義和拳)이라는 비밀종교결사가 18세기초부터 강소·하남·산동의 3개성이 경계선을 맞댄 성계(省界)지방, 즉 송대부터 『수호전』에 나오는 송강(宋江)과 같은 도둑떼의 본거지로 되었던 지대에서 생겨났다. 주문을 외우고, 의화권이라는 권법(拳法)과 봉술(棒術)을 연습하면, 화살이나 탄환에 맞아도 절대로 상처조차 입지 않는다고 굳게 믿는 교단이다. 1895년, 마침 청·일전쟁이 벌어지고 있을 당시부터, 산동성의 기주부(沂州府)와 조주부(曹州府) 일대에서 의화권이 유행하기 시작하였다. 단원들은 기독교를 눈의 가시로 삼아 자기들의 지역내에 있는 기독교 성당을 불살라 버리고 또 기독교도들을 살해하며 돌아다녔다. 천진조약(1858년)과 북경조약(1860년) 등에 의하여, 서양선교사의 기독교 포교권이 인정된 이래 기독교 신자들 가운데는 치외법권으로 보호되고 있는 외국 선교사를 배경으로 일반사람들을 침해하는가 하면, 관헌과 주민들에게 쫓기기라도 하면 피신처인 성당 안으로 도망쳐서 잠입하는 무뢰한들이 많아졌다. 이 의화권 비밀종교단체 세력은 이런 기독교도들에 대한 일반주민의 원한을 이용하여 급속히 신장되어 갔다. 당시 산동성의 장관이던 육현(毓賢)은 배외사상을 가진 사람이었는데, 이런 비밀종교단체에 속한 자들을 체포하거나 토벌하기는 고사하고, 오히려 그늘에서 그들을 은밀히 보호하였다. 육현의 후임으로 임명된 청대말기의 첫째가는 실력자 원세개가 산동성의 장관으로 부임하자, 그는 이들을 엄중히 단속했으므로, 주력은 산동성에서 전진(轉進)하여 「부만멸양(扶滿滅洋)」, 즉 만주왕조를 돕고 외국인을 멸한다는 표어를 내걸고 이르는 곳마다에서 철도·전신 등을 파괴하며 교회당을 불살라 버리면서 북경·천진 등지로 집결하였다.

그 무렵에 수도 북경에서 광서제(덕종)를 유폐하고 친정체제를 회복한 서태후 일파 가운데는, 원래가 보수적인데다가 강유위·양계초를 비호하여 망명시킨 외국공관의 외교관들에게 반감을 가진 사람들이 있었다. 조정의 중신, 특히 만족출신 고관들도 내심 외국인을 적대시하여 은근히 의화단을 원조했고, 그들의 힘으로 외국인을 중국에서 추방하려는 생각을 가진 자가 적지 않았지만, 그렇다고 그것을 입밖에 내어 명확하게 말하는 것만은 삼가고 있었다. 의화단은 미구에 북경에 입성하여 열강의 외교단 거류지인 교민항(交民巷)과 많은 기독교도들이 피난하고 있던 북경교회당에 포위공격을 가한 바, 이때 독일 공사와 일본의 서기관이 희생되었다.

의화단(義和團)에 대한 청국정부의 모순된 태도

청국정부는 의화단에 대하여 신도냐 아니냐를 불문하고 다만 무뢰한적인 행동을 취하는 자만을 단속하고, 또 열강의 공사관도 보호하도록 몇 번이고 칙령을 내렸지만, 권(拳)과 비(匪)를 명확히 구별하기란 힘들었으므로 실행이 여간 어려운 일이 아니었다. 공사관 보호를 위하여 파견된 바, 서태후가 가장 신임하던 대신 영록(榮祿)이 인솔하는 근위군중에도 의화단과 내통하고 있는 병사가 적지 않았다. 공관보호임무를 맡은 군대가 슬그머니 의화단과 함께 공사관을 공격하는 군중에 가담하기도 하였다. 그러나 그들의 공격 양상에는 일관성이 없었다. 당시 열강의 공사관구역을 수비하던 열국의 병력은 해병 약 500명에 기타 의용병 500명을 합하여 모두 1천명 미만이었다. 이들이 수만 명이 넘는 의화단의 포위공격을 받으면서도, 2개월간이나 공사관 지역을 사수한데는 이상과 같은 의화단의 내부사정이 있었던 까닭이다.

북경에 고립된 외교단과 기독교도를 구출하기 위하여 영국을 비롯하여 각국의 해병대가 천진(天津)으로부터 진군했지만, 의화단과 청조 정규군에 포위되어 퇴각하고 말았다. 청국조정에서도 국제정세에 밝은 영록 등이 외국과 사건을 일으킨다는 것은 득책이 아님을 경고했지만 6월 21일, 열국의 함대가 천진외항의 따꾸(大沽)포대를 공격했다는 보고를 받자, 서태후는 선전을 포고하는 조칙을 내렸다. 당시 원세개·장지동(張之洞, 1837~1909)·이홍장 등 지방실력자인 한족출신 총독들은, 서태후의 명령에도 불구하고, 연명으로 상해(上海)에 있는 외국 영사단에게, 외국거류민을 보호할 조치를 강구할 것이라고 통고했다. 한편 북방의 전운(戰雲)은 급하게 흘러 영·미·불·러·독·이(伊)·오(澳)·일의 8개국이 연합군을 조직하여 천진에 상륙하여 그곳을 점령하고 의화단을 격파한 다음, 북경에 입성하였다. 여기서 서태후는 자기목숨만을 살리기 위하여 광서제와 함께 서안(西安)으로 도망쳤다.

서태후가 북경을 떠난 후에 경친왕(慶親王)과 이홍장은 열국과 교섭하여 강화조약을 맺은 다음(1901년), 청조는 책임자 100명을 처벌하고 각국에 도합 4억5천만량의 전쟁배상금을 지불하며, 북경의 공사관 지구를 비롯하여 천진 기타지역에 각국의 육군을 주둔시킬 수 있는 권리를 인정하였다.

의화단사건으로 청조가 외국에게 지불하기로 한 4억5천만량이 넘는 전쟁배상금은, 그 당시 약 4억인으로 추산되는 중국국민 1인당 은1량 이상씩의 부채를 외국인에게 짊어지우는 것이었다. 39년간, 즉 1940년까지 이것을 분할지불하되 여기에 이자까지 합하면, 무려 9억8천만량에 이르는 것이었다. 그리고 해마다 은량(銀兩)을 외화로 바꾸어서 지불할 경우는 별도로 수수료 300만량의 부담이 또 붙었다. 이것을 분납하는데는 해마다 관세(關稅)수입 2천수백만량이 주된 재원(財源)일 뿐이었는데, 한편 외화지불을 필요로 하는 항목은 세관의 제경비 외에도 제외공관 등의 유지비용 400만량과 해마다 증가되는 외채상각비용 등이었다. 외교단은 이 배상금을 받기 위하여 청국정부에 대해 내지관세(內地關稅)·염세(鹽稅)를 배상금의 재원으로 지정했지만, 그것만으로도 도저히 충당하지 못했으므로, 청조는 매년 2천수백만량의 특별세를 각성으로부터 징수하여 겨우 계산을 맞추어 나갔다. 이로 말미암아 전세(田稅)를 제외한 국가의 중요세수가 모두 외국인의 관리에 넘어가고 말았다. 청국은 국가의 필요경비를 새로운 세수에 의하여 충당하는 수밖에 없었다. 그 부담은 모든 생산자인 농민과 노동자들의 어깨에 짊어지워졌으므로, 국민의 생활은 점점 더 궁핍해지고 사회경제는 점차 빈약해져 갔다.

거액의 배상금 지불이 청조의 국가재정, 나아가서는 국민경제에 미친 영향은 참말로 심각한 것이었다. 이것이 소박한 농민들의 열광적인 구국운동이며 오늘날 자주 찬양되고 있는 바, 의화단이 중국에 남긴 직접적 부채였지만, 무형의 부채는 이것에 그치지 않는다. 청조는 조약에 의하여, 의화단과 같은 외인배외운동이 두 번 다시 일어나지 않게끔 국민이 이러한 배외단체에 가입하는 것을 단속하며, 만일 청조가 이것을 태만하여 외국인이 피해를 입었을 때는, 행정상 책임진 관리는 엄벌에 처해진다는 엄한 조항에 구속되어 이었다. 그래서는 중국국민이 사실상 외국에 예속된 노예와 마찬가지라고 말하지 않을 수 없었다.

또한 열강은 수도 북경의 공사관구역을 외국군대가 수비하고, 북경에서 산해관(山海關)에 이르는 철도 요충지에도 외국군대가 주둔하면서, 외국인의 교통안전을 확보하고, 또 언제든지 철도연선에서 군사훈련을 행할 수 있는 권리를 가지게 되었다. 수도와 그 근방이 외국군의 감시하에 놓여졌으므로, 중국의 주권은 과연 어디에 있느냐 하고 말할 수 있을 정도로 제한을 받게 된 것이다.

광신적인 애국운동의 결말은 이것으로 끝나지 않았다. 제정 러시아는 8개국 연합군의 출병을 기화로 이에 편승하여 일찍부터 노려왔던 동북지방(만주지방)에 군대를 진주시켰다. 흑룡강성과 길림성이 금새 러시아군의 손에 들어가고 심양(瀋陽)도 함락위기에 놓였다. 청나라는 여기서 하는 수 없이 러시아에게 동3성(東三省, 즉 만주지방)에서 바야흐로 러시아가 건설하려던 동청(東淸)철도연선의 병력 주둔권을 포함한 특수권익을 인정하는 조약을 비밀리에 체결하지 않을 수 없었다. 이런 비밀 정보가 누설되어, 영국이 러시아에 대하여 먼저 질문한 것을 시작으로 영·미·일·독 등 각국이 압력을 가하여 이 밀약을 수포로 돌아가게 했다.

그러나 러시아는 청조의 항의에도 불구하고, 또 북경-천진지구의 동란이 이미 수습된 뒤에도, 동3성에서 군대를 철수시키지 않았다. 한반도의 권익확보를 위하여 그리고 만주지방에 대단한 관심을 가졌던 일본은 화북지방에서 러시아가 우위를 차지하는데 불만인 영국과 적극적으로 협력하여 러시아에 강경한 항의를 제기하였다. 이와 같은 국제정세하에 1902년 1월, 영·일 동맹이 체결되었다. 동맹의 내용은 청과 한국의 독립을 보장하고 청나라에서의 영국의 이익, 청국·한국에서의 일본의 이익이 타국으로부터 침해받을 때, 양국은 이에 대하여 필요한 수단을 강구한다. 또한 동맹국중의 한나라가 전쟁을 개시했을 때, 타방의 동방국은 중립을 지킨다. 동맹국이 이렇게 해서 한나라와 교전할 때, 나아가 다른 나라가 상대방에 참전했을 경우, 동맹국은 반드시 출병하여 원조할 의무를 진다고 규정한 것이었다. 이 영·일 동맹조약의 압력에 의하여, 러시아는 끝내 청조와의 사이에 6개월을 1기로 하되 3개기 1년반 사이에 동3성에서 순차적으로 러시아 군대를 철수시킬 것을 규정한 철병조약에 조인하지 않을 수 없었다. 이 조약의 실행문제를 둘러싸고 일본과 러시아와의 만주지방에서의 긴장상태가 점차 높아져 갔다. 이보다 조금전인 1901년 9월, 러시아에 의존하는 외교노선을 지지해오던 이홍장은, 동북지방을 잃게 한 행위를 극렬히 공격받고 이런 국제관계의 그후 향방이 판명되기도 전에 피를 토하고 절명한 사건이 있었다.

의화단의 참패를 가져오게 한 최고책임자는 서태후이지만, 궁중생활만으로 외계사정에 아주 어두웠던 늙은 서태후도, 서안(西安)에의 도피행각으로 현세의 노고를 적지않게 맛보게 된 모양이다. 1901년에 그녀는 서안에서 스스로 변법신정(變法新政)의 실시를 고지하는 조서를 발표하였다. 한때 「백일유신」의 기수였던 광서제(덕종)를 유폐하고 강유위 등을 추방하여 무술변법을 탄압했던 사실을 까마득히 잊어버리기나 한 듯, 조칙에서 가로되 국가에는 물론 불역(不易)의 상법(常法)이 있지만, 그것을 운용하는 치법(治法)은 일정하지가 않다. 조종(祖宗)의 성법(成法)은 불역의 상법이지만, 치법쪽은 변화해갈 수 있다고 하면서, 강유위의 변법내용과 조금도 다름없는 개혁안을 발표한 것이다. 그러나 강유위이 변법이 광서제가 착수한 1898년 그 당시에 실시되었더라면 상당한 효과가 있었겠지만, 그로부터 2년이 지난 1900년의 의화단난과 8개 연합군의 수도 강점이라는 일대 사변이 있은 후에 나온 똑같은 정책은, 이미 시기를 놓쳐 실효성 없는 것으로서, 완전히 변화된 정세를 개선하는데 아무런 도움도 되지 못했다.

태평천국란이 일어났을 무렵부터 이미 만주족출신 관료의 권위가 떨어지기 시작했지만, 이제 증국번(曾國藩)을 뒤이은 좌종당·이홍장·장지동·원세개 등 한족 출신 관료의 실력자들이, 대신과 총독 등으로 중앙과 지방관계에서 은연한 세력을 형성하게 되자, 조정에서의 이들의 발언권도 커졌다. 의화단사건에서 한족 관료의 반대를 무릅쓰고 의화단을 지지하여 무모한 연합군에의 선전포고행위로 나가게 한 것은, 황족(皇族) 등 만주족출신 관료들이었다. 그러나 의화단의 비참한 패전과 연합국에의 굴욕적인 항복은, 만주인 관료의 위신을 땅에 떨어뜨리고 말았다. 서태후가 아무리 몸부림친다 해도 청조의 몰락은 이미 시간문제로 되어 있었고, 또 몸부림치면 칠수록 몰락을 재촉하는 결과로 되었다.

새시대를 대표하는 영웅은 만인(滿人)에 대체된 한인(漢人)엘리트출신 관료나 군인이 아니라, 광동(廣東)의 농민출신이며, 화교(華僑)일가에서 태어난 손문(孫文, 866~1925)이다. 14세 때 기독교도가 된 그는 하와이에 건너가 성공한 형 밑에서 전문학교를 다니면서 미국 민주주의 사회의 분위기를 체험하고, 19세 때 광동의 고향으로 돌아왔다. 광동과 홍콩에 있는 의학교에서 의학공부를 한 다음, 의사자격을 얻어 의료업을 개업했지만, 한 개인을 살리는 의사보다도 위기에 처한 중국의 전체 국민을 살리는 국의(國醫)가 되는 것이 더 중요하다고 생각하여, 개혁운동에 동지로 가입했다. 1894년에 북상하여 이홍장에게 개혁의견을 올렸지만 묵살되자, 결국 만주정권(청조)에 정나미를 떨군 손문은, 청조에의 희망을 단념하고 단번에 만주족의 청조를 타도하고 한족정권을 일으키겠다는 혁명결사인 흥중회(興中會)를 조직하였다. 그리하여 1895년, 일본과의 강화조약에 대한 반대운동에 들끓고 있던 광동에서, 제1회 무장봉기를 시도했으나 실패하자 일본을 거쳐 미국으로 망명하였다. 강유위의 변법운동이 한창 유행이던 무렵이므로, 당시의 손문의 혁명운동은 상당히 현실에서 비약된 운동이었지만, 그러나 이때부터 몇 차례의 실패를 초극한 끝에, 이윽고 청조타도라는 혁명운동의 주류가 되었다.

만주로부터 러시아군의 철병 제1기에는 러시아군도 남만주 요하(遼河)이남지구로부터 철수를 완료했지만, 제2기에는 기한인 1903년 4월이 됐는데도 봉천성(奉天省, 지금의 遼寧省)이 나머지 지역과 길림성으로부터의 철병약속을 이행하지 않았다. 뿐만 아니라 한·청 국경의 압록강 대안(龍岩浦)에도 러시안인이 진출하여 이권 사업에 착수했는데, 이것이 일본 여론에 자극을 주어 러시아와 전쟁을 해서라도 권익을 보호해야 한다는 주장이, 일본내에서 점차 높아졌다.

물론 국민의 평화와 복지라는 입장으로부터 일본에서도 반전론이 일부에서 일어났고, 또한 러시아 정계의 양식있는 일간에서도, 국가적 이익으로 보아 북만주만을 확보하고 남만주에서는 철수하라는 화평론이 미약하나마 있기는 있었다. 그러나 양국의 관계가 점차 긴장하여 1904년 2월에 이르러 만주에서 일본과 러시아사이에 전쟁이 일어났다.

러·일전쟁의 상세한 전투경과는 생략한다. 여하튼 포츠머드조약(러·일강화조약, 1905년 9월)에서 러시아는 사할린섬의 남반부 할양과 만주에서 보유하던 일정한 권익과 요동반도의 조차권을 일본을 위해 포기할 것을 약속하였고, 또 양국이 이 규정에 대하여 청국정부의 승낙을 얻는다는데 대하여 상호승인하였다. 그러나 청국은 처음에 요동반도의 조차권에 대하여 일본소유로 넘기는 것을 좀처럼 승인하지 않았지만, 장기간의 교섭이 있은 후에야, 하는 수없이 그것을 승인한 바 있다. 청나라는 그 이전에 이홍장을 통하여 러시아와 공수동맹에 관한 밀약을 맺고 있었는데, 일본은 그 당시 이에 대하여 확실한 지식을 가지고 있지 않았다. 만일 이 밀약의 내용이 일본에게 알려져 있었더라면, 그때의 교섭은 좀더 용이하게 타결되었을 것이라고 한다.

이홍장과 함께 친러시아 외교의 책임자였고 격동하는 국제정세 속에서 청조의 최후를 재촉했던 여걸 서태후는 이런 불미한 결말을 본 다음인 1908년에 광서제(덕종)와 거의 때를 같이하여 앞서거니 뒤서거니 해서 세상을 뜨고, 그로부터 3년여만에 나이 어린 선통제(宣統帝, 溥儀, 후일의 만주황제)가 손문 등이 지도한 혁명운동 때문에 1912년 2월, 드디어 퇴위함으로써 여기에 청조는 멸망하게 되었다. 광신적인 의화단의 애국운동은 참담한 실패로 말미암아 중국국민에게 커다란 부채를 남겼다. 이점에서 볼 때 그것은 소기의 민족해방 목적에 전혀 반대되는 결과를 가져다 주었는 바, 이런 충격에 의하여 그것은 간접적으로 청조에 대한 사형집행인의 역할을 수행했고 따라서 역사의 움직임을 크게 바꾸었다고 말할 수 있다.

제 24 장 자주독립

1. 혁명운동의 발단

　의화단(義和團)운동의 비참한 결말로부터 어지간히 완미고루(頑迷固陋)하던 청국조정과 서태후(西太后)가, 겨우 강유위(康有爲)의 변법정책을 채택한 후 약10년이 지나는 사이에, 청국 내외에서는 별로 커다란 사건이 일어나지 않았다. 그러나 그것은 어디까지나 표면적인 현상일 뿐 기실 폭풍전야의 고요함, 즉 혁명전야의 정적(靜寂)일 따름이었다.
　중국의 열강의 침략에 의하여 바야흐로 영토가 갈기갈기 찢기려는 누란의 위기에 놓여 있었다. 당시의 중국인은 이것을 과분(瓜分)이라고 불렀다. 즉, 중국사람들은 열강이 이제 중국을 마치 수박처럼 몇조각으로 잘라서 서로 나누어 먹으려고 한다고 말했고, 또 그것을 우려했던 것이다. 다행스럽게도 과분(瓜分)에 대한 열강의 보조가 맞지 않았으므로, 중국은 이런 위기를 겨우 모면했을 따름이다. 돌이켜 생각컨대 의화단사건은 청나라를 대단한 위기에 빠뜨렸다. 서태후를 우두머리로 한 청조의 보수파는 외국인 선교사와 기독교도에 대한 반감으로 점화(點火)된 민중의 배외운동에 합류하여, 북경의 외국공사관을 공격하였고 또 외국인을 살륙하려고 하였다. 서태후가 전국에 내린 비밀전부의 지시내용이 만일 그대로 지방에서 실행되었더라면, 중국현대사가 연구가들이 한결같이 지적한 것처럼, 어쩌면 만주왕조가 10년 더 빨리 멸망했을 뿐만 아니라, 아마도 중국은 20세기 초두에 이미 호랑이 이빨가진 열강에 의하여 완전히 분할 소유되었을런지도 모른다. 다행히도 중앙에서는 영록(榮祿), 지방에서는 이홍장·유곤일(劉坤一)·장지동·원세개 등 실력있는 관료들이, 서태후의 명령에 복종하지 않고 중립선언으로 외국인과의 분쟁이 화북지방 이외에 파급하는 것을 방지한 까닭에 8개 연합국에 의한 「과분(瓜分)」의 위기를 겨우 모면하게 됐던 것이다.

　이 「과분」의 위기로부터 중국을 구출하려면 의화단처럼 혈기에 넘친 나머지 외국에 대한 증오심을 눈앞의 외국인에게 단순하고도 직접적으로 털어 놓거나 그들을 살륙한다 해도, 그것은 아무런 효과가 없다. 제국주의 열강에 대항하려면, 무엇보다 중국적 독재국가의 체제를 변혁시켜 참된 근대국가로 다시 태어나게 하여야 한다. 이것은 조금이라도 물정을 아는 중국사람이라면 모두가 공통된 사고방식이었다. 서태후를 정점으로 한 청조의 보수파도, 이 여론에는 끝내 이겨내지 못하여, 변법정책을 쓰기로 한 것까지는 좋았다. 그러나 대두된 한족출신 관료들의 실력앞에 공포심을 가지게 된 만주왕조는, 이들 한인관료들을 소외시키고, 이미 한족으로 동화되어 만주족이라는 상무적(尙武的)이던 민족의 생명력을 잃고 부패해버린 만주황족들의 친정(親政)으로 변법을 실행하면서 어떻게든 만주족의 지배를 계속 유지하려 했다는 것은, 전적으로 시대조류에 역행하는 일이며, 한족의 원한을 더 깊게 하는데 지나지 않는 처사였다.

　1895년, 광동에서 청조타도를 위한 무장봉기를 기도하여 실패하고 국외로 망명하게 됐던 손문(孫文)은, 친구인 일본인 미야자끼(宮崎滔天)의 소개로 이누가이(犬養毅) 등 정치인의 지우(知遇)를 얻어, 요꼬하마(橫濱)에 주거를 정하고 화교들에게 배만혁명(排滿革命)을 선전하였다. 당시 일본 화교사회에는 무술변법에 실패하여 망명중이던 강유위(康有爲)를 우두머리로 한 청황권(淸皇權) 옹호의 보황당(保皇黨) 조직이 있었으나, 배만혁명(排滿革命)을 목표로 하는 손문의 흥중회(興中會)처럼 회당(會黨), 즉 비밀결사에 가입하여 폭력으로 청조를 무너뜨리려고 한 사람은 소수밖에 안되어, 보황당 세력에 압도되고 있었다. 젊은 동지들의 협력으로 흥중회는 광동(廣東) 지방의 삼합회(三合會), 호북・호남성의 가로회(哥老會)처럼, 원래 명나라가 멸망한 후 반만(反滿)운동을 목표로 결성됐던 지하비밀단체들은 합병함으로써 전국적인 혁명단체로 성장하게 되었다.

2중의 종족관념(種族觀念)

1911년말, 청조를 반대하는 혁명의 봉화가 무창(武昌)에서 오른 시점에서, 청조몰락의 앞날을 예견한 중국의 민족의식, 즉 종족관념(種族觀念)과 혁명과의 관계에 대하여, 일본의 역사학자 나이또오(內藤虎次郎)박사는 『청조쇠망론(淸朝衰亡論)』에서 다음과 같이 쓰고 있다.

「중국은 자존자대(自尊自大)하는 나라로서 자기를 중화(中華) 또는 중국(中國)으로 칭하는가 하면, 중국사람만이 참된 인간이고, 외국사람은 만이(蠻夷, 야만적인 오랑캐)로서 금수(禽獸)와 크게 다를 바 없는 사람처럼 생각해오고 있었다. 하늘밑에 있는 땅은 모두가 중국이다. 다만 자기는 그런 대지의 중심지에 위치하고, 기타의 다른 지역이나 나라들은 자기의 옷자락처럼 가장자리에 있는 것으로 생각하고 있었다. 청일전쟁에서 그런 하찮게 생각하던 조그만 섬나라 일본에게 여지없이 패배하자, 이번에는 나라의 대소에 불구하고, 외국은 깔보기 어려운 존재이다. 이 오랑캐(夷狄)나라들은 옷자락처럼 중국 가장자리에 있는 변두리 나라인 것이 아니라, 다른 종족(種族)들로서 각각 독립국을 형성하고 있을 뿐만 아니라, 그들은 모두가 자기들보다 강력하다고 생각하기에 이르렀다. …… 중국이라는 나라는 이번에 한정하지 않고 외국과의 전쟁에서 패배하기만 하면, 가끔 종족에 대한 생각을 일으키곤 한다. 송(宋)이 몽골(蒙古)에 의하여 멸망당할 때도 이런 관념이 대단히 강하여 끝까지 분전했던 것이다.

중국의 혁명은 퍽 여러가지 형태가 있었지만, 대부분은 책상 위에서만 혁명이 성립되었던 일이 많고, 끝까지 분전한 일은 좀처럼 없었다. …… 외국으로부터 침략당하거나 외국과의 전쟁에서 패배하면, 중국인은 곧장 종족관념을 일으키는데, 그것이 강해지면 이른바 「목구멍만 넘어가면 뜨거움을 잊는다」(괴로움도 그때가 지나면 간단히 잊어버린다 : 어려울 때 남에게 받은 은혜도 형편이 좋아지면 잊어버린다는 뜻의 속담)는 식으로 그것이 곧장 천하라든가 국가라는 것이 된다. 어쩌다가 오랑캐(夷狄)에서 일어나, 전 중국을 정복하고 그 위에 군림하게된 지금의 청조 따위도, 일단 중국내륙으로 들어가 버리면 역시 중국의 주인된 긍지감으로 사주(四周)의 오랑캐를 경멸하게 된다. 그리하여 또다시 실패하면 종족의 관념을 일으키는 순서가 되는데, 청조는 이적(夷狄)으로서 중원에 들어온 종적인데도 이것이 중국의 군주(君主)로서 군림하는 동안에는, 외국에 대하여 중국의 문호가 개방되었으므로 지금의 중국의 종족관념은 2중으로 되기에 이른다. …… 만주인에 대한 중국인의 반항사상은 청조 세상이 된 그때부터 200년간, 끊임없이 출몰했던 바, 강희·옹정·건륭제 치세당시에는 이런 사상이 크게 탄압 받았으므로, 한때 반항사상도 약화되어 잠잠했지만, 청일전쟁 이후 중앙정부가 약체화되면서부터 이런 반항사상이 또다시 발흥하였다. …… 즉, 청조라는 것은 외국과의 관계에서, 외국을 반대하여 종족관념을 백성속에서 일으키게 하는 동시에, 또 자기가 지배하고 있는 국민들로부터 자기에게 종족관념을 일으키게 하는 객체(客體)이다.

2. 신해혁명(辛亥革命)

의화단사건(義和團事件)이 수습된 1900년 말, 이런 동란기회를 이용하여 일본을 근거지로, 손문이 광동(廣東) 부근에 있는 혜주(惠州)에서 시도한 제2회 반청(反淸) 무장봉기도 헛되어서 실패로 돌아갔다. 그러나 손문이 「광동사건 당시 청국의 여론은 나를 가리켜, 대역무도한 도당이라고 비방했지만, 이번에는 조금이라도 악평(惡評)을 가하기는커녕, 오히려 성사되지 못한 것을 유감스럽게 생각하는 식자(識者)들이 적지 않았다. 불과 5년동안에 세상인심은 이렇게 바뀌었다」라고 자체평가 했듯이, 의화단사건이 있은 뒤에 청조에 대한 중국사람들의 평가나 생각이 일변하였다. 개량주의적 변법단계로부터 혁명주의적 만주정권 타도단계로 비약한 것이다.

강렬한 민족의식을 기본으로 만주의 이민족 통치제도를 전복한 후 제정제(帝政制)를 폐지하고, 중화 국민들의 공화국을 세워야 한다고 주장한 석학 장병린(章炳麟, 자는 太炎, 1868~1936)은, 상해에서 『소보(蘇報)』라는 잡지를 발행하여 청조타도에 관한 사상을 선전하는데 힘쓰기 시작하였다. 그의 제자인 추용(鄒容)이 쓴 바 「皇漢 人種革命獨立萬歲, 中華共和國萬歲」로 끝나는 2만자나 되는 팜플렛은, 발행된지 얼마 안 되는 사이에 무려 100만부가 매진되는 추세였다.

호남성 장사(長沙)의 학자가정에서 태어났고 또 자라나면서 호담하고 무용(武勇)에 빼어나며, 맹렬한 군사훈련을 감내해온 황홍(黃興, 자는 克强, 1873~1916, 신해혁명후 혁명정부군 대원수)은, 고향에서 화흥회(華興會)를 조직하고 있었다. 호남성 전역에서 서태후의 환갑축하 식장에 모여든 청조의 지방 요인들을 폭탄으로 몰살시키려던 계획이 발각되자, 황홍 등은 1905

년 5월, 일본으로 망명하였다.

당시의 중국혁신론자들은 강유위(康有爲)로부터 황홍(黃興)에 이르기까지, 다소간의 차이는 있었다지만 일본의 명치유신(明治維新)을 모델로, 헌법을 제정하고 민주주의 정부를 만들어 근대화를 추진시켜야 한다는데 눈을 뜬 것이다. 청조의 말기 정부는 과거제도(科擧制度)를 폐지하고 학교를 세우는 한편, 우선 근대화를 수행할 인재를 양성하기 위하여 해외에 많은 유학생을 파견하였다. 중국과 가까운 거리에 있고, 게다가 근대화 모델로 생각되던 일본에는 많은 중국유학생이 쇄도된 바, 당시 도오꾜(東京)에는 8천명이 넘는 관비 및 자비의 중국유학생들이 체류하고 있었다고 한다. 일본에 도착한 황홍은 역시 미야자끼(宮崎滔天)의 소개로 손문을 처음으로 만나게 되었다. 여기서 손·황 두 영웅은 의기투합하여 악수하고 혁명운동을 전개하게 된 것이다.

원래 광대한 국토와 거대한 인구를 가지며, 잡다한 방언을 사용하는 중국에서는 각성·각현이 지방적으로 고립되어 있었는데 이와 같은 지역차를 초월하여 통일적·전국적인 혁명조직을 만든다는 것은, 대단히 어려운 일이다. 그런데 이 손문-황홍 두 영웅의 악수에 의하여 광동중심의 홍중회와 호남중심의 화홍회에 속하는 가장 유력한 유학생 중심의 혁명단체가 발전적으로 해소되고 여기에 중국동맹회(中國同盟會)가 결성되기에 이른 것이다. 「달로(韃虜, 북방의 오랑캐, 즉 만주족을 가리키는 말)를 추방하고 중화(中華)를 회복하며 민국(民國)을 창립하고 지권(地權)을 평균화하자」는 것이 중국동맹회의 강령이다. 이에 이어서 「국민군 정부선언(國民軍政府宣言)」이 만들어지고, 혁명군 조직이 상세히 규정되었으며 또 혁명의 기본노선이 결정되었다. 또한 1905년 10월부터 『민보(民報)』가 기관지로서 발간되었다. 불과 같은 중화적인 민족의식이 소용돌이친 창간호 권두의 발간사에서, 손문은 얼마간 냉정한 필치로 민족·민권·민생이라는 이른바 삼민주의(三民主義) 혁명이론을 처음으로 전개하였다.

손문에 대한 훌륭한 이해자인 이누가이(犬養毅)와 맹우인 미야자끼 등의 후원으로 중국의 혁명운동가들은 이제 일본을 기지로 해서 지금까지 결속시

손문(孫文)의 삼민주의

『민보(民報)』의 발간사에서 손문은 다음과 같이 쓰고 있다.

「구미지역에서는 근대의 민족주의(民族主義)에 의하여 국가가 독립하고, 민권주의(民權主義)에 의하여 입헌정치가 확립되었지만, 19세기말에 이르러 경제문제에서 민생주의(民生主義)가 제기되어 이제 사회문제로 되고 있다. 파업이 계속해서 일어나고, 무정부주의당, 사회주의당이 발흥하여, 바야흐로 사회혁명이 다가오려 하고 있다. 중국은 아직 근대화가 진행되지 못하고 있으므로, 현실적으로는 민족주의·민권주의가 요망되고 있으며, 민생주의의 필요성은 느껴지지 않지만, 민족·민권주의와 함께 유럽에서는 좀처럼 실현이 어려운 사회주의, 즉 민생주의도 이번 혁명에서 단번에 해결해 놓아야 한다.」 민족주의·민권주의를 특히 중요시하며, 민족해방과 민주정치의 달성을 목표로 하던 단계에서, 서양에서도 아직 실현하지 못한 민생주의, 즉 사회주의까지도 선취하여 다가오는 혁명에서 해결해 놓겠다고 한 식견은, 참말로 탁견이라고 볼 수 있다. 이 상주의자로서의 손문의 특색이 여기에도 나타나 있다. 이 견해를 후일 모택동(毛澤東)이 자기의 신민주주의 혁명론에서 발전시킨데 대하여 우리는 주의하게 된다.

키지 못했던 분산적·지역적인 혁명조직을 통일적·전국적인 혁명조직인 중국동맹회로 새로 탄생시킨 것이다. 만일 이누가이(犬養毅)·미야자까(宮

崎滔天) 등이 10년 전에 고독한 망명객이 손문(孫文)을 일본에 맞아들여 따듯이 보호해주고, 유학생이 밀집한 도오교(東京)에 혁명의 온상(溫床)을 마련해주지 않았더라면, 이처럼 중대한 통일혁명단체가 손문을 우두머리로 해서 결성될 수는 없었을 것이다. 중국혁명의 성립은 훨씬 뒷날로 미루어졌을 것이고, 또다른 형태를 취했을 것이다. 중국동맹회는 미구에 혁명의 성공과 더불어 다른 단체들을 통합하여 중국국민당(中國國民黨)으로 탄생된다. 일본 식자들의 협력에 의하여, 중국국민당의 기초가 놓여진 것이다. 청・일 전쟁의 승리자이며, 의화단, 즉 북청사변(北淸事變)에서 8개국 연합군의 주력으로서 중국에 대타격을 가했던 나라가 바로 일본이었다는 사실도 잊어버리고, 변법(變法)의 모델을 구해온 중국의 청년학도들에 대하여 일본은 훌륭한 선물로써 응답한 셈이다.

그런데 일본의 야마가따(山縣有朋)를 우두머리로 하는 체제파의 관료군인들은, 점차 쇠약해져서 이제 여명(余命)이 얼마 남지 않은 청국의 항의에 놀란 나머지, 이러한 중국의 혁명청년들에게 탄압을 가한 것이다. 예컨대 포츠머드조약(러・일 강화조약)의 결과로 만주에서의 러시아의 권익을 접수 또는 인수하기 위하여 1905년 가을, 북경으로 향한 무쯔의 뒤를 이어 외무대신이 된 고무라(小村壽太郞)는, 청국과의 우호선린관계를 돈독히 하기 위한다는 구실 하에, 문부성(文部省)에 요청하여, 중국동맹회에 동정적인 청국유학생에 대한 단속령을 발표케 하였다. 이로써 일본의 공사립학교에 입학하려는 청국의 유학생은 청국공사관의 소개장을 필요로 하게 되었는데, 이 때문에 반청적・혁명적인 학생들의 수학의 길이 막히게 되었다. 중국동맹회의 지도하에 이에 대해 일대 반대운동을 전개한 2천명의 중국학생은, 유학을 단념하고 분연히 일본을 뒤로하고 귀국길에 올랐다.

그 후 중국국민당 정부하에 벌어진 반일운동(反日運動)의 근원이, 기실 이미 이때에 배태(胚胎)되었다는 것을, 본 당사자인 고무라(小村)를 비롯하여 외무성・문부성의 관료들이 예상하지 못했다는 것은 아는 수 없다 치더라도, 이웃나라인 청국의 실태에 대하여, 너무도 무지몽매했던 책임은 모면하기 어려울 것이라고 일본의 식자들은 비난하였다. 이런 점에서 고무라(小村)

는 선배인 무쯔(陸奧)국의 식견에 멀리 미치지 못했다고 하겠다.

일본 관헌의 탄압으로 말미암아 손문도 드디어 국외로 추방되었다. 그후 혁명근거지를 빼앗긴 동맹회는 9차에 걸친 무장봉기, 청조황족과 고관들에 대한 암살활동 등은 모두 실패로 돌아갔다. 실패하고 또 실패해도 최초의 의지를 버리지 않고 행동을 계속한 열사들의 혁명정신은, 언젠지도 모르게 중국 국민속에서 그 지지층을 확대해 나갔다. 만주족의 정부가 방패로 믿은 근대화된 비장(秘藏)의 군대─이른바 신군(新軍)의 장교・사병들 가운데도, 이런 혁명정신에 공명하는 사람이 많아졌다.

1911년에 청국정부는 영・불・독・미의 4개국으로부터 600만 파운드, 그리고 일본으로부터도 적지 않은 외채를 빌어서, 전국의 철도를 모두 국유화하려는 계획을 세웠다. 이 철도국유화령은 기타의 모든 외국투자사업에 대한 국권회수운동(國權回收運動)을 격화시키는 동시에, 자발적으로 철도회수에 나섰던 민간신흥자산계급의 반항을 불러일으켰다. 혁명당의 근거지였던 광동・호남・사천 등 각성에서의 이에 대한 저항운동이, 매우 치열했는데 그중에서도 특히 사천성이 더 격렬하였다. 정부는 사천성의 반대운동을 무력으로 평정하기 위하여 무한(武漢)지구 주둔군에게 출동할 것을 명령하였다.

무한군의 주력을 이루는 신군에는 혁명운동을 저지하는 장병들이 적지 않았다. 그러자 한구(漢口)의 러시아 조계에서 비밀리에 제작하던 폭탄이 폭발했기 때문에 음모가 탄로나고, 혁명당원들의 명단이 관헌에게 압수되었다는 루머가 신군내 혁명운동 지지자들을 불안에 떨게 하였다. 가만히 앉아서 붙들려 가는 것을 기다리기보다는, 차라리 혁명봉기하는 것이 상책이라 하여, 10월 10일 밤을 기하여 신군이 반기를 들고 총독부를 습격했다. 당황망조한 총독이 상해로 도망쳤으므로, 무창성(武昌城)이 손쉽게 혁명군의 손에 들어왔다. 무창에 잔류하던 여단장 여원홍(黎元洪, 1868~1928)이 추대되어 악군(鄂軍), 즉 무한군(武漢軍)의 도독(都督)이 되었다. 그는 중화민국정부 혁명군 악군도독의 명의로 포고령을 내려 만주정부를 타도하고, 한족국가를 부활시킬 것을 선언하였다. 이것이 중화민국 혁명성공의 제1보인데, 혁명을 일으킨 10월 10일을 쌍십절(雙十節)이라 하여 오늘날 중화민국의 국경일로 되어 있는 것은 여기에서 유래된다.

무창기의(武昌起義) 성공에 관한 보고에 놀란 청조는 증원군을 파견하였지만 격퇴되었다. 이리하여 한구·한양·무창 등 이른바 무한3진(武漢三鎭)은 완전히 혁명군의 수중에 들어갔다. 이에 관한 소식이 순식간에 또 전국에 전파되고, 이에 호응한 양자강유역 각성의 군대가 무한의 혁명군을 지지하여 거의가 혁명에 가담하고, 청조에 대하여 반기를 휘날렸다.

북경의 청국정부는 혁명을 무위화(無爲化)하고 정권을 계속 유지하고자, 다섯 살밖에 안 되는 어린 선통제(宣統帝)로 하여금 자기를 죄주는 조칙을 내리는 형식을 취하여, 입헌정치를 포함한 여러가지의 개혁안을 발표했지만 혁명군은 이제 그런 것은 애초부터 상대조차 하지 않았다. 일찍이 서태후와 결탁하여 광서제(덕종)을 유폐케하고 무술변법을 압살했던 이유로 기피인물로 지목된 후 선통제의 즉위와 동시에 면직되어, 은퇴 중이던 원세개(袁世凱, 1859~1916)가 황제의 간청을 받아들여 다시 현직에 복귀해서 시국수습에 나섰다.

그는 이홍장의 직책을 이어받은 북양군벌(北洋軍閥)의 대표자였다. 실력자인 원세개는 가장 우수한 신군을 인솔하고 무한 3진의 혁명군을 공격하였다. 신군의 위력은 절개(絶大)하여 한구·한양을 회복하고 무창도 함락 직전의 형세에 놓였을 바로 그때, 원세개가 갑자기 공격 중지명령을 내려 혁명군과 화의교섭을 벌렸다. 전의 「백일유신」서 광서제(덕종)을 배신했듯이, 또 한번 재주를 부려 변신한 것이다. 원세개는 이때 혁명군과 청조의 중간에 서서, 캐스팅 보트를 쥐고 청조에 대한 개인의 원한(한때 면직되었던 일)을 푸는 동시에, 자기권력을 확립하려는 야심을 품었던 모양이다.

손문은 1911년 말에, 영국에서 귀국하여 다음해 정월, 추대되어 남경에서 대통령에 취임하고, 공화정체인 중화민국(中華民國)의 출범을 선언하면서, 1912년을 중화민국 원년으로 선포하였다.

원세개가 남경의 혁명정부와 교섭을 추진시킨 결과 손문은 청조를 폐절시키고 공화제를 유지한다는 조건으로, 원세개에게 임시대통령 자리를 양보하는데 동의하였다. 손문을 대신하여 임시대통령직에 취임함에 앞서 원세개는 무력으로 나이 어린 황제를 협박하여 선통제로 하여금 황실·황족의 우대,

만몽(滿蒙) · 터키 · 티벳족에 대한 한족과의 평등대우 등을 조건으로 요망하면서 퇴위한다는 조칙을 2월 12일에 내리게 하여 퇴위시킴으로써 여기에 청국은 277년의 중국통치를 마치고 멸망하였다.

3. 일본의 제국주의적 대륙정치 — 21개조의 요구

음흉한 군인인 원세개에 대하여 얼마간 불신감을 품고 있던 손문은, 공화정체 유지를 보장하기 위하여 수도를 계속하여 남경에 두는 것을 확인시켜 놓았다. 원세개를 북양군벌의 본거지에서 떨어져 양자강 유역에 있는 남경에 오게해서 공화정체를 계속시키려고 의도한 것이다. 이런 의도를 처음부터 읽고있던 원세개는, 북경에 있는 군대로 하여금 사전에 계획한 반란을 일으키게 하여 마치 군사정세가 불안하기 때문에 남하할 수 없다는 듯한 구실을 만들어 중화민국 대총통으로서 북경에 주저앉고 말았다. 게다가 다시 대총통의 전제(專制)를 제한한 중화민국 임시약법(臨時約法)하에서도 전권을 휘두르고자 국회에 대하여 압력을 가하며 또 국회의원들을 매수하거나 암살의 마수를 뻗쳤다. 국민당원중에서 가장 유능한 젊은 정치가 송교인(宋敎仁)이 상해에서 암살되었는데, 그 배후관계를 더듬어 올라간 결과, 원세개와 그 일당이 전면에 떠오르자, 원세개에 대한 공격의 화살이 빗발쳤다. 원세개는 이에 대하여 일 · 영 · 독 · 불 · 러시아의 5개국으로부터 2천500만 파운드의 차관을 얻어다, 이 막대한 자금을 밑천으로 남쪽 국민당계의 장관을 면직 또는 좌천시킴으로써 국민당의 반감을 도발하였다. 여기서 남경의 황흥(黃興)을 비롯하여 남방각지의 국민당계 장군들은, 1913년에 독립적인 군대를 조직하였다. 이것이 제2혁명이지만, 이런 장군들의 보조가 맞지 않아서 인차정예의 원세개군에게 격파되어 독립한지 2개월이 못되어 평정되고 말았다.

원세개는 의회에 강요하여 대총통선거를 실시하여 자기를 정식으로 대총통에 뽑게해서 취임하였다. 국민당이 반대하면 그는 매수로써 국민당을 내부분열시키거나 국민당계 의원을 추방하였고, 그것도 성이 차지 않자 의회를 해산시킨 다음, 새로 발족된 약법회의(約法會議)를 통하여 대총통의 권한을 강화했고, 대원수부(大元帥府)를 창설하여 스스로 대총통 겸 대원수에 취임하여 정치와 군사의 최고책임자로서 정·군 양쪽의 독재권을 장악했다.

득의만면한 원세개에게 뜻하지 않게도 1914년 8월, 제1차 세계대전의 발발이라는 불행이 찾아왔다. 영·독·불·러시아를 비롯하여, 유럽제국이 전쟁에 휩쓸려 동아시아쪽을 돌볼 여유가 없어졌다. 이틈을 타고 일본정부는 1915년 1월, 원세개 정부에 대하여, 두 나라의 현안문제로 되어있는 사항을 해결하기 위한 것이라 하며, 21개조의 요구사항을 내놓았다. 원래 원세개는 이홍장의 전부장(前部將)으로서 청·일전쟁이 있기 전에는, 조선에 파견되어 친청파(親淸派)인 민씨일당의 보수파를 도와 친일파인 개화파를 탄압함으로써, 일본의 원한을 산 일이 있는 사람이다. 대총통에 취임한 후는 주로 영국을 비롯하여 열강의 원조에 의거하여 일본에 대항해 왔다. 그는 열강의 간섭을 기대했지만, 그 희망이 무산되면서 일본의 21개조 요구에 대한 최후통첩을 받자, 결국 그 요구를 받아들이지 않을 수 없었다. 21개조 요구란, 일본이 세계 대전에 참가하여 파병점령한 산동성의 구독일국 권익을 일본에게 양도할 것, 기타 일본의 요동반도의 조차기간을 25년에서 99년으로 연장할 것, 일본인이 몽골동부와 남만주에서 토지소유와 임차권을 획득할 수 있을 것 등으로 구성된 것이다.

일본은 러·일전쟁의 승리에 의하여, 비로소 남만주에서 조차지·만주철도 등의 이권을 획득했지만, 경제력이 약한 까닭에, 중국본토에서는 전적으로 구미자본에 경제가 독점되는 것을 승인하지 않을 수 없었다. 21개조 요구는 현안으로 되어있는 남만주·동몽골에서 그의 특수권익을 강화하며, 산동성에서 독일세력을 배제하고 그의 이권을 이어받는 동시에, 중국본토에서 우월권을 확보할 것을 원세개정권으로 하여금 수락하게 한 것이다.

노회한 원세개는 이 교섭의 경과를 외국과 국민에게 폭로하여 국론을 자극하고, 또 국내의 주의를 일본의 제국주의적 외교정책에 돌리게 함으로써, 이르는 곳마다에서 반일운동(反日運動)이 일어나고 있는 사이에, 스스로 황제가 되기 위한 이면공작을 추진시켰다. 21개조 요구는 원세개 자신에게는 그다지 깊은 상처를 입히지 않고 오히려 가해자인 일본의 장래와 중일국교의 커다란 암영(暗影)을 투사하였다.

중국에게 있어 특히 이이제이(以夷制夷)라는 중국외교사의 상투수단에 따라 채택했던 서태후·이홍장의 친러노선은, 3국간섭에 의하여 일본으로부터 요동반도 기타를 탈환하기는 했지만, 결국은 중국국토에 대한 「과분(瓜分)」을 초래하는 커다란 실책을 저지른 것으로 되었다. 그들의 과실덕분으로 일본은 러·일전쟁에서 중국배후에 있던 제정러시아의 거대한 그림자와 대결하여, 일찍이 러시아가 청국으로부터 마치 갓난아기의 손을 비틀어서 그가 쥐고있던 것을 빼앗듯이 약탈했던 만주지방의 권익을 겨우 탈환하여 거기에 식민지경영을 추진시켜오고 있었던 것이다.

일본은 제1차 세계대전에서 명목상 영·일동맹에서 부과된 의무에 의하여 참전하여, 아직 중립을 지키고 있던 중국의 항의에도 불구하고, 청도(青島)를 중심으로 한 독일의 교주만 조차지를 함락시켰고, 다시 산동철도를 따라 제남(濟南)까지 진격하였다. 3국간섭 당시 불·러와 함께 한패거리 중의 하나인 독일에 보복한다는 일본인의 감정이 여기서도 노출된 것으로 볼 수 있으나, 그것은 러·일전쟁에서의 대러시아 감정에 비하면, 그래도 훨씬 순화된 것이고, 전투도 비교할 수 없을 정도로 용이하고 또 희생이 적었다.

일본은 이번에는 독일이 가졌던 권익을 고스란히 그대로 손아귀에 넣음으로써, 중국본토 진출의 기반을 더욱 굳건히 하고자, 열강세력이 진공상태인 동아시아에서 중국을 협박하여 21개조를 강요한 것이다. 20년 전에 열강이 중국에서 행한 제국주의 침략의 표본을 바로 일본이 그대로 재연(再演)한 것이다. 그 결과로 일본은 열강의 제국주의적 침략을 종합하여 그 모든 죄악에 대한 책임을 스스로 뒤집어씀으로써, 민족의식에 눈뜨기 시작한 중국백성의 저항물결을 정면으로 뒤집어쓰지 않을 수 없었다. 21개조 요구는 이홍장이 일으킨 3국 간섭에 필적되는 일본외교의 일대실책이었다. 중일관계는 이것을 기점으로 새로운 전개가 시작된다.

군국주의자 야마가따(山縣有朋)의 대중국 정책

러·일전쟁의 승리로써 러시아에게 인정시킨 한반도에 대한 일본의 우월권을 확보하기 위하여, 소위 한국 통감으로서 서울에 부임(1906년 3월)한 이또오(伊藤博文)는, 1907년에 본국 외무대신에게 서한을 보내어 「만주에서의 이기정책(利己政策)의 실시는 당연한 결과로 청인들의 반감을 불러일으킴은 물론, 제3자에게 선동의 기회를 주며, 끝내는 같은 인종의 청·일 민족사이에 전쟁을 또다시 불러일으키게 될런지 모릅니다」라고 썼다. 그런데 야마가다(山縣有朋)는 이보다 조금 전에 「장차 우리 국리국권(國利國權)의 신장은 청국을 향하여 기도되어야 하는 바, 제국(일본)과 청국의 국제 및 지리적 위치관계는 여러 외국에 우월하기 때문에, 청국을 향하여 국권을 신장하고 이익을 증진시키는 일 또한 견줄데 없이 뛰어난 정책이라고 말하지 않을 수 없다」라고 주장하여, 일본의 제국주의적 중국침략을 노골적으로 말하였다. 야마가따의 이와 같은 의견이 그후 일본의 대륙정책의 기본이 된 바, 21개조도 이런 맥락에서 나온 것으로 보여진다. 21개조 요구와 관련하여 중일조약이 새로 체결되자(1915년 5월), 이와 같은 일본정부의 외교정책에 대하여 당시 야당지도자들인 하라(原敬)와 이누가이(犬養毅) 등은 국회에서 중·일국교의 장래를 우려하여 그것의 부당성을 공격하면서 반대결의안을 제출하였으나, 소수였기 때문에 부결되고 말았다.

황제로의 등극야망을 불태웠던 원세개는, 미국인 고문인 굿나우의 이른바 「공화제는 중국에는 적합하지가 않다」는 의견을 선전하면서 1915년 말, 국회에 공작하여 황제추천을 결의하게 한 다음, 다음해 1월에 즉위식을 가질 일정을 짜놓았다. 이에 대하여 국내외에서 맹렬한 비난의 목소리가 높아졌다. 찬성하여 중화민국을 승인한 열강도 제정에 찬성하지 않았는데, 특히 반일적인 원세개에 깊은 반감과 원한을 가진 일본이 선두에 나섰고, 또 영국·러시아도 중국의 정체(政體)변경에 반대하였다. 국내에서도 당계요(唐繼堯, 1882~1927)·채악(蔡鍔, 1880~1916)이 운남성에서 제정의 취소를 강력히 주장하여, 운남의 독립을 선언하였다. 원세개는 대세에 밀려 결국 제정(帝政)을 취소했지만, 제3혁명이라고 일컬어지는 혁명의 불길 앞에 이런 제정취소만으로는 사태가 수습되지 않고, 전국이 혼란상태에 빠지게 되었다. 원세개는 실의(失意)에 번민하던 중 급사하고, 여원홍(黎元洪, 1868~1928)이 대총통직에 취임하면서 구 약법(約法)을 회복하고 국회소집에 동의함으로써, 겨우 국내정세가 소강상태에 들어가게 되었다.

4. 새시대의 여명 — 5·4운동 이후

원세개가 죽은 뒤 중국에서는 북양군벌이 안휘파(安徽派)·직예파(直隷派)·봉천파(奉天派) 등의 파벌들로 갈라져, 제각기 특정외국과 결탁하고 지방에 할거하였으므로, 마치 전국시대(戰國時代)의 양상을 방불하게 하였다. 그중에서 북경을 지배한 것은 일본의 니시하라 차관(西原借款) 등을 통하여 일본세력을 등에 업은 안휘파 출신 총리 단기서(段祺瑞, 1863~1936)였다. 1918년에 제1차 세계대전이 끝나면서 동아시아 무대에 되돌아온 열강의 압력으로 단기서는 입장이 위태롭게 되었을 뿐만 아니라 학생운동 목표의 정면에 서게 됨으로써 부득이 퇴진하지 않을 수 없었다.

1917년 11월, 러시아에서 사회주의 혁명이 있은 후, 그 영향으로 독일·오스트리아·헝가리 등에서 연이어 혁명이 일어나면서 그 여파는 동아시아 지역에도 파급된 것만은 사실이다. 중국의 5·4운동도 넓은 뜻에서 바로 이런 혁명운동의 하나로 볼 수 있는데, 자본주의가 아직 발달하지 못한 중국에서 당시 마르크스·레닌주의사상에 이해심을 가졌던 사람은 소수에 지나지 않았다. 선두에 서서 5·4운동을 이끌고 나간 것은 반제·반봉건주의 감정을 불태운 북경의 대학생들이었다.

제1차 세계대전에 대한 파리평화회의가 1919년 1월, 베르사이유 궁전에서 열렸다. 미국 대통령 윌슨(Woodrow Wilson, 1856~1924)이 1918년 1월에 내걸은 14개조의 원칙들은, 외교 및 국제조약의 공개, 식민지민족의 이해(利害)를 지배자의 공정한 요구와 함께 고려하며, 식민지통치권의 자유공평한 협정, 오스트리아·헝가리·오스만제국 등에서의 제민족의 독립 내지 자주적 발전 보장, 해양(海洋)의 자유, 군비축소 등을 내걸었으며 종래의 비밀외교를 배격하고 민족자결(racial self-determination)을 중요시한 것들이었다. 이처럼 윌슨 대통령의 전후처리와 세계평화에의 원칙에 따라, 일본이 중국에 반환하는 명목으로, 독일로부터 빼앗은 산동반도의 이권들도 강화조약에 의하여 중국에 반환되는 것을 중국사람들은 당연한 일로 생각하였다.

그러나 파리평화회의에서는 윌슨의 이상주의적 원칙에 현실적 이해관계에 집착하는 참전 각국들에 통용되지 않고, 여러 나라의 타협에 의하여 평화조약 초안이 작성되고 있었다. 산동성내의 권익반환이 절망적이라는 소식이 그 해(1919) 5월 1일, 북경에 도달하였다. 여기에는 일본에게 교주만(膠州湾)을 할양한다는 일본과 영·불 등과의 1917년의 양해, 1918년의 중·일 정부간의 군사협정으로 말미암아 부득이한 양보였다는, 중국 전권대사의 해설문도 첨부되어 있었다. 북경에서는 당시 일본에서 중·일 정부간의 군사협정으로 말미암아 부득이한 양보였다는, 중국 전권대사의 해설문도 첨부되어 있었다. 북경에서는 당시 일본에서 중·일 비밀협정에 반대하는 대회를 개최한 까닭에 일본정부의 탄압을 받고 귀국한 유학생 등이, 그전부터 반일운동을 전개하고 있었다. 당시 한반도에서는 이미 월슨의 민족자결원칙을 행동으로 실행하여, 일본의 무단정치를 반대하고, 민족의 독립을 위하여 거족적인 3·1독립운동이 일어나고 있었다. 중국의 5·4운동이, 이 3·1운동과 횡적연락이 있었다든가 이에 자극받았다는 자료는 아직 발견되지 않았으나, 여하튼 한반도보다 2개월이나 뒤떨어져 대학생들의 반일항쟁이 일어난 것이다.

5월 1일부터 북경대학(北京大學)의 학생대표는, 임시대회를 열고, 5월 4일 천안문(天安門) 광장에서 집회를 열고 일본을 규탄한 다음, 데모행진을 벌릴 것에 합의하였다. 대회 당일에는 예상외로 3,000명의 학생이 모여 기세를 올린 다음 데모행진을 벌렸고, 다른 한 무리는 외교 부장 조여림(曺汝霖) 등 정부요인의 저택을 습격하여 파괴·방화하였다. 이것이 유명한 5·4운동의 발단이다. 정부는 경찰을 동원하여 탄압한 바, 많은 학생들이 체포되었다. 북경대학장이며, 5·4계몽운동의 대표자였던 채원배(蔡元培, 자는 子民<혈민>, 1869~1940)가 보수적인 단기서(段祺瑞)정부의 압력으로 사의를 표명하자, 학생들은 더욱 격분하여 이 운동을 스트라이크로 발전시켰다. 학생들이 교내를 뛰쳐나와 가두시위를 통하여 일반시민에게 반일·반정부투쟁을 호소하자, 상인은 철시하여 임시휴업했고, 노동자들은 파업으로써 그들에게 호응하였다. 이런 풍조가 전국적으로 확대되어 상해에서는 학생·상인·노동자들의 총파업이 8일간이나 계속되었다. 이 운동은 빠른 기일 내에 전국의 대도시로 확산되었다. 어지간히 보수적인 단기서 정부도, 당시 교통부장으로 옮아앉았던 조여림 등을 파면함으로써, 학생들의 요망에 대답하지 않을 수 없었다. 이리하여 북경대학은 2개월만에야 겨우 개강할 수 있었다.

갑자기 일어난 5·4학생운동의 폭풍우는, 이윽고 관헌의 음험한 탄압에 의하여 표면에서는 사라지고 사회도 평온해졌지만, 이 운동이 준 사회적·문화적·사상적인 영향 규모의 넓이와 깊이는, 헤아릴 수 없으리만큼 한 것이었다. 그것은 북경 대학생들의 청도(靑島) 반환의 부르짖음에 의하여 점화되어, 일본과 결탁한 군벌정부에의 반감을 표출시킨 것으로서, 일단 반봉건·반제국주의적인 학생들의 자발적 운동으로 규정되지만, 그러나 이것만으로는 설명되지 않은 보다 광대한 배경이 이 운동에는 있었다.

학생들은 우선 사상적으로 잡지 『신청년(新青年)』에 의한 신문화운동과 연결되어 있었다. 중국의 유교도덕으로 뒷받침 되어온 봉건적인 가족제도로부터, 지기를 해방하고 독립적인 인간으로서 자유로운 활동을 전개하고 싶다는 청년다운 요구가, 이 운동의 저류(底流)의 하나로 되어 있었던 것이다.

잡지 『신청년(新青年)』

1915년 상해에서 창간되고, 1923년에 정간당할 때까지, 진독수(陳獨秀, 1879~1942)·호적(胡適, 자는 適之, 1891~1962)·이대교(李大釗, 1888~1927)·노신(魯迅, 본 이름은 周樹人, 1881~1936)등에 의하여 편집되었다. 서양의 근대적인 합리주의·민주주의·과학주의적 입장에서, 중국의 유교적인 전통을 여러가지 측면에서 격렬하게 비판하였다. 미국 콜럼비아 대학에 유학하여 존·듀이(John Dewey, 1859~1952)의 실용주의 철학의 영향을 받은 호적은, 문어체(文語體)로 쓰여진 구문학(舊文學)을 대신하여 일반 백성이 읽고 또 알기 쉽도록 구어체(口語體)로 쓰는 백화문학(白話文學)을 제창하였다. 전통을 파괴하는데서 가장 철저했던 진독수는, 그후 마르크스주의자로 전향하여 중국공산당을 창건하고 그것의 초대 서기장으로 뽑힌 자이다. 중국 최초의 마르크스주의자라고 일컬어지는 이대교는, 공산주의 러시아(소련)와 마르크스주의를 소개하는 글을 기고하였는데, 그의 감화를 받은 사람의 하나가 모택동(毛澤東, 1893~1976)이다. 일본 유학생 출신으로서 날카로운 풍자소설을 쓴 노신(주수인)은, 후에 현대중국을 대표하는 작가로 성장하였다. 이처럼 각자 개성이 뚜렷한 편집자를 중심으로 한 신청년파(新青年派)는, 서양적인 합리론·실용주의·마르크스주의·무정부주의 등등 여러가지 경향이 뒤얽혀 5·4운동의 혼돈성을 표현하였다. 어쩌면 이 혼돈성이 새시대를 창출하는 것이었는지도 모른다.

북방에서는 직예파와 안휘파 군벌간의 끊임없는 투쟁이 계속되는 와중에, 만주로부터 장작림(張作霖, 1873~1928)을 우두머리로 하는 봉천계(奉天系) 군벌이, 북경에 입성(1926년 12월)하여 이 두 파벌을 누르고 대원수로서 북방의 패권을 장악하였다(1926년 6월). 이에 대하여 1917년, 광동을 본거지로 삼았던 손문은, 비밀결사였던 중화혁명단(中華革命黨)을 개편하여 공당(公黨)으로서의 중국국민당으로 발전시켰다. 손문은 영·미·일의 원조로 봉건군벌을 타파하고 민주주의 국가를 건설하려고 했지만, 열강으로부터 기대했던 만큼의 지원을 받지 못하게 되자, 실망한 나머지 10월 혁명으로 새로 사회주의국가 창건에 성공한 소련의 원조를 얻어, 이로써 혁명을 추진시킬 방침을 취하고, 1921년 말, 코민테른(Comintern, 국제공산당)에서 파견된 마린과 계림(桂林)에서 회견하고, 국공합작(國共合作) 계획을 확인하였다. 이에 앞서 그해 7월 초에 진독수―모택동 등은 소련과 코민테른의 지원하에, 상해에서 중국공산당을 창당하고 있었다. 손문은 1924년에 국민당 제1대회를 광동에서 열고 연소(聯蘇)·용공(容共)·부조농공(扶助農工)의 3대정책을 세우고, 국공합작으로 북방군벌을 타도하기 위하여 북벌군(北伐軍)을 일으켜 중국을 통일시키려고 하였다. 그는 이 공작을 위하여 북경에 갔지만 1925년, 암으로 북경에서 객사하였다. 장개석(蔣介石, 1887~1975)장군이 통솔하는 북벌군은, 가는 곳마다에서 농민·상공업자의 협력을 얻어 파죽지세로 북상을 계속하여 남경정부를 세웠고(1927년 10월), 다음 해 6월에는 장작림을 축출하고 북경에 입성함으로서, 북벌염원을 실현하였다. 이로써 국민정부는 일단 중국을 통일시켰다.

손문(孫文)의 유언

손문은 1925년 2월 24일, 병상에 누워서 왕조명(汪兆銘, 汪精衛, 1883~1944)에게 유언을 구술하였다. 이것이 유명한 유촉(遺囑)이다. 「나는 국민혁명에 힘을 쏟기를 대략 40년, 이

목적을 달성하려면, 민중을 불러일으키고 우리들을 평등하게 대우하는 세계속의 각 민족과 연합하여, 다같이 분투해야만 한다는 것을 절실히 알게 되었다. 혁명은 아직 성공하지 않았다. 우리 동지들은 모두가 나의 저서 『건국방략(建國方略)』・『건국대강(建國大綱)』・『삼민주의(三民主義)』와 「제1차 전국대표대회 선언」에 천명된 방향에 따라서 노력을 계속하고, 그것의 관철을 도모하여야 한다. 최근의 주장인 국민회의 개최와 불평등조약 폐제(廢除)는 특히 그것의 실행을 촉진시켜야 한다」고 말하고 있다. 그 중에서 「우리들을 평등하게 대우하는 세계 속의 각 민족과 연합하여」라는 문구는, 원래 「세계 속의 피압박민족과 연합하여」로 되었던 것을 왕조명(왕정위) 등이 고친 것이라고 한다. 이외에 소련에 보내는 유언이 있었는데, 이것은 영문초고를 직역한 것으로 보인다. 그 내용은 다음과 같다. 「내가 뒤에 남긴 국민당, 그 국민당에게 나는 제국주의 제도로부터 중국과 기타 피침략국을 해방시키는 역사적 공작을 완성함에 있어, 당신들이 협력 합작해 줄 것을 희망한다. …… 중국을 제국주의에 의하여 변화당한 반식민지상태로부터 탈출시키는 민족혁명의 운동공작에서, 나는 이미 국민당에게 당신들과 오랫동안 제휴하도록 부탁해 두었다. 나는 당신들이 이전부터 우리나라에게 준 원조를 계속할 것이 틀림없을 것으로 확신하고 있다」라고. 이로써 만년의 손문이 소련을 그 얼마나 신뢰하고 또 기대를 걸었는지를 알 수 있을 것 같다. 또한 손문은 광동에서 북경으로 갈 때, 일부러 일본을 거쳤는데, 이때 고베(神戶)에 있는 고베고등여학교 강당에서 「대아시아주의」라는 연제로 다음과 같은 강연을 하고 있다. 「우리들은 대아시아주의를 말하는데, 만일 아시아민족의 지위를 회복하기 위하여 인의도덕(仁義道德)을 기초로, 각부의 민족을 연합시킨다면 아시아의 모든 민족은 반드시 거대한 세력으로 될 것이다. 그러나 유럽인에 대하여 오직 인의(仁義)의 도의심만으로 그들을 설득감화하며, 아시아에 있는 유럽인에게 평화적으로 우리들에게 우리의 권리를 되돌려 달라고 간청한다는 것은, 마치 호랑이에게 그 호랑이의 가죽을 달라고 부탁하는 것과 마찬가지로, 절대 불가능한 이야기라고 생각한다. …… 끝으로, 일본의 여러분은 이미 구미제국의 패도문화(覇道文化)를 자기 것으로 삼고 있지만, 한편 아시아 왕도문화(王道文化)의 본질도 여전히 갖고 있다. 오늘이후 세계문화의 전도(前途)에 대하여, 결국 서방패도(西方覇道)의 앞잡이로서 비겁한 주구(走狗)가 되느냐, 또는 동방왕도(東方王道)를 지키는 간성(干城)이 되느냐 하는 문제에 대하여, 일본국민의 여러분은 충분하고도 신중히 생각하여 선택해주기 바란다.」 당시 일본의 양식(良識)이 이것을 일본정부에 의하여 번번히 배신당했던 손문이 일본국민에게 남긴 마지막 유언이라고 보았던 것이다. 이 손문의 말이야말로, 실로 일본의 대 아시아외교의 자세였어야만 했으나 현실은 그렇지만 못했다.

5. 중·일관계의 파국

손문이 삼민주의(三民主義)에서 첫 번째로 내세웠고, 또 가장 중요시했던 민족주의(民族主義)는 만주족의 지배로부터 중국을 해방시키는 것이었다. 1911년의 신해 혁명이 성공된 다음에는, 이미 민족주의가 달성된 것처럼 보였지만, 기실 공화제란 이름뿐 중국은 아직도 몇 개의 세력권으로 갈라진 지방할거 상태였다. 이 군벌들은 각각 일본·영국을 비롯하여 여러 외국과 결부되어, 그들의 군사적·경제적인 원조를 받고 있었다. 이런 군벌을 무너뜨리고 참된 통일공화제를 실현시키려면, 열강들과의 결합상태를 단절시켜야만 하였다. 만년의 손문은 중화민족이 과거 만청(滿淸)시대에는 2중의 노예였지만, 그런 만청의 손에서 벗어난 지금도 여전히 외국의 노예로 전락되어 있는 중국국민을, 불평등한 위치에서 해방시켜야만 하는바, 그러기 위해서는 중국을 속박하고 있는 불평등조약의 폐기가 민족주의 실현의 당면한 과제라고 생각하기에 이르렀다.

제1차 세계대전 기간중에는 유럽의 자본주의가 전쟁에 쫓기어 그 상품을 동아시아 시장에 별로 공급하지 못했으므로, 일본의 자본주의가 이런 틈바구니를 발견하고 재빨리 손을 뻗쳤다. 중국의 자본주의도 예외가 아니였다. 이로 말미암아 중국의 민족자본이 급속히 성장하였다. 제1차 세계대전 후에 유럽자본주의가 또다시 동양으로 진출해오자 아직 걸음마단계의 중국자본주의는 이에 십분 대항할 수 없어서, 선진자본주의 국가의 값싼 섬유 제품에 압도됨으로써 위기에 빠지게 되었다. 이에 대항하려면 외국자본주의의 수호신 중 하나인 치외법권제도의 폐지와 관세자주권의 회복이 필요하였다.

손문은 삼민주의 중 가장 중요한 항목이던 민족주의 혁명은, 불평등조약을 폐기하고 토착자본주의를 수호하기 위하여 이른바 부르조아 민주주의 혁명과 결부되지 않을 수 없었다. 불완전하나마 북벌(北伐)로서 전국통일을 완성시킨 장개석은, 절강성 출신이며 송미령(宋美齡, 1901~) 부인의 실가(實家)와의 관계도 있고 해서, 절강재벌(浙江財閥)과 밀접히 결합되어 이 부르조아 민족혁명을 추진시키는 입장에 놓였다. 송미령 부인이 기독교 개신교 신자인 관계로부터, 미국도 장개석 정부에 친근감을 가지고 있었다. 중국에 대하여 열강보다 뒤늦게 관계를 가졌고, 따라서 기성의 특수권익을 갖지 않는 미국은 일찍이 문호개방을 주장했던 일도 도움이 되어, 장개석의 새 정권을 후원하여 부르조아혁명을 추진시키는 입장이 되었다. 양자강지대에 세력기반을 가진 영국도 제1차대전 후 외교적으로 미국의 압력을 받아 미국과 협력하여 장개석의 국민당정권을 옹호하게 되었다.

청일·러일전쟁 등을 통하여 유혈의 대가로 획득한 만주의 특수권익의 수호를 지상명령으로 삼았던 일본은 국민정부의 영향력이 만주지방에까지 미치는 것을 겁내어, 한때 봉천군벌의 우두머리 장작림을 적극 원조하는 입장을 취함으로써, 남경 국민정부와의 대립을 점차 심화시켰다. 일본은 만주지방의 특수권익을 빨리 확정하며, 또 새 철도부설권 등을 장작림에게 강요했으나, 불평등조약 폐기로 집약되는 중국국민의 요구에 대하여 눈을 가린다는 것은 자살적 행위였으므로, 장작림으로서도 일본의 요구를 허용할 수가 없었다. 다나까(田中義一)를 우두머리로 하는 일본의 군부는, 장개석 북벌군의 북상을 방해하기 위하여 1928년 4월, 산동반도(山東半島)에 출병하여 제남사건(濟南事件)을 일으켰으나, 목적을 달성할 수가 없었다. 일본 군부는 북벌군에 쫓기어 북경에서 심양으로 돌아가는 장작림이 탄 열차를 폭파하여 그를 살해하고(1928년 6월), 이것을 기회로 쿠데타를 일으켜 보다 친일적인 지방정권을 심양에 만들고자 하였다. 장작림은 살해되었지만, 국민정부 정책에 한층 더 공감을 표시하던 장작림의 아들 장학량(張學良)이, 아버지의 뒤를 잇자 그와 일본군(關東軍)과의 대립은 더욱 첨예해질 따름이었다.

중국에 대한 미국의 태도는 일찍이 1921년 11월, 워싱톤 해군 군축회의에서 루트 4원칙으로 제시됐던 바, 중국의 주권독립을 존중할 것, 중국에 강력한 정부가 정착하기에 충분한 기회를 줄 것 등에 따라 남경정부와 의정서를 교환한 것으로 표시되었다. 일본의 대중국 외교정책은 중국에 대한 미국의 문호개방요구에 정면으로 반대할 수 없어서 점차 중압을 받고 있었다. 일본이 중국에 대하여 만주의 특수권익을 수호하려면, 미국의 원칙외교를 견제하는데 충분하리 만큼의 해군력을 유지할 필요가 있다고 생각하던 군부는, 워싱턴조약 결과에 대해 크게 불만이었다.

워싱턴조약(1922년 2월) 후의 해군 군축체제에 대응하기 위하여 시노하라(幣原) 외무대신은 1927년에 중국의 주권과 영토보전을 존중하고, 내정에 대한 절대 불간섭주의를 엄수하며, 중국현상에 대하여 관용적인 태도를 취할 것임을 국회에서 표명하였다. 워싱턴 해군체제와 시노하라 외교에 대한 불만이 높은데 더하여, 또다시 1930년에는 런던 군축조약에 의하여, 주력함 분만 아니라 일본의 보조함도 대미 6할9부라는 비율이 정해졌다. 군부의 일부에서는 이 협정이 체결될 때, 군부의 통수권이 무시되었다하여, 맹렬한 반대 운동을 일으키면서 공격의 화살을 또다시 시노하라 외교에 퍼부었다. 1931년 9월, 일본 육군 본부의 청년장교들은 만주에 주둔하는 관동군으로 하여금 끝내 만주사변을 일으키게 하여, 만주를 국민정부의 통치가 미치지 못하는 지역으로 만들었고, 다시 1932년 3월에는 청조의 마지막 퇴위 황제인 선통제(宣統帝, 溥儀)를 데려다가 만주황제로 앉힘으로써, 만주국이라는 괴뢰정권을 만들어냈다. 이 만주국에 대해서는 그후 국민당의 비밀공작이 추진되어, 각지에서 끊임없이 반일운동이 계속되었다. 이런 정세에서 일본군부는 만주국의 치안을 확보한다는 구실하에, 열하(熱河) 지방을 점령(동년 7월)한데 이어, 그 다음해에는 여기에 보급을 원활히 하려면 만리장성지대 내의 수송루트 확보가 필요하다면서 화북지방에까지 군대를 진입시켰다. 이와같이 그칠줄 모르고 계속된 일본의 군사적 침략은 드디어 1937년 7월, 북경서남방 교외에 있는 노구교(蘆溝橋)에서는 중·일 무력충돌로 나타났고, 그것이 중·일 무력충돌로 나타났고, 그것이 중·일 전쟁으로 확대되어 갔던 것이다.

노구교(蘆溝橋)사건

1937년 7월 7일밤, 야간훈련을 위하여 북경교외인 풍대(豊臺)에 주둔 중이던 일본군이, 노구교 서북방을 향하여 1개 중대병력이 전투훈련 중, 영정하(永定河)대안으로부터 갑자기

10여 발의 실탄사격을 받았고, 병사 1명이 행방불명되었다. 일본군이 대대병력의 주력을 출동시키자 또다시 사격을 받았다. 행방불명됐던 병사는 사건발생 20분 후에 원대복귀 했지만, 중대장이 그것을 보고하지 않았기 때문에, 일본군측이 실종 병사의 수색을 위해 원평현성(苑平縣城)에 들어갈 것을 요구한데 대하여, 중국측이 거부함으로써 여기에 또다시 전투가 벌어졌다. 북경에서는 일본의 육군사령부와 북경부근을 관할하는 중국 기찰(冀察)행정위원회 사이에 현지교섭이 벌어졌으나, 상당히 난항하였다. 도쿄(東京)의 육군본부도 처음에는 사건 불확대 방침을 취했고, 현지에서도 이에 따라서 문제를 타결하려고 하였다. 그러나 육군부 내에는 이 기회에 화북공작(華北工作)의 정동상태를 타개하기 위하여 전투를 속행하여 중국에 큰 타격을 주어야 한다고 강경론을 펴는 자도 있어서 쉽게 결론이 나지 않았다. 이대로의 상태로서는 일본의 주둔군과 거류민이, 우세한 중국군의 포위에 빠질 위험성이 있다하여 만주의 관동군을 비롯하여 한반도의 소위 조선군, 그리고 일본내에서 상당한 병력을 파견할 필요가 있다고 지적되었다. 육군본부에서는 사건의 확대냐 불확대냐의 논의에 결론이 나지 않은 채 동원령이 두 번씩이나 있었다. 7월 23일에 이르러 중국측이 보정(保定)으로 철수시킬 예정이던 제37사단의 이동을 중지했을 뿐만 아니라 또 다른 부대를 북경시내에 투입하자, 형세가 갑자기 악화되면서 일본측은 천진(天津)에 있던 부대의 응원을 얻어 북경일대에서 중국군을 일소해 버릴 작전을 개시하였다. 이로써 중·일 간에는 본격적인 전투가 벌어지게 되었다. 케케묵은 의화단사건의 의정서에 따라, 여러 나라의 군대와 함께 일본군도 철도연변에서의 군사연습권을 가지고 있었으므로, 이 군사연습은 이번 사건에 관한한 결코 불법행위가 아니라고 강변하였다. 노구교사건은 당시 일본군의 배치상태로 보아 전쟁을 의도적으로 도발하기 위한 계획적인 행동이 아니었다는데서, 유조구(柳條溝) 만주철도 폭파사건이 군부의 주도면밀한 예정계획에 의거하여 저질러졌고 또 이것을 만주사변으로 발전시켰던 것과는, 그 사정이 전혀 다르다고 평가되었다. 당시 노구교에서의 발포사건은 소위 2만 5천리장정(長征 도는 大西遷, 국민당군의 제5차 공산군 토벌작전, 1934~35)으로 강서성 서금(瑞金)기지에서 쫓겨나 연안(延安)으로 도망침으로써 심히 약체화된 공산당이, 조직 재정비와 회생의 시간적 여유를 얻기 위해, 당시 화북지역 공산당 책임자인 유소기(劉少奇, 1898~1969)가 일본군의 군사훈련 현장에 잠입시킨 공산당원으로 하여금, 일본군에게 발표하게 하여 국민당과 일본군이 이전투구(泥田鬪狗)식으로 싸우게 한 공작이었다는 말과, 또는 일본군 자신이 꾸민 자작극이라는 설이 있어서, 오늘날까지도 수수께끼로 되어있다. 이런 사소한 사건을 비극적 사변과 전쟁으로 확대시킨 책임은, 물론 일본군대내 강경파에게 있다. 만주사변(1931) 이래 군벌화한 일본군대가 대국적 판단을 잘못하여 중·일 국민은 물론 전 세계 인류에게 다대한 고통과 희생을 강요하면서, 소위 대동아 전쟁으로까지 침략을 확대시킨 책임은 결코 용서받을 수 없을 것이다.

중국에서는 만주사변 이후, 민족주의 운동이 항일투쟁에 집중되어 전에 없이 고조되었다. 국민당이 북벌혁명을 끝낼 무렵까지의 배외운동(排外運動)은, 아편전쟁(1840년) 이래 양자강 유역에 이권을 가지고 있던 영국을 주목표로한 일반적인 반제국주의 운동이었다. 그 사이에 세계정세가 변화하여, 유럽에서는 독일과 이탈리아의 파시즘정권이 서로 악수하여 서유럽의 현상 변경에 나섰기 때문에, 영국도 동아시아를 돌볼만한 여유가 없어졌다. 중국에 압력을 계속 가할 수 있는 제국주의 국가는 이제 일본 뿐으로 그 범위가 축소되었으므로, 반제국주의 민족해방운동은 항일투쟁이라는 한점에 집중되기에 이르렀다. 이렇게 된 데는 제1차 세계대전 당시, 일본의 21개조 요구를 중심으로한 강압정책이 주원인이 되어 침략의 마수를 만주사변-중일전쟁-태평양전쟁으로 확대시킨데 있다. 따라서 21개조를 중국에 강요한 일본제국주의자들의 실책책임은 역사의 심판을 계속해서 받아야 할 것이다.

6. 공산혁명의 성공 — 자주독립

지금까지는 장개석 국민정부에 초점을 맞추어, 중국에 대한 근대의 첫 번째가는 제국주의 침략자인 일본과 중화민국과의 파국적 관계에 이르는 과정을 고찰하였다. 중국오지에는 제1차 국공합작이 파탄된 후(1927년), 소위 대서천(大西遷, 중국공산당은 2만5천리장정을 이렇게 부른다)을 통하여 1936년 이래 섬서성 연안(陝西省 延安)에서 국민정부와 대립하는 공산정권이 존재하며, 국민정부 및 일본과 뒤얽히면서 점차 중국의 역사진전을 결정하는 중요한 역할을 담당하고 있었다. 그러면 이제 중국공산당쪽에 시선을 돌려 중국역사를 다른 측면에서 살펴보기로 한다.

1926년, 장개석을 총사령관으로 하는 북벌군(北伐軍)은 광동에서 출발한 후 진격을 계속하여 무한(武漢) 3진을 점령하였는데, 이때 동남방면인 양자강하류를 목표로 하는 장개석군과 무한에 천도하려는 국민당 좌파지도자 왕조명(汪兆銘)을 주석으로 하는 국민당본부, 즉 무한정부(武漢政府)와의 사이에 의견대립이 생겼다. 국·공통일 전선 밑에 불평등조약의 폐기를 부르짖는 대중은, 이때 한구(漢口)에 있는 영국조계지를 실력으로 접수하였다. 이것이 상해조계(上海租界)를 비롯하여 양자강 하류지역에 막대한 권익을 가진 영국정부를 경하(硬化)시켰다. 남창(南昌)·상해·남경을 차례로 함락시킨 장개석은 영·미 등의 외국세력과 국내재벌 및 대지주들과 타협하여 노동조합 탄압에 나섰다. 노농대중을 중시해오던 무한정부도, 공산당이 모스크바 지령에 의하여 별도로 7만의 공산군을 편성하여 쿠데타로서 무한정부를 전복하고 소비에트 정권을 수립하려 한다는 정보를 입수하자, 공산당원을 정부와 국민당에서 추방하였다. 한편 상해를 점령한 장개석은 노동자규찰대 등 공산당의 군사 및 당조직을 파괴하고, 공산당원을 대대적으로 숙청하는 작전을 전개하였다. 이리하여 제1차 국공통일전선은 이때 붕괴되고, 그후 중국혁명에서 농민의 역할을 중시(重視)하여 호남성의 농민운동을 지도해온 농촌중심의 모택동 지도하의 공산당 등과, 남경을 비롯한 도시를 중심으로 하는 장개석의 국민정부 사이에는, 1937년까지 10년여 동안이나 결렬한 내전이 반복되었던 것이다.

처음에 농민과 광산노동자로 편성된 노농민병대로써 1927년 「추수폭동」 등 호남성 농촌에서 반지주계급·반국민당 투쟁을 전개해오던 모택동은 그해 가을, 쫓기어 2명의 산적두목이 산채로 쓰고 있던 강서성과의 성계(省界)인 호남성 산간지대의 정강산(井崗山)으로 이동하여, 이곳을 국민당저항 근거지로 하였다. 그러자 다음해 4월에는, 호남지방에서 방황하던 주덕(朱德, 1886~1976)이 정규군 2천여명을 이끌고 정강산에 들어와 모택동군과 합류하게 되면서, 이것을 노농홍군 제4군이라고 호칭하였고, 뒤이어 각지의 국공투쟁에서 패잔한 임표(林彪, 1907~71)·진의(陳毅, 1901~72)·팽덕회(彭德懷, 1900~?) 등이 정강산에 모여들어, 장기간에 걸쳐 국민군에 저항할 수 있는 체제를 구축하였다. 모택동·주덕은 강서성 남쪽에 위치하며, 국민군의 접근이 정강산보다 더 어려운 지형에 위치한 서금(瑞金)으로 이동(1929년 1월)하여 좀더 넓은 소비에트 구역을 만들었다. 그들은 이 지구의 농민들과 일체가 되어 한편으로는 농경(農耕)으로 식량을 확보하고, 다른 한편으로는 게릴라전 위주의 유격전술로 장기적인 지구전(持久戰)을 전개하였다. 그러면서 모택동은 1931년 11월, 제1차 전국소비에트 대표회의를 개최하여 「중화소비에트공화국」의 성립을 선언하고 임시 수도를 서금으로 정하는 동시에, 스스로 임시정부 주석에 취임하였다. 깊은 애착심으로 농촌을 이해한 농촌출신의 모택동은, 대지주·관료·군벌 등이 소유하던 부재지주농지를 몰수하고, 소작료를 폐지하는 토지개혁을 단행함으로써 빈농민을 중심으로 한 농민운동을 조직하며, 이와 병행하여 군대의 규율을 엄격히 하여 농민과 일체화되고, 또 그들을 위하여 봉사하는 인민해방군을 키우고, 이 두 가지 공작을 통하여 「해방지구」를 점차 다른 지역으로 확대해 나갔다. 지도상으로 보면, 일견하여 공산당의 적색지구가 국민당의 백색 지구에 의하여 포위되어 있는 것처럼 생각되지만, 광대한 농촌해방구의 확대로써 역으로 농촌이 도시를 포위하고 최종적으로 선(철도·중요도로)과 점(도시)을 해방한다는 인민전쟁의 원리를 발견한 모택동은, 이런 전략·전술로 중국혁명을 실현시키려고 한 것이다. 그는 이런 전략·전술이, 독·이·일의 추축국 파시스트와 영·미·불 등 연합국 세력이 대립하는 국제정세하에서, 그리고 중국과 같은 제국주의 침략하에 있고 자본주의가 성숙되지 못한 반봉건적인 대륙국이라는 국내정세하에서는 충분히 실현 가능하다고 논하였다.

3대규율(三大規律)·8항주의(八項主義)

모택동은 1928년 4월, 호남성 정강산(井崗山)에서 군 내부는 물론 대민정치공작에서 반드시 지켜야 할 3개조의 규율과, 이에 입각한 8개조항의 행동수칙을 제정 시달하였다. 3대 규율은 ① 모든 행동에서는 지휘관의 지위에 따를 것, ② 노동자·농민의 물건이라면 바늘 하나라도 빼앗지 말 것, ③ 토호(土豪)를 타도하면 일체의 노획품은 공유(公有)로 할 것 등이다. 1928년에 처음으로 시달된 행동수칙은 6개 조항으로서 ① 말은 공손히 할 것이며, ② 농작물을 망치지 말며 ③ 사람들을 때리거나 욕하지 말아야 하고, ④ 물건을 팔고 삼에 있어서는 공정하며, ⑤ 민가에서 빌린 물건은 반드시 되돌려 줄 것이고, ⑥ 빌린 물건이 파손되면 배상해 주어야 한다고 했는데, 다음해 「3항규율」을 「3대규율」로 고치고 또 「6항주의」를 「8항주의」로 확대시키면서 상기 6항주의에 다시 ① 부녀자를 희롱하지 말 것, ② 포로를 학대하지 말 것이라는 2개항을 첨가하였다. 최초의 행동수칙에는 「잠자기 위하여 빌린 널빤지는 원상태로 해놓고, 잠자기 위하여 빌린 거적은 원상태로 해 놓을 것」 등 일반적으로 매우 구체적인 주의사항이 첨부되어 있었다. 중국에는 옛날부터 「좋은 쇠는 못이 되지 않으며 좋은 아이는 병사가 되지 않는다」라는 속담이 있듯이, 인간쓰레기가 아니면 좀처럼 들어가려 하지 않으려던 군대란, 사실 소질도, 훈련도 그리고 군기도 나빠서 일반사람은 비적보다도 오히려 토벌군이나 패잔병을 두려워했던 것이다. 그런 군대에 대한 좋지 못한 관념에서 탈피하여, 매우 신변 가까운 행동수칙에서 시작하여, 비교적 엄숙한 군대기율을 가진 「해방군」으로 키운 것은 사실 모택동의 공로로 평가할 수 있을 것이다.

장개석은 강서성 기타 지역에서의 적색구역의 확대에 지대한 관심을 가지고, 만주사변이 일어나기 전후에 중・일국교가 긴박했던 1930년부터 32년에 걸쳐 이런 적색지구에 대하여 4차에 걸친 대포위공격작전(剿共作戰)을 전개했다. 이러한 초공작전들에서는 그때마다 일본군이 일으킨 만주사변(1931년 9월), 상해사변(1932년 1월), 열하침공(熱河侵攻, 1931년 7월) 등으로 방해받아, 모두 중도에 작전을 중지하지 않을 수 없었다. 그간 공산당은 서금에 「중화소비에트 공화국」을 수립(1931년 11월)했고, 일본군부는 만주국을 조작(1932년 3월)했는가 하면 5・15사건(犬養毅 수상을 암살하고 일본을 군국주의화하는 계기로 삼은 사건)을 일으켰다. 초공작전에 대한 일본의 저지공작도 일시 수그러지고, 따라서 중・일 긴장상태도 얼마간 완화되자, 국민정부는 1934년 9월부터 본격적으로 제5차 초공작전을 전개하였다. 이번에는 100만의 대군을 근대장비로 무장시켰고, 토치카 포위망으로 홍군(紅軍)을 공격하는 철환작전(鐵環作戰)으로 전환함으로써, 작전 1개월만에 적도(赤都) 서금(瑞金)을 공략하였다.

이상의 과정을 보더라도 장개석이 국토통일과 국민정부의 안정을 위하여 싸우는 것을, 일본은 의도적·계획적으로 방해하며 제국주의 침략을 계속함으로써, 간접적으로 중국공산당의 멸망을 모면하게 했고, 나아가 그것의 재흥을 도왔다. 이렇게 여명을 부지하게 된 공산당은, 장개석에게 내전을 중지하고 공동의 적·중국인민의 적인 일본에 대항하자고 호소했고, 강서성에서 북상하여 연안에 들어간 후에도, 스스로 일본의 침략방위를 위한 제1선에 설 것을 선언하였던 것이다.

서금(瑞金)이 함락되기 직전인 1934년 10월, 모택동은 홍군을 이끌고 포위망을 탈출하여 운남·사천·감숙성의 산간지대를 넘고 또 큰 강과 사막·초원지대를 지나 섬서성 북부에 있는 연안에 이르러, 이곳을 근거지로 정했다. 국민군의 공격을 피하면서 1만2,000킬로미터가 넘는 곤란한 행군을 완수했는데 공산당은 이것을 「2만5천리장정」 또는 「대서천」이라고 불러 영웅적인 사업으로 내세우고 있다.

모택동의 장정시(長征詩)

시에 관한 소양도 가졌던 모택동은 「2만5천리장정」을 다음과 같이 노래하였다.

> 홍군(紅軍)은 원정의 어려움을
> 겁내지 않으며
> 천산천수(天山天水)도 애초부터
> 대수롭지 않게 여긴다.
> 첩첩한 5령(五嶺)의 물결도
> 자잘하게 부서지고
> 오몽(烏蒙)의 진탕은 끝없이
> 물방울을 튕긴다
> 세차게 부딪치는 금사(金砂)의 격류는
> 구름낭떨어지를 덮히며
> 대도하작전에서 조교(弔橋)를 건너고 나니
> 철색(鐵索)만 싸늘하고
> 다시 민산(岷山)의 천리산길이

눈에 덮였더니
3군이 지나가자 모두가 웃으면서
녹더라

여기서 5령(五嶺)은 강서·호남의 성경(省境)에 있는 산맥, 오몽(烏蒙)은 운남성 동부에 있는 산지, 금사(金砂)는 양자강 상류에 있는 금사수(金砂水) 협곡의 격류, 대도(大渡)는 대도하 작전을 말하는 것으로서, 이 협곡에는 철색(鐵索)으로 늘어뜨려서 가설한 조교(吊橋)가 있는데, 여기서 국민군의 공격을 배제하면서 도하한 것은 장정(長征)의 하이라이트가 된 무용담이었다고 한다. 민산(岷山)은 섬서성 서쪽 청해·감숙·사천성의 성계에 있는 고산지대를 가리킨다.

1936년 12월, 연안(延安)에 대한 공격을 독려하기 위하여 서안(西安)에 도착한 장개석은, 만주사변으로 일본군에 추방되어 이곳에서 초공작전을 지휘하던 봉천군벌의 젊은 지휘관 장학량(張學良, 1898~?)과 국민정부 거북군 사령관 양호성(楊虎城)에게 갑자기 체포되었다. 이 서안 사건의 결과, 장개석을 석방하는 조건으로 국공통일전선을 형성하여 일본군 침략에 저항한다는데 합의가 이루어지면서, 초공작전은 또다시 중도에서 중지되고 말았다.

1937년 7월 7일, 노구교(蘆溝橋)에서의 중·일간의 하잘 것 없는 총격사건으로, 드디어 중·일전쟁으로 확대되면서 장개석은 「서안공약」에 따라 그해 9월, 중국공산당과의 제2차 국·공합작(抗日統一戰線의 형성)에 동의하였다. 그러나 국공합작이 애당초부터 견원지간인 국민당과 공산당의 서로가, 상대방을 일본군에게 정면 충돌하게 하여 그 전력을 소모시킬 것을 꿈꾸던 두 세력의 동상이몽족(同床異夢的)인 합작이었던 만큼 결코 보조가 맞을 리 없었다. 더욱이 공산당은 출전(出戰)에 앞서 모택동이 8로군 총사령 주덕(朱德) 이하 주요 정치·군사간부들을 모아놓고 「정권(政權)은 총구(銃口)에서 나온다」,「우리의 정책은 7부 발전(發展, 공산당의 세력확장), 2부 응부(應付, 국민당과의 합작), 1부 항일(抗日)이다. 제1단계는 국·공합작으로 생존과 발전을 꾀한다. 제2단계는 국민당과 세력균형을 달성하기 위하여 투쟁한다. 제3단계는 화중(華中) 근거지를 건립한다. 이것이 우리당의 기본노선임을 명심해야 한다. 라고 훈시했듯이, 모택동과 그의 공산당은 일본군을 대륙에서 축출하고 통일독립을 완수하려는 목표는 차라리 제2차적이고, 공산당의 부활 및 세력확장과 대륙적화를 위하여 이 전쟁을 이용하려 했던 것이다.

항일민족통일전선이 결성되어 있던 기간 중, 연안을 중심으로 한 소위 해방지구에서는 삼삼제(三三制)라 하여 지방의 행정기관 등에서는 공산당·민주당파·무소속 등이 각각 ⅓씩의 대표를 파견하여, 기구를 운영하는 제도가 확립되어 있었다. 이와 같은 공산당 세력권 내에서의 공산당의 자제적(自制的)인 태도가 일부 지식층의 신뢰감을 획득하는 결과를 가져왔다. 이리하여 항일전쟁 중에 연안에 있는 三三制 정신에 따른 자유분위기가 어느 정도 조성되었고, 따라서 이를 동경한 낭만주의적 경향의 청년지식인들이, 국민당이나 일본군 점령하의 지역으로부터 연안지구로 들어갔다. 그러나 그들은 1942년에 시작된 소위 정풍운동(整風運動 : 學風·黨風·文風)에서 철저한 사상검토를 받았으며, 개중에는 불순분자로 규정되어 자살하거나 심한 고초를 겪어야만 했다.

태평양전쟁은 일본의 참담한 패전으로 끝났지만, 중국에서는 국공합작이 이미 깨어져 국민당군과 공산당군이 일본의 점령지구에 있는 도시에 한발자국이라도 더 빨리 도착하여 일본군을 무장해제하고, 그 무기탄약과 기타의 보급품을 먼저 차지하고자 맹렬한 경쟁을 벌렸다. 오지에 있던 국민당군은 온존했던 정예부대를 미국의 원조에 의하여 해안선 요충지에 수송하였다. 내전을 회피하게 하는 미국 마샬(George Caillet Marshall, 1880~1959)장군의 주선노력에도 불구하고, 1946년부터 국·공간에는 또다시 대립항쟁이 벌어졌다.

개전 당시는 국민당군이 우세하였지만, 다음해부터 공산군이 일제히 반격에 나섰다. 공산당이 농지정책의 실행으로 농민의 신뢰감을 획득한 것, 삼삼제 정신이 중간파인 민주동맹파의 지식분자를 자기편에 끌어넣을 수 있었던 것, 일본관동군의 무장을 고스란히 소련군으로부터 인수한 것 등이 근본원인이 되어, 공산군은 이르는 곳마다에서 군기가 해이·퇴폐된 국민당군을 격파했다. 국민당군은 소련군의 지원을 많이 받았던 만주지방에서 철저히 패퇴함으로써 탱크 등 우수한 미국장비를 공산군에서 대량 공급하는 커다란 실수를 저질렀다. 이리하여 1948년 말부터 국민당군이 도미노현상을 일으키면서 공산군은 만주지방을 장악한 후 만리장성을 넘어 천진·북경지역을 점령하였고, 초여름에는 이미 양자강 유역을 완전히 장악하게 되었다. 1949년 5월, 장개석 정부는 끝내 대만으로 옮겨가지 않을 수 없었다. 그해 10월 1일, 중국공산당과 모택동은, 중화인민공화국의 성립을 북경에서 선언하고 성대한 축전을 거행하였다. 이날을 오늘날 새 중국에서는 국경절(國慶節)로 경축하고 있다. 1912년 신해혁명으로 이민족인 만주족의 청조를 타도하고 한족이 정권을 회복한 이래, 줄곧 내란과 외전(外戰)으로 시달리던 중국에서, 비로소 명실상부한 천하통일과 통일정부가 수립되었고, 종전의 외국과의 불평등조약을 모두 청산하면서 참된 독립국으로서의 한발자국을 내디딘 것이다. 1840년의 아편전쟁 이후 110년 째되는 해에, 중국의 기나긴 국제적인 굴욕의 세기가 여기서 끝난 것이다.

맺 음 말

　중화인민공화국은 중국의 5천년 역사 속에서 어떤 위치를 차지하며, 중국 역사에 있어 어떤 의미를 가지는 것일까. 사실 1921년 7월, 모두 13명으로 창설된 중국공산당이, 중국국민당의 탄압과 일본제국주의의 침략을 물리치고, 30년의 고투(苦鬪) 끝에 드디어 중화인민공화국을 성립시킨 역사는, 두 말할나위도 없이 중국역사에서 미증유의 사건이다. 그러나 혁명단체에 대해 본다면 그러한 역사적 선례가 없는 것도 아니다.
　모택동은 중국공산당이 진대(秦代) 말기의 혁명가 진승(陳勝)·오광(吳廣)의 봉기로 시작되는, 중국 역대의 무수한 농민기의(農民起義)의 전통을 이어받은 조직이라고 생각하였다. 특히 1851년, 광서성 한쪽 귀퉁이에서 기병한 후 1853년에는 이미 남경을 점령한 후 이곳을 도성으로 정하였고, 한때는 북상(北上)하여 천진까지 육박해서 수도를 위협함으로써 청조에 커다란 충격을 주었으며, 1864년까지 11년동안 중국에서 가장 산업이 발달하고 풍부한 양자강 이남지역을 지배한 태평천국하고도, 공산당과는 농민혁명이라는 점에서 맥락을 같이하는 것이라고 그들은 말하고 있다.
　진승·오광의 반란이, 중국최초의 중앙집권적 강력한 왕조인 진(秦)나라의 붕괴원인이 된 것을 비롯하여, 중국의 농민봉기가 역대 왕조를 타도하는 원동력이 되었다는 것은 이미 지적한 바와 같다. 농민폭동은 언제나 약체화된 왕국을 무너뜨릴 힘을 충분히 가지고 있었다. 그러나 어느 농민폭동도 그런 왕조를 타도한 다음에 농민자신에 의한 정권을 수립하고, 중국을 영속적으로 통치하는 정부로 만드는데는 실패하였다.
　농민출신인 한(漢)나라의 창건자 고조(劉邦)는, 진승·오광의 반란 뒤를 이어받아 진제국을 무너뜨렸는데, 그는 진나라 수도 함양(咸陽)에 입성하기 전부터 장량(張良, B.C. 168~?)과 같은 귀족출신의 유능한 군사고문, 소하

(蕭何, B.C. ?~193)와 같은 명재상의 보좌, 한신(韓信, B.C. ?~196) 같은 명장들의 힘으로 초패왕 항우(項羽, B.C. 232~202) 등의 정토에 의하여 한나라를 세운후 진제국의 관료조직을 그대로 계승하여, 한조 400년의 통치기반을 견고히 다졌다. 농민폭동은 사실 유교적인 교양을 갖춘 지식계급의 협력을 얻지 못하면 정권을 안정시킬 수 없었다. 그러나 그렇게 함으로써 농민은 주인공의 자리를 사대부출신 관료에게 양보하고 말았다. 관료는 농민 반항에 넌더리가 나서 새왕조 초기에는 얼마간 농민우대에 유념하지만, 이윽고 원래의 상태로 되돌아가면, 농민의 주체성은 상실되고 만다. 중국의 왕조혁명은 이런 역사의 반복이었다.

농촌 출신이며 중국의 사서(史書)를 애독한 모택동은 농민정권을 보호유지함으로서, 이와 같은 지난날의 역사를 또한번 되풀이해서는 안된다고 굳게 믿었던 모양이다.

중화인민공화국은 말할 나위도 없이 이른바 프롤레타리아 독재 정권이다. 그러나 농업국이며 문맹자가 많은 농민에 의하여 인구의 절대다수가 채워져 있는 중국에서는 공장노동자란 소수에 불과하다. 프롤레타리아 독재란, 지난날 진사시험에 등과하여 집권한 고급 관료를 대신한, 정치적인 의식 수준이 높은 공산당원, 특히 그 서기국에 의하여 대행되는 프롤레타리아 독재이다. 이 서기국이 대행하는 독재체제는 이미 중화민국공화국 성립초기부터 구축되어 있었지만, 특히 1958년의 「대약진운동」이 좌절된 후, 이에 의한 경제후퇴를 회복하기 위하여, 유소기(劉小奇, 1898~1969)가 취한 정책에 의하여 당 서기국을 중심으로 한 독재체제가 더욱 강화되었다.

연소(年少)한 홍위병이 기폭제가 된 문화대혁명은, 유소기를 정점으로한 실권파, 즉 당서기의 독재체제에 조반(造反)한다는 성격을 가지고 있었다.

1969년, 문화대혁명을 수습하기 위하여 개최된 중공 9전대회(중국공산당 제9회 전국대표대회)에서 개정한 당장(黨章)에서 당원의 자격으로 빈농·중농을 맨처음으로 열거한 것은, 농민을 정치의 주인공으로 유지하려고 한 모택동의 비원(悲願)의 표현으로 해석할 수 있다.

20세기 후반기의 사회는 고도로 과학기술이 발달된 테크노크래트(technocrat)의 사회이므로, 유소기의 독재는 또한 테크노크래트 관료와 깊이 결부되어 있었다. 과학적 산업이 발달한 사회주의 국가가 되려고 염원한 중국은, 과학기술의 발전으로 생산성을 높여야만 했다. 학자·학생·관료·기술자를 공장·농촌의 생산활동에 투입하고 그들의 경험속에서, 그리고 노동자·농민속에서 선발된 새로 자라난 기술자와 협력하여, 중국독자적인 과학기술의 발전을 도모하려고 하였다. 그러나 이 길은 결코 평탄하지가 않았다.

빈농·중농 등을 주인공으로 하는 평등사회제와 과학기술사회와의 모순은 실로 깊고도 크다. 이것을 어떻게 극복하고 해결하는가에 중국의 앞날이 걸려 있었다.

문화대혁명은 우여곡절을 겪으면서 진행되었다. 초기 일부 홍위병의 과격한 활동으로 전국은 일시 무정부상태에 빠졌고, 조반파(造反派) 가운데서도 분파간의 항쟁이 격렬했다. 이 혼란을 수습하기 위해 각성(各省)에는 혁명적 대중조직의 책임자, 현지 주둔 부대의 책임자, 당과 정부기관의 혁명지도간부의 3자가 협력하여, 소위 삼결합에 의한 혁명위원회가 조직되었지만, 이 조직은 난항하여, 결국 인민해방군의 압력에 의해, 겨우 각지에 위원회가 성립되어, 1969년의 9전대회가 개최될 수 있었다.

그러나 한쪽 혁명의 주동자였던 모택동의 부인 강청을 중심으로 하는 문화혁명반과, 인민해방군을 장악한 임표와의 대립이 생겨, 결국 문화혁명반을 숙청 정리할 수 밖에 없었다.

구전대회(九全人會)가 성립하여, 유소기의 추방, 임표의 후계자 지명이 확정되었지만, 파괴된 당의 재조직은 매우 곤란하였다. 지방의 파벌항쟁은 구전대회후에도 종결을 보지 못하고, 7월에는 산서성에서 대규모의 투쟁이 일어나, 중앙으로부터 엄중한 포고(布告)를 받았다.

모택동의 문화대혁명의 이상은 여러 곳에서 저항을 받아, 결국 후퇴할 수 밖에 없었으며, 개심(改心)한 옛 간부를 대량으로 부활시켜 수습에 노력하는 수 밖에 없었다.

대외적으로는 중·소 국경분쟁에서, 양국의 국교는 위기에 빠졌다. 중·소 국경문제는, 이미 앞에서 기술한 바와 같이, 1689년의 네르친스크조약에

서부터 1858년의 애훈(愛琿)조약이후, 청조에게 많은 양보를 얻어내, 소위 불평등한 국경조약이 체결되어, 애훈(愛琿)조약을 기점으로 하면, 백년의 역사를 갖는 국경문제를 안고 있어 중·소 국교의 조정은, 매우 곤란한 문제였다. 북방민족과 한민족과의 대립은, 중국의 역대 왕조의 정치의 기본이었다. 청조 때문에 몽골민족이 무력화되어, 북방민족의 위협은 없어진 것 같았으나, 그러나 중국과 접촉하는 북방민족의 동화가 이루어지면, 그 배후에서 또 다른 미개화된 북방민족이 생겨, 새로운 위협이 발생하는 것이, 북방민족사의 상식이었다. 몽골이 무력화하면, 다음은 그 배후에서 동진하여 오는 러시아 민족은 또다른 의미에서, 새로운 북방민족의 대표자로 볼 수 있었다. 중·소 양국의 문제는 실은 이처럼 깊은 골이 생겨 있었다.

중국의 대미관계는 중국이라는 아시아 대륙국과 멀리 태평양을 사이에 둔 해양국과의 사이의 문제이다. 게다가 영·불 등 다른 해양국 내지 제국주의 열강에 비하여 훨씬 더 뒤떨어져서 동양에 진출하였고, 제2차 대전까지만 해도 미국은 중국에 영토와 이권을 가지지 않고 주로 문화관계만을 유지해 왔다. 제2차 대전에서는 중국을 후원하여 일본군과 싸웠고 결과적으로 일본을 항복시켜 대륙으로부터 전면적으로 일본을 철퇴시킨 것을 중국민족의 끈질긴 저항운동과 더불어 미국의 협력이 절대적인 힘으로 되어 있다. 대전 후 미국이 장개석 국민당군의 무기고 역할을 했고, 한국전쟁에서 미국과 중국이 적대했으며, 대만으로 건너간 국민당정부를 지원하여 2개의 중국을 만들었고, 중국대륙에 대하여 경제적으로 무역을 제한했다는 것만으로 중국의 모택동 정권은, 건국이래 1960년대 말까지 반미정책을 고수해 왔다.

그러나 중국사람들의 반미감정의 뿌리는 구 소련(러시아나 영국 등)에 대한 그것에 비하면 결코 깊거나 크지가 않다. 이리하여 모택동 정권은 국제적 고립에서 벗어나기 위하여 「핑퐁외교」로 대미 추파공작을 전개한 결과, 닉슨(Richard M. Nixon, 재직, 1969~74) 미국 대통령의 북경방문(1972년 2월)으로 미·중 접근이 실현되고, 국교가 정상화(1979년 1월)됨으로써 1970년대의 중국의 외교정책은 반소·친미노선이었음을 보여주었다. 이와 같은 미·중 우호관계의 개선은 미국-대만의 긴밀한 유대관계에도 불구하고, 2000년대에 들어와서도 미국이 중국을 최혜국 대우를 하며, 또 중국 고위층의 접수와 특히 선진 기술을 배우려는 중국 유학생을 대량으로 받아들이는 등 친선협력관계가 계속되고 있다.

중국의 대일본관계도 1972년 이후 정상화되었다. 청일전쟁(1894~95) 이후 중국민족의 최대의 적대자로서 한때 만주지방을 식민지화했고, 21개조 요구로 노골적으로 제국주의 본성을 발휘했는가하면, 중·일전쟁과 태평양전쟁으로 사태를 확대시키면서 중국을 침략했던 일본에 대하여, 중국사람들은 전혀 보복하지 않음으로써 대국적(大國的)·민족적 관대성·위대성을 보여준 사실을 세계 사람들은 언제까지나 기억할 것이다.

부 록

중국왕조 주변민족의 흥망표

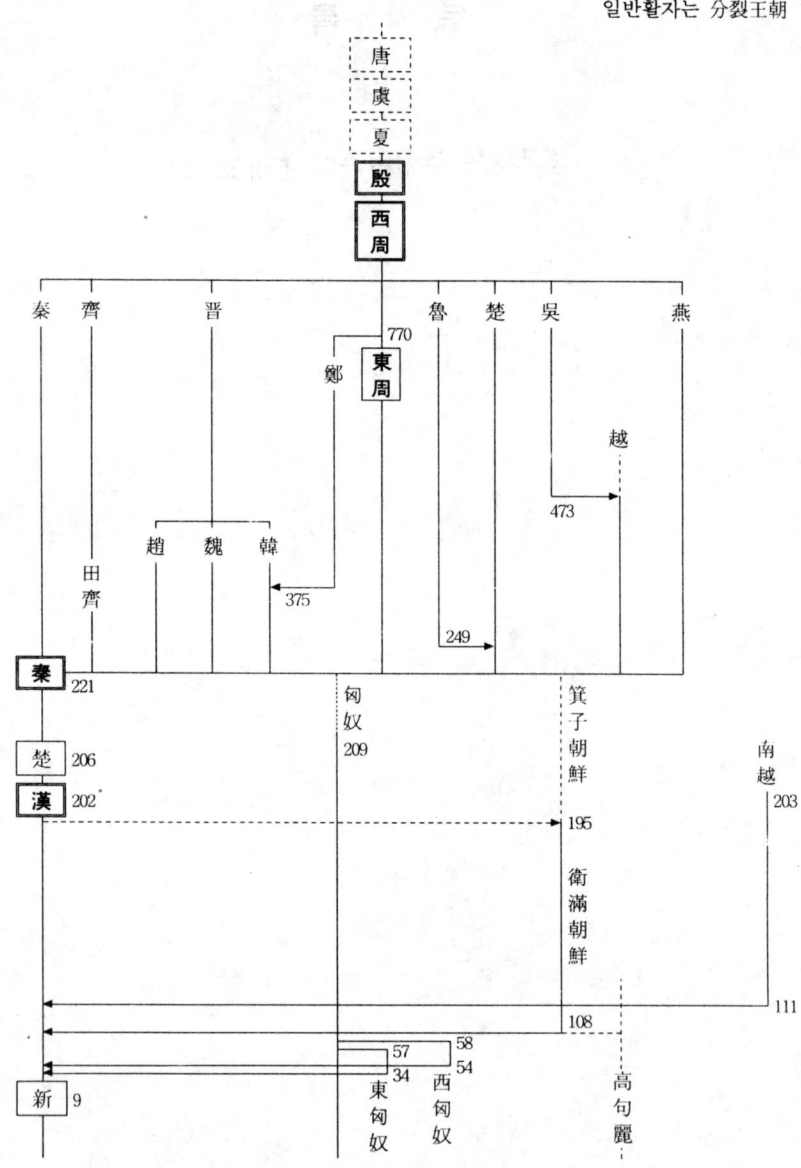

중국왕조 주변민족의 흥망표

서력	연대	사항
		北京人
		丁村人(구석기시대 전기)
		오르도스人(구석기시대 중기)
		山頂洞人(구석기시대 후기)
		仰韶(신석기시대)문화
紀元前		龍山(신석기시대)문화
약 2205		夏왕조
약 1550		殷왕조 鄭州期
약 1350		殷왕조 安陽期
약 1050		周武王, 殷왕조를 멸하고 西周왕조 시작
841		周厲王 추방(共和元年 歷史的 紀年의 시작)
827		周宣王 즉위(西周왕조 중흥)
770		周平王 洛邑천도, 東周왕조시작
722		春秋시대 시작
679		齊桓公 管仲의 보좌로 覇者가 됨
632		晋文公 城濮에서 楚를 격파하고 패자가 됨
580		南·北연맹 停戰회의
551		孔子탄생(-479)
481		春秋시대 끝남
453		韓·魏·趙 연합하여 知佰을 멸함
445		魏文侯시대(-396)
386		田씨 齊公이 됨
359		秦孝公 商鞅을 등용하여 變法시행
348		齊威王, 魏를 馬陵에서 격파, 패권장악
221	秦始皇 26	秦始皇 6국을 병합하여 중국통일
210	37	秦始皇 죽음
209	秦2世 1	陳勝·吳廣지도하의 농민봉기
206	漢高祖 1	秦멸망
202	漢高祖 5	高祖 項羽를 垓下에서 격파, 천하통일
154	景帝 3	吳楚7국의 亂
140	建元 1	武帝 즉위 年號의 시작
126	元朔 3	張騫 西域으로부터 귀국
121	元狩 2	匈奴, 渾邪王 항복
115	元鼎 2	西域과 최초로 通交
111	元鼎 6	南部越南 평정
108	元封 3	韓半島에 樂浪4郡 설치
54	五鳳 3	흉노 呼韓邪單于 항복, 흉노東西로 분열
後 9	始建國 1	王莽즉위 新國수립

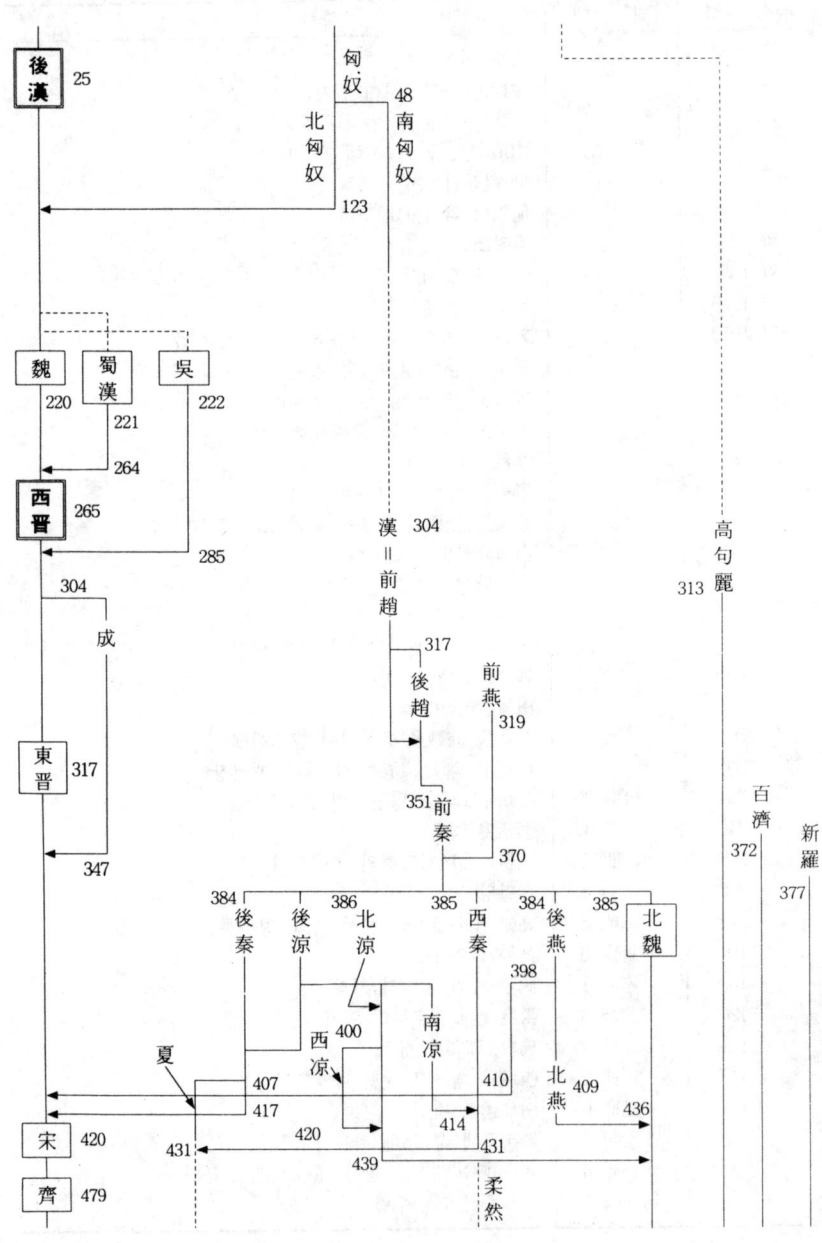

서력	연대	사 항
23	更始 1	劉秀, 王莽을 昆陽에서 격파
25	建武 1	光武帝, 後漢왕조 재흥
48	建武 24	흉노 남북으로 분열
57	中元 2	倭奴國王 중국에 使者파견
89	永元 1	竇憲 북흉노 격파
94	永元 6	班超 西域제국을 복속
148	建和 2	서역승려 安世高 洛陽에 와서 佛經번역
166	延熹 9	大秦王 安敦의 사절 來漢
167	永康 1	黨錮에 의한 탄압 일어남
184	中平 1	黃巾賊봉기
190	初平 1	董卓, 獻帝를 옹립하고 長安으로 천도
208	建安 13	赤壁戰
220	黃初 1	曹操죽고, 曹丕계승, 漢朝 폐하고 魏朝수립
221	黃初 2	劉備, 蜀漢國세움
229	太和 3	孫權, 吳國황제가 됨
238	景初 2	倭女王 卑彌呼의 使者 魏에 옴
263	景元 4	魏, 蜀을 멸함
265	泰始 1	司馬炎, 魏를 폐하고 晋國 수립
280	太康 1	晋, 吳를 멸하고 중국통일
300	永康 1	8王의 亂
304	永興 1	흉노 劉淵, 漢王을 칭함
308	永嘉 2	劉淵, 大漢 황제를 칭함
311	永嘉 5	劉淵, 洛陽을 함락시키자 晋의 安帝 항복
316	建興 4	漢의 劉淵, 長安을 함락시키니 西晋 멸망
318	太興 1	元帝즉위, 東晋왕조 시작
319	太興 2	漢을 前趙로 개칭, 石勒 後趙를 칭함
328	咸和 3	後趙의 石勒, 前趙의 왕 劉曜를 죽임
342	咸康 8	前燕 慕容皝 고구려국을 침략
352	永和 8	前秦苻壁, 前燕 慕容儁 각각 帝를 칭함
356	永和 12	晋의 桓溫北伐
370	太和 5	前秦, 前燕을 멸함
376	太元 1	前秦, 前涼代를 합병
383	太元 8	東晋, 淝水에서 前秦을 격파
386	太元 11	代의 拓跋珪, 北魏朝를 창건
399	隆安 3	法顯, 인도로 출발
403	元興 2	東晋의 桓, 玄帝를 죽임
413	義熙 9	倭王讚의 使者, 晋에 도착
420	永初 1	劉裕, 東晋을 폐하고 宋朝창건

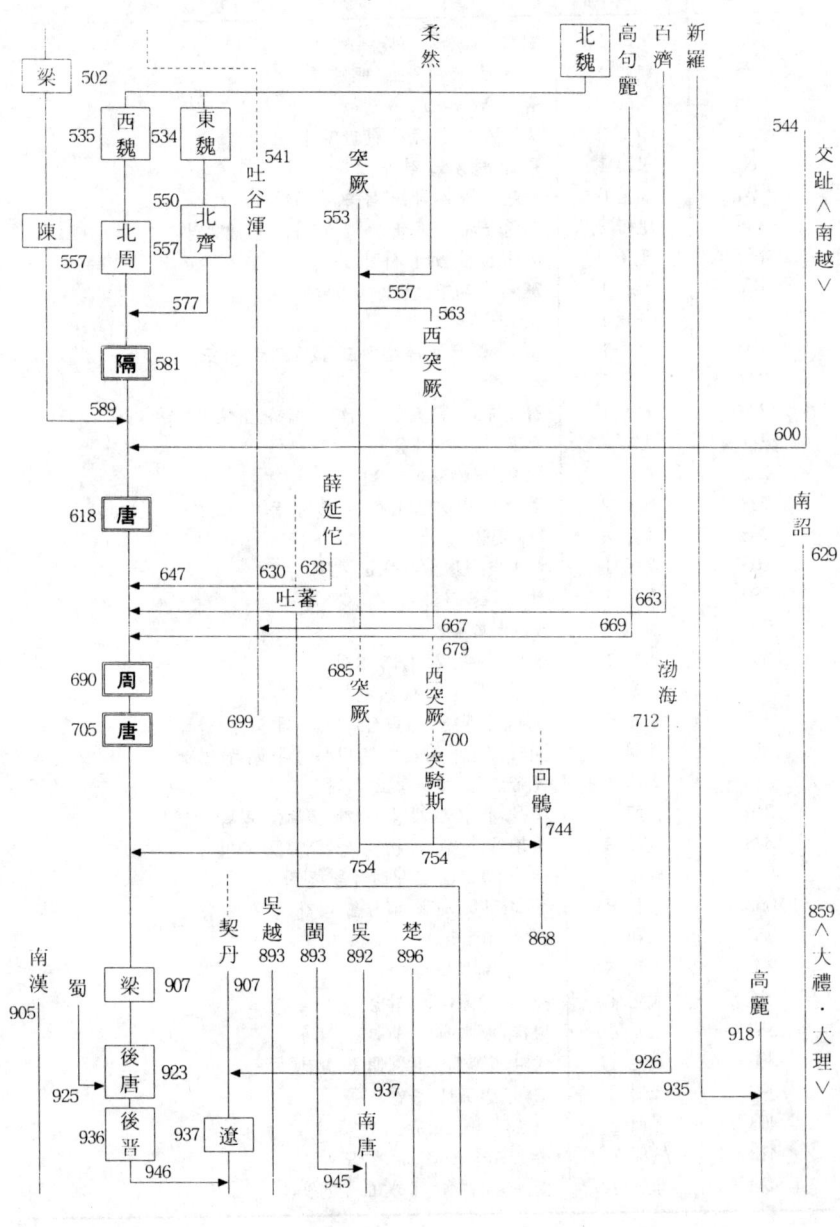

서력	연대	사항
436	元嘉 13	北魏, 平燕을 멸하고 華北 통일
479	建元 1	齊簫道成 황제를 칭함
485	永明 3	北魏, 均田制 시행
493	永明 11	北魏 平城에서 洛陽으로 천도
502	天監 1	簫衍, 齊를 폐하고 梁朝수립
534	中大通 6	魏의 高歡, 東魏 孝靜帝를 세움
535	大同 1	魏의 宇文泰, 西魏帝를 세움
550	太寶 1	北齊王朝가 東魏를 멸함
557	永定 1	陳霸先梁을 대신하여 陳왕조를 세우고, 宇文覺 西齊를 대신하여 北周왕조를 세움
577	太建 9	北周, 北齊를 병합하여 華北통일
581	太建 13	楊堅 北周를 패하고 隋왕조 창건
586	至德 4	黨項 吐谷渾, 隋에 투항
589	開皇 9	隋, 陳을 정복하고 천하통일
600	開皇 20	倭國使者 隋에 入朝
605	大業 1	煬帝 대운하 건설
606	大業 2	律令제정, 進士試驗制 시작
611	大業 7	煬帝, 고구려 정벌에서 대패
618	武德 1	煬帝 피살, 李淵(高祖)唐朝를 세움
629	貞觀 3	唐太宗, 突厥정벌, 玄奘 인도로 출발
657	顯慶 2	高宗, 서돌궐 정복
663	龍朔 3	백제국 멸망, 왜수군 白村江에서 대패
668	總章 1	羅唐연합군 평양공략, 고구려 멸망
674	上元 1	唐 신라를 침범, 페르시아왕 卑路斯 당에 도착
690	嗣聖 7	則天武后 당황족을 도살하고 周國으로 개칭
705	神龍 1	則天武后 죽음, 唐왕조 회복
718	開元 6	玄宗 吐蕃과 강화
721	開元 9	突厥과 강화
745	天寶 4	回骨懷仁可汗이 突厥白眉可汗을 죽이니 北邊이 조용해짐
751	天寶 10	탈라스戰鬪에서 高仙芝, 大食에 패함
755	天寶 14	安史의 亂 시작
763	廣德 1	安史의 亂 끝남
780	建中 1	兩稅法 시행
783	建中 4	朱泚 반란을 일으키고 長安에 의거
819	元和 14	韓愈, 佛骨迎入에 반대
830	太和 4	牛李의 黨爭
859	大中 13	南詔 독립하여 大禮國을 칭함
875	乾符 2	黃巢의 亂 시작

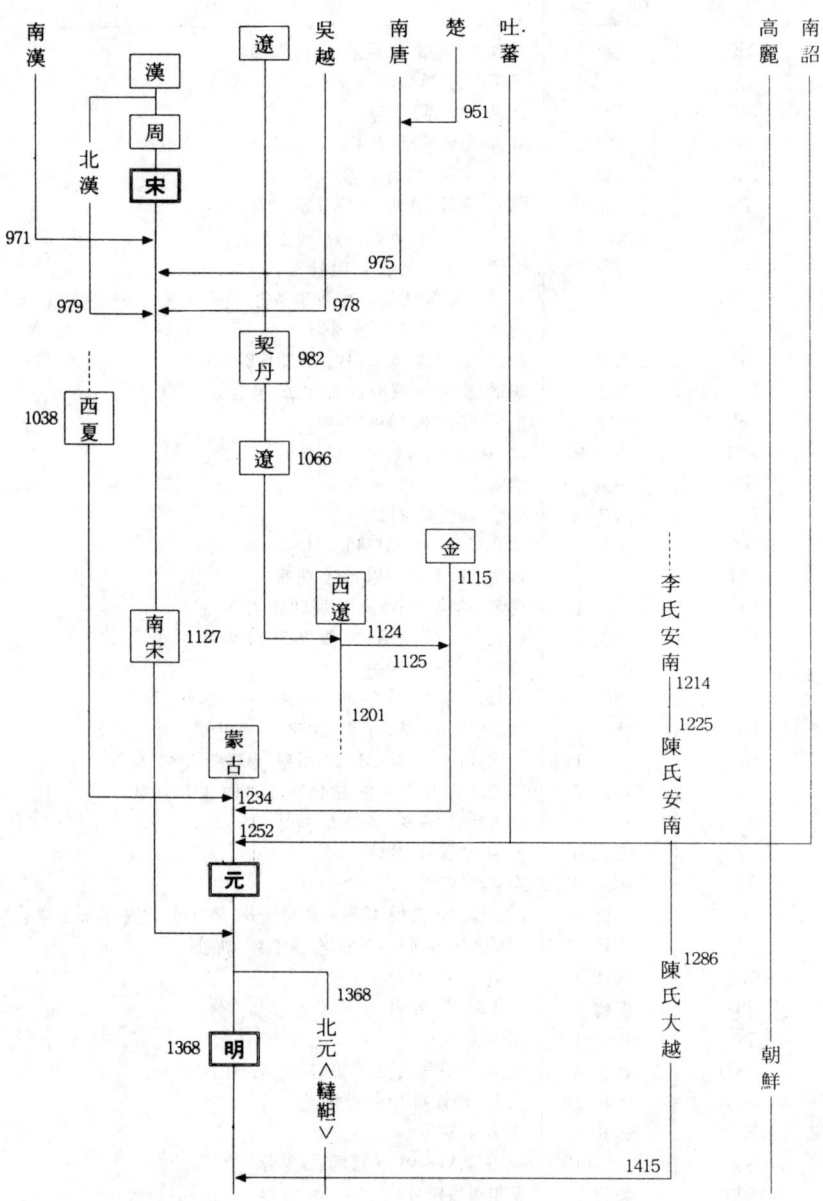

서력	연대	사항
884	中和 4	黃巢의 亂 평정
907	開平 1	朱全忠(太祖), 唐을 빼앗아 後梁朝 창건
916	貞明 2	契丹太祖 阿保機 황제를 칭함
923	同光 1	李存勗, 後梁을 멸하고 後唐朝를 세움
936	天福 1	거란족 石敬瑭을 세워 後晋朝 창건
937	天福 1	거란족 遼國
946	開運 3	遼, 後晋을 멸함
947	天福 12	劉智遠, 後漢朝를 시작
951	廣德 3	郭威 스스로 일어서 後漢을 멸하고 後周朝 세움
960	建隆 1	趙匡胤, 周의 선양을 받아 北宋朝를 일으킴
971	開寶 4	宋, 南漢을 멸함
975	開寶 8	宋, 南唐을 멸함
979	大平興國 4	宋太宗, 北漢을 병합하고 통일을 완성
982	大平興國 7	遼 다시 契丹으로 칭함
1004	景德 1	澶淵의 맹세
1038	寶元 1	趙元昊, 大夏황제를 칭하고 西夏國을 세움
1066	治平 3	거란 다시 遼로 칭함
1069	熙寧 2	王安石의 新法시행
1086	元祐 1	舊法黨 司馬光이 시조가 됨
1115	政和 5	阿骨打 황제를 칭하고 金國을 세움
1120	宣和 2	宋, 金과 遼를 협공하기로 약속
1125	宣和 7	遼멸망
1127	靖康 2	靖康의 變, 金 변경을 함락. 欽宗·徽宗·포로로 됨. 北宋 朝망하고 南宋朝 시작
1142	紹興 12	宋·金 和議
1153	紹興 23	金, 도성을 燕京으로 옮김
1161	紹興 31	金의 海陵王, 南宋을 공격하여 패하자 피살
1200	慶元 6	朱子 사망
1206	開禧 2	成吉思汗 즉위
1219	嘉定 12	成吉思汗 西征
1227	寶慶 3	몽골, 西夏를 멸함. 成吉思汗 사망
1234	端平 1	宋, 몽골과 협력하여 金을 멸함
1236	端平 3	拔都, 西征
1252	淳祐 12	쿠빌라이, 大理를 정벌하여 吐蕃을 항복시킴
1271	咸淳 7	몽골, 國號을 元으로 함
1274	咸淳 10	文永의 亂
1275	德祐 1	마르코 폴로 元의 世祖를 알현
1276	德祐 2	몽골, 臨安을 함락

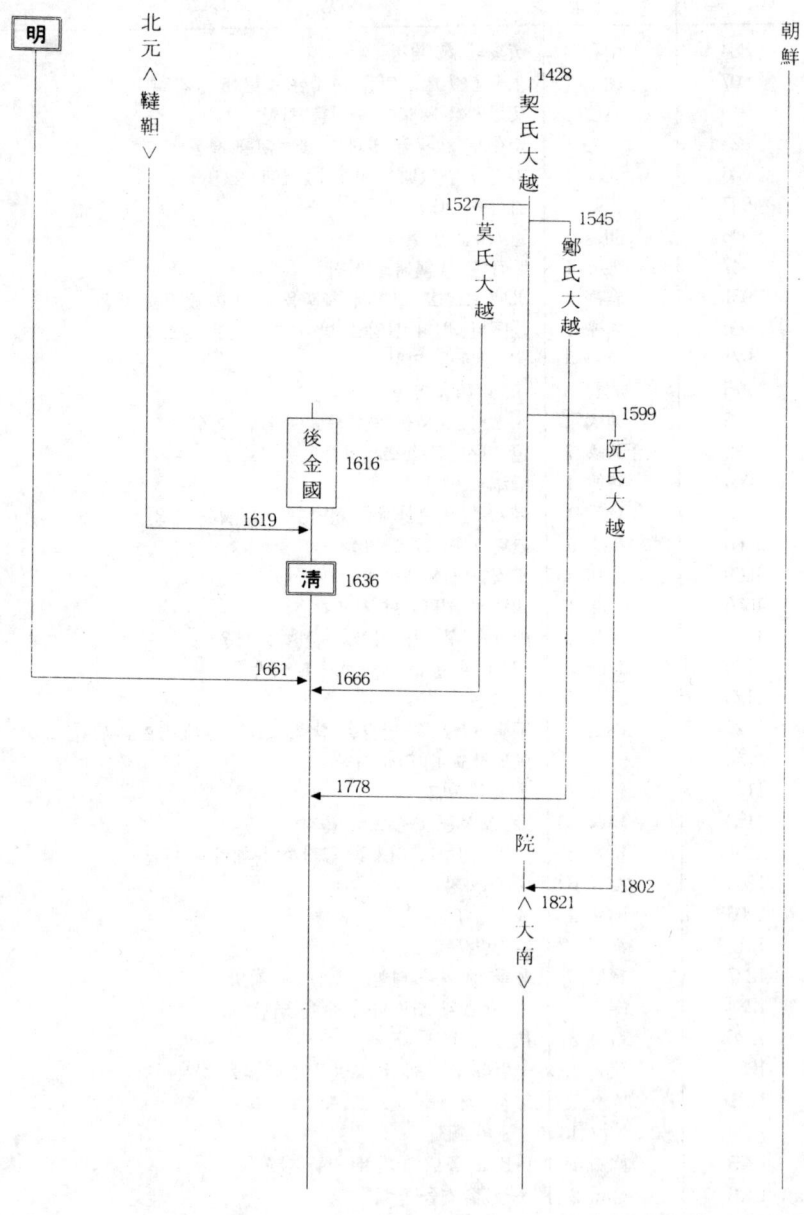

서 력	연 대	사 항
1279	祥興 2	崖山함락, 宋 멸망
1281	至元 18	弘安의 亂
1384	至正 8	方國珍 반란
1353	至正 13	朱元璋 起兵
1368	洪武 1	元북방으로 도망, 朱元璋 明朝 창건
1371	洪武 4	明, 夏를 합병하고 蜀을 平定
1399	建文 1	靖難의 亂, 燕王(成祖, 永樂帝) 惠帝를 공격
1403	永樂 1	燕王, 成祖로 즉위
1405	永樂 3	鄭和, 南海로 출항
1414	永樂 12	瓦剌를 親征
1421	永樂 19	北京으로 천도
1424	永樂 22	타타르族 親征 중 成祖 사망
1449	正統 14	土木의 亂, 英宗 瓦剌에 붙잡힘
1515	正德 10	포르투갈人 廣東에 옴
1519	正德 14	王陽明 寧王의 亂 평정
1550	嘉靖 29	俺答族, 北京을 포위 공격
1555	嘉靖 34	倭寇 南京 공격
1557	嘉靖 36	포르투갈인 마카오를 점령
1563	嘉靖 42	兪大猷 등 倭寇를 복건성에서 격파
1588	萬曆 16	누루하치 建州衛를 통일
1592	萬曆 20	豊臣秀吉의 조선침략(임진왜란)
1596	萬曆 24	네덜란드 東印度會社 설립
1598	萬曆 26	조선에서 임진왜란 끝남
1600	萬曆 28	마테오·리치 北京도착, 영국 東印度會社 설립
1616	萬曆 44	누루하치 칸이 되어 後金國을 칭함. 東林黨爭
1619	萬曆 47	누루하치(淸太祖) 明軍 격파
1631	崇禎 4	李自成 반란
1636	崇禎 9	後金國을 淸國으로 개칭
1644	崇禎 17	李自成, 北京을 점령하니 明朝 멸망, 淸軍入關
1645	順治 2	淸軍, 南京점령. 福王 사망
1661	順治 18	鄭成功 臺灣에 의거. 永明王 체포되면서 南明朝 멸망
1681	康熙 20	三藩의 亂 평정
1683	康熙 22	臺灣의 鄭氏정복, 통일완성
1689	康熙 28	네르친스크 조약
1697	康熙 36	준갈部族 갈르탄을 격멸
1720	康熙 59	티벳 평정
1757	乾隆 22	준갈 평정
1759	乾隆 24	回部 평정

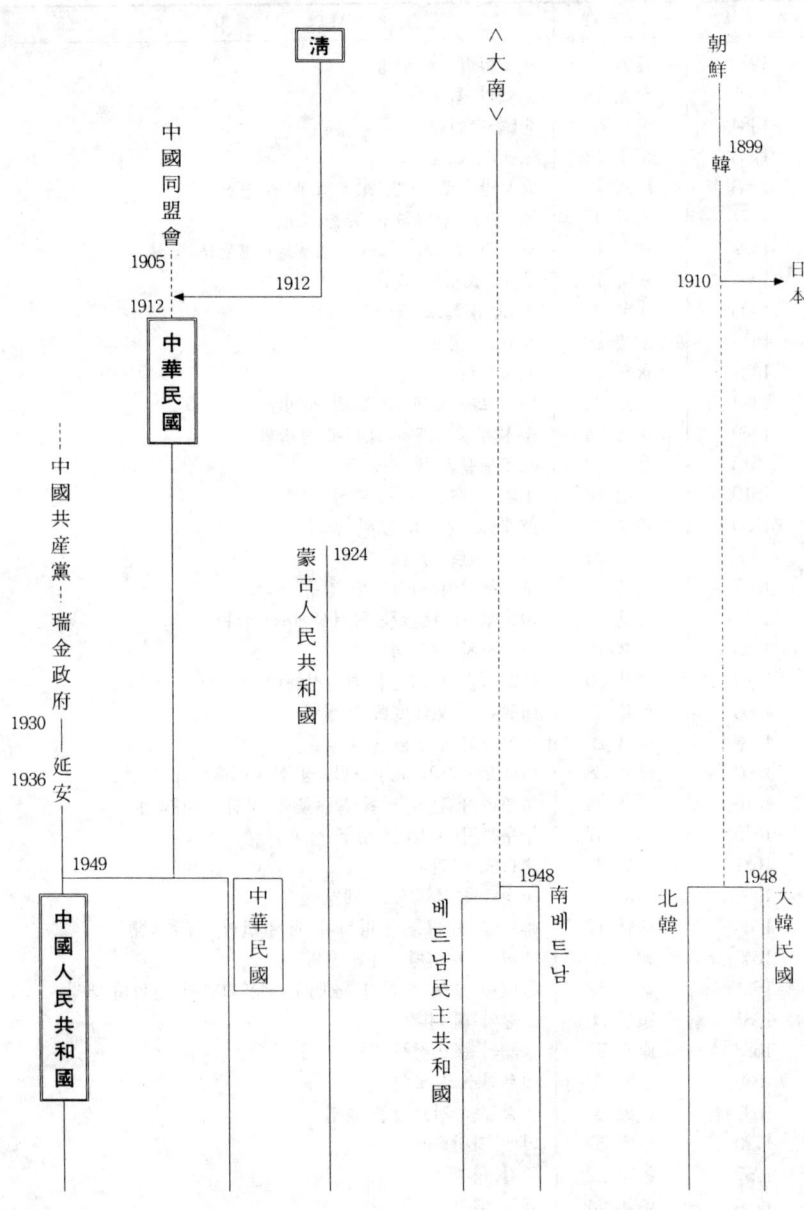

서력	연대	사항
1782	乾隆 47	四庫全書 완성
1789	乾隆 54	阮氏를 安南國王으로 봉함
1793	乾隆 58	영국대사 매카트니 清國에 옴
1840	道光 20	아편전쟁
1842	道光 22	南京條約
1851	道光 31	太平天國亂 일어남
1853	咸豊 3	太平天國軍, 南京을 공략
1856	咸豊 6	애로우호사건, 제2아편전쟁
1858	咸豊 8	영·불과는 天津조약, 러시아와는 愛軍조약 체결
1860	咸豊 10	영·불연합군 北京 입성, 北京條約
1864	同治 3	太平天國亂 평정
1871	同治 10	러시아, 伊犁에 진주
1881	光緖 7	이리조약
1884	光緖 10	淸佛전쟁
1885	光緖 11	淸日 및 淸佛 天津條約. 安南國, 佛에 예속
1891	光緖 17	러시아 시베리아철도 기공(1901완성)
1894	光緖 20	동학란. 淸日전쟁
1895	光緖 21	下關조약
1898	光緖 24	戊戌變法(百日天下). 독일은 膠州湾, 러시아는 遼東半島, 영국은 威海衛 組借, 미국 淸의 문호개방 요구를 선언
1900	光緖 26	義和團사건, 8국연합군 天津·북경 함락
1904	光緖 30	러일전쟁
1905	光緖 31	孫文, 中國同盟會 결성. 포츠머드 條約
1909	宣統 1	安重根의사 伊藤博文 살해
1911	宣統 3	辛亥혁명
1912	民國 1	淸帝퇴위, 孫文대통령 취임. 후에 袁世凱에게 양보
1914	民國 3	제1차 세계대전
1915	民國 4	일본의 21개조요구, 원세개 稱帝, 제3혁명
1916	民國 5	袁世凱 제정 취소
1917	民國 6	러시아 10월혁명
1918	民國 7	南北軍閥 정전회의 개시
1919	民國 8	베르사이유 平和조약, 한국의 3·1운동, 5·4운동
1921	民國 10	중국공산당 창건
1922	民國 11	奉直戰爭. 일본공산당 창당
1925	民國 14	孫文 북경에서 사망, 조선공산당조직(서울). KAPF결성
1926	民國 15	국민군 北伐개시
1927	民國 16	南京國民政府수립, 공산당 廣東코뮨 성립. 한국에 新幹會 성립

서력	연대	사항
1928	民國 17	중국공산당 해체, 北伐戰완성, 蔣介石 국민당 주석취임, 毛澤東 井崗山 입산
1930	民國 19	中共 瑞金에 소비에트 정부 수립
1931	民國 20	滿洲사변
1934	民國 23	장개석의 제5차 剿共作戰, 中共 25,000리 장정 개시
1935	民國 24	毛澤東 中共黨主席 피선. KAPF해산
1936	民國 25	西安事件
1937	民國 26	中共 延安 근거지 설정. 中·日戰爭, 제2차 國共合作
1939	民國 28	독·소불가침조약, 제2차 세계대전
1941	民國 30	태평양전쟁, 독·소전 개시
1942	民國 31	中共整風운동
1945	民國 34	독·일 항복으로 제2차대전 종결. 한반도 분단
1946	民國 35	제3차 國共合作실패와 內戰
1948	民國 37	중공군 北京 및 長江이북지역 장악
1949	民國 38	國府기관 臺灣으로 철수. 중화인민공화국 수립
1950		중·소 우호동맹조약. 북한인민군 남침(한국전쟁)과 중국지원군 참전
1953		스탈린 사망. 한국전쟁 휴전
1956		스탈린 비판, 북한에서 反黨宗派事件
1958		대약진운동·인민공사. 북한 사회주의 경제체제완성 선언
1959		劉少奇국가주석 취임, 實權派 집권 毛澤東 제2선으로 후퇴
1960		中·印국경분쟁
1962		쿠바危機, 중·소이념분쟁 표면화
1966		文化大革命 개시
1967		劉小奇·등소평 등 실각
1969		中共9全大會, 中·蘇武力충돌(珍寶島)
1971		닉슨美대통령 및 日本수상 北京방문, 林彪 실각, 南北韓赤접촉
1972		7·4南北共同聲名
1973		베트남 휴전협정. 中共10全大會, 4인방 권력장악
1974		批林·批孔운동
1975		인도차이나半島 赤化
1976		毛澤東사망, 文化大革命 종식, 4인방 체포
1977		鄧小平 재부활, 中共 11全大會
1978		개혁 및 개방정책 결정(11기3차 中全會), 人民公社해체
1979		毛澤東비판, 美·中 국교정상화
1980		劉少奇 명예회복, 신4인방추방, 반당10악집단재판, 中·蘇無條約시대 개시, 경제특구(深川·珠海·仙頭·廈門) 설치

서력	연대	사 항
1982		中共 12全大會, 경제특구법 제정
1985		고르바초프, 소련공산당 서기장에 취임
1986		소련공산당 27차대회, 개혁(페레스트로이카)·개방(글라스노스트) 정책 채택
1988		소련헌법 개정(兩阮制 두마설치, 복수입후보자에 대한 비밀·직접선거로 의원 선출)
1989		소련, 새헌법에 따라 自由선거 실시로 듀마(국회)구성. 北京 天安門사건(암살) 베를린 장벽 붕괴
1990		東歐圈 내각국 民族自主 獨立, 소비에트연방제 붕괴로 각 가맹공화국들 自主獨立, 한국-러시아 修交. 大使교환. 東西冷戰 종식
1991		소련에서 쿠데타 일어났으나 3日天下로 실패. 소련공산당 (1500만 당원호칭) 해체하고 不法化
1992		鄧小平, 上海·深川 순시하고 개방정책 심화독려. 한국-중국 修交합의
1997		영국으로부터 香港 반환받음. 鄧小平 사망
1999		포르투갈로부터 마카오 반환받음
2000		西部지역 대개발정책 추진 개시. 中-러시아 國境문제합의 해결. 한국에서 南北정상회담 개최 및 공동성명발표

중국오천년사

발 행 일	2001년 7월 10일 초판 1쇄
	2002년 11월 5일 초판 2쇄
역 편	김 영 진
발 행 인	김 주 목
발 행 처	도서출판 **大光書林**

서울특별시 광진구 구의동 242-133
TEL. (02) 455-7818(代)
FAX. (02) 452-8690

등 록	1972. 11. 30 제10-24호
홈페이지	http://www.daekwangbook.net
I S B N	89-384-0238-X

정가 9,000원